dtv

Im Oktober 1949 wurde die DDR gegründet, im November 1989, einen Monat nach dem 40. Jahrestag, fiel die Mauer, und das Ende des ostdeutschen Staates war eingeleitet. Hermann Weber zeichnet in einer souveränen Gesamtdarstellung die Geschichte der Deutschen Demokratischen Republik von den Anfängen bis zu ihrem Ende nach. Dabei wird erkennbar, daß die Entwicklung dieses Staates in zwei sehr unterschiedlichen Phasen verlaufen ist. Bis 1961 bestimmten ideologische Normen und programmatische Zielsetzungen die Politik: die Umgestaltung der Herrschaftsstrukturen und der Gesellschaft nach dem sowjetischen Modell. Danach wirkte die gesellschaftliche und politische Realität, der Widerspruch zwischen moderner Industriegesellschaft und veralteten Leitungsmethoden immer stärker auf die Politik ein. Im Sog der Veränderungen in den Ostblockstaaten und der Politik der Perestroika in der Sowjetunion geriet auch das diktatorische System der DDR in die existentielle Krise und erwies sich als nicht reformierbar.

Hermann Weber, Dr. phil., em. ord. Prof. für Politische Wissenschaft und Zeitgeschichte an der Universität Mannheim und langjähriger Leiter des Forschungsschwerpunktes DDR-Geschichte im Mannheimer Zentrum für Europäische Sozialforschung, ist Autor zahlreicher Veröffentlichungen zur Zeit- und speziell zur DDR-Geschichte.

Hermann Weber

Geschichte der DDR

Deutscher Taschenbuch Verlag

Aktualisierte und erweiterte Neuausgabe
September 1999

Umschlagkonzept: Balk & Brumshagen
Umschlagfoto: © dpa, München
Satz und Gestaltung: Hartmut Czauderna,
Gräfelfing
Gesetzt aus der 10/11˙ Stempel Garamond
auf Apple Macintosh, Quark XPress
Druck und Bindung: C. H. Beck'sche Buchdruckerei,
Nördlingen
Gedruckt auf säurefreiem, chlorfrei gebleichtem Papier
Printed in Germany · ISBN 3-423-30731-5

Inhalt

Einleitung

Am 3. Oktober 1990, rund 41 Jahre nach ihrer Gründung (7. Oktober 1949), verschwand die DDR als eigener Staat, ging sie in der Bundesrepublik Deutschland auf. Die Existenz der DDR bleibt eine historische Episode. Aber die DDR war (wird ihre Vorgeschichte ab 1945 einbezogen) mit über 45 Jahren fast genauso alt wie das deutsche Kaiserreich (1871 bis 1918) und sie bestand erheblich länger als die 14jährige Weimarer Republik oder die 12jährige NS-Diktatur. Die Aufarbeitung der Geschichte der DDR, der über 40jährigen SED-Diktatur, stellt sich als eine notwendige Aufgabe, nicht nur für die Wissenschaft.

Inzwischen sind seit der DDR-Gründung 50 Jahre vergangen und seit dem Zusammenbruch der SED-Diktatur 1989 wiederum zehn Jahre. Über die DDR-Geschichte ist viel geschrieben worden, die Öffnung der Archive hat zahlreiche Untersuchungen angeregt. Die neue Quellenlage und der Forschungsstand erforderten eine Überarbeitung, wenn auch keine grundsätzliche Neufassung dieser ›Geschichte der DDR‹.

Das Manuskript der Erstausgabe des Buches (1985 erschienen, die dritte Auflage 1989 war unverändert) wurde 1984 abgeschlossen. Damals hatte niemand – weder Wissenschaftler noch Politiker – erwartet, daß die DDR in den nächsten fünf Jahren zusammenbrechen würde, oder gar die Herstellung der deutschen Einheit schon für 1990 vorausgesehen. In diesem Band wurden die Strukturdefekte der DDR und die daraus resultierende Instabilität des deutschen Teilstaates thematisiert. Seinerzeit schien allerdings wegen der Einbindung in den Ostblock und der Bestandsgarantie durch die Sowjetunion ein rasches Ende der DDR wenig wahrscheinlich. 1984 schloß diese ›Geschichte der DDR‹ mit folgender Passage:

»Innere und äußere Faktoren lassen so gleichermaßen Ansätze für Stabilität wie Krisenanfälligkeit der DDR erkennen. Ein Rückblick auf die fast 40jährige Entwicklung des zweiten deutschen Staates seit 1945 zeigt die wichtigsten Gründe: Die Sowjetunion sichert auf Dauer die Existenz des Staates, der im Innern vom Funktionieren der Apparate, vor allem der SED, abhängt. Die Geschlossenheit der Führungselite, das Einordnen der Funktionäre in die hierarchischen Strukturen des Systems, zugleich aber die Forcierung wirtschaftlichen Wachstums, der Ausbau der Netze sozialer Sicherheit, die Verbesserung des Bildungssystems mit Aufstiegschancen der Jugend, das sind Bedingungen für die Stabilität des Herrschaftssystems. Doch im Gegensatz zwischen Bevölkerung und herrschender Elite, hervorgerufen durch wirtschaftliche Schwächen, das Fehlen von politischer Demokratie, von Rechtssicherheit und Meinungsfreiheit, liegt die Ursache für die ständigen Erschütterungen des Regimes. Die Auswirkungen von Ereignissen in anderen kommunistischen Staaten, die Haltung der Sowjetunion, aber auch die des Westens verunsichern die Führung in ihren Planungen und rufen immer wieder Schwankungen zwischen ›weichem‹ und ›hartem‹ Kurs der SED-Spitze hervor. Wie in der Geschichte und Gegenwart dürfte dieser Kreislauf, der Ausdruck ihrer Lage und des Spannungsverhältnisses von Stabilität und Instabilität ist, auch die Zukunft der DDR bestimmen.«

Allerdings waren die Zukunftschancen der DDR viel geringer, als noch 1984 angenommen. Der Zusammenbruch der SED-Diktatur hat die Thesen von den Krisen und deren immanenten Ursachen bestätigt, aber der Niedergang des Weltkommunismus und insbesondere der UdSSR hat dann sehr rasch zum Kollaps des gesamten Systems geführt.

Bereits in der Erstauflage von 1985 war in der Einleitung auf die Haltung der Historiker der DDR verwiesen worden, die weder willens noch in der Lage waren, die Entwicklung ihres Staates kritisch zu beschreiben. Nach 1990 bestätigten einige von ihnen, daß das Geschichtsbild in der DDR der Legitimation der SED-Diktatur zu dienen hatte und die dortige Geschichtsforschung instrumentalisiert wurde. Gerade deswegen waren viele ihrer damaligen Eigendarstellungen der DDR schon früher kaum zu gebrauchen und sind heute Makulatur. Deshalb bestand schon vor dem Ende der DDR für die historische DDR-Forschung in der Bundesrepublik die Aufgabe – gewissermaßen in »Stellvertreterfunktion« – die Geschichte der DDR zu analysieren und darzustellen. In der Einleitung von 1984 hatte ich konstatiert:

»In der DDR ist die Untersuchung der eigenen Vergangenheit ein Schwerpunkt der historischen Forschung. Ohnehin nimmt dort das Geschichtsbild als Legitimation von Herrschaft einen überragenden Platz in der Ideologie ein. Doch die DDR-Geschichtsschreibung hat sich den Erfordernissen der Politik unterzuordnen. Historische Gegebenheiten werden durch eine ideologische Brille und damit verzerrt gesehen; die Geschichtsbetrachtung dient weitgehend der Untermauerung politischer Anliegen, weil sie vorgegebene Doktrinen bestätigen soll. Damit wird die Geschichte der DDR zur rückprojizierten Gegenwart, das heißt, die heutige Parteilinie wird in die Vergangenheit transformiert. Geschichte wird so geschildert, wie sie nach der aktuellen Politik hätte sein sollen, und nicht so, wie sie wirklich war. Jede Wendung der politischen Linie bringt daher auch ein Umschreiben der Geschichte mit sich, immer neue Legenden entstehen. Ein so deformiertes Geschichtsbild der DDR wird über (meist sehr preiswerte) Lizenzausgaben von DDR-Publikationen auch in die Bundesrepublik getragen. Unter diesen Umständen kann die Darstellung der DDR-Geschichte nicht allein der DDR überlassen bleiben.«

Immerhin waren aus den bis 1984 in der DDR publizierten Dokumentationen, Memoiren und einigen Monographien sowie »grauer Literatur« auch neue, detaillierte Erkenntnisse möglich; man konnte also auch ohne Zugang zu den östlichen Archivalien fundierte Aussagen machen. Hinzu kam, daß für die Frühzeit in einigen westlichen Archiven (1984 verwies ich auf die Akten des Ostbüros der SPD im Archiv der sozialen Demokratie der Friedrich-Ebert-Stiftung, das Bundesarchiv in Koblenz und das Staatsarchiv Bremen) Quellen vorhanden waren, die ich für die ›Geschichte der DDR‹ auswertete. Ebenso gab es Materialien im damaligen »Arbeitsbereich Geschichte und Politik der DDR« der Universität Mannheim oder in meinem Privatarchiv. Insoweit spiegelte die ›Geschichte der DDR‹ den 1984 erreichten Forschungsstand wider. Es kam ja seinerzeit darauf an, den Legenden und Fälschungen der DDR-Historiker eine »Beschreibung und Analyse der DDR-Geschichte mit sachlicher Information und Interpretation« entgegenzustellen. In erster Linie ging es 1984 um die »Beschreibung der Entwicklung, um die Aufbereitung der wichtigsten Fakten«.

Daran hat sich nichts geändert, nur kann inzwischen auf einen weit umfangreicheren Forschungsstand zurückgegriffen werden, und seit der Öffnung der DDR-Archive ist es möglich, in ganz anderem Maße erst jetzt erschlossene Quellen heranzuziehen.

Die kritische Untersuchung der Geschichte der DDR, die im Jahr 1984 davon ausging, daß es sich dort um »eine politische Diktatur mit klarer Befehlsentscheidung und Kontrolle von oben nach unten« handelte, ergab eine Betrachtung, bei der Auswahl und Einschätzung natürlich von der Wertung des Autors geprägt und insofern subjektiv waren. Festzuhalten bleibt, daß sie durch die damals erreichbaren Dokumente und Materialien abgestützt waren. Die ›Geschichte der DDR‹ von 1984 kann also insgesamt auch nach dem Untergang dieses Staates Bestand haben. In den letzten 15 Jahren sind jedoch neue Fakten bekannt geworden, die nun im Detail eine modifizierte Beschreibung nahelegen. Die in der Einleitung von 1984 beschriebenen Entwicklungs- und Strukturbedingungen der DDR seien hier nochmals länger zitiert:

»Bei einer Betrachtung der Gesamtgeschichte der DDR sind zwei grundsätzlich voneinander verschiedene Etappen erkennbar, in denen Ideologie, Realität und Motivation unterschiedlichen Stellenwert besaßen. Bis 1961 bestimmten ideologische Normen und programmatische Zielsetzungen vorrangig die Politik: Umgestaltung der Herrschaftsstrukturen und der Gesellschaft nach den Prinzipien des »Marxismus-Leninismus« in der konkreten Übertragung des sowjetischen Modells. Dieser Prozeß war 1961 im wesentlichen abgeschlossen. Seither wirkt die veränderte gesellschaftliche und politische Realität – vor allem der Widerspruch zwischen moderner Industriegesellschaft und veralteten Herrschafts- und Leitungsmethoden – stärker auf die Politik ein. Die »Sachzwänge« bestimmen Veränderungen der Politik, ja selbst der Ideologie.

Dabei zeigt die Entwicklung der DDR den Wandel von einem von der Besatzung total abhängigen Regime zum Juniorpartner der UdSSR, vom administrativ-diktatorischen stalinistischen System zur flexibleren »sozialistischen« Leistungs- und Konsumgesellschaft. Durch radikale Umformung der ökonomischen, politischen und sozialen Strukturen bis 1961 wurden in der DDR die alten besitzenden und herrschenden Schichten enteignet und entmachtet (Großgrundbesitz, Besitzbürgertum und Mittelschichten); an ihre Stelle trat eine neue Oberschicht, eine Elite der Apparate (hauptamtliche Funktionäre) der Partei, des Staates, der Massenorganisationen, der Wirtschaft, der bewaffneten Organe und der Massenmedien, die alle von der SED umfassend angeleitet und kontrolliert werden. Grundlage der Gesellschaftsordnung der DDR sind – neben dem Herrschaftssystem – die neuen Eigentumsverhältnisse. Entscheidende Eigentumsform ist nicht mehr der Privatbesitz der Unternehmer, sondern das Staats- und Genossenschaftseigentum. Die Umverteilung bewirkte eine neue soziale Schichtung der Bevölkerung mit der Konsequenz, daß die DDR von Problemen privat-kapitalistischer Ordnung nur noch wenig, von der allgemeinen Problematik moderner Industriegesellschaften jedoch nach wie vor stark tangiert wird.

Nach dem Willen der Staatspartei und laut Verfassung soll die DDR den Sozialismus verwirklichen, doch tatsächlich wird darunter verstanden, das Modell Sowjetunion zu realisieren. Unter dieser Zielsetzung ist im Herrschaftssystem der

DDR die verfassungsrechtlich abgesicherte »führende Rolle« der SED von zentraler Bedeutung. Der Hegemonieanspruch der Partei erstreckt sich auf alle Lebensbereiche.

Neben den Massenorganisationen und den übrigen vier Parteien ist der Staatsapparat wichtigster »Hebel« der SED. Sie benutzt Repressionen, Neutralisierung und Manipulierung sowie ideologische Indoktrination als wesentliche Methoden zur Ausübung ihrer Macht. Der demokratische Zentralismus ist als Leitungsprinzip Instrument der Parteiführung zur Anleitung und Kontrolle sowohl der eigenen Partei als auch des Staates. Die innere Struktur der SED ist durch hierarchische Apparatherrschaft nach dem Vorbild der KPdSU gekennzeichnet. Widersprüche soll die Ideologie als Integrationsklammer kaschieren [...]

Die DDR schwankt daher zwischen Fortschritt und Dogmatismus, Modernität und kleinbürgerlichem Spießertum. Manche Reformen zielten auf Emanzipation: Es verschwanden alte Hierarchien und überholte Klassenstrukturen, die Bewältigung der faschistischen Vergangenheit, des Chauvinismus und des Rassismus ist insgesamt gesehen erfolgt und der in der deutschen Geschichte verwurzelte Irrationalismus wurde – wenigstens in der öffentlichen Meinung – durch Wissenschaftsgläubigkeit ersetzt. Ansätze der Frauenemanzipation, Heranziehung der Jugend zu gesellschaftlicher Verantwortung, Sozialprestige der Arbeiter, fortschrittliches Gesundheits- und effizientes Bildungswesen sind ebensowenig zu übersehen wie Grundzüge einer solidarischen Gesellschaft. Daneben aber steht die politische Diktatur, die Militarisierung vieler Lebensbereiche, Sanktionen gegen jeden Nonkonformismus. Selbst auf dem Gebiet der Wissenschaft und Bildung, deren Erfolge immer wieder gepriesen werden, zeigt das Erziehungsziel einer braven SED-konformen »sozialistischen« Persönlichkeit den Widerspruch der DDR, die inzwischen eher konservativ als progressiv ist.

Diese generelle Einschätzung der DDR übersieht selbstverständlich nicht, daß die Entwicklung des DDR-Systems sowohl immanenten Bedingungen unterlag als auch von äußeren Umständen abhängig war. Änderungen in der UdSSR schlugen sich selbstverständlich in der DDR nieder. Aber sie reagierte auch auf die Politik des Westens; der Kalte Krieg bewirkte einerseits ein Zusammenrücken der Führungseliten gegenüber dem »Feind« und förderte andererseits ein Wunschdenken bei den Gegnern des Regimes, die auf das baldige Ende der DDR hofften. Die als offen angesehene deutsche Frage vergrößerte die Instabilität des Regimes ebenso wie ökonomische Schwierigkeiten, die auch aus Problemen der Weltwirtschaft oder der früheren deutschen Wirtschaftseinheit herrührten.

Die SED-Führung muß außen- wie innenpolitische »Sachzwänge« berücksichtigen; das läßt erkennen, daß die Kommunisten keineswegs – wie sie behaupten und wie auch bei uns oft angenommen wird – ihre Strategie und Programmatik konsequent durchsetzen können. Auch die SED war und ist oft weniger Partei der Aktion als eine Organisation, die auf Ereignisse und Realitäten reagieren muß.

In einem zentralistischen System wie dem der DDR kommt dabei den führenden Personen besondere Bedeutung zu. Die wichtigsten Persönlichkeiten der Politik werden daher mit kurzen biographischen Daten im Text vorgestellt (im Namensregister sind diese Stellen hervorgehoben). Die Beschränkung auf Politiker ist kein Zufall. Bei der vorliegenden Untersuchung handelt es sich in erster Linie um eine politische Geschichte, in die Aspekte von Gesellschaft, Wirtschaft und Kultur mit einbezogen wurden. Auch die Außenpolitik wurde berücksichtigt; im Mittelpunkt steht jedoch die Innenpolitik, die Entwicklung des Staates, des Parteiensystems und insbesondere die Darstellung des Prozesses der Machterringung und Herrschaftssicherung durch die Führungspartei SED. Bei der Beschreibung einer politisch so verfaßten Gesellschaft wie der DDR ist das legitim und notwendig. Allerdings treten damit bestimmte Fragestellungen und Probleme in den Hintergrund, spezifische Entwicklungstendenzen werden bei solcher Zustandsbeschreibung verkürzt.

Dies hängt auch mit den theoretischen Grundpositionen zusammen, von denen hier ausgegangen wird. Gemeint ist die These, daß Spannungsverhältnisse für das scheinbar monolithische System bestimmend sind, ferner die Thesen von der meist unterschätzten Rolle der Tradition für die politische Realität, von der Bedeutung des Gegensatzes zwischen Theorie und Praxis und insbesondere von der Wandlungsfähigkeit des Kommunismus: Ein Blick in die Geschichte zeigt nicht nur frühere Veränderungen des Kommunismus, sondern auch, daß die diktatorische Ausprägung des stalinistischen Kommunismus keineswegs seine genuine Ausformung war. Ursprünglich waren im Kommunismus neben dem Stalinismus, der sich durchsetzte, mehrere Möglichkeiten angelegt. Seine Wandelbarkeit bewies der Kommunismus erstmals, als er demokratische Ansätze ausschaltete. Eine Metamorphose, die wieder demokratische Tendenzen hervorbringt, ist also durchaus denkbar, die Reformen der ČSSR 1968 sind dafür beispielhaft. Mit dem Einmarsch der Truppen der Warschauer-Pakt-Staaten in die ČSSR im August 1968 wurde dieser Prozeß allerdings unterbrochen, der Reformkommunismus und seine demokratische Variante wieder weit zurückgeworfen [...]

Dabei läßt sich als Grundproblem der Entwicklungs- und Strukturbedingungen der DDR zweierlei festhalten. Erstens: Die DDR ist nur ein Teilstaat, dessen Bevölkerung zudem auf den größeren Teilstaat, die Bundesrepublik, fixiert ist. Zweitens: Auf die DDR, ein sozialökonomisch hochentwickeltes Gebiet, wurde eine Herrschafts- und Gesellschaftsform übertragen – der Stalinismus –, die nicht zuletzt auf der Rückständigkeit Rußlands beruhte. Hierin liegen die Ursachen zahlreicher Konflikte der Entwicklung der DDR bis in unsere Tage.

Trotz dieser Schwierigkeiten und vielfältiger anderer Probleme in ihrer Geschichte ist es der DDR-Führung insgesamt gelungen, bei straffer politischer Machtkonzentration – einer politischen Diktatur mit klarer Befehlsentscheidung und Kontrolle von oben nach unten – ein effizientes und relativ erfolgreiches Wirtschaftssystem zu etablieren. Dieses wesentliche Ergebnis der DDR-Entwicklung brachte eine gewisse Stabilität der Gesamtgesellschaft, jedoch keinesfalls ein widerspruchsfreies System. Nachdem die schlimmsten Kriegsfolgen überwunden waren, konnte in der DDR, aufbauend auf der Tradition einer Industrienation, eine moderne Industriegesellschaft errichtet werden. Die gleichzeitige Übertragung der Herrschafts- und Leitungsmethoden der UdSSR führte zum generellen Widerspruch des DDR-Systems. Verstärkt wurde dieser Gegensatz noch dadurch, daß diese Praktiken von einer Besatzungsmacht gegen den Willen der Mehrheit der Bevölkerung eingeführt wurden, was ständig und bis heute hinreichend Konfliktstoff erzeugte. Daraus lassen sich folgende Thesen ableiten:

Die DDR entstand – ebenso wie die Bundesrepublik Deutschland – aus einem Besatzungsregime. Der Umwandlung der DDR-Gesellschaft lagen dabei zwei Faktoren zugrunde: die Besatzungsmacht UdSSR sowie Tradition und Ideologie des deutschen Kommunismus. Direkte Voraussetzung der Entstehung der DDR war jedoch die Auseinanderentwicklung Deutschlands, die sich aus den wachsenden Gegensätzen zwischen den bisherigen Alliierten ergab. Durch die ungünstige Ausgangslage, vor allem der Wirtschaft, befand sich die DDR von Anfang an gegenüber der Bundesrepublik in einer schwächeren Position, sie blieb in allen Etappen trotz feindseliger Kritik an der BRD immer auf diese fixiert.

Nach Reformen und bei Offenhaltung der »deutschen Frage«, zumindest bis 1949, wurde in der Zeit von 1949 bis 1961 das damalige System der Sowjetunion auf die DDR übertragen. Dieses Regime entsprach dem ideologischen Grundkonzept der deutschen Kommunisten, die schrittweise die von der Besatzungsmacht geräumten Positionen übernahmen. Die SED war zunächst nur der verlängerte Arm der Besatzung, was sie in Gegensatz zur Mehrheit des Volkes, gerade der Arbeiter, geraten ließ.

Das Oktroyieren des stalinistischen Modells der UdSSR mit diktatorischen Mitteln verhärtete die Auseinandersetzung. Das Verhältnis zum Kommunismus war in Deutschland ohnehin immer gespannter gewesen als in anderen Ländern, unter dem Faschismus wuchs es sich zur Katastrophe aus.

Stalinismus und Faschismus spielten dann auch in der Entwicklung des deutschen Kommunismus eine gravierende Rolle; in der Traditionslinie der SED haben sie bis heute eine fast traumatische Bedeutung für die Politik der Parteiführung behalten. Die bitteren Erfahrungen der Hitler-Diktatur, deren Gewaltherrschaft Zehntausende Kommunisten das Leben kostete und während der Hunderttausende Parteimitglieder lange Freiheitsstrafen erlitten, wirken bis heute nach.

Das »Stalinismus-Trauma«, das die kommunistische Führung zusätzlich belastete, resultiert nicht nur daraus, daß die SED unter Ulbricht das stalinistische System übernahm, sondern auch aus der Tatsache, daß sich bereits die alte KPD Stalin unterworfen hatte und auch zahlreiche deutsche Kommunisten Opfer der Stalinschen Säuberung von 1936 bis 1938 geworden waren. Die »Entstalinisierung« der auf Stalin eingeschworenen deutschen Kommunisten blieb problematisch und halbherzig. Nicht zuletzt das Faschismus- und das Stalinismus-»Trauma« im Hintergrund der SED-Politik sind deutlicher Beweis dafür, wie sehr die aktuelle Situation der SED von ihrer Geschichte geprägt, wie groß der Einfluß der Tradition auf ihre Politik ist.

Der Weg der DDR wurde bestimmt durch die Spaltung Deutschlands im Kalten Krieg und die Übertragung des stalinistischen Systems bzw. später durch die Veränderung der sowjetischen Politik. Insofern gab es für die Entwicklung des zweiten deutschen Staates grundsätzlich keine Alternative. Doch viele und oft fatale einzelne Entscheidungen in der Geschichte der DDR waren keineswegs unvermeidlich, sie hätten sich auch in anderer Form vollziehen können. Hier spielte auch der Kalte Krieg in Deutschland selbst eine Rolle. Die starre Haltung der deutschen Kommunisten ebenso wie die nicht weniger starre Haltung der Politiker der Bundesrepublik eskalierten zu einer »harten« Politik; so wurden beispielsweise in den sechziger Jahren nicht einmal kleine Schritte gewagt, etwa um liberale Tendenzen in der DDR zu stärken.

Freilich blieb ein »dritter Weg« jenseits von sowjetischer Abhängigkeit oder einer kapitalistischen Restauration in der DDR nur ein Wunschtraum oder bestenfalls eine theoretische Möglichkeit, keine reale Perspektive. Die Weltmächte entschieden auch in Deutschland die Politik, und gerade die Sowjetunion wollte einen »dritten Weg« nicht tolerieren. So bestimmte die Einbindung der DDR in den Block unter Führung der Sowjetunion die Trends der Politik, die freilich zunehmend auch vom Interesse der SED nach eigener Machtsicherung geprägt wurde. Daneben sind die sozialen und wirtschaftlichen Einflüsse und »Notwendigkeiten« ebenso wichtige Faktoren der Politik wie die Reaktionen auf den Westen. Damit lief die Geschichte der DDR auf fatale Weise generell mit einer gewissen Zwangsläufigkeit ab (freilich in anderem Sinn als in der von der DDR selbst behaupteten »Gesetzmäßigkeit« ihrer Entwicklung), und durch fehlende Flexibilität wurden sogar mögliche Nuancen der Politik eingeengt. Die deutsche Politik in Ost und West war in diese Zwänge eingebunden, sie machte allerdings auch keine Versuche auszubrechen. Trotz ständiger verbaler Beteuerungen wurden kaum reale Schritte unternommen, um die Situation zu ändern, um die Spaltung zu überwinden. Die führenden Kommunisten in der DDR hatten Angst vor jeder Abweichung von der vorgegebenen sowjetischen Linie, da sie nur mit Hilfe der UdSSR ihre Macht erhalten konnten, und den meisten von ihnen fehlte auch der Mut zu Initiativen, um eigene Wege zu gehen. In der Bundesrepublik wiederum befürchteten die führenden Politiker jahrzehntelang, jede »Anerkennung« der DDR oder jedes Eingehen auf die Sicherheitsinteressen der Siegermacht UdSSR könnte eine »Aufweichung« der Bindungen zum Westen oder gar die Gefahr der kommunistischen Infiltration bringen. Unter diesen Umständen blieben Veränderungen in der DDR beschränkt auf die Übernahme sowjetischer Wandlungen oder die notwendige Anpassung der kommunistischen Führung an – vor allem wirtschaftliche – Sachzwänge.«

Solche Feststellungen von 1984 zur Charakterisierung der DDR-Entwicklung halte ich noch immer für tragbar, auch wenn sie heute zu modifizieren und zu ergänzen sind. Rückblickend ist zu erkennen, daß die von mir angesprochene Wandlungsfähigkeit des Kommunismus, insbesondere die Chance einer Demokratisierung, bereits mit der Zerschlagung der Ansätze eines demokratischen Kommunismus 1968 in der ČSSR vorbei war. Die folgenden 20 Jahre der Stagnation der kommunistischen Herrschaftssysteme haben deren Zusammenbruch und zugleich das Ende der bisherigen kommunistischen Bewegung gebracht. Außerdem bewirkte die Stagnation den Niedergang der Wirtschaft, die 1984 zu positiv bewertet erscheint. Doch gemessen an den übrigen Ostblockstaaten und der verheerenden ökonomischen Lage in den vierziger und fünfziger Jahren gab es auch in der DDR einen wirtschaftlichen Aufschwung. Aber die Mangelwirtschaft blieb, und gegenüber dem florierenden »Wirtschaftswunder« der Bundesrepublik – auf das die DDR-Bevölkerung fixiert war – war diese ein entscheidender Grund für Instabilität. Zuletzt stand die DDR dann – wie nach ihrem Zusammenbruch bekannt wurde – vor dem finanziellen Bankrott. Dabei haben die Milliardenkredite aus dem Westen die katastrophale Situation der Wirtschaft verdeckt. Die Engpässe in der Versorgung und die Tatsache, daß die DDR-Planwirtschaft durch Aufzehrung der Ressourcen marode war, wurden nur ungenügend thematisiert. Und daß dort die »faschistische Vergangenheit« ebensowenig »bewältigt« wurde wie Chauvinismus oder Rassismus ist inzwischen drastisch deutlich geworden.

Dagegen wurden die politischen Strukturdefekte des Regimes in der ›Geschichte der DDR‹ 1984 klar benannt. Zu dessen Kennzeichnung benutzte ich den Begriff »Stalinismus« als zentralen Terminus. Dabei gilt es zu unterscheiden zwischen dem Stalinismus im engeren oder speziellen Sinne – dies war Willkürherrschaft und brutaler Terror – und seiner weiteren oder allgemeineren Einschätzung als gesellschaftspolitisches System.[1] In diesem allgemeinen Sinne war der Stalinismus die totalitäre Diktatur der Parteiführung, die mit Hilfe der hierarchisch organisierten Apparate (der hauptamtlichen Funktionäre) bestimmte. Sie beherrschte in der DDR

[1] Hermann Weber: Aufbau und Fall einer Diktatur. Köln 1991, S. 64 ff.

mit Hilfe des Ministeriums für Staatssicherheit das gesamte öffentliche Geschehen und beabsichtigte sogar, das persönliche Leben der Bürger zu dirigieren. Im engeren Sinne bedeutete Stalinismus ein Willkürregime mit brutalen Verfolgungen – Säuberungen genannt – und Personenkult um Stalin und die »kleinen Stalins«.[2]

Der Stalinismus im allgemeinen wie im speziellen Sinne wurde nach 1945 auf die osteuropäischen Länder und somit auch auf die SBZ bzw. DDR – die ja zunächst abhängiges Besatzungsgebiet war – übertragen. Erst nach Stalins Tod und insbesondere seit dem XX. Parteitag der KPdSU 1956 versuchten die kommunistischen Parteien schrittweise und mehr oder weniger intensiv, durch eine »Entstalinisierung« sowohl den Personenkult als auch die Willkürherrschaft, also den speziellen Stalinismus, zu überwinden.

Davon weitgehend unberührt blieb indes die Voraussetzung des Terrorregimes, die Machtkonzentration bei der Hegemonialpartei. Bis zum Ende bestanden die entscheidenden Merkmale des Stalinismus als gesellschaftspolitisches System weiter:

1. Die Diktatur der Parteiführung, die mit Hilfe der politischen Geheimpolizei bestimmte.

2. Der ideologische Anspruch, die Partei habe *»immer recht«*.

3. Das Organisationsprinzip mit dem hierarchischen »demokratischen Zentralismus«.

4. Das System der »Nomenklatur« in der Kaderpolitik.

5. Das Organisations-, Erziehungs- und Informationsmonopol von Partei und Staat. Trotz erkennbarer Ansätze von Modernisierung einiger Bereiche blieb auch in der DDR das gesellschaftspolitische System des Stalinismus (oder des Neostalinismus) unangetastet.

Heute, nach der Öffnung östlicher Archive und einem verbesserten Forschungsstand zur DDR-Geschichte, kann ich durchaus an früheren Aussagen zu den Entwicklungs- und Herrschaftsstrukturen festhalten, die seinerzeit die Krisenhaftigkeit des Regimes thematisiert haben:

Die Struktur des Herrschaftssystems der DDR war gekennzeichnet durch eine hierarchische Ordnung, die Befehlsstränge liefen strikt von oben nach unten. Zur Herrschaftsausübung benutzte die SED grundsätzlich drei Methoden, drei Instrumente, die bereits in der UdSSR Stalins entwickelt worden waren, die aber allmählich versagten.

1. Die Ideologie des »Marxismus-Leninismus«, die als Bindeglied der herrschenden Eliten fungierte, sollte durch Bewußtseinsbildung zugleich neue Anhänger gewinnen. Der Führung diente die Ideologie – neben der Anleitung des politischen und sozialen Handelns – als Rechtfertigungs- und Verschleierungsinstrument. Doch dieses Instrument stumpfte ab, die ideologische Beeinflussung verlor vor allem bei der Jugend seit den sechziger Jahren ihre Wirkung.

2. Die Führung praktizierte die »Neutralisierung«, um so »unpolitische« Menschen, die weder Gegner noch Anhänger des Systems waren, bei wachsendem Wohlstand und einem Mindestmaß an persönlichem Freiraum »passiv« halten zu können. Da die wirtschaftliche Effektivität ausblieb und der Lebensstandard der Bundesrepublik als Vorbild galt, griff auch dieses Instrument spätestens seit den siebziger Jahren kaum noch.

[2] Vgl. Hermann Weber und Ulrich Mählert (Hrsg.), Terror. Stalinistische Parteisäuberungen 1936–1953. Paderborn 1998.

3. Gegner wurden mit Terror niedergehalten. Die Verfolgungen durch den Staatssicherheitsdienst und die Justiz richteten sich gegen eine Minderheit, die aktiv eine Änderung des Systems anstrebte. Befohlene »Wachsamkeit« sollte zudem jede Nonkonformität aufspüren und Mißtrauen verbreiten. Zugleich wollte das Regime durch Terror, Zersetzung und Überwachung Unsicherheit und Angst wecken, um jede Opposition zu verhindern. Daneben gab es zahlreiche mittelbare Repressionen, und zunehmend erfolgten subtilere Methoden der Unterdrückung. Dennoch entwickelten sich in den achtziger Jahren wieder Oppositionsgruppen.

Letztlich hatten alle drei wesentlichen Herrschaftsmechanismen in der DDR ihre Wirkung eingebüßt. Die Grundschwächen konnten weder die Auswahl noch die Heranbildung von systemkonformen Kadern beheben. Personalpolitisches Prinzip war die »Nomenklatur«, d. h. allein die jeweils übergeordnete Instanz war zuständig für die Kader, deren Schulung, Einsatz, Karriere, Ablösung usw. Die »Kaderplanung« traf stets die Parteispitze, die sich in einem Ausleseverfahren den Typus des parteiergebenen Funktionärs zu schaffen suchte, der jederzeit ihre (oft wechselnde) Parteilinie mitmachte und als treuer Parteisoldat die ihm befohlenen Aufgaben kritiklos erfüllte.

Als Organisationsprinzip galt der »demokratische Zentralismus«. Tatsächlich war es ein hierarchischer und bürokratischer Zentralismus, der außer für den Aufbau der Hegemonialpartei SED ebenso für den Staat, die Blockparteien und Massenorganisationen, die geplante Wirtschaft sowie alle gesellschaftlichen Institutionen bindend war. Das hatte ein geradezu militärisches System von Über- und Unterordnung, Befehl und Gehorsam zur Folge. Damit wurden aber solche Verhaltens- und Denkweisen vorgeschrieben und eingeübt, die den Anforderungen moderner Gesellschaften direkt widersprachen. Anstelle flexibler und vielseitiger Einsatzbereitschaft, selbständiger Entscheidungsfindung, Innovation und Kreativität bewirkte dieser Überwachungsstaat, daß solche Fähigkeiten verkümmerten.

Mit zunehmender Komplexität der Probleme, mit denen sich die SED als Führungspartei konfrontiert sah, verschärfte sich die Krise des Herrschaftssystems. Vor allem als Gorbatschow in der Sowjetunion (dem großen Vorbild der SED-Kader) die Politik ab 1985 radikal änderte, kam die »freiwillige« Disziplin ins Wanken, geriet die Übermacht des Apparats in Schwierigkeiten und verlor der »Marxismus-Leninismus« seine integrierende Funktion.

Die Praxis der DDR-Führung, die Gesellschaft total zu dominieren sowie die seit den fünfziger Jahren festgefahrenen zentralistischen Strukturen in Wirtschaft und Politik erlaubten kaum Chancen einer Modernisierung. Deshalb konnte die DDR auch nicht die immer neuen Herausforderungen bewältigen, die sich besonders seit den siebziger Jahren für alle Industriegesellschaften stellten. Das diktatorische System insgesamt erwies sich als nicht reformierbar. In der DDR kam als weitere Erschwernis noch hinzu, daß ihre vergreiste Führung die Realität nicht mehr wahrnahm, die Honecker-Clique hat das eigene System zugrunde gerichtet.

Die DDR war eine politisch geformte Gesellschaft. Die Diktatur der SED-Spitze bedeutete nicht nur deren Alleinherrschaft in der Politik, sondern auch in der Wirtschaft, der Kultur, den Medien, ebenso im Erziehungssystem oder über die Sicherheitsorgane. Und die einzige autonome Institution, die Kirche, war zwar außerstande, das System zu ändern, blieb aber stets ein Dorn im Fleisch der Diktatur und als Dach für die Opposition übernahm sie eine wesentliche Rolle.

Allerdings gilt es, in der Geschichte der DDR nicht nur die Existenz und Wirksamkeit der Machtstrukturen zu registrieren, sondern ebenso die Rahmenbedingungen und Spielräume der Politik und die Probleme der Gesellschaft sowie die persönlichen Erfahrungen der Bevölkerung. Und deren Alltag wurde geprägt von den Freuden und Leiden des Individuums, von der Arbeit, von Familie oder Freundes- und Kollegenkreisen. Doch in diesem Alltag entwickelte sich keineswegs die jetzt nachträglich beschworene »DDR-Identität«, also die Identifikation der Bürger mit dem Regime und seiner Führung. Zum einen reglementierte die hierarchisch organisierte Diktatur, der »alltägliche Stalinismus«, das Leben doch viel stärker, als es mancher Rückblick wahrhaben will. Zum anderen wurden die stalinistischen Besonderheiten der Politik, Wirtschafts- und Gesellschaftsordnung von der nationalen deutschen Einstellung großer Teile der DDR-Bevölkerung überlagert, die immer eine Orientierung, ja Fixierung auf die Bundesrepublik bedeutete.

Das Scheitern der DDR geht auf deren Strukturdefekte zurück, selbst wenn der – obwohl plötzliche, so doch späte – Zeitpunkt des Scheiterns letztlich von den seinerzeitigen Erschütterungen im Weltkommunismus ausgelöst wurde: der tiefgreifenden Reformpolitik Gorbatschows, dem darauf folgenden Wandel in Ungarn und Polen (der Möglichkeiten der Massenflucht für die DDR-Bürger bot) und den Protestdemonstrationen im Lande selber, die schließlich den Zusammenbruch des SED-Regimes bewirkten.

Den Kommunisten und dann der SED war einstmals nicht nur soziale Kompetenz zugestanden worden, ihr Antifaschismus und das Bekenntnis zur Demokratie brachten zunächst Massenzulauf. Doch schon bald entstand aus der raschen Stalinisierung von SED und DDR ein Dissens zwischen der Hegemonialpartei und der Mehrheit der Bevölkerung. Das Machtmonopol und die skrupellose Art der Machtausübung des deutschen Kommunismus in der DDR sind letztlich für den Niedergang verantwortlich. Daß die DDR Ansätze einer solidarischen Gesellschaft versuchte, Friedenspolitik und Antifaschismus zur »Staatsdoktrin« erklärte, ein soziales Netz und (gemessen an anderen Ostblockstaaten) etliche Wirtschaftserfolge aufzuweisen hatte, verblaßte unter der Diktatur. Da die SED weder Demokratie noch Freiheiten zuließ, fehlten dort der Gesellschaft die notwendigen Innovationen, die Spielräume der Politik blieben zu eng, der Untergang schien insofern programmiert.

Der Grunddefekt des DDR-Regimes war von Anfang bis Ende das Fehlen jeder demokratischen Legitimation. Die meisten Menschen verweigerten der Führung den Konsens. Weder das Funktionieren der »Apparate« noch die Versprechungen sozialer Sicherheit und »Geborgenheit« oder die resignierte Anpassung jener Kreise, die keine Alternative sahen, konnten dies verändern. Mit dem Schwinden des Zukunftsoptimismus und des Sendungsbewußtseins selbst bei den Kommunisten und dem wachsenden Unwillen der Massen brach das zentralistische System trotz Überwachung und Verfolgung zusammen. Die von der Sowjetunion geborgte Herrschaft der deutschen Kommunisten war zu Ende.

Die SED-Diktatur ist von der dortigen Bevölkerung beiseite gefegt worden, doch die demokratische DDR war dann nur ein kurzes Zwischenspiel. Auch die Ideen eines »dritten Weges«, von einer reformierten sozialistisch-demokratischen DDR, scheiterten nicht nur angesichts der katastrophalen Erblast, dem Ruin der Wirtschaft und der Diskreditierung des Sozialismus durch den Stalinismus. Zum Schluß zeigte sich nämlich, daß die überwältigende Mehrheit sich in erster Linie als Deutsche fühlte und deshalb die Einheit Deutschlands durchsetzte. Die DDR war einst als Produkt des Kalten Krieges entstanden. Das Ende des Kalten Krieges brachte dann auch das Ende der DDR.

Diese Entwicklung wird in der vorliegenden Neuausgabe der ›Geschichte der DDR‹ beschrieben und durch die wichtigen Ereignisse von 1984 bis 1990 erweitert. Für die aktualisierte Fassung wurden auch Kürzungen nötig. Da der Umfang des Bandes vorgegeben war, fiel das ausführliche Einleitungskapitel über die Gründung der DDR weg. Weil über manche Bereiche, über die 1984 erstmals ausführlicher berichtet werden konnte (SMAD, Zentralverwaltungen, ZK-Tagung der SED 1955) inzwischen neue Arbeiten publiziert sind, wurden diese überproportionierten Teile ebenfalls gestrafft. Statt dessen war es möglich, aus Archivalien und jüngsten Untersuchungen unbekannte Details aufzunehmen.

In der Einleitung von Oktober 1984 dankte ich für Mithilfe u. a. bei Bibliographie und Register den Mitarbeitern des Arbeitsbereichs DDR-Geschichte sowie meines Lehrstuhls, namentlich Hermann Schwenger, Martina Stamm und Patrik Baab. Für die Neuausgabe gilt dies für Marek Jäger, Rolf Peter, Rainer Schmitt, Stephan Alfter sowie für gründliches Korrekturlesen Gretel Kilian (Weinheim). Und auch hier gilt weiter, was 1984 gesagt wurde: Vor allem aber danke ich meiner Frau, Gerda Weber, für ihre unermüdliche Hilfe.

Mannheim, im Februar 1999 — Hermann Weber

1. KAPITEL

Die »antifaschistisch-demokratische Umwälzung« 1945–1949

Das Ende Hitler-Deutschlands

Die Unterzeichnung der Urkunde über die bedingungslose Kapitulation durch die Vertreter des Oberkommandos der Wehrmacht (am 7. Mai 1945 in Reims und am 8. Mai in Berlin-Karlshorst) beendete den Zweiten Weltkrieg in Europa. Bereits am 30. April hatte Hitler in Berlin Selbstmord verübt und sich damit der Verantwortung für den Krieg entzogen, mit dem der Nationalsozialismus Deutschland und die Welt in eine Katastrophe gestürzt hatte. Folgen des von Deutschland unter Hitlers Führung begonnenen Krieges waren der totale Zusammenbruch des Deutschen Reiches und schließlich die Spaltung Deutschlands.

Der Krieg hatte fast 55 Millionen Tote gekostet, darunter allein 20 Millionen Sowjetbürger. Das deutsche Volk hatte über 6 Millionen Tote zu beklagen, die an der Front, bei Luftangriffen, auf der Flucht oder in Hitlers Konzentrationslagern ums Leben kamen. Vernichtet war ein Drittel des Volksvermögens. 25 Millionen Deutsche verloren als Flüchtlinge, Evakuierte oder Ausgebombte ihre Heimat, 15 Prozent des vorhandenen Wohnraums waren zerstört. Besonders schlimme Verhältnisse herrschten in dem von sowjetischen Truppen besetzten Teil Deutschlands, da hier die letzten Kämpfe am härtesten getobt hatten. Der Wiederaufbau des zerstörten Deutschland stellte sich bei Kriegsende der deutschen Bevölkerung, aber auch den Besatzungsbehörden als die dringendste Aufgabe.

Die Siegermächte kamen jedoch mit ungleichen Interessen und ihre Truppen auch mit unterschiedlichen Erfahrungen nach Deutschland. Hatte der Krieg im Westen zu den im großen und ganzen »üblichen« schrecklichen Ergebnissen geführt, so »hatte im Osten ein von Hitler entfesselter rassenideologischer Vernichtungskrieg ohne Bindung an völkerrechtliche Normen gewütet«.[1]

Die unmenschlichen Zustände in den Konzentrationslagern, die nach der Befreiung bekannt wurden, und die Enthüllungen über die Vernichtung der europäischen Juden hatten bei den westlichen Armeen Entsetzen und Abscheu hervorgerufen. Erst recht konnten die Schrecken des brutalen Vernichtungskrieges im Osten nicht ohne Rückwirkungen auf das Verhalten der Roten Armee bleiben.

Bei ihrem Einmarsch in Deutschland verbreiteten die sowjetischen Truppen Angst und Schrecken. Ihr Ansehen wurde von Übergriffen, Plünderungen und Ver-

[1] Andreas Hillgruber, Deutsche Geschichte 1945–1972. Frankfurt a. M., Berlin 1974, S. 13.

gewaltigungen bestimmt. Der Überfall Deutschlands auf die Sowjetunion 1941 und die Verbrechen, die deutsche Soldaten begangen hatten, schlugen in der SBZ auf fürchterliche Weise zurück, und wie so häufig mußten viele Unschuldige nun unter den Brutalitäten der Roten Armee leiden.[2]

Die Politik dieser Armee als Besatzungsmacht wurde freilich von der Moskauer Führung bestimmt. Vor allem in der ersten Phase bis Mitte 1947 war die sowjetische Besatzungspolitik ein Teil der Deutschlandpolitik der UdSSR. Offensichtlich hatte die Sowjetunion für ihre Deutschlandpolitik bereits während des Krieges mehrere Alternativen ausgearbeitet.[3] Die Haltung der UdSSR war nach dem deutsch-sowjetischen Pakt vom August 1939 geprägt durch den Überfall der deutschen Armee am 22. Juni 1941. Zunächst mußte die Sowjetunion alle Anstrengungen auf ihre Verteidigung richten. Die rasche Kooperation mit den Westalliierten ermöglichte es Stalin dann, auch Pläne und Konzeptionen für ein Nachkriegsdeutschland zu entwickeln. Gemeinsam mit den Alliierten wollte die Sowjetunion den Nationalsozialismus vernichten sowie Deutschlands Militärmacht und Rüstungsindustrie zerschlagen. Darüber hinaus beanspruchte die UdSSR, die durch den Krieg die schwersten Verluste erlitten hatte, auch möglichst umfangreiche Reparationen.

Dabei beteiligte sich Stalin zunächst an den Plänen, Deutschland nach Kriegsende zu zerstückeln. Doch nach außen distanzierte er sich von den Teilungskonzeptionen, die während des Krieges bei allen Alliierten aufgetaucht waren. In einem Tagesbefehl an die Rote Armee vom 23. Februar 1942 erklärte Stalin, die Erfahrungen der Geschichte besagten, »daß die Hitler kommen und gehen, aber das deutsche Volk, der deutsche Staat bleibt«.[4] Entsprechend dieser immer wieder zitierten These zeigte die Sowjetunion in den folgenden Jahren kein Interesse an Vorschlägen zur Aufteilung Deutschlands. Auch der Morgenthau-Plan fand keine offizielle Billigung der Sowjetunion, während Roosevelt und Churchill dem Plan noch auf der 2. Quebec-Konferenz im September 1944 Zugeständnisse machten, indem sie die Demontage wichtiger Industrien und die Kontrolle des Ruhr- und des Saargebietes forderten.

Auf der Konferenz der Alliierten in Jalta im Februar 1945 schwenkte Stalin in der Teilungsfrage allerdings wieder um. Er fragte, ob es »nicht schon an der Zeit sei, eine Entscheidung über die Zergliederung Deutschlands zu treffen«.[5] Ein geheimer Teilungsausschuß wurde eingesetzt, doch rückte der sowjetische Vertreter in diesem Gremium bereits im März 1945 wieder von allen Zerstückelungsplänen ab.

Offensichtlich existierten in Moskau ursprünglich auch Pläne, nach denen die KPD sofort nach der Niederschlagung des NS-Regimes die Arbeit aufnehmen sollte, um auf das von der Roten Armee eroberte Gebiet das sowjetische System zu übertragen und später auf ganz Deutschland auszudehnen. Je länger der Krieg dauerte, um so deutlicher modifizierte Stalin seine Konzeption. Die Entmachtung Deutschlands, seine militärische Entwaffnung und Besetzung sowie wirtschaftliche Wiedergutmachung in Form von Reparationen schienen nunmehr weit wichtiger als

[2] Vgl. Norman M. Naimark, Die Russen in Deutschland. Die Sowjetische Besatzungszone 1945–1949. Berlin 1997, S. 91 ff.

[3] Vgl. dazu Alexander Fischer, Sowjetische Deutschlandpolitik im Zweiten Weltkrieg 1941–1945. Stuttgart 1975.

[4] Josef Stalin, Über den Großen Vaterländischen Krieg der Sowjetunion. Berlin 1945, S. 35.

[5] Ernst Deuerlein, Die Einheit Deutschlands. Ihre Erörterung und Behandlung auf den Kriegs- und Nachkriegskonferenzen 1941–1949. Darstellung und Dokumentation. Frankfurt a. M. 1957, S. 63.

ein »sozialistisches« Deutschland. Die russischen Staatsinteressen galten im internationalen Kommunismus ohnehin als vordringlich, so daß die deutschen Kommunisten sich unterzuordnen hatten. Da die Sowjetunion vor allem Reparationen aus dem Ruhrgebiet erwartete, mußte sie schon deswegen eine gesamtdeutsche Lösung favorisieren.

Zugleich wurden jedoch mit der »antifaschistisch-demokratischen Umwälzung« in der eigenen Besatzungszone Strukturreformen durchgeführt, die Grundlage für ein kommunistisches Herrschafts- und Gesellschaftssystem sein konnten, sei es für eine »gesamtdeutsche« Perspektive oder für eine »kleine«, auf die SBZ beschränkte Lösung. Die verschiedenen Konzeptionen der UdSSR boten ihr die Möglichkeit, sich der jeweiligen konkreten Konzeption anzupassen, um schrittweise bestimmte strategische und taktische Ziele zu realisieren. Das bedeutete aber, daß die sowjetische Deutschlandpolitik wesentlich von der Haltung der USA abhing (und umgekehrt).

Die konkreten deutschlandpolitischen Ziele der Sowjetunion während und am Ende des Krieges werden – da die Moskauer Akten auch nach dem Zusammenbruch der Sowjetunion nur teilweise zugänglich sind – in der Forschung weiterhin unterschiedlich gesehen und bewertet.[6] Das gilt etwa für die These, daß Stalin ein demokratisches vereintes Nachkriegsdeutschland anstrebte.[7] Unbestritten bleibt, daß die sowjetische Politik unter Stalin bestimmt wurde vom Sicherheitsbedürfnis und der Furcht vor einem raschen Wiederaufstieg Deutschlands als politische und militärische Macht. Und die Reparationsforderungen waren ohne Zweifel entscheidendes Motiv für Stalins Strategie. Wohl nicht von ungefähr soll Stalin während der Potsdamer Konferenz im August 1945 »immer wieder ein und dasselbe Wort: ›Reparationen‹, ›Kontributionen‹« notiert haben. Gerade diese schienen ihm unerläßlich, um die Sowjetunion nach der Wiedergutmachung ihrer fürchterlichen Verluste im Krieg in einen der »einflußreichsten Staaten der Erde« verwandeln zu können.[8]

Ein »Fernziel« der UdSSR bestand 1945 auch darin, in Deutschland ihr eigenes System zu installieren. Nur dadurch glaubte sie »Faschismus und Militarismus« endgültig ausrotten zu können, die ja nach der sowjetischen Ideologie Folgen des Kapitalismus und der bürgerlichen Staatsform, also auch des Parlamentarismus und seines Parteiensystems, waren.

Die aktuellen Interessen der UdSSR verlangten 1945 jedoch eine andere Politik. Die Sowjetunion wollte ihren Machtbereich erweitern und ihr internationales Gewicht verstärken, sie benötigte nach den schweren Kriegsverlusten Ruhe für den Wiederaufbau, und sie brauchte Reparationen. Daher sollte jeder Anschein einer »kommunistischen« Entwicklung oder einer Übertragung des Sowjetsystems in Osteuropa und erst recht im gemeinsam besetzten Deutschland vermieden oder zumindest vertuscht werden. Es ist offensichtlich, daß sich die sowjetische Deutschlandpolitik zwar »jederzeit möglichst alle Alternativen offenhalten« wollte, aber in

[6] Vgl. z. B. Gerhard Wettig, Neue Aufschlüsse über Moskauer Planungen für die politisch-gesellschaftliche Ordnung in Deutschland nach dem Zweiten Weltkrieg. In: Jahrbuch für Historische Kommunismusforschung 1995. Hrsg. Hermann Weber, Egbert Jahn, Günter Braun u. a. Berlin 1995, S. 151 ff.

[7] Wilfried Loth, Stalins ungeliebtes Kind. Warum Moskau die DDR nicht wollte. Berlin 1994; vgl. auch W. Loth, Sowjetische Deutschlandpolitik nach 1945, in: Klaus Schönhoven und Dietrich Staritz, Sozialismus und Kommunismus im Wandel. Hermann Weber zum 65. Geburtstag. Köln 1993, S. 303 ff.; zur Diskussion der These vgl. Werner Müller, Noch einmal: Stalin und die Demokratie in Nachkriegsdeutschland, in: Jahrbuch für Historische Kommunismusforschung 1998, S. 203 ff.

[8] Dimitri Wolkogonow, Stalin. Triumph und Tragödie, Düsseldorf 1989, S. 676.

den ersten Jahren nach 1945 bemüht blieb, »eine Deutschlandlösung im Einvernehmen mit den Siegermächten mindestens nicht zu verbauen«.[9]

Deutschland sollte trotz der Aufteilung in Besatzungszonen als Einheit bestehen bleiben. Schon am 12. September 1944 hatten die Vertreter der USA, Großbritanniens und der UdSSR ein Abkommen unterzeichnet, das die Grenzen der zukünftigen Besatzungszonen festlegte. Weite Teile des für sie vorgesehenen Okkupationsgebietes hatte die Sowjetarmee bei Kriegsende bereits erobert. Die Übertragung des Stalinismus auf zumindest diesen Teil Deutschlands war zwar kein aktuelles Ziel, wohl aber eine der möglichen Perspektiven der sowjetischen Führung. Um die geplante Politik realisieren und den Wiederaufbau vorantreiben zu können, war die Mitarbeit der deutschen Kommunisten unerläßlich. Deshalb wurden ihnen leitende Positionen in der neuen Verwaltung übertragen; allerdings blieben sie anfangs den Anordnungen der Besatzungsmacht unterstellt.

Die historischen Bedingungen für den bald folgenden Aufbau der Diktatur und die Übertragung des Stalinismus auf die Sowjetische Besatzungszone sind eindeutig: »Wesentliche Grundlage der über vierzigjährigen SED-Diktatur war der totalitäre Machtanspruch der sowjetischen und deutschen Kommunisten. Voraussetzung für die Errichtung der kommunistischen Diktatur in der Sowjetischen Besatzungszone (SBZ) und damit für die Teilung Deutschlands schuf jedoch die nationalsozialistische Kriegs- und Vernichtungspolitik des Zweiten Weltkrieges ... In seinem Verlauf ist das deutsche Volk durch die systematische Judenvernichtung (»Holocaust«) und die rücksichtslose Ausbeutung der eroberten Länder mit schweren Hypotheken belastet worden.«[10]

Die Rolle der deutschen Kommunisten

Die deutschen Kommunisten waren 1945 bereit, Hilfsfunktionen für die UdSSR zu übernehmen. Die um die Jahreswende 1918/19 gegründete KPD[11] hatte nach der Ermordung ihrer bedeutendsten Führer Rosa Luxemburg und Karl Liebknecht (Januar 1919) schon früh ihre Eigenständigkeit aufgegeben. Sie wurde 1920 zu einer Massenpartei der linksradikalen deutschen Arbeiter. Doch als Sektion der Kommunistischen Internationale blieb sie an der bolschewistischen Oktoberrevolution orientiert, und schon bald erblickten die deutschen Kommunisten in der UdSSR ihr politisches Vorbild und das Modell ihrer Zukunftserwartungen.

Wie alle kommunistischen Parteien geriet auch die KPD von 1924 bis 1929 in die

[9] Hans-Peter Schwarz, Vom Reich zur Bundesrepublik. Deutschland im Widerstreit der außenpolitischen Konzeptionen in den Jahren der Besatzungsherrschaft 1945–1949. Neuwied, Berlin 1966, S. 261.

[10] So der Bericht der Enquete-Kommission des Deutschen Bundestages zur SED-Diktatur 1994, vgl. Materialien der Enquete-Kommission »Aufarbeitung von Geschichte und Folgen der SED-Diktatur in Deutschland« (12. Wahlperiode des Deutschen Bundestages). Hrsg. Deutscher Bundestag. Neun Bde. in 18 Teilbänden, Baden-Baden 1995. Bd. 1, S. 208; Getrennte Vergangenheit, gemeinsame Zukunft. Ausgewählte Dokumente, Zeitzeugenberichte und Diskussionen der Enquete-Kommission »Aufarbeitung und Folgen der SED-Diktatur in Deutschland« des Deutschen Bundestages 1992–1994 in vier Bänden. Hrsg. Ingrun Drechsler u. a., München 1997 (dtv Bd. 30621). Bd. 1, S. 14; Vgl. auch den Bericht von A. Fischer und M. Rißmann, Deutschland als Gegenstand alliierter Politik, Materialien Bd. 2, S. 1301 ff.

[11] Zum Forschungsstand über die KPD vgl. Hermann Weber, Kommunismus in Deutschland 1918–1945. Darmstadt 1983.

Mühlen der Stalinisierung. Es kam zur völligen Abhängigkeit der KPD von der Komintern und der Sowjetunion Stalins, die deutsche Partei wurde zur Hilfstruppe der UdSSR. Die Stalinisierung der KPD bedeutete die Abschaffung der innerparteilichen Demokratie und die Entstehung einer straff disziplinierten und zentralisierten Organisation, in der die Führung mit Hilfe des hierarchisch aufgebauten Parteiapparates, d. h. der hauptamtlichen Parteifunktionäre, die Politik bestimmte. Die Parteidisziplin schloß auch die Anerkennung der sowjetischen Hegemonie ein.

Die Weltwirtschaftskrise verstärkte den Zulauf zur KPD (1928: 130000 Mitglieder und 3,2 Millionen Wähler, Ende 1932: 252000 Mitglieder und 6 Millionen Wähler). Bis 1933 hatte die KPD mit ihren verwirrenden Faschismus-Thesen (Bezeichnung aller Nichtkommunisten als Faschisten, Hauptangriff gegen die Sozialdemokraten, die »Sozialfaschisten« genannt wurden) und ihrer ultralinken Politik den Faschismus Hitlers ungewollt in seinem Aufstieg begünstigt. 1935 übte die Partei zwar Selbstkritik, schwächte sie aber nach einiger Zeit wieder ab. Die verfehlte ultralinke Politik von 1929 bis 1933 und die darauf folgenden bitteren Erfahrungen unter der Hitler-Diktatur, deren Gewaltherrschaft Tausende von Kommunisten das Leben kostete, wirkten als »Faschismus-Trauma« 1945 nach. Zahlreiche KPD-Führer wurden auch im sowjetischen Exil Opfer der Stalinschen Säuberung von 1936 bis 1938.

Von den deutschen Kommunisten, die vor der Hitler-Diktatur in die Sowjetunion flohen, gerieten zwei Drittel in die dortigen Säuberungen. Und von den Spitzenführern der KPD während der Weimarer Republik sind mehr Personen den Stalinschen Säuberungen zum Opfer gefallen als dem Terror Hitlers.

Die Säuberungen waren ein immanenter Faktor des Wandels des Kommunismus von einer radikalen sozialen Bewegung in eine totalitäre Organisation. Mit den Säuberungen bildeten sich Besonderheiten heraus, die auch den deutschen Kommunismus prägten.[12]

1. Der Kommunismus war die einzige Bewegung der jüngeren Geschichte, die mehr ihrer eigenen Führer, Funktionäre und Mitglieder selbst umgebracht hat, als das ihre Feinde taten.

2. Die Kommunistischen Parteien entwickelten sich im Stalinismus weg vom Typ moderner Organisationen, sie wurden hyperzentralistische, fast militärisch strukturierte »Orden«.

3. Die disziplinierten Funktionäre waren nach außen, gegenüber ihren Kontrahenten und Feinden, mutig und einsatzbereit bis hin zur Selbstaufopferung. Innerhalb der Partei benahmen sie sich wie treue Untertanen, waren ergebene Befehlsempfänger der Führung.

4. Die bereits in den zwanziger Jahren eingeleiteten Säuberungen und Ausschlüsse führten zu einer riesigen Fluktuation von Funktionären und Mitgliedern, sie betrug z. B. in der KPD 1932 über fünfzig Prozent. Die Stalinisierung der KPD und die Parteisäuberungen hatten auch nach 1945 für die deutschen Kommunisten wesentliche Bedeutung.[13] Die meisten deutschen Kommunisten hielten am Modell Sowjetunion und ihrem Idol Stalin fest. Für die KPdSU waren die deutschen Genossen 1945 daher ein wichtiger Faktor: Mit ihrer Hilfe glaubte Moskau Einfluß auf die Politik Nachkriegsdeutschlands gewinnen zu können.

[12] Vgl. dazu Hermann Weber und Ulrich Mählert (Hrsg.), Terror. Stalinistische Parteisäuberungen 1936–1953. Paderborn 1998.

[13] Vgl. Manfred Wilke (Hrsg.), Die Anatomie der Parteizentrale. Die KPD/SED auf dem Weg zur Macht. Berlin 1998, S. 19ff.

Vorbereitungen für solche Pläne waren bereits Jahre zuvor getroffen worden. Im Juni 1943 besuchten Walter Ulbricht und der deutsche kommunistische Schriftsteller Erich Weinert, die beide in sowjetischer Emigration lebten, das Kriegsgefangenenlager Krasnogorsk, um dort Offiziere für die Gründung des Nationalkomitees »Freies Deutschland« zu gewinnen. Die Sowjetunion beabsichtigte, die Bewegung »Freies Deutschland« zur Zersetzung der Hitler-Armee und als Druckmittel gegen ihre Westalliierten (Drohung mit einem separaten Friedensvertrag) zu benutzen. Die Mehrzahl der Offiziere, die sich zur Verfügung stellten, lehnten die Verbrechen Hitlers ab. Sie erhofften durch ihre Mitarbeit im Nationalkomitee aber auch – das versprachen die Sowjets – den Bestand des Deutschen Reiches erhalten, Positionen im neuen Deutschland einnehmen und eine Bolschewisierung verhindern zu können. Die deutschen Kommunisten schließlich erwarteten von der Bewegung »Freies Deutschland« nicht nur Hilfe beim Sturz Hitlers von außen, sondern strebten damit auch eine gefügige Tarnorganisation an.

Bei seiner Gründung bestand das Nationalkomitee aus 25 Vertretern von kriegsgefangenen Offizieren und Mannschaften und 15 emigrierten KPD-Funktionären. Das Nationalkomitee »Freies Deutschland« trug damit bereits alle Merkmale der späteren Taktik des Stalinismus in den »Massenorganisationen« und bei der Unterwanderung bürgerlicher Organisationen. Die KPD-Funktionäre waren zwar in der Minderheit, aber sie bestimmten die Politik. Die übrigen 25 Mitglieder repräsentierten einen Querschnitt aus allen Berufen und sozialen Schichten und dienten so als Aushängeschild. Mit dem Nationalkomitee sollten in erster Linie nationale Kreise gegen Hitler mobilisiert werden. Die Tarnung der Kommunisten ging so weit, daß Schwarz-Weiß-Rot die offiziellen Farben des Komitees wurden. Das Nationalkomitee »Freies Deutschland« und der Bund Deutscher Offiziere waren einerseits von Stalin und den Kommunisten inspiriert und als Tarnorganisation konzipiert, andererseits hatten sich in ihren Reihen Widerstandskämpfer gegen Hitler zusammengefunden.[14] Die neuere Forschung verweist darauf, es sei nicht zu übersehen, »daß der Impuls zur Gründung des NKFD von Stalin und seiner Moskauer Führung ausging«, aber dessen Mitglieder «eigenständige patriotische Ziele hatten und entwickelten, um auf ihre Weise einen Beitrag zum angestrebten Sturz Hitlers zu leisten«.[15] Nach dem »deutschnationalen« Zwischenspiel mit dem Nationalkomitee »Freies Deutschland« versuchten die Kommunisten vor allem ein antifaschistisches Programm zu entwickeln. Auch dazu wurde die Exil-KPD in Moskau herangezogen. Die deutschen Kommunisten erarbeiteten 1944/45 verschiedene Perspektiven für ein Nachkriegsdeutschland.

Dabei war die KPD-Führung weiterhin den stalinistischen Vorstellungen verhaftet. Ihre Planungen für ein Nachkriegsdeutschland folgten der jeweiligen Strategie und Taktik Stalins. Auch die Überlegungen zu einem Neuaufbau der KPD waren im »alten Geist« gehalten.[16] Der KPD-Vorsitzende Wilhelm Pieck hatte noch Ende

[14] Die umfassende Darstellung von Bodo Scheurig, Freies Deutschland. Das Nationalkomitee und der Bund deutscher Offiziere in der Sowjetunion 1943–1945 (Neuauflage Köln 1984) erschien unter dem Titel ›Verräter oder Patrioten‹ 1993 erneut. Der Autor konnte darauf verweisen, daß die »Quellengrundlage breiter geworden ist«, aber daß sie »nirgendwo zu nennenswerten Korrekturen« zwang (S. 9).

[15] Gerd R. Ueberschär (Hrsg.), Das Nationalkomitee »Freies Deutschland« und der Bund Deutscher Offiziere. Frankfurt a. M. 1995, S. 11.

[16] Vgl. Peter Erler, Horst Laude, Manfred Wilke (Hrsg.), ›Nach Hitler kommen wir‹. Dokumente zur Programmatik der Moskauer KPD-Führung 1944/45 für Nachkriegsdeutschland. Berlin 1994.

Oktober 1944 darauf bestanden, daß für die »künftige Gestaltung der KPD« die »Partei Lenin-Stalins die einzige und beste Lehrmeisterin« sei. Gegner der KPD, vor allem die Sozialdemokratie, müßten »zerstört und vernichtet« werden. Der »Kaderpolitik« kam in den Moskauer Diskussionen eine große Rolle zu. Neue Mitglieder waren »im Geiste des Marxismus-Leninismus-Stalinismus« zu schulen. Bei der Schulung dachte Pieck sogar an »ähnliche Einrichtungen wie sie die Nazipartei auf ihren Ordensburgen« geschaffen hatte.[17]

Wilhelm Pieck (1876–1960), von Beruf Tischler, hatte 1935 die Nachfolge des von den Nazis inhaftierten Ernst Thälmann (1886–1944) als Vorsitzender der KPD angetreten. Er war 1919 Mitbegründer der KPD und gehörte immer zu deren Führung. 1946 wurde Pieck dann einer der Vorsitzenden der SED. Die politische Rolle des jovial wirkenden und der Sowjetunion treu ergebenen »Landesvaters« war nur gering. Indes wird an seiner Person deutlich, daß sich die Sowjetunion bei Planungen wie später in der Politik fest auf deutsche Kommunisten verlassen konnte.

Anfänge des Neuaufbaus

Als die Siegermächte 1945 das total zusammengebrochene Deutschland in Besatzungszonen aufteilten und vorerst selbst regierten, konnte es kaum ausbleiben, daß sich jede Besatzungsmacht in ihrer praktischen Politik von den Ordnungsvorstellungen leiten ließ, die ihr aus dem eigenen Land vertraut waren. Stalin konnte in Deutschland auf lange Sicht kein anderes System installieren als jenes, das er in der Sowjetunion geschaffen hatte. Unmittelbar nach dem Krieg war er jedoch, wie schon erwähnt, darauf bedacht, sein langfristiges Programm nicht durch sofortige Sowjetisierung in der eigenen Besatzungszone zu gefährden, was den Protest der westlichen Alliierten hervorgerufen hätte. Außerdem wären viele demokratische Antifaschisten, die Stalin in Deutschland als zeitweilige Bündnispartner gewinnen wollte, durch eine sofortige und schnelle Übertragung des sowjetischen Systems von vornherein abgestoßen worden. Und nicht zuletzt erforderte die gesamtdeutsche Konzeption – vor allem wegen der Reparationen – eine andere Taktik. Stalin hielt also eine Übergangsetappe für notwendig, die »antifaschistische Demokratie«.

Nach der deutschen Kapitulation verbreitete ein ›Nachrichtenblatt für die deutsche Bevölkerung‹, das die Rote Armee herausgab, die »Botschaft des Genossen J. W. Stalin« an das »Volk« (gemeint war natürlich das sowjetische Volk) mit den bemerkenswerten Worten: »Die Sowjetunion feiert den Sieg, obwohl sie nicht beabsichtigt, Deutschland aufzuteilen oder zu vernichten.«[18]

Wenige Tage später wiederholte die ›Tägliche Rundschau‹, die sowjetische Zeitung für die deutsche Bevölkerung[19], daß die Rote Armee als »Siegerin, aber nicht als Unterdrückerin« nach Deutschland gekommen und ihr Ziel »niemals die Ver-

[17] Ebd., S. 281, 288.

[18] Nachrichtenblatt für die deutsche Bevölkerung, Nr. 19 vom 10. 5. 1945, S. 1.

[19] Die ›Tägliche Rundschau‹ erschien in unterschiedlichem Format als »Frontzeitung für die deutsche Bevölkerung« bzw. als »Tageszeitung für die deutsche Bevölkerung«, schließlich als »Zeitung für die deutsche Bevölkerung«. Chefredakteur war Oberst A. W. Kirsanow, in der Redaktion waren auch deutsche Emigranten beschäftigt; vgl. Stefan Doernberg, Befreiung 1945. Ein Augenzeugenbericht. Berlin (Ost) 1975, S. 150ff.

nichtung des deutschen Volkes oder die Zertrümmerung des deutschen Staates« sei. Nunmehr müsse aber das deutsche Volk beweisen, »daß Hitler nicht Deutschland, daß die nazistische Bande nicht das deutsche Volk ist«.[20] Als Zeichen des guten Willens interpretierte die Zeitung die Maßnahmen des sowjetischen Kommandos für die Verbesserung der Nahrungsmittelversorgung der deutschen Bevölkerung, die in der Tat das Gegenstück zu den zahlreichen Übergriffen der Soldaten der Roten Armee waren.

Die sowjetische Besatzungsmacht hatte in ihrer Zone und vor allem in Berlin schon früh entscheidende Schritte eingeleitet: Bereits vor der deutschen Kapitulation hatte die Sowjetarmee zu ihrer Unterstützung drei Gruppen deutscher Kommunisten nach Berlin, nach Sachsen und nach Mecklenburg-Pommern gebracht, deren Leiter Walter Ulbricht, Anton Ackermann und Gustav Sobottka waren. Walter Ulbricht (1893–1973), von Beruf Tischler, wurde rasch der entscheidende Mann in der SBZ/DDR. Er hatte sich in den zwanziger Jahren als eifriger Organisator im Apparat der KPD hochgearbeitet. Bereits in der Emigration bestimmte er maßgeblich die Linie der KPD, indem er sich stets besonders geschickt an den Positionen der Sowjetunion und vor allem Stalins orientierte. Nach der Wahl zum Generalsekretär der SED im Juli 1950 (später: Erster Sekretär) und seit 1960 als Vorsitzender des Staatsrates wurde Ulbricht auch nach außen sichtbar die zentrale Figur. Zunächst uneingeschränkt den sowjetischen Weisungen folgend, versuchte er in den sechziger Jahren auch eigene Schritte. Mit der Person Ulbrichts sind Existenz und Entwicklung der DDR weitgehend verknüpft. Bis zu seiner Ablösung 1971 hat er dort Partei und Staat nachhaltig mitgeprägt.[21] Anton Ackermann (1905–1973) war seit 1925 in der KPD und kam 1935 in der Emigration ins ZK und Politbüro. Als Leiter einer »Initiativgruppe« kehrte er 1945 aus der UdSSR nach Deutschland zurück und galt seit 1946 als »Chefideologe« der SED. Er vertrat vor allem den »besonderen deutschen Weg« zum Sozialismus und war Kandidat des Politbüros bis 1953. Als Gegner Ulbrichts wurde er gemaßregelt, 1956 zwar rehabilitiert, gewann aber keinen politischen Einfluß mehr. Gustav Sobottka (1886–1953), Bergmann, war 1910 der SPD beigetreten und kam über die USPD 1920 zur KPD. Von 1921 bis 1932 war er Abgeordneter des Preußischen Landtags und in der kommunistischen Gewerkschaftsarbeit aktiv. 1935 emigrierte er in die UdSSR. Er wurde 1945 Stellvertretender Leiter der Zentralverwaltung Energie und Brennstoffverwaltung der SBZ und später Abteilungsleiter der Deutschen Wirtschaftskommission (DWK).

Am Tag, an dem Hitler Selbstmord verübte, am 30. April 1945, landeten zehn deutsche Kommunisten, aus Moskau kommend, auf dem sowjetischen Feldflugplatz Calau, 70 km von Frankfurt an der Oder entfernt; es war die sogenannte Gruppe Ulbricht.[22] Sie sollte der Roten Armee beim Neuaufbau der Verwaltung helfen. Ulbricht schrieb später, die Gruppe sei gut vorbereitet gewesen, schon in Moskau sei bis in die Details geplant worden, »einschließlich der Organisierung der Ver-

[20] Tägliche Rundschau, Nr. 1 vom 15. 5. 1945.

[21] Zur Biographie Ulbrichts vgl. Carola Stern, Ulbricht. Eine politische Biographie. Köln 1963. Zu den Biographien allgemein Hermann Weber, Die Wandlung des deutschen Kommunismus. Bd. 2, Frankfurt a. M. 1969; Bernd Rainer Barth u. a. (Hrsg.), Wer war wer in der DDR? Frankfurt a. M. 1995; Andreas Herbst u. a., So funktionierte die DDR. Bd. 3, Lexikon der Funktionäre. Reinbek b. Hamburg 1994; Andreas Herbst, Gerd-Rüdiger Stephan und Jürgen Winkler (Hrsg.), Die SED. Ein Handbuch. Berlin 1997, S. 845 ff.

[22] Gerhard Keiderling (Hrsg.), »Gruppe Ulbricht« in Berlin. Eine Dokumentation. Mit einem Geleitwort von Wolfgang Leonhard. Berlin 1993.

waltungen bis zu den Fragen der Organisierung des kulturellen Lebens. Wir hatten auch eine Liste von Hitlergegnern, von denen wir annahmen, daß sie sich in Berlin aufhielten. Es waren Namen von kommunistischen und sozialdemokratischen Reichstagsabgeordneten sowie anderen Hitlergegnern aus bürgerlichen Kreisen.«[23]

Die »Gruppe Ulbricht« kam in ein weitgehend zerstörtes Berlin. Von 1,5 Millionen Wohnungen waren nur noch 370000 unbeschädigt, das Verkehrswesen lag gänzlich darnieder, die Lebensmittelversorgung war zusammengebrochen; Seuchen drohten auszubrechen. Selbstverständlich lag die ganze Macht (wie überall in Deutschland) zunächst in den Händen der Besatzer. Deren Anordnungen hatten die deutschen Kommunisten zu befolgen und dafür zu sorgen, daß überhaupt wieder ein geregeltes Leben in Gang kam. Ulbricht bestätigte dies später selbst. Dabei bemühten sich die deutschen Kommunisten, Verbindungen zu Sozialdemokraten herzustellen und bürgerliche Hitlergegner zu gewinnen. Insofern sind spätere Berichte Ulbrichts wohl zutreffend, in denen er beschreibt, wie er z. B. den früheren Zentrumspolitiker Hermes dafür gewann, im Berliner Magistrat mitzuarbeiten: »Als ich nachts, 24 Uhr in der Villa, wo er bei Bekannten wohnte, ankam, lag alles in den Betten. Nachdem ich genügend Lärm gemacht hatte, wurde geöffnet, und wir stellten uns im Kerzenschein gegenseitig als frühere Reichstagsabgeordnete vor. Dann begannen in dieser Nacht die ersten Besprechungen über die Einschätzung der Lage, sehr sachliche, sehr interessante Besprechungen. Dr. Hermes war ein ehrlicher Hitlergegner. Er war vom Hitlerfaschismus verfolgt und zum Tode verurteilt worden und war zufällig gerade noch am vorletzten Tage weggekommen. Es zeigte sich, daß wir in der Einschätzung der Lage ziemlich übereinstimmten.« In einem Gespräch habe auch der ehemalige Reichsminister Schiffer, ein Demokrat, Ulbricht gegenüber betont: »Wir haben einen verschiedenen Weg gehabt und wir haben sehr verschiedene Ziele.« Da es aber darauf ankäme, den »Karren wieder aus dem Dreck herauszuholen«, meinte Schiffer: »Wir wollen also versuchen, ein Stück des Weges gemeinsam zu gehen.«[24] Es kam auch den kommunistischen Gruppen zuallererst auf den Wiederaufbau an. Anton Ackermann, der in Sachsen die gleiche Funktion erfüllte wie Ulbricht in Berlin, berichtete später, der Auftrag seiner Gruppe sei gewesen, »in Übereinkunft mit den sowjetischen Militärkommandanten alle erforderlichen Maßnahmen einzuleiten und zu fördern, die notwendig waren, um das Leben der deutschen Bevölkerung so rasch wie möglich zu normalisieren«.[25]

Natürlich hatte die »Gruppe Ulbricht« (ebenso wie die Gruppen von Ackermann und Sobottka) darüber hinausgehende »Perspektivpläne«, doch auch diese waren noch völlig von der Annahme einer längeren Besatzungszeit der Siegermächte geprägt. Wolfgang Leonhard, das jüngste Mitglied der »Gruppe Ulbricht«, berichtet darüber: »Als Teilnehmer dieser Gruppe kann ich mich noch genau erinnern, daß ich erst Mitte April zum erstenmal von diesem Unternehmen hörte. Seit Januar 1945 wurden allerdings schon regelmäßig Instruktionsreferate für 150 ausgesuchte Emigranten gehalten. Das Thema: Die zukünftige politische Arbeit im Nachkriegsdeutschland. Der Grundtenor – und dies verdient besonders festgehalten zu wer-

[23] Ulbricht in einer Rede am 12. Mai 1960; erstmals abgedruckt in Neues Deutschland, Nr. 106 vom 17. 4. 1965.

[24] Ebd., Die Rede ist auch abgedruckt in Walter Ulbricht, Zur Geschichte der deutschen Arbeiterbewegung. Aus Reden und Aufsätzen. Bd. II, Zusatzband, Berlin (Ost) 1966, 209 ff. Vgl. jetzt auch Friederike Sattler, Bündnispolitik. In: Wilke, Die Anatomie der Parteizentrale, S. 129 ff.

[25] Staat und Recht, Berlin (Ost) 14 (1965), S. 668.

den, weil sich schon wenige Monate später die ›Linie‹ beträchtlich änderte – war damals die These, daß Deutschland eine langjährige Periode der Besetzung durchmachen werde. In den ersten Jahren der Besetzung, so hieß es damals, sei mit der Zulassung von politischen Parteien wohl überhaupt nicht zu rechnen. Die Aufgabe der Kommunisten sei es deshalb, die demokratischen Reformen der Besatzungsmächte zu unterstützen und in den neuen Verwaltungsorganen mitzuarbeiten. Sobald eine politische Betätigung möglich sei, sollte eine antifaschistische Massenorganisation unter dem Namen ›Block der kämpfenden Demokratie‹ geschaffen werden. Eine Bodenreform sei anzustreben, aber sie könne frühestens im Sommer 1946 durchgeführt werden ... Jeden Tag fuhren wir nun [im Mai 1945] frühmorgens in die verschiedenen Berliner Bezirke – zunächst meist in die westlichen –, und spät abends fanden dann in Bruchmühle unsere Sitzungen statt. Jeder von uns gab seinen Bericht, und Ulbricht erläuterte die neuen Anweisungen. Auf einer dieser Begegnungen gab der spätere Parteiführer die Direktive aus: Es muß demokratisch aussehen, aber wir müssen alles in der Hand haben.«[26]

Auch wenn noch kein sofortiger Neuaufbau der KPD geplant war, so war Ulbricht doch bestrebt, die Kommunisten nach stalinistischen Vorstellungen auszurichten. Jede selbständige politische Aktivität schien ihm gefährlich; antifaschistische Komitees wurden aufgelöst. Am 9. Mai 1945 schrieb Ulbricht in einem Brief an Dimitroff: »Die spontan geschaffenen KPD-Büros, die Volksausschüsse, die Komitees der Bewegung ›Freies Deutschland‹ und die Ausschüsse der Leute des 20. Juli, die vorher illegal arbeiteten, treten jetzt offen auf. Wir haben diese Büros geschlossen und den Genossen klargemacht, daß jetzt alle Kräfte auf die Arbeit in den Stadtverwaltungen konzentriert werden müssen. Die Mitglieder der Ausschüsse müssen ebenfalls zur Arbeit in die Stadtverwaltungen übergeführt und die Ausschüsse selbst liquidiert werden.«[27]

Vorrangig kam es den Gruppen um Ulbricht, Ackermann und Sobottka darauf an, Verwaltungen einzurichten. In Berlin wollte die »Gruppe Ulbricht« noch vor dem Einzug der Westalliierten in West-Berlin vollendete Tatsachen schaffen, um die neue Administration auch personell unter Kontrolle zu halten. Bereits am 14. Mai 1945 bestätigte der sowjetische Stadtkommandant von Berlin, N. E. Bersarin, einen Magistrat mit dem parteilosen Oberbürgermeister Dr. Arthur Werner. Dieser eher unpolitische »bürgerliche« Mann war in seinem Amt völlig überfordert, für die Kommunisten jedoch ein »Glücksfall«. An Werners Berufung läßt sich Ulbrichts Devise, die für die SBZ wie für die Anfänge der DDR als Axiom gelten kann, deutlich ablesen: Es muß demokratisch aussehen, aber wir müssen alles in der Hand haben. Ulbricht hat sich später offenherzig und geradezu zynisch zum ersten Berliner Nachkriegs-Oberbürgermeister Werner geäußert: »Werner hatte von politischen Problemen und Entscheidungen keine Ahnung. Daher konnte er auch den westlichen Offizieren gegenübertreten, er wußte nichts und erschien ihnen als typischer Bürgerlicher von seinen Manieren und von seinem Aussehen her. Er hat die Amis faktisch aufs Kreuz gelegt. Natürlich haben wir uns oft darüber amüsiert.«[28]

Am 17. Mai gab Dr. Werner die Zusammensetzung des Magistrats bekannt; neun

[26] Die Zeit (Hamburg), Nr. 22 vom 7. 5.1965. Vgl. auch Wolfgang Leonhard, Die Revolution entläßt ihre Kinder. Köln, Berlin 1956, S. 340 ff. Vgl. Ders., Das kurze Leben der DDR. Stuttgart 1990, S. 24.

[27] Walter Ulbricht, Zur Geschichte der deutschen Arbeiterbewegung. Bd. II, Berlin (Ost) 1953, S. 419. Vgl. auch Ulbrichts Briefe an Pieck, ebd., Bd. II, Zusatzband, S. 204 ff.

[28] Keiderling, Gruppe Ulbricht, S. 64.

der sechzehn Mitglieder waren Kommunisten, Karl Maron wurde erster Stellvertreter des Oberbürgermeisters, Paul Schwenk dritter Stellvertreter, die übrigen kontrollierten die Abteilungen für Personalfragen (Arthur Pieck), Volksbildung (Otto Winzer), Sozialfürsorge (Ottomar Geschke), Finanzen (Edmund Noortwyck), Nachrichten und Verbindung (Ernst Kehler), Kommunale Betriebe (Walter Jirack) sowie Arbeitseinsatz (Hans Jendretzky).[29]

Die Kommunisten nahmen nicht nur sofort entscheidende Positionen ein, sondern sie waren auch erfahrene »bewährte« Funktionäre. Ottomar Geschke z. B. hatte in den zwanziger Jahren sogar dem Politbüro und dem Reichstag angehört, Paul Schwenk saß damals im Preußischen Landtag. In der UdSSR war er freilich zeitweise als Opfer der Stalinschen Säuberungen inhaftiert gewesen. Völlig unterrepräsentiert waren die Sozialdemokraten. Überdies meldete Ulbricht am 17. Mai 1945 in einem vertraulichen Bericht dem früheren Komintern-Chef Dimitroff, der 4. Stellvertreter des Oberbürgermeisters, Karl Schulz (Scholze), der als Sozialdemokrat benannt wurde, »war früher Sozialdemokrat, sympathisiert jetzt mit uns«.[30]

Ebenso besetzten Kommunisten in den 20 Berliner Verwaltungsbezirken die Posten der Bezirksbürgermeister oder deren Stellvertreter, und sie sicherten sich beim Aufbau der Polizei wichtige Funktionen.[31]

Die feierliche Amtseinführung des neuen Magistrats durch Generaloberst Bersarin erfolgte am 19. Mai 1945 in einem großen Saal mit der Losung »Die antifaschistische Einheit – das Unterpfand der Neugeburt des deutschen Volkes«. Auf der Gründungsversammlung sprachen u. a. Oberbürgermeister Werner, Professor Sauerbruch, der Kommunist Otto Winzer, aber auch der Schauspieler Heinz Rühmann. Bersarin sagte, Stalin selbst habe noch während des Kampfes um Berlin Anweisung gegeben, »Lebensmittel für die Bevölkerung der Stadt Berlin heranzuschaffen. Jetzt interessiert sich Marschall Stalin täglich dafür, wie die Arbeit fortschreitet. Ich muß Ihnen sagen, daß sich auf einer ganzen Reihe von Gebieten ehrliche Menschen bereits ernstlich an die Arbeit gemacht haben, so daß ich schon Unterlagen besitze, um an Marschall Stalin zu berichten. Aber ich muß Ihnen auch etwas Anderes sagen: Daß sich noch bei weitem nicht die ganze Bevölkerung der Stadt Berlin an die Arbeit der Wiederherstellung begeben hat.«[32]

Ähnlich sah es in den anderen Städten aus. Überall setzten die sowjetischen Kommandanten deutsche Kommunalverwaltungen ein. Erstmals bekamen Kommunisten in Deutschland wichtige Verwaltungsaufgaben übertragen; sie erhielten Schlüsselpositionen, und das, noch ehe die Partei offiziell wieder zugelassen war.

[29] Bekanntmachung in Tägliche Rundschau, Nr. 4 vom 18. 5. 1945. Allerdings gab es in den nächsten Tagen noch einige Veränderungen; so wurde Prof. Sauerbruch zum Leiter der Abteilung für Gesundheitswesen ernannt. Vgl. auch Keiderling, Gruppe Ulbricht, S. 312 ff.

[30] Keiderling, ebd., S. 352. Zu den Biographien vgl. Anm. 21.

[31] Gerhard Keiderling, Wir sind die Staatspartei. Die KPD-Bezirksorganisation Groß-Berlin April 1945–April 1946. Berlin 1997, S. 181 ff., S. 197 ff.

[32] Berliner Zeitung, Nr. 1 vom 21. 5. 1945.

Bis Anfang Juni 1945 bestimmte jede Besatzungsmacht allein in dem von ihr okkupierten deutschen Gebiet. Am 5. Juni, knapp einen Monat nach der deutschen Kapitulation, übernahmen die vier Siegermächte USA, UdSSR, Großbritannien und Frankreich mit ihrer sogenannten Juni-Deklaration gemeinsam die »oberste Regierungsgewalt in Deutschland« einschließlich »aller Befugnisse der deutschen Regierung«. In der Deklaration wurden auch die »vollständige Abrüstung und Entmilitarisierung Deutschlands« festgelegt.[33]

Der Alliierte Kontrollrat, der sich aus den Oberkommandierenden der Besatzungstruppen zusammensetzte, wurde höchstes Machtorgan für Deutschland. Daneben übten jedoch die einzelnen Befehlshaber in ihren Zonen die Entscheidungshoheit aus; sie konnten selbständig Befehle und Gesetze erlassen. Damit war nicht nur die Möglichkeit einer Auseinanderentwicklung Deutschlands gegeben, sondern die faktische Machtausübung der einzelnen Siegerstaaten gesichert.

Zur feierlichen Unterzeichnung der Deklaration waren die Vertreter der Oberkommandos der Siegermächte am 5. Juni 1945 erstmals in Berlin zusammengekommen. General Eisenhower betonte bei seiner Ankunft auf dem Flughafen Tempelhof, es sei eine Ehre für ihn, »unter den Kommandanten der Roten Armee zu weilen, die so viel dazu beigetragen hat, Deutschland in die Knie zu zwingen«.[34] Auf der Konferenz in Berlin-Köpenick, im Wendenschloß, begrüßte Marschall Schukow neben Eisenhower den britischen Vertreter Feldmarschall Montgomery und den französischen General de Lattre de Tassigny auch »im persönlichen Namen des Genossen Stalin« und erklärte den Beginn der Arbeit des Kontrollrates.[35]

Wenige Tage später, am 9. Juni 1945, wurde mit »Befehl Nr. 1« in der sowjetischen Besatzungszone als oberstes Machtorgan die Sowjetische Militäradministration in Deutschland (SMAD) gebildet. »Befehl Nr. 1« brachte »zur allgemeinen Kenntnis«, daß »zur Durchführung der Kontrolle über die Erfüllung der Deutschland durch die bedingungslose Kapitulation auferlegten Bedingungen und zur Verwaltung der sowjetischen Okkupationszone in Deutschland« die SMAD mit Marschall G. K. Schukow an der Spitze geschaffen wurde. Neben dem 1. Stellvertreter, General W. D. Sokolowskij (der dann von April 1946 bis März 1949 die SMAD leitete) wurde auch ein »Stellvertreter des Obersten Chefs in Sachen der Ziviladministration« ernannt, Generaloberst I. A. Serow.[36] Der Befehl Nr. 1 beruhte auf einer Anordnung des Rats der Volkskommissare der UdSSR vom 6. Juni 1945, in dem es hieß: »Die Sowjetische Militäradministration in Deutschland hat die Aufgabe, die Einhaltung der Bedingungen, die sich aus der bedingungslosen Kapitulation für Deutschland ergeben, zu kontrollieren; die sowjetische Besatzungszone in Deutschland zu verwalten und die vereinbarten Beschlüsse des Kontrollrats zu grundsätzlichen militärischen, ökonomischen und anderen für ganz Deutschland gemeinsamen Fragen

[33] Tägliche Rundschau, Nr. 20 vom 6. 6. 1945; Berliner Zeitung Nr. 17 vom 6. 6. 1945.

[34] Berliner Zeitung, Nr. 18 vom 7. 6. 1945. Eisenhower hatte nach Schukows Bericht diesen aber schon einige Tage vorher in Berlin aufgesucht. Vgl. Marschall der Sowjetunion G. K. Shukow, Erinnerungen und Gedanken. Bd. 2, Berlin (Ost) 1976, S. 391 f.

[35] Berliner Zeitung, Nr. 18 vom 7. 6. 1945.

[36] Tägliche Rundschau, Nr. 23 vom 9. 6. 1945; Berliner Zeitung, Nr. 20 vom 9. 6. 1945. Vgl. auch: Befehle des Obersten Chefs der Sowjetischen Militärverwaltung in Deutschland. Aus dem Stab der Sowjetischen Militärverwaltung in Deutschland. Sammelheft 1945. Berlin 1946, S. 9.

durchzusetzen.«[37] Die Doppelaufgabe der SMAD bestand also zum einen in der Verwaltung der Sowjetischen Besatzungszone, zum anderen in der sowjetischen Einflußnahme (über den Kontrollrat) auf ganz Deutschland. Für die SBZ war der Begriff Verwaltung recht weit ausgelegt; er betraf alle politischen Hoheitsrechte, und der Aufbau der SMAD geschah entsprechend umfassend. Schon bei Schaffung der SMAD wurde klargestellt, daß die neu einzurichtenden deutschen Instanzen nur als Hilfsorgane der sowjetischen Stellen tätig sein konnten. Sie sollten sowohl direkte Anweisungen erhalten (Anleitung) als auch überwacht werden (Kontrolle). Die Machtverhältnisse waren somit festgeschrieben.

Über die Beziehungen der Roten Armee zur deutschen Bevölkerung sagte Marschall Schukow am 9. Juni auf einer Pressekonferenz, diese würden »von einem strengen Okkupationsregime bestimmt«.[38] Gleiche Absichten vertraten zunächst alle Alliierten, doch ging die Rote Armee in der Handhabung ihrer Macht restriktiver vor.

Die SMAD war sowohl horizontal als auch vertikal untergliedert: Auf der Führungsebene gab es sogenannte Verwaltungen sowie Abteilungen; von oben nach unten entsprach ihre Arbeitsteilung der herkömmlichen deutschen Verwaltungsstruktur bzw. den Instanzen des Kontrollrats.[39]

Mit Befehl Nr. 5 vom 9. Juli 1945 wurden SMAD-Verwaltungen in Ländern und Provinzen geschaffen und deren Chefs ernannt, so für Mecklenburg Generaloberst I. I. Fedjuninski, für Brandenburg der Marschall der Panzertruppen S. I. Bogdanow, für die Provinz Sachsen Generaloberst W. I. Kusnezow, für das Land Sachsen Generaloberst A. G. Katukow und für Thüringen Generaloberst W. I. Tschuikow; stellvertretende Chefs und verantwortlich für Zivilangelegenheiten wurden durchweg Generalmajore, so für Mecklenburg M. A. Skosyrew, für Brandenburg W. M. Scharow, für die Provinz Sachsen A. G. Kotikow, für das Land Sachsen D. G. Dubrowski und für Thüringen I. S. Kolesnitschenko.[40] Der SMAD unterstanden »die 12 Verwaltungen in den einzelnen Bezirken, die 664 Militärkommandanturen«, in denen »rund 32 000 Offiziere, Unteroffiziere und Soldaten neben vielen Zivilfachleuten« tätig waren.[41] Die Kommandanten der Großstädte standen allgemein im Rang eines Obersten (z. B. in Leipzig 1947 Oberst Lewischin, in Rostock 1945 Oberst Prjadkow, in Halle allerdings zunächst Generalmajor Gustyschew), in kleineren Städten im Rang eines Oberstleutnants (in Bautzen Oberstleutnant Drenjasew, in Grimmen Oberstleutnant Iwanow, später Tischenkow).[42]

[37] Um ein antifaschistisch-demokratisches Deutschland. Dokumente aus den Jahren 1945–1949. Berlin (Ost) 1968, S. 51.

[38] Tägliche Rundschau, Nr. 24 vom 10. 6. 1945; Berliner Zeitung, Nr. 21 vom 10. 6. 1945.
Noch am 6. Oktober 1947 verbot die SMAD in einem streng geheimen Befehl Nr. 009 den Angehörigen der Sowjetarmee den Kontakt mit der Bevölkerung, vor allem mit Frauen. Archiv der sozialen Demokratie der Friedrich-Ebert-Stiftung/AdsD (Ostbüro-Akten). SMAD, 0400.

[39] Hermann Weber, Zum Transformationsprozeß des Parteiensystems in der SBZ/DDR. In: Ders. (Hrsg.), Parteiensystem zwischen Demokratie und Volksdemokratie. Köln 1982, S. 18 f.

[40] Lothar Kölm, Die Befehle des Obersten Chefs (Sammelheft), S. 13 f.

[41] Generalleutnant F. J. Bokow, Frühjahr des Sieges und der Befreiung. Berlin (Ost) 1979, S. 419. Vgl. zur regionalen Gliederung auch Karl Wilhelm Fricke, Politik und Justiz in der DDR. Zur Geschichte der politischen Verfolgung 1945–1968. Köln 1979, S. 27.

[42] AdsD (Ostbüro), SMAD, 0403a, 0404b; Autorenkollektiv unter Leitung von Lothar Elsner, Rostock. Berlin (Ost) 1980, S. 147; Autorenkollektiv unter Leitung von Erwin Könnemann, Halle. Berlin (Ost) 1983, S. 99.

Die SMAD in Berlin verfügte über einen umfangreichen Stab, allerdings hatten die meisten Mitarbeiter keine spezielle Ausbildung für diese Tätigkeit erhalten. Diesen Mangel versuchte die Führung durch eine »systematische Schulung der Kader der Sowjetischen Militäradministration« wettzumachen.[43] Anweisungen für die SMAD-Mitarbeiter veröffentlichte auch das Organ der SMAD ›Sovjetskoje slovo‹.

Über den Aufbau und die Entwicklung der SMAD, die zunächst die alleinige Macht in der SBZ ausübte, und damit sämtliche Bereiche der Politik, Wirtschaft und Gesellschaft bestimmte und kontrollierte, liegen seit der teilweisen Öffnung russischer Archive einige Untersuchungen vor.[44] Allerdings waren wichtige Strukturen und Methoden ihrer Arbeit schon vorher bekannt.[45] Die SMAD war die »zentrale Agentur der sowjetischen Interessen in der SBZ«. Ihr Erscheinungsbild, ebenso ihre Struktur und Funktion waren von ihrem »militärischen Charakter« geprägt. Die SMAD »war kein Organ der sowjetischen Besatzungspolitik in Deutschland, sondern ihr Instrument«. Definition und Artikulation der »Interessen, Ziele und Methoden blieben Moskau vorbehalten«.[46] In dieser Institution spiegelte sich das Wesen der sowjetischen Besatzungsmacht wider. Sie war (wie in ihrem Gefolge die deutschen Kommunisten) antifaschistisch, daher beabsichtigte sie, den Nationalsozialismus zu zerschlagen, Kriegsverbrecher und deren Handlanger zu bestrafen. Doch diese Kommunisten waren zugleich Stalinisten, die mit terroristischen Methoden entsprechend der Praxis Stalins dessen System übertrugen und jeden politischen Gegner, ja jeden »Abweichler« blutig verfolgten. Das bedeutete auch, daß der Antifaschismus schon bald nicht nur für die stalinistische Politik instrumentalisiert wurde, sondern stalinistische Aktivitäten ihn auch deformierten. Rigoros wurden die Ziele der Sowjetunion Stalins durchgepeitscht und jede wirkliche oder potentielle Opposition brutal bekämpft. Diese Politik setzte die SMAD im operativen Bereich durch. Damit wirkte die SMAD-Zentrale als »Bindeglied zwischen der in Moskau angesiedelten strategischen Entscheidungsebene und den territorialen/ fachlichen Teilen der Besatzungsverwaltung«, um deren Maßnahmen vor Ort zu realisieren.[47]

Das Befehls- und Kontrollnetz der SMAD umfaßte das gesamte politische und gesellschaftliche Leben in der SBZ, wobei sie über alle Ressourcen verfügte und auch das Informationsmonopol besaß. Die SMAD arbeitete mit einem umfangreichen Apparat. Ihre Zentralen Verwaltungen, die Landesverwaltungen, Bezirks-

[43] S. I. Tulpanow, Die Rolle der Sowjetischen Militäradministration im demokratischen Deutschland. In: 50 Jahre Triumph des Marxismus-Leninismus. Die Große Sozialistische Oktoberrevolution und die Entwicklung des Marxismus-Leninismus. Hrsg. Parteihochschule »Karl Marx« beim ZK der SED (Autorenkollektiv unter Leitung von Gertrud Teschner). Berlin (Ost) 1967, S. 48. An anderer Stelle verwies Tulpanow freilich darauf, daß die Offiziere doch »im gewissen Maße« vorbereitet waren. Vgl. S. I. Tulpanow, Vertrauen und Zusammenarbeit. In: ... einer neuen Zeit Beginn. Erinnerungen an die Anfänge unserer Kulturarbeit 1945–1949. Berlin (Ost) 1981, S. 515.

[44] Jan Foitzik, Sowjetische Militäradministration in Deutschland (SMAD) 1945–1949. Struktur und Funktion. Berlin 1999. Ders., Befehls- und Kommunikationsstruktur der SMAD, in: Schönhoven und Staritz, Sozialismus und Kommunismus im Wandel, S. 324 ff.; Bernd Bonwetsch, Gennadij Bordjugow und Norman M. Naimark (Hrsg.), Sowjetische Politik in der SBZ. Dokumente zur Tätigkeit der Propagandaverwaltung (Informationsverwaltung) der SMAD unter Sergej Tulpanow. Bonn 1998.

[45] Jan Foitzik, SMAD. In: SBZ-Handbuch. Hrsg. Martin Broszat mit Hermann Weber. München 1990, S. 7 ff.; Weber, Transformationsprozeß, S. 18 ff.

[46] Foitzik, Befehlsstruktur, S. 324. Ders., Sowjetische Militäradministration 1945–1949, S. 423.

[47] Foitzik, Militäradministration 1945–1949, S. 423.

kommandanturen usw. zählten Ende 1946 fast 50 000 Personen, die sich bis April 1948 auf 31 000 reduzierten.[48]

Zur Einflußnahme benutzte die SMAD verschiedene Möglichkeiten. Maßgeblich waren ihre schriftlichen und mündlichen »Befehle«. Von über 1300 Befehlen in den Jahren 1945 bis 1949 betrafen die meisten Angelegenheiten der Wirtschaft (540), es folgten Verwaltung (213), Politik (173), Landwirtschaft (159), Soziales (126) und Bildungsbereich (125).[49]

Befehle gab es insbesondere in der Frühzeit für fast alle Bereiche, die damals das aktuelle Leben der Menschen in der SBZ ausmachten. So erließ der Chef der SMAD z. B. im Juni/Juli 1945 Befehle zur Waffenablieferung (Nr. 3), Einziehung von Sowjetvaluta (Nr. 4), Inbetriebnahme der Industrie (Nr. 9), Ablieferung von Wertsachen (Nr. 11), Verbot des Tragens von Uniformen (Nr. 12), zur Verwaltungseinteilung der Provinz Brandenburg (Nr. 13), zum Einreiseverbot für Berlin (Nr. 15). Im Juli wurden Provinzial- und Landesverwaltungen gebildet. Der Inhalt des wichtigen Befehls Nr. 17 zur Schaffung deutscher Zentralverwaltungen, der bereits im Juli erging, wurde allerdings erst im September 1945 bekanntgegeben.

Im August und September 1945 wurden Befehle der SMAD erlassen zur Arbeit von Druckereien (Nr. 19), zur Vorbereitung auf den Schulbetrieb (Nr. 40), zur Registrierung von Offizieren der deutschen Armee, der SS, SA usw. (Nr. 42), zur Organisation der Gerichte (Nr. 49), zum Hochschulunterricht (Nr. 50), zu Kunstinstitutionen (Nr. 51), zum Arbeitseinsatz der Bevölkerung (Nr. 65), zur Außerkraftsetzung des deutschen Beamtengesetzes (Nr. 66), zur Aufhebung faschistischer Gesetze (Nr. 79), über die Auflösung von NS-Organisationen (Nr. 80), zum alliierten Besatzungsgeld (Nr. 92). Daneben gab es »Bekanntmachungen« zur Wiederherstellung des Eisenbahn- und Kraftverkehrs, zur Finanzwirtschaft, zur Pflichtablieferung der Bauern, zur Inbetriebnahme des Senders Leipzig sowie Maßnahmen gegen Infektionskrankheiten usw.[50] Schon für die ersten Monate zeigen so die Befehle der SMAD in Berlin die weitgefächerte Aufgabenstellung des Wiederaufbaus durch die Besatzungsmacht. Auch die einzelnen SMA der Länder sowie die Kommandanten der Kreise und Orte setzten durch entsprechend konkretisierte Befehle das öffentliche Leben wieder in Gang.

Der Aufbau des politischen Systems in der SBZ mit einer Dominanz der Kommunisten war für die SMAD – neben der Durchsetzung von Reparationsleistungen, Wirtschaftsmaßnahmen oder Verfolgung von »Feinden« – eine zentrale Aufgabe. Nach der Einsetzung der SMAD dienten ihr als Instanzen dafür einerseits der Politische Berater beim Obersten Chef der SMAD und andererseits die Propagandaverwaltung, die 1947 dann in Informationsverwaltung umbenannt wurde. Die genaue Abgrenzung ihrer Kompetenzen ist nach wie vor nicht eindeutig zu bestimmen, obwohl über die Informationsverwaltung inzwischen wichtige Dokumente publiziert worden sind.[51]

Sie war unter Leitung von Oberst S. I. Tulpanow für die Anleitung und Kontrolle der inneren Vorgänge in der SBZ, die politische Entwicklung, Ideologie, Propa-

[48] Bonwetsch u. a.: Sowjetische Politik in der SBZ, S. XXXI; Naimark, Die Russen in Deutschland, S. 34.

[49] Foitzik, Befehlsstruktur, S. 339.

[50] Vgl. Lothar Kölm, Die Befehle des Obersten Chefs der SMAD 1945–1949. Phil. Diss. Berlin (Ost) 1977. Um ein antifaschistisch-demokratisches Deutschland, S. 53 ff. Viele Befehle wurden in der Täglichen Rundschau bzw. Berliner Zeitung abgedruckt.

[51] Bonwetsch u. a., Sowjetische Politik in der SBZ, S. 3 ff. (67 Dokumente).

ganda, Kulturpolitik, Zensur usw. zuständig. Ihre umfassende Tätigkeit wurde allerdings von anderen Institutionen auch kritisiert: »Die Propagandaverwaltung befaßt sich mit allem möglichen (Parteien, Gewerkschaften, Frauen- und Jugendorganisationen usw.), nur nicht mit der Propaganda im eigentlichen Sinne des Wortes.«[52] Zur Propagandaverwaltung gehörten in der SBZ im Oktober 1945 etwa 1000 Mitarbeiter, darunter 612 Offiziere, im Dezember 1946 waren es 1100 und im April 1948 1066 Planstellen. Damit war sie nach der Wirtschaftsverwaltung die größte Einzelverwaltung der SMAD.[53] Schließlich unterstanden der Verwaltung Information auch die Redaktion der sowjetischen Zeitung in Deutschland, ›Tägliche Rundschau‹, das Informationsbüro SNB, der SWA-Verlag und eine Antifa-Schule bei Königs Wusterhausen. In den SMA-Institutionen der Länder und in den Kommandanturen verfügte die Verwaltung Information ebenfalls über einen großen Mitarbeiterstab.

Für das politische System der SBZ wurde diese Verwaltung Information eine wesentliche Institution. Ihr Chef Tulpanow war der bekannteste Offizier, dennoch soll seine Position »vergleichsweise bescheiden« gewesen sein.[54] Tulpanow stand in engstem Kontakt zum Obersten Chef der SMAD, und er konnte an allen Beratungen des Obersten Chefs (also Schukow und später Sokolowskij) mit den Vertretern der deutschen Politik teilnehmen und hatte auch laufend Verbindungen zu deutschen Politikern. Sergej Iwanowitsch Tulpanow (1901–1984) war Absolvent der Leningrader Militärakademie und promovierter Wirtschaftswissenschaftler. Im Krieg Angehöriger der Politischen Organe der Roten Armee, leitete er dann von 1945 bis September 1949 die Verwaltung Information der SMAD. Im Oktober 1949 wurde er abgelöst, u. a. weil während der Stalinschen Säuberungen 1937 Vater, Mutter und andere Verwandte verhaftet worden waren. Nach seiner Rückkehr in die UdSSR arbeitete er als Hochschullehrer.[55]

Beim Aufbau des Parteiensystems wie beim Wiederaufbau der Wirtschaft und der Verwaltung war die Militärregierung (wie in allen Besatzungszonen) auf die Mitarbeit der Deutschen, insbesondere der deutschen Hitlergegner, angewiesen. Die Ziele der Alliierten in Deutschland waren eben von Anfang an nur mit Hilfe der deutschen politischen Kräfte zu realisieren. Auch hierbei ähnelten sich zunächst die Praktiken der Besatzungsbehörden in allen Zonen.

Die sowjetische Besatzungsmacht verwirklichte jedoch die Wandlungen in der SBZ vor allem durch zwei Methoden: durch die Änderung von Strukturen (etwa in den Verwaltungen) und durch personelle Neubesetzungen der Funktionen, insbesondere der entscheidenden Positionen mit deutschen Kommunisten. Dabei konnte die Sowjetunion von Anfang an zielstrebiger als die anderen Besatzungsmächte vorgehen, weil die SMAD monolithisch organisiert war und zentralistisch operierte sowie aus dem »Kaderreservoir« der deutschen Kommunisten eine ergebene Hilfstruppe rekrutieren konnte. Die SMAD erreichte ihre Ziele durch Säuberungen

[52] I. Filippow von der Politabteilung des Politischen Beraters der SMAD am 25. 5. 1946, in: Ebd., S. 227.

[53] Bonwetsch, ebd., S. XXXI.

[54] Foitzik, Sowjetische Militäradministration 1945–1949, S. 136.

[55] Vgl. Bonwetsch u. a., Sowjetische Politik in der SBZ, S. 292 ff.; Weber, Parteiensystem, S. 591. Vgl. auch Erich W. Gniffke, Jahre mit Ulbricht. Köln 1966, S. 52 ff.; Maria Rentmeister, Kulturelle Beziehungen zu unseren Freunden. In: Die ersten Jahre. Erinnerungen an den Beginn der revolutionären Umgestaltung. Berlin (Ost) 1979, S. 321 ff.; Manfred Koch, Zum Tode von Sergej I. Tulpanow. Deutschland Archiv 17 (1984), S. 341 ff.; Sergej I. Tulpanow, Erinnerungen an deutsche Genossen. Berlin, Weimar 1984.

und Druck auf deutsche Politiker, aber auch durch Privilegierung von Anhängern. Da sie über materielle Ressourcen verfügte und die Medien beherrschte sowie planmäßige Kaderarbeit betrieb, konnte sie die verschiedensten Maßnahmen zur Herrschaftsausübung durchführen.[56]

Da die Besatzung tatsächlich die allein bestimmende Macht war, spielte die SMAD auch in den folgenden Jahren eine eminent wichtige Rolle für die Entwicklung der Sowjetischen Besatzungszone. Die SMAD setzte die Interessen der UdSSR in der SBZ durch (vor allem die Sicherstellung der Reparationen), sie dirigierte auch den Neuaufbau in Wirtschaft, Verwaltung, Kultur und Politik. Mit Hilfe der SMAD konnte die Sowjetunion Stalins ihre Vorstellungen in der SBZ – natürlich entsprechend den vorhandenen Möglichkeiten und unter Berücksichtigung der Politik der Westalliierten – realisieren. Es war die in Berlin-Karlshorst residierende SMAD, die bis zu ihrer Auflösung 1949 die sozialökonomische, politische und kulturelle Umwandlung der SBZ betrieb und damit die Voraussetzungen für die spätere Eingliederung der DDR in den Ostblock schuf.

Die Befürchtung der Alliierten, nach der deutschen Niederlage werde die von Hitler angekündigte Bewegung »Werwolf« durch Partisanentätigkeit den Neuaufbau stören, bestand zunächst auch in der SBZ. In Berlin ließ Oberbürgermeister Werner noch am 31. Mai 1945 öffentlich verkünden, Attentäter und Brandstifter würden hingerichtet, ebenso Mitwisser, die diese nicht meldeten. Sogar mit Geiseln wurde gedroht: Jeder, der einen Anschlag auf Angehörige der Besatzung oder Träger öffentlicher Funktionen verübe, reiße »50 (fünfzig) ehemalige Mitglieder der Nazipartei mit sich in den Abgrund. Ihr Leben ist zugleich mit dem des Attentäters oder Brandstifters verwirkt.«[57] Als es entgegen den früheren Behauptungen der NS-Propaganda zu keiner »Werwolf«-Bewegung kam, konnte die UdSSR ihre Politik ändern. Sie revidierte die Konzeption, die den emigrierten deutschen Kommunisten in Moskau im Frühjahr 1945 vermittelt worden war, daß nämlich eine politische Betätigung in Deutschland zunächst nur im Rahmen einer allgemeinen antifaschistischen Bewegung in Frage käme. Wahrscheinlich geschah das bereits nach einem Besuch des Stellvertretenden Vorsitzenden der Sowjetregierung I. A. Mikojan am 9. Mai in Berlin, als die UdSSR erkannte, daß die antifaschistischen Kräfte in ihrer Zone bereit waren, den Wiederaufbau in die Hand zu nehmen. Freilich war die Sowjetunion – wie die anderen Alliierten – keineswegs daran interessiert, den überall in Deutschland spontan entstandenen »antifaschistischen Komitees« und »Antifas« den Neuaufbau zu übertragen. Sie beabsichtigte vielmehr, durch die Zulassung von Parteien, die zentral von oben aufgebaut werden sollten und deren Lenkung und Kontrolle sie fest im Griff behalten wollte, unabhängige antifaschistische Aktivitäten zu verhindern.[58] Zudem wollte die UdSSR mit der Wiederzulassung von Parteien, dem Neuaufbau des traditionellen deutschen Parteiensystems, signalisieren, daß keine rasche kommunistische Machtübernahme in Deutschland geplant

[56] Zu den Einzelheiten vgl. Weber, Parteiensystem, S. 38 ff. Foitzik, SMAD 1945-1949; Naimark, Die Russen in Deutschland.

[57] Berliner Zeitung, Nr. 12 vom 1. 6. 1945. Ganz offensichtlich wurde die Androhung auf Befehl der sowjetischen Stadtkommandantur publiziert.

[58] Zu den »Antifas« vgl. Lutz Niethammer, Ulrich Borsdorf und Peter Brandt (Hrsg.), Arbeiterinitiative 1945. Antifaschistische Ausschüsse und Reorganisation der Arbeiterbewegung in Deutschland. Wuppertal 1976; hier insbesondere den Beitrag von Horst Schmollinger über Leipzig, S. 219 ff. Vgl. auch Christoph Kleßmann, Die doppelte Staatsgründung. Deutsche Geschichte 1945–1955. Bonn 1982, S. 122 ff.

war. Zugleich konnte sie jedoch der KPD in ihrem Einflußbereich wichtige Positionen einräumen.

Anfang Juni 1945 wurden daher die deutschen Kommunisten mit der neuen sowjetischen Linie vertraut gemacht. Am 4. Juni sind Anton Ackermann, Gustav Sobottka und Walter Ulbricht, die erst fünf Wochen zuvor nach Deutschland entsandt worden waren, bereits wieder nach Moskau geflogen, wo sich Wilhelm Pieck noch aufhielt.[59] Bis zum 10. Juni blieben die Parteiführer in Moskau, wo es noch am 4. Juni vermutlich zu einer Zusammenkunft mit Stalin, Molotow und Shdanow kam und in der Nacht vom 7. zum 8. Juni eine längere Unterredung bei Stalin stattfand. In Moskau wurden die Vorbereitungen für die Zulassung der KPD erörtert und aufgrund eines Entwurfs von Ackermann der Text des Aufrufs ihres ZK abschließend formuliert. Inzwischen liegen die Berichte, die Ackermann, Sobottka und Ulbricht vor Dimitroff u. a. über die Situation in Deutschland abgaben, wörtlich vor.[60] Die Berichterstatter (den längsten Vortrag hielt keineswegs Ulbricht, sondern Ackermann) schilderten die Lage im zerstörten Deutschland. Was die politische Einschätzung anging, hoben sie bereits den Unterschied zwischen Sowjetischer Besatzungszone und den Westzonen hervor, ohne daß etwa die Spaltung anvisiert wurde.[61] Als die Vergangenheit thematisiert wurde, ließ sich Dimitroff zum Zwischenruf hinreißen, die alten Gewerkschaftsführer »sollte man aufhängen«[62].

Vor allem galten die Beratungen der direkten Vorbereitung des Aufbaus der KPD. Behandelt wurde nicht nur deren politischer Aufruf, sondern auch die Organisationsarbeit, und es wurden dazu umfängliche und konkrete Papiere erstellt. Am 9. Juni wurden Beschlüsse über die nächsten Aufgaben der KPD, insbesondere zur personellen Besetzung der Führungspositionen sowie über den Etat des ZK und der Parteipresse gefaßt.[63] Am 11. Juni, nachdem Ackermann, Sobottka und Ulbricht mit anderen führenden Kommunisten – aber noch ohne Pieck – bereits wieder in Deutschland waren, hat Dimitroff Piecks Ausarbeitung an Stalin übermittelt.[64] Vorgeschlagen wurde u. a., für den Neuaufbau der KPD 3 Millionen zur Verfügung zu stellen.

Die Maßnahmen und Beschlüsse im Juni 1945 in Moskau zur Gründung der KPD belegen zweierlei. Im Gegensatz zu allen anderen politischen Kräften waren die deutschen Kommunisten als Gefolgsleute der Sowjetunion so frühzeitig über die Bedingungen der Zulassung von Parteien informiert, daß sie rasch handeln konnten. Zum andern unterlag die Wiedergründung der KPD bis in die Einzelheiten des Personalaufbaus oder der Finanzierung Stalins Plazet. Wie vor 1933 befand sich die KPD abermals in völliger Abhängigkeit von Moskau. Zwar war die Kommunistische Internationale – die früher die Partei befehligte – 1943 aufgelöst worden, doch wurde die KPD nun durch die Tätigkeit unter sowjetischer Besatzungsherrschaft noch unselbständiger und viel stärker an die KPdSU gebunden.

[59] Sehr kurz berichtete darüber bereits Heinz Voßke, Walter Ulbricht. Biographischer Abriß. Berlin (Ost) 1983, S. 194 ff. Vgl. jetzt Michael Kubina, Der Aufbau des zentralen Parteiapparats der KPD 1945–1946. In: Wilke, Die Anatomie der Parteizentrale, S. 59 ff.

[60] Jochen Laufer, »Genossen, wie ist das Gesamtbild?«. Deutschland Archiv 29 (1996), S. 355 ff.

[61] Das geht auch aus Notizen Piecks über eine Beratung am 4. Juni hervor. Wilhelm Pieck – Aufzeichnungen zur Deutschlandpolitik 1945–1954. Hrsg. Rolf Badstübner und Wilfried Loth. Berlin 1994, S. 50 ff.

[62] Laufer, Genossen, S. 367.

[63] Vgl. die Dokumente in Keiderling, Gruppe Ulbricht, S. 509 ff.

[64] Abgedruckt bei Weber und Mählert, Terror, S. 117 ff.

Der von Marschall Schukow und Generaloberst Kurasow unterzeichnete »Befehl Nr. 2« gab den Weg frei zur Gründung oder Wiedergründung deutscher Parteien. Im Befehl hieß es unter anderem:

»1. Auf dem Territorium der Sowjetischen Okkupationszone in Deutschland ist die Bildung und Tätigkeit aller antifaschistischen Parteien zu erlauben, die sich die endgültige Ausrottung der Überreste des Faschismus und die Festigung der Grundlage der Demokratie und der bürgerlichen Freiheiten in Deutschland und die Entwicklung der Initiative und Selbstbetätigung der breiten Massen der Bevölkerung in dieser Richtung zum Ziel setzen.

2. Der werktätigen Bevölkerung der Sowjetischen Okkupationszone in Deutschland ist das Recht zur Vereinigung in freien Gewerkschaften und Organisationen zum Zweck der Wahrung der Interessen und Rechte der Werktätigen zu gewähren ...

3. Alle in den Punkten 1 und 2 genannten antifaschistischen Parteiorganisationen und freien Gewerkschaften sollen ihre Vorschriften und Programme der Tätigkeit bei den Organen der städtischen Selbstverwaltung und beim Militärkommandanten registrieren lassen und ihnen gleichzeitig eine Liste der Mitglieder ihrer führenden Organe geben.

4. Es wird bestimmt, daß für die ganze Zeit des Okkupationsregimes die Tätigkeit aller in Punkt 1 und 2 genannten Organisationen unter der Kontrolle der Sowjetischen Militärischen Administration und entsprechend den von ihr gegebenen Instruktionen vor sich gehen wird.«[65]

Der Befehl Nr. 2 ließ somit Parteien zu, die nur »unter der Kontrolle« der SMAD tätig sein und »entsprechend den von ihr gegebenen Instruktionen« arbeiten durften. Sie waren auf die Begriffe »antifaschistisch« sowie »Demokratie« und »bürgerliche Freiheiten« festgelegt. Mit den Vorbehalten wie den Zugeständnissen ermöglichte die SMAD ein pluralistisches deutsches Parteiensystem, was sowohl die westlichen Alliierten als auch die deutschen Politiker überraschte.[66]

Da jedoch Termini wie Demokratie und selbst »bürgerliche Freiheiten« im Sinne der sowjetischen Ideologie interpretierbar blieben, konnte die SMAD als alleiniger Inhaber der Macht den Pluralismus in ihrem Besatzungsgebiet jederzeit wieder annullieren. In der Praxis sicherte sich die SMAD die Kontrolle des Parteiensystems auf allen Ebenen durch die Punkte 3 und 4 ihres Befehls Nr. 2, denn die Parteiorganisationen mußten sich registrieren lassen und hatten ihre Vorstandsmitglieder der Besatzung bekanntzugeben. In Punkt 4 wurde bestimmt, daß die Parteien und Organisationen nicht nur unter der Kontrolle der SMAD arbeiteten, sondern sogar nach deren Instruktionen.

Damit war der Spielraum der Parteien erheblich eingeengt. Sowohl Befehl Nr. 2 wie auch die aufgrund des Befehls erfolgten Genehmigungen der vier Parteien machten deutlich, daß sich die SMAD als weisungs- und kontrollberechtigte Institution alle Einwirkungsmöglichkeiten auf die deutschen Parteien offenhielt. Diese

[65] Berliner Zeitung, Nr. 21 vom 10. 6. 1945. Der Befehl Nr. 2 ist mehrfach (wenn auch in unterschiedlicher Übersetzung) abgedruckt, vgl. Weber, Parteiensystem, S. 22 f.

[66] Zur Überraschung selbst bei den Kommunisten vgl. Leonhard, Die Revolution entläßt ihre Kinder, S. 389 ff. Auch in der DDR-Geschichtsschreibung hieß es, der Befehl habe »Überraschung und Erstaunen« ausgelöst. Vgl. Kölm, Die Befehle des Obersten Chefs, S. 48.

Haltung war durch die Juni-Deklaration legitimiert und entsprach im übrigen auch der Politik der westlichen Alliierten, die ab Herbst unter ähnlichen Auflagen ebenfalls Parteien zuließen, wenn auch freilich zunächst nur auf lokaler oder regionaler Ebene.

Erstaunlich war nicht nur der frühe Zeitpunkt der Zulassung von Parteien in der SBZ, sondern mehr noch, daß sich neben der Kommunistischen Partei (11. Juni) auch die Sozialdemokratische Partei (15. Juni), die Christlich-Demokratische Union (26. Juni) und die Liberal-Demokratische Partei (5. Juli) bilden konnten, womit an das traditionelle deutsche – also ein nichtkommunistisches – Parteiensystem angeknüpft wurde. Denn mit KPD, SPD, CDU und LDP standen sich vier formal gleichberechtigte Parteien gegenüber, die programmatisch, organisatorisch und personell die Traditionslinie des deutschen Parteienspektrums fortführten, d. h., die zum Teil seit dem 19. Jahrhundert und vor allem in der Weimarer Republik vorhandenen Parteirichtungen, allerdings unter Ausschluß der diskreditierten Rechten, waren wiederentstanden.

Als erste Partei im Nachkriegsdeutschland konstituierte sich am 11. Juni 1945 die KPD. Die Kommunisten, von denen die NS-Diktatur die größten Blutopfer gefordert hatte, verpflichteten sich, die Folgen des Nationalsozialismus zu beseitigen und jede Wiederkehr einer faschistischen Diktatur zu verhindern. Der Gründungsaufruf der KPD vom 11. Juni[67] forderte daher die »Liquidierung der Überreste des Hitlerregimes«, aber keineswegs eine sozialistische Umgestaltung Deutschlands, sondern die »Vollendung« der Revolution von 1848. So wirkte der Aufruf in vielen Teilen wie eine Abkehr von den revolutionären Traditionen der Partei. Die KPD-Führer wandten sich nachdrücklich gegen die Einführung des Sowjetsystems in Deutschland, da »dieser Weg nicht den gegenwärtigen Entwicklungsbedingungen in Deutschland« entspräche. Vielmehr traten sie ein für die Errichtung einer »demokratischen Republik«, eines »antifaschistisch-demokratischen Regimes« mit »allen Rechten und Freiheiten für das Volk«. Darüber hinaus sicherte der Aufruf sogar die »völlig ungehinderte Entfaltung des freien Handelns und der privaten Unternehmerinitiative« zu.

Diese Politik entsprach völlig der damaligen Linie Stalins für Osteuropa und Deutschland. Ulbricht selbst bestätigte später, daß »das Politbüro der KPdSU uns ausdrücklich darauf aufmerksam machte, daß wir in Deutschland nicht die Formen der Sowjetmacht und andere sowjetische Formen einfach übernehmen können«.[68]

Damit führte die KPD wesentliche Beschlüsse ihrer Konferenzen von 1935 bis 1939 (»Brüsseler« und »Berner« Konferenz) weiter, die es der Partei z. B. gestatteten, ihre Absichten zu verhüllen und nach und nach die Macht in die Hand zu nehmen.

Allerdings zeigte der neue KPD-Kurs sowohl einige Änderungen gegenüber früheren sowjetischen Weisungen (Schaffung eines einheitlichen Kampfblocks anstelle von Parteien) als auch Abweichungen von den Beschlüssen der »Berner« Konferenz 1939, in welchen die Gründung einer einheitlichen marxistischen Partei vorgeschlagen worden war. Nunmehr lehnte die KPD alle Angebote ab, anstelle von

[67] Deutsche Volkszeitung, Zentralorgan der Kommunistischen Partei Deutschlands, Nr. 1 vom 13. 6. 1945. Der Aufruf ist mehrfach wiederabgedruckt; vgl. die Hinweise in Werner Müller, Der Transformationsprozeß der SED. In: Weber, Parteiensystem, S. 51.

[68] Walter Ulbricht, Zur Geschichte der deutschen Arbeiterbewegung. Aus Reden und Aufsätzen. Bd. IV: 1956–1957. Berlin (Ost) 1962, S. 300.

SPD und KPD sofort eine einheitliche Arbeiterpartei zu bilden. Die Führung wollte offensichtlich erst die Voraussetzungen für eine »Vereinigung« in ihrem Sinne schaffen. Ideologische Grundlage sollte die Ausrichtung der KPD-Mitglieder auf die vorbehaltlose Unterstützung der sowjetischen Besatzungsmacht und der Politik Stalins sein sowie eine Immunisierung gegen sozialdemokratische Ideen. Die organisatorische Vorbedingung einer Parteienverschmelzung sah die KPD-Spitze in der Schaffung eines linientreuen Funktionärskorps, das in der künftigen Einheitspartei die Schlüsselpositionen einnehmen konnte.

Damit folgten die deutschen Kommunisten Stalins Ansichten vom Juni 1945, als er einer (offenbar von Ulbricht favorisierten) raschen »Vereinigung« widersprach, weil das eine »Mischmasch-Partei« geben würde. »Stalin war der Meinung, daß aus diesen Gründen erst die KPD aufgebaut und gefestigt werden muß. Dann könne der Kurs auf eine Einheitspartei im Sinne des VII. Weltkongresses [der Komintern 1935] genommen werden.«[69] Diese Linie wurde von den KPD-Führern sofort aufgegriffen, weil für sie Stalins Meinung natürlich immer ein Befehl war. Sie stimmte überdies mit ihren eigenen Vorstellungen der Jahre 1944/45 überein, als überlegt wurde, wie die SPD als Konkurrent im zukünftigen Parteiensystem zu zerschlagen wäre. Schließlich hatten die KPD-Führer im sowjetischen Exil noch im Februar 1945 zwar einige führende Sozialdemokraten für eine mögliche Kooperation ausgemacht, die meisten »Führer der Sozialdemokratie« aber als »reaktionär« und nicht bündnisfähig bezeichnet.[70] Das entsprach damaliger kommunistischer Planung, Wege zu finden für die Vernichtung der Sozialdemokratie, wie sie Pieck im April 1944 notiert hatte: »Einheit ist die Frage der SPD – sie wird dadurch ausgeschaltet«.[71]

Diese »Ausschaltung« der Sozialdemokratie wurde nach der Konstituierung der Parteien im Juni 1945 nicht aus den Augen verloren. Nach der Bildung eines »Arbeitsausschusses« von KPD und SPD am 19. Juni 1945 flog Ulbricht zu einer (geheimgehaltenen) Besprechung wieder nach Moskau, wo er von Stalin empfangen wurde. »Wenn auch über den Inhalt der nächtlichen Besprechung bei Stalin keinerlei Informationen vorliegen, so verweisen doch die Umstände dieses Besuches auf die Bedeutung, die die Zerschlagung der Vormachtstellung der Sozialdemokratie in der deutschen Arbeiterschaft durch die KPD in Stalins Konzept hatte.«[72]

Den KPD-Gründungsaufruf unterschrieben 16 frühere Parteiführer, die sich als ZK deklarierten. Von diesen Funktionären waren 13 gerade aus der sowjetischen Emigration zurückgekehrt. Diese Parteiführer hatten schon in der Weimarer Republik die Stalinisierung der KPD mitgetragen und die Moskauer Säuberungen von 1936 bis 1938 überstanden; sie schienen nunmehr auch die Durchsetzung der Linie Stalins in der KPD zu garantieren.

Einige Unterzeichner behielten auch für die weitere Entwicklung der DDR Bedeutung, so neben Pieck, Ulbricht, Ackermann und Sobottka vor allem Franz Dahlem (1892–1981), seit 1927 Mitglied des ZK und seit 1929 Mitglied des Politbüros

[69] So nach einer späteren Erinnerung Ackermanns. Stiftung Archiv der Parteien und Massenorganisationen der DDR im Bundesarchiv (zuk. abgek. SAPMO) Sg Y 30/1291/3, Bl. 428 f., abgedruckt in Keiderling, Wir sind die Staatspartei, S. 77 f. Vgl. auch Laufer, Genossen, S. 357.

[70] SAPMO DY NL 36/517.

[71] Zit. in Beatrix Bouvier, Ausgeschaltet. Sozialdemokraten in der Sowjetischen Besatzungszone und in der DDR 1945–1953. Bonn 1996, S. 11.

[72] Kubina, Der Aufbau des zentralen Parteiapparates, S. 65.

der KPD. Er war nach 1933 in der französischen Emigration und dann von 1942 bis 1945 im KZ Mauthausen inhaftiert gewesen. Von 1945 bis 1953 war er Mitglied der obersten Führungsorgane der KPD bzw. SED. Er wurde dann als stärkster Gegenspieler Ulbrichts abgesetzt. 1958 rehabilitiert, konnte er nicht mehr an die Parteispitze zurückkehren. Den Aufruf unterschrieben hatte auch Edwin Hoernle (1883–1952), der sich nach dem Theologiestudium als Vikar 1910 von der Kirche getrennt hatte und 1919 die KPD mitbegründete. In der Weimarer Republik für die Landarbeit und die Kinderorganisation der Partei verantwortlich, emigrierte er 1933 in die Sowjetunion. 1945 wurde er Präsident der Zentralverwaltung für Land- und Forstwirtschaft. Unter dem Aufruf stand auch der Name von Hans Jendretzky (1897–1992). Er war Schlosser und seit 1920 in der KPD. Er wurde 1926 hauptamtlicher Funktionär und war von 1928 bis 1932 Preußischer Landtagsabgeordneter. Von 1934 bis 1938 und 1944/45 inhaftiert, war er von 1946 bis 1948 Vorsitzender des FDGB in der SBZ, dann Leiter der Berliner SED, seit 1950 Kandidat des Politbüros. 1953 als Anhänger Zaissers aller Funktionen enthoben, wurde er 1956 rehabilitiert und war seit 1957 wieder ZK-Mitglied.

Zusammen mit Ackermann war 1945 Hermann Matern (1893–1971) aus Moskau nach Deutschland zurückgekehrt. Er war seit 1919 Mitglied der KPD, ab 1926 Parteisekretär. 1934 konnte er aus dem Gefängnis fliehen und ging in die Emigration. 1946 übernahm er die Leitung der Berliner SED, von 1949 bis zu seinem Tod war er Vorsitzender der mächtigen Parteikontrollkommission.[73]

Der organisatorische Aufbau der KPD wurde schon durch die Gruppen von Ulbricht, Ackermann und Sobottka eingeleitet. KPD-Kader im Lande hatten freilich aus eigener Initiative spontan Parteiorganisationen wieder aufgebaut. In Berlin begann man bereits Anfang Mai mit der Schaffung von KPD-Betriebsgruppen. Ulbricht hatte am 13. Mai 1945, also bereits vier Wochen vor der Zulassung der Partei, auf einer Berliner Funktionärskonferenz der KPD über die neue Linie der Kommunisten gesprochen. In dieser Veranstaltung nannte er es eine »Verpflichtung«, das »Werk des Genossen Ernst Thälmann fortzusetzen«, doch komme es jetzt auf die »Organisierung des normalen Lebens der Bevölkerung an«. Bei der Beschreibung der Schrecken des Krieges und des Faschismus betonte er die »Mitverantwortung des deutschen Volkes«, bezeichnete Umerziehung und Wiedergutmachung als notwendige Maßnahmen. Dazu kündigte er an, »Ostpreußen und Oberschlesien werden abgetrennt werden«. Und er forderte, die »Lehre von Marx-Engels-Lenin-Stalin« müßte in die Schulen getragen werden. Vor allem aber sei der Aufbau der Verwaltungen voranzubringen. Seine Zielstellung vom 13. Mai: »Es gibt zur Zeit keine Parteibüros und Parteikomitees. Alles muß vorbereitet werden, um bei Legalität da zu sein.«[74]

An der Basis wurden allerdings auch zahlreiche Versuche unternommen, anstelle von KPD und SED eine einheitliche Arbeiterpartei zu gründen. Diese Vorhaben wußte die KPD-Führung ebenso zu verhindern wie die Absicht, Antifa-Komitees als Machtorgane einzusetzen. Zum anderen gab es auch Bestrebungen, einfach an die Politik von 1933 anzuknüpfen und die traditionelle kommunistische Politik

[73] Weitere Unterzeichner waren Ottomar Geschke, Michael Niederkirchner, Bernard Koenen, Martha Arendsee, die alle schon in der Weimarer Republik wichtige Funktionen innehatten. Außerdem unterschrieben die jüngeren Parteifunktionäre Elli Schmidt (mit ihrem Pseudonym Irene Gärtner), Otto Winzer und Hans Mahle sowie der Dichter Johannes R. Becher. Zu den Biographien vgl. Anm. 21.

[74] Keiderling, Gruppe Ulbricht, S. 331 ff.

fortzusetzen. Dagegen wandte sich die Ulbricht-Führung. Das neue Leitungszentrum, das Sekretariat, dem Ulbricht, Pieck, Dahlem und Ackermann angehörten,[75] vermied ganz bewußt die alten Symbole der KPD, um die neue Linie glaubhaft zu machen. Schon im Juni 1945 sagte Ulbricht, es sei nicht »zweckmäßig«, mit »Rot Front« zu grüßen oder »Sichel und Hammer« anzubringen. Ulbricht verteidigte die neue Politik besonders eifrig; am 12. Juni 1945 erklärte er, die Aufgabe in Deutschland sei »zunächst die Vollendung der bürgerlich-demokratischen Revolution, die 1848 begonnen wurde. Es muß also die Demokratisierung Deutschlands erfolgen. Wir sind dagegen, daß in Deutschland die Sowjetmacht errichtet wird. Das muß man dem Volk offen sagen.« Aber dies war vielen Mitgliedern und Funktionären der KPD »zu wenig revolutionär«. Daher beharrten die unteren Einheiten gerade auf Hammer und Sichel oder dem Sowjetstern. Ein »Ortskomitee« in Pirna bestimmte z. B. gleich im Mai 1945: »Der neue Gruß ist: Rot Front, der alte Gruß der kommunistischen Freiheitskämpfer. Die Anrede: Genosse oder Genossin und Du.«[76]

Altbekannte kommunistische Forderungen nach der Diktatur des Proletariats oder der Räterepublik waren ebenso zu hören wie der Ruf nach Schaffung des kommunistischen Jugendverbandes. Der Führung gelang es rasch, solche »Abweichungen« zu überwinden. Dies ist sowohl auf die traditionelle Parteidisziplin in der KPD zurückzuführen, die nach dem Aufruf vom 11. Juni 1945 schnell eine einheitliche Ausrichtung ermöglichte, als auch auf die Umstrukturierung der Parteiorganisation, in der bald neue Mitglieder überwogen.

Schon Ende Juni forderte die Führung dazu auf, Mitglieder zu werben, damit die Partei keine Sekte werde. Sie beantwortete die Frage, wer aufgenommen werden könne, im Juli mit dem Hinweis, wer für den Weg des »Aufbaus einer freien und fortschrittlichen Nation« eintrete, »der kann nicht nur, der sollte Mitglied der KPD werden«. Eine »Volkspartei« wie die KPD müsse »alle Schichten des werktätigen Volkes repräsentieren«.[77]

Vor allem kam es der Führung darauf an, die KPD zu disziplinieren und straff zu lenken. Die Partei sollte wie früher nach dem Prinzip des »demokratischen Zentralismus« hierarchisch geleitet werden. Ihr Spitzengremium wurde das vierköpfige Sekretariat in Berlin, das die KPD im Reichsmaßstab führte, aber insbesondere in der SBZ bestimmte. Das Sekretariat trat meist mehrmals wöchentlich zusammen, zwischen Juli 1945 und April 1946 (der SED-Gründung) fanden 68 Sitzungen statt. Die Arbeitsverteilung war seit der 2. Sitzung am 8. Juli 1945 geregelt. Parteivorsitzender Wilhelm Pieck war zuständig für die allgemeine Leitung sowie Jugend, Frauen und Kasse. Franz Dahlem war verantwortlich für Kaderfragen und den Aufbau der Partei in den Bezirken, Walter Ulbricht hielt die Verbindung zu den Besatzungsbehörden und Parteibezirken, er verantwortete außerdem Wirtschaftsfragen

[75] Geschichte der Sozialistischen Einheitspartei Deutschlands. Abriß. Berlin (Ost) 1978, S. 87.

[76] Herbert Anger und Heinz Rieger, Hell aus dem dunklen Vergangenen. Beiträge zur Vereinigung der Arbeiterparteien des Kreises Pirna. Pirna o. J. (1961), S. 15 (Faksimile). Vgl. auch die Fahne mit Hammer und Sichel und Sowjetstern bei der Gründung der KPD-Ortsgruppe Neugersdorf. Abbildung in: Zur Geschichte des Vereinigungsprozesses von KPD und SPD zur SED im heutigen Bezirk Dresden. Dresden 1976, S. 49.

Ulbrichts Ausführungen in Ulbricht, Zur Geschichte, Bd. II, 1. Zusatzband, S. 317 und ebd., Bd. II, 2. Zusatzband, Berlin (Ost), S. 233. Vgl. auch Siegfried Thomas, Entscheidung in Berlin. Zur Entstehungsgeschichte der SED in der deutschen Hauptstadt 1945/46. Berlin (Ost) 1964, S. 44.

[77] Franz Dahlem, Wer kann Mitglied der KPD werden? Deutsche Volkszeitung, Nr. 39 vom 27. 7. 1945.

und Gewerkschaften. Anton Ackermann schließlich war für Propaganda, Kultur und Verlage zuständig.[78] Von dieser Führung wurde eine systematische Kaderarbeit betrieben. Dabei besetzten die aus Moskau zurückgekehrten Kader die Schlüsselstellungen, sie kontrollierten den Parteiaufbau und »gaben die politische und programmatische Linie vor«.[79] Entsprechend der stalinistischen Devise, daß Machtfragen vor allem Kaderfragen sind (Stalin 1935: »Die Kader entscheiden alles«), ging es nicht nur um wichtige personelle Positionen innerhalb des Parteiapparats, sondern auch in Verwaltung und Wirtschaft sowie den Massenorganisationen (FDGB usw.), die vom Sekretariat beschlossen wurden. Der Aufbau des Partei- und Staatsapparates war die entscheidende Aufgabe der KPD-Führung. Sie mußte zunächst die sowjetische Besatzung unterstützen, um dann selbst schrittweise die Macht von ihr übernehmen zu können. Die Sowjetunion bestimmte 1945/46 über Politik und Struktur der KPD, sie förderte dabei auch den wachsenden Herrschaftsanspruch der deutschen Kommunisten, die ihre angestrebte Führungsrolle nunmehr als Massenpartei erreichen wollten.

Nach dem Schock des totalen Zusammenbruchs von 1945 besaßen die Kommunisten tatsächlich die Chance für eine Massenbasis, weil sie als entschiedene Widerstandskämpfer gegen das Hitlerregime über erhebliche Autorität verfügten, aber auch, weil sie mit der siegreichen Sowjetmacht eng liiert waren. So konnte die Partei ab Juli 1945 einen Zustrom neuer Mitglieder registrieren. Schon bald geriet die KPD jedoch in einen Gegensatz zur Mehrheit der Bevölkerung. Die Partei identifizierte sich völlig mit der sowjetischen Besatzungsmacht, sie rechtfertigte die Übergriffe der Roten Armee, die Behandlung der Kriegsgefangenen, die Reparationspolitik usw., und sie schwenkte stets auf die jeweilige Strategie und Taktik der UdSSR ein. Obwohl sich die KPD als Arbeiterpartei verstand, vertrat sie bei Interessenkonflikten zwischen der Sowjetunion und der deutschen Arbeiterschaft ohne Zögern den Kurs Moskaus und isolierte sich dadurch mehr und mehr.

Am 15. Juni 1945 veröffentlichte der Zentralausschuß der SPD in Berlin seinen Gründungsaufruf. Er trug die Unterschrift von Otto Grotewohl (1894–1964). Von Beruf Buchdrucker, hatte er sich 1912 der SPD angeschlossen. In der Weimarer Republik war er für seine Partei u. a. Minister im damaligen Land Braunschweig gewesen. 1945 Mitbegründer der SPD in Berlin, beugte er sich 1946 dem Druck der sowjetischen Besatzung und trat für die Zwangsvereinigung von SPD und KPD ein. Grotewohl wurde neben Pieck Vorsitzender der SED. Nach deren Umbildung in eine stalinistische »Partei neuen Typus« zurückgedrängt, unterwarf er sich mehr und mehr der kommunistischen Disziplin. Seit Gründung der DDR 1949 bis zu seinem Tod war er deren Ministerpräsident sowie Mitglied des Politbüros der SED, doch sein Einfluß verringerte sich ständig. Ein prominenter Unterzeichner war neben Otto Grotewohl Max Fechner (1892–1973). Der frühere Werkzeugmacher war seit 1911 in der SPD, von 1917 bis 1922 in der USPD, von 1928 bis 1933 Preußischer Landtagsabgeordneter und Mitarbeiter des Parteivorstandes der SPD. Als einer der letzten Überlebenden eines vom alten Parteivorstand der SPD 1933 eingesetzten

[78] Dokumente zur Geschichte der kommunistischen Bewegung in Deutschland. Reihe 1945/46 (6 Bände). Hrsg. Günter Benser und Hans-Joachim Krusch. Bd. 1. Protokolle des Sekretariats des Zentralkomitees der KPD Juli 1945 bis April 1946. Bearbeitet von Günter Benser und Hans-Joachim Krusch unter Mitarbeit von Hans Meusel. München 1993, S. 36. Vgl. auch Kubina, Der Aufbau des zentralen Parteiapparats der KPD, S. 76 ff.

[79] Wilke, Die Anatomie der Parteizentrale, S. 17. Dort eine genaue Beschreibung.

Gremiums erhob er für den neuen Vorstand in Berlin Führungsansprüche für das ganze Reich. Fechner wurde später stellvertretender Parteivorsitzender der SED und dann Justizminister der DDR. Er wurde 1953 verhaftet, 1956 aus dem Gefängnis entlassen und 1958 wieder SED-Mitglied. Der dritte der zunächst gleichberechtigten drei Vorsitzenden der SPD wurde Erich W. Gniffke (1895–1964). Er war seit 1913 in der SPD, ab 1926 Gewerkschaftssekretär, bis 1945 im SPD-Widerstand aktiv, wurde 1946 Mitglied des Zentralsekretariats der SED, flüchtete aber im Oktober 1948 nach Westdeutschland.

Die sozialdemokratischen Funktionäre Grotewohl, Fechner, Gniffke, Gustav Dahrendorf und andere strebten zunächst eine einheitliche Arbeiterpartei an. Gleich nach Kriegsende hatte sich Fechner an Ulbricht gewandt und ihm vorgeschlagen, »die ersehnte Einheitsorganisation der Arbeiterklasse zu schaffen«.[80] Die KPD lehnte das ab, doch gaben die Berliner SPD-Führer ihr Ziel auch nach der Zulassung der KPD nicht auf. So wurde im Gründungsaufruf der SPD nicht nur Demokratie in Staat und Gemeinde sowie Sozialismus in Wirtschaft und Gesellschaft gefordert, sondern auch erklärt: »Wir wollen vor allem den Kampf um die Neugestaltung auf dem Boden der organisatorischen Einheit der deutschen Arbeiterklasse führen! Wir sehen darin eine moralische Wiedergutmachung politischer Fehler der Vergangenheit, um der jungen Generation eine einheitliche politische Kampforganisation in die Hand zu geben … Wir bieten unsere Bruderhand allen, deren Losung ist: Kampf gegen Faschismus, für die Freiheit des Volkes, für Demokratie, für Sozialismus!«[81]

Auch bei einer Besprechung, die am 19. Juni 1945 zwischen je fünf Vertretern des ZK der KPD und des ZA der SPD stattfand, plädierte die SPD ausdrücklich für eine organisatorische Einheit. Doch Ulbricht war dagegen: »Die Zeit für eine organisatorische Vereinigung ist noch nicht gekommen.«[82] Die Sitzung verständigte sich aber auf ein gemeinsames Aktionsprogramm von KPD und SPD und eine enge Zusammenarbeit beider Parteien. Ein »gemeinsamer Arbeitsausschuß« aus je fünf Vertretern beider Führungen sollte »Ausdruck der Aktionseinheit« sein. Die KPD verbuchte diese Vereinbarung als ersten Erfolg ihres Zieles, der »Bildung eines festen Blocks mit allen anderen antifaschistischen demokratischen Parteien«.[83]

Am 26. Juni 1945 trat die Christlich-Demokratische Union mit ihrem Gründungsaufruf als dritte Partei an die Öffentlichkeit. Dem Gründerkreis dieser bürgerlichen Partei gehörten Personen aus dem ehemaligen Zentrum, dem protestantisch-konservativen Lager und der früheren Deutschen Demokratischen Partei an, darunter Andreas Hermes, Jakob Kaiser, Ernst Lemmer, Walther Schreiber, Heinrich Krone, Ferdinand Friedensburg, Theodor Steltzer, Otto Nuschke und Ferdinand Sauerbruch.

[80] Albrecht Kaden, Einheit oder Freiheit. Die Wiedergründung der SPD 1945/46. Hannover 1964, S. 32, Neuauflage Berlin, Bonn 1980. Der Brief wurde von Grotewohl auf der »Sechziger-Konferenz« verlesen und ist abgedruckt in: Gert Gruner und Manfred Wilke (Hrsg.), Sozialdemokraten im Kampf um die Freiheit. Stenographische Niederschrift der Sechziger-Konferenz am 20./21. Dezember 1945. München 1981, S. 68 f.

[81] An die Arbeit! Aufruf der SPD vom 15. Juni 1945 und die Begrüßungsrede ihres Vorsitzenden Otto Grotewohl. Berlin 1945, S. 13. Die Berliner Zeitung druckte den SPD-Aufruf erst am 21. Juni ab. Er erschien auch in der ersten Nummer des SPD-Organs Das Volk vom 7. 7. 1945.

[82] Beiträge zur Vorgeschichte der Vereinigung von SPD und KPD in der Sowjetzone zur SED. In: PZ-Archiv (Köln), Nr. 1/1950, S. 13.

[83] Deutsche Volkszeitung, Nr. 7 vom 20. 6. 1945; vgl. auch Das Volk, Nr. 3 vom 10. 7. 1945.

In ihrem Aufruf bekannte sich die Partei zu christlicher, demokratischer und sozialer Politik. Sie forderte den »wahrhaft demokratischen Staat«, der »auf der Pflicht des Volkes zu Treue, Opfer und Dienst am Gemeinwohl ebenso ruht wie auf der Achtung vor dem Recht der Persönlichkeit, ihrer Ehre, Freiheit und Menschenwürde. Das Recht muß wieder die Grundlage des ganzen öffentlichen Lebens werden.« Die Volksvertretung solle »die brüderliche und vertrauensvolle Zusammenarbeit aller die Demokratie bejahenden Parteien und aller aufbauwilligen Kräfte verwirklichen«. Die CDU trat für das Privateigentum ein, »das die Entfaltung der Persönlichkeit sichert, aber an die Verantwortung für die Allgemeinheit gebunden bleibt«. Sie begrüßte die »einheitliche Gewerkschaftsbewegung der Arbeiter und Angestellten«. Die Bodenschätze sollten »der Staatsgewalt unterworfen werden«.[84]

Die Forderungen waren durchaus interpretationsfähig, und die Partei als neue Sammlungsbewegung war zunächst auch für die Besatzungsmacht nicht klar einzuordnen. Der Vorsitzende der Partei, Andreas Hermes (1878–1964) war von 1920 bis 1923 Reichsminister für Ernährung bzw. Finanzen und von 1924 bis 1933 Abgeordneter des Zentrums im Reichstag bzw. Preußischen Landtag. 1944 verhaftet, wurde er im Januar 1945 von der NS-Justiz zum Tode verurteilt, im Mai 1945 dann im ersten Berliner Senat stellvertretender Oberbürgermeister. Hermes, der versuchte, die neue Partei in voller Unabhängigkeit zu halten, bekam die notwendige Lizenz von der SMAD aber erst am 10. Juli, nachdem er zugesichert hatte, die CDU werde im »Block« mitarbeiten.[85] Die CDU erhob den Anspruch, alle »antifaschistischen, demokratischen Kräfte« außerhalb von SPD und KPD zu sammeln.[86]

Die SMAD hatte wohl damit gerechnet, daß das (in der überwiegend evangelischen SBZ kaum massenwirksame) katholische Zentrum wieder entstehen würde. Diese Kalkulation scheiterte durch die Gründung der CDU. Um eine einheitliche »Bürgerpartei« zu verhindern, forcierte die SMAD nun die Bildung einer weiteren Partei.

Am 5. Juli 1945 konstituierte sich die Liberal-Demokratische Partei als vierte Partei in Berlin. An ihrer Spitze standen Waldemar Koch, Eugen Schiffer, Wilhelm Külz und Arthur Lieutenant. Diese bürgerliche Partei proklamierte die Erhaltung des Privateigentums und der freien Wirtschaft, des unabhängigen Berufsbeamten- und Richtertums, sie erstrebte – so ihr Gründungsaufruf – die »Neugestaltung des deutschen Gemeinschaftslebens auf wahrhaft demokratischer Grundlage mit dem Ziele politischer, wirtschaftlicher, sozialer und kultureller Gerechtigkeit ... Aufrichtige Mitarbeit an der Festigung des friedlichen Zusammenlebens der Völker und Einreihung Deutschlands in die Familie der Nationen«.[87]

Den Vorsitz der Partei übernahm Waldemar Koch (1880–1963), vor dem Ersten Weltkrieg Vorsitzender der AEG in England, später leitend in der deutschen Wirtschaft tätig (von 1949 bis 1953 Professor an der TU Berlin). Unter seiner Führung

[84] Abgedruckt in Siegfried Suckut, Zum Wandel von Rolle und Funktion der CDU im Parteiensystem der SBZ/DDR 1945–1952. In: Weber, Parteiensystem, S. 129 ff.; dort auch die Namen der Parteigründer. Ders., CDU. In: SBZ-Handbuch, S. 514 ff.

[85] Suckut, ebd., S. 188 f.

[86] Neue Zeit, Nr. 2 vom 24. 7. 1945.

[87] Der Morgen, Nr. 1 vom 3. 8. 1945. Abgedruckt in: Brigitte Itzerott, Die Liberal-Demokratische Partei Deutschlands (LDPD). In: Weber, Parteiensystem, S. 185 f.; vgl. auch Horst Dähn, LDP. In: SBZ-Handbuch, S. 544 ff.

erklärte die LPD in der ersten Nummer ihres Organs ›Der Morgen‹, sie wolle »Sprachrohr des liberal-demokratischen Bürgertums« sein. Wie die anderen Parteien, so betonte auch die LDP die »loyale Zusammenarbeit« mit der Besatzungsmacht und den Kampf für die »restlose Beseitigung des Nationalsozialismus und Militarismus«, gleichzeitig verlangte sie, »Unduldsamkeit« dürfe »keinen Platz im neuen Deutschland« haben.[88] Die Partei unterstrich immer wieder, daß es ihr vorrangig auf den Ausbau des Rechtsstaates ankomme.[89]

Während KPD, SPD und CDU sich als zentrale Parteien etablierten, bildeten sich neben der Berliner LDP gleichzeitig verschiedene örtliche liberale Gruppen, z. B. in Dresden eine »Demokratische Partei Deutschlands«, ähnlich in Halle, Görlitz, Weimar und anderen Städten. Sie alle schlossen sich der LDP an, so daß ab Juli 1945 in der Sowjetischen Besatzungszone vier Parteien existierten.

Da die KPD die sowjetische Politik ohne Einschränkung unterstützte, war es selbstverständlich, daß sie von der SMAD in jeder Weise bevorzugt wurde. Sie diente der SMAD als Kaderreservoir für die deutschen Institutionen, als Informationsquelle für deutsche Probleme und in gewisser Hinsicht auch als Beraterorgan.

Das bedeutete jedoch nicht, daß die KPD wesentlich auf die Besatzungspolitik einwirken konnte. Auch die deutschen Kommunisten hatten 1945 und 1946 die Befehle der allgewaltigen SMAD auf allen Ebenen auszuführen. Doch die SMAD war nicht nur programmatisch mit der KPD verbunden, sie mußte auch daran interessiert sein, diese sowjettreue Partei zu stärken, Rahmenbedingungen zu schaffen, die es der KPD ermöglichten, eine gewichtige Rolle zu übernehmen. Nur mit dieser Unterstützung konnte die KPD ihre Ziele erreichen: Sie wollte vermeiden, im neuen Parteiensystem in eine Minoritätenposition oder gar in die Opposition gedrängt zu werden. Ihr Plan war vielmehr, zur bestimmenden Partei aufzusteigen, wobei ihr die Förderung der SMAD sicher war.

Angesichts der Situation von 1945 war es nicht erstaunlich, daß die SMAD beim Aufbau des Parteiensystems auf antifaschistischen Programmen der Parteien und einer entsprechenden Haltung ihrer Funktionäre bestand. Die scharfe Frontstellung gegen das verbrecherische Hitler-Regime war für die Politiker der neuen Parteien selbstverständlich, waren doch nicht nur Kommunisten, sondern auch ein Großteil der SPD- und CDU-Gründer politisch Verfolgte des NS-Terrors. Auch die Überlegung, daß unter sowjetischem Besatzungsregime keine antikommunistische und erst recht keine antisowjetische Politik betrieben werden könne, war unausweichlich.[90] Es war ohnehin – gerade für die nichtkommunistischen Politiker – überraschend, daß die SMAD die Emotionen der Sowjetoffiziere, deren Land verwüstet worden war, und die alle durch den deutschen Angriff persönliche Tragödien erlebt hatten, rasch unter Kontrolle brachte und frühzeitig das politische Leben in der SBZ organisieren konnte.

[88] Der Morgen, Nr. 5 vom 8. 8. 1945 und Nr. 31 vom 7. 9. 1945.

[89] Vgl. z. B. Der Morgen, Nr. 53 vom 3. 10. 1945, in dem Eugen Schiffer als »Chef der Zentralverwaltung für Justiz« die Rechtssicherheit hervorhob. Vgl. auch Der Morgen, Nr. 125 vom 8. 12. 1945. Allerdings hieß es in dieser Zeitung erstaunlicherweise auch, daß in der UdSSR die »Staatsgewalt tatsächlich vom Volke« ausgehe (Der Morgen, Nr. 83 vom 7. 11. 1945); es kann sich dabei freilich auch um einen »Pflichtartikel« der SMAD handeln.

[90] Vgl. dazu Walrab von Buttlar, Ziele und Zielkonflikte in der sowjetischen Deutschlandpolitik 1945–1947. Stuttgart 1980, S. 115; Harold Hurwitz, Demokratie und Antikommunismus in Berlin nach 1945. Bd. 1: Die politische Kultur der Bevölkerung und der Neubeginn konservativer Politik. Köln 1983, S. 120 ff., 250.

Zum wichtigsten Instrument für die Strategie von SMAD und KPD wurde die »Einheitsfront der antifaschistisch-demokratischen Parteien«, der sogenannte Antifa-Block. Am 15. Juli konnte die ›Deutsche Volkszeitung‹, das Zentralorgan der KPD, berichten: »Die antifaschistische demokratische Einheit ist da.« Nach Vorgesprächen in der ersten Julihälfte[91] hatten sich am 14. Juli je fünf Vertreter von KPD, SPD und CDU sowie vier Führer der LDP getroffen und einen »gemeinsamen Ausschuß« gebildet. In ihm sollten je fünf Mitglieder der vier Parteien eine gemeinsame Politik abstimmen. Der Ausschuß plante, unter wechselndem Vorsitz zweimal monatlich zu tagen. Säuberung Deutschlands von der NS-Ideologie, wirtschaftlicher Wiederaufbau, »Herstellung voller Rechtssicherheit auf der Grundlage eines demokratischen Rechtsstaates«, Geistesfreiheit sowie Bereitschaft zur Durchführung der Maßnahmen der Besatzungsbehörden und Anerkennung der Pflicht zur Wiedergutmachung waren Kompromißformeln, auf die sich die Parteien trotz ihrer verschiedenen Konzeptionen einigen wollten. »Die Vertreter der vier Parteien beschließen, unter gegenseitiger Anerkennung ihrer Selbständigkeit, die Bildung einer festen Einheitsfront der antifaschistisch-demokratischen Parteien, um mit vereinter Kraft die großen Aufgaben zu lösen.«[92] Da der gemeinsame Ausschuß seine Beschlüsse nur einstimmig, d. h. mit Zustimmung aller Parteien, fassen konnte, war der »Block« etwas völlig Neues in der deutschen Parteiengeschichte. Versuchte die KPD bereits durch ihre »Einheitsfrontpolitik« mit der SPD der Gefahr einer Isolierung zu begegnen, so sollte die Mitwirkung der KPD im »Block« jede Koalitionsbildung ohne oder gar gegen die KPD verhindern. »Zugleich suchte die KPD ... zur personell, materiell und politisch stärksten und somit bestimmenden Organisation im Parteienspektrum zu werden.«[93]

Der »Block« bildete dazu die Voraussetzung. Der Antifa-Block blieb nicht nur ein zentrales Spitzengremium, er wurde auch in allen Orten der SBZ gegründet, in Mecklenburg sogar bereits vor dem zentralen Ausschuß. Schon sehr früh kam es in den lokalen Blockausschüssen zu Machtkämpfen zwischen Kommunisten und Vertretern der anderen Parteien. Die Besatzungsmacht, die ja einen entsprechenden Druck auf alle Politiker ausüben konnte, half der KPD, ihre Dominanz weiter auszubauen. Für die übrigen Parteien war diese Entwicklung zunächst kaum erkennbar. Bereits in der ersten Sitzung, bei der Bildung des zentralen gemeinsamen Ausschusses der vier Parteien am 14. Juli 1945, konnte die CDU erreichen, daß nicht vom »Block«, sondern von der »Einheitsfront« der Parteien gesprochen wurde (freilich bürgerte sich die Bezeichnung »Block« ein). Die von der LDP geforderte Rechtsstaatlichkeit wurde auch von der KPD »grundsätzlich« gebilligt, und in den Forderungskatalog konnten CDU und LDP wesentliche Teile ihrer Vorschläge gegenüber dem KPD- und SPD-Entwurf einbringen.[94] Auf der 3. Sitzung am 3. August 1945 beantragte die CDU, bei der Besetzung von Funktionen in den Verwaltungen alle Parteien gleichmäßig zu berücksichtigen; auch dieser Antrag wurde

[91] Vgl. Manfred Koch, Der Demokratische Block. In: Weber, Parteiensystem, S. 294 f.; Siegfried Suckut, Block-Ausschüsse. In: SBZ-Handbuch, S. 595 ff.

[92] Deutsche Volkszeitung, Nr. 29 vom 15.7.1945, abgedruckt bei Koch, Der Demokratische Block, S. 301 f.

[93] Manfred Koch und Werner Müller, Transformationsprozeß des Parteiensystems der SBZ/DDR zum »sozialistischen Mehrparteiensystem« 1945-1950. In: Deutschland Archiv, Sonderheft ›30 Jahre DDR‹, 1979, S. 30.

[94] Vgl. Koch, Der Demokratische Block, S. 296 ff.

dann in der 5. Sitzung am 30. August einstimmig angenommen.[95] Warum sich die Parteien »Einig im Ziel – einig im Willen« sein wollten (so das Motto einer Kundgebung der Parteiführer im August 1945), erläuterte der LDP-Vorsitzende Koch: »Neu ist insbesondere die Ausrichtung der vier Parteien. Sie geht nicht mehr auf Kampf gegeneinander, nicht in erster Linie um Gewinnung von Wählern und Stimmen. Vielmehr ist die Grundrichtung die Herstellung der einheitlichen Front. Sie richtet sich eindeutig gegen den Nationalsozialismus ... Das positive Ziel ist die gemeinsame Arbeit am Wiederaufbau Deutschlands.«[96]

Diese Vorstellung war in allen Parteien vorhanden, der gemeinsame antifaschistische und demokratische Grundkonsens dominierte, die Schwächen und Fehler der Weimarer Republik sollten vermieden werden. So schien die Selbständigkeit der Parteien programmatisch, organisatorisch und politisch ebenso gesichert wie ihre personelle Vertretung in den Institutionen. Die Praxis gestaltete sich freilich ganz anders. Der Begriff »Antifaschismus« wurde von den Kommunisten rasch instrumentalisiert, um Gegner auszuschalten, der Kalte Krieg riß schließlich neue Fronten auf, und so zerfiel der anfänglich in ganz Deutschland vorhandene Konsens der Hitler-Gegner.

Zur gleichen Zeit wie die Parteien entstanden auch die ersten »Massenorganisationen«. Schon am 15. Juni 1945 hatte sich ein vorbereitender Gewerkschaftsausschuß für Groß-Berlin gebildet, der sich aus den kommunistischen Gewerkschaftern Roman Chwalek, Hans Jendretzky und Paul Walter, den sozialdemokratischen Gewerkschaftern Otto Brass, Bernhard Göring und Hermann Schlimme sowie Jakob Kaiser von den christlichen Gewerkschaften und Ernst Lemmer von den Hirsch-Dunckerschen Gewerkvereinen zusammensetzte. Der Ausschuß versicherte in seinem Aufruf zur Gründung freier Einheitsgewerkschaften: »Die neuen freien Gewerkschaften sollen unter Zusammenfassung aller früheren Richtungen in ihrer Arbeit eine Kampfeinheit zur völligen Vernichtung des Faschismus und zur Schaffung eines neuen, demokratischen Rechtes der Arbeiter und Angestellten werden. Ihre Aufgabe ist vor allem, mitzuhelfen bei der Neugeburt unseres Volkes und bei der Heilung der Wunden, die der unselige Hitlerkrieg der Welt geschlagen hat.«[97]

Wie später im Westen Deutschlands schien so auch im Osten die Möglichkeit für eine freie Einheitsgewerkschaft gegeben. Freilich entstand der FDGB sofort als zentrale Einheitsgewerkschaft, in der sich die Einzelgewerkschaften dem Bund unterordneten. Bereits in die Gründung des FDGB schaltete sich die SMAD, durch Befehl Nr. 2 zur Instruktion und Kontrolle legitimiert, ein. Dabei wurde die Schaffung des FDGB für die ganze SBZ von der SMAD forciert. Bei einer Besprechung von Fechner, Göring (SPD), Ulbricht und Dahlem (KPD) mit Generalleutnant Bokow im November 1945 trat der SMAD-Vertreter klar für eine möglichst baldige »Zusammenfassung« der Gewerkschaften ein (und unterstützte damit den kommuni-

[95] Siegfried Suckut, Blockpolitik in der SBZ/DDR 1945–1949. Die Sitzungsprotokolle des zentralen Einheitsfront-Ausschusses. Köln, 1985, S. 85 ff.

[96] Der Morgen, Nr. 10 vom 14. 8. 1945. Vgl. auch den Leitartikel »Einheitsfront« in Der Morgen, Nr. 112 vom 12. 12. 1945.

Die verbindliche Art Wilhelm Piecks trug zunächst zum Vertrauensverhältnis bei, wie die Reden von Wilhelm Külz und Jakob Kaiser beim 70. Geburtstag Piecks im Januar 1946 zeigten. Vgl. Gelöbnis zur Einheit. Kundgebungen für die antifaschistisch-demokratische Einheit anläßlich des 70. Geburtstages von Wilhelm Pieck. Berlin 1946, S. 22 ff.

[97] Abgedruckt in Hermann Weber, Der deutsche Kommunismus. Dokumente. Köln 1963, S. 551.

stischen Wunsch). Rasch wurden »die Sozialdemokraten mehr und mehr von ihren anfänglichen Positionen verdrängt«.[98] Bei seinem 1. Kongreß im Februar 1946 zählte der FDGB zwei Millionen Mitglieder; Vorsitzender wurde Hans Jendretzky (KPD), Bernhard Göring (SPD) wurde 2., Ernst Lemmer (CDU) 3. Vorsitzender. Durch ihre straff gelenkte Betriebs- und Organisationsarbeit konnten die Kommunisten sofort wesentlichen Einfluß gewinnen.

Am 4. Juli 1945 gründeten Intellektuelle und Künstler den »Kulturbund zur demokratischen Erneuerung Deutschlands«, der die Überwindung der Nazi-Ideologie und eine »neue, freiheitliche, demokratische Weltanschauung« anstrebte. Nachdem die Militärbehörden, wie Johannes R. Becher in einem Brief vom 1. August mitteilte, die »Arbeit des Kulturbundes zur demokratischen Erneuerung Deutschlands in offizieller Weise genehmigt« hatten, trat das vorbereitende Komitee am 8. August zur Wahl des Präsidiums zusammen. Der kommunistische Dichter Johannes R. Becher wurde Präsident, der Dichter Bernhard Kellermann, der Maler Carl Hofer und der Wissenschaftler Johannes Stroux wurden Vizepräsidenten.[99] Durch eine Mitteilung Marschall Schukows vom 31. Juli 1945 wurde die Bildung von »Jugendausschüssen« genehmigt. Im September entstand ein zentraler Jugendausschuß für die SBZ, der eine einheitliche Jugendorganisation vorbereitete. Auch hier wirkten Kommunisten unter Erich Honecker von Anfang an bestimmend mit. Das gleiche gilt für die seit Sommer bestehenden, aber formell erst im November 1945 zugelassenen Frauenausschüsse oder die Vereinigung der gegenseitigen Bauernhilfe (VdgB).[100]

Planmäßig wurden so traditionelle oder neue gesellschaftliche Organisationen aufgebaut, durch die breite Schichten der Bevölkerung erfaßt werden sollten, deren Struktur dennoch den Kommunisten erheblichen oder überwiegenden Einfluß einräumte. Durch diese Verbände wurde das politische System vorstrukturiert, denn als »Massenorganisationen« sollten sie auch ins Parteiensystem integriert werden.

Zu Anfang blieb das neu entstandene Parteiensystem der SBZ auf Gesamtdeutschland ausgerichtet. Dies zeigte sich in zweierlei Hinsicht: Einmal verstanden sich alle Parteien, die in der früheren Reichshauptstadt gegründet wurden, als Organisationen, die in und für ganz Deutschland wirken wollten. Zum anderen präg-

[98] Jürgen Klein, Bürgerliche Demokraten oder christliche, sozialdemokratische und kommunistische Gewerkschafter Hand in Hand gegen die Arbeiter. Hamburg 1974, S. 229; Vgl. auch: Gewerkschaftlicher Neubeginn. Dokumente zur Gründung des FDGB und zu seiner Entwicklung vom Juni 1945 bis Februar 1946. Hrsg. und eingeleitet von H. Bednareck u. a. Berlin (Ost) 1975; Klaus Helf, Von der Interessenvertretung zur Transmission. Die Wandlung des FDGB. In: Weber, Parteiensystem, S. 339 ff. Werner Müller, FDGB. In: SBZ-Handbuch, S. 626 ff.; Ulrich Gill, Der Freie Deutsche Gewerkschaftsbund (FDGB). Opladen 1989; Gewerkschaften in der SBZ/DDR 1945–50. Anspruch und Wirklichkeit. Hrsg. IG Chemie, Papier, Keramik. Hannover 1996.

[99] Bundesarchiv Koblenz (BA), NL Friedensburg 27, S. 222 (Brief Bechers an Friedensburg vom 1. 8. 1945); Karl-Heinz Schulmeister, Auf dem Weg zu einer neuen Kultur. Berlin (Ost) 1977, S. 51 f.; Magdalena Heider, Politik, Kultur, Kulturbund. Zur Gründung und Frühzeit des Kulturbundes zur demokratischen Erneuerung Deutschlands 1945–1954. Köln 1993.

[100] Gerda Weber, Demokratischer Frauenbund Deutschlands. In: SBZ-Handbuch, S. 691 ff.; Dies., Zur Vorgeschichte und Entwicklung des DFD von 1945 bis 1950. In: Weber, Parteiensystem, S. 421 ff.; Ulrich Mählert, Die Freie Deutsche Jugend 1945–1949. Paderborn 1995; Ulrich Mählert und Gert-Rüdiger Stephan, Blaue Hemden – Rote Fahnen. Die Geschichte der FDJ. Opladen 1996; Helga Gotschlich, Katharine Lange und Edeltraud Schulze (Hrsg.), Aber nicht im Gleichschritt. Zur Entstehung der Freien Deutschen Jugend. Berlin 1997; Bernhard Wernet-Tietz, Bauernverband und Bauernpartei in der DDR. Die VdgB und die DBD 1945–1952. Köln 1984.

ten die zunächst in der SBZ geschaffenen vier Parteien KPD, SPD, CDU und Liberale in den folgenden Jahren das Parteienspektrum in allen vier Zonen. Während sich allerdings in den Westzonen das traditionelle deutsche Parteiensystem wieder etablierte (neben den »Arbeiterparteien« gab es im »bürgerlichen« Lager Zusammenschlüsse und Verschiebungen) und sich dort frei entwickeln konnte, kam es in der SBZ rasch zu einem Tranformationsprozeß, der vor allem durch die SMAD und das Instrument »Blockpolitik« den Kommunisten Vorteile und schließlich ein Übergewicht brachte.

Das Potsdamer Abkommen

Bis Juni 1945 blieben die alliierten Truppen in jenen Teilen Deutschlands, die sie jeweils erobert hatten. Diese stimmten jedoch nicht mit den Besatzungsgebieten überein, die ein Abkommen vom September 1944 festgelegt hatte. Rasch zeigte sich nun ein gegenseitiges Mißtrauen zwischen den Westmächten und der Sowjetunion. So zweifelten die Sowjetführer am Willen der USA, sich aus Thüringen und Sachsen zurückzuziehen.[101]

Andererseits beabsichtigten die westlichen Alliierten, so schnell wie möglich in Berlin einzurücken. Am 14. Juni schickte Präsident Truman Stalin ein Telegramm. Darin schlug er vor, nach der ersten Sitzung des Kontrollrats die Besatzungstruppen »in ihre jeweilige Zone« zu verlegen und auch die »gleichzeitige Entsendung der Garnisonstruppen der verschiedenen Nationen nach Groß-Berlin« vorzunehmen, wozu auch »die Bestimmung über freien Zugang für die Streitkräfte der Vereinigten Staaten per Luft, Landstraße und Eisenbahn von Frankfurt und Bremen nach Berlin« gehöre. In seiner Antwort vom 16. Juni verwies Stalin auf »gewisse Schwierigkeiten« für den Termin 21. Juni, da Berlin noch nicht von Minen geräumt sei und Marschall Schukow sich in Moskau befinde. Er schlug deshalb als Termin den 1. Juli vor.[102]

Nachdem sich Moskau und Washington geeinigt hatten, rückte die Rote Armee am 1. Juli 1945 in Teile Sachsens, Thüringens und Mecklenburgs ein, die bis dahin von den westlichen Alliierten besetzt waren, darunter die Städte Leipzig, Halle, Erfurt und Schwerin. Am 3. Juli 1945 übernahmen die USA und Großbritannien ihre Sektoren Berlins; Frankreich folgte am 12. August. Damit war die Demarkationslinie zwischen der SBZ und den westlichen Besatzungszonen endgültig gezogen. Da die UdSSR die Gebiete östlich von Oder und Neiße unter polnische Verwaltung gestellt hatte, umfaßte die sowjetische Besatzungszone Deutschlands die Länder Mecklenburg (einschließlich Vorpommern), Sachsen und Thüringen sowie die früheren preußischen Provinzen Brandenburg und Sachsen. Berlin unterstand dem Viermächtestatus, Ost-Berlin blieb von Truppen der Roten Armee besetzt. Die SBZ umfaßte damit ein Territorium von 107 862 qkm mit (1946) 18,4 Millionen Einwohnern. In diesem Gebiet begann sehr rasch eine Sonderentwicklung, obwohl im Potsdamer Abkommen noch einmal der einheitliche Charakter Deutschlands betont worden war.

[101] In seinen Erinnerungen schreibt Schukow, er habe zu Stalin gesagt: »Amerikanische Truppen stehen noch immer in Thüringen und denken vorläufig, wie es scheint, nicht daran, in ihre Besatzungszone abzuziehen.« Shukow, Erinnerungen, Bd. 2, S. 389. Dies ist wohl eine Erinnerung an die Einschätzung von 1945 und kaum eine spätere Interpretation.

[102] Vgl. Keesings Archiv der Gegenwart 15 (1945), S. 275.

Die Potsdamer Konferenz tagte vom 17. Juli bis 2. August 1945 im Schloß Cecilienhof bei Potsdam. Trotz einer Reihe von Gegensätzen einigten sich Truman, Stalin und Churchill (der nach dem Wahlsieg der Labour Party von Attlee abgelöst wurde) in wichtigen Punkten. Das am 2. August verkündete Abkommen offenbarte, daß sich die Großmächte nicht nur auf eine langjährige Besatzungszeit eingerichtet hatten, sondern daß sie Deutschland zunächst überhaupt nur als Objekt der Politik betrachteten. Bei den Grenzfragen wurden die von der Sowjetunion geschaffenen Tatsachen hingenommen. Zwar forderten die Westmächte, »daß die endgültige Festlegung der Westgrenze Polens bis zu der Friedenskonferenz zurückgestellt werden soll«, aber sie bestätigten, daß die Gebiete östlich von Oder und Neiße »unter die Verwaltung des polnischen Staates kommen und in dieser Hinsicht nicht als Teil der sowjetischen Besatzungszone in Deutschland betrachtet werden sollen«. Die drei Westmächte erklärten sich auch damit einverstanden, daß die deutsche Bevölkerung aus Polen, der Tschechoslowakei und Ungarn ausgewiesen werden müsse. Außerdem stimmte die Konferenz der »Übergabe der Stadt Königsberg und des anliegenden Gebietes an die Sowjetunion« zu. Die USA und Großbritannien zeigten sich bereit, die sowjetischen Gebietsansprüche bei einer Friedensregelung zu unterstützen.[103] Zu ihren Maßnahmen in Deutschland erklärten die Alliierten, das deutsche Volk fange an, für »die furchtbaren Verbrechen zu büßen, die unter der Leitung derer, welche es zur Zeit ihrer Erfolge offen gebilligt hat und denen es blind gehorcht hat, begangen wurden«. Als Ziele wurden genannt: »Der deutsche Militarismus und Nazismus werden ausgerottet, und die Alliierten treffen nach gegenseitiger Vereinbarung in der Gegenwart und in der Zukunft auch andere Maßnahmen, die notwendig sind, damit Deutschland niemals mehr seine Nachbarn oder die Erhaltung des Friedens in der ganzen Welt bedrohen kann. Die Alliierten sind nicht gewillt, das deutsche Volk zu vernichten oder in die Sklaverei zu stürzen. Die Alliierten haben vor, dem deutschen Volk eine Möglichkeit zu geben, sich vorzubereiten, um zukünftig die Wiederherstellung seines Lebens auf einer demokratischen und friedlichen Grundlage zu verwirklichen.« Es wurde die völlige Abrüstung und Entmilitarisierung Deutschlands verkündet und die NSDAP verboten.

Noch einmal betonten die Alliierten, daß die Oberkommandierenden der Streitkräfte als Mitglieder des Kontrollrats die höchste Regierungsgewalt in Deutschland ausübten, und zwar »jeder in seiner Besatzungszone nach den Leitsätzen seiner entsprechenden Regierung, sowie gemeinsam in den Deutschland als Ganzes betreffenden Fragen«. Die Behandlung der deutschen Bevölkerung mußte danach gleich sein, »soweit dieses praktisch durchführbar ist«.

Die NS-Gesetze sollten außer Kraft gesetzt, Kriegsverbrecher dem Gericht übergeben und Mitglieder der NSDAP aus öffentlichen oder halböffentlichen Ämtern entfernt werden. »Die endgültige Umgestaltung des deutschen politischen Lebens auf demokratischer Grundlage« vorzubereiten, wurde ebenso als Ziel der Alliierten proklamiert wie ein demokratisches Erziehungs- und Gerichtswesen, eine demokratische Verwaltung sowie die Zulassung »aller demokratischen politischen Parteien« und Freier Gewerkschaften. »Bis auf weiteres« sollte keine zentrale deutsche

[103] Tägliche Rundschau, Nr. 71 vom 4. 8. 1945; Berliner Zeitung, Nr. 70 vom 4. 8. 1945; Deutsche Volkszeitung, Nr. 46 vom 4. 8. 1945; Das Volk, Nr. 27 vom 4. 8. 1945. Das Potsdamer Abkommen ist mehrfach abgedruckt. Vgl. Ernst Deuerlein, Deklamation oder Ersatzfrieden? Die Konferenz von Potsdam 1945. Stuttgart 1970. V. N. Wyssozki, Unternehmen Terminal. Zum 30. Jahrestag des Potsdamer Abkommens. Berlin (Ost) 1975; Das Potsdamer Abkommen. Dokumentensammlung. Berlin (Ost) 1984.

Regierung, wohl aber »einige wichtige zentrale deutsche Verwaltungsabteilungen errichtet werden«. Rede-, Presse und Religionsfreiheit sollten gewährt werden, freilich »unter Berücksichtigung der Notwendigkeit zur Erhaltung der militärischen Sicherheit«.

Auf wirtschaftlichem Gebiet wurde die Vernichtung des Kriegspotentials, die Zerschlagung der »bestehenden übermäßigen Konzentration der Wirtschaft, dargestellt insbesondere durch Kartelle, Syndikate, Trusts und andere Monopolvereinigungen« gefordert. Bei der Neuorganisation des deutschen Wirtschaftslebens mußte das Hauptgewicht auf der Landwirtschaft und Konsumgüterindustrie liegen. Während der Besatzungszeit sollte Deutschland eine wirtschaftliche Einheit bleiben, allerdings unter alliierter Kontrolle.

Ein eigener Abschnitt des Abkommens behandelte die Reparationsfrage. Danach mußte Deutschland »in größtmöglichem Ausmaß für die Verluste und die Leiden, die es den Vereinten Nationen verursacht hat, und wofür das deutsche Volk der Verantwortung nicht entgehen kann«, durch Reparationen einstehen. Die Ansprüche der UdSSR sollten durch Entnahme aus der Sowjetischen Besatzungszone befriedigt werden; außerdem sollte die Sowjetunion einen Teil der westdeutschen Reparationen erhalten. Schließlich war ein »Rat der Außenminister« zu bilden, der auch eine »friedliche Regelung für Deutschland« vorbereiten sollte.

Das Potsdamer Abkommen ließ also einen weiten Spielraum. Neben den Vorstellungen, daß die Alliierten über Deutschland bestimmen müßten und Deutschland Wiedergutmachung zu leisten habe, stand der Wille, Militarismus und Faschismus in Deutschland auszurotten und den Aufbau eines demokratischen Staatswesens in Gang zu bringen. Bei den unterschiedlichen Gesellschaftsstrukturen und der gegensätzlichen Ideologie der Besatzungsmächte waren nicht nur Differenzen über die »Demokratisierung«, sondern über die Auslegung und Anwendung des Potsdamer Abkommens überhaupt zu erwarten.

Obwohl die Sowjetregierung nach der Konferenz erklärte, deren »erfolgreicher Abschluß« bedeute, daß sich »die Verbindung zwischen den Verbündeten gefestigt habe«,[104] war eher das Gegenteil richtig und hatte sich das gegenseitige Mißtrauen verstärkt. Typisch war z. B., daß Truman in einer Konferenzpause Stalin scheinbar beiläufig über die Atombombe informierte, um zusammen mit Churchill seine Reaktion zu testen. Andererseits war es wohl nur ein Schachzug Stalins, so zu tun, als begreife er deren Bedeutung nicht. Am Konferenzende reagierte Stalin auf Trumans Hoffnung auf eine baldige Wiederbegegnung bemerkenswerterweise mit »Gebe es Gott!« und bezeichnete die Konferenz »sozusagen als erfolgreich«.[105]

Da auf der Potsdamer Konferenz die deutsche Frage eine wichtige Rolle spielte, nahmen auch Vertreter der SMAD teil; so gehörten zur offiziellen sowjetischen Delegation der »assistierende Chef« der SMAD, M. S. Saburow, sowie der politische Berater A. A. Sobolew.[106] Rasch wurde klar, daß die Potsdamer Vereinbarungen der sowjetischen Deutschlandpolitik als Legitimation dienen sollten. Nach Abschluß

[104] So die Prawda vom 3. August, zitiert in Tägliche Rundschau, Nr. 71 vom 4. 8. 1945.

[105] Vgl. dazu Shukow, Erinnerungen, Bd. 2, S. 408. Wyssozki, Unternehmen Terminal, S. 154 und 158.

[106] Der sowjetischen Delegation gehörten 17 Personen an; vgl. Tägliche Rundschau, Nr. 71 vom 4. 8. 1945; Die Berliner Konferenz und unsere Aufgaben. Berlin 1945 (Hrsg. KPD), S. 17. M. S. Saburow spielte später noch eine bedeutende Rolle, er wurde 1952 Mitglied des ZK-Präsidiums (Politbüro) der KPdSU, aus dem er 1957 als Gegner Chruschtschows enfernt wurde. Sobolew war später Botschafter bei der UNO. Vgl. Hans Koch (Hrsg.), Sowjetbuch. Köln 1958, S. 548, 556.

der Tagung befragte die SMAD über ihr Organ ›Tägliche Rundschau‹ die Vorsitzenden der vier Parteien der SBZ nach deren Schlußfolgerungen. Walter Ulbricht, der für die KPD antwortete,[107] sah eine Lehre der Geschichte darin, friedliche Beziehungen zu anderen Völkern, insbesondere zum »fortschrittlichsten Volk, zum Sowjetvolk« auszubauen. Er bejahte die deutsche Pflicht zur Wiedergutmachung und sah durch das Potsdamer Abkommen für das deutsche Volk die Möglichkeit gegeben, auf »demokratischer und friedlicher Grundlage« zu leben.

Zum Parteiensystem erklärte Ulbricht, die deutsche Rechte, DNVP und DVP, existiere nicht mehr, doch würden »manche Kräfte aus diesen alten imperialistischen Parteien versuchen, in den jetzt bestehenden Parteien unterzuschlüpfen«, um die Ideologie des deutschen Imperialismus weiter zu vertreten. Hier deutete sich die kommunistische Taktik an, die übrigen Parteien auseinanderzudividieren. Ulbricht beanspruchte für die KPD auch, mit ihrem Programm den »Ausgangspunkt für die Einheitsfront« der Parteien geschaffen zu haben.

Für die SPD antwortete der »geschäftsführende Vorsitzende« Erich W. Gniffke, die Potsdamer Beschlüsse hätten den Rahmen für die politische und wirtschaftliche Betätigung des deutschen Volkes festgelegt, seine Partei sei bereit, entsprechend praktische Aufbauarbeit zu leisten. Er lobte ausdrücklich den »hochherzigen Beschluß« der SMAD, schon so früh die SPD zuzulassen. Dagegen setzte der Vorsitzende der LDPD, Waldemar Koch, andere Akzente; er verlangte die Wiederherstellung des Berufsbeamtentums und hob hervor, daß im Abkommen die Freiheit der Rede, der Presse und der Religion anerkannt werde. Der CDU-Vorsitzende Andreas Hermes begrüßte die Zulassung der Partei durch Marschall Schukow, nannte die Verwirklichung des Potsdamer Abkommens »im Sinne einer echten Demokratisierung Deutschlands« als Ziel der CDU, wobei er einerseits Presse- und Gewissensfreiheit, andererseits Kontrolle der Monopolbetriebe und Trusts als »ermutigende Perspektive« des Abkommens erwähnte.[108]

Diese programmatischen Aussagen der Parteien wenige Wochen nach ihrer Gründung ließen nochmals Übereinstimmung beim Willen zum Neuaufbau, aber unterschiedliche Vorstellungen über Weg und Ziel des neuen Deutschland erkennen. Es wurde deutlich, daß nicht nur die Siegermächte, sondern auch die deutschen Politiker das Potsdamer Abkommen sehr verschieden interpretierten.

[107] Tägliche Rundschau, Nr. 80 vom 15. 8. 1945. Obwohl Pieck Vorsitzender der KPD war, wurde der »starke Mann« der Partei, Ulbricht, befragt. Auf einer Einheitsfrontkundgebung am 12. August 1945 sprach Pieck für die KPD. Vgl. Die Berliner Konferenz, S. 19 ff.

[108] Tägliche Rundschau, Nr. 80 vom 15. 8. 1945. Auf der Kundgebung vom 12. August hatte Hermes gesagt: »Nicht Trennung, sondern Sammlung kann und muß unsere Lösung sein.« Für die SPD hatte Grotewohl das Bekenntnis der KPD zur parlamentarischen Demokratie als »segensreich« bewertet, weil damit das »Kriegsbeil« zwischen KPD und SPD begraben und die »ideologische Voraussetzung zur Beseitigung des Bruderkampfes« geschaffen sei. Vgl. Die Berliner Konferenz, S. 25, 27. Vgl. auch die Antworten der Parteivorsitzenden auf Fragen der Täglichen Rundschau zur Einheitsfront (Nr. 147 vom 1. 11. 1945), auszugsweise abgedruckt bei Koch, Der Demokratische Block, S. 309 ff.

Aufbau von Wirtschaft und Verwaltung

In der sowjetischen Besatzungszone hatte sich – wie in ganz Deutschland – durch Krieg und Nachkriegszeit die Struktur der Bevölkerung stark verändert. Nach der Volkszählung vom Dezember 1945 lebten auf dem Gebiet der sowjetisch besetzten Zone 16,2 Millionen Menschen, 1,2 Millionen mehr als 1939. Bei der Volkszählung im Oktober 1946 wurden sogar 18,4 Millionen registriert. Für den Neuaufbau waren die erheblichen demographischen Umschichtungen bedeutsam, die bereits im Krieg durch Evakuierungen, vor allem aber nach dem Krieg durch den Flüchtlingsstrom erfolgten. Ende 1945 hatte sich die männliche Bevölkerung um 600 000 vermindert, während der weibliche Anteil um fast 1,9 Millionen gewachsen war. Vor allem die männlichen Altersgruppen von 18 bis 40 Jahren hatten stark abgenommen. Dies verursachte beträchtliche Veränderungen bei den Arbeitskräften; bis 1946 nahm die Zahl der weiblichen Erwerbstätigen um 30 Prozent zu, die der männlichen um 13 Prozent ab, was sich vor allem als ein Mangel an Facharbeitern bemerkbar machte. Der Umfang der arbeitsfähigen Bevölkerung war im Gegensatz zur Gesamtbevölkerung nicht gewachsen.[109] Dennoch kann davon ausgegangen werden, daß – wie im Westen – ein großes Arbeitskräftepotential vorhanden war. Auch die Zerstörung der Industrie war geringer als oft angenommen, die größten Probleme für den Wiederaufbau bereitete das kaum noch leistungsfähige Verkehrsnetz. Die Schwierigkeiten des Neuaufbaus lagen aber auch darin, daß die Besatzungsmacht einen »erheblichen Teil des Arbeitskräftepotentials« beanspruchte, daß wegen der Versorgungskrise die Leistungsfähigkeit zurückging und »ein Großteil der Facharbeiter fremdberuflich arbeitete«.[110]

Immerhin waren Ende 1945 6,7 Prozent der männlichen und 14,9 Prozent der weiblichen Erwerbstätigen arbeitslos. Die Beschäftigten selbst waren vorwiegend Arbeiter (52 Prozent) oder Angestellte (18 Prozent), wobei wiederum die meisten in Industrie und Handwerk tätig waren.[111]

Die Ausgangslage der Wirtschaft, vor allem der Industrie, war in der Sowjetischen Besatzungszone insgesamt ungünstig. Die Industrieproduktion in diesem Teil Deutschlands betrug 1936 zwar rund ein Viertel der Produktion des Reiches, aber es gab kaum Bodenschätze und nur eine schmale schwerindustrielle Basis. Auffallend waren Disproportionen der Wirtschaft, vor allem »die Mißverhältnisse zwischen der relativ starken, spezialisierten metallverarbeitenden Industrie und der schwach entwickelten Grundstoffindustrie sowie die unausgewogene Struktur der übrigen Industrie – der hohe Anteil der Leichtindustrie gegenüber den anderen Zweigen«.[112]

Abgesehen von den Kriegsschäden wurde die Wirtschaft durch die Reparationen noch zusätzlich geschwächt. Im Rahmen der Hauptdemontage mußten bis Ende 1946 weit über 1 000 Betriebe, vor allem des Maschinenbaus, der chemischen und

[109] K. H. Schöneburg, R. Mand, H. Leichtfuß, K. Urban, Vom Werden unseres Staates. Eine Chronik. Bd. 1: 1945–1949. Berlin (Ost) 1966, S. 310 ff.; Autorenkollektiv unter Leitung von Rolf Badstübner, Geschichte der Deutschen Demokratischen Republik. Berlin (Ost) 1981, S. 30.

[110] So belegt von Wolfgang Zank, Wirtschaft und Arbeit in Ostdeutschland 1945–1949. München 1987; vgl. auch Werner Matschke, Die industrielle Entwicklung in der SBZ 1945–1948. Berlin (West) 1988.

[111] Autorenkollektiv Badstübner, Geschichte, S. 30 f.; G. Dittrich, Arbeiterklasse und sowjetische Besatzungspolitik im Osten Deutschlands. In: Kalbe–Tulpanow, Einheit im Kampf geboren, S. 109.

[112] Staritz, Sozialismus in einem halben Lande, S. 13.

optischen Industrie demontiert, das zweite Gleis fast aller Bahnstrecken abgebaut werden.

Die Kapazitäten der Industrie reduzierten sich teilweise erheblich (eisenschaffende Industrie um 80 Prozent, Zementindustrie und Papiererzeugung um 45 Prozent, Energieerzeugung um 35 Prozent).[113] In einer zweiten Etappe entnahm die UdSSR Reparationen aus der laufenden Produktion, außerdem gingen etwa 200 wichtige Betriebe in das Eigentum der Sowjetunion über (Befehl Nr. 167 vom 5. Juni 1946). In diesen Sowjetischen Aktiengesellschaften (SAG) wurden ca. 25 Prozent der Gesamtproduktion der SBZ erzeugt. Es gab mehrere Demontagewellen, die letzte im Frühjahr 1948.[114] Die neuesten Untersuchungen gehen davon aus, daß die Wirtschaft der SBZ/DDR bis 1953 mit der riesigen Summe von 54 Milliarden Mark zu laufenden Preisen (bzw. 14 Milliarden Dollar) belastet wurde.[115]

Die Bruttoproduktion in der SBZ erreichte 1946 43 Prozent des Standes von 1936, dies waren freilich nur 27 Prozent der Nettoproduktion und sogar nur 22 Prozent der Pro-Kopf-Produktion von 1936. Die Sowjetische Besatzungszone war auch keineswegs – wie oft behauptet – ein agrarisches Überschußgebiet. Bei derart schwierigen Voraussetzungen war nur ein langsamer Aufbau der Friedenswirtschaft möglich. Unter der katastrophalen Lage in Landwirtschaft und Industrie litt damals freilich die gesamte deutsche Bevölkerung. Die Lebensmittelzuteilungen waren minimal; die Alliierte Kommandantur in Berlin gab z. B. im Februar 1946 die Anweisung, neue Lebensmittelkarten für Kinder auszugeben, denen pro Tag 300 Gramm Brot und 25 Gramm Fett zugestanden werden sollten. In der Sowjetischen Besatzungszone war die Versorgung zunächst unregelmäßig, erst ab November 1945 existierte ein geregeltes System, nun wurden Lebensmittelkarten für sechs Personengruppen ausgestellt: Schwerstarbeiter, Schwerarbeiter, Arbeiter, Angestellte, Kinder bis 15 Jahre, Sonstige. Ende 1945 gab es Marken für (im Durchschnitt) 250 bis 450 Gramm Brot, 19 bis 20 Gramm Fett, 30 bis 65 Gramm Fleisch pro Tag. Die Rationen für nichtberufstätige Personen (Sonstige) betrugen 1945 nur 300 Gramm Brot, 20 Gramm Fleisch und 7 Gramm Fett. Dennoch war die Lebensmittelversorgung in der SBZ von 1945 bis 1947 vermutlich besser als in der britischen Zone. Ein Facharbeiter verdiente durch Lohn- und Preisstop 200 Reichsmark, doch kostete ein Kilo Zucker auf dem Schwarzmarkt 90 RM.[116]

So galt es zunächst, dafür zu sorgen, daß die Wirtschaft das Überleben der Bevölkerung ermöglichte. Für die Menschen war überdies »das völlige Fehlen jedes Gefühls persönlicher Sicherheit« in den ersten Monaten der Besatzungszeit schlimm. Dies stellte Isaac Deutscher bei einem Besuch der Sowjetischen Besat-

[113] Manfred Lentz, Die Wirtschaftsbeziehungen DDR – Sowjetunion. Opladen 1979, S. 31.

[114] Lothar Baar, Rainer Karlsch und Werner Matschke, Kriegsschäden, Demontagen und Reparationen. In: Materialien der Enquete-Kommission, Bd. II/2, S. 903 ff.

[115] Rainer Karlsch, Allein bezahlt? Die Reparationsleistungen der SBZ/DDR 1945–1953. Berlin 1993, S. 231. Vgl. auch Christoph Buchheim, Wirtschaftliche Folgelasten des Krieges in der SBZ/DDR. Baden-Baden 1995; Matthias Judt (Hrsg.), DDR-Geschichte in Dokumenten. Beschlüsse, Berichte, interne Materialien und Alltagszeugnisse. 2. Aufl. Berlin 1998, S. 116.

[116] Autorenkollektiv Badstübner, Geschichte, S. 30; Walter Ulbricht, Zur Geschichte der Neuesten Zeit. Bd. 1, 1. Halbbd. Berlin (Ost) 1955, S. 67 ff.; Zank, Wirtschaftlicher Aufbau, S. 186; Kleßmann, Die doppelte Staatsgründung, S. 67; Schöneburg u. a., Vom Werden unseres Staates, S. 315; Manfred Overesch, Deutschland 1945–1949. Vorgeschichte und Gründung der Bundesrepublik. Königstein/Ts. 1979, S. 66; Der Alliierte Kontrollrat in Deutschland – die Alliierte Kommandantur in Berlin. Sammelheft 2, Januar bis Juni 1946. Berlin 1946, S. 152.

zungszone im Oktober 1945 fest. Er beschrieb plastisch deren Situation: »Selbst jetzt bedeuten ihm Fragen der hohen Politik wenig im Vergleich mit dem dringlichen täglichen Problem der persönlichen Sicherheit für sich selbst und mehr noch für seine Frau oder Tochter ... Die Racheorgie war auch nicht auf individuelle Handlungen russischer Soldaten beschränkt. Von einem gewissen Punkt an drohte die Demontage der Fabriken und Eisenbahnen Deutschlands und die Ausraubung deutscher Bauernwirtschaften das Land östlich der Elbe in eine wirtschaftliche Wüste zu verwandeln. Das Vieh wurde entweder von der Wehrmacht geschlachtet oder während der Kämpfe getötet oder es wurde nach Rußland abtransportiert; nur zwanzig bis dreißig Prozent sind übriggeblieben... Es wäre völlig falsch, wollte man daraus den Schluß ziehen, daß die russische Besatzung nur ein Bild völliger Düsternis biete. Nachdem der Anfall destruktiver Rachsucht jetzt fast vorüber zu sein scheint, ist die russische Militärregierung bemüht, Nägel mit Köpfen zu machen und das, was von Ostdeutschland übrig geblieben ist, wieder in Ordnung zu bringen.«[117]

Es wurde schnell deutlich, daß die sowjetische Besatzungsmacht auch unter diesen Umständen den Wiederaufbau der Wirtschaft in der SBZ weitgehend am eigenen Modell der UdSSR orientierte. Die Umgestaltung der Wirtschaft erfolgte schon sehr bald, wohl auch, weil durch die Veränderung der Produktionsverhältnisse die Struktur der Gesellschaft verändert werden sollte. Rasch wurde die Planwirtschaft eingeführt und ein staatlicher Sektor der Industrie geschaffen.

Freilich gab es in der Frühzeit der sowjetischen Besatzung auch eine gegenläufige Tendenz. In den Betrieben, herrschte nach Kriegsende eine Art »Machtvakuum«, das – wie auch im Westen Deutschlands – von den Vertretern der Arbeiter, in erster Linie von den Betriebsräten, ausgefüllt wurde. Sie wollten den Wiederaufbau »von der Basis« her vorantreiben, die Wirtschaft demokratisieren. Vor allem die älteren Industriefacharbeiter ergriffen spontan die Initiative, um eine Art Selbstbestimmung der Arbeiter zu erreichen. Auch wenn diese Entwicklung nicht überschätzt werden sollte, so hat doch erst die schrittweise Aushöhlung und dann die Auflösung der Betriebsräte diese Arbeiterinitiative mit ihrer betrieblichen Mitbestimmung in der SBZ ganz ausschalten können. Sie paßte nicht in das Konzept von SMAD und KPD-SED.[118]

Auch den Aufbau der Verwaltung bestimmte die Besatzungsmacht. Bereits Anfang Juli 1945 setzte die SMAD Landesverwaltungen für die Länder Sachsen, Mecklenburg und Thüringen und Provinzialverwaltungen für die Provinzen Brandenburg und Sachsen-Anhalt (die 1947 ebenfalls in Länder umgewandelt wurden) ein. Präsidenten der Landesverwaltungen wurden die Sozialdemokraten Rudolf Friedrichs (Sachsen) und Wilhelm Höcker (Mecklenburg) sowie der Parteilose Rudolf Paul (Thüringen), der Provinzialverwaltungen der Sozialdemokrat Karl Steinhoff (Brandenburg) und der Liberaldemokrat Erhard Hübener (Sachsen-Anhalt). Von den 18 Vizepräsidenten gehörten sechs der KPD, vier der SPD, fünf den bürgerlichen Parteien an und drei waren parteilos. Alle Parteien waren in den Landesverwaltungen vertreten, wenn auch in unterschiedlicher Stärke. So waren Anfang 1946 in der Landesverwaltung Sachsen 440 Mitglieder der KPD, 512 der SPD, 90 der

[117] Isaac Deutscher, Reportagen aus Nachkriegsdeutschland. Hamburg 1980, S. 130f.

[118] Vgl. dazu Siegfried Suckut, Die Betriebsrätebewegung in der Sowjetischen Besatzungszone Deutschlands (1945–1948). Frankfurt a. M. 1982, insbes. S. 526ff.

LDP, 87 der CDU und 901 Parteilose eingesetzt. In den 30 sächsischen Landkreisen übten Ende 1945 19 Mitglieder der KPD, sieben der SPD und je einer der CDU und LDP das Amt des Landrates aus. Von insgesamt 71 000 Mitarbeitern der sächsischen Kommunalverwaltungen gehörten 11 427 der KPD, 11 191 der SPD, 669 der LPD und 488 der CDU an, 47000 waren parteilos. Von zwölf Oberbürgermeistern in Thüringen stellte fünf die KPD, vier die SPD und einen die LPD, zwei waren parteilos. In Brandenburg waren von neun Oberbürgermeistern sechs in der KPD und drei in der SPD.[119] Von 20 Landräten in Mecklenburg waren 13 in der KPD und sieben in der SPD organisiert. Die SMAD schien also bei der personellen Besetzung der neuen Verwaltungen das Parteienspektrum weitgehend zu berücksichtigen, wenn auch die beiden »bürgerlichen« Parteien unterrepräsentiert blieben.

Deutsche Zentralverwaltungen

In den ebenfalls im Juli 1945 errichteten deutschen Zentralverwaltungen in Berlin übergab die SMAD die Schlüsselpositionen freilich eindeutig den deutschen Kommunisten. Die Zentralverwaltungen konnten allerdings keine Gesetze und Verordnungen erlassen, allein die SMAD bestimmte. Die Verwaltungen, durch Befehl Nr. 17 legalisiert, arbeiteten als Hilfsorgane der SMAD, sie bildeten zugleich aber auch eine Keimzelle für eine zukünftige deutsche Zentralregierung. Etwas überstürzt begann die SMAD während der Potsdamer Konferenz mit dem Aufbau dieser Verwaltungen. Offensichtlich wollte sie bis zum Ende der Konferenz funktionierende Zentralverwaltungen vorweisen, um – ähnlich wie beim Aufbau des Berliner Magistrats im Mai 1945 – die Westalliierten vor vollendete Tatsachen zu stellen und sie zur Anerkennung einer stark kommunistisch beeinflußten Institution zu bewegen. Da das Potsdamer Abkommen zentrale Verwaltungsabteilungen vorsah, schien der Plan aufzugehen, doch scheiterten alle sowjetischen Vorschläge dann am Veto Frankreichs. Für die KPD erklärte Anton Ackermann, die Zentralverwaltungen seien keine Regierung, man wolle auch »keine Zerreißung Deutschlands in fünf Teile nach den fünf Besatzungszonen«.[120]

Die Entstehung der Zentralverwaltungen zeigt auch, daß in den chaotischen Verhältnissen der ersten Monate nach dem Krieg selbst der Aufbau zentraler Dienststellen keineswegs so reibungslos verlief, wie das nach den »Befehlen« der SMAD zu sein schien. Ebenso wird ersichtlich, daß die SMAD von Anfang an wichtige Beschlüsse geheim hielt und nur schrittweise darüber informierte.

Der Befehl Nr. 17 selbst wurde nicht wie andere direkt und sofort veröffentlicht, sondern nur seinem Inhalt nach »Aus dem Stab der Sowjetischen Militärverwaltung« (bzw. »Militärregierung«)[121] bekanntgemacht. Dies geschah jedoch erst am 12. September 1945, als die Zentralverwaltungen bereits arbeiteten. Nun wurde mit-

[119] Berliner Zeitung, Nr. 43 vom 4.7.1945; Um ein antifaschistisch-demokratisches Deutschland, S. 82 f., 94 f.; Dieter Marc Schneider, Kommunalverwaltung und -verfassung. In: SBZ-Handbuch, S. 300 f.

[120] Deutsche Volkszeitung, Nr. 85 vom 19. 9. 1945. Bemerkenswert ist, daß Ackermann Berlin offenbar als fünfte Besatzungszone betrachtete.

[121] Berliner Zeitung, Nr. 103 vom 12. 9. 1945. Befehle des Obersten Chefs, S. 34 f. Der Befehl wurde später abgedruckt in: Ulbricht, Zur Geschichte, Bd. 1, 1. Halbbd., S. 417 ff. und in: Um ein antifaschistisch-demokratisches Deutschland, S. 100.

geteilt, daß »zwecks Entwicklung der lebenswichtigen Wirtschaft und Wiederherstellung von Eisenbahn und Telegraph, Gesundheits- und Volksbildungsämtern« auf dem Gebiet der SBZ »deutsche Verwaltungen errichtet« seien. Der Bericht vom 12. September führte elf Verwaltungen auf und nannte gleichzeitig die »Direktoren«: Transportverwaltung (Dr. Wilhelm Fitzner), Post- und Telegraphenverwaltung (Wilhelm Schröder), Brennstoffindustrie (Dr. Ferdinand Friedensburg), Handel und Versorgung (Dr. Hugo Buschmann), Industrieverwaltung (Leo Skrzypczynski), Landwirtschaft (Edwin Hoernle), Finanzverwaltung (Henry Meier), Arbeit und Sozialfürsorge (Gustav Gundelach), Volksbildung (Paul Wandel), Justiz (Eugen Schiffer), Gesundheitswesen (Dr. Paul Konitzer). Vier Präsidenten gehörten im September 1945 der KPD an, drei der SPD, je einer der CDU und LDP und zwei waren angeblich parteilos.[122] Freilich sind schon bei der Nennung der Direktoren (oder Präsidenten, wie sie dann bezeichnet wurden) Ungereimtheiten zu finden.[123] Offensichtlich bereitete die Funktionsbesetzung mehr Schwierigkeiten, als damals und auch später bekannt wurde.

Die Präsidenten wurden zunächst von den Parteien vorgeschlagen und von der SMAD bestätigt. Der Einfluß der Kommunisten wuchs jedoch stetig. Von den 14 Zentralverwaltungen, die bis zum Frühjahr 1946 bestanden, gehörten sechs Präsidenten und elf Vizepräsidenten der KPD an, vier Präsidenten und elf Vizepräsidenten der SPD, ein Präsident und drei Vizepräsidenten der CDU, ein Präsident und ein Vizepräsident der LDP; parteilos waren zwei Präsidenten und vier Vizepräsidenten. Mitte 1947 dominierte die SED dann noch eindeutiger: Ihr gehörten in 16 Zentralverwaltungen 13 Präsidenten und 23 Vizepräsidenten an, der CDU nur noch drei Vizepräsidenten, der LDP ein Präsident; parteilos waren zwei Präsidenten und drei Vizepräsidenten.

Später kamen noch die fünf Verwaltungen für Umsiedlerfragen (September 1945), Statistik (Oktober 1945), Sequestrierung und Beschlagnahme (März 1946), die Deutsche Verwaltung des Innern (Juli 1946) sowie Außen- und Interzonenhandel (Juli 1947) hinzu.

Im April 1946 arbeiteten in sämtlichen Zentralverwaltungen zusammen 3 600, im September 1946 3 400 und Ende 1947 6 200 Personen.[124] Ein Drittel aller Mitarbei-

[122] Vgl. ebd., außerdem Das Volk, Nr. 60 vom 12. 9. 1945; Der Morgen, Nr. 35 vom 12. 9. 1945. Mitglieder der KPD waren Hoernle, Meier, Gundelach und Wandel (und Schröder sowie Skrzypczynski, früherer Unternehmer, Mitglied der »Roten Kapelle«). Vgl. Autorenkollektiv Schöneburg, Errichtung, S. 66; Zeitschrift für Geschichtswissenschaft 32 (1984), S. 36. f.

[123] So sind im abgedruckten Befehl bei Ulbricht, Zur Geschichte, Bd. 1, 1. Halbb., bzw. in: Um ein antifaschistisch-demokratisches Deutschland bei Post (Nachrichten) statt Schröder Ernst Köhler (richtig: Kehler) genannt, bei Finanzen statt Meier Jürgen Kuczynski, bei Arbeit statt Gundelach Wilhelm Koenen. Offenbar waren dies ursprünglich Vorstellungen der SMAD, die nicht zu realisieren waren, da z. B. Kuczynski sich noch in der Emigration befand. Typisch für Ulbrichts Darstellung ist, daß zwei Verwaltungen und ihre Präsidenten, nämlich Friedensburg und Konitzer, einfach weggelassen wurden, sie waren zu »Unpersonen« geworden. Kuczynski schrieb: »Im Juli 1945 wurde dann die Zusammensetzung von Zentralverwaltungen beschlossen, und man setzte mich in meiner Abwesenheit – zu dieser Zeit war ich noch beim United States Strategic Bombing Survey – nach Befehl Nr. 17 von Marschall Shukow als Präsident der Zentralverwaltung für Finanzen ein. Als ich dann im November 1945 nach Berlin kam, ›beschlagnahmte‹ mich eine Spezialabteilung der sowjetischen Besatzungsmacht, und obgleich der Genosse Walter Ulbricht mich zu der entscheidenden Unterhaltung begleitete, um mich zu unterstützen, mußte ich mich fügen.« Jürgen Kuczynski, Dialog mit meinem Urenkel. Neunzehn Briefe und ein Tagebuch. 2. Aufl. Berlin (Ost) 1984, S. 50.

[124] Davon gehörten 998 der SED an, aber 1581 waren parteilos, es gab nur 114 CDU- und 44 LDP-Mitglieder. Außerdem wurden 167 als «Feinde« (SPD) registriert. Vgl. SAPMO, DY 30, IV 2/13/2.

ter gehörte Mitte 1947 der SED an, Ende 1947 schon ca. 45 Prozent.[125] Einzelheiten der eiligen Vorbereitung waren bekannt.

Tatsächlich begannen die Vorbereitungen jedoch schon früher. So wurde Otto Grotewohl, einer der Vorsitzenden der SPD, bereits am 20. Juli 1945 abends durch den Leiter der Politischen Abteilung der Berliner SMA, Gardeoberst Jelisarow, zur SMAD in Karlshorst befohlen, wo ihm Generalleutnant Bokow (Vorsitzender des Kriegsrates der SMAD) erklärte, daß Zentralverwaltungen geschaffen werden sollten, deren Leiter von den Parteien zu nominieren seien. Grotewohl berichtete darüber seinen Freunden im SPD-Zentral-Ausschuß in einer »streng vertraulichen« Aktennotiz:[126] »Im Laufe der Unterhaltung versuchte ich zu ergründen, ob es sich um die Errichtung einer Regierung oder des Vorläufers zu einer Reichsregierung handeln soll. Der General-Leutnant umging die klare Beantwortung dieser Frage und teilte mir mit, daß er hierüber keine abschließenden Äußerungen abgeben könne. Es sei möglich, daß sich diese Vereinigung von Wirtschaftlern einmal später zu einer politischen Instanz wandeln könne. Zur Zeit komme es jedoch lediglich darauf an, ausgesprochene Fachleute aus dem Wirtschaftsleben zu bestimmen, die gleichzeitig möglichst so populär sein sollten, daß ihre Namen überall, auch im westlichen Reichsgebiet bekannt seien und bereits ein gewisses Programm für sich darstellen.«

Die SPD sollte, so Bokow, einen Sachbearbeiter für das Transportwesen und den Vertreter für Versorgung und Handel benennen. In beiden Ämtern würden wahrscheinlich von der Kommunistischen Partei die Ersatzleute gestellt. Auf Grotewohls Frage nach der Anzahl der geplanten Dienststellen erwähnte Bokow Landwirtschaft, Industrie, Volksbildung, Post und andere. In Grotewohls Notiz heißt es weiter: »Ich teilte dem General-Leutnant Bokow mit, daß ich zu meinem Bedauern allein es nicht für zweckmäßig halte, eine abschließende Stellungnahme einzunehmen, worauf mir der General-Leutnant erklärte, die Administration lege ausdrücklich Wert darauf, diese Verhandlungen mit mir allein zum Abschluß zu bringen. Bokow bezeichnete dann die mit mir geführten Verhandlungen als geheim und bat mich, das größte Stillschweigen zu bewahren. Auf meinen Einspruch, daß ich in dem gegenwärtigen Stadium der Verhandlung mich in meiner Eigenschaft als einer der Vorsitzenden der Sozialdemokratischen Partei für die Information meiner Parteifreunde in einer so wichtigen Angelegenheit verantwortlich fühle, gestand mir der General-Leutnant Bokow schließlich zu, daß ich die Angelegenheit mit meinen Kollegen im Zentralausschuß besprechen könne, legte mir jedoch nochmals größte Verschwiegenheit ans Herz. Die Nennung bestimmter Namen lehnte ich ab, bis ich mit meinen Freunden Gelegenheit gehabt hätte, die Angelegenheit zu besprechen.«

Bokow wollte die Verhandlungen am 21. Juli weiterführen, Grotewohl sollte dann genaue Angaben über die Kandidaten machen. Nach den vorliegenden Unterlagen, die allerdings kein umfassendes Bild ermöglichen, machte der ZA der SPD dann am 25. Juli der SMAD schriftlich Personalvorschläge »für die Besetzung der Posten« der Präsidenten oder deren Stellvertreter »für die neu zu schaffenden Zen-

[125] Vgl. jetzt dazu SBZ-Handbuch, S. 201 ff. mit Überblicken zu allen Zentralverwaltungen und ihrem Führungspersonal. Zur Rolle der SMAD vgl. Foitzik, Sowjetische Militäradministration in Deutschland 1945–1949, S. 342 ff.

[126] AdsD, Nachlaß Gniffke.

tralverwaltungen«, also auch dies bereits vor dem Datum des 27. Juli, an dem der Befehl erging.[127]

Dem Sekretariat der KPD legte Ulbricht am 28. Juli die »bisher gemachten Vorschläge« für die »Zentrale Verwaltung für das sowjetische Okkupationsgebiet« vor, es wurden »eine Reihe weiterer Vorschläge für die Besetzung der in Frage kommenden Posten gemacht«.[128] Ansonsten ist im Sekretariat bis November 1945 über die Zentralverwaltungen kaum gesprochen worden, lediglich Mitteilungen von Paul Bertz, KPD-Vizepräsident der Zentralverwaltung Justiz, wurden am 5. September und 24. November entgegengenommen. Schließlich hat das Sekretariat am 30. November die Kaderabteilung beauftragt, die Zentralverwaltung für Umsiedler zu überprüfen sowie über die Verwendung ihres Präsidenten Joseph Schlaffer (1932 »Abweichler«) »einen Vorschlag zu unterbreiten«.[129]

Am 26. Juli hatte auch der stellvertretende LDP-Vorsitzende Külz eine Besprechung bei der SMAD, wobei es um die Zulassung der Zeitung der LDP ging. Im Anschluß wurde Külz nach seinem eigenen Bericht aufgefordert, »für eine Anzahl Chefstellen einer künftigen Landesverwaltung des russisch besetzten Gebietes Persönlichkeiten zu nennen. Es handele sich um die etwaige Einrichtung von Stellen, die etwa unseren früheren Staatssekretären gleichkommt, Stellen, die für die Justiz, die Bahn, die Post, das Wirtschaftswesen, die Kulturverwaltung, Finanzen usw. vorgesehen sind. Es war bezeichnend, daß der Russe die Vorschläge am liebsten sofort gemacht haben wollte. Ich habe das natürlich abgelehnt, denn solche Vorschläge müssen auf das sorgfältigste überlegt werden. Die schwierigen Verkehrsverhältnisse machen es überdies außerordentlich schwer, die in der Sache notwendigen vorherigen Erkundigungen, Fühlungnahmen usw. eintreten zu lassen. Immerhin haben wir dann nach Durchsprache der ganzen Angelegenheit im Parteiausschuß dem Russen eine Liste von Persönlichkeiten zukommen lassen, die wir für die betr. Ämter als geeignet bezeichnen möchten. Von ausschlaggebender Bedeutung dürfte die ganze Sache nicht sein, denn auch diese Garnitur wird sich bei den völlig im Fluß befindlichen schwierigen Verhältnissen totlaufen. Ich für meine Person habe es in der Besprechung des Parteiausschusses von vornherein abgelehnt, mich irgendwie für ein solches sogen. Staatsamt vorschlagen zu lassen.«[130]

Im Gegensatz zu den Kommunisten verkannten andere Politiker also die Bedeutung der neuen Institutionen. Auch der CDU-Politiker Ferdinand Friedensburg, der zum Leiter der Zentralverwaltung für Brennstoffindustrie ernannt wurde, wollte nicht »beiseite stehen«, sah aber die »Dinge im Fluß«, als er von Marschall Schukow ernannt wurde.[131]

Am 27. Juli um 17.15 Uhr erschien in Gniffkes Büro Oberst Rumjanzew, der Stellvertreter von Jelisarow, und verlangte, daß Dr. Fitzner, Dr. Buschmann, Her-

[127] In einem Brief vom 9. August an die SMAD, den offenbar Fechner schrieb (auf dem Durchschlag steht das Zeichen F/dR), heißt es: »Mit Schreiben vom 25. Juli haben wir, Ihrem Wunsch entsprechend, personelle Vorschläge für die Besetzung der Posten des Präsidenten oder dessen Stellvertreter für die neu zu schaffenden Zentralverwaltungen im sowjetisch besetzten Gebiet eingereicht. Wir dürfen hierauf höflich Bezug nehmen.« AdsD, Nachlaß Gniffke.

[128] Dokumente zur Geschichte der kommunistischen Bewegung, Bd. 1, S. 51.

[129] Ebd., S. 78, 123 f.

[130] BA Koblenz, NL Külz 141, S. 57. Die Verhandlungen über die Zulassung der LDP-Zeitung zogen sich in die Länge, auch durfte die Partei ihr Organ dann nicht, wie gewünscht, Neues Deutschland nennen. Vgl. ebd., S. 33 ff.

[131] BA Koblenz, NL Friedensburg 26, S. 122.

mann Waschow, Helmut Lehmann und Dr. Vollbracht, die als Präsidenten bzw. deren Stellvertreter (Verkehrswesen, Handel, Industrie, Arbeit und Finanzen) vorgesehen waren, »um 20 Uhr bei Herrn General Bokow, Pionierschule Karlshorst, sich zu melden« hätten. Offenbar sollte nun der Befehl offiziell verlesen werden. Obwohl nur etwa zwei Stunden Zeit blieben, beharrte die SMAD auf ihrer ultimativen Forderung, was deutlich machte, daß die deutschen Politiker nur als Gehilfen der Besatzung angesehen wurden.

Allein die Frage der Besetzung der Präsidentenposten zog sich also lange hin.

Hinzu kamen räumliche Schwierigkeiten. Die Zentralverwaltungen arbeiteten anfangs getrennt in verschiedenen Verwaltungsgebäuden Berlins, dann wurden sie im ehemaligen Luftfahrtministerium untergebracht, einem der wenigen nicht völlig zerstörten Gebäude.

Trotz ihrer umfassenden Macht konnte die SMAD ihre Konzeptionen nicht problemlos umsetzen, erreichte letztlich aber dennoch ihre Ziele.

Dies gilt auch für die Unterstützung der deutschen Kommunisten. Beispielhaft für die dabei angewandten Methoden ist die Ablösung von Friedensburg (CDU) als Präsident der Zentralverwaltung für Brennstoffindustrie. Stellvertreter Friedensburgs als Vizepräsident war der Kommunist Gustav Sobottka, ein weiterer Vizepräsident Albert Bergholz. Der sozialdemokratische Vizepräsident Gustav Dahrendorf verließ die SBZ schon im Februar 1946.

Bereits im September 1945 hatte der CDU-Vorsitzende Hermes Friedensburg über den Beschluß der vier Parteien informiert, daß bei Stellenbesetzungen alle Parteien gleichmäßig berücksichtigt werden sollten und ihn aufgefordert, »eine diesem Beschlusse entsprechende Stellenbesetzung durchzuführen«; die CDU könne »eine ausreichende Anzahl politisch einwandfreier und fachlich hervorragender Kräfte« namhaft machen.[132] Die SMAD verhinderte solche Personalpolitik. Auch Friedensburgs Versuch, die Präsidenten der Zentralverwaltung zu lockeren Gesprächen einzuladen, wurde von den kommunistischen Präsidenten argwöhnisch abgelehnt.[133] 1946 bekam Friedensburg Konflikte mit der Sächsischen Landesverwaltung, aber auch mit seinem Vizepräsidenten Sobottka. In völliger Verkennung der Situation beantragte er am 3. Juni 1946 bei Generalleutnant Bokow die Ablösung Sobottkas. Am 4. Juni teilte seinerseits Sobottka mit, er habe zusammen mit Vizepräsident Bergholz bei der SMAD eine Untersuchung gegen Friedensburg beantragt. Nach weiteren Querelen wurde Friedensburg am 12. September 1946 von Generalleutnant Bokow im Auftrag von Marschall Sokolowskij abgelöst, angeblich wegen »Duldung faschistischer Umtriebe«. Friedensburg schrieb an Sokolowskij: »In der Tat hat die Arbeit der Zentralverwaltung zunächst ständig die Anerkennung der Sowjetadministration gefunden ... Diese durchaus erfreuliche Entwicklung hat sich bis zum Frühjahr dieses Jahres fortgesetzt, fand dann aber Störungen durch die ständigen Bemühungen des 2. Vizepräsidenten der Zentralverwaltung, des Herrn

[132] BA Koblenz, NL Friedensburg 27, S. 226, Brief von Hermes, (CDU, Der Vorsitzende, vom 12. 9. 1945 an Friedensburg). Am 5. November 1945 schrieb Dertinger (CDU, Reichsgeschäftsstelle) an Friedensburg, bei Abfassung von Gesetzesvorschlägen etc. würden einzelne Zentralverwaltungen sich mit KPD und SPD absprechen, falls dies stimme, müsse auch die CDU zugezogen werden. Ebd., S. 172.

[133] Die Einladung zum 1. Dezember 1945 ging von Schiffer und Friedensburg aus, von den Kommunisten sagte nur Joseph Schlaffer (Präsident ZV für Umsiedler) zu. Gustav Gundelach (Arbeit) schrieb, er halte die Zusammenkunft »nicht für zweckmäßig«, da »in Karlshorst Gelegenheit gegeben war, sich über alle Fragen zu unterhalten«. Ebd., S. 152 ff.

Gustav Sobottka, die Leitung der Behörde an sich zu reißen, und mich zu diesem Zweck sowohl bei seiner Partei, als auch vor allem bei der SMA zu diskreditieren ... Insbesondere hat er beinahe täglich, ja bisweilen mehrmals am Tage, mit der SMA direkt verhandelt, ohne sich mit mir als dem verantwortlichen Chef der Verwaltung zu verständigen oder mir wenigstens nachträglich Bericht von den Ergebnissen dieser Besprechung zu geben. Er hat, wie ich wiederholt feststellen konnte, diese Besprechungen benutzt, um bei einer Reihe von Herren der Administration ganz falsche Vorstellungen über mich und die Arbeit der Zentralverwaltung zu erwecken. Da ich von diesen Bemühungen nur in Ausnahmefällen unterrichtet wurde, war es mir unmöglich, mich dagegen zu wehren.«[134] Doch die Entscheidung der SMAD war gefallen. Die sowjetischen Kommunisten waren in erster Linie an den deutschen kommunistischen Mitarbeitern und der Stärkung von deren Einfluß interessiert.

Dies zeigte sich auch in anderen Zentralverwaltungen. So berichtete der stellvertretende Präsident der Zentralverwaltung für das Post- und Fernmeldewesen Willi Steinkopf (bis 1933 MdR der SPD) in einer vertraulichen Notiz vom Januar 1946, daß der »parteilose« Präsident Wilhelm Schröder, ein Fachmann, »stark zu den Kommunisten« neige. Vizepräsident Jurczyk war Kommunist, vor allem aber waren die Personalchefs (Walter Hochmuth und Charles Dewey) KPD-Mitglieder. In Steinkopfs Notiz hieß es über die Zentralverwaltung: »Insgesamt: der überwiegend kommunistische Einfluß ist vorhanden und vorerst nicht zu brechen.«[135]

Allerdings konnten sich auch nur diejenigen Kommunisten in ihren Positionen halten, die die sowjetische Politik uneingeschränkt durchführten, wie das Beispiel der Zentralverwaltung für Umsiedlerfragen zeigt. Mit dem Aufbau dieser Verwaltung wurde von der SMAD im September 1945 Joseph Schlaffer beauftragt, der bereits in der Weimarer Republik leitende Funktionen in der KPD innehatte. Im September aus der Kriegsgefangenschaft zurückgekehrt, war er von seinem alten Freund Franz Dahlem der SMAD empfohlen worden. General Gorochow ernannte Schlaffer dann zum Präsidenten der neu aufzubauenden Zentralverwaltung. Der Führung seiner Partei konnte Schlaffer später mitteilen, daß es ihm »in wenigen Wochen« gelungen war, »die Zentralverwaltung für Umsiedler aus dem Nichts« aufzubauen. Schlaffer berichtete später, daß die Zusammenarbeit mit dem ersten sowjetischen Kontrolloffizier Maikowsky gut war, doch dessen Nachfolger Isakow wollte »maßgebenden Einfluß auf die parteipolitische Zusammensetzung der Verwaltung – die nach einer Anweisung paritätisch aus Kommunisten und SPD-Leuten zusammengesetzt werden sollte – ausüben«; es kam zu ständigen Reibereien. Isakow setzte durch, daß Schlaffer alle Verwaltungsanweisungen vor dem Erlaß erst General Gorochow vorlegen mußte. Schließlich wurde Schlaffer noch Ende 1945 von seinem Posten abgelöst (später sogar einige Zeit inhaftiert).[136]

Die hier etwas ausführlicher beschriebenen Details über die Entstehung der Zentralverwaltungen lassen beispielhaft Probleme des Aufbaus der Verwaltung durch die SMAD erkennen. Die Besatzungsmacht bestimmte Zeitpunkt und Struktur der neuen Organe, wobei sie frühzeitig deutsche Politiker zur Beratung heranzog und

[134] BA Koblenz, NL Friedensburg, ebd., S. 49 ff. Vgl. auch Ferdinand Friedensburg, Es ging um Deutschlands Einheit. Rückschau eines Berliners auf die Jahre nach 1945. Berlin (West) 1971, S. 59 ff.

[135] BA Koblenz, NL Rossmann 36, S. 40 ff.

[136] Biographie. Aufzeichnungen von Joseph Schlaffer, S. 32 f. Brief Schlaffers vom 25. 5. 1946 an das »Sekretariat des ZK der KPD« (wohl irrtümlich »KPD«, da ja bereits die SED bestand!). Kopien im Privatarchiv Hermann Weber. Zur Person von Joseph Schlaffer (1891–1964) vgl. Weber, Wandlung, Bd. 2, S. 272 ff.

von ihnen auch personelle Vorschläge erwartete. In erster Linie stützte sich die SMAD auf Ratschläge deutscher Kommunisten; dabei kam es – wie beim Beispiel der Postverwaltung – sogar zu Dissonanzen, weil deutsche Kommunisten andere Personen benannten als die angesprochene Partei, in diesem Fall die SPD. Es ist bezeichnend, daß die SMAD bei ihren Entscheidungen den Vorschlägen der deutschen Kommunisten folgte. Diese waren offenbar auch besser über die Bedeutung der neuen Verwaltungen orientiert als Sozialdemokraten und »bürgerliche« Politiker, denn letztere hielt die SMAD zunächst über die eigentlichen Aufgaben im Unklaren. Bei Auseinandersetzungen schließlich – wie im Falle Friedensburg – unterstützte die SMAD wiederum die deutschen Kommunisten, die so schrittweise alle wichtigen Positionen übernehmen konnten, so daß deren Einfluß – wie Steinkopf es ausdrückte – in der Tat nicht mehr »zu brechen« war. Das traf allerdings – wie der »Fall Schlaffer« zeigt, nur für linientreue Kommunisten zu.

Zentralverwaltungen, Länder- und Provinzialverwaltungen und auch die Organe der Kreise und Gemeinden (die unter Aufsicht der örtlichen Kommandanten der Roten Armee standen) bemühten sich, das Chaos des Zusammenbruchs zu überwinden, gleichzeitig wurde aber das Fundament für die künftige Entwicklung der deutschen Administration gelegt.

Der Aufbau der Verwaltungen war gekennzeichnet durch eine weitgehend personelle Neubesetzung. Begründet wurde dies – wie jede Maßnahme in den ersten Jahren nach der NS-Diktatur – mit der Beseitigung der Überreste des Hitler-Regimes. Durch die rigorose Ausschaltung der Nationalsozialisten aus dem öffentlich-politischen und beruflichen Leben erreichte die SMAD eine weitgehende Entnazifizierung. Bis August 1947 überprüften 262 Entnazifizierungskommissionen 828000 ehemalige NSDAP-Mitglieder. Das offizielle Ende der Entnazifizierung wurde im April 1948 verkündet, die Zeitungen schrieben: »Der Schlußstrich ist gezogen.« Bis zu diesem Zeitpunkt, so hieß es, waren rund 520000 Mitglieder der NSDAP und deren Gliederungen aus ihren früheren Stellungen, vorwiegend in den Behörden, entlassen worden. Diese Zahlen wurden später relativiert, nun war von 408000 entlassenen Personen die Rede. Von der bundesrepublikanischen Forschung wurden die Angaben als stark überhöht bezeichnet, aber unbestritten ist, daß in der SBZ generell eine umfassende Entnazifizierung stattfand. Vier Fünftel der Richter und die Hälfte der Lehrer verloren ihre Posten.[137] Ebenso deutlich ist aber auch, daß die Entnazifizierung Instrument der Politik für einen »Elitenaustausch« war und »von Anfang an neben der Abrechnung mit dem Nationalsozialismus auch als Mittel der sozialen und politischen Umstrukturierung genutzt« wurde.[138]

Im Gegensatz zu den Westzonen, wo eine recht widersprüchliche Entnazifizierung einen klaren Trennungsstrich zur Vergangenheit nicht ermöglichte und wo beim Neuaufbau des Berufsbeamtentums ehemalige NSDAP-Mitglieder wieder ihre alten Stellungen einnehmen konnten, war die Säuberung in der SBZ durchgreifend, und so schien zunächst die »Vergangenheitsbewältigung« auch eindeutiger.

[137] Helga A. Welsch, Revolutionärer Wandel auf Befehl? Entnazifizierungs- und Personalpolitik in Thüringen und Sachsen (1945–1948). München 1989; Zank, Wirtschaft und Arbeit, S. 51ff.; Rainer Eckert, Entnazifizierung. In: Rainer Eppelmann u. a. (Hrsg.), Lexikon des DDR-Sozialismus. 2. erw. Aufl. Paderborn 1997, Bd. 1, S. 247ff.; Neues Deutschland, Nr. 92 vom 21.4.1948 und Nr. 116 vom 18.5.1980; Autorenkollektiv Schöneburg, Errichtung, S. 93ff. Wyssozki, Unternehmen Terminal, S. 207, spricht von 390478 Personen, die bereits 1945/46 »von ihren Posten abgelöst« wurden.

[138] Welsch, Revolutionärer Wandel, S. 9.

Freilich erhielten später unter dem Vorzeichen des Kalten Krieges in beiden deutschen Staaten ehemalige Nazis wieder Funktionen, und es zeigte sich, daß auch in der DDR NS-Tradition und Militarismus durchaus noch Spuren hinterlassen hatten.[139]

Die SMAD benutzte den radikalen Bruch mit dem faschistischen Deutschland auch dazu, alle entscheidenden Posten mit Kommunisten zu besetzen. So erhielten die deutschen Kommunisten die Machtpositionen, die allmählich von der Besatzung in deutsche Hände übergingen, und sie befehligten bald nicht nur die Verwaltung, sondern vor allem Polizei und Justiz. Die SMAD hatte bereits 1945 eine deutsche Polizei aufgebaut, die zunächst für Verkehrsregelung und Aufrechterhaltung der öffentlichen Ordnung zuständig war. Doch bereits früh wurde auch eine politische Abteilung »K5« geschaffen, und bewährte Kommunisten, die oft jahrelang in Hitlers Zuchthäusern inhaftiert gewesen waren, übernahmen die »Kommandohöhen«.

Vor allem aber wurden (wie im gesamten Polizeiapparat) linientreue Remigranten aus der Sowjetunion eingesetzt.[140] Die Abteilung K5 der Kriminalpolizei entwickelte sich unter Anleitung des NKWD zum Vorläufer der späteren Staatssicherheit.

Auch die Justiz unterstand zunächst der sowjetischen Geheimpolizei. Das NKWD errichtete in Ostdeutschland (teilweise auf dem Gelände früherer Nazi-KZs wie Buchenwald und Sachsenhausen) sogenannte Speziallager. Die Inhaftierten wurden in völliger Isolierung gehalten, es waren »Schweigelager«. In diesen Lagern hatte die Besatzung (so frühere Schätzungen) zwischen 160 000 und 260 000 Gefangene eingesperrt, von denen 65 000 bis 80 000 dort umkamen. Im Juli 1990 bestätigte das sowjetische Innenministerium in einer Denkschrift die Existenz von zehn (ab 1948 bis 1950 noch drei) »Speziallagern«, in denen von 1945 bis 1950 122 671 Deutsche einsaßen. Von diesen kam ein Drittel (nämlich 42 671 Personen) ums Leben, fast 13 000 sind »in die UdSSR verbracht«, 756 zum Tode verurteilt worden. 1950 hatte die UdSSR noch 14 000 Gefangene dem Ministerium des Innern der DDR übergeben.[141] Inzwischen belegen Dokumente, daß neben Deutschen auch über 33 000 sowjetische Bürger in den Lagern einsaßen, die meist in die Sowjetunion zurückgeführt wurden.[142]

In den Lagern wurden zunächst »kleine Nazis« festgehalten (da es davon aber Millionen gab, war die »Auswahl« willkürlich). Unter den in den Lagern Eingesperrten waren viele Denunzierte, ebenso wahllos festgenommene Unschuldige und zahlreiche Jugendliche, sogar Kinder. In die Speziallager gerieten mehr und mehr potentielle und tatsächliche Oppositionelle, Sozialdemokraten und Demokraten, sogar kritische Kommunisten, darunter selbst solche, die zuvor als Widerstandskämpfer schon in NS-KZs eingesperrt gewesen waren.[143] Diese »Speziala-

[139] Vgl. jetzt auch Norbert Frei, Vergangenheitspolitik. Die Anfänge der Bundesrepublik und die NS-Vergangenheit. München 1996; Christoph Kleßmann, Die doppelte Staatsgründung. Deutsche Geschichte 1945–1955. 5. Aufl. Bonn 1991, S. 78 ff.; Klaus Schroeder unter Mitarbeit von Steffen Alisch, Der SED-Staat. Geschichte und Strukturen der DDR. München 1998, S. 66 ff.

[140] Monika Tantzscher, Die Vorläufer des Staatssicherheitsdienstes in der Polizei der Sowjetischen Besatzungszone. In: Jahrbuch für Historische Kommunismusforschung 1998, S. 125. Vgl. auch Naimark, Die Russen in Deutschland, S. 453 ff.

[141] Neues Deutschland, Nr. 173 vom 27. 7. 1990.

[142] Naimark, Die Russen in Deutschland, S. 473 ff.

[143] Vgl. Friedhelm Boll, Verfolgung und Lebensgeschichte. Diktaturerfahrung unter nationalsozialistischer und stalinistischer Herrschaft in Deutschland. Berlin 1997, S. 131 ff.

ger« dienten keineswegs nur der »Internierung von Nazis«, sondern waren zugleich Bestandteile der Praktiken des Stalinismus, die auf die SBZ übertragen wurden.

Von diesen Gefangenen der Speziallager war schon deswegen nur ein geringer Teil Nazi-Verbrecher, weil solche Personen im allgemeinen rasch abgeurteilt wurden und nicht in den NKWD-Schweigelagern blieben. Doch von den 22 000 Gefangenen, die im Speziallager Nr. 1 in Mühlberg festgehalten wurden, kamen – wie Achim Kilian ermittelte[144] – weniger als 200 vor ein sowjetisches Militärtribunal. Die Lager und die Gerüchte um Verhaftete verbreiteten Unsicherheit und Angst. Das Leben der Häftlinge war bestimmt von »Langeweile, Isolation, Hunger, schlechten sanitären Verhältnissen, Krankheit und deren tödlicher Bedrohung«.[145] Ihr Schicksal wurde vertuscht, geleugnet, die Angehörigen blieben in Ungewißheit. Noch im Jahr 1952 durfte z. B. über zum Tod Verurteilte nur über die »Kreisverwaltungen des MfS in mündlicher Form« Auskunft gegeben werden. Zu Personen, die »bei der Durchführung tschekistisch-militärischer Operationen« erschossen wurden, war – wenn die Angehörigen nichts über die Verhaftung wußten – nur mitzuteilen, »daß über das Schicksal der betreffenden Person nichts bekannt ist. Über die anderen zum Erschießen Verurteilten ist mitzuteilen, daß der Gefangene während der Strafverbüßung verstorben ist …«[146]

Wer in die Hände der »operativen Organe« fiel, »fand sich nach bewährtem Muster rechtlos Beschuldigungen und Verdächtigungen ausgesetzt, wurde verurteilt oder auf unbestimmte Zeit verwahrt«. Es gab keine Rechtsprechung. Dies hatte »trotz aller in Verwahrung genommener ›Hitleristen‹« mit der »gebotenen Bestrafung wirklich Schuldiger an der Barbarei Hitlers wenig zu tun.«[147]

Auf Anweisung der SMAD erfolgte eine »Justizreform«, die von Anfang an unter kommunistischem Vorzeichen stand. Laut Gesetz Nr. 4 des Kontrollrates sollten alle ehemaligen »aktiven« Mitglieder der NSDAP aus dem Justizdienst entfernt werden. In der Sowjetzone legte die SMAD das Gesetz so aus, daß sie alle NSDAP-Mitglieder (also auch die passiven) entließ, später auch Mitglieder der NS-Nebenorganisationen, d. h. etwa 85 Prozent der Richter und Staatsanwälte, die bis 1945 auf dem Gebiet der SBZ tätig waren. Die KPD bzw. die SED ersetzte sie durch kurzfristig ausgebildete »Volksrichter« und schuf sich im Laufe der Zeit einen linientreuen Justizapparat.

Diese Entwicklung hatte die SMAD schon im September 1945 mit ihrem Befehl Nr. 49 eingeleitet, der die Reorganisation und Entnazifizierung der Justiz vorsah. »Mehrere Gründe hatten die SMAD zu Befehl Nr. 49 veranlaßt: Erstens bedurfte das Gerichtswesen im sowjetischen Besatzungsgebiet in der Tat einer Vereinheitlichung. ›Wildwuchs‹ in Gestalt eigenmächtig geschaffener örtlicher Gerichte, ›Bezirksgerichte‹ und ›Volksgerichte‹ war zu beschneiden. Zweitens legte die SMAD nachdrücklich Wert auf eine radikale Entnazifizierung namentlich der Justiz. Und drittens begann sich mit Befehl Nr. 49, der in Verbindung mit Befehl Nr. 17 der

[144] Achim Kilian, Einzuweisen zur völligen Isolierung. NKWD-Speziallager Mühlberg/Elbe 1945–1948. 2. erw. Aufl. Leipzig 1993.

[145] Sowjetische Speziallager in Deutschland. Hrsg. Sergej Mironenko, Lutz Niethammer und Alexander von Plato in Verbindung mit Volkhard Knigge und Günter Morsch. Bd. 1: Studien und Berichte. Hrsg. und eingeleitet von Alexander von Plato. Berlin 1998. S. 35. Vgl. auch Andreas Eberhardt, Verschwiegene Jahre. Biographische Erzählungen von Gefangenschaft und dem Leben danach. Berlin 1998.

[146] Sowjetische Speziallager, Bd. 2. Sowjetische Dokumente zur Lagerpolitik. Eingel. und bearbeitet von Ralf Possekel. Berlin 1998, S. 379 (Brief des stellv. Außenministers Malik an Malenkow).

[147] Achim Kilian, Das Speziallager Nr. 1 Mühlberg 1945 – 1948. In: Sowjetische Speziallager. Bd. 1, S. 290.

SMAD zu sehen ist, die Tendenz zur Zentralisierung der Justiz abzuzeichnen – eine Tendenz, der bald auch die Zentralisierung der Polizei entsprach.«[148]

Allerdings blieb die Zentralverwaltung für Justiz mit ihrem LDP-Präsidenten Schiffer für die Kommunisten zunächst ein schwieriges Pflaster. In einem Bericht über die parteipolitische Zusammensetzung der Verwaltungskader mußte die SED noch im September 1946 feststellen, daß von den 92 Mitarbeitern nur 16 der SED angehörten, 18 sogar »Gegner« (d. h. Sozialdemokraten, die die Einheitspartei ablehnten), aber 50 parteilos waren (drei kamen aus der LDP sowie fünf aus der CDU).[149] Es ging der SED-Führung vor allem um personelle Auswechslung. Immerhin hatte Vizepräsident Bertz (KPD) im schon erwähnten Brief an das Sekretariat der KPD bereits im August 1945 mitteilen können, Ulbricht habe bestimmt: »Über die Besetzung der Abt. Leiterposten entscheidet nicht Dr. Schiffer«.[150]

Die gezielte Personalpolitik der SED-Führung und nicht zuletzt die Unterstützung der sowjetischen Besatzungsmacht »trugen dazu bei, daß die Justiz der DDR relativ widerstandslos instrumentalisiert werden konnte«.[151]

Der Aufbau der Verwaltung und vor allem der Machtorgane in der SBZ zeigt sowohl die gravierende Einflußnahme der SMAD auf die Neugestaltung als auch Ansätze zur neuen Funktion der KPD als privilegierter Staatspartei.

Von der Bodenreform zur »Industriereform«

In ihrem Gründungsaufruf hatte die KPD nicht nur das Sowjetsystem für Deutschland abgelehnt, auch eine sozialistische Umgestaltung der Wirtschaft wurde als nicht zeitgemäß verworfen. Während die SPD die Verstaatlichung der Bodenschätze, der Bergwerke und der Energiewirtschaft forderte, die CDU »Bergbau und andere monopolartige Schlüsselunternehmungen« der »Staatsgewalt unterwerfen« wollte, verlangte die KPD lediglich »Enteignung der Nazibonzen und Kriegsverbrecher«.[152]

Doch rasch zeigte sich, daß der Neuaufbau des staatlichen und politischen Systems parallel lief mit der tiefgreifenden Umstrukturierung der Gesellschaft. Unter der Losung »Junkerland in Bauernhand« erfolgte bereits 1945 die Bodenreform. Damit sollte der Großgrundbesitz östlich der Elbe, der in Deutschland immer eine politische und wirtschaftliche Macht gewesen war, enteignet werden. Bestimmend für diese Reform war die UdSSR, die treibende Kraft war die SMAD. Stalin selbst hatte beim Gespräch mit führenden deutschen Kommunisten im Juni 1945 eine »sofortige demokratische Bodenreform« in der SBZ gefordert.[153] Doch wie üblich be-

[148] Fricke, Politik und Justiz in der DDR, S. 31; dort weitere Einzelheiten.

[149] Vgl. Heike Amos, Justizverwaltung in der SBZ/DDR. Personalpolitik 1945 bis Anfang der 50er Jahre. Köln, Weimar 1996, S. 241.

[150] SAPMO NY4182/1118. Vgl. auch das Protokoll der Sitzung des Sekretariats der KPD vom 5. 9. 1945, in dem die »Mitteilung« lediglich erwähnt wird. Dokumente zur Geschichte der kommunistischen Bewegung, Bd. 1, S. 78.

[151] Amos, Justizverwaltung, S. 211.

[152] Das Volk, Nr. 1 vom 7. 7. 1945; Deutsche Volkszeitung, Nr. 1 vom 13. 6. 1945; Suckut, Zum Wandel, S. 130; vgl. auch Anm. 67 oben.

[153] Jochen Laufer, Die UdSSR und die Einleitung der Bodenreform in der SBZ. In: Arnd Bauerkämper (Hrsg.), »Junkerland in Bauernhand«. Durchführung, Auswirkungen und Stellenwert der Bodenreform in der Sowjetischen Besatzungszone. Stuttgart 1996, S. 22.

gann die Kampagne mit »Forderungen der Bauern, Gutsarbeiter und Flüchtlinge« nach einer Bodenreform, die das Zentralorgan der KPD ›Deutsche Volkszeitung‹ am 1. September in einer Schlagzeile als »dringendes Gebot« bezeichnete. Schon am 3. September erließ die Verwaltung der Provinz Sachsen eine Verordnung über die Bodenreform.[154] Am 8. September 1945 rief schließlich das ZK der KPD zu einer umfassenden Bodenreform auf. Auch die anderen Parteien sahen aus wirtschaftlichen und politischen Gründen eine Landreform als notwendig an. Immerhin besaßen 6 000 Großgrundbesitzer eineinhalbmal soviel Boden wie 300 000 Mittel- und Kleinbauern zusammen. Zu politischen Überlegungen sagte der SPD-Vorsitzende Grotewohl im September 1945: »Die politische Seite der Bodenreform ist die Beseitigung des verderblichen Einflusses der Junker auf die Geschicke Deutschlands. Durch Jahrhunderte war der Großgrundbesitzer der Träger der Reaktion. Aus ihren Reihen stammten zahlreiche hohe Offiziere, Beamte, Minister und Höflinge. Sie waren die Feinde jeder freiheitlichen Entwicklung in Deutschland.«[155]

Ernst Lemmer von der CDU beschuldigte die »ostelbischen Großagrarier«, Verbündete Hitlers gewesen zu sein; die Agrarreform hielt er für unausweichlich.[156]

Durch die Bodenreform vom September 1945 wurde der Grundbesitz über 100 ha enteignet, damit wurden 7 000 Großagrariern 2,5 Millionen ha Land entschädigungslos entzogen. Dieser Boden kam zusammen mit 600 000 ha Land, das von Naziführern konfisziert worden war oder dem Staat gehörte, in einen Bodenfonds. Aus diesem Fonds wurden 2,1 Millionen ha Land an 500 000 Personen (119 000 Landarbeiter und landlose Bauern, 91 000 Umsiedler, 138 000 landarme kleine Bauern, an Arbeiter und Handwerker usw.) aufgeteilt. Etwa ein Drittel des enteigneten Bodens erhielten Länder, Kreise und Gemeinden zur Bewirtschaftung. Da viele der Neubauern allerdings nur Zwergparzellen bekamen, konnten sie nicht wirtschaftlich rentabel arbeiten. Vor allem diese nicht existenzfähigen Betriebe bildeten 1952 die ersten Landwirtschaftlichen Produktionsgenossenschaften (LPG).[157]

Die Bodenreform war eine radikale, aber keine kommunistische Maßnahme. Alle vier Parteien waren für eine Reform in der Landwirtschaft. Allerdings lehnte die CDU-Führung eine entschädigungslose Enteignung ab, und es kam deswegen zu einer Parteikrise. Die SMAD entzog dem 1. Vorsitzenden Hermes und seinem Stellvertreter Schreiber das Vertrauen und setzte beide am 19. Dezember 1945 ab.

Die Bodenreform wurde in der CDU unterschiedlich bewertet; ein ungenügendes Informationssystem hatte dazu geführt, daß Parteigliederungen gegeneinander ausgespielt wurden: Kreis- und Landesverbände der Partei wandten sich gegen die Politik der Parteiführung und forderten teilweise selbst deren Absetzung.[158] Jakob Kaiser und Ernst Lemmer übernahmen nun den Vorsitz der CDU. Jakob Kaiser (1888–1961), gelernter Buchbinder, war bis 1933 in der christlichen Gewerk-

[154] Deutsche Volkszeitung, Nr. 74 vom 6. 9. 1945. Vgl. auch: Bodenreform. Junkerland in Bauernhand. Berlin 1945, S. 21 ff.

[155] Wo stehen wir, wohin gehen wir? Rede des Vorsitzenden der SPD, Otto Grotewohl, am 14. September 1945. Berlin 1945, S. 20.

[156] Ernst Lemmer, Demokratisierung des Bodens. Berliner Zeitung, Nr. 97 vom 5. 9. 1945. Auch die LPD forderte bereits in einem Artikel ihres Organs Der Morgen (Nr. 23 vom 29. 8. 1945) »Jetzt Bodenreform!«. Vgl. auch die SPD-Zeitung Das Volk, Nr. 48 vom 29. 8. 1945: »Agrarreform, das Gebot der Stunde«.

[157] Zur Bodenreform und ihren Auswirkungen vgl. Wernet-Tietz, Bauernverband und Bauernpartei, S. 27 ff. und die dort angegebene Literatur.

[158] Zu den Einzelheiten vgl. Siegfried Suckut, Der Konflikt um die Bodenreformpolitik in der Ost-CDU 1945. In: Deutschland Archiv 15 (1983), S. 1080 ff.

schaftsbewegung und im Zentrum aktiv, leistete nach 1933 illegale Widerstandsarbeit und wurde 1945 Mitbegründer der CDU in Berlin. Bis zu seiner Absetzung durch die SMAD im Dezember 1947 war er Vorsitzender der CDU in der SBZ, 1949 bis 1957 Minister für Gesamtdeutsche Fragen in Bonn, Repräsentant des linken Flügels der CDU und Kontrahent Adenauers. Ernst Lemmer (1898–1970) war nach dem Studium von 1922 bis 1933 Generalsekretär der Hirsch-Dunckerschen Gewerkvereine und von 1924 bis 1933 MdR für die Deutsche Demokratische Partei. Er war von 1945 bis 1947 2. Vorsitzender der CDU, von 1945 bis 1949 3. Vorsitzender des FDGB, wurde 1956 in Bonn Bundespostminister und von 1957 bis 1962 Minister für Gesamtdeutsche Fragen. Generalsekretär der CDU war von 1946 bis 1949 Georg Dertinger (1902–1968), der engere Verbindungen zur SMAD hatte. Dertinger war vor 1933 Mitglied der DNVP und Redakteur des ›Stahlhelm‹. Er war Mitbegründer der CDU und von 1949 bis 1953 Außenminister der DDR. Im Januar 1953 verhaftet, wurde er im Juni 1954 wegen »Spionage« zu 15 Jahren Zuchthaus verurteilt und bis 1964 in Bautzen inhaftiert.

Auch die Schulreform mit dem Ziel gleicher Bildungschancen für alle war zunächst keine kommunistische Maßnahme. Auf einer gemeinsamen Veranstaltung am 4. November 1945[159] verlangte nicht nur Anton Ackermann (KPD) eine Schulreform, um den »Befähigten freie Bahn« zu geben, für die SPD wurde sie auch von Max Kreuziger voll unterstützt. Schließlich trat auch der 2. (ab Dezember dann 1.) LDP-Vorsitzende Külz unter der These »Freie Bahn dem Tüchtigen« für die Schulreform ein. Wilhelm Külz (1875–1948) war nach Studium und Promotion in der Kommunalverwaltung tätig, er vertrat von 1920 bis 1933 die DDP im Reichstag und war 1926/27 Reichsminister. 1945 Mitbegründer der LDP, löste er Ende 1945 Koch als Vorsitzenden der LDP ab und blieb in dieser Funktion bis zu seinem Tod.

Die CDU hielt sich bei der Schulreform zurück, da die Trennung von Kirche und Staat verlangt und Privatschulen nicht gestattet wurden. Schulreformer wie Paul Oestreich gingen noch weiter und proklamierten die »elastische Einheitsschule als Produktionsschule«, freilich zunächst erfolglos.[160]

Die Einheitsschule wurde schließlich 1946 eingeführt; sie umfaßte eine aus acht Klassen bestehende Grundschule und anschließend eine vierklassige Oberschule oder eine dreijährige Berufsschule. Die Schulreform war allerdings auch mit einer Auswechslung der Lehrer verbunden. Von den fast 40 000 Lehrern hatten 28 000 der NSDAP angehört. Sie wurden schrittweise durch »Neulehrer« ersetzt; schon im Oktober 1945 begannen 15 000 Neulehrer mit dem Unterricht, im Herbst 1946 kamen weitere 25 000 hinzu. Bis Herbst 1947 konnte als Erfolg der Schulreform die Reduzierung der 3 100 einklassigen Schulen auf 1 700 und der Anstieg der vollausgebauten achtklassigen Schulen um 25 Prozent auf 2 800 gemeldet werden.[161]

Am einschneidendsten für die weitere Entwicklung war die sogenannte Industriereform. Durch Befehl Nr. 124 der SMAD vom 30. und Befehl Nr. 126 vom

[159] Demokratische Schulreform. Bericht über die gemeinsame Kundgebung der KPD und SPD am 4. November 1945 in Berlin. Berlin o. J. (1945).

[160] Prof. Paul Oestreich, Einheitsschule? Berliner Zeitung, Nr. 106 vom 15. 9. 1945.

[161] Paul Wandel, Die demokratische Einheitsschule – Rückblick und Ausblick. Berlin, Leipzig 1947, S. 14; Allen Kindern das gleiche Recht auf Bildung. Dokumente zur demokratischen Schulreform. Berlin (Ost) 1981, S. 8 (dort sind zahlreiche Dokumente abgedruckt); Karl-Heinz Günther und Gottfried Uhlig, Geschichte der Schule in der DDR 1945–1971. Berlin (Ost) 1974, S. 62 (dort etwas andere Zahlen). Brigitte Hohlfeld, Die Neulehrer in der SBZ/DDR. Weinheim 1992.

31. Oktober 1945 wurde das gesamte Eigentum des deutschen Staates, der NSDAP und ihrer Amtsleiter sowie der Wehrmacht beschlagnahmt. Ein Teil dieser – meist schwerindustriellen – Betriebe wurde in Sowjetische Aktiengesellschaften (SAG) umgewandelt, einen anderen Teil unterstellte die SMAD im März 1946 den neuen deutschen Verwaltungsorganen. Nun konnte der erste Schritt zur Verstaatlichung dieser Industriebetriebe getan werden.

Die KPD änderte ihre Wirtschaftspolitik entsprechend. Auf einer Wirtschaftstagung der Partei im Januar 1946 erklärte die Führung zwar immer noch, die Wirtschaft könne nicht sozialistisch aufgebaut werden, sie trat aber jetzt für eine Wirtschaftsplanung ein und verlangte: »Alle Betriebe und anderen Unternehmungen des Handels, des Verkehrs, des Versicherungswesens usw., deren Besitzer bzw. bei Aktiengesellschaften deren Direktoren geflüchtet sind, Kriegsverbrecher oder Nazis waren, werden mit allen Rechten und Forderungen in die Hände der Selbstverwaltungsorgane der Gemeinden, Provinzen bzw. Länder übereignet.«[162]

Zwar war in den Richtlinien der Wirtschaftskonferenz der KPD vom Januar 1946 noch immer davon die Rede, daß sich der Neuaufbau der deutschen Wirtschaft auf der »Grundlage veränderter kapitalistischer Bedingungen« vollziehe, doch sollte dies im Rahmen einer »neuen demokratischen Ordnung« sinnvoll gelenkt werden. Dabei galten die Gewerkschaften als »gleichberechtigter Faktor«.[163] In der Realität steuerte die KPD unter dem Schutz der SMAD nun aber auf die Verstaatlichung der Industrie zu. Während einer Unterredung am 6. Februar 1946 in Moskau erhielt Ulbricht grünes Licht von Stalin. Dieser sah Gefahren in »Konzernen« und Unternehmern und war mit »Übereignungen sehr einverstanden«, bejahte auch einen »Volksentscheid«.[164] Das Sekretariat der KPD beschäftigte sich am 7. Februar mit dem Bericht Ulbrichts (über die Reise zu Stalin) und berief zum 2. und 3. März eine Parteikonferenz ein.[165] Bereits im Juli 1945 waren Banken und Sparkassen enteignet worden. Ein Volksentscheid in Sachsen bildete den Auftakt für eine Verstaatlichung der Industrie. Dort befanden sich allein 4 800 der rund 7 000 Betriebe, die durch Befehl Nr. 124 beschlagnahmt worden waren. Die sächsische KPD schlug im Februar 1946 einen Volksentscheid vor, der beschließen sollte, Kriegs- und Naziverbrecher zu enteignen und ihre Betriebe in Staatseigentum zu überführen.[166]

Auf der 1. Reichskonferenz der KPD (2./3. März 1946) unterstützte Ulbricht diesen Plan, den auch die SMAD genehmigte. Gegen den starken Widerstand von seiten der CDU und LDP gelang es der KPD, bzw. nach dem April 1946 der SED, einen Beschluß der Blockparteien für den Volksentscheid durchzusetzen. Danach sollten zugunsten des Landes Sachsen entschädigungslos enteignet werden: »Betriebe und Unternehmen, die als Kriegsinteressenten anzusehen sind, oder die Naziverbrechern, aktiven Nazis oder Kriegsinteressenten gehören oder am 8. Mai 1945 gehörten.«[167]

Nach intensiver Vorbereitung fand der Volksentscheid in Sachsen am 30. Juni 1946 statt. 3,4 Millionen Wähler (93,7 Prozent der Wahlberechtigten) gingen zur

[162] Neuaufbau der deutschen Wirtschaft. Richtlinien der KPD zur Wirtschaftspolitik. Berlin 1946, S. 21.

[163] Ebd., S. 17.

[164] Wilhelm Pieck, Aufzeichnungen, S. 69.

[165] Dokumente zur Geschichte der Kommunistischen Bewegung, Bd. 1, S. 164.

[166] Vgl. Otto Schröder, Der Kampf der SED in der Vorbereitung und Durchführung des Volksentscheids in Sachsen. Berlin (Ost) 1961, S. 47.

[167] Ebd., S. 73. Vgl. auch die zahlreichen Aufrufe, abgedruckt in: 30 Jahre Volkseigene Betriebe. Dokumente und Materialien zum 30. Jahrestag des Volksentscheids in Sachsen. Berlin (Ost) 1976, S. 81 ff.

Urne; 2 683 401 (77,6 Prozent) stimmten für, 571 000 (16,5 Prozent) gegen die Enteignung; 204 657 Stimmen (5,8 Prozent) waren ungültig. Unter der Parole »Enteignung der Kriegsverbrecher« konnte nun die Verstaatlichung der Schwer- und Schlüsselindustrie durchgeführt werden. Anschließend wurden auch in den anderen Ländern der Sowjetischen Besatzungszone (dort allerdings ohne vorherige Abstimmung) die entsprechenden Betriebe, besonders der Schwerindustrie, verstaatlicht oder den Kommunen übergeben. Bis zum Frühjahr 1948 wurden so 9 281 gewerbliche Unternehmen »entschädigungslos enteignet, darunter waren 3 843 Industriebetriebe. Ihr Anteil an der gesamten Industrieproduktion betrug zu diesem Zeitpunkt etwa 40 Prozent.«[168] Der Grundstein für eine neue Wirtschaftsstruktur war damit gelegt.

Die Gründung der SED

Der erste tiefe Einschnitt zur Veränderung des Parteiensystems in der Sowjetischen Besatzungszone war die Gründung der SED im April 1946 durch die Zwangsvereinigung von KPD und SPD. Dieser Schritt erfolgte in der SBZ erheblich früher als in anderen »Volksdemokratien«[169] und hatte weitreichende Folgen. Damit vertiefte sich auch die Spaltung Deutschlands, denn die Auseinandersetzungen zwischen der westdeutschen Sozialdemokratie und der kommunistischen SED im Osten schufen ein feindseliges Klima in der deutschen Politik. Für die westlichen Besatzungsmächte, insbesondere für Großbritannien, war die unter Druck durchgeführte Einschmelzung der Sozialdemokraten in die SED ein Grund mehr, der sowjetischen Politik mit tiefem Mißtrauen zu begegnen und Kurs auf einen Weststaat zu nehmen.[170] Für die innere Situation der SBZ signalisierte die Bildung der SED bedrohlich die Übertragung des sowjetischen Einparteienstaats. Schien die Gründung der traditionellen deutschen Parteien im Juni/Juli 1945 auch ein pluralistisches politisches System zu ermöglichen, so wurde dieser Weg schon zehn Monate später durch die Schaffung der SED entscheidend verbaut. Die Probleme der SED-Gründung sollen deswegen hier etwas ausführlicher geschildert werden.

Noch im Juni 1945 hatte sich das ZK der KPD zunächst nur für eine »Aktionseinheit« von KPD und SPD, aber gegen den sofortigen Zusammenschluß ausgesprochen. Offensichtlich erwarteten die Kommunisten, ihre Organisation könne mit Hilfe der SMAD zur bestimmenden und größten Partei der SBZ werden. Demgegenüber sahen die Berliner Führer der SPD in der organisatorischen Einheit der Arbeiterparteien eine Voraussetzung für den von ihnen geforderten demokratischen und sozialistischen Neuaufbau. Die gemeinsame antifaschistische Grundeinstellung und Erfahrungen unter Hitler sowie das Bekenntnis der KPD zur parlamentari-

[168] Heinz Heitzer, DDR. Geschichtlicher Überblick. Berlin (Ost) 1979, S. 54.

[169] Nur in der Slowakei war der Zusammenschluß von Kommunisten und Sozialdemokraten bereits im September 1944 erfolgt, in Rumänien kam es dazu im Februar 1948, in Bulgarien im Mai 1948, in Ungarn und in der ČSR im Juni 1948 sowie in Polen im Dezember 1948. Vgl. dazu auch: Geschichte der sozialistischen Gemeinschaft. Herausbildung und Entwicklung des realen Sozialismus von 1917 bis zur Gegenwart. Von einem Autorenkollektiv unter Leitung von Ernstgert Kalbe. Berlin (Ost) 1981, S. 146 f.

[170] Vgl. dazu Rolf Steininger, Deutsche Geschichte 1945–1961. Darstellung und Dokumente in zwei Bänden. Bd. 1 Frankfurt a. M. 1983, S. 156 f., 171 ff.

schen Demokratie schienen frühere Differenzen verwischt zu haben. Zudem hofften viele Sozialdemokraten, nicht zuletzt wegen ihrer zahlenmäßigen Überlegenheit, in einer Einheitspartei dominieren zu können. Schon im September 1945 erklärte Max Fechner, die SPD sei »wohl unbestritten die größte Organisation« unter den vier zugelassenen Parteien.[171] Schließlich hatte es im Sommer 1945 in ganz Deutschland Ansätze zur Zusammenarbeit von SPD und KPD gegeben und vielerorts war der Wille zu einer einheitlichen Arbeiterpartei vorhanden.[172] Doch nachdem die SPD im Westen unter Kurt Schumacher jede Verschmelzung und Zusammenarbeit mit der KPD strikt ablehnte, machte sich auch in der SPD der SBZ zunehmend Skepsis gegenüber einer Einheitspartei breit.

Da trat aber plötzlich im Spätherbst 1945 die KPD-Führung überraschend für eine schnelle Vereinigung beider Parteien ein. Offenbar glaubte sie, nun dafür die ideologischen und organisatorischen Voraussetzungen geschaffen zu haben. Vor allem aber bemerkte die KPD nach Anfangserfolgen, daß sie sowohl bei der Bevölkerung als auch bei den anderen Parteien mehr und mehr in die Isolierung geriet. Nach späteren Aussagen Ackermanns hatte die KPD-Spitze »Ende September – Anfang Oktober« 1945 in einer Sitzung des Politbüros »erwogen«, der SPD anstelle einer »Aktionseinheit« nun den Zusammenschluß beider Parteien vorzuschlagen.[173]

In diese Richtung war Pieck bereits am 19. September vorgestoßen, als er in einer Rede eine »möglichst baldige Vereinigung« beider Parteien empfahl. Allerdings schränkte er den Begriff »baldig« dadurch ein, daß er sagte, die »kampffähige Einheit der Arbeiterklasse« müsse sich »herausbilden« im »Zusammengehen der kommunistischen und sozialdemokratischen Arbeiter«. Schließlich müsse »ein neuer Weg« beschritten werden und zwar mit neuen »zuverlässigen« Kräften und nicht den alten Führern – womit er natürlich die alten SPD-Führer meinte, denn bei der KPD blieben ja weiterhin die alten Kräfte am Ruder.[174]

Ulbricht sprach freilich noch am 12. Oktober weit vorsichtiger davon, daß »der Zeitpunkt näherkommt, wo die Voraussetzungen für die Schaffung der einheitlichen Partei ... gegeben sind«. In dieser Rede warnte Ulbricht die Sozialdemokraten auch vor Auseinandersetzungen bei kommenden Wahlen.[175] Der KPD-Führung war wohl bereits klar, daß die für 1946 angesetzten Wahlen ihrer Partei keine Erfolge bringen würden. Bei den Kommunalwahlen vom 7. Oktober 1945 in Budapest hatten die ungarischen Kommunisten zwar die SP zu einer gemeinsamen Wahlliste bewegen können, aber diese Liste hatte die Mehrheit verfehlt. Für die Parlaments-

[171] Eröffnungsansprache des Genossen Max Fechner. In: Wo stehen wir, wohin gehen wir? Der historische Auftrag der SPD. Berlin o. J. (1945), S. 7.

[172] Vgl. dazu Kaden, Einheit oder Freiheit, S. 51 ff.; Werner Müller, Die KPD und die »Einheit der Arbeiterklasse«. Frankfurt a. M., New York 1979, S. 45 ff.; Ulrich Hauth, Die Politik von KPD und SED gegenüber der westdeutschen Sozialdemokratie (1945–1948). Frankfurt a. M., Bern 1978, S. 441.

[173] Anton Ackermann, Der neue Weg zur Einheit. In: Vereint sind wir alles. Erinnerungen an die Gründung der SED. Berlin (Ost) 1966, S. 84.

[174] Deutsche Volkszeitung, Nr. 86 vom 20. 9. 1945; auch abgedruckt in: Wilhelm Pieck, Reden und Aufsätze. Auswahlband. Berlin 1948, S. 82 f.

[175] Deutsche Volkszeitung, Nr. 107 vom 14. 10. 1945, auch etwas gekürzt und leicht verändert abgedruckt in: Ulbricht, Zur Geschichte der deutschen Arbeiterbewegung, Bd. II, S. 502 ff. Das Thema Wahlen wurde von den Kommunisten nun öfter aufgegriffen, so sagte Hermann Matern im Januar 1946: »Wem dienen getrennte Wahlen? Nur unseren Feinden!« Hermann Matern, Im Kampf für Frieden, Demokratie und Sozialismus. Ausgewählte Reden und Schriften. Bd. I: 1926–1956. Berlin (Ost) 1963, S. 190.

wahlen in Ungarn beschloß die SPU dann am 12. Oktober sogar eigene Wahllisten, womit die KPU isoliert war.[176] Diese Entwicklung wollten die Kommunisten offensichtlich für die SBZ vermeiden. Daher verdoppelten sie besonders nach den Niederlagen der Kommunisten bei den Parlamentswahlen vom 4. November 1945 in Ungarn und vom 25. November in Österreich ihre Anstrengungen für eine Vereinigung mit der SPD. Sie waren der Meinung, nur mit einer Einheitspartei ihre leitenden Positionen in Partei und Staat weiter ausbauen zu können. Der Sieg der »Vaterländischen Front« bei den bulgarischen Wahlen vom 18. November 1945 dürfte diese Ansicht noch verstärkt haben. Für die KPD gab es also mehrere Motive, ihre Politik zu ändern und die Vereinigung mit der SPD zu forcieren. Dabei spielten langfristige Pläne strategischer Art eine Rolle:[177] die Frage der Machterringung und die Ausschaltung der SPD, des wichtigsten Konkurrenten, aber ebenso taktische Überlegungen zum Abschneiden bei kommenden Wahlen. Auch kaderpolitische Gründe veranlaßten die Führung der KPD zu einer Korrektur ihrer Haltung. Durch starken Zulauf konnte die KPD im Sommer 1945 die SPD an Mitgliederzahlen überflügeln (sie zählte im August 1945 150 000 Mitglieder), Ende 1945 waren dann beide Parteien mit rund 375 000 Mitgliedern in der SBZ etwa gleich stark.[178] Der Mitgliederaufschwung der KPD (die 1932 auf dem Gebiet der SBZ nur rund 100 000 Mitglieder zählte) wurde u.a. durch Aktivitäten sowjetischer Ortskommandanten gefördert, die eher KPD- als SPD-Ortsgruppen zuließen. Damit wuchs die KPD ausgerechnet auf dem Land, wo sie stets schwach verankert war, stärker als die SPD. Zweifellos traten aber auch viele Karrieristen in die KPD ein, die ja nun Posten zu vergeben hatte.

Während die SPD praktisch ihren traditionellen Mitgliederstand wieder erreichte (681 000 im März 1946 gegenüber 581 000 im Jahre 1932), war die KPD eine Partei mit neuen Mitgliedern, die alten Kader gerieten in die Minderheit. Außerdem war die KPD mit ihrer neuen Linie und der neuen Aufgabe, nämlich der Übernahme von verantwortlichen Positionen in Staat, Verwaltung, Wirtschaft, Bildung usw., überfordert.

Von der DDR-Geschichtsschreibung wurde stets behauptet, die SED-Gründung sei eine »freiwillige Vereinigung« von SPD und KPD gewesen. Die PDS sieht heute nur »Elemente des Zwangs«. Doch bei einer generellen Einschätzung bleibt Zwangsvereinigung der richtige Begriff. Er macht klar, daß es für die Sozialdemokraten in der SBZ damals keine Alternative gab. Sie befanden sich in einer Zwangslage, weil sie keine freie Entscheidung darüber treffen konnten, ob sie dort die SPD fortführen wollten und konnten oder nicht, und sie wurden schließlich mit Zwang in die »Einheitspartei« gepreßt, ob sie wollten oder nicht. Genau genommen müßte sogar der noch schärfere Begriff »Zwangs- und Betrugsvereinigung« benutzt werden. 1945/46 haben die Kommunisten ihre Ziele – Vernichtung der sozialde-

[176] Vgl. Geschichte der ungarischen revolutionären Arbeiterbewegung. Von den Anfängen bis 1962. Berlin (Ost) 1983, S. 495 ff.

[177] Vgl. dazu Staritz, Sozialismus in einem halben Lande, S. 79 ff. Zur Strategie der KPD auch Arnold Sywottek, Deutsche Volksdemokratie. Studien zur politischen Konzeption der KPD 1935–1946. Düsseldorf 1971.

[178] Zu den Einzelheiten vgl. Hermann Weber, Die deutschen Kommunisten 1945 in der SBZ. Probleme bei der kommunistischen Kaderbildung vor der SED-Gründung. Aus Politik und Zeitgeschichte, Beilage zur Wochenzeitung Das Parlament, B 31 (1978), S. 24 ff. Die KPD zählte im Juli 1945 in allen vier Zonen 125 000 Mitglieder, im Oktober in der SBZ und Berlin 250 000, im November 300 000. Vgl. Günter Benser, Aufruf der KPD vom 11. Juni 1945. Berlin (Ost) 1980, S. 30; vgl. auch AdsD (Ostbüro) 0301 II.

mokratischen Konkurrenz und Aufbau der stalinistischen Diktatur – nämlich vertuscht und verschleiert. Sie haben sich seinerzeit zur parlamentarischen Demokratie bekannt und den Sozialdemokraten zunächst auch zahlreiche ideologische und organisatorische Zugeständnisse gemacht.[179]

Aus inzwischen zugänglichen Akten ist zu rekonstruieren, wie die Zwangsvereinigung ablief. Sie war selbstverständlich nur mit Billigung Stalins möglich. Dieser hat sogar den Zeitpunkt festgelegt. Bei Ulbrichts Besuch am 6. Februar in Moskau wurde konstatiert: »Vereinigung einverstanden – Linie richtig ... Sozialistische Einheitspartei Deutschlands, 1. Mai«. Sechs Wochen vorher hatte die SMAD noch gebremst: »In 4 Monaten zu früh, nicht zu viel Lärm – wegen Alliierten«.[180] Und entsprechend hatte Pieck auf einer erweiterten Sitzung des Sekretariats – unmittelbar nach der »Sechziger-Konferenz« mit den Sozialdemokraten im Dezember 1945 – noch einen längeren Zeitraum ins Auge gefaßt. Er wollte »in 3 bis 4 Monaten solche Voraussetzungen in der sowjetischen Zone schaffen«, daß auf einer »Zonenkonferenz« die »Frage« einer Vereinigung »konkret« gestellt werden könne.[181] Doch bereits am 23. Januar 1946 – also vor Ulbrichts Besuch bei Stalin – hatte SMAD-General Bokow Pieck die rascher geplante Vereinigung und die Taktik dazu erläutert: »Vereinigung der beiden Arbeiterparteien beeilen, zweckmäßig noch vor den Wahlen Ende Mai. Voraussetzungen – Garantien in den Orten und Bezirken schaffen. Es wäre gut – 1. Mai als Feiertag der Vereinigung – Programm in M[oskau] entscheiden. Hinweise der SP, daß Vereinigung nur im Reichsmaßstabe, sind Manöver, um Vereinigung zu verhindern. Sorgfältige Taktik – Scharfe Kampagne gegen Rechte [Sozialdemokraten], Entlarvung, Isolieren. Taktik des Angriffs ausarbeiten. Schwankende gewinnen«.[182] Die Sowjetunion und Stalin bestimmten also auch in der Frage der »Vernichtung« der SPD durch rasche »Vereinigung« die Linie und den Zeitplan. Ulbricht konnte dann zwei Wochen später von Stalin das Plazet für diese Maßnahmen bekommen.

Mit Hilfe der SMAD gelang es der KPD, die Zwangsvereinigung durchzusetzen. Unter einem Schwall ideologischer Phrasen damaliger Parteiführer finden sich in den Protokollen der KPD-Führungsgremien einige entlarvende Passagen zur Zielsetzung der Kommunisten, die Sozialdemokratie zu zerschlagen, um mit einer »Einheitspartei« den stalinistischen Machtanspruch zu verwirklichen. Schon Ende September 1945 hatte Fred Oelßner auf der erweiterten Sitzung des Sekretariats vom »ideologischen Wirrwarr« der SPD gesprochen und dabei Otto Grotewohl

[179] Vgl. das ausführliche Archiv- und Literaturverzeichnis in Bouvier, Ausgeschaltet, sowie dort die Darstellung S. 28 ff.; vgl. außerdem Müller, SPD, SED in: SBZ-Handbuch, S. 460 ff.; Beatrix Bouvier und Hans-Peter Schulz, »... die SPD aber hat aufgehört zu existieren«. Sozialdemokraten unter sowjetischer Besatzung. Bonn 1991; Bernd Faulenbach und Heinrich Potthoff, Sozialdemokraten und Kommunisten nach Nationalsozialismus und Krieg, Zur historischen Einordnung der Zwangsvereinigung. Essen 1998. Inzwischen gibt es auch regionale und lokale Untersuchungen, vgl. u. a. Klaus Schwabe, Die Zwangsvereinigung von KPD und SPD in Mecklenburg-Vorpommern. Schwerin 1996; ders. Arroganz der Macht. Herrschaftsgeschichte von KPD und SED in Mecklenburg-Vorpommern 1945–1952. Schwerin 1997; Norbert Podewin und Manfred Teresiak, »Brüder in eins nun die Hände«. Das Für und Wider um die Einheitspartei in Berlin. Berlin 1996; Michael Rudloff und Mike Schmeitzner (Hrsg.), »Solche Schädlinge gab es auch in Leipzig«. Sozialdemokraten und die SED. Frankfurt/Main 1997; Ingrun Drechsler, Nun sagt schon ja. Der Weg der Magdeburger Sozialdemokraten in die Zwangsvereinigung. Magdeburg o. J. (1996).

[180] Pieck, Aufzeichnungen, S. 62, 68.

[181] Dokumente zur Geschichte der Kommunistischen Bewegung, Bd. 2, S. 369.

[182] Pieck, Aufzeichnungen, S. 63 f. Vgl. dazu Sattler, Bündnispolitik. In: Wilke, Die Anatomie der Parteizentrale, S. 188 ff.

kritisiert. Oelßner wollte die »Basis« der SPD im »Sinne der marxistisch-leninistischen Theorie« beeinflussen.[183] Ackermann machte im Schlußwort den Vorschlag, wegen der Belastung der »Einheitsfront« durch die Sozialdemokraten eine »neue Offensive in der Frage der Einheit zwischen SPD und KPD« zu führen.[184] Tatsächlich erfolgte dann ab Oktober verstärkter Druck und gleichzeitig die »Umarmung« der Berliner SPD-Führer. Noch im November mußte Pieck »sehr energische Widerstände« in der SPD konstatieren, dagegen setzte er weiter auf den »Marxismus-Leninismus«.[185] Und sofort nach der »Sechziger-Konferenz« im Dezember 1945 forderte er, weiter »Druck« auf die »schwankende« SPD-Führung in Berlin auszuüben.[186]

Tatsächlich wurde die Vereinigung, gerade auch auf der unteren Ebene, mit Hilfe starker Repressalien der SMAD vorangetrieben. Über Eingriffe sowjetischer Ortskommandanten machte Pieck schon auf der zweiten »Sechziger-Konferenz« im Februar 1946 Angaben, die allerdings erst 1981 veröffentlicht wurden: »Es ist sehr viel damit operiert worden, daß hier in der Sowjetzone der Prozeß der Vereinigung unter dem Zwang und Druck der sowjetischen Besatzungsmacht vor sich geht. Genossen, im allgemeinen brauchte man es ja gar nicht zu bedauern, wenn dadurch ein solches Resultat der Einigung der Arbeiterklasse zustande kommt, damit man gegenüber der Reaktion die Zügel fest in der Hand hat. Man brauchte also einen solchen Druck gar nicht zu bedauern. Aber, Genossen, ich sage Euch ganz offen: Wo wir gehört haben, daß übereifrige Kommandanten versucht haben, den Prozeß der Verständigung zwischen den beiden Parteien durch irgendwelche Einflußnahme zu beschleunigen, haben wir uns mit aller Entschiedenheit bei der obersten Militärverwaltung dagegen gewehrt, weil wir uns sagten, das ist absolut überflüssig, die Einmischung der Militärkommandanten ist absolut überflüssig.«[187]

Doch gerade so entstanden schon Ende 1945 und Anfang 1946 vielfach durch die Nötigung der Besatzung Aktionsausschüsse für die Vereinigung auf Orts- und Kreisebene, so daß der Zentralausschuß der SPD unter Otto Grotewohl einem starken Druck der Basis ausgesetzt war. Die SMAD wandte jedoch nicht nur auf der unteren Ebene Zwang an. Auch in den Ländern mischten sich die verantwortlichen Offiziere der SMA ein und verlangten den Zusammenschluß, so z. B. in Thüringen Generalmajor Kolesnitschenko.[188] Anfang Februar 1946 schließlich wurde Otto Grotewohl zu Marschall Schukow vorgeladen, der ihm sagte, für die Vereinigung im Reichsmaßstab fehlten die Voraussetzungen. Schukow drängte Grotewohl zur Verschmelzung in der SBZ und soll als Zugeständnis sogar ein Zurückziehen Ulbrichts ins Gespräch gebracht haben.[189] Die SMAD versuchte aber gleichzeitig, neben der Anwendung von massivem Druck, diejenigen Sozialdemokraten in ihren Positionen zu stärken, die nach wie vor für die Vereinigung eintraten. Mit Unterstützungen bis hin zu materiellen Bestechungen – die Lebensmittelpakete, Pajoks

[183] Dokumente zur Geschichte der Kommunistischen Bewegung, Bd. 2, S. 62 f.

[184] Ebd., S. 135.

[185] Ebd., S. 153.

[186] Ebd., S. 379.

[187] Materialien Wilhelm Piecks zum Entwurf der »Grundsätze und Ziele der SED«. Beiträge zur Geschichte der Arbeiterbewegung 23 (1981), S. 249.

[188] Gniffke, Jahre mit Ulbricht, S. 146.

[189] Ebd., S. 137. Vgl. Kaden, Einheit oder Freiheit; sowie Frank Moraw, Die Parole der »Einheit« und die deutsche Sozialdemokratie. Bonn 1973.

genannt, waren dabei noch die harmloseste Art – lockte die SMAD für die Einheitspartei, wobei vor allem Karrieren in Aussicht gestellt werden konnten.

Wichtig war auch das Anknüpfen an den vorhandenen Willen nach einer einheitlichen Arbeiterpartei, den viele Sozialdemokraten 1945 unverändert zeigten. Hierauf versuchte die KPD flexibel mit scheinbarer Kompromißbereitschaft und Zugeständnissen einzugehen. Da die Kommunisten die Positionen der parlamentarischen Republik übernommen hatten und einen »deutschen Weg« zum Sozialismus proklamierten, schien weiterhin eine Basis für eine Einheitspartei gegeben. Wenn Pieck für die KPD erklärte, die gemeinsame Aufgabe sei es, eine »parlamentarische, antifaschistisch-demokratische Republik aufzubauen«, die »entgegen der kraftlosen Demokratie der Weimarer Republik eine wirklich kämpferische Demokratie« sein müsse[190], so konnte die SPD dieser verbalen Aussage voll zustimmen, doch war nicht geklärt, ob die Kommunisten damit eine pluralistische Demokratie akzeptierten.

Viele Sozialdemokraten sahen in der Wendung der Kommunisten eine Chance für deren Eingliederung in eine demokratisch-sozialistische Partei wie vor dem Ersten Weltkrieg. Es bestand die Hoffnung, daß eine Wiederholung des verhängnisvollen »Bruderkampfes« der Zeit vor 1933 durch die »Einheit der Arbeiterklasse« verhindert werden könne. Rückblickend mag dies naiv erscheinen, doch die anderen Parteien arbeiteten ebenfalls mit den Kommunisten – die im Widerstand gegen Hitler die größten Opfer gebracht hatten – im »antifaschistischen Block« zusammen. Und hinzuweisen ist darauf, daß anfangs die KPD sogar in fast allen westdeutschen Landesregierungen vertreten war. Damals konnten Politiker, die 1945/46 den Versprechungen der KPD glaubten, nicht wissen – wie wir heute –, daß deren Bekenntnisse zur Demokratie und zur »paritätischen Einheit« Täuschung und Betrug waren.

Freilich befand sich die KPD-Führung auch aus anderen Gründen im Vorteil. Von Anfang an hatte sie gefordert, so Matern in einer Rede vom 1. Juli 1945, die SPD dürfe »nicht in Feindschaft zur KPD stehen und darf keine Antisowjetpolitik betreiben«, auch dürfe die Führung nicht bei »Leuten wie Stampfer, Seger, Grzesinsky und Sollmann« liegen, diese könne man »nicht gebrauchen«, weil sie gegen die Sowjetunion seien.[191] Der ZA der SPD hatte sich auf diese Forderungen eingelassen, wohl nicht zuletzt, weil er nicht gegen die Besatzungsmacht Politik machen konnte, aber auch, weil er den Führungsanspruch für ganz Deutschland erhob und die Legitimation der SPD-Emigrationsführung bezweifelte. Außerdem hatte die KPD sofort versucht, in die SPD auch Anhänger ihrer Ideen einzuschleusen. In der gleichen Rede vom 1. Juli erläuterte Matern den KPD-Funktionären, manche Sozialdemokraten wollten in die KPD kommen, man lege ihnen nichts in den Weg, aber die KPD brauche eine SPD, die »mit uns auf dem Boden unseres Aktionsprogramms fest zusammenarbeitet. Daß eine solche Sozialdemokratische Partei entsteht, dafür müßt ihr sorgen. Versteht ihr mich? Wenn ihr also die guten Arbeiter in die Kommunistische Partei aufnehmt, dann könnt ihr einen rechten Haufen übrig behalten, und dann habt ihr die Tatsache, daß die Spaltung der Arbeiterklasse aufrecht erhalten bleibt. Das muß man dabei im Auge behalten.«[192] Klarer konnten die Kommunisten unter den gegebenen Umständen ihre Unterwanderungstaktik kaum ausdrücken.

[190] Tägliche Rundschau, Nr. 51 (248) vom 2. 3. 1946, auch abgedruckt in Pieck, Reden, S. 115.

[191] Vgl. Matern, Im Kampf für Frieden, S. 145 (Rede vom 1. Juli 1945).

[192] Diese Passage der Rede fehlt bei Matern, ebd. Sie ist abgedruckt in: Zur Geschichte des Vereinigungsprozesses, S. 46.

Hinzu kam, daß der ZA der SPD die Selbstkritik an der Politik der eigenen Partei vor 1933 scharf und konsequent vertrat, während die KPD ihre eigene Selbstkritik so formulierte, als ob sie in den Grundfragen eben doch »immer recht« hatte. Schon im Juni 1945 erklärte Ulbricht, die »alten Parteiführungen der Weimarer Koalition« seien bankrott. Die SPD-Führer widersprachen nicht, und sie verwiesen nicht einmal darauf, daß auch die KPD-Führung vor 1933 mit ihrer These, die SPD sei »sozialfaschistisch«, sei »Hauptfeind«, völlig versagt hatte.[193] So konnte Ulbricht auch im Oktober 1945 unwidersprochen behaupten, die KPD habe »zu allen Zeiten konsequent den richtigen Kampf« geführt.[194] Da sich die Berliner SPD-Führung als »marxistisch« verstand und in der KPD eine »Bruderpartei« sah, kam es zu einer – über das Konzept der »Einheit aller Antifaschisten« noch hinausgehenden – Kooperation, deren logische Folge die Einheitspartei zu sein schien. Allerdings zeigte die Haltung von Hermann L. Brill im Sommer 1945 in Thüringen, daß gerade eine »marxistische« Position mit harter Kritik an der früheren kommunistischen Politik verknüpft werden konnte. Nur so konnte Brill auch überzeugt sein, daß beim Zusammengehen »wir als Sozialdemokraten durchaus nicht den kürzeren ziehen«.[195] Hingegen erhob der ZA der SPD in Berlin keinen Protest, als die KPD ihren Führungsanspruch immer stärker mit Geschichtsumdeutungen zu beweisen versuchte. In seiner Rede vom 19. September 1945, in der Pieck erstmals eine »baldige« Vereinigung gefordert hatte, schob er die Schuld für das Versagen der Arbeiterbewegung allein der SPD-Führung zu, indem er behauptete, die »Führer der Sozialdemokratie und Gewerkschaften« hätten vor 1933 Angebote der Kommunisten zum »gemeinsamen Kampf« abgelehnt. Daraus folgerte Pieck, »solche Gestalten wie Noske, Severing, Stampfer und ähnliche« dürften niemals wieder an die Spitze der SPD treten. Aus den verbal zugegebenen eigenen »Fehlern« der KPD zog er keineswegs die gleichen Schlüsse, sondern spielte sie damit herunter, daß die KPD-Führer lediglich »der Entwicklung der Arbeiterbewegung etwas vorauseilten«.[196]

Noch 1945 hatte der ehemalige Reichstagsabgeordnete und KZ-Häftling Kurt Schumacher von Hannover aus die Sozialdemokratie in den drei Westzonen gegen jede Einheit mit den Kommunisten zusammengeführt. Er erinnerte daran, daß die Nazis ohne die antidemokratische Haltung der Kommunisten 1933 nicht an die Macht gekommen wären. Ihr neues Konzept der »Einheitspartei« sei – so warnte er – nichts anderes als die Suche »nach dem großen Blutspender« und die Absicht, der SPD eine kommunistische Führung aufzuzwingen.[197] Schumachers Beurteilung konnten und wollten sich die Führer der SPD in der Sowjetzone nicht anschließen. Sie taktierten und berücksichtigten die Anordnungen der allmächtigen Sowjeti-

[193] Walter Ulbricht auf der 1. Funktionärskonferenz der KPD. In: Einheitsfront der antifaschistisch-demokratischen Parteien. Dresden o.J. (1945), S. 27. Vgl. zur KPD-Politik: Hermann Weber, Hauptfeind Sozialdemokratie. Strategie und Taktik der KPD. 1929–1933. Düsseldorf 1982.

[194] Ulbricht in: Deutsche Volkszeitung, Nr. 107 vom 14.10.1945.

[195] Vgl. Brills Rede vom 8. Juli 1945 und seine Thesen für ein Referat vom 18. Oktober 1945 in BA Koblenz, NL Rossmann 36, S. 12, 37ff. Vgl. auch Hermann Brill, Gegen den Strom. Offenbach 1946. Immerhin war es die SPD in Thüringen, die noch am 6. November 1945 in einem Rundschreiben alle gemeinsamen Veranstaltungen untersagte und – so die SED-Lesart – »die Politik der KPD in grober Weise verleumdete«. Vgl. Die SED – führende Kraft, S. 66.

[196] Pieck in: Deutsche Volkszeitung, Nr. 86 vom 20.9.1945.

[197] Programmatische Erklärung Schumachers vom 5. Oktober 1945. In: Ossip K. Flechtheim (Hrsg.), Dokumente zur parteipolitischen Entwicklung in Deutschland seit 1945. Bd. 3: Programmatik der deutschen Parteien. Zweiter Teil. Berlin (West) 1963, S. 5.

schen Militäradministration, die ihrerseits die Sozialdemokraten im Osten mehr und mehr bedrängte.

Mit den zunehmenden Auseinandersetzungen zwischen dem Zentralausschuß der SPD in Berlin und der westdeutschen Sozialdemokratie unter Schumacher wurde nicht nur der politische Spielraum der ZA eingeengt, sondern auch die personelle Alternative. Die Führung der KPD in Berlin setzte sich aus harten Politikern, gewieften Taktikern und erfahrenen Organisatoren zusammen. Im Sekretariat der KPD saßen mit Ulbricht, Pieck und Dahlem drei frühere Politbüromitglieder der KPD, die während der Stalinisierung der Partei ihre Erfahrungen in der Zentrale gesammelt hatten. Anton Ackermann gehörte seit 1933 zu dieser Führung, nachdem er zwei Jahre die Moskauer Lenin-Schule absolviert und sich als Ideologe qualifiziert hatte. Die drei SPD-Vorsitzenden besaßen solche Voraussetzungen nicht. Grotewohl war zwar vor 1933 Reichstagsabgeordneter gewesen, aber nur Landespolitiker in Braunschweig; erst recht gilt dies für Gniffke. Fechner hatte sich vor 1933 als Kommunalpolitiker einen Namen gemacht. Die Berliner SPD-Führer waren nicht nur als Spitzenpolitiker unerfahren, sondern auch zwölf Jahre lang in Deutschland von der politischen Bühne verdrängt, während ihre kommunistischen Gegenspieler in dieser Zeit in der Emigration wirkten. Von den übrigen ZA-Mitgliedern der SPD waren vor 1933 August Karsten im Zentralverband der Arbeitsinvaliden, Helmut Lehmann bei den Krankenkassen und Otto Meier im Berliner Bezirksvorstand der SPD tätig gewesen. Mitglieder des ZA wie Gustav Dahrendorf, Gustav Klingelhöfer und Karl Germer jun. wandten sich bald gegen die Zwangsvereinigung, Bernhard Göring und Hermann Schlimme waren gänzlich von der Gewerkschaftsarbeit absorbiert. Die KPD-Spitze rekrutierte sich weitgehend aus den KPD-Führern der Berliner Zentrale der Zeit vor 1933, der ZA der SPD jedoch meist aus Kräften der »mittleren Ebene«, da die Emigrationsführer und westdeutsche Spitzenpolitiker nicht nach Berlin kamen. Unter solchen Umständen war der ZA den weit erfahreneren, fanatischeren und auch skrupelloseren KPD-Führern eigentlich nicht gewachsen.

Dies zeigte sich, als am 20. und 21. Dezember 1945 in Berlin je 30 Vertreter der SPD und KPD zur sogenannten »Sechziger-Konferenz« zusammenkamen.[198] Die Sozialdemokraten unter Grotewohl betonten dort, eine Vereinigung könne nur im gesamtdeutschen Rahmen vollzogen werden. Grotewohl brachte zehn Punkte zur Sprache, auf die er eine Antwort der KPD erwartete. Unter anderem führte er aus, die KPD erfahre durch die sowjetische Besatzungsmacht eine wesentlich weitergehendere und nachdrücklichere Förderung als die SPD, so u. a. Erleichterung beim organisatorischen Aufbau der Partei, bei ihrer Presse und sonstigen Publikationen. »Das äußert sich vor allem auch in der Einräumung eines wesentlich stärkeren zahlenmäßigen und sonstigen Einflusses der KPD in allen Organen der sowjetrussischen Besatzungszone, wie z. B. in den Zentralverwaltungen, den Länder- und Provinzverwaltungen sowie in den Verwaltungen der Kreise und Gemeinden.«

Grotewohl kritisierte, die KPD handele vielfach »nicht im Geiste der von ihr selbst bekundeten demokratischen Grundsätze und der vereinbarten guten Zusammenarbeit. Es mehren sich die Zeugnisse eines undemokratischen Drucks auf Sozialdemokraten.«[199] Außerdem war Grotewohl gegen die von der KPD geplanten ge-

[198] Vgl. das Protokoll Gruner-Wilke, Sozialdemokraten im Kampf um die Freiheit.
[199] Ebd., S. 72

meinsamen Wahllisten von SPD und KPD in der Sowjetischen Besatzungszone, er verlangte absolute Gleichberechtigung mit der KPD. Zur Sprache kam auch der Druck der SMA auf die Sozialdemokraten. Gustav Klingelhöfer wandte sich an die Kommunisten und sagte: »Ihr könnt überall reden, was Ihr wollt, Euch zieht niemand zur Verantwortung ... Ihr könnt handeln, Ihr könnt mehr tun: Ihr könnt auch kühn sein. Es ist nicht für jeden Genossen gleich, ob er handeln kann und kühn sein kann.« Er nannte als Beispiel, daß man (offenbar Sowjetsoldaten) in Sachsen einen Sozialdemokraten vor einen Ort geführt und in den Hals geschossen habe.[200]

Die KPD-Vertreter, vor allem Wilhelm Pieck, versuchten, die SPD-Funktionäre durch formale Zugeständnisse zu beruhigen. Doch nach Abschluß des ersten Tages der Konferenz war keine Einigung in Sicht.[201] In der Nacht »bearbeiteten« die Kommunisten und SMAD-Offiziere die SPD-Teilnehmer[202], und überraschenderweise konnte Fechner am nächsten Morgen bei der Eröffnung bekanntgeben, »daß die Kommission, die ja damals schon die Vorbereitungen für diese Konferenz getroffen hat, sich zusammengesetzt hat und aus der Diskussion heraus zur Niederschrift der gemeinsamen Auffassung gekommen ist«.[203]

Unter solcher Voraussetzung verständigte man sich dann auf ein Kommuniqué, in dem es hieß: »Die Erweiterung und Vertiefung der Aktionseinheit soll den Auftakt zur Verwirklichung der politischen und organisatorischen Einheit der Arbeiterbewegung, d. h. zur Verschmelzung der Sozialdemokratischen Partei Deutschlands und der Kommunistischen Partei Deutschlands zu einer einheitlichen Partei bilden.«[204] Nach der »Sechziger-Konferenz« vom Dezember 1945, die schließlich dem Zusammenschluß grundsätzlich zugestimmt hatte, forcierte die KPD ihre Vorbereitungen für die Verschmelzung.

Wo sich hingegen in der SPD Widerstand regte, griff die Besatzungsmacht massiv ein, u. a. mit Redeverboten und Verhaftungen von Einheitsgegnern. In unteren Organisationen wurde die Vereinigung – oft durch Einwirken von sowjetischen Ortskommandanten erzwungen – bereits im Februar und März 1946 vollzogen. So schlossen sich am 23. Februar 1946 KPD und SPD des Kreises Neuruppin zusammen, bis zum 24. März folgten alle übrigen Kreise der Provinz Brandenburg, z. B. Frankfurt a. d. Oder.[205]

Mit der Politik vollendeter Tatsachen wurde die Linie des ZA unterlaufen. Dieser hatte am 15. Januar 1946 noch beschlossen, es dürfe keine organisatorische Vereinigung in Bezirken oder Besatzungszonen geben und nur ein Reichsparteitag könne darüber entscheiden. Am 12. Januar hatte der ZA einen Brief verbreitet, in dem als Erläuterung über den Inhalt der »Sechziger-Konferenz« mitgeteilt wurde, die Vereinigung werde »von dem Parteitag für ganz Deutschland beschlossen«, bis dahin blieben »die beiden Parteien selbständig«.[206] Fechner hatte schließlich eine ge-

[200] Ebd., S. 146.

[201] Die letzte Rede am 1. Konferenztag war die von Klingelhöfer mit den scharfen Angriffen.

[202] Mitteilung von Ernst Thape und Gustav Schmidt-Küster an den Verfasser (18. 5. 1983). Über die Anwesenheit sowjetischer Offiziere berichtete Willy Steinkopf bereits am 27. Januar 1946 vertraulich in ›Notizen über die gegenwärtige Lage in Berlin‹ an Erich Rossmann. Vgl. BA Koblenz, NL Rossmann 36, S. 42 f.

[203] Protokoll Gruner-Wilke, Sozialdemokraten im Kampf um die Freiheit, S. 148 f.

[204] Ebd., S. 200.

[205] Siegfried Wiestruk, Die Vereinigung von KPD und SPD in Teltow. Zossen 1964, S. 82; Magda Knäbke, Die Vereinigung von KPD und SPD in Frankfurt (Oder) 1945/46. In: Frankfurter Beiträge zur Geschichte, 5. Frankfurt (Oder) 1978, S. 10; Zur Geschichte des Vereinigungsprozesses, S. 91.

[206] Protokoll Gruner-Wilke, Sozialdemokraten im Kampf um die Freiheit, S. 191.

heime Urabstimmung aller Sozialdemokraten der Sowjetischen Besatzungszone und Berlins über die Frage der Vereinigung vorgeschlagen. Hierbei schaltete sich wiederum die SMAD ein; sie hatte noch im Januar 1946 den ZA nach Karlshorst eingeladen. Dort erklärte Tulpanow, die Absichten des ZA seien wenig hilfreich; er forderte eine rasche Vereinigung.[207]

Für die KPD erklärte Wilhelm Pieck am 20. Januar in Gotha, man werde sich »wahrscheinlich vorerst damit begnügen müssen«, die Vereinigung nur in der Sowjetischen Besatzungszone vorzunehmen.[208] Dagegen wehrte sich der ZA der SPD zwar noch, doch unter diesen Umständen wurde die Stimmung der Berliner SPD-Führer immer pessimistischer. Bei einem Gespräch, das Grotewohl und Dahrendorf am 4. Februar 1946 mit dem Leiter der politischen Abteilung der britischen Militärregierung, Christopher Steel, führten, zeigte sich, daß sie ihre Position für aussichtslos hielten. Grotewohl sagte, sie stünden nicht nur persönlich unter stärkstem Druck, auch ihre Organisation in den Ländern der SBZ sei vollkommen unterwandert. Viele Sozialdemokraten, die bisher Widerstand leisteten, wollten nun »die Sache hinter sich« bringen.[209] Ein Gespräch Grotewohls mit Schumacher am 8. Februar in Braunschweig ergab, daß kein Reichsparteitag möglich war; Schumachers und Grotewohls Auffassungen gingen immer weiter auseinander.[210]

Um die Zwangsvereinigung zu verhindern, schlug Schumacher vor, die SPD in der Ostzone aufzulösen. Er hatte weitblickend vorausgesehen, was dann auf die Sozialdemokraten in der »Einheitspartei« unter sowjetischer Besatzung zukam. Grotewohl beugte sich mit anderen Führern des Zentralausschusses dem Druck der SMAD und den KPD-Angeboten. Da solcher Zwang in den westlichen Besatzungszonen nicht anzuwenden war und die Versprechungen der KPD sich schnell als Betrug erwiesen, konnte sich im Westen rasch die Linie Kurt Schumachers durchsetzen. Die Einheitspartei blieb hier ohne jede Chance.

Am 10. Februar kam der ZA mit den Vertretern der Landesorganisationen der SBZ zusammen; über die turbulente Tagung berichtete Gniffke später: »In der Sitzung am 10. Februar 1946 standen sich zwei Anträge gegenüber: Der Antrag Grotewohl – Fechner: Vereinigung Ostern, und der Antrag Dahrendorf – Gniffke: Vereinigung ja, aber erst zum gegebenen Zeitpunkt als Antrag auf einem gesamtdeutschen Parteitag. Der Antrag Dahrendorf-Gniffke wurde mit einer Stimme Mehrheit angenommen. Daraufhin glaubte man, daß die Sitzung im Tumult untergehen würde. Sie wurde von Max Fechner geleitet. Endlich konnte er die Ruhe wieder herstellen. Die einzelnen Ländervertreter, die vorher geschrien hatten: Wir halten den Druck nicht mehr aus, gaben jetzt, geführt von Buchwitz, Moltmann und Heinrich Hoffmann, die Erklärung ab, daß sie von den Landesverbänden autorisiert seien, sich vom Zentralausschuß loszusagen, um die Vereinigung auf Länderbasis durchzuführen. Die Berliner: Hermann Harnisch und Richard Weimann, gaben die Erklärung ab, daß sie sich bei der Abstimmung geirrt haben. Sie wollten gegen den Antrag Dahrendorf – Gniffke stimmen und haben versehentlich dafür gestimmt. Daraufhin hob Fechner das Abstimmungsergebnis auf und vertagte die Sitzung auf den nächsten Tag. In dieser Sitzung erhielt der Antrag Grotewohl – Fechner die Mehrheit. Grotewohl fuhr daraufhin zum Gewerkschaftskongreß, der gerade tagte, und

[207] Gniffke, Jahre mit Ulbricht, S. 129. Vgl. auch Koch und Müller, Transformationsprozeß, S. 30, Anm. 10.
[208] Zit. in Helmut Leuthold, Gotha. Zur Geschichte der Stadt. Gotha, Leipzig 1975, S. 130.
[209] Abgedruckt in Steiniger, Deutsche Geschichte, Bd. 1, S. 164.
[210] Vgl. Kaden, Einheit oder Freiheit, S. 233 ff.

verkündete dort zusammen mit Ulbricht: Vereinigung Ostern 1946. Die Entscheidung war gefallen.«[211]

Hatte sich damit am 11. Februar 1946 auch der ZA auf die sofortige Vereinigung mit der KPD in der SBZ festgelegt, so gab es doch noch Schwierigkeiten. Schumacher reiste nach Berlin und wandte sich auf einer Pressekonferenz gegen den ZA.[212] Dahrendorf und Germer verließen den ZA, von dem sich auch Klingelhöfer trennte, in der Berliner SPD formierte sich der Widerstand. Doch am 26. Februar beschloß der »Sechziger-Ausschuß«, den Vereinigungsparteitag für Ostern, April 1946, einzuberufen.

Nachdem der Widerstand der Sozialdemokraten in Berlin schon seit längerem belegt war,[213] ist inzwischen auch Quellenmaterial aus den fünf Ländern der SBZ publiziert worden.[214] Daraus läßt sich entnehmen, daß es für die Sozialdemokraten keine Möglichkeit gab, eine breite innerparteiliche Diskussion durchzuführen, um über die Alternative, entweder »sich mit den Kommunisten zu vereinigen oder selbständig zu bleiben«, zu entscheiden.[215]

Die »Rahmenbedingungen, die Macht der SMAD sowie die Diffamierung und Verfolgung von Einheitsgegnern« ließen keinen Spielraum. Es entsprach aber wohl der Meinung vieler Sozialdemokraten, wenn ein SPD-Funktionär in Beeskow öffentlich anmerkte, »... die KPD hat früher nichts getaugt und jetzt erst recht nicht.«[216] Der erweiterte Vorstand der Sozialdemokratie des Kreises Potsdam machte im Februar 1946 auf den »starken Druck von außen« auf die Partei aufmerksam und forderte – wie zahlreiche Gremien der SPD – vergeblich eine Urabstimmung.[217]

Zwang und Druck durch SMAD und KPD waren vielfältig. Sozialdemokraten wurden als »Spalter« und »Saboteure«, sogar als »Faschisten« verunglimpft und verfolgt. Von den sowjetischen Militärkommandanten vorgeladen, erhielten sie strikte »Befehle«. Die Repressalien reichten von der Bedrohung bis zur Verhaftung und sogar Ermordung. Es blieb aber nicht bei Nötigung und Erpressung oder Entzug von Ressourcen, sondern es kam auch zur Unterwanderung der SPD-Parteiorganisation durch Kommunisten, es gab auch Bestechungen, teilweise erfolgten Karriere-Versprechungen der SMAD gegenüber einzelnen Funktionären. Ende Februar 1946 meldete Tulpanow dem ZK der KPdSU: »Die Propagandaverwaltung der SMAD hat in den Betrieben, in den Grundorganisationen beider Arbeiterparteien und in den Gewerkschaftsorganisationen der Stadt Berlin die Arbeit im Hinblick auf die Vereinigung der Kommunistischen und der Sozialdemokratischen Partei und auf den Kampf gegen die Feinde der Einheit verstärkt.«[218]

[211] Erich W. Gniffke, Bericht über die politische Tätigkeit 1945/48. Ms. AdsD, Nachlaß Gniffke. Vgl. auch die ausführlichere Darstellung in Gniffke, Jahre mit Ulbricht, S. 139ff. In späteren Erinnerungen schrieb Fechner, der Antrag Dahrendorf hätte »die Selbstauflösung der SPD« in der SBZ bedeutet. Vgl. Fechner, Zentralausschuß, S. 55.

[212] Neue Zeitung vom 25.2.1946 und Das Volk vom 24.2.1946.

[213] Vgl. vor allem Harold Hurwitz, Demokratie und Antikommunismus in Berlin nach 1945. Bd. 1–4. Köln 1983/1990. Vgl. jetzt auch: Die SED in Berlin. Dokumente zur Vereinigung von KPD und SPD. Bd. 1, bearbeitet und eingleitet von Manfred Teresiak. Berlin 1994.

[214] Andreas Malycha, Auf dem Weg zur SED. Die Sozialdemokratie und die Bildung der Einheitspartei in den Ländern der SBZ. Eine Quellenedition. Bonn 1995.

[215] Ebd., S. IC, CVIII.

[216] Ebd., S. 148.

[217] Ebd., S. 395f.

[218] Bonwetsch u.a., Sowjetische Politik in der SBZ, S. 32.

Die Absicht der Kommunisten während der folgenden Monate, mit Hilfe der SMAD die Sozialdemokraten durch Zwang und Betrug in die neue Einheitspartei zu pressen, geht aus den schriftlich überlieferten, früher geheimen Dokumenten der KPD zwar nur hie und da hervor, dann aber um so drastischer. Beispielsweise wurde am 19. März 1946 angeordnet, eine »Besprechung« mit »40–50 SPD-Funktionären, welche schwanken, zu organisieren«.[219] Das Sekretariat der KPD »beschloß« im März 1946, wie nach der Urabstimmung der Sozialdemokraten in Berlin der »Bezirksparteitag der SPD [sic!] in den Kreisen vorbereitet werden soll, auf dem eine feste Mehrheit für die Vereinigung zu erreichen ist«. In dem Beschluß hieß es sogar: »f. Aus dem Bezirksvorstand der SPD sollen Rüdiger und evtl. zwei weitere Mitglieder ausgeschlossen werden und einige neue Mitglieder in den Vorstand aufgenommen werden, um eine sichere Mehrheit im Bezirksvorstand zu schaffen als Garantie für die Vorbereitung und Durchführung des Bezirksparteitages der SPD.«[220] Wohlgemerkt: Dies beschloß nicht die SPD, sondern die Spitze der KPD. An anderer Stelle vermerkte das Sekretariatsprotokoll vorsichtiger und der Tradition der Unterwanderung entsprechend nebulös: Es wurden »einzelne Maßnahmen erörtert, die in den Kreisen zu treffen sind«.[221]

Die SMAD verhinderte schließlich den letzten Versuch, die Vereinigung durch eine Urabstimmung in ganz Berlin zu bremsen. Vier Ostberliner Bezirke der SPD hatten sich wie die Westberliner Bezirke für eine Urabstimmung ausgesprochen, doch wurden in Berlin-Mitte, Pankow, Prenzlauer Berg und Lichtenberg die Wahllokale eine halbe Stunde nach Öffnung von sowjetischem Militär geschlossen, so daß die Abstimmung nur in West-Berlin möglich war.[222] Von den 32 547 Westberliner SPD-Mitgliedern (nach DDR-Angaben 39 716)[223] beteiligten sich am 31. März 1946 an der Abstimmung 23 755 (72,9 Prozent). Gegen eine Vereinigung wandten sich 19 529 (82 Prozent), dafür waren 2 937 (12 Prozent). Von den Abstimmenden sprachen sich jedoch 14 763 (62 Prozent) für eine Zusammenarbeit mit der KPD aus, dagegen waren 5 559 (23 Prozent).[224] In der Sowjetischen Besatzungszone erhielten die SPD-Mitglieder keine Möglichkeit, eine Urabstimmung durchzuführen. Mit verschiedenen ideologischen Kompromissen versuchte die KPD, die Einschmelzung der Sozialdemokraten zu erleichtern. Vor allem die von Anton Ackermann propagierten Thesen vom »besonderen deutschen Weg« und vom »demokratischen Weg« zum Sozialismus, die weithin als Distanzierung von der stalinistischen Praxis der UdSSR verstanden wurden, dienten nun als programmatische Grundlage für die neue Einheitspartei. Diese Theorie lag einmal auf der Linie Moskaus, die damals allen kommunistischen Parteien gestattete, vom »unterschiedlichen« und »friedlichen« Weg zum Sozialismus zu reden. Zum anderen hofften viele deutsche Funktionäre, mit diesem Kurs tatsächlich einen »eigenen Weg« einschlagen zu können.[225]

[219] Dokumente zur Geschichte der Kommunistischen Bewegung, Bd. 1, S. 190.

[220] Ebd., S. 198.

[221] Ebd., S. 204.

[222] Vgl. dazu Protokoll Gruner-Wilke, Sozialdemokraten im Kampf um die Freiheit, S. 9f.

[223] Die SED kam zur gleichen Berechnung wie 1945 der ZA. Sie ging von 39 716 Mitgliedern aus und leitete davon ab, weniger als die Hälfte der SPD-Mitglieder (d.h. die 19 526, die gegen die Verschmelzung stimmten) sei gegen die Vereinigung gewesen. Vgl. Benser, »Zwangsvereinigung«, S. 206.

[224] Vgl. zur Abstimmung Kaden, Einheit oder Freiheit, S. 256. Vgl. auch Tagesspiegel und Der Berliner vom 2. 4. 1946 sowie Telegraph, Nr. 33 vom 3. 4. 1946 (dort ist von 33 247 Mitgliedern die Rede).

[225] Zum »deutschen Weg« zum Sozialismus vgl. Dietrich Staritz, Ein »besonderer deutscher Weg« zum Sozialismus. Aus Politik und Zeitgeschichte, Beilage zur Wochenzeitung Das Parlament, B 51/52 (1982).

Freilich ließen die KPD-Führer, nachdem der Zusammenschluß vereinbart war, ihre wahren Ziele schon erkennen. So sagte Pieck auf dem letzten Bezirksparteitag der Berliner KPD am 13. April 1946, die KPD habe immer eine richtige Politik, einen »gradlinigen Kurs«, mit »eiserner Konsequenz geführt, und darin unterscheiden wir uns von allen anderen Parteien«. Neben diesen Anklängen an die These »die Partei hat immer recht«, erklärte Pieck sogar, man werde in die neue Partei »alles Gute aus unserer Vergangenheit, vor allem unsere marxistisch-leninistische Schulung« und die »Disziplin einer Kampfpartei« übernehmen.[226]

Solche Töne waren indes kein Einzelfall. Auf dem letzten Bezirksparteitag der KPD Sachsen am 6. April 1946 sagte Hermann Matern in seiner (erst 1976 veröffentlichten) Rede, die SED werde eine »Weiterentwicklung« der KPD sein, und die Kommunisten würden »unsere ganze Tradition, unsere ganze Erfahrung, unsere engste Verbundenheit mit hinein in die SED« nehmen.[227] Und auf dem sächsischen Vereinigungsparteitag forderte Wilhelm Koenen sogar, der »demokratische Zentralismus, wie ihn uns Lenin gelehrt hat« ebenso wie das »leninistische Prinzip, Selbstkritik zu üben«, müßten in der SED »Allgemeingut« werden.[228] Gerade solche klaren Aussagen deuteten die Pläne der Kommunisten an, doch wurden sie völlig überdeckt vom lautstarken Bekenntnis zur Einheit auf einer neuen Basis.

Auf dem 15. KPD-Parteitag, der am 19. und 20. April 1946 in Berlin stattfand, hielt Ulbricht das Hauptreferat. Die 519 Delegierten (darunter 130 aus Westdeutschland) diskutierten vor allem über die Frage des Zusammenschlusses mit der SPD. Dahlem gab bekannt, daß die KPD in der Ostzone mehr als 600 000 Mitglieder zähle. (Tatsächlich hatte sie ohne Berlin nur 525 000 gegenüber 655 000 der SPD.)[229] Noch einmal erhielten die kommunistischen Parteiorganisationen Anweisungen für die Arbeit in der neuen SED.[230] Zur gleichen Zeit versammelte sich (ebenfalls in Berlin) der letzte Parteitag der SPD in der SBZ. Sie war mit (einschließlich Berlin) 681 500 Mitgliedern stärker als die KPD. Zum Streit kam es über die Forderung der KPD, die neue Einheitspartei auf der Grundlage von Betriebsgruppen aufzubauen. Dieses Ansinnen lehnten viele Delegierte ab, doch die Vereinigung bejahte der Parteitag einstimmig.[231]

Bei der Wahl der 40 SPD-Mitglieder für den SED-Parteivorstand wurden allerdings 21 von 472 Stimmen als »ungültig« registriert, Beispiel für den Protest einer Minderheit.[232] Durch das Herausheben einer Reihe von Veteranen, die früher auf dem rechten SPD-Flügel gestanden hatten, wie Eugen Ernst und Georg Schöpf-

[226] Einstimmig beschlossen: SED Groß-Berlin. Die Bildung der SED in der Hauptstadt Deutschlands. Berlin o.J. (1946), S. 18.

[227] Die »Auswahl der bisher unveröffentlichten Reden« von Matern in: Jahrbuch 1976 zur Geschichte Dresdens. Dresden o.J., S. 31 f.

[228] Volksstimme, Organ der SED, Bundesland Sachsen, Nr. 82 vom 10.4.1946. In Jahrbuch, ebd., S. 43 wird fälschlich geschrieben, die Rede Koenens sei ebenfalls »bisher unveröffentlicht« gewesen.

[229] Vgl. dazu Weber, Die deutschen Kommunisten 1945, S. 27, Anm. 29.

[230] Bericht vom 15. Parteitag der Kommunistischen Partei Deutschlands. Berlin 1946, S. 60ff.

[231] 40. Parteitag der Sozialdemokratischen Partei Deutschlands. Berlin 1946, S. 82, 106ff., 129.

[232] Ebd., S. 129. Zwischen den im »Protokoll« (40. Parteitag, ebd.) erwähnten und den auf dem »Stimmzettel« befindlichen Namen bestehen Differenzen, so sind im »Protokoll«, aber nicht auf dem »Stimmzettel« genannt: Ernst Heilmann – Kiel, Gottlieb Teichert – Essen und Gustav Müller – Rheinland; auf dem »Stimmzettel für die Wahl des Parteivorstandes der Sozialistischen Einheitspartei Deutschlands (Paritätischer Anteil der SPD), 40 Namen« stehen hingegen: Werner, Wasserkante, Walter, Ruhrgebiet und Gustav, Rheinland (»Stimmzettel« im Privatarchiv Hermann Weber).

lin (der auch für die Veteranen sprach)[233], sollte die Tradition der Partei betont werden.

Am 21. und 22. April 1946 trat der »Vereinigungsparteitag« von KPD (507 Delegierte) und SPD (548 Delegierte) zur Sozialistischen Einheitspartei Deutschlands zusammen. Dieser Parteitag sollte demonstrieren, daß die SPD der Vereinigung »freiwillig« zugestimmt hatte und daß die SED keinesfalls eine Fortsetzung der KPD sein werde. Dementsprechend leitete Otto Grotewohl den Parteitag mit den Worten ein: »Als wir beide eben auf diese Bühne kamen, wurde mir die symbolische Bedeutung dieses Aktes klar: Wilhelm Pieck kam von links, und ich kam von rechts. (Beifall). Wir kamen beide, um uns in der Mitte zu treffen.«[234] Wilhelm Pieck behauptete auch, die SED werde keinesfalls die »Diktatur des Einparteiensystems aufrichten.[235] Und Walter Ulbricht charakterisierte den Zusammenschluß nicht nur als »einfache Vereinigung« von Sozialdemokraten und Kommunisten, sondern als »Neugeburt der deutschen Arbeiterbewegung«.[236]

Die vom Parteitag verabschiedeten »Grundsätze und Ziele« der SED, als programmatische Aussage mit gemäßigten Gegenwartsforderungen und sozialistischem Endziel, betonten auch den besonderen Charakter der Partei: Die SED »kämpft als unabhängige Partei in ihrem Lande für die wahren nationalen Interessen ihres Volkes. Als deutsche sozialistische Partei ist sie die fortschrittlichste und beste nationale Kraft, die … für die wirtschaftliche, kulturelle und politische Einheit Deutschlands eintritt.«[237] Versprochen wurde auch eine breite innerparteiliche Demokratie, danach sollte »das Gesetz des gesamten innerparteilichen Lebens« die »Parteidemokratie sein«.[238]

In der Tat zeigte die neugegründete SED einige wesentliche Unterschiede gegenüber herkömmlichen kommunistischen Parteien. Sie war keine Kader-, sondern eine Massenpartei. Zu den rund 600 000 Kommunisten und 680 000 Sozialdemokraten stießen zahlreiche neue Mitglieder, bis Mitte 1948 zählte die SED (bei 19 Millionen Einwohnern der SBZ) fast 2 Millionen Mitglieder, damit waren etwa 16 Prozent aller Erwachsenen in der Einheitspartei organisiert. Nach den Statuten mußten alle Funktionen in der Partei paritätisch mit früheren Kommunisten und Sozialdemokraten besetzt werden, letztere erhielten zumindest formal noch erheblichen Einfluß. Die Spitzenführung der SED, das Zentralsekretariat, bildeten sieben Kommunisten (Ackermann, Dahlem, Matern, Merker, Pieck, Elli Schmidt und Ulbricht) und ebenso viele Sozialdemokraten (Fechner, Gniffke, Grotewohl, Karsten, Käthe Kern, Lehmann und Meier).

233 40. Parteitag, S. 19, 124 ff. Allerdings hatte Georg Schöpflin in einem Brief vom 20. Februar 1946 an Erich Rossmann (dem er vertraulich Material über die Sechziger-Konferenz schickte) sich sehr kritisch über die Vereinigung ausgesprochen (BA Koblenz, NL Rossmann 36, S. 31). In mehreren Gesprächen mit dem Verfasser ließ Schöpflin noch im November 1952 diese Kritik durchblicken.

234 Protokoll des Vereinigungsparteitages von SPD und KPD. Berlin 1946, S. 12.

235 Ebd., S. 19. Schon auf dem Vereinigungsparteitag der SED Groß-Berlin am 14. April 1946 hatte Pieck die These, die SED wolle zu einem »Einparteien-System kommen«, als »dummes Geschwätz« bezeichnet und die beiden anderen Parteien beruhigt: »Sie können ohne Sorge sein: eine solche Absicht besteht bei uns nicht.« Einstimmig beschlossen, S. 35.

236 Protokoll Vereinigungsparteitag, S. 161.

237 Ebd., S. 179 f.

238 So Pieck auf dem 15. Parteitag der KPD; vgl. Wilhelm Pieck, Reden und Aufsätze. Auswahlband. Berlin 1948, S. 143.

Bei ihrer Gründung übernahm die SED nicht das sowjetische Modell, sondern legte Wert auf ihren deutschen Charakter, und sie bekannte sich zwar ausdrücklich zum Marxismus, aber nicht zum Leninismus. In der Praxis setzte die SED freilich die Politik der KPD fort, denn wie diese war sie der verlängerte Arm der sowjetischen Besatzungsmacht.

Die Sozialdemokraten – einerlei, ob mit Zwang in die neue Partei überführt, ob beigetreten, weil jede Alternative fehlte, oder gar im Glauben an die »notwendige Einheit« freiwillig zur SED gekommen – waren seitdem in der Sowjetzone und später in der DDR ohne politische Heimat. Ihnen blieb nur, entweder zu den Kommunisten überzulaufen, oder aber vor dem stalinistischen Terror zu flüchten. Viele überzeugte Sozialdemokraten wurden verfolgt, politisch und juristisch gemaßregelt, gerieten in die Zuchthäuser des SED-Regimes, wo nicht wenige sogar starben.[239]

Zunächst wurden diejenigen Sozialdemokraten verfolgt, die für die Freiheit der SPD und gegen die Zwangsvereinigung eintraten, aber bald auch solche Funktionäre, die sozialdemokratische Traditionen auch innerhalb der »Einheitspartei« bewahren wollten. Alle freiheitlichen Ideen der Arbeiterbewegung nach Emanzipation und demokratischer Selbstbestimmung in einer solidarischen Gesellschaft wurden unter der SED-Diktatur als »Sozialdemokratismus« verdammt und kriminalisiert. Die 1. Parteikonferenz der SED im Januar 1949, ein Markstein der Stalinisierung der Partei, befahl, einen »schonungslosen Kampf gegen alle opportunistischen Einflüsse« zu führen. Vor allem sei das »Eindringen von Spionen« des »Ostbüros Schumachers« in die SED zu verhindern.[240] Im März 1949 mußte der Parteivorstand aber registrieren, daß der »Kampf gegen den Sozialdemokratismus als opportunistische Ideologie« bisher nur »ungenügend geführt« worden sei.[241] Daraufhin verschärfte die SED den »Kampf gegen den Sozialdemokratismus«. Die Gründung der SED im April 1946 bedeutete einen Wendepunkt in der Entwicklung des Parteiensystems: Es war zugunsten der Kommunisten radikal verändert worden.

Der Kampf der SED um die Hegemonie im Parteiensystem

Die SED war 1946 die mitgliederstärkste deutsche Partei; nicht zuletzt daraus leitete sie einen Führungsanspruch im Parteiensystem ab. Durch die Einschmelzung der SPD schien es außerdem so, als sei die SED nun die »einheitliche Arbeiterpartei« und damit Repräsentant der übergroßen Mehrheit der Bevölkerung, nämlich der Arbeitnehmer.

Ihren Hegemonieanspruch versuchte die SED zunächst intern ihren Funktionären zu vermitteln. Bereits auf der 2. Tagung des Parteivorstandes der SED am 14./15. Mai 1946 betonte Franz Dahlem (in einer damals allerdings nicht veröffentlichten Rede), der SED als »staatsaufbauender Partei« gehöre »als Partei der Arbeiterklasse die Führung beim demokratischen Neuaufbau Deutschlands auf allen Ge-

[239] Vgl. Bouvier, Ausgeschaltet; Karl Wilhelm Fricke, Warten auf Gerechtigkeit. Kommunistische Säuberungen und Rehabilitierungen. Köln 1971; Harold Hurwitz, Die Stalinisierung der SED. Zum Verlust von Freiräumen und sozialdemokratischer Identität in den Vorständen 1946–1949. Opladen 1997.

[240] Die nächsten Aufgaben der SED. In: Dokumente der SED, Berlin (Ost) 1952, Bd. 2, S. 196.

[241] Ebd., S. 229.

bieten: in der Politik, der Selbstverwaltung, der Wirtschaft und in der kulturellen Entwicklung des Landes«.[242]

Diesen Anspruch hoffte die SED durch einen Sieg bei den für Herbst 1946 vorgesehenen Wahlen legitimieren zu können. Die Ergebnisse der Kreistagswahlen in der amerikanischen Zone kurz nach der SED-Gründung konnten für die Einheitspartei freilich kein gutes Omen sein: die CDU erhielt 1,7 Millionen, die SPD 936 000 und die KPD nur 171 000 Stimmen.[243]

Die SED unterstrich nun verstärkt ihr Eintreten für die »antifaschistisch-demokratische parlamentarische Republik« und warnte vor dem »nazistischen Ungeist«, der noch lebe.[244] Offensichtlich wollte die Partei den antifaschistischen Konsens erneuern und sich daraus Vorteile verschaffen. Doch während die SED nach außen vor allem ihren Charakter als deutsche Partei unterstrich und weiterhin den Marxismus (und nicht den »Marxismus-Leninismus«) als ihre Ideologie propagierte, drängten die Kommunisten in der SED schon sehr früh auf eine »leninistische« Schulung in der neugeschaffenen Partei. Die erste zentrale Arbeitstagung der SED vom 6. bis 8. Juni 1946 (über die damals kaum berichtet wurde)[245] setzte hier deutliche Zeichen. Vor den Mitgliedern des Parteivorstandes, den Referenten einiger PV-Abteilungen, den Chefredakteuren aller SED-Zeitungen und Mitgliedern der Landesvorstände (insgesamt etwa 80 Personen) verlangte Anton Ackermann, auch grundlegende Werke von Lenin und Stalin in die Schulungsarbeit einzubeziehen.[246]

So benutzten die Kommunisten die rasch systematisch aufgebaute Schulung der SED-Mitglieder und Funktionäre, um anhand verschiedener Thesen von Lenin und Stalin die aktuelle Politik zu akzentuieren. Dies konnte natürlich den beiden anderen Parteien der Sowjetischen Besatzungszone nicht verborgen bleiben. Sie bemühten sich daher, ihre Organisationen in Konkurrenz zur SED weiter auszubauen[247] und ihre gesamtdeutschen Kontakte zu verbessern. So mußte die SED in der ersten Jahreshälfte 1946 befürchten, daß vor allem die LDP unter Führung von Külz Masseneinfluß gewann, in der zweiten Jahreshälfte 1946 entwickelte sich dann die CDU unter Führung von Kaiser zum gefährlichsten Kontrahenten der SED.

Nachdem Külz von der 1. Delegiertenkonferenz in Weimar im Februar 1946 einstimmig als Vorsitzender der LDP bestätigt worden war[248], versuchte er, die Partei

[242] Zitiert in: Beiträge zur Geschichte der Arbeiterbewegung 25 (1983), S. 562. Auf dem letzten KPD-Parteitag formulierte Dahlem noch vorsichtiger, die SED werde »zur führenden Kraft in Politik, Wirtschaft und kulturellem Leben dieses Teils Deutschlands«, sprach aber auch schon von der SED als »führender Staatspartei«. Bericht 15. Parteitag, S. 71. Vgl. auch Franz Dahlem, Ausgewählte Reden und Aufsätze 1919–1979. Berlin (Ost) 1980, S. 295.

[243] Vgl. Neues Deutschland, Nr. 7 vom 30. 4. 1946. Bei den ersten Gemeindewahlen in der US-Zone im Januar hatte die KPD freilich noch schlechter abgeschnitten.

[244] Neues Deutschland, Nr. 13 vom 8. 5. 1946

[245] Vgl. die kurze Meldung in Neues Deutschland, Nr. 41 vom 12. 6. 1946.

[246] Über die Konferenz wurde erstmals ausführlich 1983 berichtet, vgl. Beiträge zur Geschichte der Arbeiterbewegung 25 (1983) S. 561 ff.

[247] Die CDU hatte schon im Februar 1946 beschlossen, jedes Parteimitglied sei verpflichtet, »ein weiteres Mitglied zu werben«. Protokoll der Sitzung des Erw. Vorstandes vom 13. 2. 1946. BA Koblenz, NL Kaiser 1934. Vgl. zur Entwicklung von CDU und LDP, Siegfried Suckut und Horst Dähn. In: SBZ-Handbuch, S. 515 ff., 544 ff.; Jürgen Frölich (Hrsg.), »Bürgerliche Parteien in der SBZ/DDR. Köln 1995; zur Entwicklung des Parteiensystems vgl. Werner Müller, Entstehung und Transformation des Parteiensystems der SBZ/DDR 1945–1950. In: Materialien der Enquete-Kommission, Bd. II, 4, S. 2327 ff.; Michael Richter, Parteiensystem 1945–1950. In: Ebd., S. 2509 ff.

[248] Thüringer Landeszeitung, Organ der LDP, Nr. 18 vom 7. 2. 1946. Mitglieder des »Reichsparteivorstandes« wurden u. a. Lieutenant, Schiffer, Prof. Eick und Frau Schirmer-Pröscher.

in einer Reihe von Großveranstaltungen zu profilieren. Külz betonte, seine Partei, die LDP, sei Garant der Entwicklung des Rechtsstaates (er verwies dabei auf Schiffers Rolle als Chef der Zentralverwaltung der Justiz), und verlangte vor allem die Beibehaltung des Berufsbeamtentums. Ebenso trat er strikt national auf und sagte: »Ich kenne nur ein Vaterland und das heißt Deutschland.«[249] Er scheute sich aber auch nicht, das Problem der »kleinen PG«, der Mitläufer der NSDAP, anzusprechen. In zahlreichen großen Versammlungen in Sachsen, Thüringen und Mecklenburg im Frühjahr 1946 forderte Külz die Einheit Deutschlands und erklärte dabei in Veranstaltungen in Frankfurt am Main und Nürnberg den »zum Separatismus neigenden Föderalismus zum Todfeind Deutschlands«.[250] Bei dieser politischen Linie, die offensichtlich auf Resonanz in der Bevölkerung stieß, befürchtete die SED, daß ihr die LDP (einerseits durch Abgrenzung von SED-Thesen und andererseits durch deren Übernahme, z. B. die Betonung der Einheit Deutschlands) gefährlich werden könne. Die LDP unter Külz bekam wegen der Religionsfrage allerdings auch Streit mit der CDU.[251] Und schließlich kooperierte Külz stark mit der SMAD, wobei er sogar so weit ging, die Sowjetische Besatzungszone als die »liberalste Zone« zu bezeichnen.[252]

Da Külz auch die angeblich »irreführenden« Behauptungen vom »Totalitätsanspruch der SED« zurückwies[253], zeigte sich schon Mitte 1946, daß die LDP einen Mittelweg zwischen Ablehnung und Anpassung versuchte, der letztlich ihre Chancen verminderte.[254]

Unter diesen Umständen rückte Mitte 1946 (und insbesondere nach den unerwarteten Wahlerfolgen der Partei im Herbst 1946) die CDU, die inzwischen unter Führung von Kaiser und Lemmer die Krise der Partei um die Jahreswende 1945/46 überwunden hatte, zum »Hauptfeind« der SED auf.

Mit der Losung eines »Sozialismus aus christlicher Verantwortung« trat die CDU der SED entgegen. Im Februar 1946 hatte Kaiser programmatisch erklärt: »Wir verlangen nicht nur als Christen, sondern auch als Demokraten eine gesunde sozialistische Ordnung. Wir können nicht der Auffassung zustimmen, daß die Idee einer Demokratie sich in dem Ideal eines formalen Abstimmungsmechanismus erschöpfe. Es genügt nicht, daß jeder Deutsche gleiches Stimmrecht hat. Es muß auch jeder Staatsbürger die gleiche Chance haben, wirklich an der politischen Willensbildung seines Volkes teilzunehmen. Davon kann aber so lange keine Rede sein, als innerhalb des Volkes Leute vorhanden sind, die auf Grund privatrechtlicher Titel, kraft

[249] Thüringer Landeszeitung, Nr. 15 vom 2. 2. 1946, Sächsisches Tageblatt, Organ der LDP, Landesverband Sachsen, Nr. 217 vom 4. 4. 1946.

[250] Nachtexpreß (Berlin), Nr. 103 vom 6. 5. 1946; Nürnberger Nachrichten vom 8. 5. 1946. Vgl. auch BA, Koblenz, NL Külz 147.

[251] Külz trat klar für die Trennung von Staat und Kirche ein, die CDU griff ihn wegen seines »armseligen« Religionsbegriffs an (Neue Zeit, Nr. 37 vom 14. 2. 1946). Die LDP-Zeitung Der Morgen, Nr. 39 vom 16. 2. 1946 antwortete: »Polemik? – Bitte!« Vgl. auch Berliner Zeitung, Nr. 45 vom 23. 2. 1946. Wohl auch wegen dieses Konflikts wandte sich noch im September 1946 Nuschke vor dem CDU-Vorstand »gegen jeden Gedanken einer Blockpolitik der Union mit der LDP« (d. h. gegen die SED). Vgl. Protokoll über die Vorstandssitzung am 17. 9. 1946. BA Koblenz, NL Kaiser 134.

[252] Tagesspiegel, Nr. 119 vom 23. 5. 1946.

[253] Sächsisches Tageblatt, Nr. 37 vom 14. 5. 1946.

[254] Vgl. dazu Ekkehart Krippendorff, Die Liberal-Demokratische Partei Deutschlands in der Sowjetischen Besatzungszone 1945/48. Entstehung, Struktur, Politik. Düsseldorf o. J. (1961) Vgl. auch Itzerott, Die Liberal-Demokratische Partei Deutschlands. In: Weber, Parteiensystem, S. 179 ff.; Dähn, LDP. In: SBZ-Handbuch, S. 544 ff.

eigener Besitzvollkommenheit überragende wirtschaftliche Machtstellungen innehaben.«[255]

Diese Vorstellungen Kaisers prägten die CDU. Auf ihrem 1. Parteitag (15.–17. Juni 1946 in Berlin) wählte die Ostzonen-CDU Jakob Kaiser zum 1. Vorsitzenden, Ernst Lemmer zum 2., Reinhold Lobedanz zum 3. und Leo Herwegen zum 4. Vorsitzenden. Auf dem Parteitag trat Kaiser für einen »christlichen Sozialismus« ein. In der Entschließung bekannte sich der Parteitag zum »Sozialismus aus christlicher Verantwortung«. Kaiser forderte auch, Deutschland habe »Brücke zu sein zwischen Ost und West, um Deutschlands, um Europas willen«. Ernst Lemmer betonte, die Partei stehe weder links noch rechts, ihr Ziel sei die Demokratie.[256]

Da die CDU in Westdeutschland bei den Wahlen große Erfolge erzielte und sich als Volkspartei profilieren konnte, erstrebte die Union auch in der Ostzone ähnliche Wahlergebnisse. Sie führte einen harten Wahlkampf und zwang dadurch die SED, auch zum Verhältnis »Christentum oder Marxismus« Stellung nehmen zu müssen. Die SED griff dabei den »christlichen Sozialismus« der CDU an: »Allerdings, was die CDU als ›christlichen Sozialismus‹ vertritt, das ist nicht jene Umgestaltung der Gesellschaft, wie sie die SED, gestützt auf die Erkenntnisse des wissenschaftlichen Sozialismus, fordert. Dieser ›christliche Sozialismus‹ will nicht die Gesellschaftsordnung ändern; er beseitigt nicht die Ursachen der schweren sozialen Übelstände und diese selbst, sondern er will sie nur mildern. Er ist als Schlagwort ebenso irreführend wie der von der CDU konstruierte Gegensatz zwischen Christentum oder Marxismus.«[257]

Die CDU-Führung hatte sich bereits im Juli 1946 mit der Vorbereitung der Gemeindewahlen befaßt. Dabei verlangte sie von ihren Anhängern einen sachlichen Wahlkampf, verwies aber selbstbewußt darauf, die Union habe in Süddeutschland »bereits ihre Stärke durch Wahlentscheidungen unter Beweis gestellt, die anderen Parteien wollen einen solchen Nachweis erst führen«.[258]

Die SED ihrerseits sah in den Gemeindewahlen eine »Kraftprobe«, um den »bisher errungenen Fortschritt« zu sichern, wobei nach den Worten des SED-Kaderchefs Franz Dahlem die Stalinsche Devise »Die Kader entscheiden alles« für die Lösung der SED-Aufgaben bestimmend sei.[259] Der Parteivorstand der SED gab eigens ein ›Handbuch zur Durchführung der Gemeindewahlen 1946‹ heraus, in dem neben dem Aufruf und dem Gemeindewahlprogramm der SED auch ein Rundschreiben des Zentralsekretariats und Anmerkungen der kommunalpolitischen Abteilung veröffentlicht wurden. Zwar erklärte die SED, ihr Wahlkampf werde sich nicht gegen »die anderen Parteien, sondern gegen den Nazismus und die wiedererstarkende Reaktion« richten,[260] dennoch kam es im Wahlkampf zu heftigen Auseinandersetzungen.

[255] Der soziale Staat. Hrsg. CDU. Berlin o.J. (1946), S. 13.

[256] Deutschland und die Union. Die Berliner Tagung 1946. Berlin 1946, S. 9ff., 17, 30ff., 136. Vgl. auch Berliner Tagung der Union, 15. bis 17. Juni 1946. Die Entschließungen. Berlin o.J. (1946), S. 2ff. Vgl. auch Suckut, Zum Wandel, S. 120ff.

[257] Dabei erklärte die SED sogar, der »christliche Glauben und die Zugehörigkeit zu einer Religionsgemeinschaft sind kein Hinderungsgrund … für die Mitgliedschaft in der marxistischen Partei«. Flugblatt (Privatarchiv Hermann Weber). Vgl. Weber, Der deutsche Kommunismus, S. 461.

[258] Protokoll der Vorstandssitzung am 26. Juli 1946. Anhang: Vorschläge für die Kommunalwahlen. BA Koblenz, NL Kaiser 134.

[259] Franz Dahlem, Der neue Typus des Funktionärs der SED. Einheit 1 (1946) Heft 4, S. 199.

[260] Handbuch zur Durchführung der Gemeindewahlen 1946. Hrsg. vom Parteivorstand der SED. Berlin 1946, S. 28. Für die späteren Berliner Wahlen gab der PV ein eigenes Handbuch »Ausgabe Groß-Berlin« heraus.

Die Wahlen von 1946 in der Sowjetischen Besatzungszone

Die ersten Wahlen fanden am 1. September 1946 in Sachsen statt. In diesem Land, in dem traditionell die Arbeiterparteien einen Vorsprung hatten, waren die Ausgangsbedingungen bei den Gemeindewahlen für die SED daher besonders günstig. Es durften nur lizenzierte Ortsverbände der Parteien und Massenorganisationen Listen aufstellen; indessen hatte die Besatzungsmacht die Registrierung der LDP- und CDU-Ortsgruppen verzögert (die CDU war bis dahin nur in 593 von 2 402 Orten zugelassen). Auch bei der Papierzuteilung wurde die SED bevorzugt, ihre Presse hatte erheblich größere Auflagen. Den Gemeindewahlkampf führte die SED mit den Losungen »Einheit, Demokratie, Sozialismus«. »Das Wichtigste und Größte, das wir heute erhalten und bewahren müssen, ist die nationale Einheit des deutschen Volkes. Darum kämpft die SED gegen alle Pläne, die auf eine Zersplitterung Deutschlands abzielen. Wir wollen einen deutschen Einheitsstaat mit dezentralisierter Verwaltung in den Ländern und weitgehender demokratischer Selbstverwaltung der Gemeinden! Der neue Staat muß ein demokratischer Staat sein! ... Sozialismus heißt Vereinigung freier Werktätiger, die im Besitze der Produktionsmittel sind und sie zum Wohle aller anwenden! Erst wenn die Ausbeutung beseitigt ist, kann von der Freiheit und Würde der Persönlichkeit auch des Arbeiters die Rede sein! Diesen Sozialismus wollen wir auf friedlichem Wege erreichen. Die Reaktion muß daran gehindert werden, staatliche Machtmittel dagegen anzuwenden. Dazu ist nötig, daß in die Gemeindevertretungen nur solche Männer und Frauen gewählt werden, die sich eindeutig für den Sozialismus erklären. Das sind die Kandidaten der Sozialistischen Einheitspartei. Sie sichern die nationale Einheit, den demokratischen Aufbau und den friedlichen Weg zum Sozialismus«.[261]

Wie stark das Parteiensystem im Wahlkampf von der SMAD dirigiert wurde, zeigen die früher verschlossenen Archivalien. Jetzt ist durch Aktenauswertung nachzuweisen, wie stark CDU und LDP benachteiligt wurden. Aber selbst die SED war »gleichfalls lediglich Objekt sowjetischer Politik«.[262] Auch sie bekam in den einzelnen Phasen des Wahlkampfes ihre Politik von der SMAD genau vorgeschrieben.

Die SED-Führung ordnete an, ihre Kandidatenlisten zum »Spiegelbild aller Gruppen des gesamten werktätigen Volkes« zu machen und darauf zu achten, daß »eine paritätische Zusammensetzung – ohne Schema – nach der früheren Zugehörigkeit zur SPD und KPD erfolgt«.[263] Den Wahlkampf wollte die SED zwar so führen, daß die Voraussetzungen für die »Zusammenarbeit im Einheitsblock« nicht verschüttet würden. Doch da die SED erhebliche Vorteile genoß, war dies schwer zu praktizieren. Immerhin konnte sich die Bevölkerung noch zwischen verschiedenen Parteien entscheiden: von 3,5 Millionen Wahlberechtigten beteiligten sich 3,2 Millionen; 326 000 Stimmen waren ungültig (die Berliner SPD hatte aufgerufen, ungültig zu stimmen). Die SED erhielt mit 1,6 Millionen Stimmen über 53 Prozent, die LDP kam auf 671 000 (22 Prozent) und die CDU auf 655 000 (21 Prozent); der Rest verteilte sich auf Bauernhilfe, Frauenausschüsse usw. Die SED setzte sich zwar als stärkste Partei durch, aber in Städten wie Dresden, Leipzig, Zwickau, Plauen, Bautzen usw. erhielten LDP und CDU zusammen mehr Stimmen als die SED.

[261] Flugblatt ›Wähler und Wählerinnen‹ (Privatarchiv Hermann Weber).

[262] Stefan Creuzberger, Die sowjetische Besatzungsmacht und das politische System der SBZ. Weimar 1996, S. 181.

[263] Handbuch zur Durchführung der Gemeindewahlen, S. 40.

Die Gemeindewahlen in Thüringen und Sachsen-Anhalt, die am 9. September folgten, brachten ein ähnliches Ergebnis. Auch hier reichte es für die SED in den meisten Städten nicht zur absoluten Mehrheit. Bei den Gemeindewahlen in Brandenburg und Mecklenburg am 15. September erzielte die SED einen höheren Anteil (60 Prozent bzw. 69 Prozent), da hier LDP und CDU erst wenige Ortsverbände hatten.

Die Gemeindewahlen hatten der SED insgesamt zwar ein gutes Resultat gebracht, aber die Führung machte sich keine Illusionen; sie wußte, daß es »nicht der wirklichen Stimmung entsprach, sondern unseren politischen und materiellen Vorteilen zu verdanken war«.[264] Die SED-Führung zog aus dem Wahlergebnis den Schluß, ihre Partei habe sich vor allem nicht genügend von der LDP abgegrenzt.[265] Daher wurde in einer Rededisposition zum Landtagswahlkampf in Thüringen z. B. den SED-Referenten folgende Argumentation vorgegeben: »Die LDP ist zum Vorkämpfer des kapitalistischen Privateigentums geworden ... Das Geschrei der LDP über die Sicherung des Privateigentums bedeutet nichts anderes als der berüchtigte Ruf: ›Haltet den Dieb‹. Die Monopolherren sind die schlimmsten Feinde des Kleinbesitzes ... Die SED schützt das Kleineigentum. Wir haben es durch die Praxis dieses Jahres bewiesen. Wir haben in Thüringen 50 000 Bauern neuen Besitz gegeben. Wir haben dem Handwerk die stärkste Unterstützung zuteil werden lassen. Die LDP hilft durch ihre Politik nicht den Kleinen, sondern nur den Großkapitalisten.«[266]

Ulbricht signalisierte für die Strategie und Taktik der SED bereits Änderungen der Blockpolitik, diese sollte nicht nur mit der CDU und LDP praktiziert, sondern auch auf die Massenorganisationen, FDGB, FDJ usw. ausgedehnt werden. Die CDU war »angesichts der politischen Voraussetzungen« mit dem Stimmenergebnis zufrieden, und wie alle Parteien setzte sie nun verstärkt auf den Kampf um Erfolge bei den Kreistags- und Landtagswahlen.[267]

Auf der Sitzung des zentralen »Block«-Ausschusses kam es am 24. September wegen des Gemeindewahlkampfs zu heftigen Diskussionen. Jakob Kaiser erklärte, »der Wahlkampf sei bis jetzt so schlimm wie möglich gewesen und leider seien auch die Besatzungsmächte nicht objektiv gewesen«. Er brachte Beispiele der Behinderung der CDU »in der Flugblattverteilung, durch Verdächtigungen, Verhaftungen usw.«. Er wandte sich gegen die Behauptung, seine Partei habe Nazis aufgenommen; so habe die LDP in Thüringen acht Prozent »rehabilitierte PGs«, die CDU zehn Prozent, »die SED habe leider einen Einblick abgelehnt«. Er verlangte, die SMAD solle allen Parteien beim kommenden Wahlkampf gleiche Chancen geben. Pieck und Külz waren dagegen, »Vergangenes aufzurollen«, doch ging die Diskussion weiter, wie das Protokoll zeigt: »Herr Kaiser betont noch einmal den Ernst der Situation. Die Demokratie sei nicht gewahrt, wenn nicht auch seine Partei und die LDP die volle Freiheit hätten. Diese müßte wenigstens für die Landtags- und Kreistagswahl gewährleistet sein. Herr Ulbricht entgegnet Herrn Kaiser, er dürfe nicht die Schwierigkeiten unterschätzen, die durch die in seiner Partei aufgestellte Losung

264 Leonhard, Die Revolution entläßt ihre Kinder, S. 449.

265 Max Fechner, Die Ergebnisse der Gemeindewahlen in der Ostzone. Einheit 1 (1946) Heft 5, S. 301.

266 Anweisungen für Referenten zum Landtagswahlkampf [SED-Landesvorstand Thüringen]. O. O. u. J., S. 4 f. [Deutsche Bücherei 1946, A 3508].

267 Walter Ulbricht, Strategie und Taktik der SED. Einheit 1 (1946) Heft 4, S. 266. – Protokoll über die Vorstandssitzung (der CDU) am 16. 9. 1946. BA Koblenz, NL Kaiser 134.

gegen den Marxismus, durch das christliche Kreuz als Schutzschild, entstanden seien. Damit sei auch 1932 gearbeitet worden, und dadurch mobilisiere man alle reaktionären Kräfte. Er berichtet von Terrormaßnahmen gegen die SED, Hitlerjugendaktionen usw. Die CDU errichte in Deutschland die autoritäre Herrschaft. Herr Ulbricht schlägt einen Vergleich der Wahlkampfmittel vor. Herr Kaiser antwortet, daß man sich selbstverständlich mit dem Marxismus auseinandersetzen müsse. Man dürfe aber nicht mit dem Rüstzeug der Barbaren gegeneinander kämpfen.« Man einigte sich schließlich darauf, die Organisationen anzuweisen, beim Wahlkampf zu den Landtagswahlen »alles zu vermeiden, was die künftige Zusammenarbeit der Parteien beeinträchtigen könnte«.[268]

	SED	CDU	LDP	VdgB	Kulturbund
Mecklenburg	547 663	377 808	138 572	43 260	–
	49,5 %	34,1 %	12,5 %	3,9 %	
Thüringen	816 864	313 824	471 415	55 093	–
	49,3 %	18,9 %	28,5 %	3,3 %	
Sachsen	1 595 281	756 710	806 163	57 229	18 565
	49,1 %	23,3 %	24,7 %	1,7 %	0,6 %
Brandenburg	634 786	442 206	298 311	83 271	–
	43,9 %	30,6 %	20,6 %	4,9 %	
Sachsen–Anhalt	1 063 889	507 397	695 685	56 630	–
	45,8 %	21,8 %	29,9 %	2,5 %	
Insgesamt	4 658 483	2 397 975	2 410 146	295 483	18 565

Die Wahlen zu den Kreis- und Landtagen am 20. Oktober 1946 boten ein weitaus deutlicheres Bild der Kräfteverhältnisse.[269] Im Vergleich zu den Gemeindewahlen konnte die SED in Sachsen 7 000 und in Thüringen 66 000 Stimmen mehr gewinnen, die beiden bürgerlichen Parteien zusammen aber 253 000 bzw. 133 000. Die SED verlor sogar in Brandenburg 185 000, in Mecklenburg 125 000 und in Sachsen-Anhalt 165 000 Stimmen, während die CDU und LDP zusammen in diesen Ländern 890 000 Stimmen hinzugewannen. So hatte die SED ihr Ziel, die absolute Mehrheit, nicht erreicht. Doch demonstrierten die Wahlen, daß sie als stärkste Partei Rückhalt in der Bevölkerung besaß. Dabei zeigten Wahlergebnisse in einzelnen Orten, daß die SED bei Männern besser abgeschnitten hatte als bei Frauen. In Magdeburg z. B. hatte die SED bei den Gemeindewahlen 51,2 Prozent der Stimmen erhalten, von Männern 55,2 Prozent, von Frauen nur 45,3 Prozent (dagegen die LDP 25 Prozent Männer- und 30 Prozent Frauenstimmen, die CDU 14 Prozent Männer- und knapp 20 Prozent Frauenstimmen).[270] Ein echter Gradmesser der politischen Haltung der Bevölkerung und weit aufschlußreicher waren jedoch die Wahlen in Groß-Berlin, die ebenfalls am 20. Oktober 1946 stattfanden. Hier bewarben sich neben der SED

[268] Vgl. Suckut, Blockpolitik, (20. Sitzung vom 24. 9. 1946), S. 167 ff.

[269] Statistisches Jahrbuch der Deutschen Demokratischen Republik 1955. Berlin (Ost) 1956, S. 87; Stefan Doernberg, Kurze Geschichte der DDR. 4. Aufl. Berlin (Ost) 1969, S. 101; Vgl. auch Günter Braun, Die Wahlen in der SBZ im Herbst 1946. In: Weber, Parteiensystem, S. 545 ff.; ders. in: SBZ-Handbuch, S. 381 ff.

[270] AdsD (Ostbüro) 0301 II (Ausschnitte aus dem Tätigkeitsbericht für das Jahr 1946/47. SED Kreis Magdeburg, Kreisdelegiertenkonferenz am 16. und 17. August 1947 in Magdeburg).

nicht nur CDU und LDP, sondern auch die SPD. Das Resultat dieser Wahlen war eine eindeutige Niederlage für die SED:

SPD	1 015 609	(48,7 %)
CDU	462 425	(22,2 %)
SED	412 582	(19,8 %)
LDP	194 722	(9,3 %)

Selbst im Bezirk Wedding, wo die KPD 1929 rund 45 Prozent und 1932 sogar fast 60 Prozent der Stimmen erreicht hatte, kam die SED nur auf 29 Prozent.[271]

Für die SED war das Ergebnis ein Schock. Sie hatte auch in Berlin mit einem Wahlsieg gerechnet, während die SMAD die Lage wohl etwas nüchterner beurteilt hatte.[272] Die SED wandte sich nun verstärkt den Ländern der Sowjetischen Besatzungszone zu, um dort ihre Macht auszubauen.

Die Wahlen in den Ländern der SBZ hatten folgende Sitzverteilung in den Landtagen gebracht:[273]

	SED	CDU	LDP	VdgB	Kulturbund
Mecklenburg	45	31	11	3	–
Thüringen	50	19	28	3	–
Sachsen	59	28	30	2	1
Brandenburg	44	31	20	5	–
Sachsen-Anhalt	51	24	33	2	–

Anfang Dezember 1946 konstituierten sich die von den Landtagen bestimmten neuen Länderregierungen. 21 Minister der Landesregierungen gehörten der SED an, neun der LDP, acht der CDU, einer der VdgB.[274] Auch konnte die SED wieder die wichtigsten Positionen in den Landesregierungen besetzen: In vier Ländern stellte sie den Ministerpräsidenten und den Innenminister (letztere alle ehemalige Kommunisten), in allen Ländern gehörte der Kultusminister der SED an.

Durch die Wahlen erhielten die Landtage und damit die Landesregierungen eine Legitimation, die den von der SMAD eingesetzten Zentralverwaltungen fehlte. Da die SED in den Landtagen keine gesicherte Mehrheit besaß, versuchte sie nun mit Hilfe der SMAD die Rolle der zentralen Instanzen gegenüber den Ländern zu stärken. Vor dem Hintergrund der Spaltung Deutschlands mußte das zu Spannungen, vor allem aber zu neuen Konflikten im Parteiensystem der SBZ führen.

[271] Berlin in Zahlen. 1945–1947. Hrsg. Hauptamt für Statistik und Wahlen des Magistrats von Groß-Berlin. Berlin 1949, S. 435 ff.

[272] Leonhard, Die Revolution entläßt ihre Kinder, S. 450 ff; Gniffke, Jahre mit Ulbricht, S. 212 ff.

[273] Karl-Heinz Schöneburg und Gustav Seeber, Arbeiterklasse und Parlament. Parlamentarische Traditionen der revolutionären deutschen Arbeiterbewegung 1848–1949. Berlin (Ost) 1984, S. 161; Braun in: SBZ-Handbuch, S. 418 ff.

[274] Heitzer, DDR, S. 57. Differenzen gab es z. B. in Brandenburg, wo die SED mit weit weniger als der Hälfte der Stimmen und Sitze vier Ministerposten beanspruchte, aber die CDU nur zwei, die LDP ein Ministerium erhielten. Vgl. Suckut, Blockpolitik (23. Sitzung vom 17. 12. 1946).

Die Spaltung Deutschlands

Die gegenseitigen Beziehungen der Besatzungsmächte in Deutschland waren schon früh von Mißtrauen geprägt. Ihre unterschiedlichen Ausgangspositionen ließen bald Differenzen zwischen ihnen entstehen. So konstatierten deutsche Politiker, etwa Külz, bei Gesprächen bereits im Sommer 1945 »starke Mißstimmung« zwischen den Alliierten.[275] Doch erst als Folge des Kalten Krieges wurden die Gegensätze zwischen den ehemaligen Verbündeten so groß, daß es zur direkten Trennung der westlichen und der östlichen Besatzungszone kam. Auch wenn bei den Siegermächten (im Westen wie im Osten) keine bewußte Spaltungsabsicht festzustellen war, führten ihre verschiedenen politischen Schritte, die jeweils Aktion und Reaktion aufeinander waren, zur gegensätzlichen Entwicklung und damit letztlich zur Spaltung Deutschlands.

Die optimale Zielsetzung der USA und ihrer Verbündeten einerseits und der UdSSR andererseits bestand sowohl in der Einbeziehung Deutschlands in den jeweiligen »Block« oder doch in ihre Interessensphäre als auch in der Anpassung der wirtschaftlichen und politischen Verhältnisse an die eigenen Ordnungsvorstellungen. Diese Pläne konnte keine der Besatzungsmächte verwirklichen[276], so daß sie sich damit begnügen mußten, ihre politischen Normen in den jeweils von ihnen okkupierten Teil Deutschlands einzuführen. In den drei Westzonen konnten so im Laufe der Zeit der Kapitalismus restauriert und die politische Demokratie errichtet werden, eine Entwicklung, die schließlich die Bevölkerung in freien Wahlen legitimierte; der Ostzone hingegen wurde von der Sowjetunion die zentralgesteuerte Staatswirtschaft und das politische System der stalinistischen Diktatur aufgezwungen, ohne daß die Bevölkerung je die Möglichkeit erhielt, darüber frei zu entscheiden. Die grundlegenden Veränderungen des Herrschaftssystems und der Gesellschaftsstrukturen in der SBZ reflektierten also zugleich den vor allem ab 1947 parallel dazu verlaufenden Spaltungsprozeß Deutschlands.

Der Konflikt zwischen Ost und West entzündete sich zunächst weniger an der Deutschlandfrage, als vielmehr an Osteuropa, insbesondere Polen. Die Differenzen eskalierten auf den Pariser Friedenskonferenzen zwischen Juli und Oktober 1946 und griffen mehr und mehr auf deutsche Probleme über. In der Reparationsfrage blieb die Sowjetunion isoliert und verhärtete daraufhin ihre Haltung. Molotow betonte, bei den riesigen Verlusten der Sowjetunion (Zerstörung von 31 850 Industriebetrieben, in denen vor dem Krieg 4 Millionen Arbeiter beschäftigt waren) komme den Reparationen eine »nicht geringe wirtschaftliche Bedeutung und auch gewaltige politische Bedeutung zu, denn sie bieten eine gewisse moralische Genugtuung für unser Volk«.[277]

[275] Notiz von Külz über ein Gespräch mit englischen und amerikanischen Besatzungsoffizieren. BA Koblenz, NL Külz 141, S. 87.

[276] Das galt nicht nur für die Großmächte, sondern auch für Frankreich: »Die wichtigsten deutschlandpolitischen Ziele – die Zerstückelung Deutschlands, die Internationalisierung des Ruhrgebiets und die Abtrennung der linksrheinischen Gebiete – wurden nicht erreicht.« Gerhard Kiersch, Französische Deutschlandpolitik. In: Claus Scharf und H.-J. Schröder (Hrsg.), Politische und ökonomische Stabilisierung Westdeutschlands 1945–1949. Fünf Beiträge zur Deutschlandpolitik der westlichen Alliierten. Wiesbaden 1977, S. 67.

[277] Molotow, Rede vom 28. 8. 1946. In: W. M. Molotow, Fragen der Außenpolitik. Moskau 1949, S. 167 und 174. Zu den Schäden der UdSSR auch Deutsche Volkszeitung, Nr. 85 vom 19. 9. 1945; W. M. Molotow, Rede anläßlich der Feier des 28. Jahrestages der Großen Sozialistischen Oktoberrevolution. Berlin 1945, S. 10.

Stalin hatte zwar noch im Oktober 1946 Byrnes' These über eine zunehmende Spannung zwischen der UdSSR und den USA abgelehnt[278], aber bereits damals von den »Anstiftern eines neuen Krieges, vor allem Churchill und seine Gesinnungsgenossen in England und den USA« gesprochen. Churchill hatte ja in seiner berühmten Rede vom 5. März 1946 in Fulton nicht nur einen »Eisernen Vorhang« konstatiert, sondern auch erklärt, die Russen wollten in ihrem Besatzungsgebiet ein kommunistisches Deutschland errichten. Stalin hatte darauf erwidert, es sei nicht erstaunlich, daß die UdSSR nach ihren Erfahrungen die Zukunft sichern wolle und danach strebe, daß in ihren Nachbarländern »Regierungen bestehen, die zur Sowjetunion loyal eingestellt sind«.[279] Dies war eine Aussage, die natürlich auch für Deutschland Gewicht hatte.

Die Sowjetunion war nach dem Zweiten Weltkrieg Großmacht geworden, nicht zuletzt, weil sie die Hauptlast des Krieges getragen hatte und zu den Siegern über Deutschland gehörte. Ihre Außenpolitik war geprägt vom Sicherheitsinteresse, zugleich aber auch von der Absicht, neben den USA gleichberechtigt in der Weltpolitik mitzubestimmen. Die ökonomische Überlegenheit der USA und deren Atombombenmonopol steigerte in der UdSSR die Furcht, von den USA und England um die »Früchte des Sieges« über Deutschland gebracht zu werden.[280] Der »nachgerade traumatische Argwohn, der die sowjetische Politik im Umgang mit den westlichen Kontrahenten beherrschte«[281], spielte dabei ebenso eine Rolle wie die schwerfällige bürokratische Haltung der sowjetischen Diplomatie, in der sich die innere Struktur des Landes widerspiegelte. Alle diese Faktoren veranlaßten die UdSSR wohl bereits 1946 dazu, ihre Strategie in der Deutschlandpolitik schrittweise zu ändern und sich stärker auf ihre eigene Besatzungszone zu orientieren. So wenig es möglich ist, ein Datum zu nennen, das den »Ausbruch« des Kalten Krieges fixiert[282], so wenig kann dies konkret für die Spaltung Deutschlands genannt werden. Der Mißerfolg der Außenministerkonferenz der Großmächte im März/April 1947 in Moskau und die schweren Differenzen auf der Pariser Konferenz der Außenminister im Juni/Juli 1947 waren Marksteine dieser Entwicklung. Betrachteten die Amerikaner bis »etwa zur Jahreswende 1946/47« die Kooperation mit der Sowjetunion als vorrangiges Ziel[283], so war 1947 für beide Weltmächte das Jahr, in dem sich ihre Beziehungen radikal verschlechterten. Die US-Außenpolitik mit der »Truman-Doktrin« vom Frühjahr 1947 und dann mit dem Marshallplan lief auf eine Konfrontation mit der UdSSR hinaus, wobei die Doktrin der »Eindämmung« den ideologischen Hintergrund abgab.[284]

[278] Tägliche Rundschau, Nr. 253 (450) vom 29. 10. 1946.

[279] J. W. Stalin, Interview mit der ›Prawda‹. Tägliche Rundschau, Nr. 41 vom 14. 3. 1946; abgedruckt in: J. W. Stalin, Werke. Bd. 17. Hamburg 1973, S. 33.

[280] Im Mai 1946 sagte Molotow, in »gewissen ausländischen Kreisen« wolle man die UdSSR von ihrem »ehrenvollen Platz in den internationalen Angelegenheiten verdrängen«, aber diesen nehme sie mit vollem Recht ein, da sie »den Hauptstoß im Kampfe für die Rettung der Menschheit von der Tyrannei des Faschismus aushalten mußte«. Neues Deutschland, Nr. 30 vom 28. 5. 1946.

[281] Dietrich Geyer, Von der Kriegskoalition zum Kalten Krieg. In: Dietrich Geyer (Hrsg.), Osteuropa-Handbuch. Sowjetunion. Teil: Außenpolitik 1917–1955. Köln, Wien 1972, S. 362.

[282] Ebd., S. 369.

[283] Hillgruber, Europa, S. 14.

[284] Wilfried Loth, Die Teilung der Welt 1941–1955. München 1980, S. 120 f. Vgl. auch Ernst-Otto Czempiel und Carl-Christoph Schweitzer, Weltpolitik der USA nach 1945. Bonn 1984, S. 30 ff.

Über die Gründe, die zum Kalten Krieg und damit auch zur Spaltung Deutschlands führten, sind viele Überlegungen angestellt worden. Zunächst wurde der Sowjetunion und ihrem Expansionsstreben die Alleinschuld zugewiesen. Die »revisionistische« Schule der Geschichtsschreibung in den USA hat später die Hauptverantwortung am Ost-West-Konflikt den USA gegeben und dabei den Zusammenhang der ökonomischen Interessen des amerikanischen Imperialismus mit der Außenpolitik herausgearbeitet. Eine dritte Richtung hat diese These als einseitig bemängelt, da sie die sowjetische Strategie nicht mit einbezog.[285] Offensichtlich hat ein ganzes Bündel von Faktoren zum Kalten Krieg geführt.

Deutsche Politiker konnten dabei nur eine untergeordnete Rolle spielen. Die Konferenz der Ministerpräsidenten der deutschen Länder im Juni 1947 in München war ein Versuch, der Entwicklung zur deutschen Spaltung entgegenzuwirken. Die Initiative ergriff der bayerische Ministerpräsident Ehard. Am 7. Mai 1947, wenige Wochen nach der ergebnislosen Moskauer Konferenz, lud er die Ministerpräsidenten aller deutschen Länder zu einer Konferenz nach München ein, die am 6. und 7. Juni stattfinden sollte. Der Generalsekretär des Länderrates, Rossmann, führte vom 16. bis 24. Mai in der Sowjetischen Besatzungszone Besprechungen, um auch die Regierungschefs der dortigen fünf Länder für diese Zusammenkunft zu gewinnen. Er kehrte mit dem Eindruck zurück, daß diese teilnehmen würden. Schließlich war der Gedanke der Konferenz auch bei der Bevölkerung der SBZ auf fruchtbaren Boden gefallen, und die SED sah eine Möglichkeit, ihre Vorstellungen verbreiten zu können. Bei Gesprächen Rossmanns mit dem LDP-Ministerpräsidenten von Sachsen-Anhalt, Erhard Hübener, schlug dieser vor, innenpolitische Streitfragen zurückzustellen, aber die Flüchtlingsfragen zu erörtern und Vorsicht bei Reparationen walten zu lassen: »für die Russen das rote Tuch«.[286] Am 19. Mai traf Rossmann in Dresden den sächsischen Ministerpräsidenten Friedrichs (SED), der »mit höchster Wahrscheinlichkeit« die Teilnahme der Ministerpräsidenten der Ostzone signalisierte.[287] Es kam in Hof schließlich zu einer Unterredung zwischen den Ministerpräsidenten Ehard und Friedrichs. Das Angebot, Vorschläge für die Tagesordnung zu unterbreiten, wurde indes von den Regierungschefs der Ostzone nicht genutzt.[288] Hinter den Kulissen war es wegen der möglichen Teilnahme zu Auseinandersetzungen in der SED gekommen.

Schon länger war bekannt, daß die SMAD Ulbricht angewiesen hatte, gegen die Teilnahme an der Konferenz aufzutreten, es im Zentralsekretariat aber vor allem Sozialdemokraten waren, die sich gegen die Sabotierung der Münchener Konferenz wandten.[289] Das jetzt erstmals veröffentlichte Memorandum Tulpanows an Suslow vom 11. Juni 1947 macht die Differenzen deutlich.[290] Tulpanow informierte Suslow

[285] Vgl. dazu Kleßmann, Die doppelte Staatsgründung, S. 177 f.; Geyer, Von der Kriegskoalition zum Kalten Krieg, S. 344 ff.

[286] BA Koblenz, NL Rossmann 30, S. 125.

[287] Ebd., S. 120. Dieser Bericht Rossmanns liegt auch gedruckt vor, vgl. Manfred Overesch, Die Reise des Generalsekretärs des Länderrats Rossmann in die Ostzone vom 15. bis 20. Mai 1947. Vierteljahrshefte für Zeitgeschichte 23 (1975), S. 454 ff.

[288] Bericht Rossmanns an Oberstleutnant Winning vom 9. 6. 1947. Ebd., S. 51.

[289] Gniffke, Bericht AdsD, Nachlaß Gniffke, S. 8; Leonhard, Die Revolution entläßt ihre Kinder, S. 460 f., Friedensburg, Es ging um Deutschlands Einheit, S. 164 ff.; BA Koblenz, NL Rossmann 30, S. 121.

[290] Bonwetsch u. a., Sowjetische Politik in der SBZ, S. 102 ff., 113 f.; vgl. auch Jochen Laufer, Zur staatlichen Verselbständigung der SBZ. Neue Quellen zur Münchener Konferenz. In: Jürgen Kocka (Hrsg.), Historische DDR-Forschung. Berlin 1993, S. 27 ff.

darüber, daß alle Ministerpräsidenten der SBZ und die Mehrheit im Zentralsekretariat der SED die Teilnahme an der Konferenz wünschten. Eine Beratung des Zentralsekretariats mit den Ministerpräsidenten am 10./11. Mai 1947 in Sachsen habe die Teilnahme förmlich beschlossen. Doch die SMAD war mit der Zustimmung nicht einverstanden. »Das Zentralsekretariat der SED erörterte diese Frage am 20. Mai erneut. Entsprechend unserer Empfehlung beschloß es (wenn auch ohne besondere Begeisterung eines beträchtlichen Teils der ehemaligen Sozialdemokraten unter den Mitgliedern des Sekretariats)« einen Antworttext an Ehard, der vorschlug, auch Parteien und Massenorganisationen teilnehmen zu lassen und in Berlin zu tagen. Allerdings ist diese Antwort – faktisch eine Ablehnung der geplanten Ministerpräsidentenkonferenz – nicht abgesandt worden, »weil der Ministerpräsident der Provinz Sachsen, Hübener (ein LDP-Mitglied), sich weigerte, sie zu unterschreiben«. Die Tagung des Parteivorstandes der SED am 21. und 22. Mai trat für die Teilnahme an der Konferenz ein, was nach Tulpanows Ansicht eine »falsche Entscheidung« war, sie erfolgte »entgegen unserer Empfehlung und zwang uns, den Parteivorstand der SED darauf hinzuweisen und vorzuschlagen, diesen Teil der Resolution nicht in der Presse zu veröffentlichen (was auch befolgt wurde)«.[291]

Nun verhandelte der Ministerpräsident des Landes Sachsen, Rudolf Friedrichs, mit Hans Ehard, aber – in den Augen Tulpanows – nicht energisch genug. Daraufhin lud die SMAD Pieck, Ulbricht und Fechner vor, schließlich nahm das Zentralsekretariat am 27. Mai eine der SMAD genehme Antwort an, der am nächsten Tag (28. Mai) die Ministerpräsidenten (Hübener jedoch nur »unter starkem Druck«) zustimmten. Doch am 3. Juni sprach sich das Zentralsekretariat der SED erneut für eine Teilnahme aus. Tulpanow mutmaßte: »Vor dieser Sitzung hatten die ehemaligen Sozialdemokraten im Zentralsekretariat der SED offensichtlich irgendeine Beratung abgehalten, auf der sie übereingekommen waren, den alten Beschluß zur Frage der Münchener Konferenz im Sinne der Notwendigkeit einer Teilnahme an der Konferenz ohne Vorbedingungen abzuändern. Auf der Sitzung des Zentralsekretariats sprach als erster der ehemalige Sozialdemokrat Karsten, jemand, der seit dem Moment der Vereinigung der SED auf den Sitzungen des Sekretariats kein einziges Mal zu politischen Fragen das Wort ergriffen hatte. Karsten sagte: ›Angesichts der entstandenen Lage müssen wir an der Münchener Konferenz teilnehmen. Die ganze Last der Schuld an einem Zusammenbruch der Konferenz wird auf den Schultern der SED liegen. Wir müssen um jeden Preis an der Konferenz teilnehmen.‹ Die Sekretariatsmitglieder Meier, Käthe Kern und Gniffke vertraten diesen Standpunkt ebenfalls hartnäckig. Als etwas wankelmütig erwies sich Fechner. Er schlug vor, daß nur zwei Ministerpräsidenten zur Konferenz fahren sollten. Gegen eine Teilnahme an der Konferenz sprachen sich Ulbricht, Ackermann und Elli Schmidt aus. Grotewohl drückte die Ansicht aus, daß man zur Konferenz fahren müsse, um sie zu sprengen.«[292]

Diesen Gedanken hat Ulbricht weiterentwickelt: Zur Konferenz fahren, aber als ersten Tagesordnungspunkt verlangen, »die Frage der Bildung einer deutschen Zentralverwaltung« aufzunehmen. »Für den Fall der Ablehnung dieses Vorschlags solle man eine Erklärung verlesen und die Konferenz verlassen«.[293] Genauso wurde in München taktiert.

[291] Bonwetsch u. a., ebd., S. 103.
[292] Ebd., S. 105.
[293] Ebd., S. 105.

Diese Hintergründe waren im Westen unbekannt, allerdings gab es Vermutungen über Schwierigkeiten. Am 4. Juni verbreiteten die Nachrichtenagenturen noch die Meldung, die Ministerpräsidenten der SBZ würden der Konferenz fernbleiben, sie trafen aber dann doch überraschend am 5. Juni 1947 in München ein.[294]

Immerhin zeigten die Vorfälle, daß die SED noch keine orthodox-kommunistische Partei war. Frühere Sozialdemokraten und eine Reihe von Kommunisten im Parteivorstand konnten durchsetzen, daß die fünf Ministerpräsidenten der Ostzone (Paul, Thüringen; Hübener, Sachsen-Anhalt; Steinhoff, Brandenburg; Friedrichs, Sachsen und Höcker, Mecklenburg) fahren konnten. Wegen seiner Krankheit mußte sich der sächsische Regierungschef, der ehemalige Sozialdemokrat Rudolf Friedrichs, von seinem Innenminister, dem früheren KPD-Funktionär Kurt Fischer, vertreten lassen. Allerdings kamen die Vertreter der SBZ (zwei von ihnen ehemalige Sozialdemokraten, Hübener LDP-Mitglied, Paul war ehemals parteilos und flüchtete wenig später in den Westen) mit dem Auftrag, vor allem über die künftige politische Entwicklung Deutschlands zu konferieren.

In Vorgesprächen hatten sich aber die westlichen Ministerpräsidenten (den Regierungschefs der französischen Zone war von ihrer Besatzung verwehrt, die zukünftige Ordnung Deutschlands zu erörtern) darauf verständigt, nur über Ernährungs-, Wirtschafts- und Flüchtlingsnot zu verhandeln. Alle Kompromißversuche mißlangen, die Ministerpräsidenten der Ostzone reisten ab, und es kam lediglich zu einer westdeutschen Rumpfkonferenz.[295]

Es ist mehr als fraglich, ob ein »Gelingen« der Münchener Tagung oder eine gemeinsame Erklärung aller deutschen Ministerpräsidenten 1947 die Spaltung hätte verhindern können. Diese war ja in erster Linie eine Folge des Gegensatzes beider Weltmächte und des Kalten Krieges. Der Mißerfolg des Treffens erscheint für die deutsche Politik des Jahres 1947 dennoch symptomatisch und beleuchtet die damalige Situation, auch wenn der Vorwurf, die westdeutschen Politiker hätten die »letzte bedeutende Chance« zur Verhinderung der Spaltung vertan[296], sicher unzutreffend ist.

In der SBZ hatten inzwischen die deutschen Kommunisten so großen Einfluß, daß ihr Machterhalt für sie wichtiger war als die – immer wieder proklamierte – gesamtdeutsche Entwicklung. So lag die neue sowjetische Politik der Abgrenzung auch ganz in ihrem Interesse. Schon vom 30. Januar bis 7. Februar 1947 befand sich eine SED-Delegation mit Wilhelm Pieck, Otto Grotewohl, Walter Ulbricht, Max Fechner und Fred Oelßner in Moskau. Sie wurde am 31. Januar auch von Stalin empfangen, der sie »ausführlich über die Deutschlandpolitik« informierte.[297] Seit Juni 1945 war es der dritte Besuch von SED-Führern bei Stalin und »in vieler Hin-

[294] BA Koblenz, NL Rossmann 30, S. 50. Nach Rossmanns Bericht an Winning sagte Ministerpräsident Hübener, am 4. Juni sei die Nachricht des Absagens »der Wahrheit sehr nahe gekommen. Demnach wäre die Entscheidung zugunsten der Teilnahme erst in letzter Minute getroffen worden.«

[295] Zur Münchener Konferenz vgl. Wilhelm Grünewald, Die Münchener Ministerpräsidentenkonferenz 1947. Anlaß und Scheitern eines gesamtdeutschen Unternehmens. Meisenheim am Glan 1971. Vgl. auch Elmar Krautkrämer, Der innerdeutsche Konflikt um die Ministerpräsidentenkonferenz in München 1947. Vierteljahrshefte für Zeitgeschichte 20 (1972), S. 154 ff. und 419; Rolf Steininger, Zur Geschichte der Münchener Ministerpräsidenten-Konferenz 1947. Vierteljahrshefte für Zeitgeschichte 23 (1975), S. 375 ff., dort auch das Protokoll der Vorbesprechung vom 5. Juni 1947.

[296] So Grünewald, ebd. S. 497.

[297] Heinz Voßke und Gerhard Nitzsche, Wilhelm Pieck. Biographischer Abriß. Berlin (Ost) 1975, S. 305; Voßke, Ulbricht, S. 242.

sicht der wichtigste von allen«.[298] Grotewohl, erstmals in Moskau und inzwischen ergebener Kommunist, überschlug sich in Lobpreisungen Stalins: »Genosse Stalin ist der größte Sozialist der Welt, Genosse Stalin ist der Vater der Welt.«[299] Fechner war laut Niederschrift der sowjetischen Protokollanten weit zurückhaltender. Den Bericht über die Lage in Deutschland verlas Grotewohl, Stalin und Molotow gaben zu bestimmten Punkten Hinweise. Während Stalin die Haltung der SED gegen den Föderalismus unterstützte, schockierte er diese aber mit Überlegungen, die SPD in der SBZ wieder zuzulassen. Stalin bzw. Molotow stellten ein Ende der harten Reparationen in Aussicht. Sogar von einer »Regierung« in der »sowjetischen Besatzungszone« war die Rede, falls es »nicht demnächst« zu einer deutschen Regierung komme.[300]

Die Führer der KPdSU ließen zu den Gesprächen auch Aktennotizen über ihre deutschen Genossen anfertigen. Zur Person Piecks wurde festgehalten, daß er die »führende Rolle« Grotewohl und Ulbricht überlasse. Bei Grotewohl wurden »Wankelmütigkeit und Inkonsequenz« sowie »verworrene« Ansichten, die »den Marxismus verzerren«, registriert. Fechner sei »politisch nicht standhaft genug«. Über Walter Ulbricht hieß es, er sei »führender Kopf der SED. Leitet de facto die gesamte organisatorische und administrative Arbeit des Apparats des Zentralkomitees. Stellt die Verbindung mit der sowjetischen Besatzungsmacht her. Fähiger Organisator.« Zugleich wurden ihm auch »eine Reihe politischer Fehler« vorgehalten, so (fälschlich!) er habe 1927/28 zur »Versöhnlergruppe« gehört. »Die Führung der KPD wie auch der Komintern kritisierten ihn [Ulbricht] wegen seiner administrativ bürokratischen Führungsmethoden. Zeigte die Neigung, praktische Fragen allein zu entscheiden und die anderen Führer zu übergehen. Das hat er bis heute nicht überwunden, was sich als beträchtliches Hindernis für die Kollegialität in der Parteiführung erweist.«[301]

Solche Kritik konnte für Ulbricht jederzeit gefährlich werden, doch seine rasche Anpassung an die jeweiligen Vorgaben Stalins ermöglichte es ihm, seine Position zu festigen. Nun konnte die SED auf die neue sowjetische Linie einschwenken. Da zudem Ulbricht und seine Anhänger dabei waren, die SED in eine stalinistische »Partei neuen Typus« umzuwandeln, besaßen jene Kommunisten (und erst recht die früheren Sozialdemokraten), die Hoffnungen auf die Münchener Tagung gesetzt hatten, ohnehin kaum noch Chancen gegenüber den harten Machtpolitikern. Die Vertreter der »bürgerlichen« Parteien in der SBZ waren in ihrem Handlungsspielraum bereits so weit eingeengt, daß sie sich den SED-Vorstellungen beugen mußten.

Die »bürgerlichen« westdeutschen Politiker hatten sich zwar zurückhaltender gezeigt, aber die meisten von ihnen hatten die Ostzone wohl schon abgeschrieben. Für sie war, wie Ferdinand Friedensburg schrieb, das »mystische Grauen« vor dem »Bolschewismus« bereits »mächtig genug«, um »unverkennbar das Gefühl der Erleichterung entstehen zu lassen, als die Vertreter der Ostzone abgereist waren«.[302]

[298] Naimark, Die Russen in Deutschland, S. 376.

[299] Naimark, ebd., S. 377; Bernd Bonwetsch und Gennadij Bordjugow, Stalin und die SBZ. Ein Besuch der SED-Führung in Moskau 1947. Vierteljahrshefte für Zeitgeschichte 42 (1994), H. 2, S. 279 ff.

[300] Naimark, ebd., S. 379; Bonwetsch, Bordjugow, ebd., S. 300. Vgl. auch Pieck, Aufzeichnungen, S. 111 ff.; Laufer, Zur staatlichen Verselbständigung der SBZ, S. 37 ff.

[301] Bonwetsch, Bordjugow, Stalin und die SBZ, S. 286 ff.

[302] Friedensburg, Es ging um Deutschlands Einheit, S. 164.

Friedensburg selbst hatte sich bemüht, die Konferenz noch zu retten. Die dramatische Schilderung seiner intensiven Verhandlungen mit Paul, Hübener und Steinhoff sowie mit Ehard[303] und ein von ihm fast erreichter Kompromiß zeigen indes, daß die Mehrzahl der westdeutschen Politiker die Zustände in der SBZ erst in zweiter Linie interessierten. Bei der katastrophalen Lage, der Ernährungsnot und den Flüchtlingsproblemen war dies verständlich. Kaiser bestätigte später, daß selbstverständlich beabsichtigt war, die »Einheit und den Friedensvertrag zu fördern«, aber »etwas anderes war für uns naheliegender, nämlich ein Alarmruf über die Nöte der Zeit zu sein«.[304]

Unter dem Druck der Verhältnisse hatten die Regierungschefs schon im Länderrat vor allem die »Einheit der westlichen Zonen« im Auge gehabt.[305] Und noch 1948 hatte US-General Clay die deutschen Politiker darauf verwiesen, daß »die Verantwortung für eine politische Teilung Deutschlands« von den USA und Großbritannien »nicht übernommen werden könne«, aber wenn man es »deutscherseits wünsche«, eine politische Konstruktion zu finden sei.[306] Aus praktischen Gründen und zur Erhaltung der gerade beginnenden freiheitlichen Ordnung schien vielen Politikern nur der Ausweg der Trennung zu bleiben. Andere Vorschläge, etwa der »Robertson-Plan« von 1948[307], blieben so ebenfalls chancenlos. Bei manchem westdeutschen Politiker hatten das »Abschreiben« der SBZ und die Bolschewistenfurcht wohl auch andere Ursachen; es waren nicht zuletzt die Angst vor sozialen Veränderungen und der Wunsch, durch Anschluß an den Westen auf der Seite der Sieger zu stehen.

Dies war auch die Absicht der deutschen Kommunisten, die sich allein an der Sowjetunion orientierten. Jene Kräfte, die zum Westen tendierten, aber den Machtfaktor Sowjetunion in ihr Kalkül einer gesamtdeutschen Politik einschlossen – etwa Kaiser oder Friedensburg –, hatten bei der damaligen realen Kräftekonstellation keine Aussicht auf Erfolg. Friedensburg bemühte sich vor der Außenministerkonferenz in London (25. November bis 15. Dezember 1947) nochmals, eine gesamtdeutsche Initiative in die Wege zu leiten. Am 7. November trafen sich Politiker aus Ost und West in Berlin, darunter Paul Löbe, Otto Lenz, Karl Steinhoff, Erhard Hübener, aber auch Alfred Weber, Johannes R. Becher und Probst Grüber; sie forderten die politische Einheit Deutschlands.[308] Auch dieser Versuch blieb ohne Wirkung, nicht zuletzt weil sich die SPD schroff distanziert hatte.

Die Wiedervereinigung blieb – recht nebelhaft – ein Ziel deutscher Politik; doch Aktionen für die Wiedervereinigung wurden nun im Osten wie im Westen rasch für die jeweilige Politik instrumentalisiert.

Dabei ging die SED voran. Sofort nach dem Scheitern des Münchener Treffens traten Pieck, Ulbricht und Ebert in Bayern in öffentlichen Versammlungen auf, um ihre Propaganda zu verbreiten. Das ließ, wie Rossmann damals meinte, »darauf

[303] Ebd., S. 169 ff. Vgl. auch Steininger, Zur Geschichte der Münchener Konferenz, S. 442 ff.

[304] Zit. bei Steininger, Deutsche Geschichte, S. 241.

[305] Vgl. die Protokolle über die Sitzungen des Länderrats, z. B. am 15. April 1947 die Frage von Ministerpräsident Stock nach den Aussichten der »Einheit der westlichen Zonen« und die vorsichtigen Antworten Clays. BA Koblenz, NL Rossmann 25, S. 150 ff.

[306] Ebd., S. 53 (Sitzung vom 3. Februar 1948).

[307] Vgl. dazu: Rolf Steininger, Ein Versuch, die Teilung Deutschlands zu verhindern. Der Robertson-Plan von 1948. Deutschlandfunk, 19. Juli 1983 (Ms.).

[308] Friedensburg, Es ging um Deutschlands Einheit, S. 184 ff. Auf S. 188 ein Faksimile des Aufrufs mit den Unterschriften.

schließen«, daß »der Vorstoß gegen die Konferenz sorgfältig und planmäßig vorbereitet war«.[309] Wie das Mißlingen der Konferenz auf allen Ebenen agitatorisch ausgenutzt wurde, zeigt ein Blick in das Protokoll der Sekretariats-Sitzung des Zentralrats der FDJ vom Juli 1947: »Vor Eintritt in die Tagesordnung gibt Edith Baumann einen kurzen politischen Überblick über die Münchener Konferenz. Wir als Jugend waren stärkstens interessiert und sind über den negativen Ausgang sehr enttäuscht...Edith schlägt eine starke Kampagne in der Presse für die Einheit vor und fordert, daß die gesamte Organisation sich hinter die Beschlüsse und die Handlung der Minister der Ostzone stellt. Nach eingehender Diskussion und Widerlegung der vor allem von Herbert Geisler gebrachten Einwände wird der Bericht von Edith Baumann gebilligt.«[310]

Im Herbst ergriff die SED selbst die Initiative; ihre Vorsitzenden Pieck und Grotewohl luden am 29. November 1947 zu einem »Volkskongreß für Einheit und gerechten Frieden« am 6. Dezember ein, um Einfluß auf die bevorstehende Londoner Außenministerkonferenz zu nehmen.[311] Doch gerade die Gründung und Entwicklung der Volkskongreßbewegung bewies, daß es der SED um die innere Stabilisierung der SBZ und den Ausbau der SED-Herrschaft ging und keineswegs um die deutsche Einheit. Die westlichen Außenminister lehnten den Vorschlag Molotows ab, eine Delegation des Volkskongresses in London zu empfangen. Die Londoner Konferenz selbst endete – so die in diesem Fall voll zutreffende sowjetische Beurteilung – mit »einem Fiasko«.[312]

Nach dem Scheitern der Außenministerkonferenzen beschleunigte die Gründung des Zweizonenwirtschaftsrats und später des Parlamentarischen Rats im Westen und der Deutschen Wirtschaftskommission im Osten die separate Entwicklung. Dabei konnte die SED ihre Macht ausbauen, und innerhalb der Partei konnte Ulbricht die Zügel fest in die Hand bekommen.

Die Schaffung zentraler Institutionen im Osten wie im Westen Deutschlands war ein weiterer Ausdruck des Spaltungsprozesses. Nach häufigen Kompetenzstreitigkeiten zwischen den durch Wahlen legitimierten Länderregierungen und den von der SMAD eingesetzten Zentralverwaltungen sollte eine durch Befehl Nr. 138 der SMAD eingesetzte Deutsche Wirtschaftskommission (DWK) die Tätigkeit der Zentralverwaltungen koordinieren und die gesamtstaatliche Wirtschaftsplanung ausbauen. Damit war eine zentrale deutsche Behörde in der SBZ geschaffen. Im Februar 1948 wurde die DWK mit gesetzgeberischen Vollmachten ausgestattet, ihr später eine Kontrollkommission zur Aufdeckung von »Sabotage« angeschlossen.[313] Die Verselbständigung der SBZ war damit weiter vorangetrieben worden.

[309] BA Koblenz, NL Rossmann 30, S. 51.

[310] 3. Sekretariats-Sitzung am 12. und 13. Juni 1947. Zentralrat der FDJ. S. 1. Landesarchiv Berlin (West), Zeitgesch. Sammlung 8705. Herbert Geisler war der Vertreter der LDPD im Zentralrat. Vgl. Heinz Lippmann, Honecker. Porträt eines Nachfolgers. Köln 1971, S. 94 f.; Mählert, FDJ. S. 117 ff.

[311] Der von Pieck und Grotewohl unterschriebene Brief an Friedensburg lud für den 6. Dezember 1947, 16.00 Uhr ein, der Brief trug den Briefkopf »Büro des Deutschen Volkskongresses für Einheit und gerechten Frieden«. Friedensburg lehnte am 3. Dezember die Teilnahme aus persönlichen Gründen ab, übermittelte dem Kongreß Glückwünsche, verwahrte sich aber auch gegenüber SED-Vorwürfen gegen Jakob Kaiser. BA Koblenz, NL Friedensburg 27, S. 422, 428.

[312] Die Londoner Tagung des Außenministerrates. Berlin o. J. (1948), S. 126.

[313] Geschichte des Staates und des Rechts der DDR. Dokumente 1945–1949. Berlin (Ost) 1984, S. 149. Staats- und Rechtsgeschichte der DDR. Grundriß. Berlin (Ost) 1983, S. 71. AdsD (Ostbüro). Wolfgang Zank, DWK. In: SBZ-Handbuch, S. 253 ff. Vgl. auch Foitzik, SMAD 1945–1949, S. 384 ff.

Leiter der DWK wurde Heinrich Rau (1899–1961), der seit ihrer Gründung der KPD angehörte und von 1920 bis 1933 hauptamtlicher Mitarbeiter der ZK-Landabteilung war. Von 1928 bis 1933 war er MdL in Preußen. Er emigrierte 1933 und war im Spanischen Bürgerkrieg Kriegskommissar der Internationalen Brigaden, anschließend war er bis 1945 im KZ inhaftiert. 1949 wurde er Mitglied des PV bzw. des ZK der SED und 1950 des Politbüros, er leitete später verschiedene Ministerien der DDR-Regierung.

In einem Interview mit einer sowjetischen Zeitung berichtete Rau über die Struktur und die Aufgaben der DWK: »An der Spitze der Wirtschaftskommission steht ein ständiges Sekretariat als ausführendes Organ. Das Sekretariat ist folgendermaßen zusammengesetzt: Vorsitzender der Wirtschaftskommission – Heinrich Rau; seine Stellvertreter – Bruno Leuschner, Fritz Selbmann, Hermann Kastner, Luitpold Steidle; Mitglieder des Sekretariats – Georg Handke und Erwin Lampka. Zum Sekretariat gehören außerdem der Vorsitzende des FDGB der sowjetischen Besatzungszone, Hans Jendretzky, und der Vorsitzende der Vereinigung der gegenseitigen Bauernhilfe, Kurt Vieweg. Jedes Mitglied des Sekretariats ist für ein bestimmtes Arbeitsgebiet der Wirtschaftskommission verantwortlich ... Die Deutsche Wirtschaftskommission verkörpert die Leitung des gesamten wirtschaftlichen Lebens in der sowjetischen Besatzungszone und ist mit den Länderregierungen eng verbunden.«[314]

Darüber hinaus fungierte die DWK aber auch als wichtiges Instrument für die Machtausweitung der SED, und sie war ein weiterer Schritt auf dem Weg zur Spaltung Deutschlands.

Dennoch verbreitete die SED in ihrer Agitation und Propaganda nach wie vor die Parolen von der »Einheit Deutschlands«. Im September 1947 tagte der II. Parteitag der SED, auf dem 1 111 Delegierte (darunter 271 westdeutsche) den »Kampf um die Einheit Deutschlands« zur Hauptaufgabe der Partei erklärten. Die SED bezeichnete sich selbst als die führende politische Kraft in Deutschland. Sie forderte einen »Volksentscheid für die Gestaltung Deutschlands zu einem demokratischen Einheitsstaat mit dezentralisierter Verwaltung«. In der Entschließung des Parteitages hieß es auch: »Die Sozialistische Einheitspartei Deutschlands bekennt sich zum Marxismus als der wissenschaftlichen Grundlage der Arbeiterbewegung und dem sicheren Kompaß auf dem Wege zur demokratischen Neugestaltung und zur Einheit Deutschlands, auf dem Wege zum Sozialismus.«[315]

Nun übernahm die SED aber auch die sowjetische These von den »zwei Lagern« in der Welt, die der Sowjetführer A. Shdanow auf der Gründungskonferenz des Informationsbüros der kommunistischen und Arbeiterparteien im September 1947 ausgegeben hatte, eines »imperialistischen und antidemokratischen Lagers einerseits und des demokratischen Lagers andererseits«.[316] Die SED schwenkte ganz um auf die antiamerikanische Linie. Das änderte die bisherige Politik, denn noch im Mai 1947 hatte Johannes R. Becher auf der 1. Bundeskonferenz des Kulturbundes gesagt: »Ein Revolutionär ist heute derjenige, der nicht versucht, eine Besatzungs-

[314] Heinrich Rau, Für die Arbeiter- und-Bauernmacht. Ausgewählte Reden und Aufsätze. Berlin (Ost) 1984, S. 200 (Interview mit der Zeitung Das sowjetische Wort vom 9. 9. 1948).

[315] Protokoll der Verhandlungen des II. Parteitages der SED, 20.–24. 9. 1947. Berlin 1947, S. 545.

[316] A. Shdanow: Über die internationale Lage. Berlin o. J. (1947), S. 12. Vgl. auch die gleiche Rede in: Für Frieden und Volksdemokratie. Bericht über die Tätigkeit einiger kommunistischer Parteien, gehalten auf der Konferenz in Polen Ende September 1947. Berlin o. J. (1947), S. 15.

macht gegen die andere auszuspielen ... Ein Revolutionär ist keinesfalls derjenige, der sich die Lösung des deutschen Problems dadurch vereinfacht, daß er die Staats- und Lebensformen anderer Völker, seien es die des russischen, amerikanischen, englischen oder französischen Volkes, den deutschen, geschichtlich ganz anders gelagerten Verhältnissen aufzuzwingen versucht und auf diese Weise irgendeine für deutsche Verhältnisse ganz und gar unbrauchbare Art von Demokratie kopiert.«[317]

Allerdings war Becher von Tulpanow bereits im September 1946 bezichtigt worden, »nicht nur kein Marxist«, sondern »direkt an England und Amerika und an der westeuropäischen Demokratie« orientiert zu sein. Typisch für die undurchsichtige Haltung der SMAD gegenüber deutschen Funktionären war, daß Semjonow in einem Gespräch im November 1946 Becher im Gegensatz dazu versicherte, die Behauptung, er »genieße nicht das Vertrauen der SMAD«, sei »unzutreffend«.[318]

Und schließlich war es Ulbricht gewesen, der bereits 1945 auf der 1. Funktionärskonferenz der KPD über »unser Verhältnis zu den Besatzungsmächten« erklärt hatte, daß die KPD die Sicherung des Friedens wolle. »Deshalb sind wir als Deutsche unmittelbar an der Erhaltung und Festigung der Zusammenarbeit der Alliierten interessiert.« Aufgabe sei es daher, »in unserem Volke den Willen und die Hoffnung auf eine feste Zusammenarbeit der Alliierten im Frieden zu stärken«.[319]

Nun aber reihte sich die SED in den Kampf gegen die Westmächte und ihre Besatzung ein, stellte in ihrer Propaganda das »Friedenslager« unter Führung der Sowjetunion dem Lager der »Kriegstreiber« mit den USA und deren angeblicher »Kolonie« Westdeutschland gegenüber.

Nachdem die Außenministerkonferenzen in der Sackgasse geendet hatten, brach auch die Alliierte Verwaltung für Deutschland auseinander. Am 20. März 1948 verließen die sowjetischen Vertreter den Kontrollrat und machten damit das gemeinsame oberste Machtorgan für Deutschland handlungsunfähig. Die separat durchgeführten Währungsreformen im Juni 1948 zerrissen Deutschland auch als Wirtschaftsgebiet und führten zur Spaltung Berlins.

Die sowjetischen Vertreter verließen am 16. Juni 1948 auch die Alliierte Kommandantur in Berlin. Nach der westlichen Währungsreform ordnete dann der sowjetische Oberbefehlshaber Sokolowskij sofort eine Währungsreform für die SBZ an und erklärte die Ostmark zum alleinigen gesetzlichen Zahlungsmittel für ganz Berlin. Die westlichen Stadtkommandanten setzten diesen Befehl für ihre Sektoren außer Kraft und übernahmen die Westmark. Der Magistrat beschloß gegen den Protest der SED-Fraktion, in Berlin seien beide Währungen nebeneinander gültig (bis März 1949). Nun versuchten die Sowjets durch eine Blockade West-Berlins, ganz Berlin in ihre Hand zu bekommen. Die Blockade begann in der Nacht vom 23. zum 24. Juni 1948. Doch bereits ab 26. Juni erfolgte die Versorgung West-Berlins durch eine Luftbrücke. So erreichte die Blockade nicht das Ziel, ganz Berlin in den sowjetischen Einflußbereich zu bekommen. Doch es kam zur Spaltung der früheren Reichshauptstadt. Nach kommunistischen Demonstrationen hatte die Stadtverordnetenversammlung im September 1948 ihren Sitz nach West-Berlin verlegt. Am

[317] Johannes R. Becher, Wir, Volk der Deutschen. Rede auf der 1. Bundeskonferenz des Kulturbundes zur demokratischen Erneuerung Deutschlands (21. Mai 1947). Berlin 1947, S. 80.

[318] Bonwetsch u. a., Sowjetische Politik in der SBZ, S. 89, 93.

[319] Abgedruckt in: Einheitsfront der antifaschistisch-demokratischen Parteien. Dresden o. J. (1945), S. 22 f. Auch Grotewohl hatte auf dem Vereinigungsparteitag der SED eine »loyale und entschlossene Bereitschaft zur Zusammenarbeit mit allen vier Besatzungsmächten« verlangt. Vgl. Protokoll, S. 115.

30. November erklärte eine Massenversammlung der SED den Magistrat für »abgesetzt«, ein neuer Magistrat unter Friedrich Ebert wurde von der SMAD anerkannt. Er konnte aber nur für Ost-Berlin fungieren, da ihn die Westmächte ablehnten. Am 1. Dezember 1948 schließlich sah sich der 1946 frei gewählte Magistrat gezwungen, seinen Dienstsitz nach West-Berlin zu verlegen. Die Neuwahlen vom 5. Dezember 1948 konnten nur in West-Berlin durchgeführt werden, die SMAD verbot sie in ihrem Sektor. Auch Berlin war nun gespalten.

Der Übergang zur »Volksdemokratie«

Das Jahr 1948 brachte in der Sowjetischen Besatzungszone Deutschlands erhebliche Veränderungen, und zwar sowohl des politischen Systems als auch der Wirtschafts- und Gesellschaftsordnung. Um den Widerstand von CDU und LDP gegen weitere Eingriffe ins Parteiensystem zu unterlaufen, brachte die SED 1947/48 neben dem Antifa-Block ein neues Instrument ins Spiel: die Volkskongreßbewegung.

Mit dem Volkskongreß sollte nicht nur die sowjetische Haltung auf der Londoner Außenministerkonferenz unterstützt, sondern vor allem auf das Parteiensystem eingewirkt werden. So hieß es denn auch im Aufruf des Parteivorstandes der SED zur Volkskongreßbewegung: »Leider sind alle Bemühungen zur Bildung einer gesamtdeutschen Beratung der Parteien über die Vertretung der Interessen des deutschen Volkes auf der Außenministerkonferenz an dem Widerstand führender Männer der Sozialdemokratischen Partei Deutschlands und bürgerlicher Parteien in den westlichen Besatzungszonen gescheitert. Schließlich hat auch noch der Führer der Christlich-Demokratischen Union in der sowjetischen Besatzungszone seine Zustimmung verweigert. In einem der entscheidendsten Augenblicke versagen die Führer dieser Parteien und lassen das deutsche Volk im Stich ... Es geht nicht um Parteien, sondern um unser Volk!«[320] Der Hauptangriff richtete sich also gegen die Berliner CDU-Führung, die eine Beteiligung am Volkskongreß abgelehnt hatte.

Immerhin war es der SED gelungen, die LDP-Spitze (Külz, Schiffer, Lieutenant, Moog u. a.) sowie von der CDU Nuschke, Lobedanz, Bachem, Steidle u. a. für den Kongreß zu mobilisieren. Die Losung des am 6. Dezember 1947 zusammengetretenen 1. Volkskongresses[321] »Was 1848 unvollendet blieb, müssen wir jetzt vollenden« knüpfte an die KPD-Linie von 1945 an, und man versuchte wieder, »bürgerliche« Kreise zu gewinnen. Einigkeit herrschte darüber, was Külz so ausdrückte: »Das nächste, was wir hoffen, ist, daß man eine vorläufige deutsche Regierung schafft.«[322] Von den 2 215 Delegierten (davon 315 Frauen) kamen aus der SBZ und Berlin 1 551, darunter 599 von der SED, 249 von der LDP und 215 von der CDU.[323] Selbst wenn diese Zahlen nicht korrekt sein sollten, zeigen sie doch, daß der Einbruch in die Reihen der CDU gelungen war. Der Kongreß bildete einen Ständigen Ausschuß mit Pieck, Külz und Nuschke an der Spitze. Nuschke rückte damit zum Favoriten der SMAD für den CDU-Vorsitz auf. Zwischen der CDU unter Führung von Kaiser

[320] Dokumente der Sozialistischen Einheitspartei Deutschlands. Bd. I. Berlin (Ost) 1948, S. 247.

[321] Protokoll des 1. Deutschen Volkskongresses für Einheit und gerechten Frieden am 6. und 7. 12. 1947 in der Deutschen Staatsoper Berlin. Berlin 1948 (mit diesem Motto).

[322] Ebd., S. 35.

[323] So die Aufstellung, ebd., S. 96.

und Lemmer einerseits und der SED und der SMAD andererseits war es 1947 ständig zu Spannungen gekommen. Kaiser wies seit Mitte 1947 den Hegemonieanspruch der SED immer deutlicher zurück und stellte sogar die Blockpolitik in Frage.

Der 2. Parteitag der CDU im September 1947 erhob die Forderung, die Union solle die Funktion eines »Wellenbrechers des dogmatischen Marxismus« übernehmen.[324] Die Politik Jakob Kaisers fand in der Union volle Unterstützung; er wurde auf dem Parteitag in geheimer Wahl bei nur einer Gegenstimme und einer Enthaltung als Vorsitzender wiedergewählt. Im Dezember 1947 konnte die Union in der SBZ ihren höchsten Mitgliederstand mit 218 000 erreichen.[325] Doch die Schwierigkeiten der CDU in der SBZ waren stets groß, weil die SMAD vielfachen Druck auf sie ausübte. Die CDU-Presse konnte z. B. »reine Parteisachen« 1947 zwar unbeanstandet bringen, bei allen anderen Meldungen aber, die nicht von der amtlichen ADN-Agentur oder dem sowjetischen SNB stammten, gerieten die Redaktionen schnell in Bedrängnis.[326] Zum endgültigen Bruch zwischen der SMAD und Kaiser kam es, als die CDU-Führung es ablehnte, sich an der Volkskongreßbewegung zu beteiligen. Auf stürmischen Sitzungen der CDU-Spitzengremien im Dezember wurde versucht, jede Spaltung der Partei zu vermeiden. Auch verwiesen Parteiführer darauf, daß die CDU in der Sowjetzone »ohne ein Vertrauensverhältnis zur SMA« gar nicht arbeiten könne.[327] Am 20. Dezember bestellte die SMAD zwei Männer ihres Vertrauens, Nuschke und Dertinger, zu sich nach Karlshorst. Die sowjetischen Offiziere teilten ihnen mit, sie hätten dem bisherigen Chefredakteur der ›Neuen Zeit‹, Wilhelm Gries, die Lizenz entzogen und bis auf weiteres sollten die sechs Landesvorsitzenden sowie die bisherigen 3. und 4. Vorsitzenden, Hickmann und Lobedanz, die Parteiführung übernehmen.[328] Damit waren am 20. Dezember Kaiser und Lemmer durch Befehl der SMAD abgesetzt. Die SMAD schaltete sich also zu einem relativ späten Zeitpunkt nochmals unmittelbar in das Parteiensystem ein, um die SED zu stützen. Die Veränderungen in der CDU-Führung[329] erfolgten durch direkten Eingriff der Besatzung. Allerdings spielten bei der damit verbundenen Änderung der politischen Linie der CDU auch noch zusätzliche Faktoren eine Rolle.[330] Es lag sowohl am Scheitern der Idee einer Brückenfunktion Deutschlands durch den Kalten Krieg als auch an der fehlenden Unterstützung von seiten der westdeutschen Partei für Kaisers Konzepte und darüber hinaus schließlich am schlechten Informationsfluß in der Organisation, der zu Differenzen führen mußte. Die Folge der Absetzung von Kaiser und Lemmer war eindeutig: »Dieser Befehl der Militärregierung bedeutete das Ende der ›eigenständigen‹ CDUD in der Sowjetzone. Die ›Neue Zeit‹ änderte vom 21. Dezember an – im Sinne der Ab-

[324] Suckut, Zum Wandel, S. 123.

[325] Vgl. die Tabelle in: Christel Dowidat, Zur Veränderung der Mitgliederstrukturen von Parteien und Massenorganisationen in der SBZ/DDR 1945–1952. In: Weber, Parteiensystem, S. 513.

[326] Vgl. das Protokoll über die Konferenz der CDU-Chefredakteure vom 21. 5. 1947. BA Koblenz, NL Kaiser 118.

[327] So Leo Herwegen, Landesvorsitzender von Sachsen-Anhalt (er wurde Ende 1949 aller Ämter enthoben und 1950 zu 15 Jahren Zuchthaus verurteilt). BA Koblenz, NL Kaiser 46.

[328] Aktennotiz Dertingers vom 20. 12. 1947. BA Koblenz, NL Kaiser 46.

[329] Vgl. dazu Johann Baptist Gradl, Anfang unter dem Sowjetstern. Die CDU 1945–1948 in der sowjetischen Besatzungszone Deutschlands. Köln 1981, S. 130 ff. Werner Conze, Jakob Kaiser. Politiker zwischen Ost und West 1945–1949. Stuttgart 1969, S. 204.

[330] Suckut, Zum Wandel, S. 124.

schiedsglosse vom 20. Dezember – vollkommen ihr Gesicht. Mit Gries verließ fast die ganze Redaktion die Zeitung.«[331]

Für die CDU, die bis dahin ihre Eigenständigkeit weitgehend hatte bewahren können, begann nun ein Prozeß der Anpassung, der schrittweisen Veränderung ihrer Politik und Funktion, der erst 1950 im wesentlichen abgeschlossen war.[332]

Auch die LDP hatte – trotz der konzilianten Haltung von Külz und der Teilnahme der Partei am Volkskongreß – ihre unabhängige Position zunächst beibehalten. Ihr 2. Parteitag im Juli 1947 in Eisenach war dafür typisch. Külz hatte unter stürmischem Beifall der Versammelten den »schon seit zwanzig Jahren mit mir verbundenen Kampfgenossen, unseren Heuss« als Gast begrüßt; Theodor Heuss seinerseits pries den in Eisenach geborenen Ernst Abbé als Vorbild der Partei.[333]

In seinem Referat distanziert sich Külz deutlich von der SED, indem er sagte: »Wir kennen das Wort Klassenkampf in unserem politischen Lexikon überhaupt nicht. Das gehört der Vergangenheit an. Im gleichen Augenblick, wo wir uns bemühen, mit unseren früheren Waffengegnern zum Ausgleich und zur Versöhnung zu gelangen, halten wir es für absurd, den alten Ladenhüter des Klassenkampfes hervorzuholen.« Külz erklärte auch: »Reaktion und Diktatur, Faschismus und Ungeist sind in gleicher Weise unsere Feinde, ob sie von links oder von rechts an uns herankommen wollen.«[334]

Einige Delegierte gingen noch weiter. Der LDP-Funktionär Starke aus Glauchau warf dem FDGB vor, »Steigbügelhalter einer Partei«, also der SED, zu sein.[335] Als Johannes Dieckmann den Angriffen gegen die SED widersprach, wurde er von der Versammlung am Weiterreden gehindert. Wolfgang Natonek (er wurde später als Vorsitzender des Studentenrats Leipzig im November 1948 verhaftet) wandte sich gegen die FDJ und sagte, es sei für die LDP »selbstverständlich, daß das Hochschulprogramm der FDJ nicht angenommen werden« könne.[336]

Die Berliner Delegierten um Schwennicke verurteilten die vermittelnde Haltung von Külz und sprachen sich auf dem Parteitag gegen dessen Wiederwahl zum Vorsitzenden aus. Der Berliner Delegierte Schoepke sagte, Külz sei Repräsentant einer Politik geworden, die den Namen der Partei »mit dem Odium des Opportunismus behaftet« habe, da der SED-Politik zuviel nachgegeben worden sei. Die übergroße Mehrheit der Delegierten war gegen eine solche – in ihren Augen unrealistische – Frontstellung. Külz wurde mit 258 gegen 23 Stimmen bei 9 Enthaltungen erneut zum Parteivorsitzenden gewählt.

Die LDP, die am 1. Juni 1947 170 121 Mitglieder in 3 391 Ortsgruppen zählte (ihren Höchststand erreichte sie im Dezember 1948 mit knapp 200 000 Mitgliedern)[337], blieb zunächst bei ihrer Position. Die Differenzen mit dem Berliner Landesvorstand wuchsen aber weiter, da Külz und andere Parteiführer mehrmals gegen die westliche Politik Stellung nahmen. Am 10. Februar 1948 kam es auf einer Sitzung des erweiterten Parteivorstandes in Halle zum Bruch: Die Mehrheit erklärte,

331 Conze, Jakob Kaiser, S. 205.

332 Vgl. dazu Suckut, Zum Wandel, S. 124 ff.

333 Zweiter Parteitag der Liberal-Demokratischen Partei Deutschlands vom 4. bis 7. Juli 1947 in Eisenach. Berlin o. J. (1947), S. 6.

334 Ebd., S. 31 f. und S. 33.

335 Ebd., S. 42.

336 Ebd., S. 51. Vgl. auch Studentischer Widerstand in Leipzig. 2. Aufl. Leipzig 1998.

337 Dowidat, Mitgliederstrukturen, S. 513.

der Landesvorstand Berlin habe sich außerhalb der Partei gestellt. Nach diesem Ausschluß lehnte sich die Berliner LDP der westdeutschen FDP an, deren Berliner Landesverband sie später wurde. Die Abspaltung der Berliner Organisation bedeutete für die LDP auch den Bruch mit der westdeutschen FDP und einen weiteren Schritt auf dem Wege der Spaltung Deutschlands.[338]

Der Widerstand der »bürgerlichen« Parteien machte der SED große Sorgen, weil die oppositionelle Stimmung in der Bevölkerung wuchs. Zunächst waren dafür die katastrophalen Lebensverhältnisse maßgebend, die nicht nur im harten Winter 1946/47, sondern auch 1947 und Anfang 1948 – wie in ganz Deutschland – in der Sowjetischen Besatzungszone herrschten.

Die Ernährungssituation war eher noch schlechter geworden. So wurden einem Arbeiter nur 1 400 bis 1 600 Kalorien täglich zugestanden, etwa 1 000 Kalorien zu wenig. Die auf Lebensmittelkarten zugeteilten Rationen konnten oft nicht geliefert werden. Später bestätigte die DDR-Geschichtsschreibung: »Zehntausende Bewohner der Großstädte und Industriebezirke suchten auf dem Land zusätzliche Nahrungsmittel zu erlangen. Der Tauschhandel blühte. Schieber und Spekulanten nutzten die Notlage der Menschen skrupellos aus. Trotz des aufopferungsvollen Einsatzes der staatlichen Organe, besonders der Polizei, konnte der Schwarzmarkt nicht beseitigt werden. Die schwierigen Lebensverhältnisse wirkten sich auf die Arbeitsleistungen aus. In der Industrie lag die Arbeitsproduktivität weit unter dem Vorkriegsniveau. Die Arbeitsdisziplin und -moral hatten einen Tiefstand erreicht. Die Veränderungen der Eigentumsverhältnisse hatten nicht automatisch dazu geführt, daß sich die Arbeiter und Angestellten im volkseigenen Sektor auch schon als Eigentümer ihrer Betriebe fühlten und entsprechend handelten.«[339]

Wie sollten sich die Arbeiter und Angestellten auch als »Eigentümer« fühlen, wenn die Strukturen im Betrieb nicht verändert waren, die Arbeitsergebnisse als Reparationen oder in dunklen Kanälen verschwanden und immer deutlicher eine neue bürokratische Schicht anstelle der alten Besitzer bestimmte. Hinzu kamen die Selbstherrlichkeit der Besatzungsmacht und der zunehmende Druck der SED. Die Opposition von CDU und LDP widerspiegelte unter diesen Umständen den Widerstand breiter Kreise gegen die Zustände in der Sowjetischen Besatzungszone. Um so dringlicher erschien der SED-Führung die Veränderung des Parteiensystems.

Nach dem Tod von Külz (April 1948) kamen neben Arthur Lieutenant (der 1949 flüchtete) und Hermann Kastner (der 1956 flüchtete) mit Johannes Dieckmann und Hans Loch Politiker in die LDP-Führung, die loyal mit der SED zusammenarbeiteten. Auch bei der Nachfolge von Külz hatte die SMAD hinter den Kulissen eingegriffen; sie wollte zunächst den Thüringer LDP-Politiker Alphons Gaertner für den Vorsitz gewinnen. Es gab mehrere vertrauliche Verhandlungen mit Tulpanow, Nasarow und Oberstleutnant Tschablin. Gaertner berichtete 1949: »Bei der Unterhaltung mit dem Letzteren verlangte dieser in kategorischer Form, daß ich zur Übernahme des Vorsitzes bereit sei. Ich erklärte hierauf, daß ich zu gegebener Stunde das tun würde, was ich für meine politische Pflicht erachte.«[340] Nachdem Tulpanow auf Gaertners Forderung, Garantien für die »freie Vertretung liberaldemokratischen Gedankenguts« zu geben, ausweichend antwortete, flüchtete Gaertner im Juli 1948 in den Westen.

[338] Vgl. Krippendorff, Die Liberal-Demokratische Partei Deutschlands, S. 149 ff.
[339] DDR. Werden und Wachsen. Berlin (Ost), 1974, S. 104.
[340] Brief Gaertners an Gniffke vom 20. 10. 1949. AdsD, NL Gniffke 811.

Der Führungsanspruch der SED und ihre Umbildung in eine »Partei neuen Typus« trieb die LDP in stärkere Opposition zur SED, während die CDU nach der Absetzung von Kaiser und Lemmer vorsichtiger taktierte. Die LDP griff die SED auch öffentlich an, sie erklärte z. B., nicht daran zu denken, »Ziele zu unterstützen, die Deutschland kommunistisch gestalten«, oder kritisierte, die SED habe den Boden der Blockpolitik verlassen.[341] Auch auf der mittleren Ebene ging der Kampf von LDPD und CDU gegen die neue Rolle, die ihren Organisationen zugedacht war, weiter. Die eigentliche Veränderung des Parteiensystems und die endgültige Schwächung von CDU und LDP erreichte die SED 1948, und zwar einmal durch die Bildung zweier neuer Parteien und zum anderen durch die gleichberechtigte Einbeziehung von »Massenorganisationen« in den Block.

Im Juni 1948 ließ die SMAD die im Mai gegründete National-Demokratische Partei Deutschlands offiziell zu. Die NDPD wurde geleitet von Lothar Bolz (1903–1986). Der Rechtsanwalt gehörte vor 1933 der KPD an, emigrierte über Danzig in die Sowjetunion und war Mitbegründer des »Nationalkomitees Freies Deutschland«. Er wurde 1949 Aufbauminister der DDR und war von 1953 bis 1956 deren Außenminister. Den Vorsitz in der NDPD hatte er bis 1972. Seine Person war für die Abhängigkeit der NDPD von der SED symptomatisch. Die neue Partei stützte sich auf ehemalige Offiziere, NSDAP-Mitglieder (diese durften von CDU und LDPD nicht aufgenommen werden) und bürgerliche Kreise. Welche Freiheiten der NDPD gestattet wurden, zeigte eines ihrer Gründungsplakate mit der Aufschrift »Gegen den Marxismus - für die Demokratie«. Natürlich war das Plakat »mit Genehmigung der SMAD« gedruckt worden und entsprach deren Taktik.[342] In der ersten Nummer ihrer ›National-Zeitung‹ hatten die späteren Parteigründer zwar gesagt, »wir wollen keinen neuen Krieg«, gleichzeitig aber betont, sie kämpften »gegen die Verräter an der deutschen Sache«; diese nationalistischen Töne wurden unterstrichen durch Bemerkungen wie, es sei nicht »schimpflich« ein »guter Soldat« gewesen zu sein.[343]

Solche Äußerungen mußten die SED-Mitglieder irritieren. Doch ihre Führung war freilich besser informiert. Aus einem streng vertraulichen Bericht über die NDPD an den Parteivorstand der SED ging hervor, daß eine Reihe der Führer der neuen Partei eigentlich »praktisch SED« waren.[344]

Ähnlich sah es mit der zweiten Neugründung aus, der Demokratischen Bauernpartei Deutschlands (DBD). Es war typisch, daß ein Kommunist ihr Vorsitzender wurde. Der Landwirt Ernst Goldenbaum (1898–1990) war 1920 der KPD beigetreten und vertrat die Partei von 1924 bis 1926 und von 1929 bis 1932 als Abgeordneter im Landtag von Mecklenburg-Schwerin. Nach 1933 mehrfach in Haft, wurde er 1946 Vorsitzender der VdgB in Mecklenburg; er leitete dann die DBD bis 1982.

Wie Goldenbaum waren auch andere Kommunisten als Spitzenfunktionäre für die neue DBD »abgestellt«, beispielsweise der Chefredakteur des Parteiorgans

[341] Der Morgen Nr. 92 vom 21. 4. und Nr. 153 vom 4. 7. 1948. Vgl. Siegfried Suckut, Zu Krise und Funktionswandel der Blockpolitik in der SBZ um die Mitte des Jahres 1948. Vierteljahrshefte für Zeitgeschichte 31 (1983), S. 684.

[342] Leonhard, Die Revolution entläßt ihre Kinder, S. 485. Zur NDPD vgl. Dietrich Staritz, Die National-Demokratische Partei Deutschlands 1948–1953. Diss. rer. pol. FU Berlin, 1968. Dietrich Staritz, die National-Demokratische Partei Deutschlands (NDPD). In: SBZ-Handbuch, S. 574 ff.

[343] National-Zeitung. Das Volksblatt für deutsche Politik, Nr. 1 vom 22. 3. 1948.

[344] Das Dokument ist abgedruckt in Staritz, Die NDPD, S. 222 f.

›Bauern Echo‹, Leonhard Helmschrott, der als SED-Mitglied noch wenige Tage vor Parteigründung an der SED-Parteihochschule »Karl Marx« studierte. Auch die Bauernpartei übernahm die Politik der SED.[345]

Die nunmehr zugänglichen Quellen belegen, daß die SMAD diese beiden Parteien mit kommunistischen Kadern gegründet hatte. Bei einem Gespräch hatten Tulpanow und Nasarow von der SMAD bereits am 14. Mai 1948 Pieck, Dahlem und Grotewohl über den genauen Zeitplan der Schaffung von NDPD und DBD unterrichtet.[346] In einem Bericht hielt die Informationsverwaltung der SMAD über die Zonenkonferenz der Demokratischen Bauernpartei am 16. und 17. Juli 1948 unverhohlen fest: «Der Vorstand [der DBD] umfaßt 19 Mitglieder, davon sind 15 Mitglieder der SED und vier Parteilose.«[347]

Die neuen Parteien spielten von Anfang an keine andere Rolle als die Massenorganisationen: auch sie dienten als von der SED geführte und kontrollierte »Transmissionsriemen«.

Der Volksrat, ein vom 2. Deutschen Volkskongreß im März 1948 gewähltes und von der SED gelenktes ständiges Gremium, nahm die beiden neuen Parteien sofort auf. Nachdem der Widerstand von CDU und LDPD gebrochen war, konnte die DBD am 5. August 1948 (die NDPD am 7. September 1948) dem Antifa-Block beitreten. Nach und nach wurden auch die »Massenorganisationen« in das Parteiensystem integriert.

Mit der Aufnahme der neuen Parteien in den Volksrat konnte die SED dort ihre Positionen gegenüber den bürgerlichen Kreisen noch weiter ausbauen und festigen. Am 19. Juni 1948 erklärte sich der Volksrat selbstherrlich als »die berufene Repräsentation für ganz Deutschland«.[348] Ein vom Volksrat eingesetzter Arbeitsausschuß nahm am 3. August 1948 »Richtlinien für die Verfassung der Deutschen Demokratischen Republik« an. Dieser Verfassungsentwurf entsprach im wesentlichen einem schon 1946 von der SED ausgearbeiteten Entwurf; auf ihm beruhte die spätere Verfassung der DDR.

Die neuen Parteien NDPD und DBD sollten die Stellung der SED im »Block« gegenüber LDP und CDU stärken. Allerdings waren die Differenzen zwischen CDU und LDP einerseits und SED andererseits auch 1948 noch so tiefgreifend gewesen, daß der zentrale Block von Februar bis August 1948 nicht ein einziges Mal getagt hatte.[349] Die Sitzung des Blocks vom 5. August 1948 beschloß dann, nicht nur die Vertreter der Bauernpartei aufzunehmen, sondern auch die des FDGB.[350] Gerade die Einbeziehung der Massenorganisationen gehörte 1948 für die SED zum »Wesen der Blockpolitik«[351], die damit freilich neu definiert wurde. Mit der Erweiterung auch des zentralen Blocks war es der SED gelungen, das Parteiensystem entscheidend zu ihren Gunsten zu verändern.

Die zwischen 1945 und 1947 gebildeten Verbände betonten zunächst durchweg ihre Überparteilichkeit, doch übten Kommunisten in ihnen von Anfang an wichtige Funktionen aus. Alle von der SMAD zugelassenen Organisationen boten ein

[345] Zur DBD vgl. Wernet-Tietz, Bauernverband.
[346] Pieck, Aufzeichnungen, S. 227 ff.
[347] Bonwetsch u. a., Sowjetische Politik in der SBZ, S. 167.
[348] Neues Deutschland, Nr. 180 vom 5. 8. 1948.
[349] Vgl. Koch, Der Demokratische Block, S. 290; Suckut, Zu Krise, S. 683.
[350] Vgl. Suckut, ebd., S. 690 f.
[351] Sozialistische Bildungshefte 2 (1947) 15: Das Wesen der Blockpolitik, S. 12.

ähnliches Bild: Sie hatten für ihren jeweiligen Bereich das Organisationsmonopol, d. h., es gab nur einen Verband für Frauen, Jugend, Kulturschaffende usw. Die Umformung der Massenorganisationen, die fest ins politische System integriert waren und die führende Rolle der SED anerkannten, erfolgte schrittweise. In der Entschließung des II. Parteitages der SED vom September 1947 hieß es, die Parteimitglieder sollten in den »demokratischen Massenorganisationen« (genannt wurden u. a. Gewerkschaften, VdgB, VVN, DFD, FDJ, Kulturbund) aktiv mitarbeiten, jedoch dürfe »die Überparteilichkeit der Massenorganisationen nicht beeinträchtigt« werden. Dann wurden 1948 und 1949 die SED-Mitglieder, die dort Funktionen innehatten, auf die neuen Aufgaben der »Massenorganisationen« verpflichtet. Auf einer Sitzung des Parteivorstandes der SED am 29. Juni 1948 sagte Walter Ulbricht, die Partei habe als »Avantgarde die Lösung aller demokratischen, wirtschaftlichen und organisatorischen Aufgaben zu leiten«, und zwar »mit Hilfe der Massenorganisationen«. Zugleich sei eine »bessere Anleitung der SED-Funktionäre in den Massenorganisationen« erforderlich. Die spätere DFD-Vorsitzende Elli Schmidt berichtete in ›Neues Deutschland‹ (30. Dezember 1948), der SED-Vorsitzende Otto Grotewohl habe in einer Sitzung des Parteivorstandes der SED erklärt, daß die »Tätigkeit unserer Parteimitglieder in den Organisationen Arbeit für die Partei und unter der Kontrolle der Partei ist. Das gilt für die Arbeit im FDGB ebenso wie in der Freien Deutschen Jugend oder im Demokratischen Frauenbund.«

Die »Massenorganisationen« wurden seit 1948 mehr oder weniger deutlich von der SED beherrscht. Der FDGB, der 1945 als unabhängige und überparteiliche Gewerkschaft gegründet worden war, kam rasch unter kommunistischen Einfluß. Durch ihre straff organisierte Arbeit übte die SED im FDGB bald die Vormachtstellung aus. Auf dem 2. Kongreß im April 1947 errang sie die Mehrheit der 47 Vorstandsposten. Damit veränderte sich auch die Funktion des FDGB. Auf der »Bitterfelder Tagung« von Gewerkschaftsfunktionären im November 1948 proklamierte die FDGB-Führung die Abkehr von »überholten« gewerkschaftlichen Traditionen. Planerfüllung sollte nun in den Mittelpunkt der Gewerkschaftsarbeit treten. Die opponierenden Betriebsräte in der SBZ wurden aufgelöst und mit den Betriebsgewerkschaftsleitungen (BGL) »verschmolzen«.

Das jetzt gedruckt vorliegende Protokoll der »Bitterfelder Konferenz« vom November 1948[352] läßt erkennen, daß sich der FDGB damit von der Tradition der deutschen Gewerkschaftsbewegung völlig abwandte. Die Ausschaltung jeglicher Opposition und »ideologische Klarheit« im Sinne des Stalinismus wurden nunmehr durchgesetzt.[353] Und die Auflösung der Betriebsräte (es gab 118 000 Betriebsräte) war von der SMAD betrieben worden, die diesen Schritt »schon seit Anfang 1947 plante«[354], um diesen Unruheherd auszumerzen. Die »Bitterfelder Beschlüsse« machten auch den Weg frei für »Säuberungen« größeren Ausmaßes »im Apparat des FDGB, die vor allem frühere Sozialdemokraten betrafen. Sie wurden in großer Zahl aus leitenden Funktionen des FDGB entfernt.«[355]

Der FDGB mußte nach dem Vorbild der UdSSR als »Massenorganisation« der SED deren Politik vertreten. Da er aber gleichzeitig bestimmte Interessen der Ar-

[352] Detlev Brunner (Hrsg.), Der Wandel des FDGB zur Massenorganisation. Das Protokoll der Bitterfelder Konferenz des FDGB am 25./26. November 1948. Essen 1996.

[353] Brunner, ebd., S. 19 ff.

[354] Siegfried Suckut, Die Betriebsrätebewegung. In: Gewerkschaften in der SBZ/DDR 1945–1950, S. 63.

[355] Müller, FDGB. In: SBZ-Handbuch, S. 644.

beiter wahren sollte, kam es zu einem ständigen Spannungsverhältnis zwischen seiner Funktion als »Transmissionsriemen« der SED-Politik und seinen Verpflichtungen als Arbeitnehmerrepräsentant. Alle Führungskräfte des FDGB waren inzwischen Funktionäre der SED, so wuchs mit der Aufnahme des FDGB in den »Block« die »führende Rolle« der SED.

Eine ähnliche Entwicklung machten alle »Massenorganisationen« durch. In der Einheitsjugendorganisation FDJ hatten die Kommunisten von Anfang an wesentlichen Einfluß. Zwar versprach der Vorsitzende Honecker auf dem »Ersten Parlament« der FDJ (Juni 1946) noch, die Überparteilichkeit »wie unseren eigenen Augapfel zu hüten[356], in Wirklichkeit aber bestimmten die Kommunisten schon rasch die Jugendpolitik. Im Januar 1948 beriefen CDU und LDP ihre Vertreter aus dem Zentralrat der FDJ ab, da deren Überparteilichkeit nicht mehr gewährleistet war.

Die FDJ galt bald als »Kampforganisation« der Jugend für die Politik und Ziele der SED.[357] Auch der bereits am 3. Juli 1945 ins Leben gerufene Kulturbund zur demokratischen Erneuerung Deutschlands, eine Organisation der Intellektuellen und Kulturschaffenden unter Präsident Johannes R. Becher und den ebenfalls kommunistischen Generalsekretären Heinz Willmann bzw. Klaus Gysi wurde ein Instrument der SED.[358]

Der aus den 1945 geschaffenen Frauenausschüssen hervorgegangene, im März 1947 gegründete Demokratische Frauenbund Deutschlands betonte zunächst ebenfalls seine Überparteilichkeit, wurde aber ebenso rasch zur SED-Massenorganisation.[359] Ein Verband der Widerstandskämpfer, die Vereinigung der Verfolgten des Naziregimes (VVN), konnte sich für die SBZ erst 1947 bilden, wurde aber schon 1953 wieder aufgelöst.[360] Ebenfalls 1947 entstand als eine weitere neue Organisation die Gesellschaft zum Studium der Kultur der Sowjetunion (ab Juli 1949 Gesellschaft für Deutsch-Sowjetische Freundschaft).

Für das politische System und die SED hatten die einzelnen Massenorganisationen jedoch unterschiedliches Gewicht: Einmal differierten sie erheblich in der Größe, zum anderen haben sie die ihnen übertragenen Aufgaben auch unterschiedlich wahrgenommen. Die wichtigste Organisation war neben den Parteien der FDGB. Der FDGB war die »Transmission« zur Arbeiterklasse, er sollte diese für die Ziele der SED gewinnen, hatte aber gleichzeitig noch traditionelle Gewerkschaftsfunktionen und erhielt zunehmend eine wichtige Rolle bei der Erfüllung der Wirtschaftspläne. Teilerfolge konnte die FDJ (zusammen mit dem Verband der Jungen Pioniere) sowohl als »Kaderreserve« der SED als auch bei der Erziehung der Jugend zunächst noch vorweisen. Dies gilt ebenso für die Einbeziehung der Intellektuellen und Künstler in das politische System, die Aufgabe des Kulturbundes. Der DFD erzielte – bei der Organisierung von Frauen und insbesondere bei den Bestrebungen zur Realisierung der Gleichberechtigung von Mann und Frau – nur bescheidene Ergebnisse. Ambivalent blieb die Arbeit der DSF. Zwar gab es nach den Schrecken des Krieges vielfach die Bereitschaft, mit der Sowjetunion zu guten Beziehungen zu kommen. Doch das Auftreten der UdSSR als Besatzungsmacht be-

[356] Erstes Parlament der Freien Deutschen Jugend. Brandenburg an der Havel, Pfingsten 1946. o.J. (1946), S. 52.

[357] Vgl. dazu Mählert, FDJ, S. 244 ff.

[358] Vgl. Heider, Politik, Kultur, Kulturbund.

[359] Vgl. Gerda Weber, DFD. In: SBZ-Handbuch, S. 691 ff.

[360] Vgl. Elke Reuter und Detlef Hansel, Das kurze Leben der VVN von 1947 bis 1953. Berlin 1997.

lebte eher die verbreitete, traditionelle antisowjetische Haltung, gegenüber der auch die DSF hilflos war. Nur ungenügend durchsetzen konnte die VdgB die Interessen der SED auf dem Lande; die Bildung einer eigenen Bauernpartei (DBD) 1948 machte dies besonders deutlich. Wie wenig die VVN als Organisation der Widerstandskämpfer ihre Funktion im Sinne der SED erfüllte, beweist deren Auflösung schon nach sechs Jahren.

Allerdings konnte sich die SED mit der Umwandlung des Parteiensystems an der Spitze nicht begnügen, sie mußte diese Transformation auf allen Ebenen vollziehen. Das war für die Parteiorganisationen ein komplizierter Prozeß, den sie mit verschiedenen Methoden vorantrieben. Der Umformung dienten im wesentlichen die Instrumente »Blockpolitik« und »Volkskongreßbewegung«, aber als »letztes Mittel« konnte die SED immer auf die Einwirkung der SMAD zählen.

Deren Rolle war auch bei der Umwandlung des Wirtschafts- und Gesellschaftssystems überragend. Da die Veränderung der Produktionsverhältnisse als Basis jeder Entwicklung zum »Sozialismus« betrachtet wurde, legte die SMAD früh das Schwergewicht auf eine Umgestaltung der Wirtschaft. Entsprechend trieb die SED als Führungspartei der SBZ schon 1947/48 die Durchsetzung der Planwirtschaft und den Ausbau des »volkseigenen«, also staatlichen Sektors der Industrie voran und betrachtete die Wirtschaftspolitik als Teil ihrer Gesamtstrategie zur Erringung und Festigung der politischen Herrschaft.

Vor allem 1948 führten Prozesse gegen Unternehmer, die als »Wirtschaftsverbrecher« angeklagt wurden, zu Einschüchterungen, Flucht und damit weiteren Verstaatlichungen. Am 12. Februar 1948 gab die SMAD mit Befehl Nr. 32 der Deutschen Wirtschaftskommission (DWK) weitgehende Vollmachten zur selbständigen Leitung der Wirtschaft; sie wurde nun ein zentrales Führungsorgan. Nach ihrer Reorganisierung (9. März 1948) konnte sie für alle Behörden der SBZ verbindliche Verfügungen erlassen, war also Vorstufe einer Regierung. Der Vorsitzende (Rau) und vier der sechs Stellvertreter gehörten der SED an, deren Vorrangstellung in Wirtschaft und Verwaltung damit gesichert war.

Ab Mitte 1948 arbeitete die Wirtschaft in der SBZ nach einem »Halbjahrplan«, Ergebnis der ersten selbständigen Planungsarbeit deutscher Stellen. Der wachsende Einfluß der SED auch in der Wirtschaftspolitik zeigt sich darin, daß der erste Zweijahrplan 1949/50 vom Parteivorstand der SED am 30. Juni 1948 beschlossen wurde. Ulbricht gab die Grundlinien des Zweijahrplanes, mit dem die zentralistische Planwirtschaft begann, bekannt. Er sagte, Voraussetzung des Planes sei es, daß »die wirtschaftlichen Schlüsselstellungen in der sowjetischen Besatzungszone in die Hände des Volkes übergegangen sind«[361], womit er meinte, daß sie von der SED eingenommen wurden. Tatsächlich erzeugten die Privatbetriebe 1948 nur noch 39 Prozent der Bruttoproduktion, genau der gleiche Anteil entfiel auf die »Volkseigenen Betriebe« und 22 Prozent auf die SAG-Betriebe. Allerdings waren noch immer 36000 Betriebe in Privatbesitz, in der Leichtindustrie dominierte das »kapitalistische Eigentum«, und in der Landwirtschaft verfügten die Großbauern über 25 Prozent des Bodens.[362]

Die Produktion sollte nach dem Zweijahrplan um ein Drittel erhöht (das wären 80 Prozent der Produktion von 1936), die Arbeitsproduktivität um 30 Prozent ge-

[361] Der deutsche Zweijahrplan 1949/50. Berlin 1948, S. 13.
[362] Schröder, Der Kampf der SED, S. 192.

steigert werden. Um dieses Ziel zu erreichen, initiierte die SED nach sowjetischem Muster 1948 eine Aktivistenbewegung. Im Oktober erfüllte der Kumpel Adolf Hennecke nach entsprechender Vorbereitung sein Tagessoll im Steinkohlenbergbau zu 380 Prozent. Er diente fortan als Vorbild: Entsprechend dem sowjetischen Stachanow-System sollte nun die Hennecke-Bewegung die Arbeitsproduktivität in die Höhe schrauben. Im Februar 1949 erklärte die SED die Aktivistenbewegung zum wichtigsten Hebel der Wirtschaft.

Trotz gewisser Fortschritte blieb die Wirtschaftslage desolat. Auch die auf die westdeutsche Währungsreform im Juni 1948 folgende Währungsumstellung brachte keine großen Verbesserungen. Ende 1948 versuchten die Behörden, durch einen »freien Handel« die Lage zu ändern, dem Schwarzmarkt entgegenzuwirken und gleichzeitig neue Arbeitsanreize zu schaffen. So verkündete die DWK im Oktober 1948 die Bildung einer Staatlichen Handelsorganisation (HO). Diese errichtete Einzelhandelsbetriebe, in denen die Bevölkerung neben der rationierten Versorgung Konsumgüter und Lebensmittel zu stark überhöhten Preisen (z. B. 1 kg Margarine für 110 Mark) frei kaufen konnte. Mit der Schaffung der HO veränderte die Führung gleichzeitig die Struktur des Handels und steigerte hier die Staatsquote systematisch. So hatte die SED mit Beginn des Zweijahrplanes 1949 bereits Voraussetzungen geschaffen, um nicht nur den Staat, sondern auch die Wirtschaft zu dirigieren.

Die Lebenslage und der Alltag in der Sowjetischen Besatzungszone wurden zunächst beherrscht vom Kampf ums nackte Überleben. In den Jahren 1945 und 1946 zeigten Entbehrungen und Hungersnot sowie fehlendes Heizmaterial oder Stromsperre insbesondere in den Städten katastrophale Auswirkungen. Nicht weniger schlimm war die Wohnungsnot; die Suche nach Quartieren, einem »Dach über dem Kopf«, war vor allem wegen der Flüchtlingsströme aus dem Osten ungeheuer schwierig. Die neu eingerichteten Verwaltungen waren daher hauptsächlich damit befaßt, die krassesten Folgen der NS-Diktatur zu überwinden. Den Aufbau der zerstörten Industrie und Verkehrswege haben die Reparationsmaßnahmen der Sowjetunion erschwert. Auch die Übergriffe von Sowjetsoldaten und eine allgemeine Unsicherheit oder die Trennung von Familienangehörigen belasteten das Leben der Bevölkerung. Andererseits ließen schlechte Ernährung und Kleidung sowie unzureichende Wohnverhältnisse »die Arbeitsfähigkeit und den Arbeitswillen sinken, und dies verminderte die Arbeitsproduktivität«.[363]

Nach Überwindung der verheerendsten Auswirkungen des Krieges blieb in der SBZ (wie in den Westzonen bis zur Währungsreform) die Mangelwirtschaft bestimmend. Der Wiederaufbau, der nur langsam voranging, verlief parallel zu den Umwälzungen in der Gesellschaft, im Staat, in der Kultur usw. Aber der Aufbau der neuen Diktatur und die schlechten materiellen Lebensverhältnisse verursachten noch zu Zeiten der SBZ eine Massenflucht nach Westdeutschland. Beim Kampf ums Überleben blieb der Mehrheit der Bevölkerung nur, sich einzurichten und sich wie vor 1945 anzupassen. Die zunehmende Reglementierung, ja Militarisierung der Gesellschaft wirkte sich auf jeden Einzelnen aus. Große Bedeutung für den Alltag hatte der Elitenaustausch. Er bot Arbeitern, Angestellten und vor allem Jugendlichen große soziale Aufstiegschancen. »Die frischgekürten Betriebsdirektoren, Verwaltungsmitarbeiter, Landräte und Bürgermeister wußten sehr wohl, wem sie ihre Po-

[363] Matschke, Die industrielle Entwicklung in der SBZ, S. 293.

sition zu verdanken hatten, und hüteten sich davor, diese durch ›politische Unzuverlässigkeit‹ wieder zu verlieren.«[364]

Daß Anpassung auch im Alltag belohnt wurde, erfuhr die wachsende Zahl der Funktionäre in Staat, Organisationen und der Massenpartei SED. Sie erhielten zwar bescheidene, aber in der damaligen Notlage doch erstrebenswerte Privilegien. Die Löhne, die wie in ganz Deutschland eingefroren waren, fielen zu Zeiten des Schwarzmarktes weniger ins Gewicht, was sich seit der Einrichtung der HO mit ihren »freien« Waren zu weit überhöhten Preisen änderte.

Immerhin hatte die SED schon im Oktober 1945 die Gehälter ihrer Spitzenfunktionäre angehoben (ausdifferenziert von 225 bis 900 Mark).[365] Allerdings war die materielle Zuwendung zunächst viel bedeutsamer, dafür wurden z. B. im KPD-Apparat sofort drei »Klassen«, nämlich »Verpflegungskategorien A, B und C« geschaffen.[366] Auch hierbei war die Unterstützung durch die Besatzungsbehörden mit Sonderzuteilungen, »Pajoks«, d. h. Lebensmittelpaketen für Funktionäre, aber auch »Kulturschaffende«, lebenswichtig.

Ab 1948 wuchs der Einfluß der SED auch auf das Bildungssystem stetig. Ende 1948 gründete die FDJ auf »Vorschlag der SED« eine Kinderorganisation, die »Jungen Pioniere«, die zusammen mit der Lehrerschaft die Kinder ideologisch beeinflussen sollte.[367] Großes Gewicht maß die SED der Arbeit an den Hochschulen bei. Sie intensivierte die Förderung der Studenten aus Arbeiterkreisen durch Bildung von Vorstudienanstalten (1946) und später durch Arbeiter- und Bauern-Fakultäten. Der Anteil der Arbeiterkinder stieg von 19 Prozent 1945/46 auf 36 Prozent im Jahre 1949. Der materielle Aufwand für das Bildungswesen war groß, die Fortschritte waren nicht zu übersehen.

Die Kunst konnte sich in der ersten Periode noch relativ frei entwickeln. Im Mittelpunkt von Literatur, bildender Kunst und Film stand die Auseinandersetzung mit dem Nationalsozialismus und dem Krieg; Besatzungsmacht und SED gewährten zunächst einen weiten Spielraum. Nach den Erfahrungen mit der NS-Zeit und ihrem Kampf gegen »entartete Kunst« akzeptierte man bewußt ein breites Spektrum, in dem sich auch die Moderne entfalten konnte. 1949 signalisierten Angriffe gegen die abstrakte Kunst aber bereits einen Richtungswechsel. Da die SMAD die Massenkommunikationsmittel früh in die Hände der deutschen Kommunisten gelegt hatte, bestimmte die Partei im Rundfunk und im Verlagswesen und – da SED-Zeitungen zahlreicher waren, höhere Auflagen und größere Papierzuteilungen hatten – auch in der Presse. Damit konnte auch die öffentliche Meinung schon früh von der Einheitspartei beeinflußt werden.

In ihrem Selbstverständnis ging die SED freilich 1948 noch davon aus, die »demokratische Ordnung in der sowjetischen Besatzungszone« sei zwar nicht mehr kapitalistisch, aber auch nicht sozialistisch.[368] Im Sommer 1948 sagte Ulbricht, die Ordnung in der SBZ sei »noch nicht einmal eine Volksdemokratie«. Gleichzeitig betonte er allerdings, daß »bis zur Wiederherstellung der Einheit Deutschlands« die von der DWK erlassenen Gesetze und Verordnungen denen der Länder »überge-

[364] Mählert, Parteisäuberungen in der SED, in: Weber und Mählert, Terror, S. 360.

[365] Dokumente zur Geschichte der kommunistischen Bewegung, Bd. 1, S. 94.

[366] Ebd., S. 46.

[367] Vgl. Leonore Ansorg, Kinder im Klassenkampf. Berlin 1997.

[368] Walter Ulbricht, Die gegenwärtigen Aufgaben unserer demokratischen Verwaltung. In: Die neuen Aufgaben der demokratischen Verwaltung. Berlin (Ost) 1948, S. 18 f.

ordnet« seien – obwohl allein die Länder durch die Wahlen von 1946 eine Legitimation besaßen. Ulbricht lehnte auch die Selbstverwaltung der Gemeinden ab, da man »Losungen, die früher unter den Bedingungen der kapitalistischen Staatsgewalt richtig waren«, nicht für die »gegenwärtige Ordnung übernehmen könne«.[369]

Die »Partei neuen Typus«

Der Kalte Krieg und der Konflikt zwischen Stalin und Tito hatten erhebliche Auswirkungen auf den Weltkommunismus. Die Sowjetunion änderte ihre Generallinie und die einzelnen kommunistischen Parteien mußten sich anpassen. Für die SED brachte das 1948/49 auch einen Wandlungsprozeß, sie wurde in eine »Partei neuen Typus« nach dem Vorbild der KPdSU Stalins umgebildet. Zwei Gründe waren dafür maßgebend. Nach der Polemik zwischen der UdSSR und Jugoslawien (das unter Tito die These vom »eigenen Weg« benutzte, um eine von Moskau unabhängige Politik zu betreiben) revidierte Stalin die Parole von den »unterschiedlichen Wegen zum Sozialismus«. Nunmehr hatte die Sowjetunion als alleiniges Vorbild aller kommunistischen Parteien zu gelten, entsprechend war die Parteistruktur an die der KPdSU anzugleichen. Außerdem sollte die SED auf ihre Aufgaben als Staatspartei besser vorbereitet werden. Die Übertragung des sowjetischen Modells auf die SBZ setzte voraus, die SED zu einer kommunistischen Partei im Sinne Stalins zu machen.

Die SED zählte Mitte 1948 fast zwei Millionen Mitglieder, davon war ein Drittel ursprünglich in der SPD organisiert. Viele dieser ehemaligen Sozialdemokraten standen ebenso wie eine große Reihe enttäuschter Altkommunisten in latentem Widerspruch zur Parteiführung. Um ihre »führende Rolle« ausüben zu können, mußte die Parteispitze diese Kräfte ausschalten und jede potentielle Opposition verhindern. Konkret bedeutete dies zunächst: die Abschaffung der paritätischen Funktionsbesetzung der Vorstände, eine Absage an den »besonderen deutschen Weg« zum Sozialismus, die zentralistische Anleitung der Parteiorganisation und eine Säuberung unter Funktionären und Mitgliedern. Die Definition »Partei neuen Typus« umschrieb, daß die SED zu einer stalinistischen Partei umgestaltet werden sollte, d. h. zu einer straff zentralisierten und disziplinierten Organisation, in der die Führung mit Hilfe ihres Apparats bestimmte und die Politik Stalins praktizierte. Offiziell wurde dies als Übernahme der Ideologie des Marxismus-Leninismus bezeichnet.

In diese Richtung tendierten die Kommunisten, wie erwähnt, bereits bei der Gründung der Einheitspartei. Auf der Reichskonferenz der KPD am 2. März 1946 hatte Pieck als »wichtigsten« Punkt hervorgehoben: »Die Partei beruht auf einer wissenschaftlichen Grundlage, auf dem konsequenten Marxismus-Leninismus, der das granitene Fundament der Partei sein muß, wenn sie ihre hohen Aufgaben erfüllen soll.«[370] Als Parteitheorie anerkannt war aber auch im Jahr 1947 allein der »Marxismus«. In seiner Broschüre ›Der SED-Funktionär‹ hatte Erich W. Gniffke 1947 nicht nur den »spezifisch deutschen Weg zum Sozialismus« als verbindlich für die

[369] Ebd., S. 30 f.

[370] Dokumente zur Geschichte der kommunistischen Bewegung, Bd. 4, S. 35. Vgl. auch die damals veröffentlichten Aussagen von Pieck in: Einstimmig beschlossen: SED Groß-Berlin. o. J. (1946), S. 18.

SED-Kader erklärt, sondern ebenso den Marxismus: »Die Theorie des Marxismus ist in den ›Grundsätzen und Zielen‹ unserer Partei verankert. Diese wichtige Entschließung des Vereinigungsparteitages bildet daher den unerläßlichen Leitfaden für die Arbeit eines jeden Parteifunktionärs.«[371]

An dieser Linie nahm der II. Parteitag der SED im September 1947 noch keine grundsätzlichen Änderungen vor. In der Entschließung dieses Parteitages war ausdrücklich festgelegt, daß sich die SED »zum Marxismus als der wissenschaftlichen Grundlage der Arbeiterbewegung« bekenne, und »bis zur Schaffung eines Parteiprogramms« die »Grundsätze und Ziele« des Vereinigungsparteitages weiter gültig blieben. Allerdings sprach Otto Grotewohl auf diesem Parteitag bereits von einer »Fortentwicklung« des Marxismus. Darunter verstand er, »daß wir auch die Fortsetzung und Anwendung dieser Lehre [von Marx und Engels, H. W.] im 20. Jahrhundert, besonders durch Lenin und Stalin, anerkennen und daraus für die deutschen Verhältnisse das Neue und Brauchbare schöpfen«.[372] Zusammenfassend sagte Grotewohl: »Wir müssen und wollen die Errungenschaften des Leninismus genau kennenlernen, um uns das für Deutschland Passende anzueignen.« Doch unterstrich er nochmals, daß dies nicht heiße, »die russischen Erfahrungen und die Erkenntnisse der russischen Theorie schematisch auf Deutschland übertragen« zu können, denn dies wäre »völlig unmarxistisch gedacht«.[373]

Doch Pieck stellte in seinem Schlußwort bereits fest: »Die Diskussion war beherrscht von dem Gedanken und dem Willen zur Einheit der Arbeiterbewegung auf der Grundlage des Marxismus-Leninismus.« Für Ulbricht schließlich war der II. Parteitag ein Zeichen dafür, »daß wir auf dem Weg sind, eine Partei neuen Typus zu werden«. Er verlangte, die Genossen müßten »von der Lehre des Marxismus-Leninismus« überzeugt sein.[374] Im November 1947 betonte Ulbricht ausdrücklich, die SED sei auf dem »besten Wege«, eine Partei neuen Typus zu werden, geleitet von der »Theorie von Marx, Engels, Lenin und Stalin«.[375]

Im September 1947 wurde in Polen das Informationsbüro der kommunistischen und Arbeiterparteien (Kominform) gebildet.[376] Damit wollte die KPdSU die bedingungslose Befolgung der Stalinschen Politik mit einer strafferen Anleitung aller kommunistischen Parteien erreichen und darüber hinaus die Übernahme des sowjetischen Modells in den Volksdemokratien forcieren. Die SED wurde an der Gründung des Kominform nicht beteiligt, sie hat sich aber sofort der dort festgelegten neuen sowjetischen Konzeption angeschlossen.

Die Anpassung der SED an die KPdSU wurde vor allem durch den sowjetisch-jugoslawischen Konflikt vorangetrieben. Nach der Kominform-Resolution gegen Jugoslawien[377] trat die SED ohne Zögern an die Seite Stalins. Am 3. Juli 1948 stellte das Zentralsekretariat der SED in einer Entschließung gegen die jugoslawischen Kommunisten fest: »Die wichtigste Lehre der Ereignisse in Jugoslawien besteht

[371] Erich W. Gniffke, Der SED-Funktionär. Berlin o. J. (1947), S. 13 ff.

[372] Protokoll der Verhandlungen des II. Parteitages der Sozialistischen Einheitspartei Deutschlands. 20.–24. 9. 1947. Berlin 1947, S. 292.

[373] Ebd., S. 292 f.

[374] Protokoll II. Parteitag, S. 235, 479. Vgl. zum II. Parteitag auch Bouvier, Ausgeschaltet. S. 93 ff.

[375] Walter Ulbricht, Die große Lehre. Einheit 2 (1947), S. 1075.

[376] Vgl. dazu Grant M. Adibekow, Der Apparat des Kominform. In: Jahrbuch für Historische Kommunismusforschung 1998, S. 219 ff.

[377] Vgl. dazu: Tito contra Stalin. Der Streit der Diktatoren in ihrem Briefwechsel. Hamburg 1949.

aber für uns deutsche Sozialisten darin, mit aller Kraft daranzugehen, die SED zu einer Partei neuen Typus zu machen, die unerschütterlich und kompromißlos auf dem Boden des Marxismus-Leninismus steht.«[378]

In wenigen Monaten sollte nun die SED zur »Partei neuen Typus« umgewandelt werden. Die sich steigernde Hetze gegen Jugoslawien[379] verband die SED mit einer Parteisäuberung. Am 29. Juli 1948 faßte der Parteivorstand den Beschluß über die »Säuberung der Partei von feindlichen und entarteten Elementen«.[380] Wer sich weigerte, am »Parteileben« teilzunehmen, sollte ausgeschlossen werden. »Beschleunigte Ausschlußverfahren« waren durchzuführen gegen Mitglieder, »die eine parteifeindliche Einstellung« oder »sowjetfeindliche Haltung« zeigten, wobei der »begründete Verdacht« genügte. Damit setzte eine gezielte Aktion gegen Sozialdemokraten, Gewerkschafter und oppositionelle Kommunisten ein. Gleichzeitig wurde unter der Losung des »Kampfes gegen den Nationalismus« die Anerkennung der »führenden Rolle« der Sowjetunion als verbindlich erklärt. Widerstand gegen diese neue Linie galt als »antisowjetische Propaganda«, Parteimitglieder, die an der alten Politik festhalten wollten, wurden ausgeschlossen und als »Agenten« strafrechtlich verfolgt. Walter Ulbricht sagte: »Wer die antisowjetische Hetze führt oder unterstützt, hat in dem Kreise unserer Parteimitglieder nichts mehr zu suchen. (Zwischenruf: Sie müssen aus den Staatsstellen entlassen werden!) Das ist richtig.«[381]

Ziel der Säuberungen war indes nicht nur die Entfernung oppositioneller Mitglieder, sondern auch eine Strukturänderung. Von April 1946 bis Ende 1947 waren eine halbe Million neuer Mitglieder in die SED gekommen. Den weitaus stärksten Zuwachs hatte Thüringen (59 Prozent)[382], wo nach Meinung der Führung die »Parteifeinde« über den größten Einfluß verfügten. Die neuen Mitglieder waren ebenso wie die früheren Sozialdemokraten noch keineswegs fest in die Partei eingebunden.

Die Mitgliederentwicklung war insgesamt positiv gewesen. Der Anteil der Frauen und der Jugend hatte sich etwas verbessert (Frauen von 21,5 Prozent bei der Gründung auf 24,1 Prozent Ende 1947, Mitglieder unter 30 Jahren: von 17 auf 21 Prozent).[383] Jeder neunte erwachsene Einwohner der DDR war Ende 1947 Mitglied der SED. Von den Industriearbeitern gehörten rund 20 Prozent, von den Angestellten zwischen 34 Prozent (Sachsen und Brandenburg, Berlin nur 8 Prozent)

[378] Beschluß des Zentralsekretariats vom 3.7.1948. In: Dokumente der Sozialistischen Einheitspartei Deutschlands, Bd. II, Berlin (Ost) 1952, S. 81 f.

[379] Die SED veröffentlichte alle Noten der Sowjetregierung, so z. B. 1949: Titos Doppelspiel und Verrat. Berlin o. J. (1949). Auch die immer aggressiveren Angriffe des Kominform wurden von der SED nachgedruckt, etwa die Resolution von 1949 ›Die Kommunistische Partei Jugoslawiens in der Hand von Mördern und Spionen‹, zu der die SED erklärte: »Die verächtlichen Kreaturen des amerikanischen Imperialismus, die Tito-Agenten, Vertreter des Ostbüros Schumachers, frühere KPO-Leute und andere Feinde der Arbeiterklasse versuchen auch in der DDR ... ihre Zersetzungsarbeit.« Verteidigung des Friedens und Kampf gegen die Kriegstreiber. Berlin o. J. (1949), S. 79.

[380] Vgl. dazu AdsD (Ostbüro) 0051. Dokumente der SED, Bd. II, S. 84 f.

[381] Neues Deutschland, Nr. 195 vom 22. 8. 1948.

[382] Den geringsten Zuwachs hatte Berlin mit 8 Prozent. Eine genaue Aufstellung und eine Analyse der Mitgliedschaft befinden sich in AdsD, NL Gniffke 32: Stand der Organisation am 31. Dezember 1947. Vgl. auch die Aufschlüsselung der Mitglieder für Mai 1947. In: Bericht des Parteivorstandes der SED an den 2. Parteitag. Berlin 147, S. 29 ff.

[383] Ebd., S. 5 f. Die meisten weiblichen Mitglieder (28,8 Prozent) hatte Berlin, die wenigsten (21,8 Prozent) Thüringen. Die meisten Mitglieder unter 30 Jahren hatte Sachsen-Anhalt (24 Prozent), die wenigsten Berlin (10,8 Prozent).

und 42 Prozent (Mecklenburg) der Partei an, von den Lehrern rund 40 Prozent usw.[384]

Die SED war eine Massenpartei.[385] Die »Partei neuen Typus«, d. h. die stalinistische Partei, sollte nicht zuletzt durch Parteisäuberungen geschaffen werden. Um die hierarchische und disziplinierte Organisation und kommende Staatspartei zu »schmieden«, wurden Ausschlüsse und Verfolgungen von »Abweichlern« zum Kern ihrer Kaderpolitik. Die Säuberungen hatten »fünf wesentliche Funktionen zu erfüllen: 1. die Reinigung der Partei von tatsächlichen oder vermeintlichen Feinden, 2. die Steuerung der Kaderpolitik, 3. die Erziehung der Mitglieder, 4. deren Mobilisierung für die Ziele der Partei und 5. die Präsentation von ›Schuldigen‹ für die vielfältigen Defizite in Partei, Wirtschaft und Gesellschaft.«[386]

Allerdings waren Säuberungen, d. h. die gezielte Kaderpolitik mit Repressalien zur Erziehung von treuen Parteisoldaten, nur die eine Seite, die andere betraf die Veränderungen der Strukturen der Partei und schließlich ihrer ideologischen Zielsetzung. Diese Tatsachen sind früh thematisiert worden und können nun anhand der Archivalien erhärtet werden.[387]

Die vom Vereinigungsparteitag festgelegte »paritätische« Besetzung der Parteileitungen mit ehemaligen Sozialdemokraten und Kommunisten war bereits früh ausgehöhlt. Schon 1946 waren erste Verstöße zu registrieren; so wurde z. B. die Redaktion des theoretischen Organs ›Einheit‹ faktisch nur von einem Kommunisten geleitet, auf den Parteischulen dominierten kommunistische Lehrer.[388] 1947 gewannen die Kommunisten in der SED noch größeres Gewicht. »Die Bemühungen der SED, sich als gesamtdeutsche Parteiorganisation zu etablieren, waren gescheitert. In der sowjetischen Zone hatte die Partei seit ihrer Gründung einen beträchtlichen Mitgliederzuwachs zu verzeichnen, der in erster Linie über das Instrument der Parteischulung zu integrieren war. Die Dominanz der Kommunisten in diesem Bereich, ihre größere Aktivität angesichts des permanenten Kampagnencharakters der Parteipolitik, die Passivität vieler früherer Sozialdemokraten, die Zentralisierung und Hierachisierung der Parteistruktur und nicht zuletzt die Besetzung von Schlüsselfunktionen durch frühere Kommunisten bildeten einzelne Transformationsmechanismen, die insgesamt im ersten Jahr der Existenz der SED zu einer beträchtlichen Veränderung des ursprünglichen formalen und zahlenmäßigen Gleichgewichts von Kommunisten und Sozialdemokraten führten.«[389] Nachdem die Parität in den

[384] Ebd., S. 9 ff. Insgesamt war jeder sechste Industriearbeiter, jeder vierte Angestellte, jeder dritte Lehrer, jeder achte Handwerker und Techniker, jeder zehnte Bauer und jeder 17. Landarbeiter Mitglied der SED (S. 12).

[385] Vgl. zur Mitgliederentwicklung die Organisationsstatistiken im früheren Zentralen Parteiarchiv der SED: SAPMO DY 30 IV 2/5/1367.

[386] Ulricht Mählert, Parteisäuberungen in der SED. In: Weber und Mählert, Terror, S. 371. Dort eine genaue Beschreibung der Parteisäuberungen.

[387] Vgl. z. B. Carola Stern, Porträt einer bolschewistischen Partei. Entwicklung, Funktion und Situation der SED. Köln 1957. Jüngste Veröffentlichungen: Andreas Malycha, Partei von Stalins Gnaden? Die Entwicklung der SED zur Partei neuen Typus in den Jahren 1946 bis 1950. Berlin 1996; Harold Hurwitz, Die Stalinisierung der SED. Opladen 1997. Für das entscheidende Jahr 1948 liegen Protokolle der sechs Parteivorstandssitzungen gedruckt vor: Entscheidungen der SED 1948. Aus den stenographischen Niederschriften der 10. bis 15. Tagung des PV der SED. Hrsg. Thomas Friedrich u. a. Berlin 1995.

[388] Chefredakteur der ›Einheit‹ war Seydewitz (1945 KPD), seine SPD-»Parität« Weimann schied schon nach der ersten Nummer aus. Vgl. Max Seydewitz, Es hat sich gelohnt zu leben. Lebenserinnerungen eines alten Arbeiterfunktionärs. Bd. 2. Berlin (Ost) 1978, S. 63. Zu den Parteischulen vgl. z. B. AdsD (Ostbüro): Aufstellung über die Parteihochschule.

[389] Müller, Der Transformationsprozeß, S. 55 f.

Grundeinheiten bereits vor dem II. Parteitag weitgehend aufgegeben worden war[390], hob die 16. Tagung des PV einen Tag vor der 1. Parteikonferenz der SED im Januar 1949 schließlich das Prinzip der Parität auch formal auf.[391]

Der Anteil der Sozialdemokraten in den Vorständen ging nun rapide zurück. Von den Mitarbeitern des Zentralsekretariats – dort gab es von Anfang an keine Parität – waren im März 1949 nur noch 10 Prozent ehemalige Sozialdemokraten.[392]

Verworfen wurde auch die Theorie vom besonderen deutschen Weg zum Sozialismus. Dazu hatte der Parteivorstand der SED am 16. September 1948 erklärt, diese Theorie sei ebenso zu bekämpfen wie der »Nationalismus, der seinen Ausdruck findet in der Verleumdungskampagne gegen die Sowjetunion«.[393] Ein »besonderer Weg« wurde als Abgleiten in den »westeuropäischen Scheinsozialismus«, den Opportunismus und Nationalismus verdammt. Der Hauptvertreter dieser Theorie, Anton Ackermann, schrieb wenige Tage später selbstkritisch: »Diese Theorie von einem ›besonderen deutschen Weg‹ bedeutet zweifellos eine Konzession an die starken antisowjetischen Stimmungen in gewissen Teilen der deutschen Bevölkerung: Sie bedeutet ein Zurückweichen vor der wilden antikommunistischen Hetze, wie sie in Deutschland besonders kraß im Zusammenhang mit der Vereinigung der KPD und SPD zur SED einsetzte.«[394]

Aus dem Protokoll der PV-Sitzung vom 15./16. September 1948 läßt sich aber jetzt entnehmen, wie Ackermann zunächst versuchte, sich zu rechtfertigen. Er erinnerte an die Tatsache, daß der »besondere Weg« ja die damals offiziell gültige Linie der Partei gewesen war. Seinen berühmten Artikel von 1946 habe er zudem »im Auftrag des Sekretariats der KPD« geschrieben. Dazu meinte Grotewohl als früherer Sozialdemokrat süffisant, dies sei »Geschichte«, und diese »kleine Familienangelegenheit interessiert uns nicht«.[395] Ulbricht allerdings machte Ackermann gegenüber den Zwischenruf: »Aber richtig ist es nicht.« Offenbar genügte schon diese Einschüchterung, denn Ackermanns öffentliche Selbstkritik eine Woche später hatte bereits einen anderen Tenor. Doch auch öffentlich wurde schon 1948/49 klargestellt, daß die Umwandlung der SED in eine stalinistische Partei eine Nachahmung von Ideologie, Struktur und Methoden der KPdSU bedeutete.

Das Thema der Mitgliederschulung im September 1948 lautete »Wie schaffen wir die Partei neuen Typus?« Im ›Bildungsheft‹ dazu wurde nochmals herausgestellt, daß die »von Lenin und Stalin geschaffene Partei der Bolschewiki« das »Musterbeispiel« einer solchen Partei sei.[396] Als wesentliches Merkmal wurde eine »straffe Parteidisziplin« genannt, ebenso Kritik und Selbstkritik. Zu den nächsten Schritten auf dem Weg zur Partei neuen Typus wurden die Schaffung eines aktiven Funktionärskorps, die Reinigung von feindlichen »Elementen«, vor allem »Schumacher-Agenten«, und eine neue positive Einstellung zur Sowjetunion gezählt: »Jeder Sozialist

[390] Vgl. Bericht des PV an den 2. Parteitag, abgedruckt bei Müller, ebd., S. 84.

[391] Hermann Weber und Fred Oldenburg, 25 Jahre SED. Chronik einer Partei. Köln 1971. S. 72. Dokumente der SED, Bd. II, S. 213 ff. AdsD (Ostbüro), 0320.

[392] Das ergibt eine Auszählung der Listen der Angestellten des Zentralsekretariats in der Lothringer- und der Wallstraße im März 1949, die sich in den Akten des Ostbüros befinden und in denen ehemalige Sozialdemokraten unterstrichen sind. Von den 500 Angestellten sind nur 48 ehemalige SPD-Mitglieder. AdsD (Ostbüro), 0302 I.

[393] Dokumente der SED, Bd. II, S. 103.

[394] Anton Ackermann in: Neues Deutschland, Nr. 223 vom 24. 9. 1948.

[395] SAPMO, DY 30, IV 2/1/52, S. 188 ff.

[396] Sozialistische Bildungshefte 3 (1948) Heft 9: Wie schaffen wir eine Partei neuen Typus? S. 3.

und Demokrat muß sich heute vorbehaltlos hinter die Sowjetunion stellen. Mitglieder, die eine sowjetfeindliche Einstellung bekunden, können wir nicht in der Partei dulden.«[397] Die Haltung gegenüber der UdSSR wurde zum »Prüfstein« für jedes Mitglied gemacht.

Mit der Aufhebung der Parität und der Ablehnung der Theorie vom besonderen Weg sowie der Durchführung von Parteisäuberungen gab die SED die Grundlage ihrer Entstehung als Einheitspartei auf, sie wurde nun eine kommunistische Partei Stalinscher Prägung. Zu dem immer größer werdenden Dissens zwischen SED und Bevölkerung wegen des Aufbaus der »Volksdemokratie« kam so eine weitere Differenzierung innerhalb der Partei selbst, denn viele Mitglieder und Funktionäre wollten diese Abkehr von den Grundpositionen der Einheitspartei nicht mitvollziehen. Die SED-Führung versuchte durch organisatorische Maßnahmen und eine Anpassung der Parteistrukturen an die der KPdSU jeglichen inneren Widerstand zu ersticken. Die 13. Tagung des Parteivorstandes der SED im September 1948 beschloß die Einrichtung einer Zentralen Parteikontroll-Kommission (ZPKK) und entsprechender Institutionen für jeden Landes- und Kreisverband. Mit Hilfe der mächtigen ZPKK (die Hermann Matern von 1948 bis zu seinem Tode 1971 leitete) entledigte sich Ulbricht in der Folgezeit aller innerparteilichen Gegner.[398] Von September 1948 bis Januar 1949 wurden 400 sogenannte Agenten des Ostbüros der SPD aus der SED ausgeschlossen und verhaftet.[399] Das gleiche Schicksal erlitten oppositionelle Kommunisten, vor allem in Thüringen.[400] Aus der SPD gekommene Parteiführer wie Ernst Thape[401] und Erich Gniffke flüchteten nach Westdeutschland. In einem »Abschiedsbrief« schrieb Gniffke am 28. Oktober 1948: »Erinnern wir uns, daß wir Sozialdemokraten bei der Vereinigung von alten Kommunisten gebeten wurden, mit ihnen zusammen alles zu tun, um zu verhindern, daß sich wieder wie vor 1935 der ›Apparat‹ neben der Partei auftut! Und Anton Ackermann wird seinen Grund dafür gehabt haben, als er erklärte, eher nach Sibirien geschickt zu werden, als daß er zulasse, daß Ulbricht seinen Machtapparat aufbaut und das Politbüro geschaffen wird. Trotzdem vollzog sich revolutionär ›volksdemokratisch‹ der Weg des Separatismus, in dem der ›Klassenkampf‹ in die Blockparteien, in die ganze Zone bis zum letzten Dorf getragen wurde ... Ich will offen bekennen, heute fällt mir der Entschluß leichter als vor einem halben Jahr. Damals hätte ich austreten müssen aus der SED, heute trete ich aus aus der ›Partei neuen Typus‹, richtiger aus der Ulbrichtschen KPD 1932. Denn das ist der Wandel, wie wir beides in den genannten drei Parteivorstandssitzungen erlebt haben.«[402]

[397] Ebd., S. 15.

[398] Vgl. nun auch Mählert, Parteisäuberungen in der SED, sowie Thomas Klein, Wilfriede Otto und Peter Grieder, Visionen. Repression und Opposition in der SED (1949–1989). Frankfurt/Oder 1996.

[399] Hans Müller, Die Entwicklung der SED und ihr Kampf für ein neues Deutschland. Berlin (Ost) 1961, S. 191.

[400] Besonders hervorstechend war das Beispiel des ehemaligen Preußischen Landtagsabgeordneten Alfred Schmidt, der 1929 zur KPO übergetreten war. Schmidt, der bereits in der Weimarer Republik wegen seiner Tätigkeit für die KPD zweieinhalb Jahre inhaftiert war, wurde als Widerstandskämpfer gegen Hitler fünf Jahre im Zuchthaus und KZ festgehalten. 1945 wurde er in Thüringen FDGB-Funktionär, 1947 wegen »sowjetfeindlicher Einstellung« aus der SED ausgeschlossen, im Juni 1948 verhaftet und im Dezember 1948 von einem sowjetischen Militärtribunal zum Tode verurteilt, die in 25 Jahre Arbeitslager verwandelt wurden, von denen er über acht Jahre absitzen mußte. Vgl. Hermann Weber, Die Wandlung, Bd. 2, S. 278 f.

[401] Vgl. Ernst Thape, Von Rot zu Schwarz-Rot-Gold. Lebensweg eines Sozialdemokraten. Hannover 1969, S. 295 ff.

[402] Gniffke, Jahre mit Ulbricht, S. 364 ff.

Damals nach außen vertuschte innerparteiliche Vorgänge sind heute aus Parteiakten offenzulegen. Beispielhaft ist das am Ausschluß des früheren Sozialdemokraten Bruno Böttge aus dem Parteivorstand zu zeigen. Der Landtagspräsident von Sachsen-Anhalt wurde auf einer »geschlossenen Sitzung« des PV als Mitglied dieses Gremiums im September 1948 abgesetzt. Ihm wurde vorgeworfen, bei der Vereinigung 1946 SPD-Gelder in eine Stiftung transferiert zu haben. Es kam zu heftigen Debatten, in denen Pieck versuchte, den demokratischen Schein noch zu wahren.[403] Ähnlich geheimgehaltene Interna gehen aus dem Protokoll einer anderen Sitzung des PV vom Oktober 1948 hervor. Als dort über die Flucht Erich W. Gniffkes gesprochen wurde, behauptete Pieck, bei der Vereinigung seien ohnehin »viele faule Köppe« in die Partei gekommen, und Lohagen äußerte sofort den Verdacht, »daß Erich Gniffke ein Agent ist«.[404]

Doch bei der »Ausmerzung« von »Agenten« hatte Pieck schon im Dezember 1945 die hinterhältige Taktik der deutschen Kommunisten dargelegt: Es gelte, »einige Tatsachen hervorzukehren, und die Besatzungsmacht wird sprechen«.[405] Daher würden sich die Kommunisten – so wiederum Pieck – »politisch auch ohne Mehrheit durchsetzen«.[406]

Im September 1948 beschloß das Zentralsekretariat der SED, das Studium der Stalinschen ›Geschichte der KPdSU – Kurzer Lehrgang‹ (die Chruschtschow dann 1956 als Machwerk angriff) zur Basis der Parteischulung zu machen.[407] Das war ein deutliches Signal für die intensive Stalinisierung.

Diese wurde auch nachdrücklich von der SMAD forciert. Bei den Tagungen des Parteivorstandes der SED, die die Weichen für diesen Weg stellten, wandten sich erstmals die »Vertreter der SMAD als Organisation der KPdSU an die SED«.[408] Die SMAD förderte nicht nur die »innere Stärkung und Konsolidierung« der SED; der Historiker und damalige Mitarbeiter der SMAD, Drabkin, bestätigt verklausuliert, daß der »höchste Parteistab« und die »Mitarbeiter der SMAD, die sich mit diesen Fragen beschäftigten«, mit »Prinzipienfestigkeit« und »Elastizität« in den Prozeß der Stalinisierung eingriffen.[409] Konkret berichtet Drabkin, wie auf einer Sitzung der SMAD im Januar 1949 »mit W. Pieck, O. Grotewohl, W. Ulbricht in kleinem Kreise bei Marschall V. D. Sokolowskij« die »praktische Realisierung einer Reihe von Grundsätzen der Leninschen Lehre über die Partei auf der bevorstehenden I. Parteikonferenz der SED« besprochen und bestimmte Schritte »empfohlen« wurden, z. B. die Einführung der Kandidatenzeit, die Aufhebung der Parität und die Schaffung des Politbüros.[410]

Bei regelmäßigen Zusammenkünften nahm die SMAD 1948 Einfluß auf die SED-Führung, um die Stalinisierung der Partei voranzutreiben. Unter anderem infor-

403 Pieck bremste einige Funktionäre, die Böttge auch als Landtagspräsidenten absetzen wollten, mit dem Argument, dies sei Sache des Landtags. SAPMO, DY 30, IV 2/1/53. Böttge wurde später verhaftet und kam erst 1956 frei. Vgl. auch Entscheidungen der SED 1948, S. 47, 362 ff.

404 SAPMO, DY 30, IV 2/1/58.

405 Dokumente zur Geschichte der kommunistischen Bewegung, Bd.2, S. 404.

406 Ebd., S. 615.

407 So sollte im »Massen-Selbststudium« der »Kurze Lehrgang« studiert werden, die »Politischen Bildungsabende« sollten »einzelne Kapitel« behandeln, an den Landesschulen war er ebenso wie auf der Parteihochschule »Karl Marx« zur »Grundlage der Lehrpläne« zu machen. Dokumente der SED, Bd. II, S. 128 ff.

408 Kampfgemeinschaft SED-KPdSU, S. 323.

409 Ebd., S. 53.

410 Ebd., S. 54.

mierte die SMAD die KPdSU-Führung über die »Schwächen« der SED. Tulpanow berichtete am 12. März 1948 nach Moskau, in der SED fehle die »Unversöhnlichkeit« gegenüber »den Abweichungen von der Parteilinie«, gegen »Schumacher-Agenten« sowie das »Verständnis für die Notwendigkeit, gegen den Sozialdemokratismus zu kämpfen«.[411] Aus Sicht der Besatzung war die SED-Führung nicht »resolut genug«, um ihre Anhänger »auf einen prosowjetischen Kurs zu bringen«.[412] Ein SMAD-Offizier teilte im Februar 1948 mit, die SED habe »erst nach unserer Intervention« Maßnahmen ergriffen, um Gegner »aus der Partei auszuschließen«.[413] Im Mai 1948 hatte Tulpanow in einem Grundsatzreferat die Veränderung der SED in eine stalinistische Partei angemahnt, da nun von der Teilung Deutschlands auszugehen sei.[414]

Wegen der Schwierigkeiten bei der Stalinisierung mußten Pieck, Grotewohl, Ulbricht und Oelßner nochmals nach Moskau. Dort kam es vom 11. bis 24. Dezember 1948 zu verschiedenen Unterredungen, auch wieder mit Stalin. Pieck dankte Stalin »für seine Hilfe, die er uns ständig durch die Gen. Semjonow, Sokolowski, Russkich, Tulpanow und aus den anderen Abt. der SMA zukommen läßt«.[415] Stalin war dagegen, die SBZ offiziell als »Volksdemokratie« zu deklarieren. Er schlug beim »Weg zum Sozialismus« vor, »nicht direkte Eingriffe sondern Zickzack«. Schließlich verlangte er von den deutschen Kommunisten, nicht wie die »Teutonen« mit dem »Holzhammer« vorzugehen, sondern taktisch und insgeheim zu handeln.[416] Für die Schaffung der Partei neuen Typus aber gab Stalin grünes Licht und erteilte Anweisungen dazu.[417] Doch noch im Juni 1949 mußte sich Pieck von Tulpanow vorhalten lassen, es gäbe in der SED »Trotzkistische Elemente – antisowjetische Agitation« oder »Tito-Stützpunkte«. Die Säuberung mußte intensiver weitergehen.[418]

Die Übertragung der Strukturen der KPdSU auf die SED mit den Führungsorganen Politbüro, Sekretariat und ZK-Apparat, dem zentralistischen und hierarchischen Aufbau der Organisation, den Kompetenzen des hauptamtlichen Apparats und den Mechanismen und Arbeitsmethoden sowie insbesondere der »Kaderarbeit« mit der »Nomenklatur« wurde von der Stalinschen Führung auch über die SMAD gesteuert. Die SMAD spielte also auch bei der Umwandlung der SED zu einer stalinistischen Partei nach dem Vorbild der KPdSU eine maßgebliche Rolle, auch wenn die Praktiken der deutschen Kommunisten nicht unterschätzt werden dürfen.

Die 1. Parteikonferenz der SED, die vom 25. bis 28. Januar 1949 tagte, war ein Höhepunkt der Stalinisierungskampagne. Die 384 Delegierten nahmen nach Referaten von Pieck, Ulbricht und Grotewohl eine Resolution über die »nächsten Aufgaben der SED« an. In dieser Entschließung wurde die Umformung der SED zu einer »Partei neuen Typus« zur Hauptaufgabe der Partei erklärt: »Die SED steht heute vor der großen historischen Aufgabe, den demokratischen Neuaufbau in der Ostzone zu festigen und von dieser Basis aus den Kampf für die demokratische Einheit

[411] Gennadij Bordjugow, SMAD und SED, in: Weber und Mählert, Terror, S. 337.
[412] Naimark, Die Russen in Deutschland, S. 389 ff.
[413] Zitiert ebd., S. 390.
[414] Pieck, Aufzeichnungen, S. 216 ff.
[415] Ebd., S. 254, 268.
[416] Naimark, Die Russen in Deutschland, S. 393 ff.
[417] Pieck, Aufzeichnungen, S. 261; Naimark, ebd., S. 394.
[418] Pieck, ebd., S. 285. Zur Gesamtentwicklung jetzt Mählert, Parteisäuberungen in der SED, S. 351 ff.

Deutschlands, für den Frieden und für die fortschrittliche Entwicklung zu verstärken. Die Partei kann diese Aufgabe nur erfüllen, wenn sie unermüdlich weiter daran arbeitet, die SED zu einer Partei neuen Typus, zu einer marxistisch-leninistischen Kampfpartei zu entwickeln. Vorwärts unter dem unbesiegbaren Banner von Marx, Lenin und Stalin!«[419]

Der »demokratische Zentralismus« avancierte zum Prinzip des Parteiaufbaus, Fraktionen und Gruppierungen in der SED wurden streng untersagt. Da die SED keine »opportunistische Partei« westlicher Prägung sein sollte, schrieb sie den Kampf gegen den Sozialdemokratismus« auf ihre Fahnen. Das Bekenntnis zur KPdSU Stalins und zur »führenden Rolle« der Sowjetunion wurde für alle SED-Mitglieder verpflichtend. »Kontrollkommissionen« überwachten die »Reinheit« der Partei, Sozialdemokraten wurden aus Funktionen verdrängt, und Verhaftungen sogenannter Agenten schufen eine Atmosphäre der Angst, in der die geforderte Parteidisziplin einen hierarchischen Zentralismus begünstigte.

Die Leitung der Partei übernahm nach einem Beschluß der 16. Tagung des Parteivorstandes vom 24. Januar 1949 ein Politbüro.[420]

Dieser neuen Spitzenführung gehörten die Kommunisten Wilhelm Pieck, Franz Dahlem, Walter Ulbricht und Paul Merker sowie die ehemaligen Sozialdemokraten Otto Grotewohl, Friedrich Ebert und Helmut Lehmann als Mitglieder an. Kandidaten wurden Anton Ackermann und Karl Steinhoff. Die Kommunisten überwogen nun. Fechner war aus der Führung verdrängt, Paul Merker (1894–1969), von Beruf Kellner, hatte sich 1920 mit der linken USPD der KPD angeschlossen. Er war seit 1923 hauptamtlicher Sekretär, von 1928 bis 1930 Mitglied des Politbüros der Partei, dann wegen »Linksabweichung« abgesetzt. In der Emigration wieder in der Parteiführung, flüchtete er 1942 nach Mexiko und kam 1946 zurück. Er wurde 1950 aus der SED ausgeschlossen, 1952 verhaftet, aber 1956 wieder entlassen. Er bekam keine politischen Funktionen mehr.

Friedrich Ebert (1894–1979) war der älteste Sohn des späteren Reichspräsidenten Ebert. Seit 1913 in der SPD, war er in der Weimarer Republik Redakteur an Parteizeitungen und von 1928 bis 1933 MdR, 1945 wieder in der SPD, dann Vorsitzender der SED in Brandenburg. Von 1948 bis 1967 war er Oberbürgermeister von Ost-Berlin; er gehörte bis zu seinem Tode dem Politbüro an.

Neu geschaffen wurde das »Kleine Sekretariat« des Politbüros unter Vorsitz Ulbrichts, in das u. a. auch Edith Baumann (1909–1973) aufgenommen wurde. Seit 1927 Mitglied der SPD, 1931 der SAP war sie von 1933 bis 1936 inhaftiert. 1945 wieder in der SPD, war sie von 1946 bis 1949 stellvertretende Vorsitzende der FDJ; sie war einige Jahre mit Erich Honecker verheiratet. Bis 1953 war sie Sekretärin des ZK, dann der Berliner SED.

Mit der Parteikonferenz vom Januar 1949 war die erste Transformationsphase der SED abgeschlossen. Freilich wurde offiziell die SBZ noch nicht zur »Volksdemokratie« erklärt, sondern das Streben nach der Einheit Deutschlands wieder stärker in den Vordergrund gerückt. Doch das war lediglich ein vorübergehendes Bremsen, noch im gleichen Jahr 1949 wurde die DDR ausgerufen.

Im Februar 1949 führte das Politbüro der SED entsprechend einem Beschluß der 16. Tagung des Parteivorstandes eine »Kandidatenzeit« ein. Erst nach einer Be-

[419] Protokoll der 1. Parteikonferenz der SED. 25.–28. Januar 1949 in Berlin. Berlin (Ost) 1949, S. 530 f.
[420] Protokoll, ebd., S. 547. Neues Deutschland, Nr. 25 vom 30. 1. 1949.

währungszeit von einem Jahr konnte ein Antragsteller Parteimitglied werden. Auch das bedeutete eine Angleichung an die KPdSU. In ›Richtlinien‹ dazu hieß es: »Wachsamkeit gegenüber feindlichen Elementen und Agenten, um die Partei sowie das Volkseigentum vor Sabotage und anderen Schäden zu schützen, ist genau so die Pflicht der Kandidaten, wie es die der Mitglieder ist.«[421]

Im ›Schulungsheft der SED‹ zum »Politischen Bildungsabend« wurden die Parteimitglieder z. B. im März 1949 entsprechend instruiert: Die »Partei Lenins und Stalins« war danach Vorbild für alle revolutionären Arbeiterparteien. Die SED hätte nach den »bitteren Lehren« der letzten drei Jahrzehnte ganz besondere Veranlassung, von der UdSSR und dem »anerkannten Lehrer der Arbeiterklasse in allen Ländern«, Stalin, zu lernen.[422]

Zum wichtigsten Instrument der Kaderpolitik sollte die »Nomenklatur« werden. Bereits die 5. Sitzung des »Kleinen Sekretariats« am 14. Februar 1949 beschloß Änderungen der Arbeitsmethoden der Personalpolitischen Abteilung. Wie in der Sowjetunion war nunmehr eine »Nomenklatur der Funktionäre« zu erstellen.[423] Das Nomenklatursystem bedeutete, daß über sämtliche Positionen von oben nach unten bestimmt wurde. Ein »Kaderreservoir« schuf die Möglichkeit, daß alle Funktionen den Anweisungen der jeweils übergeordneten Instanz entsprechend besetzt wurden. Bald galten die Prinzipien der Nomenklatur nicht nur für das kaderpolitische Regime der Partei, sondern ebenso im Staatsapparat, der Wirtschaft usw.

Allerdings mußte Ulbricht auf der Organisationskonferenz im Juni 1949 weiterhin »ideologische Schwankungen« feststellen, so in Thüringen, aber auch »bei einigen Genossen auf der Parteihochschule auf Grund der Tätigkeit des Trotzkisten Leonhard«.[424] Ulbricht kritisierte auch, daß die SED-Mitglieder vielerorts bei Diskussionen »antisowjetischen Auffassungen« nicht entgegenträten und die UdSSR nicht verteidigten.[425] Eine gründliche »Kaderarbeit«, vor allem die Heranziehung und Förderung junger Kräfte sowie eine stärkere »systematische Anleitung und Kontrolle der unteren Organisationen« könnte laut Ulbricht die Arbeit der »Partei neuen Typus« verbessern.

Mit der Einschwörung auf Stalin, der Zurückdrängung der Sozialdemokraten und damit der Führung der Partei durch die Kommunisten sowie mit dem Prinzip des »demokratischen Zentralismus« knüpfte die SED an die Tradition der alten KPD an. Zugleich waren nun alle Vorbereitungen getroffen, als Staatspartei in einem – am Modell der Sowjetunion orientierten – deutschen Teilstaat die Macht zu übernehmen.

Die Jahre von 1945 bis 1949 waren für die Sowjetische Besatzungszone wie für die westlichen Zonen keineswegs nur eine Zwischenphase, in der die jeweilige Militärbehörde herrschte. Bereits 1945/46 formierten sich Ansätze unterschiedlicher

[421] Richtlinien zum Beschluß über die Einführung einer Kandidatenzeit in der SED. Beschluß des Politbüros der SED vom 8. April 1949. Hrsg. v. d. Org.-Abteilung des PV der SED. o. O. u. J. (Berlin 1949), S. 3.

[422] Sozialistische Bildungshefte 4 (1949) Heft 3: Lenin und der Leninismus, S. 12.

[423] Protokoll der Sitzung des Kleinen Sekretariats vom 14. 2. 1949, SAPMO, DY 30, J IV 2/3/5. Vgl. zu den Einzelheiten Monika Kaiser, Die Zentrale der Diktatur. In: Kocka, Historische DDR-Forschung, S. 75 ff.

[424] Die Organisationsarbeit der SED. Reden von Walter Ulbricht und Paul Verner auf der Organisationskonferenz der SED (7. und 8. Juni 1949). Berlin 1949, S. 19.

[425] Ulbricht auf der 18. Tagung des PV der SED im Mai 1949, in: Walter Ulbricht, Zur Geschichte der deutschen Arbeiterbewegung. Bd. III: 1946–1950, Zusatzband. Berlin (Ost) 1971, S. 709 f.

gesellschaftlicher und politischer Systeme, die 1948 zur Teilung führten und 1949 in die Herausbildung zweier deutscher Staaten mündeten. Es war keine zwangsläufige, aber von den Besatzungsmächten geförderte und vor allem vom Kalten Krieg beeinflußte Wandlung. Damit war die Besatzungszeit bis 1949 im wesentlichen »schon konstitutiv für die Ausformung der späteren Verfassungswirklichkeit der DDR«.[426]

[426] Vgl. SBZ-Handbuch, S. 1 ff.

2. KAPITEL

Stalinisierung der DDR 1949–1953

Anfänge der DDR

Im großen Festsaal der »Deutschen Wirtschaftskommission« für die sowjetisch besetzte Zone Deutschlands, im früheren Reichsluftfahrtministerium trat am 7. Oktober 1949, einem Freitag, der »Deutsche Volksrat« zusammen. Seine 330 Mitglieder bildeten eine Art Ersatzparlament. Einberufen hatte sie ein »Deutscher Volkskongreß«, der im Mai 1949 in umstrittener Weise nach einer »Einheitsliste« gegen eine starke Minderheit von der Bevölkerung der Sowjetischen Besatzungszone gewählt worden war.

An der Stirnwand stand in großen Lettern: »Es lebe die Nationale Front des demokratischen Deutschland!«. Und an der Rückfront hieß es auf einem Transparent: »Nur eine gesamtdeutsche Regierung überwindet die nationale Not!« Von Wilhelm Pieck wurde der Antrag gestellt: »Der deutsche Volksrat erklärt sich zur provisorischen Volkskammer im Sinne der von ihm am 19. März 1949 beschlossenen und vom 3. Deutschen Volkskongreß bestätigten Verfassung der Deutschen Demokratischen Republik.«[1] Und am Schluß konnte wiederum Pieck festhalten, daß die Delegierten des »Volksrats« durch Erheben von den Plätzen die Bildung einer »Provisorischen Volkskammer« einmütig billigten, mit anderen Worten, daß sie ihre Institution selbst umbenannten. Die DDR war gegründet.

Vier Tage später, am 11. Oktober, wurde am gleichen Ort der soeben gewählte Präsident der DDR, Wilhelm Pieck, vereidigt. In seiner Antrittsrede erhob der Präsident in Ost-Berlin den gleichen Anspruch, den einige Wochen zuvor in Bonn die aus freien Wahlen hervorgegangene Bundesregierung gestellt hatte: die Interessen des gesamten deutschen Volkes wahrzunehmen und deutscher »Kernstaat« zu sein. Und wie die Bundesregierung, so erklärte auch Pieck für die DDR, »die Legitimation« zu besitzen, »für das ganze deutsche Volk zu sprechen«.[2]

Die gegensätzlichen Auffassungen von Demokratie in beiden deutschen Staaten wurden freilich sofort überdeutlich, denn für Pieck hob sich die »Einmütigkeit der Parteien und Organisationen« in der DDR »würdig ab von dem traurigen Bild, das der westdeutsche Bundestag und die westdeutsche Bundesregierung in dem häßlichen Widerstreit des Parteiegoismus der bürgerlichen Parteien und der Sozialde-

[1] Sächsische Zeitung. Organ der Sozialistischen Einheitspartei Deutschlands. Land Sachsen, Nr. 236 vom 8. 10. 1949. Vgl. auch Helmut Neef, Entscheidende Tage im Oktober 1949. Die Gründung der Deutschen Demokratischen Republik. Berlin (Ost) 1979, S. 66 ff.

[2] Die Rede wurde in der DDR-Presse abgedruckt. Vgl. z. B. Neues Deutschland. Organ des ZK der SED, Nr. 239 vom 12.10.1949; Tägliche Rundschau. Zeitung für Politik, Wirtschaft, Kultur (Organ der SMAD), Nr. 238 (1349) vom 12. 10. 1949; Berliner Zeitung, Nr. 239 vom 12. 10. 1949.

mokratie bieten«. Einen »häßlichen« Parteienstreit sah Pieck vor allem darin, daß »der Präsident der westdeutschen Bundesrepublik, Heuss, mit nur 416 Stimmen von 804 Stimmen der Bundesversammlung und der Bundeskanzler nur mit seiner eigenen Stimme, mit 202 von 402 Stimmen des Bundestages gewählt werden konnte«. Obwohl sich auch die neugegründete DDR als Parteienstaat verstand, versuchte Pieck also die in Deutschland verbreitete Neigung auszunutzen, den Konkurrenzkampf der Parteien als Parteiengezänk, als »häßlichen Widerstreit« negativ zu werten. Dagegen stellte er die »Einmütigkeit« im DDR-System als positiv heraus, um so die Vorherrschaft der Kommunisten zu vertuschen.

Als Ministerpräsident wurde am 12. Oktober (ebenfalls einstimmig) Otto Grotewohl berufen. Grotewohls Kabinett setzte sich aus drei stellvertretenden Ministerpräsidenten (Walter Ulbricht, SED, Hermann Kastner, LDP, und Otto Nuschke, CDU) und 14 Fachministern zusammen. Von den 18 Mitgliedern der ersten DDR-Regierung gehörten acht der SED an; festzuhalten ist auch, daß sieben Minister ehemals Arbeiter waren. Sechs Regierungsmitglieder hatten während der Hitler-Diktatur viele Jahre im Zuchthaus oder Gefängnis gesessen, vier hatten emigrieren müssen; freilich: einer (Steidle, CDU) war bereits 1933 in die NSDAP eingetreten. Als der eigentlich entscheidende Mann der DDR erwies sich rasch der stellvertretende Ministerpräsident Walter Ulbricht.

Der Spielraum der neuen Regierung blieb stark eingeschränkt. Da die DDR aus einem Besatzungsgebiet hervorging, war sie von der Siegermacht abhängig. Die oberste Sowjetbehörde in Deutschland, die Sowjetische Militäradministration (SMAD), wurde zwar 1949 aufgelöst, doch die Nachfolgeinstitution, die Sowjetische Kontrollkommission (SKK), übernahm deren politische Funktion.[3] Sie konnte jederzeit Druck ausüben und besaß die maßgebliche Kompetenz, um die DDR-Regierung im Sinne der Sowjetunion zu lenken. Bezeichnend, daß der Chef der Kontrollkommission identisch war mit dem der aufgelösten SMAD: Armeegeneral Tschuikow.

Freilich erwarteten die DDR-Politiker weitere sowjetische Unterstützung. Diese Hoffnung wurde besonders durch ein Grußtelegramm Stalins genährt, in dem dieser die Gründung der DDR einen »Wendepunkt in der Geschichte Europas« nannte. Das SED-Zentralorgan brachte am 14. Oktober ein Extrablatt mit dem Telegramm in großer Aufmachung heraus, die reguläre Ausgabe erschien dann mit der Schlagzeile: »Stalin begrüßt die Gründung der Deutschen Demokratischen Republik als Wendepunkt in der Geschichte Europas«.[4] Stalin erklärte: »Es unterliegt keinem Zweifel, daß die Existenz eines friedliebenden, demokratischen Deutschland

[3] Vgl. Das SKK-Statut. Zur Geschichte der Sowjetischen Kontrollkommission in Deutschland 1949–1953. Im Auftrag des Instituts für Zeitgeschichte zusammengestellt und eingeleitet von Elke Scherstjanoi. München 1998.

[4] Neues Deutschland, Nr. 241 vom 14. 10. 1949. In ähnlich großer Aufmachung brachte auch die übrige Presse (allerdings meist erst am 15. Oktober) das Telegramm; vgl. die Schlagzeilen »Stalin: Es lebe das einheitliche, unabhängige, demokratische, friedliebende Deutschland« (Volksstimme. Organ der SED, Bezirk Chemnitz-Erzgebirge, Nr. 242 vom 15. 10.); »Stalins Glückwunsch an die Demokratische Deutsche Republik« (Sächsische Zeitung, Nr. 242 vom 15. 10.); »Stalins Telegramm von weltweiter Bedeutung« (Tribüne. Tageszeitung des Freien Deutschen Gewerkschaftsbundes, Berlin Nr. 242 vom 15. 10.); »Stalin: Es lebe und gedeihe das einheitliche, unabhängige, demokratische, friedliebende Deutschland« (Bauern Echo. Organ der Demokratischen Bauernpartei Deutschlands, Nr. 120 vom 15. 10.).

Die Blätter von CDU und LDP rückten die Antwort von Pieck und Grotewohl an die Spitze und Stalins Telegramm in den Text (Neue Zeit, Nr. 142 vom 15. 10.: »Dank an Generalissimus Stalin«).

neben dem Bestehen der friedliebenden Sowjetunion die Möglichkeit neuer Kriege in Europa ausschließt, dem Blutvergießen in Europa ein Ende macht und die Knechtung der europäischen Länder durch die Weltimperialisten unmöglich macht. Die Erfahrung des letzten Krieges hat gezeigt, daß das deutsche und das sowjetische Volk in diesem Kriege die größten Opfer gebracht haben, daß diese beiden Völker die größten Potenzen in Europa zur Vollbringung großer Aktionen von Weltbedeutung besitzen. Wenn diese beiden Völker die Entschlossenheit an den Tag legen werden, für den Frieden mit der gleichen Anspannung der Kräfte zu kämpfen, mit der sie den Krieg führten, so kann man den Frieden in Europa für gesichert halten.«

In ihrer Antwort dankten Pieck und Grotewohl der Sowjetunion »und ihrem weisen und hochherzigen Führer« und gelobten, die sowjetische Friedenspolitik zu unterstützen. Unterstrichen beide die »Wärme des Tones« in Stalins Telegramm, so stellte es für die Presse der DDR ein »weltbewegendes Ereignis« dar. Stalin rief demnach in der soeben gegründeten DDR wieder ins Bewußtsein: »Jawohl, Deutschland war und ist eine wichtige Macht in Europa«.[5] Für die SED-Führung, die gerade mit der Bildung einer »Nationalen Front« auch den Nationalismus für ihre Politik instrumentalisieren wollte, kam das Telegramm gerade recht. Freilich brachte es auch ungewünschte Wirkungen. Die ›Junge Welt‹, das Organ der Freien Deutschen Jugend, zog aus den Stalin-Worten den Schluß, daß es neben dem sowjetischen Volk »in Europa kein anderes Volk gibt, das durch Tüchtigkeit, Ausdauer und Fleiß befähigt ist ›Aktionen von Weltbedeutung‹ zu vollbringen, wie das deutsche Volk«.[6] Hinter den Kulissen wurde diese Form des Nationalismus der verantwortlichen Redakteure heftig gerügt, sie mußten selbstkritisch eingestehen, »Überheblichkeit unseligen Andenkens« geäußert zu haben. Sie gaben den »groben Schnitzer« »freimütig zu«.[7]

Die Gründung der DDR war ein deutliches Signal wachsender Spannungen und des Ost-West-Konfliktes. Fast zur gleichen Zeit verwiesen auch andere Ereignisse auf die kritische Lage. Wenige Tage zuvor war die weltgeschichtlich bedeutsame Ausrufung der Volksrepublik China erfolgt, war in Ungarn der frühere Innenminister Rajk nach einem Schauprozeß hingerichtet worden und wurde die erste Atombombe in der UdSSR (23. September) gezündet. Im September 1949 war der Freundschaftspakt zwischen der UdSSR und Jugoslawien gekündigt worden, der Streit zwischen Stalin und Tito auf dem Höhepunkt angelangt. Auf der anderen Seite waren sowohl die Bundesrepublik Deutschland geschaffen als auch die NATO und der Europarat gegründet worden.

Die Entscheidung über die DDR-Gründung hatte die Sowjetunion getroffen. Schon am 16. September waren die SED-Führer Wilhelm Pieck, Otto Grotewohl, Walter Ulbricht und Fred Oelßner nach Moskau gefahren. Ihre Verhandlungen dauerten bis zum 28. September.[8] Bereits am 17. September fand eine Besprechung im Politbüro der KPdSU, u. a. mit Malenkow, Berija, Molotow, statt. Am 19. September legte die deutsche Delegation Stalin ein Papier vor, in dem sie um die Zustimmung für die »Bildung einer provisorischen deutschen Regierung in der So-

[5] Neues Deutschland, Nr. 242 vom 15. 10. 1949.

[6] Junge Welt. Zentralorgan der Freien Deutschen Jugend (Berlin), Nr. 42 vom 19. 10. 1949.

[7] Junge Welt, Nr. 43 vom 26. 10. 1949.

[8] Über die Reise der vier SED-Führer wurde erstmals berichtet in: Geschichte der Sozialistischen Einheitspartei Deutschlands. Abriß. Berlin (Ost) 1978, S. 218; vgl. dazu Hermann Weber, Kleine Geschichte der DDR. Köln 1980, S. 52.

wjetischen Besatzungszone« ersuchte.[9] In einem Brief an Stalin baten die SED-Führer am 19. September »um Rat des Genossen Stalin, wie wir bei der Bildung der deutschen Regierung vorgehen sollen«.[10] Doch erst nach über einer Woche Aufenthalt in Moskau bekamen die deutschen Genossen die Genehmigung zur Gründung des deutschen Teilstaates.[11]

Mit der Rückkehr der SED-Führer nach Berlin am 29. September lag der Kurs für die Schaffung eines Separatstaates fest. Die Gremien der Einheitspartei leiteten konkrete Maßnahmen zur Regierungsbildung ein, obwohl die Agitation noch bei allgemeinen Losungen von der »Einheit Deutschlands« blieb. Am 4. Oktober gab die SED auf der 22. Tagung ihres Parteivorstandes offiziell grünes Licht für die Konstituierung der DDR.[12] Nach einem Referat von Pieck, der wieder den »nationalen Notstand und die Kriegsgefahr« beschworen hatte, nahm der Parteivorstand einstimmig den »dringenden Vorschlag« an, »mit den anderen demokratischen Parteien und Massenorganisationen in Beratungen über die Bildung einer provisorischen Regierung der Deutschen Demokratischen Republik einzutreten«.[13] Die Führungsspitzen dieser Parteien und Organisationen hatten sich bereits festgelegt oder traten nun zusammen, um ebenfalls die Regierungsbildung zu verlangen. Die Bekundungen klangen recht einmütig.[14] Es war das CDU-Organ ›Neue Zeit‹, das am 4. Oktober mit der Schlagzeile erschien: »Der Deutsche Volksrat muß handeln! Forderung aus allen Kreisen nach gesamtdeutscher Regierung.« Doch hinter den Kulissen gab es Auseinandersetzungen, da LDP und CDU noch keineswegs völlig gleichgeschaltet waren.

Zunächst richtete sich der Widerstand gegen das lange Hinausschieben von Volkskammerwahlen, da nach Meinung der SED-Spitze die »Provisorische Volkskammer« ein ganzes Jahr bestehen bleiben sollte. Vor allem aber wurde der SED-Vorschlag kritisiert, die fälligen Landtagswahlen ebenfalls bis Oktober 1950 zu ver-

[9] Wilhelm Pieck, Aufzeichnungen zur Deutschlandpolitik 1945–1953. Hrsg. Rolf Badstübner und Wilfried Loth. Berlin 1994, S. 294 ff.

[10] Ebd., S. 299. Vgl. auch: Die DDR vor dem Mauerbau. Dokumente zur Geschichte des anderen deutschen Staates 1949–1961. Hrsg. Dierk Hoffmann, Karl-Heinz Schmidt und Peter Skyba. München 1993, S. 39 ff.

[11] Vgl. u. a. Elke Scherstjanoi (Hrsg.), »Provisorium für längstens ein Jahr«. Die Gründung der DDR. Berlin 1993; Dietrich Staritz, Geschichte der DDR. Frankfurt a. M. 1996, S. 34 ff. Ders., Die SED, Stalin und die Gründung der DDR. In: Aus Politik und Zeitgeschichte. B 5/1991, S. 3 ff; Norman M. Naimark, Die Russen in Deutschland. Berlin 1997, S. 77 ff.; Wilfried Loth, Stalins ungeliebtes Kind. Warum Moskau die DDR nicht wollte. Berlin 1994, S. 148 ff.

[12] Vgl. den Bericht, den die SMAD über diese Sitzung nach Moskau gab. Bernd Bonwetsch und Gennadij Bordjugov, Norman Naimark (Hrsg.), Sowjetische Politik in der SBZ 1945–1949. Bonn 1998, S. 214 ff.

[13] Neues Deutschland, Nr. 233 vom 5. 10. 1949. Vgl. auch: Rolf Badstübner (Leiter Autorenkollektiv) u. a. Deutsche Geschichte, Bd. 9. Die antifaschistisch-demokratische Umwälzung, der Kampf gegen die Spaltung Deutschlands und die Entstehung der DDR von 1945–1949. Berlin (Ost) 1989, S. 456 ff.

[14] Der NDP-Vorsitzende Lothar Bolz unterstützte die SED-Forderungen ebenso uneingeschränkt wie der Parteivorsitzende der Demokratischen Bauernpartei; vgl. National-Zeitung. Das Blatt der National-Demokratischen Partei Deutschlands, Nr. 232 vom 4. 10. 1949; Bauern Echo, Nr. 115 vom 4. 10. 1949. Zu den Zustimmungen der Massenorganisationen vgl. Neef, Entscheidende Tage, S. 61.

Der Hauptausschuß der CDU ermächtigte seinen Vorsitzenden Otto Nuschke, die »schwebenden Verhandlungen zum Abschluß zu bringen« (Neue Zeit, Nr. 234 vom 6. 10. 1949). Der Hauptausschuß der LDP nannte die Errichtung der DDR nur eine vorläufige Lösung der deutschen Lebensfragen, Ziel seien gesamtdeutsche Wahlen. »Bis dahin muß die deutsch-demokratische Republik durch demokratische Wahlen im Sinne der gesamtdeutschen Verfassung des Volksrats innerhalb der Zone die erforderliche Untermauerung erfahren.« (Der Morgen, Nr. 232 vom 4. 10. 1949.) Diese Passage hatte Neef (S. 60) bei seinem Zitat aus ›Der Morgen‹ weggelassen!

schieben. Schließlich ging es um Personalprobleme. Schon auf Sitzungen der Führung des »Demokratischen Blocks« hatten CDU- und LDP-Vertreter mehrfach das zu große Übergewicht der SED in den Verwaltungen bemängelt,[15] nun hegten sie die gleichen Befürchtungen bei der Regierungszusammensetzung.

Die Weichen waren aber am 5. Oktober endgültig gestellt. Der SED war es mit Hilfe der Massenorganisationen, der Bauernpartei und der Nationaldemokraten sowie ihrer Verbündeten in CDU und LDP gelungen, ihre Vorstellungen voll durchzusetzen. Die westliche Presse wußte freilich zu berichten, daß es z. B. auf einer Sitzung der Kreisvorsitzenden und Kreissekretäre der CDU am 10. Oktober in Berlin zu stürmischen Auseinandersetzungen gekommen war. Nuschke und Dertinger wurden angegriffen, weil sie die Beteiligung an der Staatsgründung nicht von der Abhaltung der Wahlen zu den Landesparlamenten noch 1949 abhängig gemacht hatten.[16] Tatsächlich fand diese Sitzung am 9. Oktober statt. Nuschke wurde durch Zwischenrufe unterbrochen, die meisten Kreisvorsitzenden kritisierten die Haltung des Vorstands. Der Kreisvorsitzende von Ahlbeck faßte die Stimmung zusammen: »Wir sind erschüttert, daß von Wahlen Abstand genommen wurde.« Der Vertreter des Kreisvorstandes Luckau teilte mit, zwei Ortsverbände seien aus der Partei ausgetreten, die Auflösung der Deutschen Wirtschaftskommission (DWK) sei bedeutungslos: »In der Regierung sitzen die gleichen Personen, es ist die gleiche SEDistische Diktatur.«[17] Doch die Kritik kam zu spät. In den Tagen vor der Gründung der DDR gab es keine öffentlichen Proteste. Allerdings war die Gründung der DDR im Oktober 1949 keineswegs bloß die Antwort auf die Bildung der Bundesrepublik Deutschland. Seit 1947 wurde Deutschland schrittweise gespalten, und es war der Ost-West-Konflikt, der letztlich zur Schaffung zweier deutscher Staaten führte.

In der Sowjetischen Besatzungszone war bis 1949 der Übergang zur »volksdemokratischen Ordnung« abgeschlossen worden. Unter der Oberhoheit der SMAD hatte die SED die wichtigsten Machtpositionen übernommen, und diese Partei war inzwischen nach dem Vorbild der KPdSU in eine »Partei neuen Typus« umgewandelt worden. Die politische, aber ebenso die ökonomische und damit auch die Sozialstruktur der SBZ waren so stark verändert und boten die Voraussetzungen für einen diktatorischen Staat.

Nach der Regierungsbildung im Oktober 1949 ging die DDR-Führung zielstrebig dazu über, den Staatsapparat auszubauen. Rasch zeigte sich, daß zwischen der gerade angenommenen Verfassung und der Realität des Staates keineswegs Übereinstimmung herrschte. Die Verfassung der DDR von 1949[18] unterschied sich in den meisten Teilen nur wenig von »bürgerlich-demokratischen« Verfassungen, in vielen Passagen war das Vorbild der Weimarer Verfassung erkennbar. Insgesamt wurden in drei Abschnitten die Grundlagen der Staatsgewalt, ihr Inhalt und ihre Grenzen

[15] Siegfried Suckut, Blockpolitik in der SBZ/DDR 1945–1949. Die Sitzungsprotokolle des zentralen Einheitsfront-Ausschusses. Quellenedition, Köln 1985, S. 341 (Blocksitzung vom 22. Februar 1949, Rede Hamann).

[16] Neue Zürcher Zeitung, Nr. 2064 vom 11. 10. 1949.

[17] Tagung der Kreisvorsitzenden und Kreissekretäre in Berlin, Hauptgeschäftsstelle der CDU, am 9. Oktober, 11 Uhr, S. 8, 15, in: BA Koblenz NL Kaiser 8; vgl. auch Konferenz der Kreisvorsitzenden und Kreisgeschäftsführer der SBZ, 9. 10. 1949, NL Kaiser, ebd.

[18] Die Verfassung ist mehrfach veröffentlicht, vgl. z. B. Herwig Roggemann, Die DDR-Verfassungen. Berlin (West) 1976, S. 174 ff. Dort finden sich auch die späteren Veränderungen (S. 202 ff.). Vgl. auch Siegfried Mampel, Die Verfassung der Sowjetischen Besatzungszone Deutschlands. 2. Aufl. Frankfurt a. M. 1966.

sowie ihr Aufbau definiert. Deutschland war danach eine unteilbare Republik, die sich auf die Länder stützte. Die Verfassung sah eine zentralistische Staatsform vor, mit dem Parlament – der Volkskammer – als »höchstem Organ der Republik« (Art. 50). Damit sollten die Gewaltenkonzentration und die Abkehr vom Prinzip der Gewaltenteilung demonstriert werden. Allerdings schrieb die Verfassung die »allgemeine, gleiche, unmittelbare und geheime Wahl« der Abgeordneten nach »den Grundsätzen des Verhältniswahlrechts« vor (Art. 51). Artikel 3 bestimmte nicht nur, daß alle Staatsgewalt vom Volke ausgeht, sondern verfügte auch: »Die Staatsgewalt muß dem Wohl des Volkes, der Freiheit, dem Frieden und dem demokratischen Fortschritt dienen. Die im öffentlichen Dienst Tätigen sind Diener der Gesamtheit und nicht einer Partei.« Entsprechend garantierte die Verfassung die Grundrechte des Bürgers (Rede-, Presse-, Versammlungs- und Religionsfreiheit, das Postgeheimnis usw. – Art. 8, 9, 41). Artikel 14 besagte: »Das Streikrecht der Gewerkschaften ist gewährleistet.« Artikel 22 schützte das Eigentum.

Eine Besonderheit der Verfassung war der später bekannt-berüchtigte Artikel 6, der neben Bekundung von Glaubens-, Rassen- und Völkerhaß sowie Kriegshetze auch »Boykotthetze gegen demokratische Einrichtungen und Organisationen ... und alle sonstigen Handlungen, die sich gegen die Gleichberechtigung richten«, als »Verbrechen im Sinne des Strafgesetzbuches« definierte. Mit Hilfe dieser Leerformeln in Artikel 6 konnte die SED in der Folgezeit durch entsprechende Auslegung alle Gegner, jede Form von Opposition, strafrechtlich verfolgen lassen.

Gleichzeitig mit der Staatsgründung erfolgte die Bildung der »Nationalen Front des demokratischen Deutschland«. Am 4. Oktober 1949 hatte die SED die »Plattform der Nationalen Front des demokratischen Deutschland« vorgelegt und der Volkskongreßbewegung die Aufgabe gestellt, »zur Schaffung und Festigung der Nationalen Front des demokratischen Deutschland breite patriotische Kreise um sich zu sammeln« und sich in Ausschüsse der Nationalen Front umzugestalten.[19]

Alle Parteien und Massenorganisationen schlossen sich in der Nationalen Front zusammen. Die SED beherrschte von Anfang an die Büros (d. h. Sekretariate) der Nationalen Front und konnte dadurch die anderen Parteien und Massenorganisationen direkt lenken und stärker kontrollieren. Durch die Einrichtung sogenannter Hausgemeinschaften erfaßte die Nationale Front auch die politisch Unorganisierten, ihre »Aufklärungs-Lokale« spielten als Agitationszentren selbst im entlegensten Dorf eine große Rolle. Ganz besonders aber sollte sich die Nationale Front in der Westarbeit bewähren, d. h. »nationale Kreise« in der Bundesrepublik für sich gewinnen.

Im Januar 1950 nahm das »Sekretariat der Deutschen Volkskongreßbewegung« Stellung zu der angeblich »aus allen Kreisen der Bevölkerung erhobenen Forderung«, die Nationale Front organisatorisch zu festigen. Das Sekretariat konstituierte sich als »Sekretariat der Nationalen Front des demokratischen Deutschland« und bildete entsprechende Landes-, Kreis- und Ortsausschüsse. Vorsitzender des Sekretariats blieb Wilhelm Koenen, später wurden von den sechs Mitgliedern des Sekretariats drei (Paul Merker, Georg Dertinger und Karl Hamann) als »Feinde« inhaftiert.[20]

Am 15. Februar 1950 beschloß der Nationalrat, ein weiteres Führungsgremium der Nationalen Front, ein Programm, dessen Hauptforderung lautete: »Schaffung

[19] Dokumente der Sozialistischen Einheitspartei Deutschlands. Bd. II. Berlin (Ost) 1952, S. 375.

[20] Nationale Front des demokratischen Deutschland. Informationsdienst 3 (1950) Nr. 8, S. 3. Weitere Mitglieder des Sekretariats waren Friedel Malter, Vincenz Müller und Paul Scholz.

eines einheitlichen, demokratischen, friedliebenden und unabhängigen Deutschlands und Wiederherstellung der politischen und wirtschaftlichen Einheit Berlins als der Hauptstadt Deutschlands.«[21] Dies waren nur verbale Bekundungen, in der Praxis wurde die Spaltung nämlich gerade durch den Aufbau des neuen Staatsapparates vorangetrieben. Entsprechend dem Strukturplan der Regierung waren dem Sekretariat des Ministerpräsidenten Grotewohl die Zentrale Kommission für Staatliche Kontrolle, das Amt für Information und das Amt für Reparationen zugeordnet. Zum Bereich des Sekretariats des Stellvertretenden Ministerpräsidenten Ulbricht gehörte das Amt für Jugendfragen, während sein CDU-Kollege Nuschke für die Verbindung zu den Kirchen zuständig war. Der Regierungskanzlei angeschlossen waren die Abteilung Personal, die zentrale Verschlußsachenabteilung und die Hauptabteilungen Allgemeine Verwaltung und Regierungsangelegenheiten. Die Hauptabteilungen der einzelnen Ministerien waren entsprechend der Aufgabenstellung gegliedert, so z. B. im Ministerium für Auswärtige Angelegenheiten (Dertinger): Politische Angelegenheiten, Personalpolitik, Wirtschaftspolitik, Kulturpolitik, Recht, Konsularische Angelegenheiten, Allgemeine Verwaltung und die Abteilungen Verschlußsachen, Protokoll, Presse sowie Schulung.[22]

Bei der Vergabe der Positionen in den Ministerien zeigte sich bald, daß die SED die Personalpolitik bestimmte. Die anderen Parteien hatten zwar die Wichtigkeit der Stellenbesetzungen erkannt, blieben aber ohne wesentlichen Einfluß auf die Personalentscheidungen. Die CDU-Fraktion setzte einen »Personalausschuß« ein, der am 18. Oktober 1949 erstmals zusammentrat und vom Stellvertretenden Ministerpräsidenten Nuschke einen »Stellenplan sämtlicher Ministerien« mit »der Parteizugehörigkeit der Stelleninhaber« forderte. Die Fraktion sollte einen Gesetzentwurf erarbeiten, damit die »Personaleinstellung in allen Regierungs- und Verwaltungsstellen im Geiste der Blockpolitik vorgenommen« werde.[23] In der Fraktionssitzung vom 19. Oktober 1949 gab Nuschke zu bedenken, »ob wir genügend geeignete Menschen für diese Aufgaben haben würden. Das bisherige Ergebnis ist erschütternd. Es melden sich fast ausschließlich ›abgeschossene‹ Unionsmitglieder.« Hingegen meinte der Abgeordnete Teubert-Dresden, bisher hätten nach den Richtlinien der DWK über jeden Bewerber Informationen bei der SED eingezogen werden müssen, die »dann meist negativ ausfielen. Es ist doch so: jeder CDU-Mann, der aktiv tätig ist, wird irgendwo bei der SED angerempelt haben, ohne dabei den Grundsätzen der CDU untreu gewesen zu sein. Dieser Zustand muß aufhören, sonst kann die ganze Aktion keinen Erfolg haben.«[24] Doch die SED behielt das Privileg, die personalpolitischen Entscheidungen im Staatsapparat zu treffen. Die Angehörigen der anderen Parteien mußten unter diesen Umständen kooperationsbereit und loyal sein, und so gelang es der SED, auf diese Parteien selbst einzuwirken.

Bereits am 17. Oktober hatte das Sekretariat des Politbüros der SED bestimmt, daß »Gesetze und Verordnungen« schon »vor ihrer Verabschiedung durch die

[21] Vom Deutschen Volkskongreß zum Nationalkongreß. Hrsg. Sekretariat der Nationalen Front des demokratischen Deutschland. O. O. u. J. (Berlin 1950), S. 42.

[22] Strukturplan der Sowjetzonenregierung. Hrsg. v. Bundesminister für gesamtdeutsche Fragen, 27.2.1950. Staatsarchiv Bremen, Senatsregistratur. R. 1.0. Nr. 17.

[23] Verhandlungsniederschrift über die 1. Sitzung des Personalausschusses der CDU-Fraktion. 18.10.1949. BA Koblenz, NL Kaiser 8.

[24] Vermerk. Fraktionssitzung der Volkskammerfraktion der CDU am 19.10.1949 betr. Personalpolitik. BA Koblenz, NL Kaiser 8.

Volkskammer oder die Regierung dem Politbüro bzw. Sekretariat des Politbüros zur Beschlußfassung übermittelt werden« mußten.[25] Die Diktatur der SED, ihre »führende Rolle« gegenüber dem Staat, bestand also seit Gründung der DDR.

Am 7. Dezember 1949 beschloß die Provisorische Volkskammer ein Gesetz über die Errichtung des Obersten Gerichts und der Obersten Staatsanwaltschaft in der DDR. Von der LDPD-Fraktion kam ein eigener Entwurf, nach dem das Oberste Gericht in der Tradition des deutschen Reichsgerichts fortgeführt werden sollte. Der Rechtsausschuß der Volkskammer einigte sich dann auf eine Fassung, die im wesentlichen dem Regierungstext entsprach. Das Oberste Gericht hatte danach in Straftaten von »überragender Bedeutung« in erster und letzter Instanz zu entscheiden und wirkte als Kassationsgericht. Vor allem: die Oberste Staatsanwaltschaft wurde selbständiges Organ und der sowjetischen Prokuratur angeglichen. Damit war ein erster Schritt zur Neuordnung der gesamten Gerichtsverfassung getan. Das Oberste Gericht wurde maßgebliche Instanz für die Auslegung der Verfassung (Art. 6) und damit gleichzeitig für die Festigung des Systems. Gerichte sollen allein 1950 über 78 000 politische Angeklagte verurteilt haben, darunter 15 zum Tode. Gerade in der Phase der Übertragung des Sowjetsystems spielten also politischer Druck und Terror eine entscheidende Rolle.[26]

Das Ministerium des Innern wurde entsprechend erweitert, eine zentrale Staatliche Kontrolle beim Ministerpräsidenten geschaffen und die Deutsche Volkspolizei als zentral geleitetes bewaffnetes Organ ausgebaut – bis 1950 wuchsen die »Bereitschaften« der Kasernierten Volkspolizei (KVP) auf 50 000 Mann an.

Zum wichtigsten Instrument der SED beim Aufbau ihrer Diktatur entwickelte sich das Ministerium für Staatssicherheit (MfS), das auf Beschluß der Volkskammer am 8. Februar 1950 gegründet worden war. Es unterstand als selbständiger Apparat nur dem Politbüro der SED, deren »Schild und Schwert« es wurde.[27] Mit einem weitverzweigten Netz von hauptamtlichen Mitarbeitern und Agenten (Informelle Mitarbeiter) überwachte das MfS das öffentliche Leben. Ziel war es, durch Kontrolle und Terror Unsicherheit und Angst zu wecken, um jede Opposition gegen die SED-Diktatur zu verhindern. Die Gefährlichkeit des MfS als Überwachungs- und Unterdrückungsapparat war begründet »durch die Konzentration seiner durch Gesetz niemals definierten, weder behördlich noch parlamentarisch kontrollierten Kompetenzen als politische Geheimpolizei, als Untersuchungsorgan bei Staatsverbrechen und anderen schweren politischen Straftaten im Sinne des Regimes und als geheimer Nachrichtendienst.«[28] Im Jahr 1950 zählte das MfS etwa 1 000 Mitarbeiter, 1957 bereits 17 500.[29]

[25] Stiftung Archiv der Parteien und Massenorganisationen der DDR im Bundesarchiv (SAPMO) DY 30, J IV 2/3/57. Gekürzt abgedruckt in: Die DDR vor dem Mauerbau, S. 46 f.

[26] Vgl. dazu Karl Wilhelm Fricke, Politik und Justiz in der DDR. Zur Geschichte der politischen Verfolgung 1945–1968. Köln 1979. S. 155 ff.

[27] Über das MfS und seine Tätigkeit erschienen inzwischen zahlreiche Untersuchungen. Vgl. u. a. Karl Wilhelm Fricke, Die DDR-Staatssicherheit. Entwicklung, Strukturen, Aktionsfelder. Köln 1982; ders., MfS intern. Macht, Strukturen, Auflösung der DDR-Staatssicherheit. Köln 1991; Karl Wilhelm Fricke und Roger Engelmann, »Konzentrierte Schläge«. Staatssicherheitsaktionen und politische Prozesse 1953–1956. Berlin 1998; Klaus-Dietmar Henke und Roger Engelmann (Hrsg.), Aktenlage. Die Bedeutung der Unterlagen des Staatssicherheitsdienstes für die Zeitgeschichtsforschung. Berlin 1995; Siegfried Suckut und Walter Süß (Hrsg.), Staatspartei und Staatssicherheit. Zum Verhältnis von SED und MfS. Berlin 1998.

[28] Karl Wilhelm Fricke, Das MfS als Herrschaftsinstrument der SED, In: Klaus Schönhoven und Dietrich Staritz (Hrsg.), Sozialismus und Kommunismus im Wandel. Hermann Weber zum 65. Geburtstag. Köln 1993, S. 399.

Schließlich bot das von der Volkskammer im Dezember 1950 verabschiedete »Gesetz zum Schutz des Friedens« der SED die Voraussetzung, gegen Oppositionelle vorzugehen. Danach mußte z. B. strafrechtlich verfolgt werden, wer »gegen Teilnehmer am Kampf für den Frieden ... hetzt«.[30] Da die DDR-Führung den Anspruch erhob, allein für den Frieden aktiv zu sein (in einer Regierungserklärung behauptete Grotewohl, »Adenauer und Schumacher wollen den dritten Weltkrieg«),[31] war jede – als »Hetze« abqualifizierte – Kritik an den Herrschenden in der DDR zu bestrafen.

Der SED gelang es, den gesamten Staatsapparat systematisch mit ergebenen Kadern zu besetzen. Im Jahre 1948 gehörten knapp 44 Prozent der Mitarbeiter des Staatsapparates in der SBZ der Einheitspartei an, ebenso viele waren parteilos, je fünf Prozent waren Mitglieder der CDU und der LDPD, je 0,3 Prozent der NDPD und der DBD.[32] In den folgenden Jahren wuchs die Zahl der SED-Mitglieder (aber auch der NDPD- und DBD-Mitglieder) im Staatsapparat stark an, vor allem die »Kommandohöhen« gingen ganz in SED-Hände über. Auf diese Weise konnte die Vormachtstellung der Einheitspartei im Staat gesichert werden.

Das bewiesen dann auch die Wahlen vom Oktober 1950. Hatte die CDU-Führung noch im Oktober 1949 ihre Beteiligung an der Regierung und die Zustimmung zur Verschiebung der Wahlen damit begründet, daß Wahlen nach Einheitslisten verhindert würden, so wichen CDU und LDP jetzt auch hier schrittweise zurück. Zunächst blieb eine Konferenz der Parteiführer im März 1950, auf der ein Gedankenaustausch stattfand, ohne konkretes Ergebnis.[33]

Auf einer Sitzung des zentralen Blocks am 28. März 1950 kam es zu heftigen Auseinandersetzungen. Die Vertreter von SED, FDGB, NDP und DBD waren ohne Einschränkungen für die Einheitsliste. Für die CDU stimmten Nuschke und Dertinger mit Vorbehalten zu, während für die LDP Hamann und Kastner sich widersetzten.[34] In der Mitteilung über die Sitzung war daher von gemeinsamen Wahllisten auch noch nicht die Rede.[35] Indessen blieb die SED bei ihrer Forderung, die Wahlen zur Volkskammer und zu den Landtagen mit einem gemeinsamen Programm und einer Einheitsliste aller Parteien und Massenorganisationen unter Federführung der Nationalen Front abzuhalten. Dabei griff sie zu ihrer üblichen Taktik, »zentral zunächst nicht mögliche Entscheidungen durch Druck von unten doch noch herbeizuführen«.[36] Der Landesblock Sachsen hatte schon am 13. März 1950 ein »gemeinsames Wahlprogramm« gefordert und trat am 20. April dann auch für gemeinsame Kandidatenlisten ein.[37] Nach heftigen Diskussionen sowie Veränderungen in CDU und LDP beschloß der zentrale Block schließlich am 16. Mai »in voller Einmütigkeit« die »gemeinsame Kandidatenliste der Nationalen Front des

[29] Fricke, ebd., S. 413 f.

[30] Tägliche Rundschau, Nr. 294. (1712) vom 16. 12. 1950.

[31] Tägliche Rundschau, Nr. 63 (1786) vom 15. 3. 1951.

[32] K. H. Schöneburg, R. Mand, H. Leichtfuß, K. Urban, Vom Werden unseres Staates. Eine Chronik. Bd. 1. Berlin (Ost) 1966, S. 332.

[33] Manfred Koch, Der Demokratische Block. In: Hermann Weber (Hrsg.), Parteiensystem zwischen Demokratie und Volksdemokratie. Köln 1982, S. 292.

[34] Nach dem Bericht eines offensichtlichen »Insiders« aus Ost-Berlin vom März 1950, der sich in den Akten des Ostbüros der SPD befindet. AdsD (Ostbüro), 0302.

[35] Neues Deutschland, Nr. 76 vom 30. 3. 1950.

[36] Koch, Der Demokratische Block, S. 292.

[37] Vgl. das Dokument, ebd., S. 335.

demokratischen Deutschland zu den Wahlen am 15. Oktober 1950.«[38] Damit war die Abkehr vom Parteienstaat endgültig vollzogen. Die Parlamentssitze wurden im Juli 1950 vom »Block« nach einem generellen Schlüssel aufgeteilt. Danach erhielten die SED 25 Prozent, CDU und LDPD je 15 Prozent, NDPD und DBD je 7,5 Prozent der Abgeordneten, der Rest von 30 Prozent verteilte sich auf die Massenorganisationen. Gerade über deren Mandate aber entschied die SED, wie ein Dokument beweist. Die SED-Kreisleitung Rostock (Abt. Kader) teilte am 8. August 1950 ihrer Ortsgruppe Karlsruhe mit: »Die von Euch vorgeschlagenen Kandidaten der SED und örtlichen Massenorganisationen Rutenberg, Fredi; Draeger, Fritz; Hoth, Johann; Büsselberg, Walter; Henze, Marthe; Pastow, Wilhelm; Wegner, Erich sind von der Kaderabteilung der SED-Kreisleitung Rostock in Zusammenarbeit mit den verantwortlichen Leitern der Massenorganisationen geprüft und bestätigt worden. Auf Grund der Struktur Eurer Gemeinde habt Ihr 9 Gemeindevertreter zu wählen. Wir bitten Euch, die beiden noch fehlenden Vertreter uns sofort mitzuteilen. Wir bitten, dann die Kandidaten unserer Partei im Block bekanntzugeben und gleichzeitig die Massenorganisationen zu veranlassen, dasselbe zu tun.«[39]

Dies war kein Einzelfall, die SED konnte auf allen Ebenen nicht nur über ihre Kandidaten (25 Prozent), sondern auch die der Massenorganisationen (30 Prozent) bestimmen, und sie nahm darüber hinaus auch Einfluß auf die Kandidatenaufstellung von NDP und DBD, letztlich also auf zwei Drittel der Wahlvorschläge.

Die Kandidatenlisten ließen z. B. auch erkennen, wie weit die Säuberungen in allen Parteien inzwischen fortgeschritten waren. Von den 32 LDPD-Mitgliedern des Thüringer Landtags kandidierte keiner mehr, von den 20 CDU-Abgeordneten in Thüringen waren nur noch vier übriggeblieben. Von den 100 Abgeordneten, die im Jahre 1946 in den Landtag von Brandenburg gewählt worden waren, standen nur mehr neun auf der Einheitsliste von 1950, in Mecklenburg wurden von den 90 Abgeordneten noch zehn aufgestellt. Im Land Sachsen-Anhalt war auf der Kandidatenliste nicht ein einziger mehr verzeichnet, der bei der letzten Wahl im Jahre 1946 gewählt worden war.[40] Zur Vorbereitung der »Wahlen« wurde ein riesiger Propagandaaufwand getrieben. Das »Wahl-Programm« der Nationalen Front hatte die Wahl zu einer Abstimmung »für den Frieden« hochstilisiert: »Darum stimmt am 15. Oktober für den einheitlichen Wahlvorschlag der Nationalen Front, das heißt für den Frieden, damit nie mehr eine Mutter ihren Sohn beweint und ein Leben in Frieden, Glück und Wohlstand aufgebaut werden kann.«[41]

Und ausgerechnet Otto Nuschke, der ein Jahr vorher die CDU mit seinem »Kampf« gegen Einheitslisten beschwichtigt hatte, begründete nun: »Warum Einheitslisten für die Volkswahlen«, wobei er neben Allgemeinplätzen die »drohende Weltsituation« beschwor und sagte: »Wir können uns den Luxus nicht leisten, getrennt zu den Wahlen zu marschieren. Wir wissen aber, daß gerade in dieser Einig-

[38] Neues Deutschland, Nr. 113 vom 17.5.1950. Koch, ebd., S. 336. Entsprechende Beschlüsse unterer Block-Ausschüsse folgten; z. B. beschloß der »Block« im Kreis Luckenwalde Mitte Mai ein »gemeinsames Wahlprogramm« und am 10. Juni »gemeinsame Aufstellung von Kandidatenlisten«. Vgl. Luckenwalder Nachrichten. Amtliches Informationsblatt des Kreises Luckenwalde, Nr. 20 vom 19.5.1950 und Nr. 24 vom 16.6.1950.

[39] SED-Kreisleitung Rostock. Brief vom 8.8.1950 an die SED-Ortsgruppe Karlsruhe. AdsD (Ostbüro), 0357 II.

[40] Der große Wahlbetrug am 15. Oktober 1950 in der sowjetischen Besatzungszone. Dokumente und Tatsachen. Bonn o. J. (1950), S. 3.

[41] Nationale Front des demokratischen Deutschland. Informationsdienst 3 (1950) Nr. 14/15, S. 3.

keit aller Richtungen jetzt ein großes wirtschaftliches und politisches und letzten Endes auch moralisches Plus liegt.«[42]

An den Tagen vor der Wahl trommelten sämtliche Parteien und Organisationen, um eine hohe Beteiligung zu erreichen. Nun wurde sogar »offene Stimmabgabe« propagiert, verkündet, daß »Fanfarengruppen wecken« würden, und »Einsatzpläne« wurden geschmiedet.[43] So brachten denn die Wahlen am 15. Oktober 1950, die – unter Bruch der Verfassung – in vielen Orten nicht mehr geheim, sondern offen durchgeführt wurden, das bei sowjetischen Abstimmungen übliche Resultat: 98,73 Prozent Wahlbeteiligung, 99,72 Prozent »Ja«-Stimmen für die Einheitsliste. Doch die Flüchtlingszahlen der folgenden Jahre bewiesen nachdrücklich die Brüchigkeit solcher Treuebekenntnisse der Wähler und den berechtigten Zweifel an der Legitimation der so Gewählten.

In der Volkskammer erhielt die Fraktion der SED 100 Sitze, CDU und LDPD bekamen je 60 Mandate, der FDGB 40, NDPD und DBD je 30, FDJ und Kulturbund je 20, DFD und VVN je 15 und VdgB und Genossenschaften je fünf Sitze. Da die meisten Abgeordneten der Massenorganisationen der SED angehörten, verfügte die SED über die absolute Mehrheit. Auch die neue Regierung spiegelte den verstärkten Einfluß der SED wider. Unter Ministerpräsident Grotewohl stellte die SED jetzt von fünf Stellvertretern zwei (Ulbricht und Rau). Das im Februar 1950 geschaffene Ministerium für Staatssicherheit (Zaisser, SED) sowie die neugebildeten Ministerien für Maschinenbau (Ziller, SED) und Leichtindustrie (Feldmann, NDPD) sowie die Aufteilung des Ministeriums für Arbeit und Gesundheitswesen (Arbeitsminister Chwalek, SED) stärkten die SED-Dominanz im Kabinett. Wesentlich aber war, daß nunmehr die Beschlüsse des SED-Politbüros für die Regierung verbindlich waren (auch wenn das offiziell noch nicht eingestanden wurde).

Die Landesregierungen wurden drastisch umgebildet, die SED stellte nun in allen fünf Ländern den Ministerpräsidenten und wieder den Innenminister. Auch auf dieser Ebene wuchs das Übergewicht der SED, vor allem aber ging durch die stetige Zentralisierung die Bedeutung der unteren Staatsorgane permanent zurück. 1950 fand – nach späterer DDR-Einschätzung – »der Prozeß der Errichtung der Arbeiter- und Bauern-Macht als einer Staatsmacht vom Typ der Diktatur des Proletariats im wesentlichen seinen Abschluß.«[44]

Wandel des Parteiensystems

Voraussetzung für die – später »Diktatur des Proletariats« oder »real existierender Sozialismus« genannte – Herrschaft der SED war eine weitere Veränderung des Parteiensystems. Dazu gehörte einmal die Entwicklung der SED zur »Partei neuen Typus« und zum andern die Umgestaltung des Parteiensystems zum Instrument der SED.

Vom 20. bis 24. Juli 1950 trat in Ost-Berlin der III. Parteitag der SED zusammen. Hinter dem Präsidium prangten riesige Porträts von Marx, Engels, Lenin und Stalin. Walter Ulbricht, inzwischen der starke Mann der SED und vom Parteitag zum »Generalsekretär« gewählt, hielt das Hauptreferat über den Fünfjahrplan (1951–

[42] Ebd., S. 39.
[43] Vgl. z. B. Junge Welt, Nr. 78 vom 13. 10. 1950.
[44] DDR. Werden und Wachsen. Berlin (Ost) 1974, S. 191.

1955), durch dessen Erfüllung die Produktion des Jahres 1936 verdoppelt werden sollte. Die ›Grundsätze und Ziele‹ der Partei von 1946 wurden für überholt erklärt und ein neues Parteiprogramm angekündigt (das freilich erst 13 Jahre später, 1963, angenommen wurde). Wilhelm Pieck sagte im Rechenschaftsbericht des Parteivorstandes, die SED müsse ihre Politik so führen, »daß unsere Maßnahmen die Vereinigung des deutschen Volkes unter dem Banner des demokratischen und friedliebenden Deutschlands fördern«.[45]

Eine Entschließung des III. Parteitages forderte, die Festigung der SED zur »Partei neuen Typus« voranzutreiben. Beschleunigt werden sollte dieser Prozeß durch ein vom Parteitag verabschiedetes neues Parteistatut. Mit dem »demokratischen Zentralismus«, der in der Praxis weitgehend ein hierarchischer Zentralismus war, galt es, die Schlagkraft der Partei zu erhöhen. In ihrem Selbstverständnis begriff sich die SED als »die Partei der deutschen Arbeiterklasse, ihr bewußter und organisierter Vortrupp«, die sich von der »Theorie von Marx, Engels, Lenin, Stalin leiten« ließ. Die SED wollte »unter Führung der Sowjetunion« für den Frieden kämpfen und die Einheit Deutschlands erreichen.[46]

Hinter diesen Leerformeln verbarg sich der Kern der SED-Ideologie: Die Partei war überzeugt, mit ihrer Ideologie im Besitz der Wahrheit zu sein, die Gesetze der Geschichte zu kennen und unter Ausnutzung dieser Gesetzmäßigkeit den Übergang zu einer neuen Gesellschaft zu vollziehen. Entsprechend dieser Vorstellung hatte Ulbricht bereits im Juli 1949 erklärt, das »wichtigste Kettenglied in der Entwicklung der SED zu einer Partei neuen Typus« sei die Schulung anhand der »wissenschaftlichen Theorie«, wobei er konkretisierte: »Das heißt, das Studium der Geschichte der Kommunistischen Partei der Sowjetunion und des Werkes von Stalin ›Fragen des Leninismus‹ zur Grundlage der Schulung zu machen.«[47]

Der »Marxismus-Leninismus« der SED jener Jahre war also eindeutig der Stalinismus. Ihren Totalitätsanspruch unterstrich die SED, als sie auf dem III. Parteitag erstmals Louis Fürnbergs Lied ›Die Partei‹ verbreitete, in dem es hieß:

> Sie hat uns alles gegeben.
> Sonne und Wind.
> Und sie geizte nie.
> Wo sie war, war das Leben.
> Was wir sind, sind wir durch sie.
> Sie hat uns niemals verlassen.
> Fror auch die Welt, uns war warm.
> Uns schützte die Mutter der Massen.
> Uns trägt ihr mächtiger Arm.
> Die Partei.
> Die Partei, die hat immer recht!

Das Lied endete: »So, aus Leninschem Geist, Wächst, von Stalin geschweißt, Die Partei – die Partei – die Partei!« (Nach Verurteilung des »Personenkults« um Stalin auf dem XX. Parteitag der KPdSU 1956 wurde im Text Stalin durch Lenin ersetzt.)

[45] Protokoll der Verhandlungen des III. Parteitages der Sozialistischen Einheitspartei Deutschlands. Berlin (Ost) 1951, Bd. 1, S. 50. Vgl. auch Bildbericht vom III. Parteitag der SED. Berlin 1951.

[46] Protokoll ebd., Bd. 2, S. 225 ff.

[47] Neues Deutschland, Nr. 172 vom 26. 7. 1949.

Der Kult um die Partei nahm groteske Züge an, z. B. gab es öffentliche Diskussionen darüber, wo das Mitgliedsbuch, das »Parteidokument«, aufzubewahren sei. Allen Ernstes berichtete eine Frau in einem Parteiorgan: »Die Unterbringung des Parteidokuments hat auch mir ernsthafte Sorgen gemacht, da es bei der Art unserer Frauenbekleidung wirklich schwierig ist, einen sicheren Platz für das Dokument zu finden. Nach reiflicher Überlegung habe ich schließlich eine Lösung gefunden, die mich bis jetzt durchaus befriedigt. Ich habe mir in sämtliche Kleider und Röcke an der rechten Innenseite des Bundes, beziehungsweise des innen überstehenden Blusenteils bei Kleidern, zwei Knöpfe angenäht (fest und dauerhaft!). Für das Parteidokument habe ich mir eine Hülle aus nicht sehr dickem, aber festem Stoff genäht, die mit zwei Bändern an den Knöpfen befestigt wird. Diese Lösung ist mir sympathischer als die Aufbewahrung im Brustbeutel, der an einer Schnur um den Hals zu tragen beziehungsweise mit Druckknöpfen an den Trägern der Unterwäsche zu befestigen ist.«[48] Neuen Parteimitgliedern wurde sogleich seine »Bedeutung« erklärt: »Bei der Aushändigung wurde besonders darauf hingewiesen, daß das Parteidokument das Wertvollste ist, das ein Mensch in seinem Leben besitzen kann. Deshalb muß es jeder Genosse so aufbewahren, daß er es niemals verlieren und es dem Klassenfeind nicht in die Hände fallen kann.«[49]

Dieser Mystizismus um das Mitgliedsbuch sollte enge emotionale und irrationale Bindungen der Mitglieder an »die Partei« schaffen, er wurde von der UdSSR übernommen, wo der Kult um das »Dokument« in den dreißiger Jahren aufgekommen war. Solche banalen und weltfremden Diskussionen mußten den Riß zwischen Partei und Bevölkerung (die ja wahrlich andere Probleme hatte) noch vertiefen. Der kommunistische Charakter der SED wurde nun nicht mehr verbrämt, auch wenn der III. Parteitag noch nicht offen den »Übergang zum Sozialismus«, also die Nachahmung des Sowjetmodells, propagierte.

Neben der innerparteilichen Problematik beschäftigte sich der III. SED-Parteitag vor allem mit Wirtschaftsfragen. Schon im Juli 1949 hatte Ulbricht versprochen, daß nunmehr »die Zeit der Erfolge« gekommen sei. In der Wirklichkeit des Alltags verspürte die Bevölkerung wenig davon, Mangelwirtschaft und Entbehrungen bestimmten weiterhin das Leben. Die Pro-Kopf-Erzeugung sowohl der Industrie als auch der Landwirtschaft lag noch beträchtlich unter dem Vorkriegsniveau. Der vom III. Parteitag vorgeschlagene Fünfjahrplan (später von der Volkskammer beschlossen und zum Gesetz erhoben) sah in erster Linie den Aufbau einer Schwerindustrie vor.

Der Parteitag wählte ein neues ZK, dessen Politbüro 15 Personen angehörten; zu den neun Vollmitgliedern zählten neben den früheren Kommunisten Ulbricht, Pieck, Dahlem, Matern, Oelßner, Rau und Zaisser nur noch zwei ehemalige Sozialdemokraten, nämlich Grotewohl und Ebert. Von den sechs Kandidaten hatte nur einer, Mückenberger, früher der SPD angehört; Ackermann, Herrnstadt, Honecker, Jendretzky und Elli Schmidt kamen aus der KPD.

Fred Oelßner (1903–1977) war seit 1920 in der KPD und Redakteur an Parteizeitungen. Er studierte von 1926 bis 1932 in Moskau, war bis 1940 Lehrer an der Leninschule und im Zweiten Weltkrieg Leiter der Deutschland-Abteilung des Moskauer Rundfunks. Er leitete die Abteilung Parteischulung des PV bzw. ZK der SED

[48] Neuer Weg, Heft 1, 1952, S. 41 (Leserzuschrift von Else Delisch).
[49] Sächsische Zeitung, Nr. 296 vom 22. 12. 1952.

und galt nach Ackermanns Verdrängung als »Chefideologe« der SED. Bis 1958 gehörte er dem Politbüro an, war 1955 bis 1958 auch Stellvertretender Vorsitzender des Ministerrats der DDR, verlor dann als Ulbricht-Gegner seine Funktionen und wurde Direktor des Zentralinstituts für Wirtschaftswissenschaften.

Wilhelm Zaisser (1893–1958), seit 1920 in der KPD, absolvierte 1924 die 1. Militärschule in Moskau. Er war im Militärischen Nachrichtendienst der UdSSR tätig, im Spanischen Bürgerkrieg war er als »General Gomez« Stabschef der Internationalen Brigaden. Nach 1945 war er u. a. sächsischer Innenminister und Chefinstrukteur der Volkspolizei, von 1950 bis 1953 Minister für Staatssicherheit. 1953 wegen »Fraktionstätigkeit« gegen Ulbricht aller Funktionen enthoben, wurde er 1954 aus der SED ausgeschlossen.

Nach dem III. Parteitag wiederholte die SED den Prozeß der Stalinisierung, den die KPD bereits in den zwanziger Jahren mitgemacht hatte.[50] Als wichtigstes Prinzip galt die »monolithische Einheit« der Partei, Opposition oder gar Fraktionen wurden nicht geduldet. Da die SED jedoch durch ihre wachsende Monopolstellung einziges politisches Forum wurde, mußten sich in ihr zwangsläufig die Widersprüche der Gesellschaft reflektieren; es traten oppositionelle Strömungen auf, die Einheit konnte nur durch rigorose Säuberungen gesichert werden.

Der III. Parteitag hatte gefordert, der »Kampf gegen Spione und Agenten«, vor allem gegen die »Tito-Clique«, das Ostbüro der SPD sowie gegen Trotzkisten müsse verstärkt werden. Auch die »Überreste des Sozialdemokratismus in der SED« sollten beseitigt werden. Die Partei wurde aufgefordert, »die revolutionäre Wachsamkeit in ihren Reihen in jeder Weise zu erhöhen und die bürgerlich-nationalistischen Elemente und alle sonstigen Feinde der Arbeiterklasse und Agenten des Imperialismus, unter welcher Flagge sie auch segeln mögen, zu entlarven und auszumerzen«.[51]

Nun begannen auch die ersten größeren Säuberungen innerhalb der Führungsspitze. Paul Merker, seit den zwanziger Jahren führender Kommunist und Mitglied des ersten Politbüros der SED, wurde auf dem III. Parteitag nicht wiedergewählt. Im August 1950 beschloß das ZK der SED, ihn gemeinsam mit Leo Bauer, Willi Kreikemeyer, Lex Ende und anderen Altkommunisten auszustoßen. Sie wurden der Verbindung mit dem angeblichen US-Agenten Noel H. Field bezichtigt, der im Budapester Schauprozeß eine zentrale Rolle gespielt hatte (diese Anklagen wurden später als Fälschungen enthüllt). Kreikemeyer (er kam im MfS-Gefängnis ums Leben) und Bauer wurden sofort verhaftet, die meisten anderen ausgeschlossenen SED-Funktionäre 1952 nach dem Prozeß gegen Slansky und andere führende Kommunisten der Tschechoslowakei.

In der SED wurden die Parteisäuberungen von nun an forciert.[52] Die SED-Führung unter Ulbricht traf mit Hilfe des MfS und der sowjetischen »Organe« Vorbereitungen für einen Schauprozeß gegen Paul Merker, Leo Bauer und andere kommunistische Spitzenfunktionäre (darunter auch westdeutsche Kommunisten wie der 2. Vorsitzende der KPD Kurt Müller). Solche Schauprozesse – bereits 1936 bis 1938 gegen die Führer des Bolschewismus als öffentliche Tribunale in Moskau in-

[50] Vgl. dazu Hermann Weber, Die Wandlung des deutschen Kommunismus. Die Stalinisierung der KPD in der Weimarer Republik. 2 Bde. Frankfurt a. M. 1969.

[51] Protokoll des III. Parteitags der SED, Bd. 2, S. 250f.

[52] Vgl. Mählert, Parteisäuberungen in der SED. In: Hermann Weber und Ulrich Mählert (Hrsg.), Terror. Stalinistische Parteisäuberungen 1936–1953. Paderborn 1998, S. 384ff.

szeniert und ab 1948 in den »Volksdemokratien« wiederholt – waren dem Stalinismus systemimmanent. Mit absurden »Geständnissen« ehemaliger Parteiführer zielten sie darauf, von »Abweichungen« abzuschrecken, aus Angst vor Verfolgung der Führung blind zu gehorchen, also strikte Parteidisziplin zu erreichen.[53]

Zwischen Januar und September 1951 hat die SED über 90 000 Mitglieder und Kandidaten aus der Partei ausgeschlossen oder aus den Listen gestrichen. Weitere 65 000 wurden gestrichen, weil die doppelt geführt oder »verschwunden« waren. Ihre Überprüfung hatten 43 000 verweigert, und weitere 33 000 Mitglieder waren sogar aus der Partei ausgetreten. Insgesamt verlor die SED über 320 000 Mitglieder und Kandidaten, d. h. jedes sechste Mitglied.[54] Im Zusammenhang mit den Säuberungen sind aus den »Geheimen Verschlußsachen« weitere neue Einsichten über die Zusammensetzung der SED-Mitgliedschaft zu gewinnen. Die ZPKK teilte dem Politbüro in einem Zwischenbericht vom 31. Juli 1951 mit, daß sich 123 000 ehemalige NSDAP-Mitglieder unter den 1,4 Millionen Überprüften befanden, also immerhin acht Prozent, außerdem 7 000 Offiziere sowie 44 000 Feldwebel. Nur rund neun Prozent dieser früheren Nazis wurden damals aus der SED entfernt. Aus ehemaligen Oppositionsgruppen (KPO, SAP, Leninbund usw.) stammten nur noch 3 700 Mitglieder, aber bei den 585 KPO-Mitgliedern war die Ausschlußrate fast doppelt so hoch wie bei den einstigen Nazis.[55]

»Parteifeinde« wurden im Stalinismus immer kriminalisiert, doch die Handhabung falscher Anschuldigungen sind jetzt genauer nachzuprüfen. Daß die Justiz dabei als Instrument der SED benutzt wurde, ist exemplarisch zu zeigen am Verfahren vom April 1950 gegen den Sozialdemokraten Willi Brundert und den Christdemokraten Leo Herwegen (beide wurden zu 15 Jahren Zuchthaus verurteilt).

Über den Prozeßablauf entschied Wochen zuvor das Sekretariat des Politbüros in seiner Sitzung am 27. Februar 1950: »In Vorbereitung und Durchführung des Prozesses Herwegen-Brundert« befahl es u. a. »folgende Maßnahmen«:

»... 2.) Der Prozeß ist so zu führen, daß die Rolle des Monopolkapitals, seine Zersetzungsarbeit mit Hilfe käuflicher Agenten und deren verbrecherische Tätigkeit in der Deutschen Demokratischen Republik deutlich zu Tage tritt.

3.) Der Prozeß wird in Dessau durchgeführt.

4.) Termin April 1950 ...

7.) Die Anklageschrift ist vor der Herausgabe dem Sekretariat zur Begutachtung vorzulegen.«[56]

Die SED – längst alleinherrschende Partei im Staatsapparat wie in der Justiz – bestimmte allmächtig über die Art und Weise politischer Verfolgungen und juristischer Strafmaßnahmen.

In dieser Periode wollte die Parteiführung die Einheit und Zentralisierung der SED außer durch die ständige ideologische Indoktrination vor allem durch Einschüchterung und Bedrohung sichern und damit eine Disziplinierung der Funktionäre erreichen. Offensichtlich war auch in der DDR ein Schauprozeß gegen führende Kommunisten geplant. In der DDR – wie in allen Volksdemokratien –

[53] Hermann Weber, Schauprozeßvorbereitungen in der DDR. In: Weber und Mählert, Terror, S. 459 ff.

[54] Vgl. Die SED. Ein Handbuch. Hrsg. Andreas Herbst, Gerd-Rüdiger Stephan und Jürgen Winkler. Berlin 1997, S. 36; Hermann Weber und Dietrich Staritz, Kommunisten verfolgen Kommunisten. Berlin 1993, S. 447.

[55] SAPMO, DY 30, J IV 2/4/47.

[56] Protokoll Nr. 88 der Sitzung des Sekretariats vom 27. 2. 1950. SAPMO, DY 30, J IV 2/3/A 71.

stand hinter den Säuberungen die sowjetische Geheimpolizei, die damit jede potentielle Opposition gegen die Übertragung des Sowjetsystems und gegen die uneingeschränkte Vorherrschaft der UdSSR Stalins verhindern wollte.

Die Organisationsstruktur der SED glich bald dem sowjetischen Vorbild. Von Januar bis Juni 1951 fand eine Überprüfung der Mitglieder statt, die nicht nur der Parteisäuberung diente, sondern zugleich dazu benutzt wurde, über jedes Mitglied Führungsakten, das sogenannte Grundbuch, anzulegen. Dessen Zweck ging aus einer ZK-Anweisung hervor: »Das Grundbuch dient zur personellen Registrierung der Mitglieder und Kandidaten in der Partei. Es enthält neben den Angaben zur Person alle die Merkmale, die für die Partei zur Beurteilung des Mitgliedes bzw. Kandidaten wichtig sind. Damit ist der Partei die Möglichkeit gegeben, die Entwicklung eines jeden Mitgliedes bzw. Kandidaten genau zu erkennen und es entsprechend seinen Fähigkeiten und Veranlagungen zu fördern. Die Grundlage für die Ausstellung des Grundbuches bildet der Fragebogen. Alle Eintragungen ins Grundbuch erfolgen nur mit der vom ZK gelieferten Spezialtinte und in gut leserlicher Handschrift ... Alle Veränderungen im Leben des Mitgliedes bzw. Kandidaten müssen auf dem dazu vorgesehenen Benachrichtigungsschein der Kreisleitung zur Eintragung ins Grundbuch mitgeteilt werden.«[57]

Die Kontrolle der eigenen Mitgliedschaft war damit umfassend, die Führung konnte entsprechend ihrer Kaderpolitik den Einsatz und die Überwachung, aber auch die Heranbildung der Funktionäre besser organisieren. In den folgenden Jahren perfektionierte die SED diese Mechanismen.[58] Mit diesem System der »Nomenklatur« verfügte die jeweils übergeordnete Instanz über die »Kader«. Daher diktierten in der zentralistisch organisierten Partei die obersten Führungsgremien, Politbüro und Sekretariat. Bei den Sitzungen des Politbüros und insbesondere des Sekretariats des ZK unter Leitung Ulbrichts ist auffällig, wie die Parteispitze von Anfang an über alle Bereiche der Politik, Wirtschaft, Gesellschaft, Kultur und vor allem in Kaderangelenheiten absolut herrschen wollte, um ihre Allmacht dauerhaft ausüben zu können. Dabei erwies sie sich jedoch außerstande, ihre Leitungsfunktion so zu gestalten, daß sie sich auf Grundfragen konzentrierte. Statt dessen kümmerte sie sich immer auch um Nebensächlichkeiten und mischte sich in Kleinigkeiten ein. Dieser Führungsstil war letztlich kontraproduktiv für die »Effizienz« der Parteidiktatur.

Beispielsweise mußte sich jede Sekretariatssitzung mit Dutzenden von Tagesordnungspunkten herumschlagen. Am 19. Oktober 1950 beschäftigte sich das Sekretariat mit »Maßnahmen zum Parteibuch-Umtausch«, beschloß die Maßregelung der Familien Herzfelde und Heartfield wegen ihrer Verbindung zu Noel H. Field, entschied zudem über die Einsetzung des Leiters der Deutschen Notenbank in Dresden.[59] Eine Sekretariatssitzung am 11. Januar 1951 (52 Tagesordnungspunkte) befaßte sich mit dem Kulturbund und einer »Kampagne gegen den Buber-Neumann-Prozeß in Frankfurt-Höchst«, aber auch mit einem Antrag von Friedrich Ebert, der

[57] Die neuen Parteidokumente. Wie arbeiten die Parteiführungen mit diesen Dokumenten. Richtlinien für die Registrierung und die statistische Erfassung der Mitglieder und Kandidaten der SED. Hrsg. v. ZK der SED. O. O. u. J. (Berlin [Ost] 1951), S. 18. Vgl. auch: Die ideologische und organisatorische Entwicklung der SED. Hrsg. v. Vorstand der SPD. Bonn o. J. (1951), S. 12ff.

[58] Vgl. Die grundlegenden Bestimmungen über die Organisationsstatistik und -technik der SED. Hrsg. v. ZK der SED o. J. (1953). Kopie in: AdsD (Ostbüro), 0321 II.

[59] SAPMO, DY 30, J IV 2/3/147.

mit seiner Frau einen Kuraufenthalt in Karlsbad verbringen wollte. Weil dazu »das Einverständnis des ZK der KPdSU (B)« vorlag, konnte zugestimmt werden.[60] An diesem Vermischen von wichtigen und banalen Fragen änderte sich nichts. Die Sitzung des Sekretariats am 8. November 1951 mit nicht weniger als 79 (!) Tagesordnungspunkten behandelte den Fünfjahrplan und die Nationale Front. Sie erteilte sechs Chefredakteuren (u. a. vom ›Sonntag‹, der ›Friedenspost‹ und ›Deutschlands Stimme‹) »Verwarnungen«, weil sie die Rede des »Genossen Ulbricht nicht in der ihrer Bedeutung entsprechenden Aufmachung« abgedruckt hatten, »trotz der genauen Anweisung der Abteilung Agitation«. Das Sekretariat befaßte sich aber ebenso mit der Bitte um »Gewährung von Valuta für die Unterstützung des Sohnes von Hanns Eisler in Wien« und lehnte diese ab.[61]

Am 24. März 1952 (33 Tagesordnungspunkte) ging es in der Hauptsache zwar um Struktur und Aufgaben der Kreissekretariate, außerdem aber um die Erlaubnis zur Übersiedlung von Stefan Heyms Mutter in die DDR.[62] Auf der Sekretariatssitzung zwei Tage später standen 65 Punkte zur Behandlung an: von der Durchführung der FDJ-Wahlen, der Arbeit der Akademie der Künste, der Reorganisation der Erwachsenenbildung, einer Reise des Thomanerchors bis hin zu einem Darlehen für die Instandsetzung des Hauses des Funktionärs Ernst Noffke sowie der Bewilligung eines Kuraufenthaltes für Walter Bartel.[63] Solche Einzelheiten aus der Praxis des Führungsorgans Sekretariat (beim Politbüro war es zwar nicht ganz so krass, aber ähnlich) blieben im allgemeinen unbekannt und sind erst nach Einsicht in die Parteiakten nachzuweisen.

Die Anpassung der SED an die KPdSU wurde vor allem durch fast 40 000 Instrukteure vorangetrieben, die der Parteiführung zur Anleitung der Organisationen zur Verfügung standen. Eine Delegation der SED-Führung, die im April 1950 unter Leitung von Paul Verner in die UdSSR reiste, bekam »Einblick in den Parteiaufbau und in die Arbeitsweise der KPdSU (B) und machte sich mit deren Propaganda- und Agitationstätigkeit sowie mit der Struktur und Arbeitsweise« der Leitungen vertraut.[64] Die Übertragung der sowjetischen Praktiken auf die SED erfolgte dann ziemlich schematisch. So wurde den Mitarbeitern des ZK-Apparats z. B. ihre Arbeitsweise erklärt, die in Anleitung und Kontrolle der Partei bestand:

»Worin bestehen die Aufgaben des Apparates einer Parteileitung, in diesem Fall des Apparates des ZK? Das sind:

1. Die Auswahl der Kader, die Beschäftigung mit der Entwicklung und Förderung der Kader und die Ausarbeitung von Vorschlägen für den Einsatz von Kadern;
2. die Überprüfung der Durchführung der Beschlüsse des ZK und der Regierung;
3. die Gewährleistung einer Kontrolle über die Durchführung der Beschlüsse.

Wie muß das in der Arbeit einer Abteilung des Parteiapparats zum Ausdruck kommen? Die Abteilung Landwirtschaft beim Zentralkomitee überprüft zum Beispiel

[60] SAPMO, DY 30, J IV 2/3/166.
[61] SAPMO, DY 30, J IV 2/3/246.
[62] SAPMO, DY 30, J IV 2/3/277.
[63] SAPMO, DY 30, J IV 2/3/278. Zu Noffke vgl. Hermann Weber, »Weiße Flecken« in der Geschichte. Frankfurt a. M. 1989, S. 127. Zu Bartel vgl. Lutz Niethammer (Hrsg.), Der »gesäuberte« Antifaschismus, Berlin 1994, S. 493 f.
[64] Geschichte der SED. Abriß. Berlin (Ost) 1978, S. 225.

durch eine Brigade in einem Bezirk oder in einem Kreis die Durchführung der Verordnung der Regierung auf einem bestimmten Gebiet, sagen wir in der Arbeit der MAS, in der Durchführung der Ernte oder in der Erfassung. Sie kommt mit den Informationen zurück und arbeitet einen Bericht und eine Beschlußvorlage für das Sekretariat aus. Dieser Bericht und diese Beschlußvorlage sind die Grundlage einer Reihe von Beschlüssen, Empfehlungen, Anregungen für die im Ministerium arbeitenden Genossen, vielleicht sogar für alle in der Regierung arbeitenden Genossen. Das heißt, die Partei kontrolliert durch die Abteilung Landwirtschaft als eine ihrer Aufgabenstellungen, wie die Beschlüsse des ZK und die Verordnungen der Regierung durchgeführt werden.«[65]

Nach Gründung der DDR 1949 spielten die nichtkommunistischen Parteien weiterhin noch eine gewisse Rolle. Sie hatten eine Alibifunktion (Verschleierung der kommunistischen Einparteienherrschaft und Vortäuschung einer pluralistischen Demokratie), eine gesamtdeutsche Funktion (Kontakte zum Westen) und eine Transmissionsfunktion (Verbreitung gewisser Vorstellungen der SED in anderen Bevölkerungsgruppen, z. B. durch die CDU in christlichen Kreisen). Aus diesen Gründen wurden die Parteien vermutlich auch nach 1949 nicht aufgelöst (also das sowjetische Modell nicht bis ins letzte Detail übertragen). Es wurde eine neue Variante kommunistischer Herrschaft gefunden, das sogenannte sozialistische Mehrparteiensystem, bei dessen Entwicklung die Blockpolitik als wesentliches Instrument benutzt wurde. Alle Parteien hatten sich z. B. in einer Sitzung der zentralen Leitung des Blocks am 19. August 1949 zur Verteidigung der »antifaschistisch-demokratischen Ordnung« und zu einer »positiven Stellungnahme gegenüber der Sowjetunion« verpflichtet. Vor allem aber sollten nunmehr Beschlüsse der zentralen Gremien auch verbindlich für die unteren Blockorgane sein.[66] Damit konnte die Einheitspartei ihre Vormachtstellung im zentralen Block auch auf die nachgeordneten Instanzen ausdehnen.

Die SED versuchte, das Parteiensystem 1949/50 durch drei Maßnahmen völlig gleichzuschalten: 1. durch stärkere Einbeziehung von DBD, NDPD und Massenorganisationen in den Block, 2. durch Ausschaltung der letzten widerstrebenden CDU- und LDPD-Führer und 3. schließlich durch die Bildung der »Nationalen Front«.

Über den Volksrat des Volkskongresses hatte die SED bereits den neuen Parteien DBD und NDPD sowie den Massenorganisationen auch in der »Provisorischen« Volkskammer erhebliche Positionen eingeräumt und damit zugleich ihren eigenen Einfluß gefestigt.

1949/50 gab es in den Führungen von CDU und LDPD aber immer noch Widerstand gegen die den Parteien zugedachte Rolle als Transmissionsorgan der SED. Der 2. Vorsitzende der CDU, Hugo Hickmann, war der SED suspekt, weil er schon bei der DDR-Gründung gegen die SED opponiert hatte. Hickmann (1877–1955) war nach dem Studium der Theologie im Schuldienst und zuletzt Religionsprofessor in Leipzig. Von 1920 bis 1933 gehörte er als Abgeordneter der DVP dem sächsischen Landtag an. 1933 in den Ruhestand versetzt, gründete er 1945 die CDU und wurde deren Vorsitzender in Sachsen. Im Frühjahr 1950 abgesetzt, wurde er Vor-

[65] Auszug aus dem Referat von Otto Schön vor politischen Mitarbeitern des ZK, Ende August 1952, in: Neuer Weg, Heft 19 (Oktober 1952), S. 5 f.

[66] Vgl. die Dokumente in Koch, Demokratischer Block, S. 332 ff.; Siegfried Suckut, Blockpolitik in der SBZ/DDR 1945–1949. Köln 1986, S. 505 ff.

sitzender der sächsischen Hauptbibelgesellschaft. Hickmann forderte eine stärkere personalpolitische Mitentscheidung der CDU in der DDR und verwarf die »führende Rolle« der SED. Auch der Vorsitzende der CDU-Fraktion in der Volkskammer (und Finanzminister von Sachsen-Anhalt), Gerhard Rohner, forderte eine pluralistische Demokratie. Beide fanden auf dem 4. CDU-Parteitag im November 1949 aber keine Mehrheit. Ähnlich argumentierte der Finanzminister von Thüringen, Leonhard Moog (LDPD) – auch er konnte sich nicht durchsetzen. Zu besonders heftigen Kämpfen kam es, wie erwähnt, sowohl im Block als auch in der CDU und LDPD, als die SED für die Wahlen zur Volkskammer und zu den Landtagen vom Oktober 1950 schon frühzeitig eine Einheitsliste forderte und zudem einen Schlüssel zur Mandatsverteilung vorschlug, der NDPD, DBD und Massenorganisationen maßgeblichen Einfluß sichern sollte, aber letztlich eine Stärkung der SED-Position bedeutete. Diese Vorstellungen lösten strikte – jedoch vergebliche – Ablehnung aus, vor allem bei Hickmann und seinen Anhängern.

Im Februar 1950 forderte der zentrale Blockausschuß »die Entfernung solcher Elemente, die gemeinsame Beschlüsse mißachten oder ihnen entgegenhandeln«.[67] Es kam zu (von der SED organisierten) Massendemonstrationen gegen oppositionelle bürgerliche Politiker. Diese nichtkonformen Politiker, allen voran Hickmann, verloren im Frühjahr 1950 alle Ämter.

Aus dem »Fall Hickmann« zog die SED das Resümee: »Die Auseinandersetzungen um Professor Hickmann und seinen reaktionären Kurs in der CDU haben weit über den Rahmen Sachsens hinaus Bedeutung erlangt ... Wenn nunmehr die Leitungen der CDU mit offenen und ehrlichen Demokraten besetzt werden sollen, wenn die Einheit der demokratischen Kräfte im Block und in der Nationalen Front des demokratischen Deutschland zur Lösung all der großen vor uns stehenden Aufgaben gefestigt und gestärkt werden soll, dann müssen diese gesunden Auseinandersetzungen in der CDU durch unsere Partei die stärkste Unterstützung erhalten, dann müssen die fortschrittlichen Kräfte in der CDU, aber auch in der LDP, in ihrem Bestreben, durch ihre Parteien eine ehrliche und ohne Vorbehalt zu den gemeinsamen Beschlüssen stehende Politik durchführen zu lassen, einen sicheren Rückhalt finden.«[68]

Die SED machte also keinen Hehl daraus, auch in den »Blockparteien« nur noch ihr genehme Führer zu dulden. CDU und LDPD versuchten zunächst noch, durch einen »christlichen Realismus« bzw. einen »neugewordenen Liberalismus«[69] eine gewisse Eigenständigkeit zu bewahren. Nuschke meinte sogar, die CDU der DDR könne »Sprecher der christlichen Demokraten ganz Deutschlands« sein.[70] Doch die Verhaftung bürgerlicher Spitzenpolitiker (z. B. 1952 Karl Hamann, LDPD, oder 1954 Georg Dertinger, Außenminister und früher Generalsekretär der CDU) beschleunigte ohnehin die Einschüchterung und Gleichschaltung dieser Parteien, die auf die volle Anerkennung der Führungsrolle der SED einschwenkten. In der LDP hatte 1951 neben Karl Hamann auch Hans Loch (1898–1960) den Vorsitz übernommen, nach Hamanns Verhaftung war er von 1952 bis 1960 alleiniger Parteivorsitzender. Loch hatte in der Weimarer Republik der DDP angehört, er war Ver-

[67] Ebd., S. 333.

[68] Neuer Weg, Heft 4 (Februar 1950), S. 18 f.

[69] Vgl. Siegfried Suckut, Zum Wandel von Rolle und Funktion der CDUD. In: Weber, Parteiensystem, S. 170. Brigitte Itzerott, Die Liberal-Demokratische Partei Deutschlands. Ebd., S. 213 f.

[70] Bei der Einweihung der ersten CDU-Parteischule. Vgl. Neue Zeit, Nr. 134 vom 14. 6. 1951.

bands- und Steuersyndikus. 1945 hatte er die LDP mitbegründet, von 1949 bis 1955 war er Finanzminister der DDR. Personen wie Loch trugen wesentlich zum Anpassungsprozeß der bürgerlichen Parteien bei.

Der Hauptvorstand der CDU erklärte im Juli 1952, die CDU »erkennt die führende Rolle der SED als der Partei der Arbeiterklasse vorbehaltlos an. Sie ist überzeugt, daß der erfolgreiche Aufbau des Sozialismus in der DDR nur auf der Grundlage der fortgeschrittenen Wissenschaft ... des Marxismus-Leninismus möglich ist.«[71] Damit hatten diese Parteien ihre »bürgerliche« Tradition über Bord geworfen. Folgerichtig bekannte sich der 5. Parteitag der LDP (Mai 1953) in der neuen Organisationssatzung zur »führenden Rolle der Arbeiterklasse«. Diese statutarische Änderung liberaler Ziele war wie der gesamte Ablauf des LDP-Parteitags zuvor intensiv von der SED-Führung »geplant« worden. Am 4. Mai hatte die SED-Spitze nicht nur über die personelle Zusammensetzung des LDP-Vorstands bestimmt, sondern auch den neuen Text der Satzung angeordnet. Unverblümt hatte die SED im vertraulichen Schreiben festgehalten, die LDP gehe »in verschiedenen Punkten über die Aufgabenstellung hinaus, die der LDP entsprechend der Direktive des Politbüros zufällt.«[72] Das Politbüro der SED beherrschte nunmehr nicht nur die eigene Partei, sondern dirigierte auch die Blockparteien. Beispielsweise hatte das ZK der SED am 13. Februar 1950 festgehalten, daß es »gegen eine Verwendung von Dr. Gerhard Reintanz (CDU)« als »persönlichen Referenten« des CDU-Außenministers Dertinger »keine Bedenken« habe.[73] Die CDU hat sich auf ihrem 7. Parteitag im September 1954 offiziell der SED unterworfen: »Die CDU bekennt sich zum Aufbau der neuen Gesellschaftsordnung, weil dies die beste Möglichkeit zur Verwirklichung der christlichen Anliegen bietet.«[74] Auch CDU und LDP respektierten so die Transmissionsfunktion, die der SED Einwirkungsmöglichkeiten auf ihr fernstehende Gesellschaftsschichten sicherte. Sie paßten sich damit NDPD und DBD an, die diese Funktion schon seit 1948 ausübten. Daß dabei die »Politik« dieser Parteien oft bedeutungslos war und der »Friedenskampf« ihrer Mitglieder zuweilen groteske Züge aufwies, mag ein Beispiel illustrieren. 1952 schrieb der Meisterbauer Hugo Schütze, DBD, aus dem Kreis Jena: »Ich bin der Meinung, daß wir als Bauern jetzt mehr als bisher Friedenstaten leisten müssen. So unterstützen wir nicht nur den Kampf aller deutschen Patrioten um Frieden und Einheit, sondern festigen gleichzeitig das Weltfriedenslager, an dessen Spitze die Sowjetunion steht. Ich verpflichte mich daher, noch 500 Kilo Milch zusätzlich der Volksernährung zur Verfügung zu stellen.«[75] Die Ernährungslage konnte sich freilich auch durch solche »Friedenstaten« kaum verbessern.

Inzwischen baute die SED zur weiteren Festigung des Parteiensystems konsequent die Nationale Front als ihr Instrument aus. Nach dem Sekretariat (Januar 1950) wurde im Februar noch der »Nationalrat« als Führungsgremium der Nationalen Front geschaffen. Auch in diesen Organen waren alle Parteien und Massenorganisationen vertreten; die in Konkurrenz zum Demokratischen Block entwickelte Nationale Front nahm aber von Anfang an nur »fortschrittliche« Mitglie-

[71] Neue Zeit, Nr. 172 vom 26. 7. 1952.

[72] Vgl. Matthias Judt (Hrsg.), DDR-Geschichte in Dokumenten. Beschlüsse, Berichte, interne Materialien und Alltagszeugnisse. Berlin 1997, S. 66.

[73] SAPMO, DY 30, J IV 2/3/084 (Tagesordnungspunkt 29).

[74] Zit. in DDR, Werden und Wachsen, S. 251.

[75] Bauern Echo, Nr. 104 vom 4. 5. 1952.

der der nichtkommunistischen Parteien auf. Im August 1950 tagte der I. Nationalkongreß der Nationalen Front, der einen Nationalrat mit dem parteilosen Professor Correns an der Spitze wählte. Die wirkliche Leitung lag indessen beim Büro des Präsidiums, dessen Chef immer die SED stellte. Die Nationale Front sollte auch in die Bundesrepublik Deutschland hineinwirken (auf dem I. Kongreß 1950 befanden sich unter 2 500 Delegierten auch 1 000 Westdeutsche). Offizielles Ziel war die Einheit Deutschlands; freilich sollte dieses Deutschland den Charakter der DDR haben. In beiden deutschen Staaten stellte man sich also die »Wiedervereinigung« so vor, daß jeweils der andere dem eigenen Staat angegliedert würde. Bei der Situation der DDR als dem kleineren Teil Deutschlands bleibt die Frage offen, wie ernst ihre Politiker die eigenen Parolen nahmen.

Die Nationale Front hatte sich ohnehin der sowjetischen Generallinie unterzuordnen. Schon bei ihrer Gründung 1949 hatte sich die Nationale Front zur »Zwei-Lager-Theorie« bekannt und erklärt, es gebe nur noch einen Feind: »Dieser Feind ist der amerikanische Imperialismus. Er hat das Erbe des Hitlerfaschismus im Kampf um die Weltherrschaft angetreten. Die herrschenden Kreise des heutigen Amerika bereiten einen neuen furchtbaren Weltkrieg vor.«[76] Für die SED war es nun zweitrangig, ob jemand einmal Nazi gewesen war: »Der Standpunkt jedes Deutschen in dem großen nationalen Befreiungskampf des deutschen Volkes ist der entscheidende Gradmesser und nicht die frühere Organisationszugehörigkeit.« Entsprechend sollten nunmehr auch »frühere Beamte, Soldaten, Offiziere und Generale der deutschen Wehrmacht sowie die früheren Nazis« in der Nationalen Front mitarbeiten. Die SED forderte die »völlige rechtliche Gleichstellung der früheren Mitglieder der Nazipartei« und eine »Amnestie« für die Mitglieder der NSDAP mit »Ausnahme derjenigen, die eine gerichtliche Strafe verbüßen«. Ulbricht war noch vor der DDR-Gründung sogar so weit gegangen, bei einem Vergleich Nazis den kritischen CDU- und LDP-Mitgliedern vorzuziehen: »Wir haben heute in der Sowjetischen Besatzungszone nicht wenige frühere aktive Nazis, die eine verantwortliche Arbeit leisten. Jedenfalls können sie bestimmte Leistungen aufweisen, was man von einigen Mitgliedern der Christlich-Demokratischen Union und Liberal-Demokratischen Partei Deutschlands nicht sagen kann, die nach Washington und London schielen.«[77]

Mit ihrer neuen Strategie gegen die USA und die Bundesrepublik wandte sich die SED von der Instrumentalisierung des Antifaschismus für ihre Zwecke nun zum Nationalismus, um damit ihre Politik voranzubringen (wobei sie Hinweise auf angebliche und tatsächliche Nazis in führenden Stellungen in der Bundesrepublik weiterhin zur Agitation gegen den Westen benutzte). Anstelle des Blocks übernahm die Nationale Front die Koordination des Parteiensystems. Durch den Ausbau ihrer »Ausschüsse« entwickelte sie sich außerdem zur eigenen Organisation.

Nicht nur die Führungen der Parteien akzeptierten schließlich die Vormachtstellung der SED; mit der weiteren Stalinisierung der DDR gaben auch die Massenorganisationen ein offenes Bekenntnis zur Führungsrolle der Staatspartei ab. Die Mas-

[76] Tägliche Rundschau, Nr. 234 (1345) vom 6. 10. 1949.

[77] Interview mit dem Nacht-Expreß vom 2. 8. 1949, zit. in: Unsere Zeit. Beiträge zur Geschichte nach 1945. Nr. 3, 1962, S. 287. Im Juni 1949 hatte Ulbricht gesagt: daß »nicht, wie manche annahmen, die früheren Mitglieder der Nazipartei oder die Umsiedler usw. die gegnerischen Kräfte sind, sondern daß sich die Hauptkräfte des Gegners in bestimmten Funktionen innerhalb der beiden bürgerlichen Parteien getarnt« hätten. In: Die Organisationsarbeit der SED. Berlin (Ost) 1949, S. 10.

senorganisationen näherten sich in Funktion, Aufbau und Arbeitsweise den sowjetischen Massenorganisationen an. Große Teile der Bevölkerung traten in die Massenorganisationen ein. So zählte 1950 der FDGB 4,7 Millionen Mitglieder, die FDJ 1,5 Millionen, die Jungen Pioniere 1,6 Millionen, der DFD 1 Million, die Gesellschaft für Deutsch-Sowjetische Freundschaft 1,9 Millionen, der Kulturbund fast 20 000 Mitglieder.[78] Diese Organisationen wurden völlig von der SED dirigiert und kontrolliert. Fast alle hauptamtlichen Funktionäre der Massenorganisationen gehörten der SED an. Die grundsätzlichen Beschlüsse der SED hatten die Leitungen auf ihre Massenorganisationen zu übertragen. Ebenso mußten die Funktionäre der Massenorganisationen den Sekretariaten der SED periodisch Bericht erstatten. Die SED-Leitungen in den Ländern bzw. Bezirken, Kreisen und Grundorganisationen waren auf ihrer Ebene für die jeweiligen Organe der Massenorganisationen voll verantwortlich. Ihre Hegemonie sicherte die SED durch eine doppelte Überwachung: durch Personalunion zwischen SED- und Massenorganisationsleitungen sowie durch die SED-Parteigruppen, die bei allen Leitungen der Massenverbände existierten. Auch die Parteidisziplin der Funktionäre verbürgte der SED-Führung, daß in den überparteilichen Organisationen im Sinne der SED gearbeitet wurde. Stets bildeten die Massenorganisationen eine tragende Säule der SED-Herrschaft.

Der 3. Kongreß des FDGB (30. August – 3. September 1950) nahm eine Satzung an, in der die SED bereits als »bewußter organisierter Vortrupp« der Arbeiterklasse bezeichnet wurde. Allerdings definierte sich der FDGB noch als »parteipolitisch nicht gebunden«.[79] 1952 rechtfertigte die FDGB-Spitze die »Anleitung der Gewerkschaft« und bestätigte die »führende Rolle« der SED.[80] Eine ähnliche Entwicklung vollzog sich in der FDJ. Auf der I. Funktionärskonferenz der FDJ im Dezember 1950 sagte Ulbricht, die Jugendorganisation könne ihre Aufgaben nur erfüllen, wenn sie die »führende Rolle der SED« anerkenne.[81] Auf dieser Tagung berichtete der FDJ-Vorsitzende Erich Honecker über ein »Friedensaufgebot« der deutschen Jugend, eine Aktion im Sinne der SED, die – so Honecker – »eine gewaltige Abfuhr für die amerikanischen Imperialisten« war.[82] Auf einer gleichzeitig stattfindenden Konferenz westdeutscher FDJ-Funktionäre stellte der Sekretär des Zentralrats Heinz Lippmann der Jugend die Aufgabe des »Kampfes gegen die Remilitarisierung« – allerdings nur in Westdeutschland, denn in der DDR förderte gerade die FDJ die spätere Militarisierung. Auf der I. Funktionärskonferenz der FDJ wurde auch Kritik laut, so z. B. von Stephan Hermlin an »manchen Funktionären«, die »die Rolle der Literatur nicht begreifen« und »die Literatur für einen bürgerlichen Luxus halten«, obwohl doch »das Vorbild Stalin« die »Werke von Maxim Gorki und Romain Rolland verehrt«.[83] Solche Hinweise auf kulturelle Aufgaben der Jugendorganisation gingen unter, da die politische Ausrichtung Vorrang hatte. Im Mittelpunkt standen dabei das Bekenntnis zur Sowjetunion und der »Friedenskampf«. Beides wurde verbunden, nachdem Stalin im Februar 1951 erklärte, ein

[78] Statistisches Jahrbuch der Deutschen Demokratischen Republik 1955. Berlin (Ost) 1956, S. 83 ff.

[79] Vgl. Klaus Helf, Von der Interessenvertretung zur Transmission. Die Wandlung des FDGB. In: Weber, Parteiensystem, S. 382 f.

[80] Die Arbeit, Berlin (Ost), Heft 1/1952. Handbuch für den Gewerkschaftsfunktionär im Betrieb. Hrsg.: Bundesvorstand des FDGB. 2. Aufl. Berlin (Ost) 1955, S. 340.

[81] Tägliche Rundschau, Nr. 278 (1696) vom 28. 11. 1950.

[82] Junge Welt, Nr. 92 vom 1. 12. 1950.

[83] Ebd., S. 10.

neuer Krieg sei nicht unvermeidlich.[84] Die FDJ-Führung wandte sich mit einem Appell »an alle Mitglieder und Funktionäre«, die Äußerungen des »großen Stalin«, des »weisen Führers des Weltfriedenslagers« in den »Mittelpunkt der gesamten Agitationsarbeit des Verbandes zu stellen«.[85] Wie von der SED wurde der Personenkult um Stalin auch und gerade von der FDJ forciert. So hatte die Führung schon im Dezember 1949 erklärt: »Für uns ist Stalin der Repräsentant des ruhmreichen Sowjetvolkes und seiner bolschewistischen Partei, die uns von der Barbarei des Faschismus befreiten, und uns helfen in unserem Kampf um die Demokratie und die nationale Einheit und Unabhängigkeit. Für uns ist Stalin der Führer der weltumspannenden, ständig wachsenden Front des Friedens. Für uns ist Stalin der große Lehrmeister des Kampfes um die Befreiung aller Völker von der Unterdrückung und Ausbeutung, das Vorbild aller Menschen, die ihre ganze Kraft für den Fortschritt der Menschheit einsetzen.«[86]

Es war Ulbricht, der nach dem Abschluß eines »Stalin-Aufgebots« der FDJ am 12. August 1951 die Jugend aufforderte, aus den »Werken des großen Stalin« zu lernen, und der seine Rede schloß: »Es lebe der weise Führer der Jugend der ganzen Welt, der Bannerträger des Friedens, der beste Freund des deutschen Volkes, Joseph Wissarionowitsch Stalin!«[87]

Diese Linie behielt die FDJ auch bei, als sie zu den »Weltfestspielen« im August 1951 in Berlin 14 Tage lang 2 Millionen Jugendliche aus der DDR versammelte. Außerdem kamen 26000 Delegierte aus 104 Ländern zusammen, die vom Präsidenten des Weltbundes der demokratischen Jugend, Enrico Berlinguer (dem späteren langjährigen Chef der KP Italiens) begrüßt wurden.[88] Damit konnte die FDJ nicht nur eigene Anhänger mobilisieren, sondern auch die DDR nach außen präsentieren. Im Innern aber blieb die FDJ – wie alle Massenorganisationen – eine feste Stütze der SED. Allerdings verlor sie dabei immer wieder ihre Funktion als Organisation der Jugend aus dem Auge. Denn für die Führung eines Jugendverbandes mußte es schon peinlich sein, in großangelegten Kampagnen ihre Funktionäre aufzufordern: »Vergeßt das frohe Jugendleben nicht!«[89] Der Zentralrat ermahnte die Leitungen zu Selbstverständlichkeiten: Heimabende veranstalten, Filmvorführungen besuchen, Jugendbälle oder Wanderungen durchführen usw. Trotz ihres Auftrags als Jugendverband orientierte sich die FDJ bald wieder stärker an den vorgegebenen Direktiven der SED, verkündete Kampfparolen und demonstrierte für politische Ziele. Dieses Spannungsverhältnis zwischen ihren unterschiedlichen Funktionen als Jugendverband und als Massenorganisation der SED blieb unbewältigt. Unzweifelhaft aber ist, daß die SED über alle Aktionen der FDJ bestimmte.

Entsprechend machte die FDJ auch den Stalin-Kult mit. Beispielsweise »bestätigte« das Sekretariat des Zentralrats im August 1951 den Text einer »Botschaft«: »Unser Gruß dem großen Stalin«, dem »großen Führer des weltumspannenden Friedenslagers.«[90] Auf ihrem IV. Parlament im Mai 1952 stellte sich die FDJ de-

[84] Interview J. W. Stalin mit einem Korrespondenten der Prawda. Neues Deutschland, Nr. 40 vom 17.2.1951. Junge Welt, Nr. 14 vom 20.2.1951.

[85] Junge Welt, Nr. 15 vom 23.2.1951.

[86] Junge Generation, Zeitschrift für Fragen der Jugendbewegung 3 (1949), Heft 12, S. 545.

[87] Junge Welt, Nr. 70 vom 13.8.1951.

[88] Geschichte der Freien Deutschen Jugend. Berlin (Ost) 1982, S. 222f.

[89] Junge Welt, Nr. 14 vom 15.2.1952.

[90] Protokoll Nr. 188 des Sekretariats vom 1.8.1951. SAPMO, DY 30, J IV 2/16/47.

monstrativ in den Dienst der zunehmenden Militarisierung der DDR und deren Aufrüstung. Die FDJ erhielt den Auftrag, den militärischen Nachwuchs zu gewinnen. Der Zentralrat wollte »alle militärischen Fähigkeiten in unserer Jugend entwickeln«. Ulbricht äußerte auf dem FDJ-Kongreß »den Wunsch«, daß »aus der FDJ recht viele Jugendliche hervorgehen, die die Auszeichnung als tüchtige Scharfschützen erhalten werden.«[91]

Bis zur Einführung der Wehrpflicht in der DDR im Jahre 1962 gehörte die Werbung von »Freiwilligen« für Polizei und Militär zur Aufgabe der FDJ. Dabei stieß sie auf breiten Widerstand. Wie auch im Westen tauchte z. B. in Chemnitz die »Meinung auf: ›Ohne uns‹ und ›Solange es freiwillig ist, brauchen wir auch nicht zu gehen.‹« Doch es gab auch Beispiele drastischerer Ablehnung: »An den Aborttüren hing ein Plakat mit folgendem Inhalt: ›Kollegen, weigert euch, zur VP zu gehen. Ihr seid stärker als die jetzige Regierung.‹ Die Arbeit der bestimmten Personen ging so weit, daß sie eine Wandzeitung errichteten, auf der ein Artikel aus der ›Tribüne‹ ersichtlich war: ›Zerreißt die Gestellungsbefehle!‹ An Aborttüren und dergleichen steht mit Bleistift geschrieben: ›Weigert euch zur VP zu gehen!‹«[92]

Die neue »Verfassung« der FDJ, von ihrem IV. Parlament 1952 angenommen, schrieb die Unterordnung unter die SED statutarisch fest: »Die FDJ ... anerkennt die führende Rolle der Arbeiterklasse und der Großen Sozialistischen Einheitspartei Deutschlands.«[93]

Eine ähnliche Entwicklung nahm auch der 1947 gegründete Demokratische Frauenbund Deutschlands. Auf dem III. Bundeskongreß des DFD (21.–24. April 1950) vertraten 1900 Delegierte 567335 Mitglieder. Die Frauen diskutierten über den Zweijahrplan und die Vorbereitung des ersten Fünfjahrplanes. Der Kongreß erteilte den Mitgliedern des DFD den Auftrag, »verstärkt in der Nationalen Front mitzuarbeiten«, mit Hilfe der Organisation ein »neues Verhältnis der Frau zur Arbeit« herzustellen und Tausende Frauen in die Produktion einzubeziehen.[94]

Wie alle wichtigen Maßnahmen der Massenorganisationen war auch der Ablauf dieses Frauenkongresses von der SED-Führung bis in alle Einzelheiten festgelegt. Am 24. Februar 1950 hatte das Sekretariat beschlossen: »Der Durchführung des Bundeskongresses des DFD in der vorgeschlagenen Form wird zugestimmt (Anlage Nr. 1). Programm und Statut des DFD sowie Entwurf der politischen Resolution sind dem Sekretariat bis spätestens 3. April d. J. vorzulegen.«[95] In »Anlage 1« war der »Ablauf« detailliert beschrieben. Dies galt für die »feierliche Einleitung durch die Kapelle der Staatsoper«, die Begrüßungen und Referate bis zu »Besprechungen mit den 800 westdeutschen Delegierten« und »Besichtigung von Berliner Betrieben«.

Schon vorher hatte die SED-Spitze der Herausgabe eines Funktionärsorgans und dem wöchentlichen Erscheinen der Zeitung ›Die Frau von heute‹ zugestimmt. Dabei wurde genau über Auflagen (20000 bzw. 300000), Preis, Umfang, aber auch Chefredakteure entschieden.[96] Das zeigt, daß auch beim Frauenbund, dem DFD –

[91] Tägliche Rundschau, Nr. 125 vom 31. 5. 1952.
[92] Zitiert in Ulrich Mählert und Gerd-Rüdiger Stephan, Blaue Hemden – Rote Fahnen. Die Geschichte der FDJ. Opladen 1996, S. 90.
[93] Dokumente zur Geschichte der FDJ. Bd. 2, Berlin (Ost) 1960, S. 405.
[94] Vgl. Gerda Weber, Zur Vorgeschichte und Entwicklung des DFD. In: Weber, Parteiensystem, S. 421 ff.
[95] Protokoll Nr. 87 der Sitzung des Sekretariats vom 24. 2. 1950. SAPMO DY 30, J IV 2/3/087.
[96] Protokoll Nr. 83 der Sitzung des Sekretariats vom 6. 2. 1950. SAPMO DY 30, J IV 2/3/A 66.

so wie bei allen Massenorganisationen – die SED die Fäden zog, dieser von der Einheitspartei gelenkt wurde und völlig von ihr abhängig war. Da Tätigkeit und Erfolge der Frauen die SED-Führung jedoch keineswegs zufriedenstellten, beschloß der DFD auf einer Organisationskonferenz im Oktober 1951 einen Wettbewerb zum 5. Jahrestag der Gründung des Frauenbundes. Als Aufgaben wurden genannt: Schulung aller Mitglieder und Funktionäre, Festigung der Organisation und Gewinnung neuer Mitglieder. Im Dezember 1951 beschloß der DFD-Bundesvorstand »die nächsten Aufgaben des DFD bei der Verwirklichung des Gesetzes über den Fünfjahrplan«, wobei es darauf ankam, die Frauen zur Arbeit und zur stärkeren Beteiligung an der Aktivistenbewegung zu mobilisieren. Der vom 16. bis 19. April 1952 in Berlin tagende IV. Bundeskongreß des DFD hob die Bedeutung der DDR als »Heimat der deutschen Frauen« hervor und forderte die Organisation auf, alles zur Festigung des »Arbeiter- und Bauernstaates« zu unternehmen. Am 13. Juni 1952 wurde der DFD als Massenorganisation in den »Demokratischen Block der DDR« aufgenommen und stellte in der Volkskammer eine eigene Fraktion.[97]

Der DFD und auch der Kulturbund, die VVN und andere Organisationen bekannten sich nun offen zur Führung durch die SED. Diese Organisationen wurden Mitglied des Demokratischen Blocks und der Nationalen Front und hatten dort erheblichen Einfluß auf die Festigung des Parteiensystems. Da auch NDP und DBD von Anfang an die SED unterstützten, konnte das neue Parteiensystem trotz des Widerstandes der Mehrheit der Bevölkerung etabliert werden.

Der »Aufbau des Sozialismus«

Die Integration der DDR in den Ostblock sollte vor allem durch weitere Strukturveränderungen und die Angleichung des Systems an die übrigen Volksdemokratien (nach dem Modell der UdSSR) vollzogen werden. Das Signal dazu gab die 2. Parteikonferenz der SED vom 9. bis 12. Juli 1952 mit der Parole vom »Aufbau des Sozialismus« in der DDR.

Die Wirtschaft der DDR war bereits vorher in den von der UdSSR geführten Block einbezogen worden. Im September 1950 wurde die DDR Mitglied im Rat für gegenseitige Wirtschaftshilfe (RGW, im Westen COMECON genannt). Der Abschluß von Handelsverträgen sowie wissenschaftlich-technischen Abkommen (so im September 1951 mit der UdSSR) vertieften die wirtschaftlichen Bindungen der DDR an die übrigen kommunistisch regierten Länder. Der Außenhandel mit diesen Staaten erhöhte sich von 1950 bis 1955 auf fast das Dreifache (während sich der innerdeutsche Handel in dieser Zeit nur verdoppelte), 1954 entfielen drei Viertel des Außenhandels der DDR auf den Ostblock.

Die Ziele des Fünfjahrplanes 1951 bis 1955 betrafen nicht nur wirtschaftliche, sondern auch politische Probleme. Über die Hauptaufgaben hieß es, es sei im Interesse des gesamten deutschen Volkes und des »Kampfes um die Einheit des demokratischen Deutschlands«, eine schnelle Entwicklung der Produktivkräfte zu gewährleisten; bis zum Ende des Jahrfünfts habe die Industrieproduktion im Verhält-

[97] Vgl. Gerda Weber, Um eine ganze Epoche voraus? 25 Jahre DFD. Deutschland Archiv 5 (1972), S. 410 ff.

nis zum Stand des Jahres 1950 190 Prozent zu erreichen. Die geplante Erhöhung der industriellen Produktion bedeutete zugleich deren Verdoppelung im Vergleich zum Jahre 1936.

Durch den Produktionsanstieg und durch Beseitigung der Kriegsfolgen sollte der Vorkriegslebensstandard der Bevölkerung erreicht und »zum Ende des Fünfjahrplans bedeutend überschritten werden. Das gilt im besonderen für den Verbrauch von Nahrungsmitteln und wichtigen Industriewaren pro Kopf der Bevölkerung.«[98]

Die Industrieproduktion sollte von 23 Milliarden auf 45 Milliarden gesteigert, die landwirtschaftlichen Erträge um 25 Prozent und das Volkseinkommen um 60 Prozent erhöht werden, die Arbeitsproduktivität sogar um 72 Prozent. In einer Reihe von Produktionszweigen (Energie, Braunkohle, Rohstahl) wurde der Plan jedoch nicht erfüllt. Das Versprechen eines deutlich höheren Lebensstandards konnte nicht eingelöst werden. Ende 1952 betrug der Produktionsindex der DDR zwar 108 des Standes von 1936 (Bundesrepublik: 143), doch in der Verbrauchsgüterindustrie war der Vorkriegsstand noch immer nicht erreicht.[99] Der Anteil der »volkseigenen Betriebe« wuchs ständig. Mitte 1949 gab es 75 zentrale »Vereinigungen Volkseigener Betriebe« mit 1 764 Betrieben, 1 950 zählte man insgesamt 5 000 VEB. 2 678 dieser Betriebe waren zentral auf DDR-Ebene zusammengefaßt, 1 874 den Ländern zugeordnet. 1950 hatten die VEB 900 000 Beschäftigte, deren Zahl bis 1953 auf 1,7 Millionen anstieg.[100] Bei einer Umorganisation der VEB 1951 waren die wichtigsten »Schwerpunktbetriebe« (etwa 70) direkt den zuständigen Fachministerien unterstellt worden. Während eine Hälfte der von den Ländern geleiteten VEB mit den zentralgesteuerten Betrieben vereinigt wurde, faßte man die andere Hälfte mit den ca. 4 000 kommunalen Wirtschaftsunternehmen zur »örtlichen Industrie« zusammen. Diese Art Umorganisation und Strukturveränderung gab es in den folgenden Jahren immer wieder; damit sollte die Effektivität der Wirtschaft erhöht werden. Da jedoch die zentralistische Anleitung und die Vorherrschaft der Partei erhalten blieben, führten alle »Reform«-Versuche nicht zum Ziel.

Die Bedeutung der VEB stieg auch dadurch, daß die Sowjetunion einige in ihrem Besitz befindliche SAG-Betriebe an die DDR-Wirtschaft übergab. Ende 1946 bestanden 200 SAG, davon kamen 1947 bereits 47, 1950 weitere 23 unter deutsche Leitung. Die verbleibenden SAG-Betriebe waren allerdings noch ein beträchtlicher Wirtschaftsfaktor. Sie umfaßten 13 Prozent der Beschäftigten und erstellten 32 Prozent der Produktion; die Produktion von Uhren, Motorrädern und Benzin erfolgte zu 80 Prozent in den SAG. Mit der Übergabe weiterer 66 SAG-Betriebe 1952 wurde der Anteil der VEB merklich erhöht. Die staatseigene Industrie war zum beherrschenden Sektor der DDR-Wirtschaft geworden.

Darüber hinaus kopierte die DDR-Wirtschaft weitgehend sowjetische Methoden. Im Juni 1951 stellte das ZK der SED die Losung »Von der Sowjetunion lernen, heißt siegen lernen« in den Mittelpunkt der Agitation und erklärte, es komme darauf an, den volkseigenen Sektor in Industrie, Landwirtschaft, Verkehr, Handel und Finanzen »entscheidend weiterzuentwickeln«, die Prinzipien der sowjetischen Wirtschaftsführung und ihre Methoden seien »gründlich zu studieren« und daraus

[98] Zur ökonomischen Politik der SED und der Regierung der DDR. Berlin (Ost) 1955, S. 69 f.

[99] Vgl. den Bericht des Deutschen Instituts für Wirtschaftsforschung. Die Welt vom 20. Dezember 1952. Vgl. auch Tägliche Rundschau, Nr. 249 (1360) vom 23. 10. 1949 und Neues Deutschland, Nr. 254 vom 1.11.1951.

[100] Tägliche Rundschau, Nr. 106 (1524) vom 7. 5. 1950.

Schlußfolgerungen für die Leitung der volkseigenen Wirtschaft zu ziehen.[101] Die Parole »Von der Sowjetunion lernen, heißt siegen lernen« war im politischen Raum schon vorher verwendet worden, u. a. vom 3. Kongreß der Gesellschaft für deutsch-sowjetische Freundschaft im Januar 1951.[102]

Doch vordringlich waren nun Studium und Anwendung der unter Stalin entwickelten Formen der »wirtschaftlichen Planung sowie besonders der bolschewistischen Methoden der Anleitung der Wirtschaftsorgane durch die Partei«.[103] Stalin galt als »der Inspirator und Organisator der sozialistischen Industrialisierung«[104], das Studium seiner Biographie sollte daher einen Aufschwung bringen. Da die Wirtschaftsstrukturen nach sowjetischem Vorbild entwickelt worden waren, mußten auch bei den Leitungsmethoden sowjetische Erfahrungen übernommen werden. Für die Gesamtwirtschaft der DDR brachte das sowohl Erfolge als auch Schwierigkeiten, denn die qualifizierten Arbeiter standen den sowjetischen »Neuerermethoden« vielfach skeptisch gegenüber. Schließlich wurde die Forderung, die »Arbeitsorganisation durch verstärkte Anwendung sowjetischer Arbeitsmethoden zu verbessern«, auch immer mit Kampagnen »zur vorfristigen Planerfüllung« – also mit Mehrarbeit – verbunden, so z. B. »zu Ehren« des auch in der DDR mit viel Pomp propagierten XIX. Parteitags der KPdSU 1952.[105]

Priorität in der DDR-Wirtschaftspolitik hatte die Erhöhung der Arbeitsproduktivität. Das im April 1950 eingeführte »Gesetz der Arbeit« sah neben der Verbesserung der Lage der Arbeiter und der Garantie des »Rechtes auf Arbeit« vor allem eine Steigerung der Arbeitsproduktivität vor. Schließlich rückte die 2. Parteikonferenz der SED 1952 die Förderung der Schwerindustrie noch mehr in den Mittelpunkt der Planung. Folge dieser Politik waren weitere Engpässe in der Versorgung der Bevölkerung. Immerhin gelang es der DDR unter größten Mühen und Entbehrungen und ohne Hilfe von außen bis 1952/53, die zerrüttete Wirtschaft wiederaufzubauen. Die Rohstahlerzeugung z. B., die 1946 auf 150 000 Tonnen abgesunken war, stieg bis 1953 auf 2,1 Millionen Tonnen (das Doppelte der Erzeugung von 1936). Ähnlich erstaunliche Leistungen erzielten die Energiewirtschaft und die chemische Industrie. Demgegenüber blieb die Entwicklung der Konsumgüterindustrie zurück. Trotz vieler Versprechungen der SED-Führung (Ulbricht 1949: »Jetzt kommt die Zeit der Erfolge«[106]) war der Lebensstandard weiterhin relativ niedrig (und erheblich bescheidener als der in der Bundesrepublik). Noch immer mußten Fett, Fleisch und Zucker rationiert werden, sehr viele Güter waren Mangelware, und die Qualität ließ oft zu wünschen übrig. Außerdem waren die hohen Preise in den HO-Läden für viele Arbeiter unerschwinglich (die Bruttostundenlöhne betrugen 1951 für Maurer 1,60 Mark, für Schlosser 1,78 Mark, die Mehrheit der Arbeiter verdiente unter 312,00 Mark brutto im Monat, bis 1955 stieg der Durchschnittsverdienst von Arbeitern und Angestellten auf 345 Mark).

Noch 1951 kostete in den HO-Läden ein Kilo Zucker 12 Mark, ein Kilo Butter 24 Mark oder ein Kilo Schweinefleisch 15 Mark. Erst ab 1952 gingen diese Preise zurück, aber die Mangelwirtschaft belastete nach wie vor den Alltag. Es kam 1953

[101] Zur ökonomischen Politik der SED, S. 109.
[102] Friedenspost. Das Wochenblatt für Jedermann. Nr. 5 vom 28. 1. 1951.
[103] Zur ökonomischen Politik der SED, S. 109.
[104] Tägliche Rundschau, Nr. 39 (1762) vom 15. 2. 1951.
[105] Neuer Weg, Heft 19 (Oktober 1952), S. 3.
[106] In einem Interview mit Neues Deutschland, Nr. 172 vom 26. 7. 1949.

weiterhin zu Stromsperrstunden, für bereits ausgegebene Lebensmittelkarten wurde statt Butter Fleisch geliefert usw.[107] Wirtschaftliche Schwächen und politische Diktatur gleichermaßen prägten die Lebensverhältnisse und führten in den frühen fünfziger Jahren zu ständigen Spannungen; sie verhinderten eine Konsolidierung der Gesellschaft. Schließlich hat die nationale deutsche Einstellung, die bei den meisten Bürgern selbstverständlich existierte, die stalinistischen Besonderheiten der Politik überlagert und zunehmend eine Fixierung auf die Bundesrepublik gebracht.

Der dem neuen Regime zugestandene soziale Impetus verlor spürbar an Kraft, er war in der Diktatur des Stalinismus zunichte gemacht worden. Alle programmatischen und utopischen Ziele von einer »besseren Gesellschaft« wurden rasch verengt auf den Ausbau und Erhalt der Allmacht der Parteispitze. Deshalb hat die SED die traditionellen Vorstellungen der Arbeiterbewegung, auf die sie sich angeblich stützte, lediglich zur Verschleierung der Herrschaftsverhältnisse benutzt.

Unter diesem Aspekt bedeutete die Proklamierung des »Aufbaus des Sozialismus« durch Ulbricht auf der 2. Parteikonferenz im Juli 1952 eine Reduzierung des Begriffs »Sozialismus« auf das stalinistische System der UdSSR. Ulbricht hatte unter »langanhaltendem Beifall« der 1565 Delegierten verkündet: »In Übereinstimmung mit den Vorschlägen aus der Arbeiterklasse, aus der werktätigen Bauernschaft und aus anderen Kreisen der Werktätigen hat das Zentralkomitee der Sozialistischen Einheitspartei Deutschlands beschlossen, der 2. Parteikonferenz vorzuschlagen, daß in der Deutschen Demokratischen Republik der Sozialismus planmäßig aufgebaut wird.«[108]

Damals sollte ein Schauprozeß gegen führende SED-Funktionäre vorbereitet werden, deshalb verwies Ulbricht auch auf Parallelen zu anderen Ostblockstaaten. Er sprach vom »abgrundtiefen Verrat der Tito-Clique«, von der »verbrecherischen Tätigkeit der Slánský-Gruppe in der Tschechoslowakei, der Gomulka-Gruppe in Polen«.[109] Den Personenkult um Stalin propagierte Ulbricht in kaum noch zu überbietender Weise. Das Protokoll registrierte: »Von besonderer Bedeutung ist das Studieren der Werke des Genossen Stalin und seiner Biographie im Selbststudium. Für die Anleitung dieses Studiums ist es notwendig, besondere Konsultationen zu veröffentlichen und mündliche Konsultationen in den Parteikabinetten zu erteilen ... Wir werden siegen, weil unsere Partei, die Sozialistische Einheitspartei Deutschlands, eine Partei neuen Typus geworden ist, die stärkste Partei in Deutschland, die Partei, die sich von der wissenschaftlichen Lehre von Marx, Engels, Lenin, Stalin leiten läßt. (Lang anhaltender Beifall.) ... Lang lebe unser weiser Lehrmeister, der Bannerträger des Friedens und Fortschritts in der ganzen Welt, der große Stalin! (Stürmischer Beifall, Hurrarufe, der Beifall geht in minutenlange Ovationen für Genossen Stalin über.)«[110] Ulbrichts Schlußwort auf der Konferenz endete mit dem Ausruf: »Wir werden siegen, weil uns der große Stalin führt!«[111]

In einem »Beschluß« der Parteikonferenz wurde der »Sturz der Bonner Regierung« als Voraussetzung für die deutsche Einheit bezeichnet. Außerdem hieß es

[107] Vgl. z. B. Schweriner Volkszeitung, Nr. 51 vom 3.3.1953. National-Zeitung, Nr. 53 vom 4. 3. 1953. Die Union (Dresden), Nr. 45 vom 5. 3. 1953.

[108] Protokoll der Verhandlungen der 2. Parteikonferenz der Sozialistischen Einheitspartei Deutschlands, 9. bis 12. Juli 1952 in Berlin. Berlin (Ost) 1952, S. 58.

[109] Ebd., S. 151.

[110] Ebd., S. 158ff.

[111] Ebd., S. 464.

dort, die »Verschärfung des Klassenkampfes« sei unvermeidlich. Der »Aufbau des Sozialismus« erfordere die »Durchführung der grundsätzlichen Aufgaben der Volksmacht: den feindlichen Widerstand zu brechen und die feindlichen Agenten unschädlich zu machen; die Heimat und das Werk des sozialistischen Aufbaus durch die Organisierung bewaffneter Streitkräfte zu schützen; ihre Funktion als Instrument des Aufbaus des Sozialismus auszuüben.«[112]

Ulbricht behauptete außerdem, das Stadium der volkswirtschaftlichen Entwicklung für einen »Übergang zum Sozialismus« sei erreicht. »Der Anteil der volkseigenen und genossenschaftlichen Betriebe an der Bruttoproduktion der Industrie betrug im Jahre 1950 73,1 v. H., er stieg 1951 auf 79,2 v. H. und wird Ende 1952 81 v. H. erreichen.«[113] Dies registrierte die SED als Ergebnis des »Klassenkampfes«, worunter sie Ausbau und Sicherung ihrer Macht verstand. Dazu gehörte ebenso die Bekämpfung aller wirklichen und vermeintlichen Gegner durch MfS und Gerichte. Es zeigte sich, daß es keinen Bereich der DDR-Gesellschaft gab, in dem nicht die stalinistischen Praktiken der Sowjetunion kopiert wurden. Drastischer Beweis dafür, daß breite Bevölkerungsschichten das System und seine Methoden völlig ablehnten, sich verweigerten und »mit den Füßen abstimmten«, war die Flucht von 1,4 Millionen Menschen zwischen 1949 und 1955 aus der DDR in die Bundesrepublik.[114]

Herrschaft des Apparats

Tonangebend in der DDR wurde rasch der Parteiapparat, d. h. die hauptamtlichen Funktionäre der SED. Sie bildeten den Kern der Machthierarchie auf verschiedenen Ebenen.[115] Dazu gehörten Anfang der fünfziger Jahre fast 2 000 zentrale Kader der SED und eine entsprechend große Zahl von Funktionären in Bezirks-, Kreis- und Ortssekretariaten, ebenso Redakteure, Propagandisten usw. Für das Jahr 1950 registrierte die offizielle Statistik 110 000 Angestellte (und 30 000 Arbeiter) bei »politischen, sozialen und wirtschaftlichen Organisationen«.[116] Nach anderen Angaben waren es insgesamt 121 000 Beschäftigte. Schließlich waren offiziell 1952 35 000 und 1955 43 000 Angestellte bei »gesellschaftlichen Organisationen« beschäftigt.[117] Diese Zahlen dürften im wesentlichen auf die Parteiangestellten zutreffen, denen außerdem noch die hauptamtlichen Mitarbeiter der Massenorganisationen zuzurechnen sind. Der hauptamtliche Apparat der SED, der die Partei befehligte und immer stär-

[112] Neues Deutschland, Nr. 163 vom 13. 7. 1952.

[113] Protokoll der 2. Parteikonferenz, S. 58.

[114] Vgl. Die Tabelle in Hermann Weber, Kleine Geschichte der DDR. Köln 1980, S. 104. In einem Bericht des Ministeriums für gesamtdeutsche Fragen vom März 1952 heißt es, von Ende 1949 bis Anfang 1952 seien allein über »5 000 Beamte der ostzonalen Kriminal- und Verwaltungspolizei« geflüchtet, aber auch 400 militärische Ausbilder und selbst 11 Kommissare und 14 Unteroffiziere des MfS. Vgl. Staatsarchiv Bremen, Senatsregistratur, 3.R.1.0. Nr. 121.

[115] Diese Struktur galt bis zum Ende der SED-Diktatur. Vgl. Thomas Ammer, Die Machthierarchie der SED. In: Materialien der Enquete-Kommission »Aufarbeitung von Geschichte und Folgen der SED-Diktatur in Deutschland«. Hrsg. Deutscher Bundestag. Baden-Baden 1995, Bd. II, 2, S. 803 ff.

[116] Statistisches Jahrbuch 1955, S. 26 f. Die Zahlen »ohne Groß-Berlin, demokratischer Sektor«, daher war der Apparat einschließlich Ost-Berlins noch größer.

[117] Ebd., S. 112; Statistisches Jahrbuch der DDR 1956. Berlin (Ost) 1957, S. 153. In späteren Statistischen Jahrbüchern fehlen solche exakten Angaben.

ker deren entscheidender Motor wurde, wuchs ständig. Bereits 1948 gab es 450 politische (und 300 technische) Mitarbeiter des Zentralsekretariats, in den sechs Landesvorständen waren 1 200 Personen beschäftigt. Die 156 Kreisleitungen der SED verfügten über 12 480 Mitarbeiter, an 112 Parteischulen wirkten 1 000 Lehrer, bei der Presse arbeiteten 5 000 Redakteure und Mitarbeiter, so daß sich der SED-Apparat aus insgesamt 20 000 Personen zusammensetzte.[118]

Im Staatsapparat (1955 arbeiteten 317 000 Angestellte in der öffentlichen Verwaltung) zählten die politischen Funktionäre zur neuen Elite, ebenso die verantwortlichen Mitarbeiter des Bildungswesens und der Massenkommunikationsmittel. Materielle Privilegien erlangten vor allem die neuen Führungskräfte, die die Staatswirtschaft, d. h. die über 5 000 Industriebetriebe, die volkseigenen Güter, LPGs usw. anleiteten. Schließlich waren auch das Offizierskorps, MfS und Justiz Teil der neuen Elite.

Viele dieser privilegierten Funktionäre waren ehemalige Arbeiter oder Angestellte (z. B. rekrutierten sich schon 1946 40 Prozent aller Werkdirektoren und Betriebsleiter aus der Arbeiterschaft), doch für die Besetzung der Positionen war die Ergebenheit gegenüber der Parteiführung meist wichtiger als die fachliche Qualifikation; daraus resultierte oft ein gewisses Mißverhältnis zwischen Sachverstand und politischer Engstirnigkeit, das neue Probleme schuf. Das Schlagwort von der Entstehung der »Arbeiter- und Bauernmacht« in der DDR verschleierte die Tatsache der Herausbildung neuer sozialer Schichten (und Oberschichten) in einer modernen Industriegesellschaft. Bis 1953 war die sozioökonomische Struktur der DDR ebenso wie das Herrschaftssystem in weiten Bereichen an das sowjetische Modell angepaßt.

Priorität für die SED hatte der »ideologische Kampf«. Dazu hieß es im Beschluß ihrer 2. Parteikonferenz: »Auf ideologischem Gebiet ist die wichtigste Aufgabe, die Arbeiterklasse und die Masse der Werktätigen mit sozialistischem Bewußtsein zu erfüllen und zugleich den täglichen konsequenten Kampf gegen die bürgerlichen Ideologien zu führen ... Das Studium der Geschichte der KPdSU (B), das die Grundlage unserer gesamten Parteischulung bildet, und das Studium der Werke des Genossen Stalin ist noch gründlicher durchzuführen.«[119] Als Folge dieser Schulung wurde allerdings die »Vermehrung der Buchstabengelehrten und Talmudisten« verzeichnet.[120] Und noch ein knappes Jahr nach der 2. Parteikonferenz kritisierte Oelßner, daß die Werke Stalins bei der Mitgliedschaft kaum vorhanden seien; so hatten nur 7 Prozent der Parteimitglieder der Leuna-Werke »Walter Ulbricht« Band 8 der Stalin-Werke gekauft, und selbst eine billige Stalin-Broschüre war wenig verbreitet.[121]

Neben der Schulung sollten weiterhin Säuberungen die Disziplin in der Partei garantieren. Im Frühjahr 1952 wurde mitgeteilt: »Im Verlauf der Parteiüberprüfung der Parteimitglieder und Kandidaten wurden 63 564 Kandidaten in den Mitgliederstand übergeführt und erhielten das Mitgliedsbuch. 18 180 Mitglieder wurden in den Kandidatenstand zurückversetzt. Bei 4150 Kandidaten erfolgte die Verlängerung

[118] Die Zusammenstellung wurde von der SPD gemacht. Vgl. AdsD (Ostbüro) 0321 I. Vgl. auch SOPADE, Nr. 476 vom 22. 5. 1948.

[119] Neues Deutschland, Nr. 163 vom 13. 7. 1952.

[120] Fred Oelßner, Ideologische Fragen zur Vorbereitung des dritten Parteilehrjahrs. Berlin (Ost) 1952. S. 16.

[121] Fred Oelßner, Die Bedeutung der Literatur im Kampf um Frieden, Einheit und besseres Leben (Rede vom 22. 5. 1953). Berlin (Ost) 1954, S. 29.

der Kandidatenzeit. Durch Streichung der Mitgliedschaft bzw. Kandidatenschaft sowie durch Ausschluß schieden 150 696 Personen aus.«[122]

Die große Zahl von über 150 000 Ausschlüssen zeigte, wie rigoros die Säuberungen gehandhabt wurden. Auf die Parteispitze griffen diese Maßnahmen sofort nach dem Slansky-Prozeß in der ČSR über. Im Dezember 1952 zog das ZK der SED »Lehren aus dem Prozeß gegen das Verschwörerzentrum Slansky«.[123] Auf der 13. Tagung des ZK im Mai 1953 referierte Hermann Matern über die Durchführung dieses Beschlusses, dessen Auswertung nach seiner Auffassung völlig ungenügend war.[124] Die »Sorglosigkeit« gegenüber »Feinden« in der Partei müsse nun ein Ende haben. Dem »Klassenfeind« war es angeblich sogar gelungen, in »die Führung der Partei einzudringen«.[125] Der Ausschluß von Franz Dahlem sowie des ZK-Sekretärs Hans Lauter waren Signale, die erneut auf einen geplanten Schauprozeß hinwiesen. Der neue Kurs der KPdSU nach Stalins Tod und der Juni-Aufstand ließen die Säuberungen freilich in den Hintergrund treten.

Die SED-Führung rückte die sowjetischen »Kaderprinzipien« in den Mittelpunkt ihrer Tätigkeit: Kritik und Selbstkritik, Kontrolle durch den übergeordneten Apparat, ideologische und fachliche Qualifikation der Funktionäre und Mitglieder sollten die Parteiarbeit verbessern. Es wurde auf Stalins These verwiesen »Die Kader entscheiden alles«, freilich auch gesagt, Voraussetzung dafür sei »Wachsamkeit«[126], also das Schnüffeln nach »Feinden«. Ein eigenes Schulungsnetz ermöglichte es der SED, ergebene Funktionäre auszubilden. In dieser Periode ging es vorrangig darum, durch Verbreitung des sogenannten Marxismus-Leninismus einen festen, zuverlässigen Funktionärsstamm zu schaffen; ideologische Ausrichtung erschien wichtiger als Sachverstand, alle Positionen sollten mit geschulten Kadern besetzt werden.

Damals verbreitete die SED die Parole, eine Parteileitung, die »nach den Stalinschen Prinzipien die Kaderauslese« vornehme, die Kader fördere und richtig einsetze, habe »praktisch neun Zehntel der Parteiarbeit gelöst«. Allerdings mußte sie zugleich eine beträchtliche Fluktuation ihrer Kader registrieren: in manchen Kreisorganisationen waren die 1. und 2. Sekretäre in 18 Monaten »vier- bis fünfmal ausgewechselt« worden, die »Abteilungsleiter in den Kreisleitungen haben sogar acht- bis neunmal gewechselt«.[127] Im April 1953 berichtete ZK-Sekretär Otto Schön, daß über ein Drittel der Parteisekretäre nicht wiedergewählt wurden. Einerseits war dies eine Reaktion unterer Einheiten gegen die Parteiführung. Schön schrieb: »Einige Grundorganisationen haben ihren Sekretär bzw. andere Genossen deshalb nicht wiedergewählt, weil sie konsequent die Linie der Partei vertraten. Er mache ihnen ›zu viel Leben‹, er sei ihnen in ihrer Ruhe unbequem. Das zeigte, daß diese Grundorganisationen nicht in Ordnung sind, und daß sich die Kreisleitungen ernsthaft mit ihrem Zustand beschäftigen müssen.«[128] Besonders viele Altkommunisten, die in

[122] Neuer Weg, Nr. 10, Mai 1952. Einzelheiten jetzt bei Mählert, Parteisäuberungen, S. 384 ff.

[123] Dokumente der Sozialistischen Einheitspartei Deutschlands. Bd. IV. Berlin (Ost) 1954, S. 199 ff.

[124] Hermann Matern, Über die Durchführung des Beschlusses des ZK der SED »Lehren aus dem Prozeß gegen das Verschwörerzentrum Slánský«. 13. Tagung des ZK der SED, 13.–14.5.1953, Berlin (Ost) 1953, S. 3.

[125] Oelßner, Die Bedeutung, S. 19.

[126] So Matern in Neuer Weg, Heft 5, März 1950, S. 15.

[127] Neues Deutschland Nr. 32 vom 7. 2. 1952.

[128] Ministerium für gesamtdeutsche Fragen. Zweiter Aprilbericht (1952), S. 1 f., Staatsarchiv Bremen, Senatsregistratur R.10.121.

Ortsparteileitungen dominierten, »rebellierten« gegen die »Linie«. So spielte diese Opposition der Altkommunisten etwa in Leipzig eine Rolle. Dort wurden sogar aus der Partei ausgeschlossene Personen noch zu den Wahlen in den Vorständen vorgeschlagen.[129] Andererseits war die Fluktuation im Funktionärkorps aber eine Folge der Säuberung der SED von »unzuverlässigen« Funktionären.

Das Hauptproblem der DDR-Staats- und SED-Parteiführung bestand darin, jede Wendung der sowjetischen Politik nachzuvollziehen und zugleich alle Strukturen der DDR nach dem Vorbild der UdSSR und den ideologischen Vorstellungen des Marxismus-Leninismus umzugestalten. So war es typisch, daß Ulbricht nach dem XIX. Parteitag der KPdSU (dem letzten, dem Stalin seinen Stempel aufdrückte)[130] im November 1952 schrieb, was »Kritik und Selbstkritik« angehe, sei dieser Parteitag »eine Lektion für die SED«. Er forderte: »Um die Kampfkraft unserer Partei zu erhöhen, genügt es nicht, die Reden und Beschlüsse des XIX. Parteitages durchzulesen, sondern es ist erforderlich, die einzelnen Fragen durchzuarbeiten und dazu nicht nur die Reden und Beschlüsse zu benutzen, sondern auch die in unserer Presse veröffentlichten Diskussionsartikel vor dem Parteitag und die Diskussionsreden auf dem Parteitag.«[131]

Außerdem sollten solche Machtmechanismen gefunden und angewendet werden, die die Zustimmung der UdSSR fanden. Besatzungstruppen selbst kamen aber nur im Augenblick höchster Gefahr (wie etwa am 17. Juni 1953) direkt zum Einsatz. Ansonsten war es Aufgabe der SED selbst, ein Herrschaftssystem zu schaffen, das ihr Regime absicherte. Als Hebel dazu dienten:

- der eigene Parteiapparat (d. h. hauptamtliche Parteifunktionäre und deren ehrenamtliche Helfer),
- der Staatsapparat (Regierung, Verwaltung, Justiz, politische Polizei, Armee, Massenmedien, Bildungssystem) sowie
- die Massenorganisationen und andere Parteien, die als »Transmissionsriemen« die Verbindung zu allen Bevölkerungsschichten halten und diese im Sinne der SED beeinflussen und anleiten sollten.

Zur Herrschaftssicherung wandte die SED-Führung drei grundlegende Methoden an, die sie von der UdSSR Stalins übernommen hatte: Terror, Neutralisierung und Ideologie.[132]

Von 1949 bis 1953 bestand das Hauptproblem darin, diese Methoden flexibler anzuwenden. Die SED-Führung konnte bis 1952 davon ausgehen, daß ihre Macht in der DDR unter dem Schutz der UdSSR im Innern kaum noch angreifbar sein werde. Doch als im Frühjahr 1952 Bewegung in die Deutschlandpolitik kam, zeigte sich, daß die sowjetische Außenpolitik keineswegs nur die Herrschaftssicherung der deutschen Kommunisten im Auge hatte. Am 10. März 1952 schickte die Sowjetunion eine Note, die bekannte »Stalin-Note«, an die Westmächte, in der sie vorschlug, »unverzüglich die Frage eines Friedensvertrages mit Deutschland zu erwägen«. Die Sowjetregierung unterbreitete den drei Westmächten den Entwurf eines Friedensvertrages mit Deutschland, der mit einer gesamtdeutschen Regierung abgeschlossen werden sollte.

[129] Ebd., S. 2.

[130] Vgl. XIX. Parteitag der KPdSU (B). 5. bis 14. Oktober 1952. Neue Welt 7 (1952) Heft 22 (158); Wolfgang Leonhard, Kreml ohne Stalin. Köln 1959, S. 67 ff.

[131] Neuer Weg, Nr. 22, November 1952, S. 3.

[132] Vgl. dazu die Hinweise in der Einleitung.

Dieser zielte formal darauf, Deutschland »als einheitlichen Staat« wiederherzustellen.[133]

Am 13. März 1952 stellte sich die Regierung Grotewohl, die seit längerer Zeit unter der Parole: »Deutsche an einen Tisch« operierte, hinter die Vorschläge Stalins. Bedeutungsvoll wurden diese sowjetischen Vorstellungen, als sich Moskau am 9. April 1952 ausdrücklich mit der Abhaltung freier Wahlen in Deutschland einverstanden erklärte. Allerdings lehnte die UdSSR die Kontrolle der Wahl durch eine UN-Kommission ab, erklärte sich aber mit der Kontrolle durch eine Viermächtekommission einverstanden.[134]

Für die Geschichte der DDR blieb diese Note mit ihren Vorschlägen eine Marginalie: Die DDR-Führung hatte kaum Einfluß auf diesen Vorgang, es war eine Frage zwischen der UdSSR und den Westmächten, in die die Bundesrepublik wegen ihres Verfassungsziels der Einheit einerseits und des Beitritts zum westlichen Paktsystem andererseits stark involviert war. Nur ernsthafte Verhandlungen oder gar Erfolge hätten die DDR betroffen, und zwar existentiell – sie wäre dann wohl als kurzlebiger Staat wieder von der Bildfläche verschwunden. Aber auch dies setzt voraus, daß die UdSSR damals ein Aufgeben der DDR überhaupt in Erwägung zog. In der realen Situation von 1952 mußte diese Annahme jedenfalls für die DDR lediglich eine theoretische Bedrohung darstellen, wenige Jahre danach bestand eine solche Gefahr für sie überhaupt nicht mehr.

Die neue Linie des »Aufbaus des Sozialismus« von 1952 erforderte in der DDR auch Veränderungen im Staatsapparat. Die DDR-Regierung löste Ende Juli 1952 die bisherigen fünf Länder auf und schuf statt dessen 14 Bezirke. Damit wurden die letzten Reste von Föderalismus, Selbstverwaltung und Landestradition beseitigt. Bezirkstag und Bezirksrat bildeten nun die obersten Organe der mittleren Verwaltungsebene. In den Bezirkstagen saßen 60–90 Abgeordnete, die ihre Arbeit in »Ständigen Kommissionen« (Haushalt, örtliche Industrie, Gesundheit usw.) leisteten. Der Rat des Bezirks war zugleich Verwaltungsorgan und vollziehende Gewalt. Die Leitungsfunktion übte der Sekretär des Rates aus, dieser war in allen Bezirken Mitglied der SED. Die Verwaltungsreform brachte nicht nur eine Zentralisierung, sie vereinfachte darüber hinaus auch die Anleitung und Kontrolle des Staatsapparates durch die SED.

Die SED übertrug sowohl ihr Organisationsprinzip des »demokratischen Zentralismus« auf den Staatsapparat als auch ihre »Kaderprinzipien«. Bereits Ende 1951 waren vom Ministerium des Innern (Hauptabteilung Personal) Richtlinien zur Führung von Personalakten ergangen, die dem System der SED entsprachen. Es gab auch Richtlinien zur »Führung von Nomenklaturakten«: »Für jeden Angestellten, dessen Einstellung, Umgruppierung, Versetzung und Entlassung auf Grund der personalpolitischen Richtlinien der vorherigen Einwilligung einer übergeordneten Dienststelle bedarf (Nomenklatur), wird bei der Personalabteilung dieser übergeordneten Dienststelle (Nomenklaturstelle) eine Nomenklaturakte geführt ... Die Entwicklung der zur Nomenklatur gehörenden Angestellten ist sowohl von der Personalabteilung der Arbeitsstelle des Betreffenden als auch von der Personalab-

[133] Wie ernst die Stalin-Note zu bewerten war, bleibt in der Wissenschaft umstritten. Vgl. jetzt dazu Gerhard Wettig, Die Deutschland-Note vom 10. März 1952. In: Deutschland Archiv 26 (1993), S. 786 ff.; Jochen Laufer, Die UdSSR, die SED und die deutsche Frage. Ebd., S. 1201 ff.; Gerhard Wettig, Übereinstimmung und Auseinandersetzung über die sowjetische Deutschlandpolitik im Frühjahr 1952. Ebd., S. 1205 ff.

[134] Die DDR-Regierung stellte sich im Mai 1952 hinter die neue Note der Sowjetunion und bejahte freie Wahlen.

teilung der Nomenklaturstelle besonders sorgfältig zu beobachten.«[135] Den Nomenklaturakten sollten auch Abschriften des Personalbogens, des Lebenslaufs sowie Beurteilungen beigegeben werden. Die sowjetische Methode der Nomenklatur, der Verantwortlichkeit der jeweils übergeordneten Instanz für die »Kader«, deren Einsatz, Aufstieg usw. war damit auch im Staatsapparat der DDR verbindlich.

Beim »Aufbau des Sozialismus« entwickelte die Staatspartei auch eine neue schulpolitische Konzeption. Der Beschluß des Politbüros vom 29. Juli 1952 »Zur Erhöhung des wissenschaftlichen Niveaus des Unterrichts und zur Verbesserung der Parteiarbeit an den allgemeinbildenden Schulen«[136] stellte neue Anforderungen an die Pädagogen. Nach dem Willen der SED sollten die Jugendlichen zu »allseitig entwickelten Persönlichkeiten« erzogen werden, die »fähig und bereit sind, den Sozialismus aufzubauen«; sie sollten sich »die Grundlagen der Wissenschaft und der Produktion aneignen«. Die nunmehr geforderte »führende Rolle der Partei« an der Schule hatte die »Einheit von Bildung und Erziehung« auf der Grundlage des Marxismus-Leninismus zum Ziel. Neben ihrem Bemühen, diese Prinzipien in der Schulpolitik durchzusetzen, rückte die SED Ende 1955 dann das Problem der polytechnischen Erziehung in den Vordergrund.

Eine ähnliche Tendenz zeigte sich im Hochschulwesen. Im Januar 1951 hatte das ZK der SED Maßnahmen zur Veränderung des Hochschulwesens beschlossen und damit eine Hochschulreform eingeleitet. Die Partei kritisierte »das Zurückbleiben unserer Hochschulen«, sie forderte, einen unversöhnlichen Kampf »gegen alle reaktionären Ideologien, gegen den bürgerlichen Objektivismus, den Kosmopolitismus und Sozialdemokratismus zu entfalten« und »die Ergebnisse der Sowjetwissenschaft« zu vermitteln.[137] Zur einheitlichen Leitung aller Universitäten wurde das Staatssekretariat für Hochschulwesen geschaffen, im Februar 1951 das Zehnmonate-Studienjahr mit genauen Studien- und Stoffplänen eingeführt. Das gesellschaftswissenschaftliche Grundstudium, in dessen Mittelpunkt die SED-Ideologie stand, wurde Pflichtfach für alle, der russische Sprachunterricht obligatorisch. Gleichzeitig baute die DDR das Hochschulwesen aus. 1953 und 1954 entstanden zusätzlich zu den 21 bestehenden Hochschulen (sechs Universitäten und 15 wissenschaftlich-technische Hochschulen) 25 neue Lehrstätten, darunter drei medizinische Akademien, sechs pädagogische Institute, je eine Hochschule für Elektrotechnik, Finanzen, Schwermaschinenbau usw. Von 1951 bis 1954 stieg die Zahl der Studenten von 28 000 auf 57 500; daneben absolvierten viele Jugendliche ein Fernstudium. Der Anteil der Arbeiter- und Bauernkinder unter den Studierenden wuchs (1954 = 53 Prozent). Für die Bildung brachte die DDR enorme Mittel auf; sie strebte aber zugleich die Vertiefung der ideologischen Erziehung an.

Neben der Wissenschaft gab die SED auch in Kultur und Kunst den Ton an. Seit 1950 versteifte sich die Haltung der Partei gegenüber der modernen Kunst, die als formalistisch und destruktiv verdammt wurde. Der III. Parteitag der SED verurteilte die »volksfeindlichen Theorien des Kosmopolitismus« ebenso wie den »bürgerlichen Objektivismus« und beschimpfte sie als »amerikanische Kulturbarbarei«.[138]

[135] Deutsche Demokratische Republik. Ministerium des Innern, Hauptabteilung Personal. Richtlinien zur Führung von Personalakten (1. 12. 1951). AdsD (Ostbüro) 0344 I.

[136] Karl-Heinz Günther und Gottfried Uhlig, Geschichte der Schule in der DDR 1945–1971. Berlin (Ost) 1974, S. 108 ff.

[137] Forum, Berlin (Ost), Nr. 4 vom 15. Februar 1951.

[138] Dokumente der Sozialistischen Einheitspartei Deutschlands, Bd. III. Berlin (Ost) 1952, S. 118.

Dies führte zu Konflikten mit zahlreichen Künstlern. Unter diesen Umständen war es grotesk, wenn der Präsident des Kulturbundes, der Dichter Johannes R. Becher (von 1954 bis zu seinem Tod 1958 dann Minister für Kultur) 1950 schrieb, nie seien »Kunst und Bildung so verbunden mit der Macht« gewesen wie in der DDR, der Gegensatz von Geist und Macht gehe der »Lösung entgegen«.[139] Im März 1951 verlangte das ZK der SED in seiner Entschließung den »Kampf gegen den Formalismus in Kunst und Literatur, für eine fortschrittliche deutsche Kultur«[140], eine »realistische Kunst« und die Orientierung an der Sowjetunion, die die »fortschrittlichste Kultur der Welt« geschaffen habe.

Als »formalistisch« wurden Maler wie z. B. Horst Strempel[141] und Max Lingner abgestempelt, der »Bauhaus«-Stil der Architektur verdammt und statt dessen der »Zuckerbäcker«-Stil gepriesen, auch Oper und Schauspiel wurden kritisiert. Den »Sozialistischen Realismus« auch in der Filmkunst durchzusetzen, forderte das SED-Politbüro im Juli 1952.[142]

Dies führte auch zu einer Änderung der Literaturpolitik. Nach 1945 wurden in der Sowjetischen Besatzungszone zunächst – wie in ganz Deutschland – jene Bücher wieder aufgelegt, die während der Hitler-Diktatur verboten waren. Vor allem die russische und sowjetische Literatur, darunter beispielsweise die Werke von Gorki, Majakowski oder Scholochow, fanden weite Verbreitung. Auch in den folgenden Jahren erschienen nicht nur die Arbeiten kommunistischer Schriftsteller wie Anna Seghers, Erich Weinert oder Willi Bredel, sondern ebenso die von Pazifisten wie Arnold Zweig. Aber auch die Schriften des Amerikaners Upton Sinclair (diese freilich nur bis zu seinem Bruch mit der »fortschrittlichen Bewegung« der USA), von Egon Erwin Kisch oder von Carl Sternheim wurden Ende der vierziger Jahre in großen Auflagen gedruckt. Schließlich gab Alfred Kantorowicz Anfang der fünfziger Jahre die Ausgewählten Werke in Einzelausgaben von Heinrich Mann heraus, ebenso erschienen die Bücher von Leonhard Frank oder Lion Feuchtwanger. Hier zeigte sich, daß die DDR der Bundesrepublik in der Verbreitung antifaschistischer Literatur weit voraus war; diese wurde im Westen erst viel später von breiteren Kreisen »entdeckt«. Der Kalte Krieg führte in der Bundesrepublik sogar dazu, den größten damals lebenden deutschen Dichter, Bert Brecht, mit dem Nazi-Schreiber Horst Wessel gleichzusetzen und die Aufführung seiner Stücke zu verhindern. So konnte sich die DDR in dieser Frage als der fortschrittlichere deutsche Staat präsentieren. Im erwähnten ZK-Beschluß vom März 1951 hieß es, die DDR habe Leistungen erreicht, »auf die alle fortschrittlichen Deutschen mit Recht stolz sind«. Dazu »gehören die Werke der Schriftsteller und Dichter Arnold Zweig, Johannes R. Becher, Bertolt Brecht, Anna Seghers, Bernhard Kellermann, Friedrich Wolf und Willi Bredel, Erich Weinert, Hans Marchwitza, Bodo Uhse, Stephan Hermlin, Kurt Bartel (Kuba), Alfred Kantorowicz, die während der Emigration oder nach 1945 ge-

[139] Johannes R. Becher, Auf andere Art so große Hoffnung. Tagebuch 1950. Berlin (Ost) 1951, S. 195 (Eintragung 30. März). Interessant im Tagebuch u. a. auch die Eintragung vom 24. Januar 1950: »Erfahre soeben den Tod von Orwell. Aufgenommen wie die Nachricht vom Tode eines Menschheitsfeindes.« (S. 62).

[140] Neuer Weg, Heft 7/8, 1951, Beilage. Junge Welt, Nr. 32 vom 27. 4. 1951. Wieder abgedruckt in: Dokumente der SED, Bd. III, S. 431 ff.

[141] Ein Wandgemälde von Strempel im Bahnhof Friedrichstraße wurde entfernt. Das dreiteilige Fresko »Trümmer weg, baut auf!« war 1948 noch sehr gelobt worden. Vgl. Neue Berliner Illustrierte, 2. Dezemberheft 1948, S. 6 f.

[142] Dokumente der SED, Bd. IV, S. 84.

schrieben und in den letzten Jahren veröffentlicht wurden. Diese Werke haben an der Bewußtseinsänderung des deutschen Volkes einen bedeutenden Anteil.«[143]

Gleichzeitig unternahm die DDR große Anstrengungen zur Pflege des Kulturerbes. Das bewiesen sowohl Publikationen von Institutionen und Verlagen, Feierlichkeiten zu Ehren von Beethoven, Herder und Schiller in den Jahren 1952 bis 1955, als auch Wiederaufbauarbeiten an der Berliner Staatsoper, am Zwinger und der Hofkirche in Dresden. Entsprechend der damaligen sowjetischen Kulturpolitik waren das »humanistische Erbe« zu verteidigen, Modernität und Kosmopolitismus aber abzulehnen und zu verfolgen. Druck und Führungsanspruch der SED in Kultur und Kunst nahmen merklich zu. Im Juli 1953 wurde Paul Wandel (1905–1995) Sekretär des ZK und verantwortlich für Kultur. Er hatte 1932/33 die Leninschule in Moskau besucht und war anschließend Mitarbeiter der Komintern. Von 1946 bis 1949 war er Präsident der Zentralverwaltung für Volksbildung, dann bis 1952 Volksbildungsminister, danach ZK-Sekretär. 1957 wurde er als Ulbricht-Gegner abgelöst. Wandel war von 1958 bis 1961 Botschafter in Peking und wurde dann zur »Liga für Völkerfreundschaft« abgeschoben. Er stellte im Juli 1955 klar: »Auch für die Genossen Künstler gelten die Beschlüsse unserer Partei.«[144]

Neben der Reglementierung von Kultur und Kunst versuchte die SED, neue Moralkategorien zu entwickeln. Diese sollten vor allem die Jugend davon überzeugen, daß persönliche und gesellschaftliche Interessen identisch seien. Die neue Moral indessen definierte ZK-Sekretär Otto Schön recht simpel: Sittlich war danach alles, »was zur Errichtung der Grundlagen des Sozialismus in der DDR beiträgt«, und entsprechend »unsittlich und unmoralisch« alle Versuche, »den sozialistischen Aufbau zu hemmen«.[145]

Die Anstrengungen der SED, ihre Vorstellungen rigoros in allen Lebensbereichen durchzusetzen, provozierten ständig neue Konflikte mit den verschiedensten Bevölkerungskreisen. So verhärtete sich z. B. 1952/53 auch die Haltung von Staat und Partei gegenüber den Kirchen (da in der DDR damals 80 Prozent der Bevölkerung evangelisch waren, hauptsächlich gegenüber der Evangelischen Kirche). Zunächst hatte die SMAD den Kirchen Zugeständnisse gemacht, sie durften ihren Besitz behalten und ihren eigenen Wiederaufbau selbstverantwortlich regeln. In der SBZ/DDR blieben dann die Kirchen die einzigen autonomen Großorganisationen, sie wurden nicht von der SED kontrolliert, freilich später vom MfS genau beobachtet. Ab 1947/48 ist die SED auf einen Konfrontationskurs gegen die Kirchen eingeschwenkt, hervorgerufen durch den »Kalten Krieg« sowie den »Widerstand der Kirche gegen eine Instrumentalisierung durch die SED«.[146] Das Spannungsverhältnis zwischen Staat und Kirche wuchs.[147]

Da die Evangelische Kirche eine gesamtdeutsche Klammerfunktion behalten wollte und sich gegen die diktatorischen Methoden der SED wandte, warf die SED ihr eine Gefährdung des Regimes vor. Schließlich gehörten 1950 fast 15 Millionen Bürger der DDR der Evangelischen Kirche an (der katholischen zwei Millionen)

143 Vgl. Anm.140.
144 Neues Deutschland, Nr. 172 vom 26. 7. 1955.
145 Einheit 10 (1955) Heft 10, S. 988.
146 Martin G. Goerner und Michael Kubina, Die Phasen der Kirchenpolitik der SED. In: Materialien der Enquete-Kommission, Bd. VI, 1, S. 615 ff., dort auch Literaturhinweise.
147 Vgl. Horst Dähn, Kirchen und Religionsgemeinschaften. In: SBZ-Handbuch. Hrsg. Martin Broszat und Hermann Weber. München 1990, S. 815 ff.

und selbst 1964 waren es noch 10 Millionen.[148] Zunächst wurde die »reaktionäre Kirchenführung« angegriffen. Doch 1952/53 ging die SED zum Generalangriff, zur »Liquidierungsphase« über. Ihr Ziel war, die »Kirchen als gesellschaftlich wirksame Faktoren zu liquidieren und auf den Status reiner ›Kultkirchen‹ herabzudrücken«.[149]

Die SED unter maßgeblicher Beteiligung Ulbrichts und der Staat richteten ihren Hauptstoß gegen die »Junge Gemeinde« der Evangelischen Kirche. Am 27. Januar 1953 beschloß das Politbüro der SED »Maßnahmen« gegen die »Junge Gemeinde«. Sie sollte in der Öffentlichkeit als eine »Tarnorganisation für Kriegshetze, Sabotage und Spionage, die von westdeutschen und amerikanischen imperialistischen Kräften dirigiert wird«, »entlarvt« werden. Angeordnet wurde, in »kurzen Zeitabständen« drei bis vier »öffentliche Prozesse« durchzuführen (ausdrücklich aber nicht in Berlin), um die »kriegshetzerische und Agenten- und Sabotagetätigkeit« von »Funktionären« der »Jungen Gemeinde« »nachzuweisen«. Die SED-Presse und die der Blockparteien mußten »Dokumente« gegen die »Junge Gemeinde« abdrucken.[150] Die Behörden gingen nun mit Härte gegen die »Junge Gemeinde« vor. Von Januar bis Mai 1953 verhaftete das MfS viele Jugendliche und über 70 Theologen und Jugendleiter. Zahlreiche Schüler und Studenten wurden relegiert, viele Mitglieder der »Jungen Gemeinde« flohen in den Westen.[151] Im April wandten sich die evangelischen Bischöfe in scharfer Form gegen die Verfolgung der Kirche.

»Der Druck, der in Glaubens- und Gewissensfragen auf Glieder der Evangelischen Kirche innerhalb der Deutschen Demokratischen Republik ausgeübt wird, droht untragbar zu werden. Uns ist bekanntgeworden, daß gegen die Glieder der Jungen Gemeinde mit besonderer Härte vorgegangen wird und welche Mittel dabei angewendet werden ... Wir wissen von anderen noch schwereren Fällen, in denen ein unverantwortlicher Druck auf junge Menschen ausgeübt worden ist mit dem Ziel, das Rückgrat ihrer Gesinnung und ihres Glaubens zu brechen ... Wir kennen diese jungen Christen und wissen, daß es nicht wahr ist, daß sie die Junge Gemeinde zu einer Terrorgruppe zur Sabotage der Wiedervereinigung Deutschlands machen wollten. Terror, Verrat und Sabotage gehören nicht zu den Mitteln christlicher Wirksamkeit ... Wir wissen von unbegreiflich hohen Strafen in Fällen, die das allgemeine Rechtsempfinden der gesamten zivilisierten Welt völlig anders beurteilen würde. Wir erklären, daß wir diese Methode der Rechtspraxis wie auch des Vorgehens gegen junge Menschen als unmenschlich empfinden. Wer die Einheit Deutschlands will, darf mit Deutschen nicht so umgehen.«[152]

Erst mit dem »Neuen Kurs« 1953 endete der verschärfte Kampf von SED und Staat gegen die Kirchen.

[148] Hans-Georg Koch, Staat und Kirche in der DDR. Stuttgart 1975, S. 243.

[149] Peter Maser, Kirchen und Kirchenpolitik, In: Lexikon des DDR-Sozialismus. Hrsg. Rainer Eppelmann u. a. Opladen 1996, S. 331. Vgl. auch Goerner und Kubina, Die Phasen der Kirchenpolitik, S. 637 ff.

[150] Die DDR vor dem Mauerbau, S. 138 ff.

[151] Grotewohl gab im Juni die Zahl der relegierten Schüler mit 712 an, es dürften aber 3 000 Schüler und fast 2000 Studenten gewesen sein.Vgl. Axel Noack, Die Evangelische Studentengemeinde im Jahr 1953. In: Horst Dähn und Helga Gotschlich (Hrsg.), »Und führe uns nicht in Versuchung ...«. Jugend im Spannungsfeld von Staat und Kirche in der SBZ/DDR 1945 bis 1989. Berlin 1998, S. 60 ff.; Ehrhart Neubert, Geschichte der Opposition in der DDR 1949–1989. Berlin 1997, S. 74 ff.; Ehrhart Neubert, Kirchenpolitik. In: Judt, DDR-Geschichte in Dokumenten, S. 336; Hermann Wentker, »Kirchenkampf« in der DDR. Der Konflikt um die Junge Gemeinde 1950–1953. In: Vierteljahrshefte für Zeitgeschichte 42 (1994), S. 95 ff.

[152] Neue Zürcher Zeitung, Nr. 933 vom 22. 4. 1953.

Der »Neue Kurs«

Das Kopieren des stalinistischen Modells der Sowjetunion, der sogenannte »Aufbau des Sozialismus«, verursachte eine Krise der DDR. Im Frühjahr 1953 zeigten sich die Folgen in einer dramatischen Verschlechterung der Lebenslage der Bevölkerung, die Mangelwirtschaft wurde permanent. Die katastrophale Lage war so deutlich, daß sich auch westdeutsche Politiker damit befaßten. Auf einer Sitzung des Parteivorstandes der SPD am 1. April 1953 sagte Herbert Wehner, daß in der DDR derzeit die wichtigsten Lebensmittel »nicht einmal zur Hälfte vorhanden« seien. Ein Berliner Vertreter erwartete, daß man »mit einer Verstärkung des Flüchtlingsstromes rechnen« müsse.[153]

Durch rigorose Steuern wurden die Mittelschichten Repressalien unterworfen, die Großbauern verfolgt, der Kirchenkampf verstärkt, in der Wirtschaft Fachkräfte als »Saboteure« denunziert. So mußte der Unwille gegen das Regime wachsen.

Das Nachahmen der sowjetischen Methoden ging einher mit einem Personenkult um Stalin. Hier einige Stilblüten: Zu seinem 70. Geburtstag am 21. Dezember 1949 schrieb der Parteivorstand der SED dem »teuren Freund Josef Wissarionowitsch«:

»Wir begrüßen Sie, Genosse Stalin, als den großen Fortsetzer und Vollender der unsterblichen Werke von Marx, Engels und Lenin.

Wir begrüßen Sie, Genosse Stalin, als den tiefgründigen Forscher und kühnen Denker, der den Marxismus-Leninismus in seiner Reinheit verteidigt und durch neue Erkenntnisse bereichert und entwickelt hat …

Wir begrüßen Sie, Genosse Stalin, als den großen Lehrer der deutschen Arbeiterbewegung und den besten Freund des deutschen Volkes.«[154]

Ein Jahr später gab das ZK der SED eigens »Losungen« zum 71. Geburtstag Stalins heraus, in denen es u. a. hieß: »Lang lebe Genosse Stalin, der Führer und weise Lehrer aller Werktätigen! Es lebe Stalin, der Bannerträger im Kampf um den Frieden der Welt! Gruß und Dank dem Genossen Stalin, dem besten Freund und Helfer des deutschen Volkes!«[155]

Im Oktober 1952 ließ sich die SED vernehmen, es sei ein großes Glück für die Welt, »daß an der Spitze der KPdSU Genosse Stalin, der geniale Lehrer und Führer, arbeitet, der das Sowjetvolk von Sieg zu Sieg führt und der fortschrittlichen Menschheit den Weg zu einem glücklichen Leben weist«.[156]

Zu Stalins 72. Geburtstag schrieb das SED-Zentralorgan ›Neues Deutschland‹: »Wenn also die Frage gestellt ist: woher dieses Maß an Liebe und Verehrung für Josef Wissarionowitsch Stalin? So lautet die Antwort: weil sein Genius die gesamte Menschheit auf die breite, lichte Bahn des erfolgreichen Kampfes für ein Leben in Wohlstand und Frieden führt.«[157] Noch am 22. Februar 1953 schrieb das ZK der SED: »Lang lebe der geniale Feldherr Generalissimus Stalin!«[158]

Stalins Arbeiten über die Sprachwissenschaft (1950)und sein Werk ›Ökonomische Probleme des Sozialismus in der UdSSR‹ (1952) wurden nicht nur emphatisch

[153] Vermerk über die PV-Sitzung am 1. 4. 1953, S. 5. Staatsarchiv Bremen, NL Adolf Ehlers, 7. 144, Bd. 11 (Willy Brandt).

[154] Neues Deutschland, Nr. 298 vom 21. 12. 1949 und Sonderausgabe vom 21. 12. 1949. Vgl. auch Dokumente der SED, Bd. II, S. 407 ff.

[155] Neues Deutschland, Nr. 287 vom 8. 12. 1950. Vgl. auch Dokumente der SED, Bd. III, S. 290 f.

[156] Neues Deutschland, Nr. 249 vom 22. 10. 1952. Vgl. auch Dokumente der SED, Bd. IV, S. 173.

[157] Neues Deutschland, Nr. 300 vom 21. 12. 1952.

[158] Neues Deutschland, Nr. 45 vom 22. 2. 1953.

begrüßt, sondern mußten von allen Wissenschaftsbereichen in Artikeln, Arbeiten usw. als »vorbildlich« gepriesen werden. Der Romanist Werner Krauss nannte Stalins Artikel einen »Wendepunkt in der Sprachwissenschaft«.[159] SED-Ideologe Oelßner zog »einige Lehren aus der neuen genialen Arbeit J. W. Stalins für unsere Arbeit« und erklärte, »warum unsere Epoche die Stalinsche Epoche genannt wird«.[160]

Der Tod Stalins am 5. März 1953 schockierte die SED-Spitze, sie war desorientiert und vermochte nicht einzuschätzen, welchen Weg seine Nachfolger einschlagen würden. Von seiner Trauersitzung schickte das ZK der SED der KPdSU ein Telegramm, in dem es hieß, mit Stalin sei »der große Wissenschaftler des Marxismus-Leninismus, der weise Führer der Werktätigen im Kampf um den Sozialismus, der geniale Feldherr des Großen Vaterländischen Krieges des Sowjetvolkes, der überragende Kämpfer für die Erhaltung und Festigung des Friedens in der Welt dahingegangen«. Das ZK verkündete, Stalins »Lebenswerk« werde auf »Jahrhunderte« das Weltgeschehen beeinflussen. Zugleich beteuerte die SED, sie werde »der siegreichen Lehre J. W. Stalins stets die Treue wahren«.[161] Drei Jahre später war davon freilich keine Rede mehr.

Ulbricht selbst bekundete zum Tode Stalins: »Der größte Mensch unserer Epoche ist dahingeschieden«, er behauptete, die »Werktätigen« der DDR seien »von tiefem Schmerz ergriffen angesichts des Dahinscheidens unseres weisen Lehrers, unseres Vaters«.[162] Die Mehrheit der »Werktätigen« bewegten indes andere Empfindungen, sie erhofften nach Stalins Tod eine Liberalisierung und eine Verbesserung ihrer Lebenslage.

Durch den Tod Stalins geriet die SED in eine kritische Situation. In der Sowjetunion hatte, zusammen mit Malenkow und Molotow, Berija die Nachfolge des Diktators angetreten. Dieser aber entwickelte nun (auf der Grundlage der erwähnten Stalin-Note vom März 1952) Pläne, die auf Wiedervereinigung und Neutralisierung Deutschlands hinausliefen und die auch die SED-Herrschaft gefährden konnten.

Die neue Moskauer Führung hatte sich vor allem im Mai mit der Deutschlandpolitik befaßt[163] und auch die innere Lage der DDR kritisch beobachtet. Am 2. Juni 1953 beschloß der sowjetische Ministerrat »Maßnahmen zur Gesundung der politischen Lage in der DDR«. Er verlangte eine Liberalisierung in der DDR. Die Sowjetführer kritisierten nun die seit der 2. Parteikonferenz praktizierte Politik: »Infolge der Durchführung einer fehlerhaften politischen Linie ist in der Deutschen Demokratischen Republik eine äußerst unbefriedigende politische und wirtschaftliche Lage entstanden. Unter den breiten Massen der Bevölkerung, darunter auch unter den Arbeitern, Bauern und der Intelligenz, ist eine ernste Unzufriedenheit zu verzeichnen in bezug auf die politischen und wirtschaftlichen Maßnahmen, die in der DDR durchgeführt werden.«[164] Ulbricht, Grotewohl und Oelßner mußten zwischen dem 2. und 4. Juni in Moskau den Befehl zum Kurswechsel entgegennehmen. Die Führer der KPdSU wie Molotow, Berija, Chruschtschow u. a. forderten einen Kurswechsel und verwiesen auf steigende Flüchtlingszahlen (in den ersten 4 Mona-

[159] Tägliche Rundschau, Nr. 151 (1769) vom 1. 7. 1950.

[160] Neues Deutschland, Nr. 284 vom 3. 12. und Nr. 300 vom 21. 12. 1952.

[161] Neues Deutschland, Nr. 56 vom 7. 3. 1953. Vgl. auch Dokumente der SED, Bd. IV, S. 296 ff.

[162] Einheit 8 (1953) Sonderheft, S. 358 und 362.

[163] Elke Scherstjanoi, Die sowjetische Deutschlandpolitik nach Stalins Tod 1953. Neue Dokumente. In: Vierteljahrshefte für Zeitgeschichte 46 (1998), S. 497 ff.

[164] Die DDR vor dem Mauerbau, S. 152.

ten 1953 hatten sogar 2700 SED-Mitglieder die DDR verlassen). Den SED-Abgesandten blieb nur, ihre »fehlerhafte politische Linie« einzugestehen.[165]

Nach ihrer Rückkehr hat das Politbüro der SED in Berlin am 9. Juni der Änderung zugestimmt. Das Politbüro beschloß auch: »Es soll ein umfassendes Dokument über die Selbstkritik an der Arbeit des Politbüros und des Sekretariats ausgearbeitet und dem Präsidium des ZK der KPdSU überreicht werden.«[166] Die Regierung mußte daraufhin am 11. Juni offiziell den »Neuen Kurs« in der DDR verkünden und die harten Maßnahmen seit 1952 revidieren. Den »Neuen Kurs« der Partei- und Staatsführung verstanden weite Kreise der Bevölkerung als Bankrotterklärung, ihre Bereitschaft zum Kampf gegen das System wuchs.

Doch typisch für die SED-Spitze unter Ulbricht war, daß am 9. Juni nicht nur der »Neue Kurs« festgelegt, sondern in ein und derselben Sitzung des Politbüros sowohl über die Verleihung von Karl-Marx-Orden als auch über die Vorbereitungen zum 60. Geburtstag Ulbrichts beraten wurde. Selbst auf der nächsten Sitzung dieses Gremiums am 16. Juni stand wieder (neben der Frage der Arbeitsnormen und der Lage in Berlin) Ulbrichts Geburtstagsfeier auf der Tagesordnung.[167] Partei- und Staatsführung räumten ein, »in der Vergangenheit eine Reihe von Fehlern« begangen zu haben. Genannt wurde u. a. die Neuregelung der Lebensmittelkartenversorgung. »Die Interessen solcher Bevölkerungsteile wie der Einzelbauern, der Einzelhändler, der Handwerker, der Intelligenz wurden vernachlässigt. Bei der Durchführung der erwähnten Verordnungen und Anordnungen sind außerdem ernste Fehler in den Bezirken, Kreisen und Orten begangen worden. Eine Folge war, daß zahlreiche Personen die Republik verlassen haben. Das Politbüro hat bei seinen Beschlüssen das große Ziel der Herstellung der Einheit Deutschlands im Auge, welches von beiden Seiten Maßnahmen erfordert, die die Annäherung der beiden Teile Deutschlands konkret erleichtern.«[168]

Zwangsmaßnahmen gegen Bauern, Selbständige und die Intelligenz wurden weitgehend zurückgenommen, ebenso Preissteigerungen, die den Unmut der Bevölkerung provoziert hatten. Verbesserung der Lebenslage durch stärkere Berücksichtigung des Konsumgütersektors, Förderungsmaßnahmen für die Mittelschichten, größere Rechtssicherheit und Bemühungen um die Annäherung beider deutscher Staaten wurden in Aussicht gestellt. Auch der Kampf gegen die »Junge Gemeinde« und die Evangelische Kirche sollte aufhören, relegierte Oberschüler durften wieder an ihre Schulen zurückkehren. Durch alle diese Zugeständnisse des »Neuen Kurses« hoffte die DDR-Führung, die Mißstimmung der Bevölkerung auffangen zu können. Doch dazu war es bereits zu spät.

[165] Vgl. zu den Verhandlungen Ilko-Sascha Kowalczuk, Armin Mitter und Stefan Wolle (Hrsg.), Der Tag X – 17. Juni 1953. Berlin 1995, S. 202 ff.; Staritz, Geschichte der DDR, S. 108 ff.; Armin Mitter und Stefan Wolle, Untergang auf Raten. Unbekannte Kapitel der DDR-Geschichte. München 1993, S. 55 ff.

[166] SAPMO, DY 30, IV 2/2/287.

[167] SAPMO, DY 30, IV 2/2/288. In Anlage 9 wurden 14 »Maßnahmen« zum Geburtstag angeführt, darunter die »Anfertigung zweier Büsten«. Am 16.6. wurden die Maßnahmen reduziert. SAPMO, DY 30, IV 2/2/290.

[168] Dokumente der SED, Bd. IV, S. 428 ff.

In erster Linie war es der Arbeiterschaft zu verdanken, daß es – ähnlich wie in Westdeutschland – nach Kriegszerstörungen und Demontagen möglich war, die Volkswirtschaft in der Sowjetischen Besatzungszone und dann in der DDR wieder aufzubauen. Doch während mit großer Energie, erstaunlichem Aufbauwillen und unter unsäglichen Mühen die Schwerindustrie in Gang gebracht und erweitert wurde, gab es bei der Konsumgüterindustrie weniger Erfolge. So blieb der Lebensstandard der Arbeiterfamilien (gerade auch im Vergleich mit dem der Wirtschaftsfunktionäre oder der »Intelligenz«) bescheiden. Natürlich bestimmten nicht nur Löhne und Preise die Lebensbedingungen. Die Arbeiter sahen in Polikliniken, Kulturhäusern, Erholungsheimen, Feriendienst des FDGB, Kindergärten und Kinderhorten, Krankenversicherung ohne Karenzzeit, gleichem Lohn für Frauen, Studienmöglichkeiten usw. sehr wohl echte Fortschritte, die aber die Misere der Lebenshaltung nicht aufwiegen konnten.

Das Fehlen jeder echten Mitbestimmung in Politik und Wirtschaft machte die Arbeiter auch skeptisch gegenüber den Behauptungen, die DDR sei ein Arbeiterstaat. Die große Mehrheit der Bevölkerung und gerade auch der Arbeiterschaft stand der Übertragung des sowjetischen Gesellschaftsmodells ablehnend gegenüber. Zwischen SED und Arbeitern bestand kaum ein Konsens. Die Arbeiter vermißten aber auch eine gewerkschaftliche Vertretung. Betriebsräte gab es seit 1948 nicht mehr, der FDGB ordnete sich als Massenorganisation der SED vor allem den Beschlüssen von Partei und Staat unter und hatte sich so auch der Bevölkerung entfremdet.

Zu größeren Differenzen zwischen Arbeiterschaft und Staat kam es schon 1951 wegen der Betriebskollektivverträge. Die Entlohnung sollte nunmehr – ebenso wie in der Sowjetunion – durch einen Betriebskollektivvertrag zwischen Betriebsleitung und BGL geregelt werden. Betriebsleitung der VEB wie Betriebsgewerkschaftsleitung waren aber von der SED und dem Staat abhängig, so daß bei den »Vereinbarungen« zwischen diesen Partnern in erster Linie die Wirtschaftspolitik der SED und ihre Planziele berücksichtigt wurden und erst in zweiter Linie die Interessen der Arbeiter. Über die Kollektivverträge schrieb das ZK der SED am 9. April 1951: »In den Rahmenkollektivverträgen für die einzelnen Industrien wird ausgegangen von den Produktionsaufgaben in der betreffenden Industrie, der Anwendung der neuen Arbeitsmethoden und der damit verbundenen Festsetzung der Löhne und Gehälter entsprechend dem Leistungsprinzip.«[169] Die Betriebsangehörigen widersetzten sich, und es dauerte oft Monate, bis Verträge abgeschlossen werden konnten. Ständige Auseinandersetzungen in den Betrieben verursachten überdies die Arbeitsnormen. Vor allem der FDGB versuchte, die Normen zugunsten der »volkseigenen« Betriebe nach oben zu korrigieren. Das aber bedeutete Lohnsenkungen, so daß selbst das SED-Zentralorgan ›Neues Deutschland‹ im April 1952 schrieb: »Nicht nur viele Arbeiter, sondern auch Wirtschafts- und Gewerkschaftsfunktionäre bis hinauf in die Zentralvorstände der Industriegewerkschaften sind heute der Auffassung, technisch begründete Arbeitsnormen würden mit der unausgesprochenen Absicht eingeführt, zu einer Senkung des Nominallohnes zu kommen.«[170] Das Betriebsklima verschlechterte sich unter diesen Umständen, die Arbeiter ge-

[169] Zur ökonomischen Politik der SED, S. 105.
[170] Neues Deutschland, Nr. 81 vom 8. 4. 1952.

rieten in immer stärkeren Gegensatz zu »ihrem Arbeiterstaat«. Die Situation verschärfte sich, als das ZK der SED am 13./14. Mai 1953 forderte, die Normen um mindestens 10 Prozent anzuheben und die Regierung dies dann am 28. Mai anordnete.

Wie sehr sich die Krise in der DDR verschärfte, bewies die Massenflucht: Während 1951 166 000 und 1952 182 000 Bürger in den Westen flüchteten, haben allein im ersten Halbjahr 1953 über 225 000 Menschen die DDR verlassen. Die bürokratische Parteispitze war von der Entwicklung längst überrollt worden. Denn schon im Dezember 1952 hatte es in Magdeburg erste Arbeitsniederlegungen gegeben, im April 1953 streikten Arbeiter in mehreren Orten der DDR gegen die miserablen Lebensbedingungen und die offiziell verbreiteten Lügen von einem angeblich kontinuierlich steigenden Lebensstandard. Eine Mehrheit der Bevölkerung ersehnte das Ende der Diktatur. Der Versuch des SED-Politbüros, mit dem »Neuen Kurs« die Mißstimmung im Lande aufzufangen, kam zu spät. Sowohl der lange angestaute Unwille der Arbeiterschaft, als auch die Verwirrung im SED-Funktionärskorps über die plötzliche Schwenkung nach Stalins Tod und schließlich die Beibehaltung der Normerhöhung waren Ausgangspunkte für den Aufstand.[171]

Am Vormittag des 16. Juni formierte sich dann auf der Baustelle Block 40 der Berliner Stalinallee ein Demonstrationszug. Unter dem Transparent »Wir fordern Herabsetzung der Normen!« begannen 300 Bauarbeiter mit ihrem Marsch. Sie gingen zunächst zu den übrigen Baustellen der Stalinallee, und bald bewegte sich ein Zug von 2 000 Streikenden zum FDGB-Bundesvorstand in der Wallstraße. Da das Gewerkschaftshaus verschlossen war, marschierte der Demonstrationszug weiter zum Haus der Ministerien in der Leipziger Straße. Die Erregung der auf 10 000 Menschen angewachsenen Menge stieg vor dem ebenfalls verschlossenen Haus der Ministerien rasch. Der Minister für Industrie, Fritz Selbmann, der als einziger der SED-Führer den Mut hatte, zu den Arbeitern hinauszugehen und zu ihnen zu sprechen, wurde niedergeschrien. Die Massen verlangten bald den Rücktritt der Regierung, aus dem Protestmarsch erwuchs ein Aufstand.

Am 17. Juni bestimmten Arbeiterdemonstrationen das Bild der Berliner Straßen. 12 000 Hennigsdorfer Stahlarbeiter und 16 000 Arbeiter der Reichsbahnbauunion Velten zogen von der DDR durch die im französischen Sektor gelegenen Arbeiterbezirke Reinickendorf und Wedding nach Ost-Berlin. 20 000 streikende Bauarbeiter sammelten sich am Strausberger Platz. Im Laufe des Vormittags traten die Arbeiter der wichtigsten Großbetriebe Ost-Berlins wie AEG, Kabelwerk Oberspree, Bergmann-Borsig, Transformatorenwerk Treptow, Kraftwerk Klingenberg usw. in den Ausstand. Ab 11 Uhr war der S-Bahn-Verkehr stillgelegt, und ab 12 Uhr ruhte der gesamte Verkehr. Eine Massenkundgebung von 15 000 Hennigsdorfer und Ostberliner Metallarbeitern im »Walter-Ulbricht-Stadion« bildete einen Höhepunkt des Protestes.

Heinz Brandt, damals Funktionär der SED-Bezirksleitung Berlin, berichtete später über die Situation im Betrieb Bergmann-Borsig: »Es wurde eine Entschließung

[171] Zu den früheren Arbeiten zum 17. Juni vgl. Arnulf Baring, Der 17. Juni 1953. Köln, Berlin 1965; Ilse Spittmann und Karl Wilhelm Fricke (Hrsg.), 17. Juni 1953, Arbeiteraufstand in der DDR. Köln 1982. Zur neueren Literatur u. a. Kowalczuk, Mitter, Wolle, Der Tag X – 17. Juni 1953; Mitter und Wolle, Untergang auf Raten; Torsten Dietrich, Der 17. Juni in der DDR. Berlin 1991; Manfred Hagen, DDR Juni '53. Stuttgart 1992. Vgl. auch die Diskussion zwischen Torsten Dietrich und Ilko-Sascha Kowalczuk in: Jahrbuch für Historische Kommunismusforschung 1994, S. 288 und 1996, S. 181 ff.

angenommen, die den gewählten Arbeitsausschuß bevollmächtigte, die wirtschaftlichen und politischen Interessen der Belegschaft zu vertreten und sich mit ähnlichen Ausschüssen in anderen Betrieben in Verbindung zu setzen. Als politisches Hauptziel wurde die Wiedervereinigung Deutschlands durch freie demokratische Wahlen gefordert. Am Schluß der Versammlung sprang ein Arbeiter auf das Podium und forderte die Belegschaft auf, sich mittags am Betriebstor zu versammeln, um im Stadtzentrum zu demonstrieren – überall wären bereits derartige Streikdemonstrationen im Gange ...«[172]

Um 13 Uhr verkündete der sowjetische Stadtkommandant Generalmajor Dibrowa den Ausnahmezustand. Sowjetische Panzer rückten im Zentrum Berlins ein. Dagegen konnten die unbewaffneten Aufständischen nichts ausrichten. Im Laufe des Nachmittags leerten sich die Straßen. Ab 21 Uhr war Ausgangssperre, und es zog allmählich Ruhe ein.

Mit dem Streik der Bauarbeiter in der Berliner Stalinallee entwickelte sich der Aufstand in der ganzen DDR, es kam zu Proteststreiks und Demonstrationen. Es waren vor allem die wichtigen Zentren, in denen gestreikt wurde: außer in Ost-Berlin im mitteldeutschen Industriegebiet sowie im Raum Magdeburg, in Jena, Gera, Brandenburg und Görlitz. Das Rückgrat der Revolution bildeten die diszipliniert aufmarschierenden Arbeiter der Großbetriebe (Leuna, Buna, Wolfen, Hennigsdorf). Außer Zusammenstößen zwischen Demonstranten und Polizei gab es auch Einzelaktionen und erregte Ausschreitungen.

In vielen Orten der DDR fanden am 18. Juni weitere Demonstrationen statt. Im Bezirk Halle-Merseburg (Hochburg der KPD in der Weimarer Republik) und in Magdeburg (einer früheren SPD-Hochburg) übernahmen Streikkomitees der Arbeiter zeitweise die Macht. Sie befreiten Gefangene und formulierten die Aufstandsziele. Begonnen hatten die Streiks und Demonstrationen mit wirtschaftlichen Forderungen, doch haben sofort politische Parolen den Aufstand bestimmt: der Ruf nach freien Wahlen und dem Ende der Diktatur. Der Aufstand vom 17. Juni widerlegte die Legende, die DDR sei ein »Arbeiterstaat«. Denn es waren gerade die Arbeiter, die diese SED-Diktatur, die sich mit den Begriffen »Sozialismus« und »Arbeiterstaat« tarnte, zerschlagen wollten.

Inzwischen ist der ganze Umfang des Juni-Aufstandes in der DDR bekannt. In etwa 600 Betrieben kam es zu Streiks, an denen sich eine halbe Million Beschäftigte beteiligten. »Vor allem in den Städten der industriellen Ballungsräume entfaltete der Aufstand seine größte Kraft.«[173] Es gab in über 560 Orten Demonstrationen, Kundgebungen, Streiks, Gewalttätigkeiten gegen offizielle Personen oder Einrichtungen. Der Aufstand hatte »tatsächlich das gesamte Land, und zwar in weitaus stärkerem Maße als bisher angenommen, erfaßt«.[174]

Die DDR-Bevölkerung hatte sich spontan gegen die Diktatur erhoben. Der jetzige Meinungsstreit um den Charakter des 17. Juni, ob Arbeiter- oder Volksaufstand, ist überzogen. Auch wenn breite Schichten sich engagierten, sind die Demonstrationen und Streiks, die den Aufstand im Kern bestimmten, mehrheitlich von Arbeitern und Angestellten ausgelöst und getragen worden. Es waren vor allem Arbeiter, die gegen die Diktatur, die sich als »Sozialismus« ausgab, aber nicht

[172] Heinz Brandt, Ein Traum, der nicht entführbar ist. München 1967, S. 240 ff.
[173] Neubert, Geschichte der Opposition in der DDR, S. 82.
[174] Kowalczuk, Mitter, Wolle, Der Tag X – 17. Juni 1953, S. 335.

ihre Interessen vertrat, protestierten. Insofern war der Volksaufstand auch ein Arbeiteraufstand.

Um so schärfer hat das Regime die aktiv beteiligten Arbeiter, die »Rädelsführer« des Aufstandes verfolgt. Die sowjetischen Behörden gaben die Erschießung von sieben Personen bekannt, doch tatsächlich haben sie mindestens 20, vermutlich 40 Personen standrechtlich erschossen. Sogar Sowjetsoldaten wurden damals hingerichtet, weil sie Befehle verweigert hatten. Von den Demonstranten sind 50 bei den Auseinandersetzungen ums Leben gekommen.[175] Nach der Niederschlagung des Aufstandes durch Sowjettruppen griff die SED-Diktatur zu harten Maßnahmen. Im Verlauf einer massiven Verhaftungswelle wurden bis zum 19. Juni allein in Berlin 1 744 Personen eingesperrt, darunter Mitglieder vieler Streikleitungen. Die Haftbedingungen waren katastrophal. Am 23. Juni saßen in Zusammenhang mit dem Aufstand in der DDR bereits über 6 000 Menschen im Gefängnis, bis zum 1. Juli lag die Zahl der Festgenommenen dann zwischen 8 000 und 10 000. Einem Bericht der Volkspolizei ist zu entnehmen, daß über 70 Prozent der Verhafteten Arbeiter waren und 6 Prozent sogar der SED angehörten.[176] Mehr als 1 500 Angeklagte wurden verurteilt, gegen zwei wurde die Todesstrafe ausgesprochen.[177]

Die drakonischen Strafen haben den Widerstandswillen nur allmählich brechen können. Zunächst mußte die SED-Führung vor den Arbeitern sogar noch zittern. Der damalige Staatssekretär im Ministerium für Staatssicherheit, Erich Mielke, berichtete der Tagung des Zentralkomitees der SED in der Nacht vom 21. auf den 22. Juni Einzelheiten über die aktuelle Situation: »Überall streikt die Bauunion noch. Die Arbeiter kommen nicht zur Arbeit. Vielleicht kommen sie am Montag zur Arbeit. Genossen! Die Lage ist nicht nur auf diesem Gebiet so. Es gibt beispielsweise Betriebe, wo erst 5 Prozent der Arbeiter wieder eingerückt sind.«[178] Erst am 24. Juni informierte das MfS, die Lage sei ruhig. Aber es war eine Friedhofsruhe. Rasch trumpfte die SED-Führung, die am 17. Juni handlungsunfähig war, nun wieder auf.

Der Leiter der Zentralen Parteikontrollkommission, einer Art innerparteilicher Polizei, Hermann Matern, forderte am 14. Juli 1953 im Politbüro der SED, »die Büßer-Periode muß beendet werden, sie ist gefährlich für die Partei und ihre Kader«.[179] Doch am Tag danach, am 15. Juli, kam es beispielsweise in Buna zu einem weiteren Streik. Noch am 17./18. Juli mußte das ZK den Berichten der Bezirke entnehmen: »Es ist auch jetzt noch festzustellen, daß in den Betrieben teilweise sogar in Belegschaftsversammlungen (wie z. B. in der Mechanischen Weberei in Zittau) provokatorische Forderungen [...] gestellt werden. Auch die Forderung nach Bestrafung der ›Schuldigen‹ und Rücktritt der Regierung sowie die Hetze gegen Walter Ulbricht [...] tritt noch auf.«[180]

Zugeständnisse an die Arbeiter und dabei eine besondere Hervorhebung der Position des FDGB, des Freien Deutschen Gewerkschaftsbundes, sollten zur Ent-

[175] Vgl. Mitter und Wolle, Untergang auf Raten, S. 105.

[176] Die DDR vor dem Mauerbau, S. 170 ff.

[177] Falco Werkentin, Politische Strafjustiz in der Ära Ulbricht. Berlin 1995, S. 162. Vgl. auch ders., Politische Strafjustiz nach dem Volksaufstand vom 17. Juni. In: Jutta Braun, Nils Klawitter und Falco Werkentin, Die Hinterbühne der politischen Strafjustiz in den frühen Jahren der SBZ/DDR. Berlin 1997, S. 73.

[178] SAPMO, DY 30, IV 2/1/246.

[179] SAPMO, DY 30, IV 2/2/305 (Notiz von Grotewohl).

[180] Zit. in: Mitter und Wolle, Untergang auf Raten, S. 128.

spannung beitragen und neben den Repressalien die Lage in der DDR auch stabilisieren helfen. Doch im Aufstand hatte sich die Schwäche des FDGB gezeigt, der eben keine freie Gewerkschaft war. Aus den nun zugänglichen Akten des FDGB geht hervor, daß es auch in den Einzelgewerkschaften Differenzen gab. Der FDGB-Vorstand trat erstmals im August, also zwei Monate nach dem Aufstand, zusammen. Dort kritisierte Walter Ulbricht (schon wieder mit Beifall und Erheben von den Plätzen begrüßt) den FDGB, weil er den Arbeitern die »richtigen Beschlüsse« nicht »erklärt« habe.[181] Vor allem von Funktionären der IG Bau/Holz, deren Mitglieder an der Berliner Stalinallee den Anstoß zum Aufstand gegeben hatten, wurde Selbstkritik verlangt. Ihr Vorsitzender Franz Jahn gestand »falsche Ideologie« und mangelnde Wachsamkeit, das Sekretariat der Gewerkschaft habe den »Klassenstandpunkt« verlassen. Jahn wurde abgesetzt.

Weniger bekannt wurden die damaligen Vorgänge in der IG Metall.[182] Deren Vorsitzender Hans Schmidt und das Sekretariat weigerten sich zunächst, ihre moderate Haltung am 17. Juni »selbstkritisch« als falsch zu verdammen. Auf der erwähnten Bundesvorstandssitzung im August wurden Schmidt und das IG-Metall-Sekretariat beschuldigt, vor der »faschistischen Provokation zurückgewichen« zu sein. Die IG Metall-Leiter, die sich für die Selbständigkeit der Gewerkschaften ausgesprochen hatten, wurden als »Doppelzüngler« diffamiert. Schmidt habe sich »vom kleinbürgerlichen Karrieristen zum Doppelzüngler und zum offenen Feind der Arbeiterklasse entwickelt«.[183] Er wurde deshalb aus der SED und dem FDGB ausgeschlossen. Der FDGB blieb weiterhin lediglich »Massenorganisation« und »Transmissionsriemen« der SED.

Für die DDR hatte der Aufstand weitgehende Konsequenzen. Die Behauptung vom »Arbeiterstaat« und von der »Arbeiterpartei« SED war durch den Aufstand der Arbeiter als Legende enthüllt worden, eine wichtige Legitimation der Herrschaft war damit erschüttert.

Dabei war es geradezu grotesk, daß der Arbeiteraufstand im Jahre 1953 stattfand, einem Jahr, das die SED zum »Karl-Marx-Jahr« erklärt hatte.[184] Denn es war die Vorstellung von Marx, die Emanzipation der Arbeiterklasse könne nur das Werk der Arbeiter selbst sein,[185] die nun auf die SED zurückschlug.

Eine der Folgen des Aufstands war auch, daß Ulbricht, gegen den sich der Volkszorn am 17. Juni hauptsächlich gerichtet hatte, weiter in seinem Amt blieb. Nach anfänglichem Zögern setzte sich in Moskau die Meinung durch, man könne Ulbricht nicht opfern, da dies als Schwäche ausgelegt werde und zu neuen Forderungen führen würde.

»Auch das ist die Tragik des 17. Juni: durch den Arbeiteraufstand ist Ulbricht nicht gestürzt, sondern vor dem drohenden Sturz gerettet worden.«[186] Die Herrschaftsverhältnisse, die der Aufstand überwinden wollte, waren im Gegenteil zementiert worden.

[181] SAPMO, FDGB-Bundesvorstand, 14. Sitzung, Sign. 6824.

[182] Ebd., SAPMO, 43 FDGB A6010 – ZV IG Metall Nr. 178.

[183] SAPMO, FDGB, BVVO 45/98/5419.

[184] Im Aufruf des ZK der SED zum Karl-Marx-Jahr am 1. Januar 1953 hieß es: »Möge das Karl-Marx-Jahr dazu dienen, das deutsche Volk auf dem Wege rascher vorwärts zu führen, den ihm sein größter Sohn gewiesen hat«. Dokumente der SED, Bd. IV, S. 227.

[185] Vgl. Karl Marx/Friedrich Engels, Werke, Bd. 16. Berlin (Ost) 1962, S. 14.

[186] Carola Stern, Ulbricht. Eine politische Biographie. Köln, Berlin 1963, S. 182.

Das Absurde der Situation hat Bert Brecht, der dem Aufstand skeptisch gegenüberstand, in seinem Gedicht ›Die Lösung‹[187] zum Ausdruck gebracht:

»Nach dem Aufstand des 17. Juni
Ließ der Sekretär des Schriftstellerverbands
In der Stalinallee Flugblätter verteilen
Auf denen zu lesen war, daß das Volk
Das Vertrauen der Regierung verscherzt habe
Und es nur durch verdoppelte Arbeit
Zurückerobern könne. Wäre es da
Nicht doch einfacher, die Regierung
Löste das Volk auf und
Wählte ein anderes?«

[187] Vgl. dazu Heinrich Mohr, Der 17. Juni als Thema der Literatur in der DDR. In: Spittmann/Fricke, 17. Juni, S. 87 ff., bes. S. 90.

3. KAPITEL

Der Ausbau des neuen Systems 1953–1961

»Tauwetter« in der DDR?

Die durch Stalins Tod im März 1953 und den Arbeiteraufstand vom Juni 1953 entstandene Krise zwang die SED zu flexibleren Herrschaftsmethoden. Allerdings versuchte die SED-Führung gleichzeitig, die Grundstrukturen ihres stalinistischen Systems in der DDR zu konservieren.

Nach dem Arbeiteraufstand vom 17. Juni 1953 wurden der DDR-Bevölkerung Reformen versprochen, der Neue Kurs sollte fortgesetzt werden. Bereits am 21. Juni verurteilte eine ZK-Tagung den Aufstand als »faschistische Provokation gegen die DDR«, die angeblich von »Adenauer, Ollenhauer, Kaiser und Reuter« angezettelt worden war. Allerdings bekannte das ZK in einer dürftigen Selbstkritik auch: »Wenn Massen von Arbeitern die Partei nicht verstehen, ist die Partei schuld, nicht die Arbeiter.«[1] Die Führung sah sich veranlaßt, den Arbeitern eine Reihe von Zugeständnissen zu machen, die Lohnverschlechterungen vom Januar 1953 wurden zurückgenommen, die Löhne und die Mindestrenten erhöht.

Gleichzeitig mit diesen Zugeständnissen verschärfte die Partei- und Staatsführung ihre Maßnahmen gegen oppositionelle Kräfte und vor allem gegen die Wortführer des 17. Juni. Es erfolgten zahlreiche neue Verhaftungen und Verurteilungen aus politischen Gründen. Selbst der Justizminister Fechner (SED) wurde am 16. Juli abgesetzt und festgenommen. Er hatte in einem Zeitungsinterview mit ›Neues Deutschland‹ am 30. Juni von unrechtmäßigen Verhaftungen gesprochen und am 2. Juli in der gleichen Zeitung in einer »Berichtigung« darauf hingewiesen, daß das Streikrecht der Arbeiter »verfassungsmäßig garantiert« sei.

Die 15. Tagung des ZK der SED vom 24. bis 26. Juli 1953 offenbarte die Zwiespältigkeit des Neuen Kurses. Grotewohl erklärte zum Hauptinhalt des Neuen Kurses die »rasche Verbesserung der Lebenslage der Arbeiterklasse und der gesamten werktätigen Bevölkerung der DDR«. Die im Volkswirtschaftsplan 1953 festgelegte Produktion der Schwerindustrie sollte um 1,4 Mrd. Mark gesenkt, dagegen die Produktion von Konsumgütern und Nahrungsmitteln um 950 Millionen Mark erhöht werden. Darüber hinaus war beabsichtigt, für die Jahre 1954 und 1955 jeweils mindestens 2 Mrd. Mark weniger für Investitionen auszugeben als im Fünfjahrplan vorgesehen. Diese Mittel sollten nun ebenfalls der Konsumgüterindustrie und der Landwirtschaft zugute kommen.

Den Staatsapparat verpflichtete Grotewohl zur »strengen Einhaltung der demokratischen Gesetzlichkeit«. Gegenüber Wissenschaft und Kunst gelte es, »mit der unfruchtbaren, kleinlichen Bevormundung und Beengung Schluß« zu machen. Zu-

[1] Dokumente der Sozialistischen Einheitspartei Deutschlands. Bd. IV. Berlin (Ost) 1954, S. 441.

gleich forderte Grotewohl aber auch, die SED müsse aus der »Büßerstimmung« heraus, diese überwinden, denn »Selbstkritik heißt nicht Selbstmord«.[2]

Den Neuen Kurs und die von Grotewohl erläuterten Beschlüsse bejahte Ulbricht. Obwohl er der Hauptverantwortliche für die Entscheidungen von 1952/53 war, erklärte er nun, »viele Genossen« hätten versucht, »all das auf unseren Boden zu übertragen«, was die UdSSR erreicht habe und damit einen Abschnitt der historischen Entwicklung überspringen« wollen. In seinem (damals geheimgehaltenen) Schlußwort griff Ulbricht vor allem seine Gegenspieler Zaisser und Herrnstadt an, die nicht nur ihn, sondern auch Matern absetzen wollten. Ulbricht wandte sich ebenso gegen Heinrich Rau, dem er vorwarf, »geschwankt« zu haben. Über weitere Hintergründe der Differenzen in der Führung sagte Ulbricht noch: »In der Kommission hat Zaisser vorgeschlagen, daß der Genosse Herrnstadt der 1. Sekretär des ZK wird, der nicht nur sozusagen die parteiorganisatorischen Arbeiten erledigt, sondern auch die politische Führung in die Hand nimmt. Aber nicht nur das! Zur gleichen Zeit stand auch die Frage der Rolle des Genossen Zaisser. Hier wurde richtig gesagt, daß Genosse Zaisser der Meinung war, er müsse sich von der Arbeit im Ministerium für Staatssicherheit etwas zurückziehen, weil er wichtige Funktionen in der Parteiführung übernehmen müsse. Was ist da gewesen? Man sprach über die Frage, daß man im Innenministerium einheitlich die Kräfte zusammenfassen will. Das wäre an sich ganz gut gewesen. Genosse Zaisser hat die Besprechungen über diese Frage mit zwei [sowjetischen] Offizieren geführt. Genosse Grotewohl und ich haben von diesen Besprechungen nichts gewußt. Wir waren nicht etwa prinzipiell gegen dieses Innenministerium, sondern uns hat nur eines interessiert: Wie kommt es, daß diese Besprechungen geführt werden, ohne daß man vorher mit uns spricht? Und Genosse Zaisser hat geantwortet: Zuerst mußte ich mit den anderen Stellen alles vereinbaren, und dann wäre ich ins Politbüro gekommen.«[3]

Die Form der Auseinandersetzung wird hier ebenso klar wie die Tatsache, daß sowjetische Stellen auch personalpolitische Entscheidungen mittrugen. Ulbricht warf Zaisser vor, die beiden sowjetischen Offiziere, mit denen er verhandelt habe, seien »Sonderbeauftragte von Berija« gewesen. Solche Interna durften nicht in die Öffentlichkeit dringen, daher wurde vor allem über den Neuen Kurs berichtet.

Ungeachtet ihrer Selbstkritik beharrte die SED allerdings auf der These: »Die Generallinie der Partei war und bleibt richtig.«[4]

Die 15. ZK-Tagung machte deutlich, daß die SED-Führung nicht daran dachte, ihre prinzipielle Linie der Stalinisierung aufzugeben. Auf einer Sitzung des Politbüros mit den 1. Bezirkssekretären der SED am 28. August 1953 berichtete Grotewohl über die Reise nach Moskau. Er gab zu verstehen, daß die SED-Spitze in Übereinstimmung mit den sowjetischen Führern den »Aufbau des Sozialismus« in der DDR »nicht verlangsamen« wolle.[5] Ihre Politik versuchte sie einerseits mit Druck und Drohungen, andererseits mit Zugeständnissen durchzusetzen.

[2] Das 15. Plenum des Zentralkomitees der SED vom 24. bis 26. Juli 1953. Parteiinternes Material. Nur für den persönlichen Gebrauch bestimmt. Hrsg. v. ZK der SED. AdsD (Ostbüro), 0303 I, S. 6. Der Neue Kurs und die Aufgaben der Partei. 15. Tagung des ZK der SED vom 24. bis 26. Juli 1953. Hrsg. v. Parteivorstand der KPD. Hamburg o. J. (1953). S. 9.

[3] Das in den Medien nicht veröffentlichte Schlußwort Ulbrichts in: Das 15. Plenum. AdsD, ebd., S. 105 ff. (Das Schlußwort ist auch in: Der Neue Kurs, ebd., nicht abgedruckt.)

[4] Der Neue Kurs, S. 95.

[5] AdsD (Ostbüro), 0303.

Am 4. August 1953 forderte das ZK der SED die Bevölkerung auf, »feindliche Agentennester« in Betrieben zu »entlarven«.[6] Die SED rief dazu auf, »die faschistische Untergrundorganisation in den Betrieben und Arbeitsstellen« zu zerschlagen und »die Provokateure aus den Betrieben« zu entfernen. Der Staatssicherheitsdienst arbeitete auf Hochtouren. Durch eine Amnestie erfolgte jedoch kurze Zeit später die Freilassung von fast 3 000 Menschen aus sowjetischen und DDR-Haftanstalten.

Am 24. Oktober 1953 senkte die Regierung die Preise für Lebens- und Genußmittel, die unabhängig von Kartenzuteilungen in den staatlichen HO-Geschäften frei zu kaufen waren. 12 000 Warenposten wurden um 10 bis 25 Prozent billiger. Nunmehr kostete z. B ein Kilo Kalbfleisch 16,20 Mark, ein Kilo Schmalz 15 Mark, ein Liter Vollmilch 1,60 Mark, ein Liter Speiseöl 12,20 Mark, ein Kilo Margarine 7 Mark usw. Unverändert blieben die Preise für Zucker, Butter und Brot. Darüber hinaus beschloß die Regierung auch, die Finanzierung von Abzahlungsgeschäften beim Kauf von Kraftwagen, Möbeln, Radioapparaten usw. zu erleichtern.

Die Preissenkungen beruhten – wie Grotewohl erklärte – auf der »großzügigen Hilfe der Sowjetunion«. Tatsächlich hatte sich die Regierung der UdSSR bereiterklärt, ab 1. Januar 1954 auf alle Reparationen zu verzichten. Die Besatzungskosten wurden auf 5 Prozent des Staatshaushaltes der DDR begrenzt. Allerdings sicherten Handelsverträge der Sowjetunion Warenlieferungen aus der DDR zu Preisen, die unter denen des Weltmarktes lagen. Auch die restlichen 33 SAG-Betriebe (darunter die Leuna-Werke, das frühere Krupp-Gruson-Werk, die Chemischen Werke Buna, die Filmfabrik Agfa Wolfen) wurden an die DDR übergeben und damit zu volkseigenen Betrieben.[7]

Immerhin brachten die Maßnahmen des Neuen Kurses eine relative Verbesserung der Lebenslage der DDR-Bewohner. Trotzdem waren die Verhältnisse für viele noch immer unerträglich: 1953 verließen über 331 000 Bürger die DDR, 1954 waren es 184 000 und 1955 252 000. In erster Linie flüchteten diejenigen, die von der SED besonders umworben wurden oder deren Interessen sie angeblich vertrat: Jugendliche, Bauern und Arbeiter.

Dennoch war nach der Niederschlagung des Aufstands vom 17. Juni sowohl in der SED-Führung als auch bei der Bevölkerung ein Lernschock zu registrieren. Die SED bemühte sich mittelfristig um ein langsameres Transformationstempo. Durch Verbesserungen im ökonomischen Bereich, Steigerung der Kaufkraft und erhöhtes Konsumgüterangebot gelang es, die Abwanderungszahlen aus der DDR zu senken. 1960 aber war die Anpassungsfähigkeit der SED-Führung offensichtlich erschöpft. Sie ging wieder auf Konfrontationskurs, der mit dem Bau der Mauer im August 1961 seinen Höhepunkt und einen zeitweiligen Abschluß fand. Für die Bevölkerung der DDR bedeutete der 17. Juni 1953 die Erfahrung, daß der Versuch einer gewaltsamen Veränderung des politischen Systems unter den bestehenden Machtverhältnissen keine Aussicht auf Erfolg hatte. Die Arbeiterschaft entwickelte daher in der Folgezeit neue Formen der Opposition. Zwar kam es immer wieder auch zu vereinzelten Protestaktionen, vorherrschend blieb aber der Versuch, wirtschaftliche und soziale Konflikte auf innerbetrieblicher oder gewerkschaftlicher Ebene auszutragen. Von herausragender Bedeutung sind in diesem Zusammenhang die Arbeitsbrigaden, die

[6] Dokumente der SED, Bd. IV, S. 482.
[7] Neues Deutschland, Nr. 1 vom 1. 1. 1954.

kleinen Gruppen von zehn bis zwölf Arbeitern, in denen passive Resistenz gegen Planvorgaben, Normentreiberei und Arbeitshetze ihren Platz haben konnte.[8]

Die Krise in der Parteiführung hatte sich Anfang Juli 1953 zugespitzt. Bereits auf der Sitzung des Politbüros am Abend des 7. Juli sprachen sich nur zwei Mitglieder für einen Verbleib Ulbrichts als Generalsekretär aus, Matern und Honecker. Die meisten griffen Ulbricht scharf an. Elli Schmidt machte seine Methoden gar verantwortlich für den 17. Juni und warf ihm »Günstlingswirtschaft« vor: »Wer Dir zum Munde redet und immer hübsch artig ist, der kann sich viel erlauben, Honecker zum Beispiel, das liebe Kind.«[9] Sie wandte sich an Ulbricht: »Du kannst nicht mehr an der Spitze der Partei stehen.« Und auch Oelßner erklärte: »Ulbricht hat uns alle für Dummköpfe gehalten. Walter hat nichts gelernt ... Man braucht keinen 1. Sekretär, sondern kollektive Entscheidung.« Jendretzky bestätigte: »Walter hat nichts gelernt.«[10] Doch sofort nach der Sitzung waren Grotewohl, Ulbricht und Oelßner nach Moskau geflogen. Dort wurden sie – neben anderen KP-Führern wie Bierut (Polen) und Zapotocky (ČSR) – über die Absetzung Berijas[11] informiert. Malenkow zeigte sich beunruhigt über die Zustände in der SED-Führung, er verlangte: »Grotewohl und Ulbricht müssen zusammenarbeiten.« Auch Molotow forderte: »Freundschaftliche Zusammenarbeit Pieck-Ulbricht-Gruppe«.[12] Damit waren die Würfel gefallen. Die sowjetische Leitung verhinderte nun Experimente: nicht Ulbricht, sondern seine Gegner Zaisser und Herrnstadt wurden aus der Führungsspitze ausgeschlossen. Nachdem es Ulbricht bereits im Mai 1953 gelungen war, seinen stärksten Gegenspieler Franz Dahlem aller Funktionen zu entheben, verdrängte dann die 15. ZK-Tagung im Juli 1953 auch Zaisser und Herrnstadt aus ihren Positionen. Im Januar 1954 schloß das ZK beide auch aus der Partei aus und entfernte Ackermann, Jendretzky und Elli Schmidt aus dem ZK. Die Auseinandersetzungen in der Parteispitze richteten sich nicht mehr gegen frühere Sozialdemokraten (die längst ausgeschaltet waren), sondern es handelte sich um eine typische Konfrontation kommunistischer Führer im Rahmen stalinistischer Gruppenkämpfe. An der Basis regte sich allerdings noch immer Widerstand ehemaliger Sozialdemokraten in der SED. Auf der 16. Tagung des ZK im September 1953 berichtete Ulbricht, in Meuselwitz hätten ehemalige SPD-Mitglieder eine eigene Fraktion in der SED gefordert; er verlangte, die Partei müsse »solche Agenten des Feindes aus ihren Reihen« jagen.[13]

Die Auseinandersetzungen in der SED-Führung betrafen nicht nur die politische Linie (Ulbricht vertrat den harten Kurs), sie spiegelten auch Gegensätze in der sowjetischen Spitze wider (Innenminister Berija, der Zaisser und Herrnstadt unterstützt hatte, wurde Ende Juni 1953 abgesetzt, im Dezember erschossen). Von Bedeutung waren aber ebenso persönliche Rivalitäten der SED-Führer um die Macht.

[8] Vgl. Hermann Weber und Manfred Koch, Opposition in der DDR. In: DDR. Redaktion: Hans-Georg Wehling. Stuttgart 1983, S. 135 ff.

[9] Rudolf Herrnstadt, Das Herrnstadt-Dokument. Das Politbüro der SED und die Geschichte des 17. Juni 1953. Hrsg. von Nadja Stulz-Herrnstadt. Reinbek bei Hamburg 1990, S. 126 ff.

[10] Handschriftliche Notizen von Grotewohl über die Sitzung des Politbüros am 8. Juli 1953. Stiftung Archiv der Parteien und Massenorganisationen der DDR im Bundesarchiv (SAPMO) DY 30 J IV 2/2/303.

[11] Vgl. dazu: Der Fall Berija. Protokoll einer Abrechnung. Das Plenum des ZK der KPdSU Juli 1953. Hrsg. V. Knoll und L. Kölm. Berlin 1993.

[12] Handschriftliche Notizen Grotewohls über die Reise am 9. und 10. Juli nach Moskau. SAPMO DY 30, J IV 2/2/304.

[13] AdsD (Ostbüro), 0303 II.

Eine umfassende Reinigung des gesamten Parteiapparates folgte in den nächsten Monaten. Von den 1953 gewählten Mitgliedern der SED-Bezirksleitungen schieden bis 1954 über 60 Prozent aus, von den 1. und 2. Kreissekretären sogar über 70 Prozent.[14]

Doch nicht nur im Parteiapparat wurden Säuberungen vorgenommen. Der 17. Juni hatte gezeigt, wie weit die SED noch von ihrem Ziel, »Partei neuen Typus« zu werden, entfernt war. Eine Säuberungsaktion in der Partei von Juli bis Oktober 1953 sollte diesen Zustand ändern. Untersuchungskommissionen mußten in persönlicher Aussprache mit jedem einzelnen Parteimitglied dessen politische Einstellung ergründen. Parteiausschluß, Parteistrafen oder Zurückversetzung in den Kandidatenstand waren als Maßregelung vorgesehen. Ein großer Teil der ausgeschlossenen oder in den Kandidatenstand zurückgestuften Funktionäre gehörte vor 1933 der KPD an, so z. B in fünf Kreisen Ost-Berlins 68 Prozent der Ausgeschlossenen oder Zurückgestuften, in Halle 71 Prozent, in Leipzig 59 Prozent, in Magdeburg 52 Prozent, in Chemnitz 46 Prozent. Im Durchschnitt waren fast ein Drittel aller Gemaßregelten vor 1933 Mitglieder der KPD gewesen.[15] Da die SED-Führung mit den alten kommunistischen Funktionären große Schwierigkeiten hatte, stützte sie sich noch mehr auf die jüngere Generation. Mit Hilfe einer gründlichen Parteischulung wollte sie diese Kreise »prinzipienfest« machen und durch ideologische Bearbeitung und Verbreitung des sogenannten Marxismus-Leninismus einen festen und zuverlässigen Funktionärsstamm schaffen.

Im September 1953 mußte das SED-Politbüro feststellen, daß von den damals 1,2 Millionen Mitgliedern ein großer Teil »keine politische Ausbildung und Parteistählung« habe, viele passiv seien, sozialdemokratische Ansichten verträten und sogar »feindliche Elemente« in der SED wirkten.[16] 150 000 bis 200 000 »Parteiaktivisten« sollten Schwung in die SED bringen. Damit schwanden die Reste innerparteilicher Demokratie weiter, denn die hauptamtlichen Funktionäre von Partei, Staat und Massenorganisationen, die diese Aktivs bildeten, wurden zum Rückgrat der Partei. In einem Beschluß des Politbüros der SED vom 24. November 1953 wurde nochmals ausdrücklich betont, daß die Auswahl der Mitglieder jedes Parteiaktivs »durch die jeweils verantwortliche Leitung und deren Apparat« zu erfolgen habe und nicht durch Mitgliederversammlungen.[17] Da die SED die Umwandlung der Gesellschaft in dieser Periode eher mit Repressionen als durch Kooperation mit der Bevölkerung zu erreichen suchte, spielten die Parteiaktivs im Sinne der Führung eine positive Rolle. Doch war durch den Einsatz von Parteiaktivs das Statut praktisch außer Kraft gesetzt und der »demokratische Zentralismus« noch stärker instrumentalisiert. Mit ihrer Funktion als Staatspartei änderte sich auch die Zusammensetzung der SED. Während im Mai 1947 noch 47,9 Prozent der Mitglieder Arbeiter waren, ging dieser Anteil auf 39,1 Prozent im Jahre 1954 zurück.

Auf dem IV. Parteitag (30. März bis 6. April 1954) ließ die SED erkennen, daß der Neue Kurs beendet war und sie das »Tauwetter« in der Sowjetunion nur teilweise mitmachen wollte. Ulbricht hielt an der harten Linie fest; er behauptete, die DDR sei »nunmehr zur Schaffung der Grundlagen des Sozialismus übergegangen«.

Nach wie vor bekannte sich die SED-Führung zum Modell und zur Hegemonie

[14] Vgl. Martin Jänicke, Der dritte Weg. Die antistalinistische Opposition gegen Ulbricht seit 1953. Köln 1964, S. 38 f.

[15] SBZ-Archiv (Köln), Nr. 20 vom 20. 10. 1953, S. 306.

[16] Dokumente der SED, Bd. IV, S. 509.

[17] Ebd., S. 535.

der Sowjetunion im Ostblock. Die Anpassung der Strukturen der DDR an die der UdSSR sollte weitergehen. Daher trat der Parteitag für eine Kollektivierung der Landwirtschaft ein, die freilich erst später forciert wurde. Vor den 1 779 Delegierten der 1,4 Millionen SED-Mitglieder ließ Ulbricht auf dem IV. Parteitag der SED freilich nun nicht mehr Stalin, sondern das sowjetische »Zentralkomitee mit den Genossen Malenkow, Molotow und Chruschtschow an der Spitze« hochleben.[18]

Die vorgesehenen Veränderungen am Statut der SED erläuterte Karl Schirdewan. In der Präambel des neuen Statuts hieß es: »Die SED ist die Partei der deutschen Arbeiterklasse, ihr bewußter und organisierter Vortrupp. Sie vereinigt in ihren Reihen Angehörige der Arbeiterklasse, der werktätigen Bauernschaft und der schaffenden Intelligenz. Die Partei läßt sich in ihrer gesamten Tätigkeit vom Marxismus-Leninismus leiten. Die Partei ist die führende Kraft aller Organisationen der Arbeiterklasse und der Werktätigen, der gesellschaftlichen und staatlichen Organisationen und führt erfolgreich den Aufbau des Sozialismus. Sie arbeitet ständig an der Festigung und Entwicklung der Staatsmacht der Arbeiter und Bauern.«[19] Diese Aussage war eine ideologische Verklärung der Realität, denn die SED war in erster Linie ein Organ zum weiteren Ausbau der Macht der Parteiführung und zur Herrschaftssicherung. Der Anspruch, revolutionäre Partei und Teil der Arbeiterbewegung zu sein, diente ebenfalls diesem Zweck. Daher wurde weiter erklärt, die SED verkörpere in sich die »besten revolutionären Traditionen der mehr als hundertjährigen Geschichte der deutschen Arbeiterklasse ... und die Erfahrungen des Kampfes des Spartakusbundes und der KPD unter Führung Karl Liebknechts, Rosa Luxemburgs und Ernst Thälmanns«.

In Wirklichkeit dokumentierte das Statut die weitere Angleichung der SED an die KPdSU. Der Absatz 1 des neuen Statuts z. B. (»Die Parteimitglieder, ihre Pflichten und Rechte«) war fast wörtlich dem Statut der KPdSU entnommen. Auch die Aufnahme in die Partei wurde erschwert, das Mindestalter für den Eintritt von 16 auf 18 Jahre erhöht; Kandidaten sollten vor allem aus den Kreisen der Arbeiter und Genossenschaftsbauern geworben werden.

Entsprechend der neuen Richtlinie der Sowjetunion schuf nun auch die SED eine »kollektive Führung«. In das neue Politbüro wurden Friedrich Ebert, Otto Grotewohl, Hermann Matern, Fred Oelßner, Wilhelm Pieck, Heinrich Rau, Karl Schirdewan, Willi Stoph und Walter Ulbricht als Mitglieder und Erich Honecker, Bruno Leuschner, Erich Mückenberger, Alfred Neumann und Herbert Warnke als Kandidaten gewählt. Erster Sekretär des ZK wurde Walter Ulbricht.[20] Der »zweite Mann« der SED war nun Karl Schirdewan (1907–1998), Transportarbeiter und seit 1925 in der KPD, seit 1927 hauptamtlicher Sekretär. 1934 als Mitglied des ZK des Kommunistischen Jugendverbandes verhaftet, war er bis 1945 im Zuchthaus und KZ. Nach 1945 Mitarbeiter des ZK der KPD bzw. PV der SED, wurde er Ende 1953 Mitglied des ZK und des Sekretariats und 1953 des Politbüros. Im Februar 1958 aller Funktionen enthoben, leitete er bis 1965 das Staatliche Archiv in Potsdam.

[18] Protokoll der Verhandlungen des IV. Parteitages der Sozialistischen Einheitspartei Deutschlands. 30. März bis 6. April 1954. Berlin (Ost) 1954. Bd. 1, S. 193.

[19] Dokumente der Sozialistischen Einheitspartei Deutschlands. Bd. V. Berlin (Ost) 1956, S. 90. Schirdewan hatte auf der 16. Tagung des ZK im September 1953 bekanntgegeben, daß in Berlin nur 23 Prozent und in Leipzig 42 Prozent der SED-Mitglieder Arbeiter in der »Produktion« waren. Vgl. Karl Schirdewan, Die Vorbereitung des IV. Parteitages und die Wahl der leitenden Organe der Partei. Berlin (Ost) 1953, S. 15 f.

[20] Neues Deutschland, Nr. 83 vom 8. 4. 1954.

Auch Willi Stoph (1914–1999), Maurer, seit 1931 in der KPD, war nun in die Spitzenführung vorgestoßen. Er war im Zweiten Weltkrieg Soldat (zuletzt Stabsgefreiter). Nach 1945 mit Funktionen im Apparat der KPD/SED betraut, wurde er 1952 (bis 1955) Innenminister und 1953 ins Politbüro berufen. 1956 bis 1960 Verteidigungsminister, rückte er 1962 zum Stellvertreter Grotewohls auf und wurde nach dessen Tod 1964 Vorsitzender des Ministerrats. Diese Funktion übte er (mit Unterbrechung von 1973 bis 1976, als er Vorsitzender des Staatsrats war) bis 1989 aus.

Einstimmig beschloß der IV. Parteitag »Grundsätze der deutschen Arbeiterklasse, der werktätigen Bauern, der Intelligenz und aller anderen friedliebenden Deutschen für die Lösung der Lebensfrage der deutschen Nation«, in denen es u. a. hieß: »Die Wiedervereinigung Deutschlands kann nur erfolgen, wenn die Deutschen selbst gemeinsam dafür kämpfen. Die Wiedervereinigung Deutschlands kann nur auf demokratischem Wege erfolgen. Darum ist und bleibt das höchste Gebot unserer Zeit: Deutsche an einen Tisch!«[21]

Der Strukturwandel der DDR ging weiter. Bei den am 17. Oktober 1954 stattfindenden Wahlen für die Volkskammer und die Bezirkstage war es nun schon das gewohnte Bild: auch für diese Abstimmung existierte eine Einheitsliste, 98,4 Prozent Abstimmende und 99,45 Prozent Ja-Stimmen wurden registriert. Die Wahl erfolgte fast nirgends mehr geheim, sie war bloße Akklamation. Von den 400 Abgeordneten der vorherigen Legislaturperiode wurden lediglich 180 wieder als Kandidaten nominiert und »gewählt«. Von den Volkskammerabgeordneten des Jahres 1950 hatte das MfS inzwischen acht verhaftet (Dertinger, CDU, Erben, Hamann, Hedermann, Kielblock, Lekscas und Zipper, alle LDP, sowie Zeuge, SED), 17 Abgeordnete waren in die Bundesrepublik geflüchtet, 44 hatten während der Legislaturperiode auf Druck der SED und der Besatzungsmacht ihr Mandat niederlegen müssen. Auch drei Staatssekretäre der Regierung waren geflüchtet (Wilhelm Bachem, CDU, 1951; Hans Wermünd, LDP, 1953 und Dr. Leo Zuckermann, SED, Staatssekretär in der Präsidialkanzlei Piecks, 1952).[22]

Die Ohnmacht der Volkskammer und die Macht der SED-Führung traten immer offener zutage. Am 19. November 1954 gab Otto Grotewohl die Bildung der neuen Regierung, des »Ministerrats«, bekannt. Ministerpräsident blieb Grotewohl, Stellvertreter waren Walter Ulbricht, Willi Stoph, Heinrich Rau (alle SED) sowie Otto Nuschke (CDU), Dr. Hans Loch (LDP), Dr. Lothar Bolz (NDP) und Paul Scholz (DBD). Vorsitzender der Staatlichen Plankommission wurde Bruno Leuschner. Außerdem gehörten weitere 21 Personen zum Ministerrat. Die wichtigsten Posten besetzten wieder SED-Funktionäre: Schwerindustrie (Fritz Selbmann), Volksbildung (Fritz Lange), Kultur (Johannes R. Becher), Justiz (Hilde Benjamin), Außenminister blieb Lothar Bolz (NDP). Die meisten Minister waren für wirtschaftliche Ressorts verantwortlich, da das Wirtschaftssystem immer mehr vom Staat dirigiert wurde.[23] Die Vorherrschaft der SED zeigte sich auch wieder in der Zusammensetzung der neuen Regierung: Von 28 Ministern gehörten 20 der Einheitspartei an, von den 13 Mitgliedern des Präsidiums des Ministerrats neun. Fünf der Regierungsmitglieder waren gleichzeitig im Politbüro der SED, elf im ZK der

[21] Neues Deutschland, Nr. 82 vom 7. 4. 1954. – Protokoll IV. Parteitag, Bd. 2, S. 1099.

[22] AdsD (Ostbüro), 0480 B/1. Von 17 geflüchteten Abgeordneten der Volkskammer gehörten sieben der CDU, sechs der LDP, zwei der SED und je einer der DBD und der NDPD an, außerdem flüchteten 16 Landtagsabgeordnete. Informationsbüro West: Wieviele Politiker flüchteten? Berlin (West), 2. 9. 1954.

[23] Der Anteil des Staatssektors in der Industrie betrug 1955 bereits 82 Prozent.

Einheitspartei. Diese Personalunion ist ein Indiz dafür, wie weit die SED ihre Absicht verwirklicht hatte, den Staats- und Verwaltungsapparat der DDR nach sowjetischem Muster umfassend anzuleiten, zu beherrschen und zu kontrollieren. Neben die Personalunion, d.h. die gleichzeitige Ausübung von Funktionen in der Partei- und Staatsführung (die auf allen Ebenen von oben nach unten zu beobachten war), traten die Reglementierung des Staatsapparats durch die SED-Grundorganisationen und Parteigruppen bei allen Instanzen des Staates sowie direkte Anweisungen der Parteileitungen. Die SED dominierte auch im Staat unverhohlen.

Die Souveränität der DDR

Vom 25. Januar bis 18. Februar 1954 tagten im ehemaligen Kontrollratsgebäude in West-Berlin die Außenminister der USA, Großbritanniens, Frankreichs und der UdSSR. Die Konferenz konnte zwar zum Korea- und Vietnam-Problem Beschlüsse fassen, doch in der deutschen Frage kam es zu keiner Einigung. Nach dem Scheitern der Versuche von 1952/53, eine gesamtdeutsche Regelung zu finden, konnte das nicht überraschen. Nach der Unterzeichnung des EVG-Vertrages durch die Bundesrepublik hatte die DDR ihre West-Grenze abgeriegelt, im Mai 1952 errichtete sie eine 5 km breite Sperrzone entlang der Demarkationslinie.

Die Möglichkeit einer Übereinkunft zwischen den Alliierten schien sich nach Stalins Tod erneut anzubahnen. Churchills Vorschlag vom 11. Mai 1953, auf einer Viermächtekonferenz einen Garantievertrag für ein freies, geeintes Deutschland auszuhandeln, fand in Moskau Beachtung. In der SED kursierten daraufhin sogar Gerüchte, die Partei müsse bereit sein, in die Opposition oder gar in die Illegalität zu gehen. Alle damaligen Erwägungen wurden durch den Sturz Berijas und die neue Politik nach dem 17. Juni 1953 in der DDR blockiert, aber auch durch die Haltung des Westens. Churchills Plan wurde nicht zuletzt durch die Politik Adenauers torpediert.[24]

Nachdem diese Außenministerkonferenz der Westmächte und der Sowjetunion in Berlin im Januar/Februar 1954 gescheitert war, übergab die UdSSR im März 1954 der DDR »erweiterte Souveränitätsrechte«. Damit war die Überwachung der »Tätigkeit der staatlichen Organe der DDR« durch den Hohen Kommissar (der im Mai 1953 an die Stelle der Sowjetischen Kontrollkommission in Deutschland getreten war) aufgehoben. Das Personal des Hohen Kommissars wurde um zwei Drittel reduziert und die Vertretungen in den 14 Bezirken der DDR im Juli aufgelöst. Im Juli 1954 wurde auch der Hohe Kommissar W. S. Semjonow abgelöst, seine Nachfolge trat G. M. Puschkin an, er fungierte in Personalunion zugleich als Botschafter der UdSSR in der DDR.[25] Obwohl der Hohe Kommissar nur noch für die Verbindung zu den Westalliierten zuständig sein sollte, blieb die Anleitung der DDR-Führung durch Moskau bestehen. Aber die absolute Abhängigkeit von der sowje-

[24] Das zeigen die der Öffentlichkeit zugänglichen Akten. Vgl. dazu Joseph Foschepoth, Wie Adenauer Churchill austrickste. Die Zeit, Nr. 19 vom 4.5.1984.

[25] Vgl. Jan Foitzik, Berichte des Hohen Kommissars der UdSSR in Deutschland aus den Jahren 1953/54. In: Materialien der Enquete-Kommission »Aufarbeitung von Geschichte und Folgen der SED-Diktatur in Deutschland«. Hrsg. Deutscher Bundestag. Baden-Baden 1995, Bd. II, 2, S. 1350 ff.

tischen Besatzungsmacht war beendet. Ein Jahr später, im Mai 1955, gehörte die DDR bereits zu den Unterzeichnerstaaten des »Warschauer Paktes«, sie wurde nach der Aufstellung der Nationalen Volksarmee 1956 auch militärischer Verbündeter im Warschauer Pakt.

Die Genfer Gipfelkonferenz der vier Großmächte (Juli 1955) trug zwar zu einer internationalen Entspannung bei, brachte aber keine Fortschritte in der Deutschlandfrage. Ihre Rückreise nach Moskau unterbrachen die sowjetischen Führer Bulganin und Chruschtschow im Juli 1955 in Ost-Berlin. Dort entwickelten sie erstmals dezidiert die »Zwei-Staaten-Theorie« und erklärten, daß die Sowjetunion eine Wiedervereinigung Deutschlands nur unter Wahrung der »sozialistischen Errungenschaften« der DDR akzeptieren könne. Auf einer Massenkundgebung in Berlin versicherte Chruschtschow, daß die DDR nicht geopfert werde und diese nicht auf ihre »politischen und sozialen Errungenschaften« verzichten solle. »Man kann die deutsche Frage nicht auf Kosten der Interessen der Deutschen Demokratischen Republik lösen.«[26]

Die Zwei-Staaten-Theorie und das Festhalten an den »sozialistischen Errungenschaften« bedeuteten eine Absage an die Hoffnung, gesamtdeutsche freie Wahlen könnten am Beginn einer Wiedervereinigung stehen, und man könne der UdSSR die DDR »abkaufen«. Dagegen wurde nun die wirtschaftliche und politische Integration der DDR in den Ostblock forciert, und damit ging zugleich eine Aufwertung des anderen deutschen Staates einher. Er war aus einer Besatzungszone und einem Ausbeutungsobjekt zu einem Partner der Sowjetunion geworden, blieb aber dennoch nach wie vor von Moskau abhängig. Im September 1955 wurde diese Realität auch juristisch fixiert. Eine Konferenz in Moskau (17.–20. September 1955) endete mit dem Abschluß des »Vertrags über die Beziehungen zwischen der DDR und der UdSSR«, der die völlige Souveränität der DDR garantieren sollte.

Durch die Übergabe der Souveränität an die DDR wurden zwar alle Beschlüsse des Kontrollrats von 1945 bis 1948 außer Kraft gesetzt, zugleich aber vereinbart, daß Sowjettruppen weiterhin in der DDR stationiert blieben.

Eine erste Folge nach der Zuerkennung der Souveränität Ende 1955 war, daß die bisher versteckte Aufrüstung der DDR nun öffentlich betrieben wurde. Am 18. Januar 1956 verabschiedete die Volkskammer das Gesetz über die Schaffung der Nationalen Volksarmee (NVA) und des Ministeriums für Verteidigung. Mit der Kasernierten Volkspolizei (KVP) existierten bereits militärische Einheiten, und so konnte der Aufbau der NVA sehr rasch erfolgen. Am 28. Januar 1956 beschloß der Politische Beratende Ausschuß der Warschauer Vertragsstaaten, die NVA in die Streitkräfte des Warschauer Paktes aufzunehmen, womit die DDR auch militärisch voll in den Ostblock integriert war. Dennoch galten für sie einige Sonderregelungen, die sich daraus ergaben, daß sich die Sowjetunion alle »Deutschland als Ganzes« betreffenden Rechte vorbehalten hatte. Die NVA war als einzige Armee des Warschauer Paktes auch in Friedenszeiten vollständig dem Vereinten Oberkommando unterstellt. Mit der »prinzipiellen Orientierung auf die Sowjetarmee« wurde die NVA – so die spätere DDR-Geschichtsschreibung – von Anfang an als »sozialistische Koalitionsarmee« entwickelt.[27]

[26] Neues Deutschland Nr. 173 vom 27. und Nr. 174 vom 28.7.1955.

[27] Geschichte der Deutschen Demokratischen Republik. Von einem Autorenkollektiv unter Leitung von Rolf Badstübner. Berlin (Ost) 1981, S. 182.

Zehn Jahre nach Kriegsende war die Spaltung Deutschlands zementiert. Bei immer größeren Bevölkerungsgruppen in der DDR machte sich ein resigniertes Anpassen an die bestehenden Verhältnisse bemerkbar. Doch auch zu Beginn des zweiten Jahrzehnts der kommunistischen Herrschaft war die Lage der DDR keineswegs stabil, sie blieb weiterhin von der Sicherung durch sowjetische Truppen abhängig.

Angepaßte Strukturen

In den Jahren seit der Kapitulation des Deutschen Reiches hatten sich die Strukturen in der DDR durch immer größere Angleichung an die UdSSR erheblich gewandelt. Den Gegensatz zwischen den beiden deutschen Staaten machten nicht nur unterschiedliche Herrschaftssysteme deutlich, sondern auch verschiedene Wirtschafts- und Sozialstrukturen. In der Industrie der DDR nahm der Anteil der »Volkseigenen Betriebe«, also des Staatssektors, ständig zu. 1955 gab es 5 700 Staatsbetriebe mit 2,2 Millionen Beschäftigten, die mehr als 87 Prozent der industriellen Bruttoproduktion herstellten.[28]

Zwar existierten 1955 noch über 13 000 Privatbetriebe, doch diese hatten weniger als eine halbe Million Beschäftigte und erarbeiteten knapp 15 Prozent der Bruttoproduktion. 1955 befanden sich die Energiequellen ganz in der Hand des Staates. In der »volkseigenen« Grundstoff- und metallverarbeitenden Industrie arbeiteten 90 Prozent der Beschäftigten, die 90 Prozent des Bruttoprodukts erzeugten. In der Leicht- und Lebensmittelindustrie war dagegen nur ein Viertel der Betriebe staatseigen, doch in diesen waren zwei Drittel der Beschäftigten und 70 Prozent der Produktion konzentriert. 1955 umfaßte der staatliche Sektor alle wichtigen Produktionszweige und die entscheidenden Großbetriebe. Damit waren die »Kommandohöhen« der Wirtschaft in die Hände des von der SED befehligten Staates übergegangen.[29]

Ebenso wie in der Industrie errichtete die Führung systematisch auch in allen anderen Wirtschaftszweigen eine neue Eigentumsordnung. So ging der Großhandel fast völlig auf den Staat über, und auch im Einzelhandel änderte sich die Struktur: Während 1950 der private Einzelhandel noch 55 Prozent des Umsatzes erzielte (Staatshandel 25 Prozent und Genossenschaften 20 Prozent), sank dieser Anteil bis 1955 auf weniger als ein Drittel (Staatshandel etwas über ein Drittel, Genossenschaftshandel ein Drittel).

Das Handwerk arbeitete bis 1955 im wesentlichen noch auf privater Grundlage. In der Landwirtschaft dagegen hatte 1952 ebenfalls eine Strukturveränderung begonnen, da die SED die Schaffung von Landwirtschaftlichen Produktionsgenossenschaften begünstigte. Ihre Zahl stieg von 1 900 LPGs mit 37 000 Mitgliedern und 200 000 ha Land im Jahre 1952 auf 6 000 LPGs mit 200 000 Mitgliedern und 1,2 Millionen ha Land (d. h. 18 Prozent der landwirtschaftlichen Nutzfläche) bis zum Jah-

[28] Heinz Heitzer, DDR. Geschichtlicher Überblick. Berlin (Ost) 1979, S. 122.

[29] Die Zahlen sind verschiedenen DDR-Quellen entnommen, wobei dort die Zahlenangaben nicht immer identisch sind. Vgl. z. B. die Statistischen Jahrbücher von 1955, 1956, 1958, 1965 und 1974. Vgl. auch K. H. Schöneburg, R. Mand, H. Leichtfuß, K. Urban, Vom Werden unseres Staates. Bd. 1, Berlin (Ost) 1966, S. 310 ff. und Bd. 2, Berlin (Ost) 1968, S. 476 ff.

re 1955. Seit 1945 gab es staatliche Güter, die 1955 fast 5 Prozent des Bodens besaßen; so wurde auch in der Landwirtschaft das Privateigentum zurückgedrängt, 27 Prozent der Produktion wurden bereits vom »sozialistischen Sektor« erzeugt.[30] Die 1949 geschaffenen Maschinen-Ausleih-Stationen (MAS) waren eine weitere staatliche Bastion auf dem Land. 1955 gab es davon 600, inzwischen Maschinen-Traktoren-Stationen (MTS) genannt, von deren Maschinenpark (über 31 000 Traktoren, 28 000 Pflüge usw.) Einzelbauern wie LPGs, die die Maschinen ausleihen mußten, abhängig waren.

Der erste Fünfjahrplan, der 1955 endete, konnte unter großen Anstrengungen in einigen Bereichen erfüllt werden. Die Industrieproduktion war zwar verdoppelt worden, die Arbeitsproduktivität aber statt der geplanten 60 Prozent nur um 54 Prozent gewachsen. Der Lebensstandard der Bevölkerung hatte sich leicht verbessert, allerdings bestätigte selbst die DDR-Geschichtsschreibung: »Doch mangelte es an hochwertigen Gebrauchsgütern, an denen großer Bedarf bestand. In der Versorgung der Bevölkerung traten wiederholt Engpässe auf. Großer Mangel herrschte an Wohnraum.«[31]

Beim Vergleich mit der Bundesrepublik schnitt die DDR weiterhin sehr schlecht ab. Da die Bevölkerung der DDR auf die Bundesrepublik fixiert war, blieben die Argumente der SED-Führung von den »Errungenschaften« ihres Staates oder der »sozialistischen Eigentumsform« weithin ohne zustimmendes Echo.

Zudem gab es ständig Preiserhöhungen, obwohl die Führung in ihrer Agitation gerade die angeblich stabilen Preise immer wieder als positiv herausstellte. Auf der 25. Tagung des ZK der SED im Oktober 1955 bestätigte ZK-Mitglied Alois Pisnik, »daß tatsächlich eine Preiserhöhung« bei vielen Artikeln festzustellen sei, und zwar ungerechtfertigt.[32] Doch auch noch zwei Jahre später, auf der 33. Tagung des ZK der SED im Oktober 1957, mußte der für Propaganda zuständige Sekretär des ZK, Albert Norden feststellen: »Es hat in der Tat eine sehr weitreichende Preiserhöhung stattgefunden.« Dabei sei die Qualität oft nicht besser, sondern sogar schlechter geworden. Norden warf den Ministerien vor, diese wüßten gar nicht, daß die Bevölkerung über den Mangel diskutiere.[33] Der angegriffene Minister Albert Dressel gab den Mangel zu, machte aber die Industrie verantwortlich, wo die Meinung vorherrsche, »daß wir um der Produktion willen produzieren«. Auch er bestätigte: »Es gibt bei uns Preiserhöhungen noch und noch.«[34] Freilich wehrte Dressel die Kritik an seinem Ministerium für Handel und Versorgung ab und gab der Preiskommission der Regierung und der Industrie die Schuld daran. Die Gegensätze zwischen den verschiedenen Institutionen, der Wirrwarr von Verantwortlichkeiten und die bürokratische Handhabung der Macht wurden auf solchen internen Tagungen deutlich sichtbar. Die Behauptung vom Volkseigentum in der Wirtschaft sollte die Wirklichkeit des DDR-Alltags vertuschen.

[30] Heitzer, DDR, S. 122. Zu den Zahlen vgl. Anm. 29.

[31] Ebd., S. 143.

[32] Aus dem Wortprotokoll der 25. Tagung des Zentralkomitees der SED vom 24. bis 27. Oktober 1955. O. O. u. J. (Berlin-Ost, 1955), Faksimiledruck des Ministeriums für Gesamtdeutsche Fragen, Bonn (mit neuen Seitenzahlen), S. 78. Eine Kopie des Protokolls befindet sich im Staatsarchiv Bremen, Senatsregistratur R. 1.0. Nr. 194.

[33] Aus dem Wortprotokoll der 33. Tagung des Zentralkomitees der SED vom 16. bis 19. Oktober 1957. O. O. u. J. (Berlin-Ost 1957), fotomechanische Wiedergabe der parteiinternen Drucksache, S. 105 (149). Kopie des Protokolls im Staatsarchiv Bremen, Senatsregistratur R. 1.0. 210.

[34] Ebd., S. 127 (171).

Seit den fünfziger Jahren unterschied die DDR in der gesamten Wirtschaft drei grundsätzliche Formen des Eigentums: 1. Staatseigentum (sogenannter sozialistischer oder volkseigener Sektor), 2. Genossenschaftseigentum und 3. Privateigentum. Das Staatseigentum in Industrie und Handel stieg bis 1955 sehr stark an, ebenso wuchs das Genossenschaftseigentum in der Landwirtschaft. In bestimmten Bereichen (Handwerk, Landwirtschaft, Konsumgüterindustrie) bestand noch immer ein relativ großer Anteil an Privateigentum.

Die DDR blieb ein industriell entwickeltes Land, in dem über 40 Prozent der Arbeiter und Angestellten in der Industrie arbeiteten. Als Folge der veränderten Eigentumsformen kam es außer zu neuen Besitzverhältnissen auch zu einer neuen Sozialstruktur. Die Zahl der Beschäftigten wuchs: Während es 1949 7 Millionen Berufstätige gab, waren es 1955 8,2 Millionen. Es erfolgte eine soziale Umschichtung: 1950 gab es 4 Millionen Arbeiter, 1,7 Millionen Angestellte, außerdem 1,1 Millionen Selbständige und 1 Million mithelfende Familienangehörige (darunter 1,4 Millionen Landwirte und Angehörige). 1955 weisen die Statistiken 6,5 Millionen Arbeiter und Angestellte aus (es gab von da an keine getrennte Aufzählung mehr), d. h. 78 Prozent aller Berufstätigen, außerdem 1 Million Einzelbauern (12 Prozent), 300 000 private Handwerker, 150 000 private Einzelhändler, 190 000 LPG-Bauern und 35 000 Freiberufler. Die Selbständigen insgesamt waren auf 900 000, die mithelfenden Familienangehörigen auf 650 000 zurückgegangen.[35]

Von der (zuungunsten der Selbständigen) steigenden Zahl der Arbeiter und Angestellten waren im Jahre 1955 68 Prozent beim Staat beschäftigt. Der in Industriegesellschaften generell zu beobachtende Trend, die Verringerung der Zahl der Selbständigen und das Anwachsen der Zahl der Lohnabhängigen, führte in der veränderten Gesellschaft der DDR zur direkten Abhängigkeit der Mehrheit der Beschäftigten vom Arbeitgeber Staat. Die neue soziale Schichtung in der DDR näherte sich damit allmählich den sowjetischen Verhältnissen an, war aber noch nicht identisch.

Förderung der Jugend galt als wesentliches Ziel von Staat und Partei. Die Gewinnung und Integration junger Menschen sollte dazu dienen, die dringend erforderliche Stabilität von Gesellschaft und Staat zu erreichen. Bereits im März 1950 hatte die DDR das Volljährigkeitsalter auf 18 Jahre gesenkt, Jugendlichen wurden wichtige Positionen in Partei, Staat und Wirtschaft übertragen, die DDR präsentierte sich als Staat der Jugend.

Die unterschiedlichen Strukturen in Ost- und Westdeutschland bewirkten ein Auseinanderleben der beiden deutschen Staaten. Die SED wollte dies freilich zunächst noch nicht eingestehen. Unter Berufung auf Ulbricht sagte Chefideologe Fred Oelßner im März 1955: »Aus der Tatsache der Spaltung Deutschlands ergibt sich für die DDR eine relativ längere Übergangsperiode [zum Sozialismus, H. W.] als in den Volksrepubliken, ein längeres Nebeneinanderbestehen der verschiedenen Wirtschaftsformen. Denn die gesamte ökonomische Politik muß in der DDR stets unter Berücksichtigung ihrer Bedeutung für die ganze Nation durchgeführt werden.«[36] In der Realität trieb die DDR allerdings die Veränderungen der Strukturen ohne Beachtung der »deutschen Frage« voran, so wie umgekehrt die Politik

[35] Vgl. Anm. 29, insbesondere: Statistisches Jahrbuch der DDR 1956. Berlin (Ost) 1957, S. 166.

[36] Fred Oelßner, Die Übergangsperiode vom Kapitalismus zum Sozialismus in der Deutschen Demokratischen Republik (Vortrag vom 11. 3. 1955). Berlin (Ost) 1955, S. 20.

in der Bundesrepublik die gesamtdeutsche Komponente nur am Rande berücksichtigte.

Auch Gesetzgebung und Rechtsprechung rückten immer weiter auseinander. Zwar blieben in der DDR (wie in der Bundesrepublik) noch die alten familienrechtlichen Gesetze des BGB in Kraft; alle der Gleichberechtigung der Frau widersprechenden Gesetze und Bestimmungen waren in der DDR bereits durch die Verfassung von 1949 aufgehoben worden. Nach dem Grundsatz »Gleicher Lohn für gleiche Leistung« wurde im September 1950 mit dem »Gesetz zum Schutze von Mutter und Kind und über die Rechte der Frau« ein weiterer Schritt zur Gleichberechtigung der Frau getan. 1954 unterbreitete das Justizministerium der Öffentlichkeit den Entwurf eines neuen Familiengesetzbuches, das allerdings damals noch nicht verabschiedet wurde. Das Recht insgesamt war bereits in dieser Phase eindeutig der Politik untergeordnet, es war Instrument zum Ausbau und zur Sicherung der Macht der SED. Bei der Bekämpfung aller wirklichen und vermeintlichen Gegner durch Staatssicherheitsdienst und Gerichte zeigte sich drastisch, daß auch in diesem Bereich die stalinistischen Methoden der UdSSR kopiert wurden.[37] Da in der Sowjetunion nach dem Tod Stalins gerade die Frage der »Gesetzlichkeit« eine große Rolle spielte, geriet die DDR bei der »Entstalinisierung« in neue Schwierigkeiten.

Diese versuchte die SED-Führung trickreich zu umgehen. Das Politbüro beschloß z. B im Dezember 1954 neue »Richtlinien zur Durchführung von Parteiverfahren und zur Arbeit der Parteikontrollkommissionen«. In denen wurde zwar die »parteierzieherische Bedeutung der Parteiverfahren« betont, aber zugleich die übliche stalinistische Politik fortgesetzt und angeordnet: »Wer in der Partei feindliche Gruppierungen, Fraktionen und Cliquen bildet, wer bewußt feindliche Ideologien in die Partei hineinträgt, vorsätzlich von der Linie der Partei abweicht oder Doppelzüngelei betreibt, wer Partei- und Staatsgeheimnisse verrät, verletzt gröblichst die Absätze 2a und j des Parteistatuts und ist unnachsichtig aus der Partei zu entfernen.«[38]

Auch nach Stalins Tod war die SED-Spitze bemüht, die Praktiken innerparteilicher »Säuberungen« fortzusetzen, noch 1955 liefen ja die Geheimprozesse gegen Paul Merker und Max Fechner.[39] Die Ulbricht-Clique vertraute weiterhin auf die Mechanismen innerparteilichen Terrors[40], bis der XX. Parteitag der KPdSU 1956 dem ein Ende setzte. Vor allem die Staatssicherheit hatte selbst nach Stalins Tod die Repressalien beibehalten, und es kam bis 1956 zu zahlreichen politischen Prozessen.[41] Aber noch danach war das MfS gegen eine »Aufweichung« bei seinen Verfolgungen. Mielke verlangte 1957, die »gesetzlichen Voraussetzungen« müßten »voll

[37] Vgl. dazu Karl Wilhelm Fricke, Politik und Justiz in der DDR. Zur Geschichte der politischen Verfolgung 1945–1958. Köln 1979, S. 319 ff.

[38] Protokoll Nr. 41/54 der Sitzung des Politbüros vom 21. Dezember 1954. Anlage (im Umlauf bestätigt). SAPMO DY J IV 2/2/397.

[39] Vgl. Rudi Beckert, Die erste und die letzte Instanz. Schau- und Geheimprozesse vor dem Obersten Gericht der DDR. Goldbach 1995, S. 166 ff., 194 ff.

[40] Vgl. Ulrich Mählert, »Die Partei hat immer recht!« Parteisäuberungen als Kaderpolitik in der SED. In: Hermann Weber und Ulrich Mählert (Hrsg.), Terror. Stalinistische Parteisäuberungen 1936–1953. Paderborn 1998, S. 351 ff.; Hermann Weber, Schauprozeßvorbereitungen in der DDR. In: Ebd., S. 459 ff.; Thomas Klein, Wilfriede Otto und Peter Grieder, Visionen. Repression und Opposition in der SED. Frankfurt/Oder 1996, S. 46 ff.

[41] Vgl. Karl Wilhelm Fricke und Roger Engelmann, »Konzentrierte Schläge«. Staatssicherheitsaktionen und politische Prozesse in der DDR 1953–1956. Berlin 1998.

ausgenutzt werden, nicht nur gegen Agenten, sondern auch gegen Feinde, die keine Agenten sind«.[42]

Die Lage 1955 in der Sicht des ZK

Zehn Jahre nach Kriegsende hatte die SED ihre Herrschaft in der DDR mit Hilfe der Sowjetunion festigen können, doch war es ihr keineswegs gelungen, die Zustimmung der Bevölkerung und damit eine solide Basis ihrer Macht zu erreichen. Radikale Strukturänderungen hatten kein florierendes System hervorgebracht, sondern eine krisenhafte Gesellschaft. So blieb die SED weiterhin isoliert, denn die große Mehrzahl der Bürger in der DDR war nach wie vor auf die Entwicklung in der Bundesrepublik fixiert.

Dabei war die soziale Umschichtung in diesen zehn Jahren enorm. Durch Bodenreform, Industriereform usw. waren Tausende aus dem Besitzbürgertum enteignet worden und zumeist geflüchtet. Durch diese rigorose Enteignung war auch der »Mittelstand« dezimiert. Vor allem die Entnazifizierung hatte eine Auswechslung von einer halben Million Funktionsträgern bewirkt. In die Führungspositionen waren neue Personen eingerückt, die meist aus den bisher unterprivilegierten Kreisen kamen. Auch das Bildungsprivileg war gebrochen, durch »Arbeiter- und Bauernfakultäten« wurde neuen Schichten der Aufstieg ermöglicht. Da in der Bundesrepublik diese gesellschaftliche Umwälzung nicht oder nur in geringem Maße stattfand, die alten Besitzverhältnisse gerade auch durch die Währungsreform und das »Wirtschaftswunder« mit seiner ökonomischen Restauration konserviert wurden, lag auch hier ein tiefer Grund für die Spaltung Deutschlands.

Das DDR-System wiederum fand trotz der gewaltigen sozialen Umschichtungen keine genügend breite Anerkennung der Bevölkerung. Das war wohl auch darauf zurückzuführen, daß die Umwälzung keine revolutionäre, eigene Tat war, sondern von außen, von der Besatzungsmacht bestimmt wurde. Viel wichtiger für den fehlenden Konsens war die Übernahme der politischen Strukturen der stalinistischen Diktatur, die keinerlei Mitbestimmung zuließen und die Menschen abstießen; darunter selbst viele soziale Aufsteiger. Die Führung erkannte durchaus die Schwierigkeiten, war aber außerstande, diese zu überwinden. Während auf Parteitagen oder Konferenzen nur vage Selbstkritik oder Kritik an unteren Instanzen geübt und optimistische Zukunftserwartungen verbreitet wurden, diskutierten zahlenmäßig kleinere Machtorgane, etwa das ZK, die wirklichen Probleme. Da die SED-Führung alle Medien beherrschte, drangen freilich nur »geschönte« Ausschnitte dieser Debatten an die Öffentlichkeit. Von den Wortprotokollen der ZK-Sitzungen gelangten nur einige wenige in den Westen[43], aber gerade aus ihnen war der interne Meinungsbildungsprozeß deutlich abzulesen. Dazu gehört z. B. das Protokoll der

[42] Matthias Judt (Hrsg.), DDR-Geschichte in Dokumenten. 2. Aufl. Berlin 1998, S. 463.

[43] Diejenigen vom 15. Plenum 1953 (s. Anm. 2), vom 25. Plenum 1955 (s. Anm. 32) und vom 33. Plenum 1957 (s. Anm. 33). Auszüge wurden veröffentlicht von der 25. Tagung in: Beilage zur Wochenzeitung Das Parlament, Nr. B XII vom 21. 3. 1956 und von der 33. Tagung in: Beilage zur Wochenzeitung Das Parlament, B IL vom 18. 12. 1957. Diese beiden Wortprotokolle wurden vom Bundesminister für Gesamtdeutsche Fragen als Faksimile-Nachdruck in einer kleinen Auflage an staatliche Stellen verschickt. Vgl. den Brief des Ministeriums vom 3. März 1958 im Staatsarchiv Bremen, Senatsregistratur, R. 1.0. 210.

25. Tagung des ZK vom 24. bis 27. Oktober 1955. Das Dokument beweist einerseits, daß die damals veröffentlichten Referate und Teile der Diskussion[44] das Bild der Tagung nicht korrekt wiedergeben, womit zugleich das damalige Dilemma fehlender Quellen für die Erforschung der DDR besonders drastisch zutage tritt. Andererseits wird daraus ersichtlich, daß das ZK Komplexe wie Bürokratismus, Schwächen der Wirtschaft und oppositionelle Stimmungen in der Bevölkerung durchaus registrierte und debattierte. Freilich war das ZK zu dieser Zeit lediglich Akklamations- und Diskussionsorgan[45], die politischen Entscheidungen trafen das Politbüro und dessen Sekretariat.

Seit Öffnung des Parteiarchivs sind die Protokolle des ZK und die Beschlußprotokolle von Politbüro und Sekretariat einzusehen. Sie zeigen, daß die wenigen damals in den Westen gelangten Sitzungsprotokolle authentisch alle Verhandlungen der SED-Spitzengremien wiedergaben. Insofern konnte auch ohne Zugang zu sämtlichen Aufzeichnungen die Arbeit des ZK oder die Machtfülle Ulbrichts thematisiert werden. Auf der 25. Tagung referierten Walter Ulbricht, Otto Grotewohl und Karl Schirdewan.[46] Diese Zusammenkunft diente der Vorbereitung der 3. Parteikonferenz der SED und legte deren Linie fest. Die Tagung faßte einen Beschluß über »Die neue Lage und die Politik der SED«. Darin wurden eine Annäherung beider deutscher Staaten sowie ein Vertrag über kollektive Sicherheit in Europa gefordert. Zugleich wurde die DDR als der »rechtmäßige Staat, der seine Legitimation aus dem Willen und der Kraft des Volkes hat«, deklariert. Zur Verbesserung der Arbeit der Staatsorgane sollte die »Überzentralisation« abgestellt werden, in der Wirtschaft sollten »Modernisierung, Mechanisierung, Automatisierung« Fortschritte bringen. Die SED feierte sich im »Beschluß« selbst, da sie »auf der Grundlage der Lehre von Marx, Engels, Lenin und Stalin« die »Arbeiter- und Bauernmacht geschaffen« habe.[47]

Ulbricht stellte (in seinem damals veröffentlichten Referat) die Effizienz der Wirtschaft in den Mittelpunkt. In der Diskussion wurden indes vor allem die Schwächen der Wirtschaft angesprochen. Planungschef Bruno Leuschner bemängelte, daß der Anteil der Schwerindustrie an der Gesamtproduktion merklich zurückging. Entgegen allen offiziellen Erfolgsmeldungen gab Leuschner aber auch offen zu: »Genossen, was ist das für eine Ideologie? Die Produktion wird niedrig gehalten, aber die Investitionen werden erhöht. Die Beschlüsse des Politbüro und der Regierung werden mißachtet und andere Planvorschläge eingereicht als festgelegt wurden. Wir müssen uns von dieser Stelle aus gegen eine solche Ideologie verwahren und mehr Disziplin von den verantwortlichen Genossen in den Ministerien fordern.« Leuschner berichtete, auch die Räte der Bezirke hätten die »Kontrollziffern, mit denen sie vorher einverstanden waren, nicht eingehalten«.[48]

[44] Vgl. z. B. Neues Deutschland, Nr. 251 vom 26. 10. 1955 bis Nr. 273 vom 22. 11. 1955 (25. Plenum) sowie Nr. 248 vom 19. 10. 1957 bis Nr. 252 vom 24. 10. 1957 (33. Plenum).

[45] Vgl. zur Problematik: Peter Christian Ludz, Parteielite im Wandel. Funktionsaufbau, Sozialstruktur und Ideologie der SED-Führung. Eine empirisch-systematische Untersuchung. Köln, Opladen 1968, S. 93 ff.

[46] Vgl. Neues Deutschland, Nr. 255 vom 30. 10. und Nr. 256 vom 1. 11. 1955 (Ulbricht), Nr. 258 vom 3. 11. 1955 (Grotewohl) und Nr. 263 vom 9. 11. 1955 (Schirdewan). Vgl. auch: Karl Schirdewan, Die Wahlordnung der SED zur Vorbereitung der 3. Parteikonferenz 1956. Referat auf der 25. Tagung des ZK der SED, 24.–27. Oktober 1955. Berlin (Ost) 1955.

[47] Dokumente der SED, Bd. V, S. 445 ff.

[48] Wortprotokoll 25. Tagung, S. 86 ff. (140 ff.).

Einzelne Delegierte legten gravierende Schwächen der Industrie bloß. So wurde kritisiert, daß die Versorgung mit metallurgischen Erzeugnissen »schlecht und unbefriedigend« sei und wegen Mangel an Reparaturmaterialien in der chemischen Industrie »lebenswichtige Reparaturen jahrelang aufgeschoben werden müssen«.[49] Selbmann verwies darauf, daß durch die Haltung der Produktionsverwaltungen die Einführung neuer Techniken gebremst werde und wandte sich gegen Leuschner und Wittkowski, die fehlende Investitionen als »Frage der Ideologie« abtun wollten.[50] Grete Wittkowski hatte freilich angemerkt, daß das zu geringe Bauvolumen große Schwierigkeiten bringen werde. Doch über konkrete Lösungen der Probleme verlautete wenig. Vereinzelt wurden Forderungen nach mehr Selbständigkeit der Betriebe erhoben, die nur Oelßner in einem Zwischenruf aufgriff, er wollte die »Verantwortung der Werkleiter verstärkt« wissen.[51]

Immer wieder wurden Fakten vorgebracht, die den straffen Zentralismus und Bürokratismus als wesentliches Übel benannten. Doch 1955 wurden alle hier erwähnten Beispiele nicht veröffentlicht. Hingegen brachte ›Neues Deutschland‹ damals die Rede von Hermann Matern, in der er die Probleme zusammenfassend darlegte: »Wir haben schon öfter gesprochen über Erscheinungen des Bürokratismus und der Überzentralisation auf vielen Gebieten. Diese schädlichen Tatsachen gibt es in der Partei, im Staatsapparat, in der Industrie, in der Landwirtschaft und im Handel. Es wurden schon bisher öfter gute Maßnahmen besprochen und beschlossen. Sie brachten aber keine Besserung, weil sie wahrscheinlich irgendwo in der Durchführung steckenblieben.«[52]

Obwohl auch die Rede von Innenminister Maron veröffentlicht wurde, fehlten in ›Neues Deutschland‹ doch z. B. folgende aufschlußreiche Passagen: »Es vergeht buchstäblich kein Tag, an dem nicht bei mir oder beim Staatssekretariat ein Brief eines Ministers oder auch der Zentralen Kommission für Staatliche Kontrolle eingeht mit dem Hinweis, daß auf diesem oder jenem Fachgebiet, in diesem oder jenem Bezirk oder Kreis erhebliche Mängel und Schwächen festgestellt wurden und daß das Staatssekretariat oder das Ministerium des Innern doch für die Beseitigung dieser Mängel sorgen solle. Sehr beliebt ist besonders die Forderung, daß bessere Kader gerade für das zur Diskussion stehende Gebiet gefunden und eingesetzt werden müssen, als wenn das Ministerium des Innern eine Großbäckerei wäre, wo man die Kader im Handumdrehen backt oder als wenn es nur an dem bösen Willen eines solchen Vorsitzenden eines Bezirksrates läge, der sich seine guten Kader auf Eis legt.«[53]

Fred Oelßner brachte zahlreiche Belege für den Wahnwitz des Bürokratismus und zeigte, wie die Gesetze oft Flexibilität verhinderten. Diese Rede erschien in ›Neues Deutschland‹ gekürzt. Unter »stürmischer Heiterkeit« der Tagung (die vom SED-Organ freilich nicht registriert wurde) sagte er, einer Dorfgenossenschaft werde seit Jahren der Kauf eines Motorrads verweigert, das 2 500 Mark koste, der Vorstand habe es nun privat gekauft und vermiete es an die Genossenschaft.[54]

Auch ein für den DDR-Alltag wohl typisches Beispiel, das Oelßner benannte, wurde damals nicht publiziert: »Es gibt eine sicher berechtigte Bestimmung, daß

[49] So Schirmer, ebd., S. 93 (147).
[50] Selbmann, ebd., S. 103 f. (157 f.).
[51] Oelßner, ebd., S. 46 (100).
[52] Neues Deutschland, Nr. 267 vom 13. 11. 1955. Vgl. Wortprotokoll 25. Tagung, S. 8 ff. (62 ff.).
[53] Wortprotokoll, ebd., S. 56 (110). Neues Deutschland, Nr. 270 vom 19. 11. 1955.
[54] Neues Deutschland, Nr. 269 vom 16. 11. 1955. Wortprotokoll, S. 11 ff. (65).

nicht mehr als 50,– Mark bar ausgegeben werden dürfen. Dem Kommunalen Großhandel in Halle passierte es, daß ein Lastkraftwagen auf dem Wege nach Magdeburg einen Achsenschenkelbruch erlitt. Der Fahrer ging in den nächsten Ort, fand auch ein Ersatzteil, ließ den Schaden beheben und setzte seine Fahrt fort. Kostenpunkt 70,– Mark, die ihm anstandslos erstattet wurden. Als aber nach einiger Zeit eine Revision stattfand, entdeckte man die ungesetzlichen 70,– Mark Barausgaben und bestrafte den Leiter des Kommunalen Großhandels mit 50,– Mark. (Heiterkeit). Er hätte nach Gesetzesvorschrift den Wagen abschleppen lassen, in einer volkseigenen Werkstatt reparieren und dann die Rechnung durch Überweisung begleichen müssen. Abgesehen vom Zeitverlust hätte das zwar 300,– bis 400,– Mark gekostet, aber es wäre gesetzlich gewesen und der Leiter wäre nicht bestraft worden (Erneute Heiterkeit).«[55]

ZK-Mitglieder kritisierten, daß die Mitarbeiter des Staatsapparates »vor lauter Sitzungen überhaupt nicht zur produktiven Arbeit kommen«. Durch den Zentralismus fungierten die Mitarbeiter praktisch als »Verfügungsbearbeiter«, deren persönliche Verantwortung »mangelhaft entwickelt« war.[56] Selbst Minister Erich Apel berichtete, daß er in den 5 ½ Monaten seiner Ministerzeit sich überhaupt nicht mit Grundsatzproblemen oder Perspektivfragen beschäftigen konnte, weil er sich auf die »Erfüllung des Plans, die Aufholung der Exportrückstände« konzentrieren mußte.[57] Unter solchen Umständen sahen auch ZK-Mitglieder, daß sich »viele Menschen in ihrer abfälligen Meinung über die Fähigkeiten verantwortlicher Staatsfunktionäre durchaus bestätigt finden«.[58]

Die bemerkenswerteste Rede hielt das Politbüromitglied Alfred Neumann; auch sie blieb damals geheim. Er stellte fest, daß auf der ZK-Tagung »doch die Spitzen der Macht versammelt« seien. Aber: »Wer ändert? Das ZK stellte Fragen, ein Jahr vergeht, aber wer verändert? Es bleibt alles beim Alten.« Damit legte er in der Tat ein Hauptproblem der Führung offen, die immer wieder die gleichen Fragen ansprach, aber über Jahre und Jahrzehnte hinweg kaum etwas bewegte. Bürokratie bedeutet eben mehr als nur bürokratisches Verwalten, die hierarchische Macht des Apparates war und ist die eigentliche Herrschaft der Bürokratie, die Flexibilität fürchtet, weil dies ihre Hegemonie gefährden könnte.

Neumann mokierte sich auch darüber, daß das ZK die angeführten schlimmen Beispiele mit großem Gelächter quittierte: »Ich stelle eine andere Frage. In der Diskussion haben viele Genossen gesprochen, auch solche, die – möchte ich sagen – eine ganze Portion Macht verkörpern und in den Händen halten. Worüber ist wenig gesprochen worden? Warum der Apparat nicht in der Lage war, die Durchführung der Beschlüsse zu gewährleisten. Es gibt interessante Berichte über alle möglichen Anekdoten unseres Bürokratismus. Ich könnte hier genauso lachen wie alle anderen. Aber es ist mir viel zu ernst. Warum wird das nicht geändert? Ist das Sache des Witzblattes oder lachen wir über unsere Unfähigkeit? Ich frage: Ist das der Stil, mit dem wir unsere Delegiertenkonferenzen in Vorbereitung der 3. Parteikonferenz vorbereiten wollen? Es reden auch Sekretäre in der Diskussion. Warum sprechen sie aber nicht, wie sie die Beschlüsse des 23. und 24. Plenums durchgeführt haben?«[59]

[55] Wortprotokoll, ebd., S. 12 (66).
[56] Kästner, ebd., S. 113 (167).
[57] Wortprotokoll, S. 101 (155).
[58] Maron, ebd., S. 58 (112).
[59] Wortprotokoll, S. 98 (152).

Damit verwies ein Führungsmitglied auf die Stimmung im – nach dem Statut – höchsten Organ der SED. Das Gelächter über Probleme, für die man verantwortlich war, ist in der Tat entlarvend. Hierin zeigt sich sowohl die Ohnmacht als auch die Konzeptionslosigkeit des SED-Spitzengremiums. Schließlich war es die Bevölkerung, die unter den angeführten Beispielen des Bürokratismus zu leiden hatte. So gestand Oelßner ein, daß der Handel »bisher nicht einmal die Versorgung der Bevölkerung mit den vorhandenen Nahrungsgütern reibungslos sichern« konnte.[60] Grotesk war freilich, daß er dies auf »ungenügendes politisches Bewußtsein« und »mangelnde Schulung« zurückführte. Auf der ZK-Sitzung wurde der Ernst der Lage dargelegt, so etwa wenn ZK-Mitglied Hans Warnke sagte, daß bei der Fleischversorgung die DDR »seit Monaten von der Hand in den Mund« lebe (was ebenfalls unveröffentlicht blieb).[61]

Entgegen den offiziell verkündeten zweckoptimistischen Behauptungen vom ständigen Fortschritt der DDR wurden so im ZK eindringlich die schwerwiegenden Probleme angesprochen. Das galt ebenso für den Zustand der SED selbst. Auch hierzu wurden damals aus der Rede von Hermann Matern Hinweise publiziert, so etwa die Passage, früher habe ein »anderes, kämpferisches Verhältnis der Mitglieder untereinander geherrscht«. Matern bemängelte: »Wenn heute in einer Kneipe ein besoffenes Parteimitglied den größten Unfug quatscht (in ›Neues Deutschland‹ las es sich freilich so: »Wenn heute ein Parteimitglied den größten Unfug redet«), und die Partei diskreditiert, dann sitzen Genossen dabei, die das gar nicht interessiert.« Daß Matern ebenso vom »Untertanengeist« redete, der offenbar in der SED herrschte, wurde aber nicht veröffentlicht.[62]

Auch die Rede von Max Sens, Kandidat des ZK und in der Finanzabteilung des ZK tätig, blieb geheim. Er zeigte anhand von Einzelheiten über den wahren Zustand der Partei, daß die vielbeschworene monolithische Einheit der »Kampfpartei« neuen Typus teilweise nur auf dem Papier stand. Es gab auch Beitragsverweigerung; so wurden in Wernigerode drei »Parteifeinde«, die diese organisiert hatten, ausgeschlossen. Umgekehrt versuchte der bürokratische Apparat aus Bequemlichkeit und damit die Abrechnung stimmte, »Parteifeinde« zu erfinden. »Unklare Fälle« (allein im September 1955 47000!) wurden als »Parteiverfahren« deklariert, was nach Sens im Klartext bedeutete: »Einige Kreise formulieren die Ausschlußbegründung einfach mit Bereinigung der Statistik. ... Auf diese Weise geraten wir in eine solche Lage, daß durch die gesamte Partei Zehntausende von Menschen, die seit 1951, 1952 und 1953 aus der Partei ausgeschieden sind, jetzt als Parteifeinde ausgeschlossen werden, obgleich es sich in der Mehrheit um loyale Bürger der Deutschen Demokratischen Republik handelt.« So wurden von März bis September 1955 im Bezirk Halle 3000 Mitglieder ausgeschlossen, schwebende Verfahren gab es 3400. »Man kann sich also ausrechnen, welche phantastische Zahl diese Ausschlüsse allein im Bezirk Halle erreichen wird, wenn man auf diese Weise weiterarbeitet.«[63]

Da aber Ausschluß aus der SED gleichbedeutend mit Verlust eines qualifizierten Arbeitsplatzes und nicht selten Ursache für Verfolgung war, wird durch diesen Bericht überdeutlich, daß gerade der perfektionierte Bürokratismus, den die SED von oben bis unten praktizierte, zur Destabilisierung des Systems beitrug. Selbst Ul-

[60] Ebd., S. 11 (65) (dies wurde auch in Neues Deutschland, Nr. 269 vom 16. 11. 1955, veröffentlicht).
[61] Wortprotokoll, S. 95 (149).
[62] Ebd., S. 11 (65). Neues Deutschland, Nr. 267 vom 13. 11. 1955.
[63] Wortprotokoll, S. 18 (72).

bricht machte in einem Zwischenruf das »Administrieren« des Apparats für Mängel der Partei verantwortlich.[64] In der propagandistischen Arbeit wiederum wurde von Hanna Wolf, Leiterin der SED-Parteihochschule »Karl Marx«, der »Dogmatismus« als »Hauptmangel« ausgemacht. Gerade sie berief sich freilich auf Stalin.[65]

Ebenfalls angesprochen – aber nicht publiziert – wurde der zu große Umfang des hauptamtlichen Apparats. Dabei wurden vereinzelte Zahlen genannt. So sagte Arbeitsminister Macher auf einen Zwischenruf Ulbrichts hin, daß er 300 Mitarbeiter im Ministerium habe, was nach Ulbricht »noch viel zuviel« war.[66] Allein in der Stadt Magdeburg gab es »nicht weniger als 220 hauptamtliche FDJ-Funktionäre« – was laut Protokoll »Bewegung« selbst im ZK verursachte.[67]

Zahlreiche Details dieser Art wurden auf der ZK-Tagung bekanntgemacht, interne Probleme diskutiert, die nicht in die Öffentlichkeit gelangten. Der Trend der Politik, die Strategie und Taktik der Partei waren natürlich aus den publizierten Reden der Parteiführer und ausgewählten Diskussionsbeiträgen abzulesen, schließlich mußte das Politbüro seinen nachgeordneten Institutionen auch über die Medien die politische Linie vermitteln. Doch die zum Teil erschreckenden, manchmal die ZK-Tagung freilich auch nur amüsierenden Fehlleistungen der SED-Politik blieben zu einem großen Teil geheim.

Aus Ulbrichts Schlußwort (damals ebenfalls nicht publiziert) geht hervor, wie sich dieser verantwortliche Parteiführer aus der Affäre zog. Ulbricht empfahl seinen Funktionären, die Parteientschließungen »gründlich« durchzuarbeiten; er erklärte, Preiserhöhungen seien »absolut unzulässig« und die »Überzentralisation« sei zu »überwinden«. Wieder einmal machte er »ideologische Zurückgebliebenheit« für alle Fehler verantwortlich. Es blieb fast nur bei solchen Allgemeinplätzen. Doch an einer Stelle wurde Ulbricht konkret: »Genosse Maron hat hier darauf hingewiesen, daß in seinem Ministerium die Struktur nicht in Ordnung ist. Er hat Recht. Genosse Grotewohl hat das in seinem Referat auch schon angedeutet. Die Kritik des Genossen Maron ist richtig. Wir haben in dieser Beziehung einen Rückschritt. Früher hatten wir eine richtige Struktur. Da wurden die örtlichen Organe systematisch geleitet und kontrolliert. Es gab eine straffe Leitung und eine strenge Kontrolle von der Partei aus. Das hat bei uns nachgelassen. Die Kontrolle durch die Partei ist auch nicht mehr in Ordnung. Also muß man jetzt korrigieren.«[68] Das Patentrezept Ulbrichts zur Bekämpfung des »Überzentralismus« lautete also »straffe Leitung«, Zentralisation und strenge Kontrolle – durch die Partei. Die SED und die DDR drehten sich nach dem Willen ihres führenden Mannes letztlich weiterhin im Kreise.

[64] Ebd., S. 52 (106).

[65] Ebd., S. 80 f. (134 f.). Stalin wurde nur noch von Karl Moltmann (ehemaliger Sozialdemokrat) genannt, vgl. S. 75 (129).

[66] Wortprotokoll, S. 118 (172).

[67] Ebd., S. 105 (159).

[68] Wortprotokoll, S. 125 (179).

Die 3. Parteikonferenz der SED 1956

Auf ihrem XX. Parteitag im Februar 1956 distanzierte sich die KPdSU von Stalin und einigen seiner Herrschaftsmethoden. Das bewirkte eine tiefe Zäsur in der Entwicklung des Weltkommunismus. Die »Entstalinisierung«, die zu einer Angelegenheit aller kommunistischen Parteien und kommunistisch regierten Staaten wurde, nahm in den einzelnen Ländern einen sehr unterschiedlichen Verlauf. In Ungarn z. B. steigerte sich die Empörung des Volkes 1956 bis zur Revolution, in Polen erfolgte eine weitgehende Auswechselung der Führungskräfte, auf der anderen Seite verweigerte Albanien die Verdammung Stalins. In der SED, die seit Jahren völlig auf Stalin eingeschworen war, führte die Verurteilung des Personenkults durch Chruschtschow zu einer allgemeinen Verwirrung.

Die Abkehr der Sowjetführer von Stalin traf die SED unvorbereitet. Noch am Eröffnungstag des Kongresses, am 14. Februar, hieß es im Leitartikel des SED-Zentralorgans ›Neues Deutschland‹, der XX. Parteitag werde »das vor einem Jahrzehnt von Stalin gesetzte Fernziel«, die kapitalistischen Länder in der Pro-Kopf-Produktion zu überholen, zur Hauptaufgabe erklären. Die von Ulbricht unterschriebene Grußbotschaft des ZK der SED an den sowjetischen Parteitag endete noch mit der bis dahin üblichen Losung: »Es lebe die unbesiegbare Lehre von Marx, Engels, Lenin und Stalin«.[69] Zur gleichen Zeit, da auf dem XX. Parteitag Mikojan und die Sowjethistorikerin Pankratowa den ›Kurzen Lehrgang – Geschichte der KPdSU(B)‹ als stalinistische Geschichtslegende angriffen und Mikojan von »Geschichtsgeschreibsel« sprach, erschien im theoretischen Organ des ZK der SED ›Einheit‹ eine Lobpreisung dieses Machwerks, die KPdSU wurde als »Partei Lenins und Stalins« charakterisiert[70], – ja, die SED führte noch »theoretische Beratungen« über dieses Geschichtsbuch durch.[71] Die (vom ZK der SED für Parteifunktionäre herausgegebene) Zeitschrift ›Neuer Weg‹ widmete in ihrer Februarnummer dem XX. Parteitag einen von Ulbricht inspirierten redaktionellen Artikel, dessen Ausgangspunkt und Leitlinie ausgerechnet eine Rede Stalins bildete. Die SED-Führung glaubte noch: »Stalin, das ist die Stimme der Kommunistischen Partei«, sie hob hervor, Stalin habe die KPdSU »bereichert«, und sie wußte über den Parteitag der KPdSU nichts Besseres zu sagen, als daß er »zehn Jahre nach dieser großen Rede Stalins« stattfinde.[72] Während Mikojan auf dem XX. Parteitag erklärte, die letzten Werke Stalins (vor allem ›Ökonomische Probleme des Sozialismus in der UdSSR‹) seien fehlerhaft und müßten »kritisch revidiert« werden[73], hatte ›Neuer Weg‹ Stalins letzte Schrift noch »eine große Hilfe für die KPdSU« genannt. Die Berliner SED veranstaltete am 20. Februar in ihrer »Abenduniversität des Marxismus-Leninismus« ein Seminar über dieses Stalinsche »Grundgesetz des Sozialismus«. Bis zum XX. Parteitag war die SED eben der Meinung: »Durch den Tod J. W. Stalins im März 1953 erlitten die KPdSU und die ganze internationale Arbeiterbewegung einen schweren Verlust. Allen Feinden zum Trotz, die in dieser Situation versuchten, die Partei zu desorientieren, schloß sich die Partei fest um ihr Zentralkomitee zusammen.«[74]

[69] Neues Deutschland, Nr. 38 vom 14. 2. 1956.

[70] Diskussionsreden auf dem XX. Parteitag der KPdSU. 14.–25. Februar 1956. Berlin (Ost) 1956, S. 120 f., 364 ff. Einheit 11 (1956) Heft 2, S. 180.

[71] Neues Deutschland, Nr. 44 vom 21. 2. 1956.

[72] Neuer Weg, Nr. 3 (1956), S. 130 ff.

[73] Diskussionsreden auf dem XX. Parteitag, S. 117. Neues Deutschland, Nr. 43 vom 19. 2. 1956.

[74] Neuer Weg, Nr. 3 (1956), S. 134.

Vom Verlauf des XX. Parteitags wurde die SED verunsichert, es zeigte sich, daß sie desorientiert war; sie erkannte erst spät, daß eine Wende der kommunistischen Politik eingesetzt hatte. Chruschtschow und die Führer der KPdSU bekannten sich auf dem Parteitag zu vier, z. T. neuen Thesen des Kommunismus: 1. Kriege sind vermeidbar; 2. die friedliche Koexistenz zwischen Ost und West ist für einen langen Zeitraum Ziel der KPdSU; 3. der »Aufbau des Sozialismus« geht auf »unterschiedlichem Wege« entsprechend den nationalen Besonderheiten in den einzelnen Ländern vor sich; 4. auch ein friedlicher, parlamentarischer »Weg zum Sozialismus« ist möglich und nicht nur die Revolution; oder, wie Mikojan es ausdrückte, »es besteht für einzelne Länder durchaus die Möglichkeit eines friedlichen Übergangs zum Sozialismus«.[75]

Diese Prinzipien, von den Leninisten früher als »sozialdemokratisch« abgelehnt, waren aber weit weniger sensationell als die Verurteilung Stalins und seines Regimes. In den Sitzungen des Parteitages hatten Mikojan, Chruschtschow und Suslow bereits die »schädlichen Folgen« des Personenkults angegriffen, Mikojan bezeichnete einige von Stalin liquidierte Kommunisten als »zu Unrecht zu Volksfeinden gestempelt«. Suslow betonte, der Personenkult »untergrub die innerparteiliche Demokratie«.[76] Doch das war nur der Prolog zu Chruschtschows Geheimrede, in der er Stalin beschuldigte, er habe die Macht mißbraucht, mit Willkür und Massenterror geherrscht, die alten Bolschewiki liquidieren lassen, im Zweiten Weltkrieg versagt und ganze Völkerschaften deportieren lassen. Chruschtschow zieh Stalin des Größenwahns und forderte: »Genossen! Wir müssen den Persönlichkeitskult entschlossen abschaffen, ein für allemal ...«[77] Obwohl Chruschtschow in seiner Geheimrede den Terror der Stalin-Periode nur teilweise offengelegt und bestritten hatte, daß Terror dem Stalinismus immanent war, zeigten die Enthüllungen im Weltkommunismus doch enorme Wirkung. Der XX. Parteitag der KPdSU wurde zum Ausgangspunkt einer Spaltung des monolithischen Stalinismus.[78] Gestützt auf Akten, sind inzwischen auch die Hintergründe des XX. Parteitags und der Geheimrede Chruschtschows als »erste Erneuerungsimpulse« analysiert worden.[79]

Ulbricht erkannte die Brisanz des XX. Parteitages. In seiner Begrüßungsrede paßte er sich sofort den neuen Aussagen der Sowjetführer an; er erklärte, die »Arbeiter- und Bauernmacht« in der DDR sei »auf friedlichem Wege« geschaffen worden, und berief sich nicht mehr auf Stalin, sondern mehrmals auf den »Genossen Nikita Sergejewitsch Chruschtschow«. Ulbricht sagte zwar, er wolle »schließen mit den Worten der Grußbotschaft des Zentralkomitees der SED«, doch endete er nicht mehr mit »Marx, Engels, Lenin und Stalin« – wie es dort hieß –, sondern rief aus: »Es lebe der Marxismus-Leninismus«.[80]

Sofort nach dem XX. Parteitag versuchte die SED-Führung, ihren Mitgliedern erste »Lehren« zu vermitteln. Der Leitartikel ›Lenin wies den Weg‹ in ›Neues

[75] Diskussionsreden auf dem XX. Parteitag, S. 107. Neues Deutschland, Nr. 43 vom 19. 2. 1956.

[76] Diskussionsreden auf dem XX. Parteitag, S. 75, 121.

[77] Der Wortlaut der Rede Chruschtschows gegen Stalin vor dem XX. Parteikongreß in Moskau. Stuttgarter Zeitung vom 16. Juni 1956, S. 48.

[78] Vgl. Reinhard Crusius und Manfred Wilke (Hrsg.), Entstalinisierung. Der XX. Parteitag und seine Folgen. Frankfurt a. M. 1977.

[79] Vadim V. Zagladin, Der erste Erneuerungsimpuls. Eine Betrachtung zum 40. Jahrestag des XX. Parteitags. In: Jahrbuch für Historische Kommunismusforschung 1996. Berlin 1996, S. 11 ff.; Jurij Aksjutin, Der XX. Parteitag der KPdSU. In: Ebd., S. 36 ff.

[80] Neues Deutschland, Nr. 41 vom 17. 2. 1956.

Deutschland‹ vom 26. Februar richtete sich vor allem gegen die Trotzkisten, gegen Bucharin und andere Stalin-Kontrahenten, denen die Parteizeitung vorwarf, den »Weg des offenen Verrats« gegangen zu sein. Auch wenn die SED zur »Vermeidung jedweden Personenkults« aufrief und »jede Schablone« bei der Arbeit verwarf, wurde doch klar, daß die Ulbricht-Führung bremsen wollte. Das brachte Verwirrungen in die Reihen der SED. Der Geheimbericht Chruschtschows, der vor den Parteimitgliedern nur verlesen wurde, vergrößerte die Unruhe. Durch eine schroffe Wendung der ideologischen Linie versuchte Ulbricht die Situation zu retten. Am 4. März schrieb er in ›Neues Deutschland‹ – entgegen allen seinen früheren Aussagen – Stalin sei kein »Klassiker« des Marxismus. So einfach war freilich die stalinistische Vergangenheit der SED nicht zu bewältigen, auch wenn sich die Parteiführung bemühte, rasch über die »Fehlerdiskussion« hinwegzukommen.

Entsprechend stellte die 3. Parteikonferenz der SED vom 24. bis 30. März 1956 Wirtschaftsprobleme in den Mittelpunkt ihrer Beratungen. Die Frage der Entstalinisierung wurde nur am Rande erwähnt, obwohl mit der Abkehr von Stalin das Weltbild der deutschen Kommunisten erschüttert worden war. Einigen Schriftstellern sollen die »Fehler des Genossen Stalin« und die Enthüllungen so zu »Herzen gegangen« sein, daß sie »mit Selbstmordgedanken umgingen«.[81] Doch dies war auf der Konferenz kein Thema. Nur Karl Schirdewan, der »zweite Mann« der SED-Führung, ging auf die Entstalinisierung ein: »Es muß gesagt werden, daß die Korrektur der Fehler und Irrtümer Stalins, die Weiterentwicklung der marxistischen Erkenntnisse über Fragen unserer heutigen Entwicklung von den Lehren und Erfahrungen des Leninismus aus erfolgte ... Was die Würdigung Stalins anbelangt, so müssen wir unsere bisherigen Anschauungen einer Revision unterziehen ... in den letzten fünfzehn Jahren seiner leitenden Arbeit sind Fehler und Irrtümer in seinem Wirken aufgetreten, durch die der Sache des Sozialismus Schaden entstanden ist.«[82]

Auf Schirdewan wirkten die offiziellen Enthüllungen von Verbrechen und Terror im Stalinismus offenbar wie ein Schock. Ulbricht hingegen hatte als gewiefter Taktiker die Gefahren erkannt, die der XX. Parteitag für die SED-Führung und ihn persönlich bringen konnte. Daher ging er sofort in Abwehrstellung und verhinderte, daß sich die Parteikonferenz mit diesem brisanten Thema befaßte.[83] Lediglich Willi Bredel, Schriftsteller und Mitglied des ZK, bis 1945 Emigrant in der UdSSR, zog aus dem XX. Parteitag eigene Schlußfolgerungen und bestätigte auf der Parteikonferenz auch als einziger, daß es »durch die auf dem XX. Parteitag der KPdSU aufgeworfenen Probleme nicht wenige und keine unbedeutenden Auseinandersetzungen in unserer Partei und mit unseren Werktätigen gab«. Bredels Ausführungen spiegelten die Stimmung in der SED wider. Er übte auch vorsichtig Kritik an Ulbricht: »Wenn unsere jungen Genossen Stalin Seite für Seite und Wort für Wort in sich aufgenommen haben, ist das dann ihre, und zwar ihre alleinige Schuld? Ist es nicht auch und vor allem unsere Schuld, die der älteren Generation? Das Parteistudium ist doch so, wie Genosse Ulbricht es geschildert hat, kritiklos viele Jahre

[81] Wortprotokoll der 33. Tagung, S. 114.

[82] Protokoll der Verhandlungen der 3. Parteikonferenz der Sozialistischen Einheitspartei Deutschlands. Vom 24. März bis 30. März 1956. Berlin (Ost) 1956. Bd. 1, S. 311ff. Neues Deutschland, Nr. 74 vom 26.3.1956.

[83] Vgl. jetzt Karl Schirdewan, Ein Jahrhundert Leben. Erinnerungen und Visionen. Berlin 1998, S. 252ff.; vgl. auch Karl Schirdewan, Aufstand gegen Ulbricht. Berlin 1994, S. 76ff. Zur Gesamteinschätzung des »Krisenjahres 1956« aufgrund der Auswertung der Akten vgl. Armin Mitter und Stefan Wolle, Untergang auf Raten. München 1993, S. 163.

durchgeführt worden. Wir sollten, so meine ich, jetzt weniger die jungen Genossen dafür auslachen, sondern etwas mehr Selbstkritik üben.«[84]

Mit seiner Kritik stieß der Altkommunist Bredel auf taube Ohren. Die Mitglieder des Politbüros der SED wiesen alle »Angriffe«, insbesondere gegen Walter Ulbricht, zurück. Der Vorsitzende der Zentralen Parteikontrollkommission, Hermann Matern, verlangte, als Antwort auf die »Verleumdungen« gegen Ulbricht »noch fester, noch geschlossener« hinter dem ZK zu stehen.[85]

Die 3. Parteikonferenz beschloß eine »Direktive« für den 2. Fünfjahrplan. Sie plante, von 1956 bis 1960 die industrielle Bruttoproduktion um mindestens 55 Prozent zu steigern.[86]

Der Arbeiterschaft versprach die Partei eine Erhöhung des Reallohnes um 30 Prozent. Der 2. Fünfjahrplan sollte (also bis 1960!) in der Industrie den 7-Stunden-Arbeitstag und in bestimmten Industriezweigen »die 40-Stunden-Woche ohne Lohneinbußen« bringen.[87] Als Voraussetzung zur Erreichung dieser Ziele (die bekanntlich nicht verwirklicht wurden) nannte die SED allerdings eine entsprechende Erhöhung der Arbeitsproduktivität. Mit dem wirtschaftlichen Aufbau sollte ein weiteres Anwachsen des »sozialistischen Sektors« in der Wirtschaft einhergehen. Die Sozialisierung der Wirtschaft wurde zunächst nur schrittweise weitergetrieben. Größere Privatbetriebe bekamen eine 50prozentige und höhere staatliche Beteiligungen angeboten (nach dem Vorbild der chinesischen Kommunisten), um zu einer »friedlichen Umwandlung« des Privateigentums in staatliches Eigentum zu gelangen. In den folgenden Jahren vermehrte sich so die Zahl der halbstaatlichen Unternehmen sehr rasch. Ende 1956 gab es 144 halbstaatliche Industriebetriebe mit 14 000, Ende 1966 5 512 mit 344 602 Arbeitnehmern; ihr Anteil an der industriellen Bruttoproduktion stieg im gleichen Zeitraum von 0,3 auf 10 Prozent.[88]

Wie üblich befaßten sich die Delegierten der Parteikonferenz mit allen Bereichen der Wirtschaft. In gewohnter Weise wurde dabei das sowjetische Vorbild beschworen, dessen Nachahmung bis in die Einzelheiten ging. Da Chruschtschow in der Sowjetunion den Maisanbau propagierte, verlangte der Delegierte Professor Oberdorf, auch in der DDR sei »dem Mais größere Beachtung« zu schenken. Er verkündete, daß »zu Ehren« der 3. Parteikonferenz ein ›Handbuch des Maisanbaus‹ vorbereitet werde.[89] In seiner Schlußansprache bekannte Grotewohl unumwunden, die DDR sei »ein untrennbarer Bestandteil des großen von der Sowjetunion geführten Lagers des Friedens, der Demokratie und des Sozialismus«.[90]

Die Parteikonferenz prophezeite nicht nur eine Verbesserung des Lebensstandards der Bevölkerung, sie beschloß auch »Maßnahmen zur breiteren Entfaltung der Demokratie in der DDR«. Sie schlug vor, den örtlichen Volksvertretungen mehr Rechte zu gewähren, örtlich wichtige Fragen sollten dort auch selbständig entschieden werden.

Im September 1956 beriet die Volkskammer in erster Lesung ein »Gesetz über die örtlichen Organe der Staatsmacht«, das den Gemeinden, Kreisen und Bezirken

[84] Protokoll, Bd. 1, S. 542 ff.
[85] Protokoll, Bd. 2, S. 988.
[86] Protokoll, Bd. 2, S. 1026 ff.
[87] Neues Deutschland, Nr. 75 vom 27. 3. 1956.
[88] Statistisches Jahrbuch der Deutschen Demokratischen Republik. 11. Jg. 1966. Berlin (Ost) 1967, S. 133; dass. 12. Jg. 1967, S. 37 und 113.
[89] Protokoll, Bd. 1, S. 344.
[90] Ebd., Bd. 2, S. 1017.

größere Selbstverwaltungsrechte und Vollmachten bringen sollte. Die Abgeordneten dieser Gremien seien frei zu wählen und die Durchführung staatlicher Anordnungen sei zu kontrollieren. Die Diskussionen bestätigten, daß »die demokratische Gesetzlichkeit verletzt« worden war und der Staatsapparat wenig »Achtung vor gewählten Organen« gezeigt hatte.

Wie in der Sowjetunion spielte das Problem der Rechtssicherheit auch in der DDR eine große Rolle. Die SED mußte zugeben, daß in der Vergangenheit zahlreiche Strafurteile »in ihrem Strafmaß zu hoch« gewesen seien. Auch das Recht der Verteidigung vor Gericht sollte erweitert werden. »Mit allem Nachdruck« verkündete die SED, daß »mit Funktionären, die die Gesetze verletzen, streng verfahren wird«.[91] Viele frühere Urteile wurden überprüft, im Juni 1956 über 11 000 Personen begnadigt und bis Oktober 1956 insgesamt rund 21 000 Häftlinge freigelassen. Unter ihnen befanden sich auch ehemalige hohe Staatsfunktionäre wie Justizminister Max Fechner, Staatssekretär Paul Baender und der frühere LDP-Vorsitzende Karl Hamann.

Nach der 3. Parteikonferenz rehabilitierte die SED auch einige Ulbricht-Gegner. Die 28. Tagung des ZK der SED (27.–29. Juli 1956) beschloß: »Die Parteistrafe für den Genossen Franz Dahlem wurde aufgehoben und Genosse Dahlem rehabilitiert. Die Parteistrafen für die Genossen Ackermann, Jendretzky und Elli Schmidt wurden aufgehoben. Das Zentralkomitee stellt nach Prüfung der Angelegenheit Paul Merker fest, daß die ihm zur Last gelegten Anschuldigungen in der Hauptsache politischer Natur sind, die eine strafrechtliche Verfolgung nicht rechtfertigen.«[92]

Trotz dieser Rehabilitierung erhielten die genannten SED-Führer ihren alten Einfluß nie mehr zurück. Es war auch charakteristisch für den politischen Stil innerhalb der SED, daß sie weder Wilhelm Zaisser und Rudolf Herrnstadt, die Kontrahenten Ulbrichts aus dem Jahre 1953, noch Paul Merker politisch rehabilitierte. Die zusammen mit Merker ausgeschlossenen Funktionäre Kreikemeyer, Lex Ende, Leo Bauer usw. erwähnte die SED ebensowenig wie die seinerzeit durch den Staatssicherheitsdienst verhafteten westdeutschen KPD-Führer Kurt Müller und Fritz Sperling. Diese waren in Geheimprozessen verurteilt worden oder wie Kreikemeyer im Gefängnis umgekommen (wie jetzt nachgewiesen, trug Mielke erhebliche Schuld daran).[93] Die stalinistischen Säuberungen in der SED wurden tabuisiert, um den Terror innerhalb der Partei verschleiern zu können. Alle Fäden der Führung blieben weiterhin in der Hand Ulbrichts, der das Strafrecht auch ferner instrumentell eingesetzt wissen wollte. Auf der 33. Tagung des ZK im Oktober 1957 erklärte er, in der Führung säßen keine »Fetischisten der Strafe«, vielmehr sei das Strafrecht »Instrument« zum Schutz der DDR-Ordnung. Als Staatsverbrecher zu verfolgen seien diejenigen, »die sich bewußt außerhalb unseres Staates« stellten.[94] Daß die Änderung des Strafrechts keine Demokratisierung des Systems bringen sollte, machte Justizministerin Hilde Benjamin auf der gleichen Tagung deutlich, als sie mitteilte, man denke »nicht [an] irgendwelche Maßnahmen einer Liberalisierung unseres Strafrechts«.[95]

Von der SED-Führung wurde die Strafjustiz als »Hebel der gesellschaftlichen

[91] Neuer Weg, Nr. 5 (1966), S. 279.
[92] Neues Deutschland, Nr. 181 vom 31.7.1956.
[93] Wolfgang Kießling, »Leistner ist Mielke«. Schatten einer gefälschten Biographie. Berlin 1998.
[94] Wortprotokoll 33. Tagung, S. 37 f.
[95] Ebd., S. 89.

Umwälzung« benutzt.[96] Die DDR war ein politischer Unrechtsstaat, es gab keine Gewaltenteilung mit einer unabhängigen Justiz. Vielmehr hat die politische Führung die Justiz für ihre Zwecke instrumentalisiert, ja sogar direkt in Strafprozesse eingegriffen und Urteile festgelegt. Ulbricht selbst hat eigenhändig die Umwandlung von Haftstrafen in Todesurteile angeordnet.[97]

Ausschaltung der Opposition

1956 und 1957 häuften sich die Angriffe gegen den Stalinismus und seinen bisherigen Hauptvertreter Ulbricht in der SED. Unter dem Einfluß der antistalinistischen Revolte in Polen und vor allem des ungarischen Aufstands im Herbst 1956 rebellierten auch die Intellektuellen in der DDR gegen die Apparatherrschaft. Viele überzeugte stalinistische Intellektuelle traf die Abkehr von Stalin wie ein Schock, sie suchten nun nach neuen Idealen. Die Arbeiter blieben – im Gegensatz zu 1953 – relativ passiv. Ihnen gegenüber hatte die Führung geschickter als 1953 taktiert: Im Juni 1956 erfolgten Preissenkungen für Industriewaren, Förderungsmaßnahmen für den Wohnungsbau wurden beschlossen, in der Maschinenbauindustrie die 45-Stunden-Woche eingeführt und den Arbeitern eine Mitbestimmung in Form von »Arbeiterkomitees« versprochen (die allerdings bereits 1958 ihre Tätigkeit wieder einstellen mußten). Damit gelang es, die Arbeiterschaft von offenem Widerstand abzuhalten. Dagegen war die ideologische Opposition der Partei- und Hochschulintelligenz der DDR um so gravierender. Einem Großteil der Intellektuellen bot die Entstalinisierung Anlaß zum Widerstand gegen die diktatorischen Führungsmethoden des Apparats. Ulbricht selbst hatte im Juni 1956 den »wissenschaftlichen Meinungsstreit« empfohlen[98], doch vor allem an den Universitäten gingen die Diskussionen weit über den von der SED gesetzten Rahmen hinaus. Deshalb bemühte sich die Parteiführung rasch, die Diskussionen zu bremsen und erklärte im August 1956: »Auf dem XX. Parteitag der KPdSU war die Behandlung des Personenkultes keineswegs die Hauptfrage.«[99]

Indessen gingen die Debatten an den Hochschulen weiter. Breiter Konsens bestand zwischen SED-Wissenschaftlern und Studenten über folgende Forderungen: Recht auf freie Diskussion ohne Furcht vor Zwangsmaßnahmen, Beendigung der Einmischung des SED-Apparats in Fragen der Wissenschaft, Reinigung des Marxismus von stalinistischen Verfälschungen, Beseitigung der Vorherrschaft des dialektischen Materialismus über die Fachwissenschaften. Prominenteste Vertreter des »philosophischen Revisionismus« waren die Professoren Robert Havemann, Wolfgang Harich und der Leipziger Ordinarius für Philosophie, Ernst Bloch, Autor des

[96] Falco Werkentin, Politische Strafjustiz in der Ära Ulbricht. Berlin 1995. Vgl. auch Hubert Rottleuthner, Steuerung der Justiz in der DDR. Einflußnahme der Politik auf Richter, Staatsanwälte und Rechtsanwälte. Köln 1994.

[97] Karl Wilhelm Fricke, Ein Federzug von Ulbrichts Hand: Todesstrafe. In: Deutschland Archiv 24 (1991), S. 840ff. Vgl. auch die abgedruckten Faksimiles in: Frankfurter Allgemeine Zeitung, Nr. 80 vom 6.4.1991, sowie das Dokument vom Juni 1955 in: Klaus Schroeder (unter Mitarbeit von Steffen Alisch), Der SED-Staat. München 1998, S. 669. Einzelheiten in: Eberhard Wendel, Ulbricht als Richter und Henker. Stalinistische Justiz im Parteiauftrag. Berlin 1996, S. 97ff.

[98] Neues Deutschland, Nr. 147 vom 21.6.1956.

[99] Junge Welt vom 8.8.1956.

›Prinzips Hoffnung‹, neben Heidegger und Jaspers die dritte große Figur der zeitgenössischen deutschen Philosophie. Angesichts massiver Angriffe der SED (»Verführer der Jugend«) stellte Bloch 1957 seine Vorlesungen ein und ging 1961 in die Bundesrepublik. Ähnlich reagierte zwei Jahre später der bekannte Literaturhistoriker Hans Mayer, der die »böswillige und bösgläubige« Kampagne gegen ihn als Grund seiner Flucht angab und sich auch von Wilhelm Girnus nicht in die DDR zurückholen ließ.[100]

»Revisionistische« Strömungen gab es auch in den Wirtschaftswissenschaften. Hier forderten vor allem Professor Fritz Behrens, Direktor der Staatlichen Zentralverwaltung für Statistik, und sein Oberassistent am Institut für Wirtschaftswissenschaften, Arne Benary, unter Hinweis auf das jugoslawische Selbstverwaltungsmodell die Dezentralisierung und Demokratisierung des Wirtschaftssystems. Allen diesen Reformbestrebungen erteilte Ulbricht auf dem 30. ZK-Plenum im Januar 1957 eine barsche Absage.

Bei der jüngeren Generation hinterließ die ideologische Beeinflussung bereits deutliche Spuren. Trotz aller Kritik schienen beträchtliche Teile der Jugend auf dem Boden der kommunistischen Ordnung zu stehen, wobei freilich die Mehrzahl politisch wohl eher indifferent blieb.[101] Aber gerade unter den geschulten Anhängern des Regimes entstanden aus dem Widerspruch zwischen der Theorie mit dem Ziel einer »klassenlosen Gesellschaft« und der Praxis der politischen Diktatur und sozialen Ungleichheit oppositionelle Stimmungen. Vor allem die »marxistische« Erziehung der Partei- und Hochschulintelligenz bildete die Grundlage der Kritik.

Schließlich sah der Alltag der DDR völlig anders aus als die Ideale der Theorie: Ausbeutung und Unterdrückung existierten weiterhin, ebenso Lüge und Karrierismus, für die Jugend bestanden damit also genügend Anlässe zum Revoltieren. Die Tatsache, daß die Wirklichkeit der DDR so wenig den revolutionären Lehren entsprach, mußte den Idealismus vieler Anhänger des Systems erschüttern. Zwar war dies vermutlich nur die Reaktion einer Minderheit, denn viele reagierten mit Konformismus oder Zynismus auf die Realität, dennoch waren die Auswirkungen beträchtlich. Gleich ihren Vorbildern wollten die in Opposition geratenen »Marxisten« die Praxis ändern und ihren (d. h. aber auch den offiziell verkündeten) Idealen anpassen. So mehrten sich 1956 und 1957 in der jüngeren Generation die Stimmen, die unter Berufung auf Marx eine demokratische Entwicklung forderten, wohl nicht zuletzt deshalb, weil viele aus dem sozialen Milieu der Arbeiterschaft stammten, wo die Widersprüche besonders drastisch zutage traten.

Daraus entstand die Opposition des »dritten Weges« als ideologische Konzeption, und zwar unabhängig (und vermutlich ohne genaue Kenntnis) der früheren innerkommunistischen Opposition. Diese neue Opposition, antistalinistisch, aber nicht antikommunistisch, lehnte den Kapitalismus ebenso ab wie die Herrschaftsstrukturen der DDR. Statt dessen wollte sie durch Reformen und Demokratisierung einen »menschlichen Sozialismus« schaffen. Resultat »marxistischer« Erziehung in der DDR waren also nicht nur treue Anhänger des Systems, sondern auch marxistische Rebellen, die selbst innerhalb der SED wirkten.

Insgesamt war die Vorstellung des »dritten Weges« alles andere als konkret und anschaulich, sie war auf eine verbale Kritik an den bestehenden Zuständen redu-

[100] Hans Mayer, Ein Deutscher auf Widerruf. Erinnerungen II. Frankfurt a. M. 1984, S. 270 f. Ders., Der Turm von Babel, Frankfurt a. M. 1991.

[101] Vgl. Ernst Richert, Sozialistische Universität. Berlin (West) 1967, S. 347 f.

ziert. Dennoch stellten diese Diskussionen für die SED-Führung ein Alarmsignal dar, konnte doch die oppositionelle kommunistische Grundkonzeption für das System gefährlich werden, wie etwa ähnlich beginnende Entwicklungen in Ungarn und Polen zeigten. Die Vielfalt der Opposition des dritten Weges, alle »Abweichungen« in verschiedenen Bereichen und Ebenen, hat das Ministerium für Staatssicherheit genau beobachtet. Eine Dokumentation, die das MfS im Auftrage des Politbüros erstellte, wurde inzwischen veröffentlicht.[102] Diese »Analyse der Feindtätigkeiten innerhalb der wissenschaftlichen und künstlerischen Intelligenz« zeigt auf fast 90 Seiten den breiten und beachtlichen Umfang innerkommunistischer Opposition in der DDR. Diese wurde verfolgt, ihr »ideologische Diversion« und Revisionismus vorgeworfen. Sie hatte einen »dritten Weg« angestrebt, wobei manche Vorstellungen diffus blieben.

Die Harich-Gruppe

Dennoch gab es eine Gruppe, die versuchte, ein Gesamtkonzept der Opposition des »dritten Weges« zu schaffen – die Harich-Gruppe. Für die antistalinistische Opposition hatte Wolfgang Harich 1956/57 eine »wesentliche integrative Bedeutung«.[103] Harich (1921–1995) war seit 1945 in der kommunistischen Bewegung. Als Philosophie-Professor, Chefredakteur der ›Deutschen Zeitschrift für Philosophie‹ und Lektor des Aufbau-Verlages besaß er wichtige Funktionen innerhalb der Parteiintelligenz und war ein führender SED-Ideologe. Das Ergebnis längerer Diskussionen im Aufbau-Verlag zwischen Harich, dem Redaktionssekretär der ›Deutschen Zeitschrift für Philosophie‹, Manfred Hertwig[104], dem Leiter des Aufbau-Verlages, Walter Janka (Altkommunist und Spanienkämpfer), dem Chefredakteur der Kulturzeitschrift ›Sonntag‹, Heinz Zöger[105], und dessen Stellvertreter Gustav Just waren Grundzüge einer oppositionellen Konzeption. Diese bildeten später die politische ›Plattform‹ der Gruppe. Die ökonomische Analyse lieferte Bernhard Steinberger, Mitarbeiter der Akademie der Wissenschaften, der bereits 1949 bis 1955 als »Titoist« wegen angeblichen »Verdachts der Spionage« in der UdSSR inhaftiert gewesen war, im Juli 1956 aber rehabilitiert und wieder in die SED aufgenommen wurde. Die Gruppe (mit der später noch der Mitarbeiter des Berliner Rundfunks Richard Wolf verurteilt wurde) versuchte, Kontakte zu prominenten Gegnern Ulbrichts wie Franz Dahlem oder kommunistischen Führern wie Paul Wandel und Fred Oelßner aufzunehmen und trat mit dem ehemaligen Politbüromitglied Paul Merker in Verbindung.

[102] Ilka-Sascha Kowalczuk, Frost nach dem kurzen Tauwetter: Repressalien und Verfolgungen 1956/57 in der DDR. Eine Dokumentation des Ministeriums für Staatssicherheit. In: Jahrbuch für Historische Kommunismusforschung 1997. Berlin 1997, S. 167 ff.

[103] Jänicke, Der dritte Weg, S. 156. Dort auch Hinweise zu weiteren Gruppen von Studenten, Prozessen usw.

[104] Vgl. Manfred Hertwig, Deformationen. Die Rebellion der Intellektuellen in der DDR. In: Reinhard Crusius und Manfred Wilke, Entstalinisierung. Der XX. Parteitag der KPdSU und seine Folgen. Frankfurt a. M. 1977, S. 477 ff.

[105] Vgl. Heinz Zöger, Die politischen Hintergründe des Harich-Prozesses. SBZ-Archiv 11 (1960), Nr. 13, S. 198 ff.

In der ›Plattform‹ hieß es, die Gruppe habe »nicht die Absicht, einen Bruch mit der Kommunistischen Partei herbeizuführen«[106], dennoch wurde erwogen, einen »Bund der Kommunisten« oder eine »SED-Opposition« zu organisieren.[107] Die Parteigruppe im Aufbau-Verlag forderte Harich auf, seine Ideen in einem Artikel zusammenzufassen, den die Parteigruppe diskutieren wollte. Manfred Hertwig berichtete darüber später:

»Harich schrieb also seine Reformvorschläge nieder. Bevor er sie im Aufbau-Verlag vorlegen wollte, wünschte er sie mit mir und dem Wirtschaftswissenschaftler Bernhard Steinberger, den Harich durch mich kennengelernt hatte, zu diskutieren. Am 22. November trafen wir drei uns in Harichs Wohnung. Wir hatten uns zusammengesetzt, um im Auftrage einer Parteigruppe legal niedergeschriebene Reformvorschläge zu erörtern. Dieser 22. November verwandelte sich dann in der Anklage und im Urteil in einen Tag der Verschwörung ... Welches waren die Hauptgedanken, die wir diskutierten? Wir hielten folgende Probleme für unmittelbar lösungsbedürftig: Ablösung derjenigen Mitglieder der Parteiführung und des Staatsapparates, die hauptverantwortlich waren für die konsequente Übertragung des Stalinkurses auf die DDR; Herstellung der innerparteilichen Demokratie; Umwandlung der Volkskammer in ein demokratisches Parlament; Wiederherstellung der Rechtssicherheit; Auflösung des Staatssicherheitsdienstes; Demokratisierung des kulturellen Lebens; Dezentralisierung der Leitung der Wirtschaft; Auflösung überflüssiger Ministerien; Übergang zu einer allgemeinen Perspektivplanung; Neuorientierung der Mittelstandspolitik; Einstellung jeder Zwangskollektivierung.«[108]

Die rasch erarbeitete ›Plattform‹ konnte unter diesen Umständen nur kursorisch die wichtigsten politischen Vorstellungen des »dritten Weges« zusammenfassend erläutern und daher nicht ohne Widersprüche sein. Politische und auch philosophische Positionen Harichs (die er bereits vorher veröffentlicht hatte und die er später weiterentwickelte)[109] gingen in die ›Plattform‹ ein, doch sie artikulierte auch jenen »Revisionismus« (wie die SED-Führung es nannte), der – wenn auch nur als gefühlsmäßige Stimmung – in der Parteiintelligenz weit verbreitet war.

Den Standort der Harich-Gruppe als innerparteiliche Opposition formulierte die ›Plattform‹: »Wir wollen unsere Konzeption vom besonderen deutschen Weg zum Sozialismus und unsere Plattform eines vom Stalinismus befreiten Marxismus-Leninismus vollkommen legal in der Partei und in der DDR diskutieren und verwirklichen ... aber wir greifen auch zur Methode der Fraktionsbildung und der Konspiration, wenn uns der stalinistische Apparat dazu zwingt.«

Ein entscheidender Satz in der ›Plattform‹ lautete: »Wir wollen auf den Positionen des Marxismus-Leninismus bleiben. Wir wollen aber weg vom Stalinismus.« Dem »sowjetischen Sozialismus« wurde der Vorbildcharakter abgesprochen. Für

[106] Die ›Plattform‹ der Harich-Gruppe ist abgedruckt in: SBZ-Archiv 8 (1957) Nr. 6, S. 72 ff. Günther Hillmann, Selbstkritik des Kommunismus. Texte der Opposition. Reinbek 1967, S. 189 ff. Hermann Weber (Hrsg.), Der deutsche Kommunismus. Dokumente. Köln, Berlin 1963, S. 598 f.

[107] Vgl. die Auszüge aus dem Urteil gegen die »staatsfeindliche Harich-Gruppe« bei Karl Wilhelm Fricke, Warten auf Gerechtigkeit. Kommunistische Säuberungen und Rehabilitierungen. Köln 1971, S. 243.

[108] Hertwig, Deformationen, S. 482.

[109] Vgl. dazu Peter Christian Ludz, Freiheitsphilosophie oder aufgeklärter Dogmatismus? In: Leopold Labedz (Hrsg.), Der Revisionismus. Köln, Berlin 1965, S. 384 ff. Wolfgang Harich, Zur Krise der revolutionären Ungeduld. Basel 1971. Ders., Kommunismus ohne Wachstum? Reinbek 1975. Vgl. auch Siegfried Prokop, Ich bin zu früh geboren. Auf den Spuren von Wolfgang Harich. Berlin 1997; Wolfgang Harich, Ahnenpaß. Versuch einer Autobiographie. Hrsg. Thomas Grimm, Berlin 1999.

die DDR verlangte die Harich-Gruppe außerdem u. a. die Gewährleistung der Souveränität des Parlaments und Wahlen mit mehreren Kandidaten. Allerdings sollte die »reformierte SED an der Spitze bleiben«. Die Wiedervereinigung Deutschlands wurde ebenso gefordert wie eine einheitliche und gesamtdeutsche Arbeiterbewegung. In ihren Widersprüchen hat die Plattform die Hauptforderungen der innerkommunistischen Opposition der DDR während der fünfziger Jahre reflektiert.[110]

Die Ideen der Harich-Gruppe entsprachen den Wünschen und Vorstellungen vieler Intellektueller in der SED, zeigten die Tendenz einer teils offenen, teils latenten Oppositionsströmung, waren aber auch Reflexion der Unzufriedenheit breiter Schichten, vor allem der Arbeiter, mit dem Herrschaftssystem der DDR.

Dem SED-Apparat schien die Harich-Gruppe besonders gefährlich. Im März 1957 wurden Wolfgang Harich, Bernhard Steinberger und Manfred Hertwig, im Juli 1957 Walter Janka, Heinz Zöger, Gustav Just und Richard Wolf zu hohen Zuchthausstrafen verurteilt. Die oppositionellen kommunistischen Funktionäre mußten für lange Jahre hinter Zuchthausmauern.[111]

Im Dezember 1957 schließlich verschärfte die Volkskammer das Strafgesetzbuch und schuf damit weitere neue Straftatbestände zur Verfolgung politischer Gegner. Konnten bisher politische Vergehen nur nach Artikel 6 der Verfassung geahndet werden, so definierte das neue Gesetz[112] Staatsverrat, Spionage und Sammlung von Nachrichten als Verbrechen. Die Verbindung zu »anderen Staaten und deren Vertretern oder Gruppen, die einen Kampf gegen die Arbeiter- und Bauernmacht führen«, d. h. faktisch jegliche Verbindung zu nichtkommunistischen Organisationen, wurde nun mit Gefängnis bis zu drei Jahren bedroht. Auf Grund von Paragraphen über »staatsgefährdende Propaganda und Hetze« sowie »Staatsverleumdung« konnte das Erzählen von politischen Witzen ebenso verfolgt werden wie z. B. die »Verleitung zum Verlassen der DDR«. Für schwere Fälle von Staatsverrat, Spionage und Diversion wurde sogar die Todesstrafe eingeführt.

Schirdewan scheitert – Ulbricht setzt sich durch

Wie schon früher spiegelte sich die Krise des Systems 1956/57 in Auseinandersetzungen in der SED-Führungsspitze wider. Erneut gelang es Ulbricht – wie 1949 gegen die Gruppe um Paul Merker und 1953 gegen die Opposition von Zaisser und Herrnstadt – mit Hilfe der Sowjetführung seinen harten Kurs durchzusetzen.

[110] Vgl. Klein, Otto und Grieder, Visionen, S. 58 ff.; Erhart Neubert, Geschichte der Opposition in der DDR 1949–1989. Berlin 1997, S. 106 ff.; Manfred Hertwig, Der Umgang des Staates mit oppositionellem und widerständigem Verhalten. Die Opposition von Intellektuellen in der SED/DDR in den fünfziger Jahren. In: Materialien der Enquete-Kommission, »Aufarbeitung von Geschichte und Folgen der SED-Diktatur in Deutschland«. Bd. VII, 1, S. 873. Vgl. auch die Einschätzungen der Parteikontrollkommission in: Die DDR vor dem Mauerbau. Dokumente zur Geschichte des anderen deutschen Staates 1949–1961. Hrsg. Dierk Hofmann u. a. München 1993, S. 268 ff. sowie die Erinnerungen von Harich, Janka u. a. nach 1990, z. B. der Prozeß gegen Walter Janka und andere. Eine Dokumentation. Berlin 1990; Gustav Just, Zeuge in eigener Sache. Frankfurt a. M. 1990; Wolfgang Harich, Keine Schwierigkeiten mit der Wahrheit. Berlin 1993.

[111] Beim ersten Prozeß (7.–9. März 1957) erhielten Harich zehn Jahre, Steinberger vier Jahre und Hertwig zwei Jahre Zuchthaus. Beim zweiten Prozeß (23.–26. 7 .1957) wurden Janka zu fünf, Just zu vier, Wolf zu drei und Zöger zu zweieinhalb Jahren Zuchthaus verurteilt.

[112] Vgl. den Text in: Ernst Deuerlein (Hrsg.), DDR. Geschichte und Bestandsaufnahme. München 1966, S. 191 ff.

Die Opposition um Karl Schirdewan (Mitglied des Politbüros und Sekretär des ZK für Kaderfragen), Ernst Wollweber (Minister für Staatssicherheit) und Gerhart Ziller (Sekretär des ZK für Wirtschaft) verlangte dagegen, den Kurs der Entstalinisierung fortzusetzen. So trat die Gruppe um Schirdewan ein »für eine Verlangsamung des Tempos des sozialistischen Aufbaus«; sie war bereit, durch Zugeständnisse der Entspannung auch in Deutschland den Weg zu ebnen. Fred Oelßner (Mitglied des Politbüros) und Fritz Selbmann (Stellvertreter des Ministerpräsidenten) hielten Ulbrichts Wirtschaftspolitik für falsch und unterstützten deshalb die Opposition. Zunächst schien Schirdewan der Unterstützung durch Chruschtschow sicher, doch setzte dieser nach dem Aufstand in Ungarn wieder auf Ulbricht.[113] In der DDR zog Ulbricht aus den »ungarischen Ereignissen« die »Lehre«: »Es gibt keinen dritten Weg«.[114] Das richtete sich vor allem gegen die sogenannte Schirdewan-Opposition.[115]

Von der 30. Tagung des ZK der SED (30. Januar – 1. Februar 1957) wurde die Entscheidung der DDR, sich zum Bestandteil des »sozialistischen Lagers« zu erklären, als unwiderruflich bezeichnet, Reformen wurden abgelehnt. Damit war Schirdewans Position entscheidend erschüttert, auch wenn er zu seinem 50. Geburtstag am 14. Mai 1957 noch öffentlich gefeiert wurde.[116] Nachdem sich die dogmatischen Kräfte auf einer kommunistischen Weltkonferenz Mitte November 1957 durchgesetzt und den »Revisionismus« zum »Hauptfeind« erklärt hatten, konnte auch Ulbricht seine Gegner in der SED ausschalten.[117]

Die 33. Tagung des ZK (16.–19. Oktober 1957) signalisierte bereits Ulbrichts Abrechnung mit seinen Kontrahenten.[118] Fritz Selbmann verteidigte seine Wirtschaftskonzeption und eine größere Selbständigkeit der Volkseigenen Betriebe. Auf einen Einwand Ulbrichts antwortete er unerschrocken: »Jetzt sind wir im Stadium der Diskussion, Walter. Ich sage hier meine Meinung. Vielleicht kann man es auch anders machen, aber das Problem ist wirklich nicht ganz einfach.«[119] Der alte Gegensatz zwischen dem Moskau-Emigranten Ulbricht und Selbmann, der 12 Jahre in Hitlers Zuchthäusern inhaftiert war, brach wieder auf. Fritz Selbmann (1899–1975), von Beruf Bergarbeiter, war 1922 der KPD beigetreten und seit 1925 Parteisekretär. Er leitete von 1931 bis 1933 den Bezirk Sachsen der KPD und war 1932 MdR. 1933 bis 1945 inhaftiert, wurde er 1946 Wirtschaftsminister in Sachsen und war von 1949 bis 1955 Industrieminister der DDR, von 1956 bis 1958 stellvertretender Vorsitzender des Ministerrates. 1958 wurde er wegen »Managertums« kritisiert und verlor seine wichtigen Positionen. Auf der 33. ZK-Tagung 1957 brachte Karl Mewis, ein Gefolgsmann Ulbrichts, gegen Selbmann die für Kommunisten schwerste Beschuldigung vor; dieser habe nämlich gesagt: »Für uns kommt das nicht in Frage, was jetzt

[113] Im Januar 1958 berichtete Andropow über ein Gespräch mit Ulbricht, das diese Hintergründe erahnen läßt. Abgedruckt in: Schirdewan, Ein Jahrhundert Leben, S. 321.

[114] Neues Deutschland, Nr. 310 vom 30. 12. 1956.

[115] Zur Schirdewan-Gruppe jetzt auch Neubert, Geschichte der Opposition in der DDR, S. 105; Klein, Otto, Grieder, Visionen, S. 58 ff., 563 ff.; Schirdewan, Aufstand gegen Ulbricht; Jan v. Flocken und Michael F. Scholz, Ernst Wollweber. Saboteur, Minister, Unperson. Berlin 1994, S. 171 ff. Michael F. Scholz, Bauernopfer der deutschen Frage. Der Kommunist Kurt Vieweg im Dschungel der Geheimdienste. Berlin 1997.

[116] So wünschte ihm die FDJ-Führung »Erfolg für Deine weitere verantwortungsvolle Tätigkeit«. Junge Welt vom 14. 5. 1957.

[117] Vgl. Neues Deutschland, Nr. 276 vom 22. 11. 1957.

[118] Vgl. Wortprotokoll der 33. Tagung.

[119] Ebd., S. 65.

in der Sowjetunion gemacht wird.«[120] Auf der Tagung übte Paul Wandel, Sekretär des ZK für Kultur und Erziehung, Selbstkritik an seiner »weichen« Haltung. Er wurde trotzdem abgesetzt. Auch Kurt Hager, ebenfalls Sekretär des ZK, nahm selbstkritisch zu seinen »Fehlern« Stellung. Dennoch warf ihm Paul Verner vor, das ZK könne nicht vergessen, daß er 1956 die Meinung vertreten habe, »daß der polnische Oktober« auch »wichtige politische Lehren für uns« vermittelt hätte.[121] Doch bemerkte Ulbricht in seinem Schlußwort, Hager habe offen gesprochen, »aber andere haben nicht darüber gesprochen«. Damit war Hagers Position gerettet, denn Ulbricht zielte auf höhere Funktionäre, wenn er darauf hinwies, daß auch Genossen im »zentralen Apparat« Sympathien für die polnische Entwicklung gehabt hätten. Die »Schwankungen« sollten »später« besprochen werden.[122]

Die 35. ZK-Sitzung im Februar 1958 zog dann diesen Schlußstrich, sie maßregelte die Schirdewan-Opposition. Schirdewan und Wollweber wurden aus dem ZK ausgeschlossen, Oelßner aus dem Politbüro entfernt; Ziller hatte im Dezember 1957 Selbstmord begangen. Die SED-Mitgliedschaft, die über die Auseinandersetzungen hinter den Kulissen eineinhalb Jahre lang keinerlei Informationen erhalten hatte, mußte nun die Schirdewan-Gruppe verdammen, jedoch ohne deren politische Auffassungen konkret zu kennen. Ein Brief des ZK an alle Grundorganisationen verurteilte die »opportunistische Politik der fraktionellen Gruppe Schirdewan, Wollweber und andere«. Er enthüllte aber zugleich »opportunistische Einstellungen« in der Schul- und Kulturpolitik. Dafür wurde Paul Wandel verantwortlich gemacht, der ebenfalls seinen Posten als ZK-Sekretär verloren hatte. »Revisionistische Erscheinungen« in den Gewerkschaften wurden ebenfalls kritisiert.[123]

Von März bis Juni 1958 waren überall widerstrebende Funktionäre durch »Neuwahlen« abgelöst und fast ein Drittel der hauptamtlichen Funktionäre in den SED-Bezirksleitungen ausgewechselt worden. Die SED des Kreises Berlin-Pankow mußte sogar ihre Delegiertenkonferenz wiederholen. Auf der Tagung im April 1958 war der 1. Kreissekretär Steigerwald wiedergewählt worden. Die SED-Führung warf ihm jedoch eine »revisionistische und opportunistische Auffassung« vor. Die Delegiertenkonferenz mußte im Juni erneut zusammentreten und Steigerwald nun wieder abwählen.[124]

Diese Praktiken demonstrieren, daß die innere Struktur der SED unverändert am stalinistischen Schema ausgerichtet blieb. Auch zehn Jahre nach Bildung der »Partei neuen Typus« waren Machtkonzentration bei der Führungsspitze, dem Politbüro, und der hierarchische Aufbau der Partei die Kennzeichen der SED. Mit dieser starren Organisationsstruktur glaubte die Führung, nun auch die aktuellen Probleme von Wirtschaft und Gesellschaft am besten lösen zu können.

Seine Spitzenposition als Erster Sekretär des Zentralkomitees der SED behielt Ulbricht nun unangefochten bis 1971. Der V. Parteitag im Juli 1958 sollte die Weichen für die geplante »Vollendung« des sozialistischen Aufbaus stellen. Nach Ulbrichts Worten bestand die ökonomische Hauptaufgabe der DDR darin, »bis 1961 … den Pro-Kopf-Verbrauch Westdeutschlands bei den Nahrungsmitteln und den wichtig-

[120] Ebd., S. 73.

[121] Wortprotokoll, ebd., S. 124.

[122] Ebd., S. 134 ff.

[123] Das ZK der SED richtete an alle Grundorganisationen folgenden Brief: Über Fragen des 35. Plenums des ZK. Parteiinternes Material. O. O. u. J. (Berlin [Ost] 1958), S. 6 ff.

[124] Neuer Weg, Nr. 14 (1958), S. 1118 f.

sten industriellen Konsumgütern zu erreichen und zu übertreffen«.[125] Diese Zielsetzung war völlig irreal, sie konnte nie erreicht werden. Die SED-Führung versuchte, die Bevölkerung durch ideologische Indoktrinierung zu mobilisieren. Doch auch die von Ulbricht verkündeten »zehn Gebote der neuen sozialistischen Sittlichkeit« waren kein Anreiz für die erwünschte rasche Produktionssteigerung. Ulbrichts »Moralgesetze«, die »Grundsätze der sozialistischen Ethik und Moral«, forderten unter anderem Verbundenheit mit den sozialistischen Ländern, Verteidigung der »Arbeiter- und Bauernmacht«, Schutz des Volkseigentums und Verbesserung der Arbeitsleistung, stellten aber auch den Grundsatz auf: »Du sollst sauber und anständig leben und Deine Familie achten.«[126] Diese »Lebensweisheiten«, die einen Führungsanspruch der Partei reflektierten, blieben bei der DDR-Bevölkerung, die weitgehend auf »den Westen« fixiert war, ohne merkliche Resonanz.

Der V. Parteitag wählte wieder eine neue Führungsspitze, das ZK erweiterte das Politbüro, dem nunmehr Ebert, Grotewohl, Honecker, Leuschner, Matern, Mückenberger, Neumann, Norden, Pieck, Rau, Stoph, Ulbricht und Warnke als Mitglieder und Edith Baumann, Luise Ermisch, Fröhlich, Hager, Kurella, Mewis, Pisnik und Verner als Kandidaten angehörten.

Damit war auch Erich Honecker (1912–1994) in die oberste Parteiführung aufgerückt. Der gelernte Dachdecker war seit 1929 in der KPD. Als Mitglied des illegalen ZK des Kommunistischen Jugendverbandes wurde er 1935 verhaftet und 1937 zu zehn Jahren Haft verurteilt. Bis zur Befreiung 1945 mußte er im Zuchthaus Brandenburg bleiben. Von 1946 bis 1955 Vorsitzender der FDJ, dann zur Schulung in der UdSSR, wurde er (seit 1950 Kandidat) 1958 Mitglied des Politbüros und Sekretär des ZK und bald »zweiter Mann« der SED. 1971 löste er Ulbricht als Ersten Sekretär des ZK der SED ab und war seit 1976 Generalsekretär und Vorsitzender des Staatsrates.

Die Einheit Deutschlands wurde von der Parteiführung weiterhin in den Mittelpunkt ihrer Agitation gestellt, und sie versuchte, gesamtdeutsche Gespräche zu erreichen. Ulbricht hatte bereits im Januar 1957 den Vorschlag unterbreitet, nun einen Staatenbund, eine Konföderation beider deutscher Staaten zu schaffen. Organ der Konföderation sollte nach Ulbrichts Vorstellung ein gesamtdeutscher Rat sein, paritätisch aus Vertretern beider deutscher Staaten zusammengesetzt. Die Idee stammte aus einer Unterhaltung, die der Finanzminister der Bundesrepublik, Schäffer, im Oktober 1956 mit dem sowjetischen Botschafter in Ost-Berlin, Puschkin, geführt hatte. Schäffer, der mit Wissen von Bundeskanzler Adenauer nach Ost-Berlin gereist war, führte mit dem NDP-Abgeordneten Rühle im März 1957 ein weiteres Gespräch, das jedoch ohne Ergebnis blieb.[127]

Konsolidierung 1958/1959

In den Jahren 1958 und 1959 sah es so aus, als gelänge es der SED, breite Kreise der DDR-Bevölkerung politisch zu neutralisieren. Während die SED-Führung einer-

[125] Protokoll der Verhandlungen des V. Parteitages der Sozialistischen Einheitspartei Deutschlands. 10. bis 16. Juli 1958. Berlin (Ost) 1958, Bd. 1, S. 70.

[126] Ebd., S. 160 f.

[127] Neues Deutschland, Nr. 283 vom 25.11.1958.

seits gegen intellektuelle und innerparteiliche Oppositionelle mit großer Härte vorging, versuchte sie andererseits durch eine konsumfreundlichere Wirtschaftspolitik und mehr Rücksicht auf die persönlichen Bedürfnisse und Wünsche der Menschen, ein allgemein entspannteres Klima zu schaffen. So sanken die Flüchtlingszahlen 1958, und es schien, daß sich viele Menschen mit den Verhältnissen in der DDR abfanden und begannen, sich einzurichten; eine gewisse Stabilisierung des Systems war nicht zu übersehen. Befragungen von DDR-Flüchtlingen ergaben, daß die Arbeiterschaft in Erholungsheimen, Kurhäusern oder Polikliniken »Errungenschaften« erblickte, für die Mehrheit hatten sich die Verhältnisse in den DDR-Betrieben inzwischen erträglicher entwickelt. Selbst von den geflüchteten Arbeitern befürworteten nur 40 Prozent eine Reprivatisierung des Staatseigentums; die Einstellung zum DDR-System war also differenzierter geworden.[128] Die politische Diktatur mit ihrer Hierarchie war für sie nicht mehr das ganze System: Für viele Menschen zählten inzwischen berufliche Aufstiegsmöglichkeiten in verschiedene Bereiche und die Existenz persönlicher Freiräume. Die Klischeevorstellung, eine Handvoll fanatischer Kommunisten unterdrücke eine konsequent antikommunistische, dem Westen verschworene Bevölkerung, entsprach nicht mehr der Realität. Die Mehrheit identifizierte sich zwar nicht mit dem DDR-System, doch begann sie, sich mit ihm zu arrangieren.

Im Jahr 1957 stieg die Industrieproduktion um 8 Prozent, im ersten Halbjahr 1958 um 12 Prozent und 1959 schließlich nochmals um 12 Prozent. Vor allem die Konsumgüterindustrie machte beachtliche Fortschritte. Durch einen Währungsumtausch im Oktober 1957 schöpfte die Regierung den Geldüberhang ab. Endlich verschwanden im Mai 1958 auch in der DDR die Lebensmittelkarten, die Rationierung für Fleisch, Fett und Zucker wurde aufgehoben. Dies war allerdings mit Preiserhöhungen verbunden; die neuen Preise lagen zwischen den überhöhten HO-Preisen und den niedrigen Preisen für bewirtschaftete Waren. Lohnerhöhungen sollten einen Ausgleich bringen, die staatlich gestützten niedrigen Brot- und Kartoffelpreise wurden nicht angetastet. Obwohl der Lebensstandard in der DDR hinter dem der Bundesrepublik erheblich zurückblieb, waren 1957 bis 1959 deutliche Verbesserungen in der Lebenshaltung zu registrieren.[129]

Durch diese günstige Entwicklung ließ sich die SED zu überzogenen Wirtschaftsplänen verleiten. Bis zum Jahre 1961 wollte sie die Bundesrepublik Deutschland »einholen und überholen«. Ulbricht machte diese vom V. Parteitag beschlossene Zielsetzung zur »ökonomischen Hauptaufgabe«, und wie bei den meisten politischen Strategien gab es auch hier einen gesamtdeutschen Aspekt: die »Hauptaufgabe, Westdeutschland in bezug auf den durchschnittlichen Pro-Kopf-Verbrauch der Bevölkerung an wichtigsten Gütern zu übertreffen« sollte auch »die Überlegenheit der sozialistischen Gesellschaftsordnung« beweisen und »die friedliebenden Kräfte in Westdeutschland in ihrem Kampf gegen die Atomrüstung und gegen die militaristisch-klerikale Herrschaft anspornen«.[130] Obwohl die DDR 1959 mit

[128] Vgl. die Zahlen und ihre Auswertung in: Hermann Weber, Von der SBZ zur DDR 1945–1968. Hannover 1968, S. 137f.

[129] 1957 wuchs die Konsumgüterindustrie beträchtlich, z. B. Bekleidung um ein Drittel. 1958 stieg die Industrieproduktion um über 10 Prozent. Vgl. Neues Deutschland, Nr. 188 vom 8. 8. 1958. Weitere Zahlen bei Weber, SBZ, S. 125ff.

[130] So Walter Ulbricht in einem Artikel: Des deutschen Volkes Weg und Ziel. Einheit 14 (1959) Heft 9, S. 1241.

ihrer Industrieproduktion auf dem neunten Platz in der Welt rangierte, war das Ziel, die BRD zu überholen, völlig irreal. Der Vorsprung der Bundesrepublik von rund 25 Prozent im Konsum und 30 Prozent in der Produktion wäre in so kurzer Zeit selbst bei reibungslosem Funktionieren der DDR-Wirtschaft nicht aufzuholen gewesen; statt dessen verschärfte der harte Kurs von 1960 und 1961 die ökonomischen Komplikationen, die sich seit 1959 abzeichneten.

Noch 1959 mußte der Fünfjahrplan abgebrochen und durch einen neuen Siebenjahrplan (1959–1965) ersetzt werden. Die SED konnte die Notwendigkeiten einer modernen Wirtschaft nicht meistern.

Zuvor, im Februar 1958 hatte die SED eine umfassende Reform der Wirtschaftsverwaltung eingeleitet. Ein großer Teil der Industrieministerien war in die Staatliche Plankommission überführt worden. Planung und Exekutive, früher getrennt, waren nun vereinheitlicht. Allerdings blieben einige Ministerien (Landwirtschaft, Außenhandel, Verkehr, Finanzen) weiterhin außerhalb der Plankommission, doch auch sie waren mit dieser koordiniert. Vorsitzender der Staatlichen Plankommission blieb Bruno Leuschner, seine Stellvertreter waren Kurt Gregor, August Duschek, Fritz Selbmann, Walter Hieke und Dr. Grete Wittkowski (alle SED). Die bezirklichen und örtlichen Räte erhielten mehr Selbständigkeit, zugleich sollte nun auch die Vereinigung Volkseigener Betriebe (VVB), eine Dachorganisation der VEB, enger mit den örtlichen Organen zusammenarbeiten. In den Betrieben wurde die Stellung der Gewerkschaften verstärkt, sie regelten die Sozialangelegenheiten, ohne daß damit eine Mitbestimmung in betrieblichen Fragen verknüpft war. Diese Voraussetzungen bildeten die Grundlage für den Siebenjahrplan. Der Fünfjahrplan, der eigentlich bis Ende 1960 noch hätte in Kraft bleiben müssen, wurde Makulatur.

Der neue Siebenjahrplan – obwohl erst im Oktober beschlossen, sollte er von Anfang 1959 bis Ende 1965 gelten – wurde laut offizieller Version angenommen, um die »ökonomische Hauptaufgabe« zu erfüllen, d. h. die westdeutsche Pro-Kopf-Produktion bis Ende 1961 zu erreichen. Ulbricht erklärte dazu im August 1959: »Die Wahrheit ist doch die: Die DDR wird bis 1961 auf allen wichtigen Gebieten der Versorgung der Bevölkerung mit Lebensmitteln und Konsumgütern Westdeutschland einholen und zum Teil übertreffen. Obwohl grundsätzlich die Überlegenheit der sozialistischen Gesellschaftsordnung über das kapitalistische System in Westdeutschland schon jetzt bewiesen ist, wird diese Überlegenheit in den nächsten Jahren auf allen Gebieten bewiesen und der Sozialismus durch die Vollendung des Siebenjahrplanes zum Siege geführt.«[131] Tatsächlich war es zum Übergang auf einen Siebenjahrplan vor allem wegen der Koordinierung mit der Sowjetunion und dem Ostblock gekommen. Die Sowjetunion hatte auf dem XXI. Parteitag der KPdSU im Januar 1959 einen Siebenjahrplan bis 1965 beschlossen. Chruschtschow behauptete großsprecherisch, im Jahre 1966 werde die Industrieproduktion »der sozialistischen Staaten« größer sein als die aller kapitalistischen Länder.[132]

Eine Angleichung der DDR-Wirtschaft an die sowjetische Planung mußte erfolgen, weil die UdSSR der größte Außenhandelspartner der DDR war, die »kontinuierliche Versorgung mit sowjetischen Rohstoffen, Materialien und anderen wichtigen Erzeugnissen eine entscheidende Voraussetzung für die Entwicklung der Volkswirtschaft in der DDR darstellte«[133], nicht zuletzt aber, weil die Sowjetunion die

[131] Neues Deutschland, Nr. 229 vom 21. 8. 1959.

[132] Neues Deutschland, Nr. 28 vom 28. 1. 1959.

[133] Stefan Doernberg, Kurze Geschichte der DDR. 2. Aufl. Berlin (Ost) 1965, S. 374.

DDR-Wirtschaft in ihre Planperspektive einbezogen hatte. Allerdings konnte auch der Siebenjahrplan, ebenso wie der letzte Fünfjahrplan, nicht zu Ende geführt werden: er wurde bereits im November 1962 abgebrochen. Der Siebenjahrplan stellte der Wirtschaft weitgehende Aufgaben. Neben dem utopischen Ziel, bis 1961 die Bundesrepublik einzuholen, beabsichtigte die DDR, bis 1965 ihre Arbeitsproduktivität um 85 Prozent zu steigern und vor allem die Energiewirtschaft, die chemische Industrie und die Elektrotechnik rasch voranzubringen. Beim Vergleich einiger Planziffern mit dem 1965 tatsächlich erreichten Stand der Wirtschaft ergibt sich freilich ein anderes Bild.[134]

	Stand 1958	*Ziel des Siebenjahrplans für 1965*	*tatsächlich erreicht 1965*
Rohbraunkohle	215 Mill. to	278 Mill. to	251 Mill. to
Elektroenergie	37 Mrd. kWh	63 Mrd. kWh	53 Mrd. kWh
Roheisen	1,7 Mill. to	2,1 Mill. to	2,3 Mill. to
Rohstahl	3,0 Mill. to	4,6 Mill. to	3,9 Mill. to
Pkw	38 000 Stück	108 000 Stück	102 000 Stück
Motorräder	81 000 Stück	115 000 Stück	63 000 Stück
Fernsehgeräte	180 000 Stück	760 000 Stück	536 000 Stück
Kühlschränke	51 000 Stück	371 000 Stück	364 000 Stück
Waschmaschinen	49 800 Stück	212 000 Stück	289 000 Stück
Rindvieh je 100 ha	64 Stück	78 Stück	75 Stück
Schweine je 100 ha	116 Stück	135 Stück	139 Stück
Getreide je ha	25,2 dz	30,5 dz	29,2 dz
Kartoffeln je ha	161 dz	245 dz	177 dz
Zuckerrüben je ha	312 dz	385 dz	263 dz
Außenhandelsumsatz	14 Mrd. M	25 Mrd. M	24,3 Mrd. M

In den Jahren, in denen der Siebenjahrplan hätte verwirklicht werden sollen, wurde also in den meisten Bereichen das vorgegebene Plansoll nicht erfüllt. Allerdings nahm die Wirtschaft einen beträchtlichen Aufschwung, und manche Branchen kamen nahe an die ursprüngliche Zielsetzung heran. Die chemische Industrie, im mitteldeutschen Industriegebiet traditionell stark vertreten, war entsprechend einem Programm vom November 1958 vorrangig zu fördern, die Losung »Chemie gibt Brot, Wohlstand und Schönheit« sollte dieses Ziel popularisieren. Für den Ostblock besaß die DDR als zweitgrößte Industriemacht nach der UdSSR ein gestiegenes wirtschaftliches Gewicht.

Gefestigtes Parteiensystem

Inzwischen war das Parteiensystem der DDR konsolidiert; die übrigen Parteien und Massenorganisationen praktizierten ihre Transmissionsrolle widerspruchslos, freilich ohne dabei sehr erfolgreich zu sein. Es war typisch für die Haltung der an-

[134] Neues Deutschland, Nr. 271 vom 2. 10. 1959. Statistisches Jahrbuch 1966, S. 25 ff.

deren Parteien, daß sie sich nach dem V. Parteitag der SED 1958 in Treuebekundungen zur Führungspartei fast überschlugen. Im Organ der Bauernpartei ›Bauern Echo‹ berichtete ein Kreisvorsitzender der DBD, wie er »den V. Parteitag der SED auswerten« wolle. Die ›Liberal-Demokratische Zeitung‹ hob hervor, daß es »eine großartige Aufgabe für alle Handwerker und Unternehmer, für alle Händler und Bauern ist, ihr ganzes Können und Wissen für die Verwirklichung der hohen und zutiefst humanen ökonomischen Zielsetzung des V. Parteitages der SED einzusetzen«.[135] Die LDPD führte eigens eine Konferenz ihrer Parteibeauftragten durch, die sich mit den Problemen beschäftigte, »die der V. Parteitag der SED aufgeworfen« hatte. Die CDU erklärte die SED zur »berufenen und befugten Trägerin der großen fortschrittlichen Ideen unserer Zeit«, ihr Hauptvorstand (nicht etwa eine Grundeinheit der SED) deklarierte sogar: »Alle demokratischen Kräfte, die an der Sicherheit eines dauerhaften Friedens und an der Schaffung einer sozial gerechten Gesellschaftsordnung interessiert sind, haben sich im Kampf für die Verwirklichung dieser hohen Ziele um die Arbeiterklasse und ihre Partei [also die SED] geschart. Ihr gebührt die von allen anderen Parteien und Massenorganisationen unseres Staates anerkannte führende Rolle im Aufbau des Sozialismus.«[136] Solche Bekenntnisse wurden zu einem ständigen Ritual, immer wieder bestätigten CDU, LDPD, DBD und NDPD der SED ihre Führungsrolle und begrüßten die Politik der Einheitspartei. Entsprechend dieser Unterordnung waren die anderen Parteien stets bemüht, die ihnen zugewiesenen Aufgaben zu erfüllen. Die LDPD hatte bereits auf ihrem 7. Parteitag im Juli 1957 den privaten Unternehmern die Zustimmung zu einer Beteiligung des Staates an ihren Werken und deren Umwandlung in halbstaatliche Betriebe empfohlen. Bis Oktober 1959 unterzeichneten über 700 Mitglieder der LDPD Verträge über die Aufnahme staatlicher Beteiligungen an ihren »privatkapitalistischen« Betrieben.[137] Der LDP-Politiker und Präsident der Volkskammer, Johannes Dieckmann, sagte 1958, es könne zwar nur eine marxistisch-leninistische Partei in der DDR geben, die SED, aber er riet auch den LDP-Mitgliedern, sie sollten die »Grundfragen des Marxismus-Leninismus« studieren.[138]

Der 9. Parteitag der CDU (1958) beschloß, der christlichen Bevölkerung den »Aufbau des Sozialismus« nahezubringen. Nach dem Tod von Nuschke (Dezember 1957) war die Partei noch stärker ins Fahrwasser der SED geraten. August Bach wurde neuer Vorsitzender. Bach (1897–1966) wurde nach dem Studium Verlagsleiter. 1945 war er Mitbegründer der CDU in Thüringen und von 1950 bis 1952 deren Vorsitzender. Seit 1952 Mitglied des Hauptvorstandes der CDU, wirkte er an deren Anpassung mit, die er als Vorsitzender ab 1958 bis zu seinem Tod weiterbetrieb. Die gleiche Linie vertrat der Generalsekretär der Partei, Gerald Götting (geb. 1923). Götting war nach Gymnasiumsbesuch und Wehrdienst 1946 als Student der CDU beigetreten, in der FDJ aktiv und schon 1949 als Generalsekretär der CDU in eine hohe Funktion gekommen. Von 1958 bis 1963 leitete er die CDU-Fraktion der Volkskammer, 1966 wurde er Nachfolger Bachs als Parteivorsitzender und übte diese Funktion bis 1989 aus.

Die Bauernpartei bekannte in ihren »Politischen Grundsätzen« vom September

[135] Zit. in Neues Deutschland, Nr. 175 vom 24. 7. 1958.

[136] Dokumente der CDU. Bd. II. Berlin (Ost) 1958, S. 53.

[137] DDR. Werden und Wachsen. Berlin (Ost) 1974, S. 340.

[138] Johannes Dieckmann, Dokumente, Reden, Aufsätze. Gesammelt von Manfred Bogisch. Berlin (Ost) 1982, S. 164.

1959, sie wolle unter der »führenden Rolle« der SED auf dem Lande aktiv sein. Tatsächlich war die DBD bei der Umgestaltung der Landwirtschaft Ende der fünfziger Jahre ein wichtiger Faktor; z. B. gingen 1959 ganze Ortsgruppen der DBD geschlossen in die LPG und bis Ende 1959 traten über 22 000 Mitglieder dieser Partei in die LPG ein.

LDPD und NDPD kümmerten sich entsprechend ihrer Aufgabenstellung um die Produktionsgenossenschaften des Handwerks (PGH), ihre Mitglieder und Anhänger traten den von der SED protegierten PGH bei. Bei der Anpassung an die SED ging die NDPD so weit, in ihren Mitgliederschulungen den dialektischen Materialismus zu lehren.

Der 10. Parteitag der CDU 1960 verankerte schließlich die Unterordnung unter die SED verbindlich in der Satzung der Partei: »Die Mitglieder der CDU erkennen die Arbeiterklasse und ihre Partei als berufene Führerin unserer Nation an und setzen ihre ganze Kraft für die Stärkung und Festigung der DDR ein.«[139] Der 8. Parteitag der LDPD im Juli 1960 in Weimar orientierte sich am SED-Parteitag. Das ›Dokument des 8. Parteitages‹ bejahte den »entfalteten Aufbau des Sozialismus« und anerkannte die »führende Rolle« der SED: »Die LDPD ist eine demokratische Partei, die sich zu den humanistischen und revolutionär-demokratischen Traditionen des Bürgertums bekennt und die ihnen entsprechenden, in der Geschichte des Kultur- und Geisteslebens geprägten Ideale auf einer neuen gesellschaftlichen Grundlage verwirklichen hilft. Die LDPD ist ein fester Bestandteil der Kräfte, die sich in der Nationalen Front des demokratischen Deutschland vereinigt haben und unter Führung der Arbeiterklasse und ihrer Partei für die glückliche Zukunft des ganzen deutschen Volkes kämpfen.«[140] Zum Vorsitzenden der LDPD wurde Dr. Hans Loch gewählt, nach dessen Tod am 13. Juli 1960 übernahm Max Suhrbier die Parteiführung, Generalsekretär blieb Manfred Gerlach (geb. 1928). Gerlach trat 1945 als Justizangestellter der LDPD bei, war von 1949 bis 1959 im Zentralrat der FDJ und von 1952 bis 1954 stellvertretender Oberbürgermeister von Leipzig, 1954 wurde er Generalsekretär der LDPD, 1967 (bis zum Ende) deren Vorsitzender.

Konsolidierung des Parteiensystems hieß: Herrschaft der SED über die anderen Parteien, die von diesen auch noch öffentlich akzeptiert wurde. Dadurch wurden auch die vier Parteien wie die Massenorganisationen zu ausführenden Organen degradiert. Während dieses Prozesses schmolz der Mitgliederbestand der übrigen Parteien erheblich zusammen: Die CDU, die im Dezember 1947 218 000 Mitglieder zählte, ging auf 170 000 im Jahre 1951 und schließlich 1960 auf etwa 70 000 zurück. Die LDPD hatte Ende 1948 197 000 Mitglieder, sie schrumpfte 1951 auf 155 000 und 1960 weiter auf 70 000. Dagegen erreichte die NDPD 1950 41 000 und 1951 100 000, die DBD zählte Ende 1949 50 000 und 1951 60 000 Mitglieder.[141]

Da sich die Bedeutung der vier Parteien im Parteiensystem reduzierte, wies die SED den Massenorganisationen wichtigere Funktionen zu. Ihr Hauptaugenmerk richtete sich dabei auf die FDJ, die Nachwuchsorganisation der Partei. Die 16. Tagung des Zentralrates der FDJ im April 1957 erklärte die FDJ zur sozialistischen Jugendorganisation der DDR. In den Mittelpunkt der Arbeit des Jugendverbandes

[139] Dokumente der CDU. Bd. IV. Berlin (Ost) 1962, S. 130.

[140] Zwanzig Jahre Liberal-Demokratische Partei Deutschlands. Berlin (Ost) 1965, S. 220ff.

[141] Vgl. die Zahlen bis 1951 in Christel Dowidat, Zur Veränderung der Mitgliederstrukturen von Parteien und Massenorganisationen in der SBZ/DDR. In: Hermann Weber (Hrsg.), Parteiensystem zwischen Demokratie und Volksdemokratie. Köln 1982, S. 513.

rückte nun die Erziehung der Jugend zu einer »sozialistischen Weltanschauung«. Allerdings gab es dagegen auch in der FDJ Widerstand. Die 17. Tagung des Zentralrates im September 1957 verkündete ein neues Hochschulprogramm, das die Mitspracherechte des Jugendverbandes an den Universitäten verstärkte. Dies war die Antwort auf das Verlangen von Studenten nach einer eigenen Organisation, das der Sekretär des Zentralrats, Horst Schröder, eine Propagierung von seiten der »Feinde« nannte. Schröder sagte: »Noch offensichtlicher wird das, wenn man in diesen Vorschlägen die Forderung nach ›Unabhängigkeit‹ von der Sozialistischen Einheitspartei Deutschlands und der Freien Deutschen Jugend entdeckt. Diese ›Unabhängigkeit‹ kann nur im Sinne einer gegen die Partei der Arbeiterklasse, gegen den einheitlichen Jugendverband und gegen den Arbeiter- und Bauernstaat gerichteten Politik verstanden werden. Hier tritt der ganze konterrevolutionäre Inhalt offen zutage.« Bei der völligen Abhängigkeit der FDJ von der SED schien den Funktionären die Forderung nach Unabhängigkeit »konterrevolutionär«. Schließlich bestimmte die SED-Spitze nicht nur über die politische Linie der FDJ, über deren Tätigkeit und Organisation, sondern auch über die Zusammensetzung des Führungspersonals. Es war das Sekretariat des ZK der SED, das z. B. am 11. Dezember 1957 festlegte: »Das Sekretariat beschließt, folgende Genossen von ihrer Funktion als Mitglieder des Büros des Zentralrates der FDJ zu entbinden: 1. Heinz Plöger, 2. Günter Teller und dafür die folgenden Genossen einzusetzen: 1. Robert Lehmann, Leiter der Pionierorganisation, 2. Heinz Ziegner, 1. Sekretär der Bezirksleitung der FDJ Magdeburg«.[142] Der 1. Sekretär der FDJ, Karl Namokel, stellte vor allem die »Freundschaft« zum Komsomol, der Jugendorganisation der UdSSR heraus.[143] Außerdem wandte sich die FDJ verstärkt militärischen Problemen, sowohl der Arbeit in der Armee wie der vormilitärischen Ausbildung zu.

Das VI. Parlament der FDJ im Mai 1959, das Horst Schumann zum 1. Sekretär des Zentralrates wählte, lenkte die Aktivitäten auf zwei weitere Bereiche. Schwerpunkte des »sozialistischen Aufbaus« waren als »Jugendprojekte« zu übernehmen, also wirtschaftliche Aufgaben direkt in die Tätigkeiten des Verbandes einzubeziehen. Das VI. Parlament beschloß auch ein neues Statut, das die FDJ als »sozialistische Massenorganisation der Jugend« charakterisierte, die sich von den »richtungweisenden Beschlüssen der SED leiten« läßt.[144]

Die Förderung des Sports erschien der DDR-Führung als eine Möglichkeit, dem Interesse der Jugend an westlicher Musik, Mode und Freizeitgestaltung entgegenzuwirken. Die schon seit langem aktiven Betriebssportgemeinschaften und der Massensport wurden vom Staat unterstützt und gefördert (bereits 1956 zählten die Sportgemeinschaften über eine Million Mitglieder), um damit eine Basis für den Spitzensport zu schaffen. Die Sportorganisation, der Deutsche Turn- und Sportbund (DTSB), eine Dachorganisation aller Sportverbände, kümmerte sich um den Betriebssport und forcierte die allgemeine Entwicklung des Sports erheblich. Es wurde offen zugegeben, daß der Sport zugleich der vormilitärischen Ertüchtigung zu dienen habe. Speziell dafür war 1952 eine weitere Massenorganisation, die Gesellschaft für Sport und Technik (GST), ins Leben gerufen worden. Auf ihrem 1. Kongreß im September 1956 stellte sie sich die Aufgabe, »durch körperliche Er-

[142] Protokoll Nr. 45/57 des Sekretariats vom 11. Dezember 1957. SAPMO, DY 30 J, IV 2/3/586.
[143] Junge Welt, Nr. 219 vom 18. 9. 1957, Beilage, S. 14.
[144] Junge Generation, Heft 11 (1959), S. 75.

tüchtigung, sportliche und technische Ausbildung der Werktätigen die Verteidigungsfähigkeit der DDR zu erhöhen«.[145]

Da die SED der Wirtschaft eine immer größere Bedeutung beimaß, spielte der FDGB mit seinen 5,7 Millionen Mitgliedern (1958) eine entscheidende Rolle. Nach den Vorstellungen der SED sollten die Gewerkschaften Schulen der sozialistischen Erziehung zur Erfüllung der Wirtschaftspläne werden. Der 5. Kongreß des FDGB im Oktober 1959 nannte die Erziehung der Werktätigen zur »sozialistischen Arbeit« als Aufgabe der Gewerkschaft; es galt, die Teilnahme der Arbeitsbrigaden am »sozialistischen Wettbewerb« zu vergrößern. Wie alle Massenorganisationen der SED erfüllte der FDGB damit seine spezielle Transmissionsfunktion, die Politik der SED in seine Zielgruppe, d. h. die Arbeitnehmerschaft, zu tragen.

Zur Förderung enger Kontakte zur Sowjetunion hatte die SED bereits 1947 eine eigene Organisation gegründet; die »Gesellschaft für Deutsch-Sowjetische Freundschaft« (DSF) zählte 1958 3,3 Millionen Mitglieder. Ihr damaliger 6. Kongreß verlangte vor allem die Durchsetzung »sowjetischer Neuerermethoden« in Betrieben der DDR und den weiteren Ausbau der Freundschaft zur UdSSR.

Daß sich das politische Regime der DDR im Kern nicht verändert hatte, bewiesen die Wahlkampagne und die Wahl zur Volkskammer am 16. November 1958. In den Diskussionen tauchte immer wieder die Frage auf, warum es in der DDR keine Opposition gebe. Die Antwort der SED war ebenso unlogisch wie unverblümt: »Eine Opposition in der DDR könnte doch nur gegen die Politik unserer Regierung gerichtet sein. Sie müßte sich also gegen die Einführung der 45-Stunden-Woche … gegen unsere niedrigen Mieten, gegen die Stabilität unserer Preise … gegen die hohen Ausgaben für Wissenschaft und Kultur und gegen unsere Friedenspolitik richten. Sie müßte sich gegen die Einheit der Arbeiterklasse, gegen unseren Arbeiter- und Bauernstaat richten. Sie müßte für den Einsatz von Faschisten und Militaristen in hohe Machtpositionen, für den NATO-Kriegspakt und für die Vorbereitung eines Atomkrieges sein. Solche Opposition zu dulden wäre verbrecherisch.«[146] Diese Argumentation zeigt, daß die SED fortfuhr, jegliche Opposition gegen ihren Kurs (und erst recht ihre Herrschaft) als staatsfeindlich und verbrecherisch zu kriminalisieren und zu verfolgen.

Die Wahlen selbst erbrachten wie üblich 99,8 Prozent Zustimmung für die Einheitskandidaten. Der neue Ministerrat, im Dezember 1958 vereidigt, wurde wieder von Grotewohl geleitet, Ulbricht blieb sein Erster Stellvertreter. Im verkleinerten Ministerrat (neun Ministerien waren im Februar 1958 aufgelöst worden) lagen die wichtigsten der 23 Ministerien wieder in der Hand der SED, so Inneres (Maron), Staatssicherheit (Mielke), Justiz (Benjamin) und Kultur (Abusch).

Nachdem Ulbricht bereits im Oktober 1958 neue Grundsätze der SED-Schulpolitik gefordert hatte, beschloß das ZK im Januar 1959 Thesen zur »sozialistischen Umgestaltung des Schulwesens«. Sie bildeten die Grundlage für ein entsprechendes Gesetz der Volkskammer vom Dezember 1959. Darin waren Fächer wie Werkunterricht und Unterricht in der Produktion vorgesehen. Um den Schülern die wichtigsten naturwissenschaftlichen Kenntnisse zu vermitteln, wurden Stoffgebiete der modernen Wissenschaft in den Unterrichtsplan einbezogen. Der Aufbau der obligatorischen »allgemeinbildenden zehnklassigen polytechnischen Oberschule«, wie

[145] Geschichte der deutschen Arbeiterbewegung. Chronik. Bd. 3. Berlin (Ost) 1967, S. 517.

[146] Neues Deutschland, Nr. 116 vom 17. 5. 1957. Vgl. auch die Argumentation von Joachim Herrmann. In: Weber, Kleine Geschichte, S. 98.

die Schule nun hieß, sollte bis 1964 abgeschlossen sein. Damit der Ablauf der »technischen Revolution« bereits den Schülern verständlich werde, mußten die Fächer Naturwissenschaften, Mathematik, Technik und Wirtschaftsfragen 70 Prozent des Lehrstoffes umfassen. Außerdem wurde die ideologische Erziehung intensiviert. Noch bestehende einklassige Zwergschulen wurden geschlossen.[147]

Die »sozialistische Schule« sollte ihre Fortsetzung in der »sozialistischen Universität« finden. Die 3. Hochschulkonferenz der SED (28. Februar – 2. März 1958) hatte die Weichen für die Entwicklung der Hochschulen zu »sozialistischen Bildungsstätten« gestellt. Danach mußte die Wissenschaft eng mit der Praxis in Industrie und Landwirtschaft verbunden werden, und die Studenten waren zu hochqualifizierten Fachleuten und »bewußten Sozialisten« zu erziehen. Das gesamte Bildungssystem hatte den Auftrag, einerseits das technisch-naturwissenschaftliche Studium zu verstärken, um einen hohen Standard bei den Ausgebildeten zu erreichen, andererseits die ideologische Schulung zu forcieren. Damit konnte (nach späterer DDR-Sicht) »die Vorherrschaft der Ideen des Marxismus-Leninismus erkämpft« werden.[148] Durch diese gezielten Maßnahmen glaubte die DDR-Führung sowohl Anschluß an das »Weltniveau« der Forschung zu finden, als auch staatstreue Bürger zu erziehen. Bereits die Bildung eines »Forschungsrates« im August 1957 hatte vor allem die wissenschaftlich-technische Entwicklung koordinieren sollen, und hatte überdies gezeigt, daß der Wissenschaft immer größere Bedeutung beigemessen wurde.

Differenzen zwischen Sachverstand und »Parteilichkeit« führten indessen zu neuen Schwierigkeiten, nicht zuletzt, weil der Akademisierungsgrad der Bevölkerung der DDR rasch stieg. Bereits 1958 bestanden 46 Universitäten und Hochschulen. Gegenüber 1951 hatte sich die Studentenzahl verdoppelt.[149] 1959/60 gab es neben 100 000 Hochschulstudenten (darunter 25 Prozent Frauen, Bundesrepublik damals 28 Prozent Frauen) 128 000 Fachschulstudenten, d. h., über 20 Prozent der jüngeren Jahrgänge genossen eine akademische Ausbildung.[150]

Vorrang der Ideologie

Die Führer der SED hatten in den Jahren des gesellschaftlichen Umbruchs seit 1945 die verschiedensten Ziele anvisiert, stets mit jener Schwerpunktbildung, die für die kommunistische Strategie seit jeher charakteristisch war. Zuerst waren es die Probleme der »antifaschistisch-demokratischen« Umgestaltung, ab 1952 die verschiedenen Aufgaben des »Übergangs zum Sozialismus«. Bereits um die Jahreswende 1956/57 rückte ein neuer Aspekt in den Vordergrund – und zwar nicht allein in der DDR, sondern auch in allen mit der Sowjetunion verbundenen Staaten des »sozialistischen Lagers«: die Umformung des Bewußtseins der Menschen, die Beeinflussung ihrer Gedanken und Gefühle im Sinne der »sozialistischen« Ideologie.

[147] Heitzer, DDR, S. 134. Die letzten Zwergschulen wurden 1959 geschlossen. Vgl. auch: Für Dich, Nr. 15 (1984), S. 18.

[148] Grundriß der deutschen Geschichte (Klassenkampf, Tradition, Sozialismus). 2. Aufl. Berlin (Ost) 1979, S. 677.

[149] DDR. Werden und Wachsen, S. 351.

[150] Bericht der Bundesregierung und Materialien zur Lage der Nation 1971. Bonn 1971, Tabelle A 125.

Die Verbreitung der »Ideologie der Arbeiterklasse«, der »wissenschaftlichen Weltanschauung« des Marxismus-Leninismus, speziell auch des dialektischen Materialismus, wurde von der gemeinsamen Beratung der kommunistischen und Arbeiterparteien in Moskau (November 1957) zum »entscheidenden Kettenglied« erklärt, welches man ergreifen muß, um die ganze Kette in die Hand zu bekommen. Das ZK der SED hat dann auf seiner 34. Plenarsitzung im November 1957 diese Losung sofort übernommen.

In den Beschlüssen der »gesellschaftlichen Organisationen« (Blockparteien, Gewerkschaften, FDJ u. a.) ertönte das Echo, und der V. Parteitag der SED 1958 gab eine erneute Bestätigung und Begründung dieses Schrittes: »Der V. Parteitag hat klar unterstrichen, daß die Vollendung des sozialistischen Aufbaus in der DDR in hohem Maße von der weiteren Erhöhung des sozialistischen Bewußtseins der Menschen abhängt. Die sozialistische Erziehung der Menschen ist der Schlüssel, um die nächsten ökonomischen und politischen Aufgaben zu lösen.«[151] Die Begründung sah etwa so aus: Durch die Arbeit mehrerer Jahre wurden in der DDR die Voraussetzungen für den Aufbau des Sozialismus geschaffen, d. h. jene sozial-ökonomisch-politischen Verhältnisse, die dort als Garantie des Sozialismus bezeichnet wurden: Volkseigene Industrie, Fortschritte in der Schaffung landwirtschaftlicher Produktionsgenossenschaften, »führende Rolle der Arbeiterklasse« und ihrer Partei im gesellschaftlichen Leben usw. Hinter diesen realen Veränderungen blieb jedoch das Bewußtsein, das Denken und Fühlen großer Teile des Volkes zurück.

Die SED-Führung glaubte und behauptete, allein im Besitz der Wahrheit zu sein. Solcher Absolutheitsanspruch verhinderte jede realistische Analyse. Daher wurden Anlässe zu besonderer Beunruhigung – etwa daß die Politik der DDR auf einem falschen Kurs sein könnte – nicht genannt, ebensowenig die Gründe für das kritische Bewußtsein der Menschen, nämlich ihre Ablehnung der Diktatur und der miserablen Lebensverhältnisse. Wie Anfang der fünfziger Jahre, so wollte auch an deren Ende die SED-Führung über alle Bereiche des Lebens bestimmen. Entsprechend waren die Sitzungen der Führungsorgane weiterhin mit wichtigen und banalen Problemen überfüllt. Im März 1958 beschäftigte sich z. B. das Sekretariat mit personellen Fragen »im Zusammenhang mit der Änderung der Arbeitsweise im Staatsapparat«, dem Einsatz von Mitarbeitern des ZK in den Bezirken oder Themen der Gewerkschaften, aber ebenso mit der Bewilligung von Delegationsreisen, Urlaubslisten, Übersiedlung einer Genossin aus Bulgarien oder dem Kuraufenthalt von Wilhelm Koenen und seiner Frau in der Sowjetunion.[152] Die dramatischen Flüchtlingszahlen waren im ZK bekannt, änderten aber an den verbohrten Vorstellungen nichts. Immerhin konnte einem Bericht der Abteilung Staat und Recht entnommen werden, daß 1956 und 1957 der weitaus größte Teil der Flüchtlinge Arbeiter waren.[153] Und im Dezember 1957 mußte sich das Sekretariat des ZK sogar eigens mit der »Republikflucht von Angehörigen politischer Mitarbeiter des ZK« von 1955 bis 1957 befassen.[154]

Die Führung gedachte die Probleme mit einer Offensive ideologischer Propaganda zu lösen, was ihr nicht glücken konnte. Es fehlten greifbare materielle Erfol-

[151] Neuer Weg, Nr. 16 (1958), S. 1218.
[152] Protokoll Nr. 9/58 des Sekretariats vom 19. März 1958. SAPMO, DY 30, J IV 2/3/595.
[153] Die DDR vor dem Mauerbau, S. 306.
[154] Protokoll Nr. 45/57 des Sekretariats vom 11. Dezember 1957. SAPMO, DY 30, J IV 2/3/586.

ge, die die Überlegenheit des »neuen Lebens« gegenüber der Bundesrepublik hätten beweisen können. Darum sollte – gleichsam mit einem Blick in die Zukunft durch das Fernrohr der Ideologie – die Gegenwart verklärt und die Überlegenheit des »Sozialismus« mit theoretischen Formeln bewiesen werden. Aufgabe des dialektischen und historischen Materialismus war es dabei, nachzuweisen, daß die DDR Ergebnis der Gesetzmäßigkeit der Geschichte war und das Neue sich aufgrund objektiver Weltgesetze mit einer schicksalhaften Unabwendbarkeit durchsetze. Walter Ulbricht erklärte dazu auf dem V. Parteitag: »Bei der Bildung des sozialistischen Bewußtseins ist die Aneignung des dialektischen Materialismus vor allem aus zwei Gründen erforderlich: 1. weil der dialektische Materialismus die einzig wissenschaftliche Weltanschauung vermittelt und damit das Rüstzeug gibt, den Sozialismus praktisch aufzubauen, 2. weil er die theoretische Grundlage der sozialistischen Ethik und Moral darstellt.«[155]

In erster Linie sollte dieses »sozialistische Bewußtsein« den Funktionären und Mitgliedern der Partei vermittelt werden. Das umfassende Schulungssystem der SED war neben den Säuberungen immer ein Faktor zur Disziplinierung der Parteimitglieder. Die Indoktrination der Kader mit dem »Marxismus-Leninismus« hatte weitreichende Folgen. Denn die Parteischulung »begünstigte« die »Unselbständigkeit, Gehorsam, Mißtrauen und Kritikunfähigkeit. Positive Eigenschaften wie Eigenständigkeit, Kreativität und Gerechtigkeitssinn wurden nicht belohnt, sondern bestraft«.[156]

Um ihre weitgesteckten Wirtschaftsziele zu erreichen, hatte die SED-Führung zwar dann 1959 dem »ökonomischen Denken« wieder mehr Raum gegeben und ihre ideologischen Ansprüche etwas zurückgestellt, 1960 aber wurde die »ideologische Offensive« der Zeit von 1956 bis 1958 wieder fortgesetzt. Ihre Vorstellungen versuchte die SED in allen Bereichen von Gesellschaft und Kultur durchzusetzen. Bereits 1957 und 1958 hatte die Partei eine Diskussion über Ethik und Moral eingeleitet. Dabei ging es ihr in erster Linie um die Frage der Arbeitsmoral, die sie »als eine Sache der Ehre und des Ruhms« feierte.

Die »neue sozialistische Arbeitsmoral« sollte »im Kampf gegen unsittliches egoistisches Denken und Streben« wachsen und sich besonders gegen »Bummelanten« richten, die die Planerfüllung hemmten.[157] Die persönlichen Interessen der Werktätigen sollten mit den gesellschaftlichen Interessen übereinstimmen, allerdings galten »die gesellschaftlichen Interessen« als »bestimmende Seite«.[158] Zur »moralischen Pflicht des Staatsbürgers« deklarierte es die SED auch, daß er die »sozialistische Gesellschaft durch Anzeige des Verbrechens« zu schützen habe. Die Nichtanzeige von »Spionen, Agenten und Saboteuren« war danach »moralisch-politisch verwerflich«.[159] Die SED-Genossen wurden ermahnt, Vorbild zu sein. Ebenso wur-

[155] Protokoll V. Parteitag, Bd. 1, S. 157.

[156] Thekla Kluttig, Parteischulung und Kaderauslese in der Sozialistischen Einheitspartei Deutschlands 1946–1961. Berlin 1997, S. 504. Vgl. auch Wolfgang Leonhard, Marxismus-Leninismus und die Umgestaltung der SBZ/DDR. Materialien der Enquete-Kommission »Aufarbeitung der SED-Diktatur«, Bd. III, 1, S. 33 ff.; Getrennte Vergangenheit, gemeinsame Zukunft. Ausgewählte Dokumente, Zeitzeugenberichte und Diskussionen der Enquete-Kommission »Aufarbeitung von Geschichte und Folgen der SED-Diktatur in Deutschland« des Deutschen Bundestages 1992–1994. Hrsg. Ingrun Drechsler u. a. München 1997, Bd. 1, S. 110 ff.

[157] Tribüne vom 19. 11. 1957.

[158] Neues Deutschland, Nr. 112 vom 12. 5. 1957.

[159] Neues Deutschland, Nr. 22 vom 25. 1. 1958 (Beilage).

de zur gesunden Lebensführung aufgerufen, da die Jugend »dem Genußgift Nikotin arg verfallen« sei.[160]

Bewegten sich die Moraldiskussionen noch weitgehend im theoretischen Raum, so führte die »sozialistische Revolution« in der Kultur zu ernsteren Auseinandersetzungen.

Die Partei rief die Werktätigen auf, die »Höhen der Kultur zu erstürmen«, die Künstler wurden verpflichtet, die »Kluft zwischen Kunst und Leben« zu überwinden. Auf einer »Kulturkonferenz« der SED im Oktober 1957 richtete Alexander Abusch den Hauptstoß gegen die »Dekadenz«. Der »sozialistische Realismus« sowjetischer Prägung sollte nicht Fernziel, sondern Gegenwartsaufgabe sein. Alfred Kurella forderte eine »sozialistische deutsche Kultur«.[161] Besonders erbittert war der für Kultur zuständige ZK-Sekretär Kurt Hager darüber, daß die Künstler der DDR (und große Teile der Bevölkerung) alles, was aus dem Westen kam, für besser hielten und übernahmen. Hager nannte das auf der 33. ZK-Sitzung im Oktober 1957 eine »unkritische Haltung gegenüber der westlichen Afterkultur und ihren verschiedenen dekadenten Modeströmungen« und erklärte, für »uns sind Kunst und Literatur unentbehrliche Waffen«.[162]

Diese Versuche der Instrumentalisierung der Kunst mußten freilich auf den Widerstand der Künstler stoßen. In den Mittelpunkt der SED-Kulturpolitik wurde nun der sogenannte »Bitterfelder Weg« gerückt. Das bedeutete, mit der Losung »Greif zur Feder, Kumpel« einer Bitterfelder Autorenkonferenz vom April 1959 tatsächliche und vermeintliche Talente aus der Arbeiterschaft für Literatur und Malerei zu mobilisieren. Der »sozialistische Realismus« galt als allein verbindliche Kunstrichtung, die »führende Rolle der Partei in allen kulturellen Bereichen« als Axiom.

Während sich in der bildenden Kunst Monotonie und Verödung verbreiteten, fanden DDR-Schriftsteller auch internationale Anerkennung, so z. B. Bruno Apitz mit ›Nackt unter Wölfen‹ (1958) und Karl-Heinz Jakobs mit ›Beschreibung eines Sommers‹ (1961). Jüngere Lyriker, die 1956 mit modernen Formen und gesellschaftskritischen Aussagen hervorgetreten waren (Heinz Kahlau, Günter Kunert, Armin Müller, Peter Jokostra u. a.), wurden allerdings gemaßregelt, der Schriftsteller Erich Loest 1958 ins Zuchthaus gesperrt. Jokostra flüchtete in die Bundesrepublik. Der bekannte Schriftsteller Uwe Johnson (›Mutmaßungen über Jakob‹) übersiedelte 1959 nach West-Berlin. Auch Theater, Film und selbst Zeitschriften blieben nicht von parteilicher Kritik verschont. »Fehlender Klassenstandpunkt« und »Dekadenz« waren die häufigsten Vorwürfe, und sie waren nicht dazu angetan, ein Klima für ein freies und kreatives Schaffen zu ermöglichen.

Die »ideologische Offensive« der SED wurde verbunden mit der Erweiterung sowie mit der Ausdifferenzierung der Zensur. Auch auf diesem Gebiet erwies sich die DDR als eine Diktatur, die jede öffentliche Meinung kontrollierte. Da sie keine freien Medien zuließ, erhielt die Literatur besondere Bedeutung: In ihr suchten die DDR-Leser nach kritischer Reflexion des Systems. Mit der Schaffung der Abteilung Literatur und Buchwesen wurde 1958 das Zensursystem erneuert; die Bildung der Hauptverwaltung Verlage und Buchhandel 1961 hat dann die Mechanismen von

[160] Sonntag vom 18. 8. 1957.
[161] Neues Deutschland, Nr. 251 vom 23. und Nr. 252 vom 24. 10. 1957.
[162] Wortprotokoll 33. Sitzung, S. 97 f. (141 f.).

»Anpassung und Kontrolle« weiter ausgebaut.[163] Zugleich forcierte das MfS die Überwachung der Schriftsteller sowie die Kontrolle, Unterwanderung und Beeinflussung des literarischen Lebens in der DDR.[164] Der Kulturbund – als Massenorganisation der SED verpflichtet, die Intellektuellen für die Linie der Partei zu gewinnen – geriet wegen der »Entstalinisierung« in den fünfziger Jahren in Schwierigkeiten. Doch die SED mit ihren Kontroll- und Machtmitteln, auch der Besetzung wichtiger Posten durch Personalunion, behielt dort die Oberhand.[165]

Die Zeitschrift ›Neue Deutsche Literatur‹ wurde angegriffen, weil sie »nicht richtungweisend auf die sozialistische Gegenwarts-Thematik orientiert« sei.[166] Doch konnten dort die bedeutenden Lyriker Johannes Bobrowski (1961: ›Sarmatische Zeit‹, 1962: ›Schattenland Ströme‹) und Peter Huchel ihre Arbeiten veröffentlichen.

Die Theater in der DDR sollten »sozialistische Spielpläne« realisieren. Doch wurde darunter nicht verstanden, nur sozialistische Autoren zu bringen. »Auf unseren Bühnen genießen die Klassiker der Weltliteratur genauso Heimrecht wie die Werke fortschrittlicher bürgerlicher Autoren.« Als »notwendige Aufgabe« galt auch für Komponisten und Musizierende die Schaffung einer »sozialistischen Musikkultur«, vor allem wurden mehr zeitgenössische Opern gefordert. Für die Opernspielpläne 1958/59 wurde befürwortet, den klassischen Meistern »den ihnen gebührenden Platz« einzuräumen, die Oper von Wagner bis Strauss sollte »etwas zurückverwiesen« werden. Die SED rügte, »daß der Kreis der neuen sowjetischen und aus den Volksdemokratien stammenden Werke« seit Jahren kaum erweitert worden sei.[167]

Auch die Illustrierten wurden heftig kritisiert. Der Dresdener Illustrierten ›Zeit im Bild‹ wurde vorgeworfen, ihr fehle »der Klassenstandpunkt«. Den Einwand, eine Illustrierte müsse vom Kapitalismus lernen und den Leser ansprechen, wies man zurück als »Einfluß bürgerlicher Dekadenz auf die Redaktionsarbeit« und erklärte: »Das Neue aufzuspüren, die weltweiten Veränderungen journalistisch einzufangen, das können nur wissensreiche, marxistisch-leninistisch gebildete, geistig hochstehende Menschen.«[168]

Die Kommission für Fragen der Kultur beim Politbüro der SED empfahl der DDR-Filmgesellschaft DEFA im Juli 1958, eine »sozialistische Filmkunst« zu entwickeln durch »zielstrebige Planung und Gestaltung von Themen, die den Kampf der deutschen Arbeiterklasse und ihrer revolutionären Partei in Vergangenheit und Gegenwart … zum Inhalt haben«. Außerdem sollte das »neue Antlitz« der Arbeiter- und Bauernjugend und der werktätigen Frau künstlerisch gestaltet werden. 1959 stellte die DEFA 27 Spielfilme her, wobei auch der Humor »eingeplant« war, 1960 standen 28 Spielfilme und 15 Fernsehfilme im Programm.[169]

[163] Simone Barck, Martina Langermann, Siegfried Lokatis, »Jedes Buch ein Abenteuer«. Zensur-System und literarische Öffentlichkeit in der DDR bis Ende der sechziger Jahre. Berlin 1997. Vgl. auch Peter Strunk, Zensur und Zensoren. Medienkontrolle und Propagandapolitik unter sowjetischer Besatzungspolitik in Deutschland. Berlin 1996.

[164] Joachim Walther, Sicherungsbereich Literatur. Schriftsteller und Staatssicherheit in der Deutschen Demokratischen Republik. Berlin 1996.

[165] SED und Intellektuelle in der DDR der fünfziger Jahre. Kulturbundprotokolle. Hrsg. Magdalena Heider und Kerstin Thöns. Köln 1990.

[166] Neues Deutschland, Nr. 247 vom 18.10.1957.

[167] Ebd.

[168] Neues Deutschland, Nr. 254 vom 26.10.1957.

[169] Neues Deutschland, Nr. 3 vom 3.1.1960.

Die SED wetterte gegen die »Anbetung westlichen Schunds« in der Tanz- und Unterhaltungsmusik, doch war es weniger die Qualität westlicher Schlager, die den Zorn der Partei hervorrief, als vielmehr die Tatsache, daß zuviel Westvaluta an die westdeutsche Verwertungsgesellschaft für Komponistenrechte GEMA zu zahlen waren. Z.B. führten die staatlichen HO-Gaststätten 87 Prozent der Tantiemen, Konsumgaststätten 71 Prozent und Privatgaststätten 77 Prozent an die GEMA ab. Es wurde gefordert »in der Tanz- und Unterhaltungsmusik den Westanteil auf 40 Prozent zu senken«.[170]

Am 19. Januar 1960 wurde beim Politbüro des ZK der SED eine spezielle ideologische Kommission geschaffen, bei der alle Fäden zusammenliefen. Diese Kommission erarbeitete die Direktiven für Kultur und Ideologie. Sie beschloß, das in der Sowjetunion zusammengestellte Lehrbuch ›Grundlagen des Marxismus-Leninismus‹ ins Deutsche zu übertragen, das dann in der SED-Schulung eine wichtige Rolle spielte. Auch hier war die SED bereit, die sowjetischen Veränderungen am Marxismus-Leninismus stillschweigend und kritiklos zu übernehmen.[171]

Kollektivierung der Landwirtschaft

Als die Sowjetunion Ende 1958 in der Deutschland- und Berlinfrage wieder aktiv wurde, versuchte sie – wie vorher der Westen – eine irreale »Politik der Stärke«. Die UdSSR fühlte sich überlegen, war sie doch bereits seit 1953 im Besitz der Wasserstoffbombe, und der Start des »Sputnik« im Oktober 1957 bewies nun den erfolgreichen Vorsprung ihrer Raketentechnik. Chruschtschow glaubte offenbar, den sowjetischen Machtbereich erweitern zu können. So forderte er im November 1958 in ultimativer Form den Status einer »freien und entmilitarisierten Stadt« für West-Berlin und innerhalb eines halben Jahres den Abzug der Westmächte aus Berlin. Die Krise konnte von der Außenministerkonferenz der Großmächte in Genf von Mai bis August 1959 wieder entschärft werden. An ihr nahmen erstmals auch Delegationen aus der Bundesrepublik und der DDR als Berater teil. Die DDR-Führung sah darin einen ersten Schritt zur internationalen Anerkennung ihres Staates.

Durch forcierte Kollektivierung der Landwirtschaft wurde jedoch die Konsolidierung des Staates im Innern merklich gebremst. Entstanden von 1955 bis 1957 nur 544 LPGs, so waren es allein im Jahre 1958 fast 3000.[172] Schon auf der 33. ZK-Sitzung im Oktober 1957 hatte Ulbricht erklärt, der »Aufbau des Sozialismus auf dem Lande« sei eine »große revolutionäre Umwälzung«.[173] Damit war die Linie für die rasche Schaffung von LPGs vorgegeben, auch wenn ZK-Mitglied Kurt Seibt meinte, es müßte möglich sein, bis 1960 die Mehrheit der Einzelbauern »freiwillig« in die LPGs zu bringen.[174] Zwar versicherte die SED noch im Juli 1959, beim Beitritt zu den LPGs bleibe die »Freiwilligkeit Gesetz«, doch in der Praxis wurde der Zusammenschluß nun mit allem Nachdruck vorangetrieben. Die von der SED in die Dör-

170 Neues Deutschland, Nr. 279 vom 26. 11. 1957.
171 Neues Deutschland, Nr. 212 vom 3. 8. 1960; Einheit 15 (1960) Heft 8, S. 1317 ff.
172 Heitzer, DDR, S. 137.
173 Wortprotokoll 33. Tagung, S. 25.
174 Ebd., S. 49.

fer entsandten Agitationstrupps sollten die Bauern durch Nötigung und Drohungen zum »freiwilligen« Eintritt in die LPG veranlassen, widerstrebende Landwirte wurden im November und Dezember 1959 sogar vom MfS verhaftet. Ulbricht selbst nannte 1959 das »Jahr der Wende«; er meinte damit weniger die ökonomischen Erfolge (Wachstum der Industrieproduktion um 12 Prozent), sondern erklärte: »Die sozialistische Umwandlung der Landwirtschaft erstreckt sich bereits auf ganze Dörfer und Kreise. Im Kreis Eilenburg haben bereits alle Bauern den Weg der genossenschaftlichen Produktion beschritten, und in einer ganzen Reihe Kreise, wie Querfurt, Nebra und Gräfenhainichen, gibt es nur noch in einzelnen Dörfern einige wenige Einzelbauern. Insgesamt haben wir jetzt etwa 250 vollgenossenschaftliche Dörfer und rund 1 000 Dörfer, wo die LPG über 80 Prozent der landwirtschaftlichen Nutzfläche der Gemeinde bewirtschaften.«[175]

In den ersten drei Monaten des Jahres 1960 traten über 500 000 Bauern und Bäuerinnen den bereits bestehenden oder neugegründeten LPGs bei. Der Alltag der Bauern wurde nun noch stärker von Druck und Repression bestimmt. Der für die Situation typische Bericht des Bauern Karl Schäpsmeier aus einem 800 Einwohner zählenden Dorf im Kreis Waren in Mecklenburg mag die Zustände illustrieren: »Am 3. März 1960 setzte in unserem Dorf der Druck der Parteifunktionäre ein, alle noch selbständigen Bauern zu kollektivieren. Erschienen waren 16 Mann. Es handelte sich um Funktionäre der Partei, des Staatsapparates und verschiedener VEB-Betriebe. Ich wurde am 4. März 1960 zum ersten Mal zum Bürgermeister Sch., 40 Jahre, SED, bestellt und dort aufgefordert der LPG beizutreten. Ich lehnte zunächst ab. Den weiteren Aufforderungen zum Eintritt in die LPG leistete ich Widerstand. Am 6. März 1960 wurde ich durch Parteifunktionäre, die zu mir ins Haus kamen, zu einer Bauernversammlung bestellt. Es wurde versucht, alle Bauern zum Eintritt in die LPG zu überreden. Die Versammlung verlief ergebnislos und es wurde den anwesenden Bauern erklärt, daß man am nächsten Tage jeden der selbständigen Bauern wieder zum Eintritt in die LPG auffordern würde. Als ich zur Gemeindeverwaltung bestellt wurde, ging ich nicht hin. Für den 9. März war wieder eine Versammlung angesetzt. Auf Bitten anderer Bauern ging ich mit. Es blieb mir dann keine andere Möglichkeit mehr als unter Druck zu unterschreiben … Ich konnte nun nicht mehr länger diese Zustände in der LPG ertragen und setzte mich mit meiner gesamten Familie nach West-Berlin ab.«[176]

In den Beitrittserklärungen zur LPG aber wurde vom »freiwilligen« Eintritt gesprochen oder gar den Landwirten zur Unterschrift folgendes vorgelegt: »Beitrittserklärung. Getragen von dem Bewußtsein, meinen Beitrag für die Erhaltung des Friedens und damit für das Glück unserer Kinder zu leisten, erkläre ich mich durch Unterschrift bereit, in die bestehende LPG ›Ernst Thälmann‹ Typ III in Ziltendorf einzutreten.«[177] Ließen sich Bauern aber auf Diskussionen ein, so erging es ihnen wie einem Müller aus dem Kreis Cottbus, der mit 18 Monaten Gefängnis bestraft wurde, weil er erklärt hatte, die Maßnahmen der DDR würden »von einer fremden Macht diktiert« und die Regierung sei schuld am niedrigen Lebensstandard, »weil sie alles Geld für die Funktionäre ausgibt«.[178]

[175] Neues Deutschland, Nr. 1 vom 1. 1. 1960. Tribüne, Nr. 1 vom 2. 1. 1960.

[176] Bericht vom 5. Mai 1960, Kopie im Privatarchiv Hermann Weber.

[177] Abschrift im Privatarchiv Hermann Weber, dort eine Reihe ähnlicher »Erklärungen«.

[178] Kopie der Abschrift der Anklage (L 131/58, Bezirksgericht Cottbus) und weitere Unterlagen dazu im Privatarchiv Weber.

Während Funktionäre und »Aufsteiger« in der DDR sich zunehmend dem neuen System zugehörig fühlten und ein nicht unbeträchtlicher Teil der Bevölkerung »neutralisiert« werden konnte und sich anzupassen versuchte, machten die harten Maßnahmen von 1959 und 1960 erneut zahlreiche Menschen zu Gegnern der DDR. Die Gefahr, wegen »staatsfeindlicher Umtriebe« inhaftiert zu werden, ließ vor allem vielen Landwirten nur die Alternative, entweder in die LPG einzutreten oder in den Westen zu flüchten. Die Entwicklung der Kollektivierung zeigt folgendes Bild:[179]

Stichtag	*Zahl der LPGs*	*Landwirtschaftliche Nutzfläche der LPGs 1000 ha*	*= % der DDR*
31.12.1952	1906	218,0	3,3
31.12.1953	4691	754,3	11,6
31.12.1954	5120	931,4	14,3
15.11.1955	6047	1279,2	19,7
31.12.1956	6281	1500,7	23,2
31.12.1957	6691	1631,9	25,2
31.12.1958	9637	2386,0	37,0
30.11.1959	10132	2794,3	43,5
31.12.1959	10465	2896,9	45,1
31.05.1960	19345	5384,3	83,6
31.12.1960	19261	5420,5	84,2

Die Struktur auf dem Lande war radikal verändert worden: Während es fast keine Einzelbauern mehr gab, bewirtschafteten nun die über 19000 LPGs knapp 85 Prozent der landwirtschaftlichen Nutzfläche (6 Prozent besaßen die volkseigenen Güter). 1961 erzeugte der »sozialistische Sektor« (Staat und Genossenschaften) 90 Prozent der landwirtschaftlichen Bruttoproduktion.

Wie in der Landwirtschaft trieb die SED 1960 auch im Handwerk die Umwandlung voran. Wurden 1958 noch 93 Prozent der Produktion von privaten Handwerkern erwirtschaftet, so sank der Anteil bis 1961 auf 65 Prozent, ein Drittel schufen nun die Produktionsgenossenschaften des Handwerks. Im Einzelhandel verringerte sich der private Sektor auf unter 10 Prozent.

Der Vergleich mit anderen Volksdemokratien zeigt, daß die DDR 1961/62 eine weitgehend ähnliche Struktur aufwies. In der Industrie war der Staatssektor mit einem Anteil von 88,4 Prozent nur wenig geringer als in Albanien, Bulgarien, Polen oder Rumänien (jeweils 99 Prozent), in der ČSSR (100 Prozent) oder Ungarn (97 Prozent). In der Landwirtschaft gehörten 93 Prozent der Nutzfläche der DDR zum »sozialistischen« Sektor, sie lag zwischen Bulgarien (99 Prozent), Ungarn (95 Prozent), Rumänien (94 Prozent) sowie ČSSR (89 Prozent), Albanien (87 Prozent) und Polen (nur 13 Prozent). Im Großhandel gab es in der DDR wie in allen anderen volksdemokratischen Staaten nur den staatlichen Bereich, beim Einzelhandel kam die DDR mit 78 Prozent auf den letzten Platz.[180] Freilich lag die DDR mit einem

[179] SBZ von A bis Z. Ein Taschen- und Nachschlagebuch über die Sowjetische Besatzungszone. Hrsg. v. Bundesministerium für gesamtdeutsche Fragen. 10. überarb. und erw. Aufl. Bonn 1966, S. 370.

Anteil der Industrie am Nationaleinkommen von fast 65 Prozent zusammen mit der ČSSR (62 Prozent) als Industrienation vor den anderen kommunistisch regierten Ländern (Ungarn 56, Polen 48, Bulgarien 46, Rumänien 45 und Albanien 37 Prozent).[181]

Neue Krise

Auch im Staatsapparat der DDR wurden Strukturveränderungen vorgenommen. Im Februar 1960 verabschiedete die Volkskammer das Gesetz über den »Nationalen Verteidigungsrat«; dessen Vorsitz übernahm Walter Ulbricht, der damit seine Kompetenzen bedeutend erweitern konnte. Der Präsident der DDR, Wilhelm Pieck, starb am 7. September 1960. Auf Vorschlag der SED wurde nun das Amt des Präsidenten abgeschafft, statt dessen ein Staatsrat gebildet. Die Funktionen des DDR-Staatsrates glichen denen des Präsidiums des Obersten Sowjet in der UdSSR, nur die Stellung des Vorsitzenden in der DDR war stärker herausgehoben. Der Staatsrat erhielt zugleich legislative und exekutive Aufgaben. Die am 8. September 1960 geänderten Artikel 101 bis 106 der Verfassung sahen unter anderem vor:

»106) Der Staatsrat der Republik schreibt die Wahlen zur Volkskammer aus und beruft die erste Tagung der Volkskammer nach der Neuwahl ein; kann eine allgemeine Volksbefragung vornehmen; ratifiziert und kündigt internationale Verträge der Deutschen Demokratischen Republik; ernennt die bevollmächtigten Vertreter der Deutschen Demokratischen Republik in anderen Staaten und beruft sie ab; nimmt Beglaubigungs- und Abberufungsschreiben der bei ihm akkreditierten diplomatischen Vertreter anderer Staaten entgegen; gibt allgemein verbindliche Auslegung der Gesetze; erläßt Beschlüsse mit Gesetzeskraft.«

Walter Ulbricht wurde Vorsitzender des Staatsrates. Da er außerdem die Funktionen des Ersten Sekretärs des ZK der SED und des Vorsitzenden des Verteidigungsrates innehatte, konzentrierten sich in seiner Hand alle entscheidenden Machtpositionen. Stellvertreter des Staatsratsvorsitzenden wurden Ministerpräsident Otto Grotewohl, Volkskammerpräsident Johannes Dieckmann (LDPD), Heinrich Homann (NDPD), Hans Rietz (DBD) und die Generalsekretäre der LDPD und der CDU, Manfred Gerlach und Gerald Götting. Neben Partei- und Staatsfunktionären fungierten auch Arbeiter, Bauern und Angehörige der Intelligenz als Mitglieder des Staatsrates. Die wichtige Stellung des Sekretärs des Staatsrates erhielt Ulbrichts Vertrauter Otto Gotsche.

In der SED bestimmten nur noch Ulbrichts Parteigänger, alle widerstrebenden Kräfte waren entmachtet und entfernt worden. Zwischen 1958 und 1961 wurden 105 Spitzenfunktionäre der 15 SED-Bezirksleitungen abgesetzt, darunter sieben 1. Sekretäre und 16 weitere Sekretäre. Besonders viele Degradierungen gab es in den Bezirken Dresden (16), Halle (10) und Cottbus (10).[182] Je mehr die unpopulären Maßnahmen von 1960 und 1961 den Haß weiter Bevölkerungskreise auf die Person

[180] Geschichte der sozialistischen Gemeinschaft. Herausbildung und Entwicklung des realen Sozialismus von 1917 bis zur Gegenwart. Autorenkollektiv unter Leitung von Ernstgert Kalbe. Berlin (Ost) 1981, S. 228.

[181] Ebd., S. 230.

[182] Jänicke, Der dritte Weg, S. 185.

Ulbrichts lenkten, desto mehr versuchten seine Anhänger, ihn zu preisen. So wuchs parallel zu Ulbrichts Machtanstieg auch ein neuer Personenkult um den Staats- und SED-Führer, der sich bereits an dessen 65. Geburtstag 1958 deutlich zeigte. Er wurde gelobt als »Vorbild der Prinzipienfestigkeit«, und in Versen von Johannes R. Becher hieß es über Ulbricht:

»Geliebt bist Du vom Volk, vom Volk geehrt:
Seht, welch ein Leben, wahrhaft lebenswert,
Das seine Kraft an alle weitergibt –
Geehrt bist Du vom Volk, vom Volk geliebt.«[183]

Die Bevölkerung bewegten andere Sorgen. Neue Unruhe unter der Arbeiterschaft schuf das im April 1961 von der Volkskammer verabschiedete ›Gesetzbuch der Arbeit‹[184], das bereits bestehende arbeitsrechtliche Bestimmungen zusammenfaßte und ergänzte. Nochmals verbriefte das Gesetzbuch das »Recht auf Arbeit«, gleichen Lohn für gleiche Leistung und einige andere Rechte der Arbeiter, erwähnte aber das damals noch in der Verfassung verankerte Streikrecht nicht mehr. Das Arbeitsgesetzbuch ließ auch keinen Zweifel an dem vordringlichen Auftrag des Arbeitsrechts: der »Verwirklichung des ökonomischen Grundgesetzes des Sozialismus« zu dienen. Daher war das Arbeitsgesetzbuch primär an der Produktionserfüllung der Betriebe orientiert und erst sekundär an den Rechten der Arbeiterschaft. Scharfe Verfügungen über die »sozialistische Arbeitsdisziplin« oder die Machtfülle der Betriebsleiter gegenüber den Arbeitern stießen bei der Arbeitnehmerschaft auf Kritik und Ablehnung. Das Arbeitsgesetzbuch legalisierte auch die seit 1953 in den volkseigenen Betrieben bestehenden Konfliktkommissionen, die nun nicht mehr nur Entscheidungen über Arbeitsstreitigkeiten im Betrieb treffen, sondern auch strafwürdige Handlungen von geringer Bedeutung aburteilen durften. Solche Ansätze waren beispielhaft für das Bestreben der SED, Staat und Justiz von Bagatellfällen zu entlasten, gleichzeitig mit neuen institutionellen Einrichtungen vom direkten administrativen Druck wegzukommen und wirksamere Methoden der Integration zu finden.

Auf wirtschaftlichem Gebiet gestand der Stellvertretende Ministerpräsident Stoph im Juni 1961 ein, »daß es zur Zeit bei der Versorgung mit Fleisch, Milch und Butter eine Reihe Schwierigkeiten gibt«. Er kritisierte, daß viele LPGs ihre landwirtschaftlichen Nutzflächen nicht bestellten und so auch den Plan nicht erfüllten. Die Ursache für diese Krise der Landwirtschaft, die Zwangskollektivierung, nannte Stoph nicht beim Namen.[185]

Doch nicht nur in der Landwirtschaft, auch in der Industrie führte der harte Kurs der SED zu Rückschlägen. Während 1959 noch ein Zuwachs von rund 7,2 Milliarden Mark gegenüber dem Vorjahr erzielt wurde, betrug der Zuwachs 1960 5,4 Milliarden Mark und 1961 sogar nur 4,4 Milliarden Mark. Es kam auch wieder zu Arbeitsniederlegungen (z. B. in Erfurt). Für die SED war dies »organisierte Feindarbeit«, konnte es doch nach Ansicht der Parteiführung »für Streiks in unseren Betrieben keinen Raum geben«.[186]

[183] Neues Deutschland, Nr. 153 vom 30. 6. 1958.

[184] Das Gesetzbuch der Arbeit wurde 1963 und 1966 novelliert und ergänzt, in den Grundlagen blieb es unverändert.

[185] Neues Deutschland, Nr. 162 vom 14. 6. 1961.

[186] Beratung des Politbüros mit den 1. Sekretären der Bezirks- und Kreisleitungen und den Vorsitzenden der Räte der Bezirke und Kreise (23./24. Mai 1960). Hrsg. vom Büro des Politbüros. Als parteiinternes Material gedruckt, S. 19, Kopie im Privatarchiv Weber. Vgl. auch Doernberg, Kurze Geschichte, S. 418.

In der Mitteilung über den Stand der Volkswirtschaft im 1. Quartal 1961 bestätigte der Ministerrat, daß erhebliche »Planrückstände« aufgetreten waren. Grund dafür war neben der Massenflucht eine Umstrukturierung der Wirtschaft, die sogenannte »Störfreimachung« vom Westen. Wegen des Passierscheinzwangs für alle Westdeutschen, die den Ostsektor von Berlin betreten wollten, hatte die Bundesregierung im September 1960 das Interzonen-Handelsabkommen gekündigt. Um den Interzonenverkehr nach Berlin nicht zu gefährden, annullierte die Bundesregierung zwar im Dezember 1960 ihre Kündigung wieder, aber nun wollte sich die DDR aus der wirtschaftlichen Verklammerung mit der Bundesrepublik lösen, um die Gefahr von Produktions-Störungen zu vermeiden.

Mauerbau 1961

Wirtschaftliche Schwierigkeiten, die Kollektivierung der Landwirtschaft, ein härterer politischer Kurs der SED und die Berlin-Drohungen Chruschtschows – das alles führte 1960/61 zu einer allgemeinen Krise des anderen deutschen Staates. Die Flüchtlingszahlen wuchsen 1961 zu einer Lawine (allein im Juli 1961: 30 000). Die Verbraucher reagierten kritisch, da sich die Versorgungslage rapide verschlechterte. Die SED-Führung diskutierte im Juli 1961 über die Versorgungsengpässe. Zwar hatte die Sowjetunion der DDR einen außerordentlichen Kredit von 2 Milliarden Mark zugesagt und wollte zusätzlich außer Maschinen und technischen Ausrüstungen auch Fleisch, Butter, Fische, Öl usw. an die DDR liefern, doch die Krise blieb permanent.

Ende 1960 war es auch zu neuen Spannungen zwischen Staat und Kirche gekommen. In einem »Wort an die Gemeinden« rief die Evangelische Kirche die mitteldeutschen Christen auf, trotz ihrer Bedrängnis auszuhalten und nicht den Weg der Flucht zu gehen. Die SED wandte sich gegen diese »scheinheilige Erklärung«, sie warf der Kirche Heuchelei und »eine grobe Einmischung in die Angelegenheiten unseres Staates« vor. Die 1958 vereinbarte »gemeinsame Erklärung« zwischen Kirchenführung und der Regierung wurde als »bedroht« bezeichnet.[187]

Da die Wirtschaftskrise weiter um sich griff, versuchte die SED durch administrative Maßnahmen Änderung zu schaffen. Auf Vorschlag der 13. Tagung des ZK der SED (3./4. Juli 1961) erhielten zwei »harte«, »erprobte« Stalinisten wichtige Wirtschaftsfunktionen: Alfred Neumann wurde Vorsitzender des Volkswirtschaftsrates und Karl Mewis Vorsitzender der Staatlichen Plankommission als Nachfolger Leuschners. Allerdings berief die Tagung zugleich den Wirtschaftsreformer Erich Apel zum Kandidaten des Politbüros und Sekretär des ZK. Alfred Neumann (geb. 1909), Tischler, trat 1929 der KPD bei. Er emigrierte 1934 und nahm am Spanischen Bürgerkrieg teil. 1941 kehrte er freiwillig nach Deutschland zurück und mußte bis 1945 ins Zuchthaus. Seit 1946 SED-Funktionär, war er von 1953 bis 1957 1. Sekretär der Berliner SED, seit 1958 Mitglied des Politbüros, von 1957 bis 1961 Sekretär des ZK und seit 1968 Stellvertreter des Regierungschefs.

Karl Mewis (1907–1987), Schlosser, trat 1924 der KPD bei und war seit 1929 hauptamtlicher Funktionär. Er absolvierte von 1932 bis 1934 die Leninschule in Moskau, war dann im Widerstand und ging in die Emigration. Seit 1946 SED-Se-

[187] Neues Deutschland, Nr. 335 vom 4. 12. 1960.

kretär, war er u. a. von 1952 bis 1961 1. Sekretär der Bezirksleitung Rostock, von 1961 bis 1963 Vorsitzender der Staatlichen Plankommission, dann abgesetzt und bis 1968 Botschafter in Polen, danach »Parteiveteran«.

Die neuen Wirtschaftsführer machten die »Grenzgänger« für die Misere verantwortlich, um den Zorn der Bevölkerung auf diese Kreise zu lenken. Die 53 000 Bewohner aus Ost-Berlin und den Randgemeinden, die noch in West-Berlin arbeiteten, wurden Repressalien ausgesetzt. Die SED behauptete, durch die Grenzgänger würden jährlich Produktionsverluste von einer Milliarde entstehen. Nunmehr wurden die Grenzgänger registriert, mußten ihre Miete in Westmark bezahlen, durften keine hochwertigen Konsumgüter erwerben und dergleichen mehr.

Die Flüchtlingslawine kam auch ins Rollen, weil sowohl Ost-Berlin als auch Moskau im Sommer 1961 den Friedensvertrag für »unaufschiebbar« erklärten und eine Friedensregelung »noch in diesem Jahr« ankündigten. Bei vielen Menschen entstand so die Meinung, eine Reise nach West-Berlin werde bald nicht mehr möglich sein. Sie entschlossen sich überstürzt zur Flucht. Möglicherweise trug auch die westdeutsche Massenpresse mit reißerischen Schlagzeilen über Flüchtlingszahlen und Fluchtberichten dazu bei, den Flüchtlingsstrom zu einer Flut anschwellen zu lassen. Hinzu kam, daß die SED auf dem Lande versuchte, die LPGs Typ III in Typ I umzuwandeln, d. h. von LPGs mit nur genossenschaftlicher Bewirtschaftung des Ackerlandes, aber individuellem Eigentum an Vieh, Maschinen und Geräten, zu LPGs überzugehen, in denen auch Vieh, Maschinen und Geräte Kollektiveigentum waren.[188]

Die internationalen Spannungen schienen nach dem Chruschtschow-Besuch in den USA im September 1959 abgeklungen. Die DDR-Führung erwartete nach dem »Geist von Camp David« auch eine neue Entwicklung in Deutschland. Vor allem aber hoffte die SED auf »eine Lösung des Berlinproblems«.[189] Umgekehrt war damals die Bundesregierung – etwa Außenminister von Brentano – gegen jede Änderung und vertrat im Oktober 1959 die Meinung, »in Berlin bleibe es am besten wie es sei«.[190]

Doch nach dem Abschuß eines US-Aufklärungsflugzeuges über der UdSSR im Mai 1960 nahmen die Spannungen wieder erheblich zu. Obwohl die Pariser Gipfelkonferenz im Mai 1960 wegen dieses Zwischenfalls scheiterte, wiegelte Chruschtschow bei einem Besuch in Ost-Berlin ab: Er war nicht bereit, den Forderungen der SED-Führung nach einer raschen und gewaltsamen Lösung des West-Berlin-Problems nachzugeben. Anfang Juni 1961 trafen der neue US-Präsident J. F. Kennedy und Chruschtschow in Wien zusammen, gleichzeitig verstärkte die UdSSR ihren Druck auf West-Berlin. Die SED kündigte eine Regelung »noch in diesem Jahr« an[191], denn sie dachte, mit sowjetischer Hilfe den Luftverkehr und damit West-Berlin in die Hand bekommen zu können. Doch inzwischen war wohl auch der Sowjet-Führung klar geworden, daß ihr die militärische Überlegenheit fehlte.

Der Konflikt mit der Volksrepublik China zwang Chruschtschow zu einer Korrektur seiner Politik. Die Konferenz von 81 kommunistischen und Arbeiterparteien in Moskau im November 1960 hatte den Bruch im Weltkommunismus signalisiert, da es »zu prinzipiellen Meinungsverschiedenheiten in Grundfragen der inter-

[188] Neues Deutschland, Nr. 204 vom 26. 7. 1961.

[189] Neues Deutschland, Nr. 268 vom 29. 9. 1959 (Leitartikel).

[190] So die Niederschrift eines Bremer Beamten über ein Gespräch mit von Brentano. Staatsarchiv Bremen, NL Adolf Ehlers, 7, 144, 4.

[191] Neues Deutschland, Nr. 160 vom 12. und Nr. 164 vom 16. 6. 1961.

nationalen Entwicklung und der Strategie und Taktik der revolutionären Arbeiterbewegung mit den Vertretern der Kommunistischen Partei Chinas« gekommen war[192], wie die SED später zugab. 1960 aber war Ulbricht bestrebt, die Differenzen zu leugnen, er sprach von Spekulationen des »Klassengegners«, der sich »verrechnet« habe und sich »in Zukunft noch mehr verrechnen« werde.[193] Damit war der Streit im Weltkommunismus nicht zu beseitigen, der die UdSSR zu einer Kursänderung in Europa veranlaßte. Da Präsident Kennedy am 25. Juli 1961 klarstellte, für die USA seien sowohl die Anwesenheit westlicher Truppen als auch der Zugang nach Berlin unverzichtbar, steuerte die UdSSR auf eine Abriegelung Ost-Berlins zu, die die Interessen der USA nicht direkt berührte.

Die Berlin-Krise war beendet, eine der Folgen war allerdings der Mauerbau. Doch hatte diese Krise der SED weder die erstrebte Erweiterung ihres Handlungsspielraums noch die gewünschte internationale Aufwertung gebracht.[194]

Die DDR-Führung steigerte inzwischen durch ihre harte Politik die Massenflucht. Die Gerichte hielten sich an Ulbrichts These, »Wachsamkeit und Härte gegenüber den Feinden unserer Entwicklung tragen entscheidend zur Sicherung und Festigung des sozialistischen Aufbaus bei«.[195] Gegen angebliche »Menschenhändler« wurden immer schwerere Strafen ausgesprochen. Die Regierung reagierte nervös und wandte sich gegen »verbrecherische Abwerbungsaktionen«[196], gegen die Fluchtbewegung. Die nach mißglückter Flucht Festgenommenen wurden streng bestraft, doch konnte die Haltung der Justiz den Flüchtlingsstrom nicht aufhalten, sondern steigerte ihn eher. Allein im August 1961 flüchteten 47000 Menschen. In Prozessen gegen sogenannte »Kopfjäger« wurden die Urteile immer drakonischer; am 2. August erhielten angebliche Abwerber 12- und 15jährige Zuchthausstrafen.[197]

Seit 1949 waren über 2,6 Millionen Menschen aus der DDR geflohen:[198]

1949 ab September	129 245
1950	197 788
1951	165 648
1952	182 393
1953	331 390
1954	184 198
1955	252 870
1956	279 189
1957	261 622
1958	204 092
1959	143 917
1960	199 188
1961 (1.1.–15.8.)	159 730
	2 691 270

192 Geschichte der Sozialistischen Einheitspartei Deutschlands. Abriß. Berlin (Ost) 1978, S. 409.

193 Neues Deutschland, Nr. 349 vom 18. 12. 1960.

194 Michael Lemke, Die Berlinkrise 1958 bis 1963. Interessen und Handlungsspielräume der SED im Ost-West-Konflikt. Berlin 1995, S. 290.

195 Neues Deutschland, Nr. 39 vom 8. 2. 1961.

196 Neues Deutschland, Nr. 208 vom 30. 7. 1961.

197 Neues Deutschland, Nr. 213 vom 4. 8. 1961.

198 Die Flucht aus der Sowjetzone und die Sperrmaßnahmen des kommunistischen Regimes vom 13. August 1961. Hrsg. v. Bundesministerium für Gesamtdeutsche Fragen. Bonn, Berlin 1961, S. 15.

Da die meisten der qualifizierten DDR-Flüchtlinge im arbeitsfähigen Alter standen (50 Prozent waren Jugendliche unter 25 Jahren), hatte der Flüchtlingsstrom verheerende Auswirkungen auf Wirtschaft und Gesellschaft der DDR. Es waren keinerlei Anzeichen zu erkennen, daß die DDR durch menschliche Erleichterungen, ein Nachlassen des politischen Drucks oder Verbesserungen der Lebenslage die Fluchtbewegung aufzufangen suchte (ähnlich wie von 1957 bis 1959). Wahrscheinlich war es dazu Mitte 1961 auch bereits zu spät. Um ein Ausbluten ihres Staates zu verhindern, entschloß sich die DDR-Führung zur Abriegelung der Grenzen nach West-Berlin.

Noch im März 1961 hatte sich Ulbricht auf einer Tagung des Warschauer Paktes mit seinen Plänen, eine Stacheldrahtbarriere um West-Berlin zu errichten, nicht durchsetzen können. Der ungarische KP-Chef Kadar und der rumänische KP-Führer Gheorghiu-Dej wandten sich scharf gegen diese Überlegungen und Chruschtschow verweigerte die Zustimmung.[199] Daraufhin entwickelte die DDR Alternativkonzeptionen:

»1. Die Radikallösung: Sperrung der Luftwege,
2. Mauerbau, gegebenenfalls Zurückverlegung um einige hundert Meter, falls die Westmächte es erzwingen,
3. Schließen des Ringes um Groß-Berlin, d. h. Abriegelung der DDR unter Ausklammerung ihrer Hauptstadt als Teil der Viermächte-Stadt.«[200]

Daraufhin berieten vom 3. bis 5. August 1961 die 1. Sekretäre der kommunistischen Parteien der Staaten des Warschauer Vertrags in Moskau. Diese Konferenz stimmte jetzt – entsprechend den sowjetischen Vorstellungen – der Lösung »Mauerbau« zu. Offiziell war der DDR »vorgeschlagen« worden, eine »verläßliche Bewachung und wirksame Kontrolle« der »Grenze« um West-Berlin einzuführen.[201] Nach seiner Rückkehr aus Moskau berichtete Ulbricht dem Politbüro am 7. August in einer fast fünfstündigen Sondersitzung über die Ergebnisse der Zusammenkunft. Nun wurde festgelegt: »Der Beginn der vorgesehenen Maßnahmen zur Kontrolle erfolgt in der Nacht vom Sonnabend auf Sonntag auf Grund eines Beschlusses des Ministerrates. Genosse Ulbricht wird den Ministerrat am Wochenende zu einem Beisammensein einladen«.[202] Alle Vorbereitungen wurden unter größter Geheimhaltung getroffen. Die ordentliche Sitzung des Politbüros am 8. August ging auf die »Kontrolle der Grenze« überhaupt nicht ein. Wie üblich wurden wichtige Tagesordnungspunkte (Außenhandel, Erhöhung der Deviseneinnahmen, Kirchenangelegenheiten) mit peripheren Fragen (Auszeichnungen) vermengt.[203] Erst eine erneute Sondersitzung des Politbüros am Freitag, 11. August, bestätigte dann die Begleitmaßnahmen der vorgesehenen Abriegelung: »Der Entwurf eines Beschlusses des Ministerrates aufgrund der Erklärung der Teilnehmer-Staaten des Warschauer Vertrages und des Beschlusses der Volkskammer wird bestätigt.«[204] Nachdem das Po-

[199] Jürgen Rühle und Gunter Holzweißig, 13. August 1961. Die Mauer von Berlin. Hrsg. v. Ilse Spittmann. Köln 1981, S. 14.

[200] Ebd., S. 16. Dies wurde dem Autor auch von Prof. Wolfgang Seiffert, früher Berlin (Ost), bestätigt.

[201] Staats- und Rechtsgeschichte der DDR. Grundriß. Berlin (Ost) 1983, S. 168 f.

[202] Protokoll Nr. 39/61 der außerordentlichen Sitzung des Politbüros vom 7. 8. 1961. SAPMO, DY 30, J IV 2/2/781.

[203] Protokoll Nr. 40/61 des Politbüros vom 8. 8. 1961. SAPMO, DY 30, J IV 2/2/782.

[204] Protokoll Nr. 41/61 der außerordentlichen Sitzung des Politbüros vom 11. 8. 1961. SAPMO, DY 30, J IV 2/2/783.

litbüro entschieden hatte, konnte formal der Ministerrat die »Kontrolle« anordnen. Daraufhin versperrten in der Nacht vom 12. zum 13. August 1961 Volkspolizei, Betriebskampfgruppen und NVA die quer durch Berlin verlaufende Sektorengrenze mit Stacheldrahtverhauen und Steinwällen, in den folgenden Tagen und Monaten wurde dann rund um West-Berlin eine 45 km lange Mauer errichtet. Die Bevölkerung konnte nicht mehr von Ost-Berlin nach West-Berlin.

Wie sehr die SED-Führung die Reaktion der Bürger auf die Abriegelung fürchtete, zeigen die zunächst ständig vorgelegten Stimmungsberichte.[205] Das Politbüro traf sich schon am Montag, 14. August, abermals zu einer außerordentlichen Sitzung. Am 15. August, dem üblichen Dienstag-Sitzungs-Termin, wurden Beschlüsse nur im Umlauf-Verfahren gefaßt, am Dienstag, 22. August, fand dann wieder eine »normale« Tagung des Politbüros statt.[206] Erich Honecker, der für Grenzabsperrungen verantwortlich war, hatte dem Politbüro am 14. August über die »gegenwärtige Lage und den Stand der durchgeführten Maßnahmen« berichtet. Die »Schlußfolgerungen« wurden »bestätigt«, und nun die 1. Bezirkssekretäre der SED »informiert«. Wegen der West-Berliner »Hetzdemonstrationen« sei der Übergang Brandenburger Tor »vorübergehend« geschlossen worden, generell wurde angeordnet, die »provisorisch angelegten Sperren zu den gesperrten Übergängen nach Westberlin fest« auszubauen.[207]

Schließlich wurde am 22. August durch »Beschluß« gefordert, daß durch »Gruppen, Züge oder Kompanien schriftliche Erklärungen abgegeben werden, die beinhalten, daß sie voll verstanden haben, um was es geht und daß jeder, der die Gesetze unserer Deutschen Demokratischen Republik verletzt – wenn erforderlich – auch durch Anwendung der Waffe zur Ordnung gerufen wird.«[208] Mit diesem Beschluß »Anwendung der Waffe« an der Mauer wurde jeder Fluchtversuch lebensgefährlich. An der Mauer haben Todesschützen in der Folgezeit die Abriegelung der DDR »vollendet«: Insgesamt wurden bis 1989 235 Menschen erschossen. Die eigene Bevölkerung war somit eingesperrt.

[205] Vgl. Patrick Major, »Mit Panzern kann man doch nicht für den Frieden sein.« Die Stimmung der DDR-Bevölkerung zum Bau der Berliner Mauer. In: Jahrbuch für Historische Kommunismusforschung 1995. Berlin 1995, S. 208 ff.

[206] Protokoll Nr. 42, 43, 45. SAPMO, DY 30, J IV 2/2/784–787.

[207] Protokoll Nr. 42/61 der außerordentlichen Sitzung des Politbüros vom 14. 8. 1961. SAPMO, DY 30, J IV 2/2/784.

[208] Protokoll Nr. 45/61 der Sitzung des Politbüros vom 22. 8. 1961. SAPMO, DY 30, J IV 2/2/787.

4. KAPITEL

Die Festigung der DDR 1961–1965

Die Zäsur von 1961

In der Periode 1961 bis 1965 gab es Ansätze einer ökonomischen Stabilisierung der DDR. Die Anpassung an die forcierte »Entstalinisierung« in der Sowjetunion durch Chruschtschow nach dem XXII. Parteitag der KPdSU 1961 einerseits sowie Sachzwänge der Industriegesellschaft andererseits verlangten differenziertere Herrschaftsmethoden des Regimes. Jetzt rückte die Effizienz der Wirtschaft durch Modernisierung und Rationalisierung in den Mittelpunkt der Arbeit von Partei und Staat, denn es galt durch Neutralisierung und Manipulierung der Massen den Terror abzuschwächen.

Mit Hilfe der Sowjetunion hatte die SED ihr Regime bis 1961 zwar festigen können, aber es war ihr keineswegs gelungen, eine Unterstützung der Mehrheit der Bevölkerung zu erreichen und sich damit eine solide Basis ihrer Macht zu verschaffen. Soziale Sicherheit, Ansätze zur Gleichberechtigung der Frauen, Aufstiegschancen der Jugend und der Arbeiter, solidarisches Verhalten oder das Bekenntnis zum Antifaschismus wurden gerade in den fünfziger Jahren überdeckt durch die harte, vielfach brutale Praxis der Parteidiktatur, des Polizeistaates. Die radikalen Strukturveränderungen hatten kein florierendes System hervorgebracht, sondern eine krisenhafte Gesellschaft. Bei den enormen sozialen Umschichtungen erfuhr die Führung keine breite Zustimmung, oft nicht einmal von sozialen Aufsteigern. Neben der politischen Unterdrückung verbitterten die wirtschaftliche Misere, vor allem ständige Versorgungsengpässe, die Menschen. Alle ideologischen Versprechungen boten keinen Ersatz für fehlende Meinungsfreiheit und Rechtssicherheit, politische Mitwirkung oder einen erwarteten besseren Lebensstandard. Die Instabilität führte zu einer Dauerkrise des Regimes, der Mauerbau war dafür ein Indiz und zugleich eine Bankrotterklärung.

Das Jahr 1961 war eine einschneidende Zäsur der DDR-Entwicklung. Bestimmten bis dahin ideologische Normen und programmatische Zielsetzungen (Umgestaltung der DDR nach dem sowjetischen Modell) die Politik der Führung, so wirkte nunmehr die veränderte gesellschaftliche Realität stärker auf sie zurück und prägte die Politik in einem »konservativ« gewordenen System.

Das Jahr 1961 mit dem Mauerbau war auch für die deutsche Spaltung ein tiefer Einschnitt. Die durch westliche »Sonntagsreden« immer wieder genährte Hoffnung vieler Menschen, die Wiedervereinigung sei mehr oder weniger schnell zu verwirklichen, wenn der Westen nur eine Politik der Härte praktiziere und die »Zone« nicht anerkenne, brach zusammen. Nach anfänglicher ohnmächtiger Wut und Empörung über den Mauerbau und die Zurückhaltung der Westalliierten bahnte sich eine realistischere Einstellung zur DDR an.

Dabei wurden auch die prinzipiellen Gegensätze deutlich, die in den fünfziger Jahren zwischen den beiden deutschen Staaten entstanden waren. In der DDR hatte sich die stalinistische Diktatur herausgebildet, zugleich ein Wirtschafts- und Gesellschaftssystem, das an die solidarischen Ideen der Arbeiterbewegung anknüpfen wollte. Dies wurde nicht nur durch die Diktatur verzerrt, sondern auch durch bürokratische Ineffizienz, schwere Lasten der Vergangenheit (Reparationen usw.) sowie die ungünstigere Ausgangslage gebremst. Die Fixierung der Bevölkerung auf die Bundesrepublik und die Abwanderung der Flüchtlinge in den Westen waren die Folge.

Die Bundesrepublik mit ihrer freiheitlichen parlamentarischen Demokratie, aber vor allem das »Wirtschaftswunder« zog die Menschen an. Doch in den fünfziger Jahren hatte sich in der BRD eine andere Ordnung etabliert. Im Zeichen des Kalten Krieges (»Alle Wege des Marxismus führen nach Moskau« lautete z. B. ein CDU-Wahlslogan) waren soziale und solidarische Züge der Gesellschaft verpönt, kam es zu einer »Ellbogengesellschaft«, die vor allem im geistig-kulturellen Bereich auch spießige Züge trug. Nachdem der antifaschistische Konsens schon in den vierziger Jahren zerbrochen war, gab es keine wirkliche Auseinandersetzung mit den Hitler-Jahren und damit auch keine »Bewältigung« der NS-Geschichte. Im Rahmen der Wiederaufrüstung und des Kalten Krieges kamen im Gegenteil bedenkliche Zeichen der »braunen« Vergangenheit zutage, oft ein nahtloses Anknüpfen an den »alten« Antikommunismus. Nach den Hungerjahren führte die Faszination des gelungenen Wiederaufbaus, der wirtschaftlichen Erfolge, von denen alle profitierten, auch zu politischer Trägheit, ja Resignation, die Demokratie wurde eher passiv hingenommen, Ansätze zum Obrigkeitsstaat waren nicht zu übersehen. Da viele kritische Menschen aus der DDR flüchteten, verringerte sich auch dort das oppositionelle Potential. Mit »deutscher Gründlichkeit« wurde im Osten der Stalinismus übertragen und im Westen der Antikommunismus zur Staatsdoktrin gemacht. Der Untertanengeist erwies sich als recht langlebig (insofern war der Aufstand vom 17. Juni 1953 die große Ausnahme) und wurde von beiden Führungen bewußt ausgenutzt.

Das in der Tat abschreckende Beispiel der DDR diente den herrschenden Kreisen der Bundesrepublik als ein Mittel, um die eigene Gesellschaft in ausgefahrenen Bahnen zu halten. Die restaurativen Tendenzen in der Bundesrepublik wiederum waren für die Machthaber der DDR ideologische Propagandawaffen, um wenigstens ihre eigene Elite zusammenzuhalten. Die Eskalation war ebenso unübersehbar wie die Tabus auf beiden Seiten.

Die sechziger Jahre brachten hier Veränderungen. In der Bundesrepublik machten politische und kulturelle Bewegungen deutlich, daß in einer lebendigen Demokratie pluralistische Strömungen notwendig sind. Die DDR ihrerseits mußte wegen der Entstalinisierung in der Sowjetunion nach flexibleren Formen der Machterhaltung suchen. Da kritische Menschen nach dem Bau der Mauer nicht mehr einfach das Land verlassen konnten, sammelte sich dort erneut eine potentielle Opposition.

Zunächst ermöglichte es der Bau der Mauer zahlreichen SED-Funktionären, die Menschen, die nun nicht mehr aus der DDR fliehen konnten, zu schikanieren. Die Regierung erließ eine Verordnung über Aufenthaltsbeschränkungen, nach der auch die Einweisung in Arbeitslager erfolgen konnte. Bummelanten und Staatsfeinden wurde schonungsloser Kampf angesagt. In einem damals typischen Flugblatt hieß es: »Haupttagesordnungspunkt: Abrechnung mit der Erzbummelantin Helga Siegemund, geb. am 10. 7. 1936. Die Geduld der Kollegen der Nachbehandlung II war am Ende. Sie forderten: Übergabe der Kollegin Helga Siegemund an den Staatsanwalt zur Festlegung von wirksameren Erziehungsmaßnahmen. Seit dem 3. Februar dieses Jahres arbeitete Helga Siegemund in dieser Abteilung. Verzeihung, das war ein falscher Zungenschlag, denn Helga Siegemund arbeitete selten ... 23 Tage fehlte sie seit Februar unentschuldigt – 16 Tage war sie ›unpäßlich‹ und feierte krank. – Viele ungezählte Stunden kam sie zu spät zur Arbeit. Das konnte natürlich die Abteilungsleitung und die Gewerkschaft nicht so hinnehmen. Die Siegemund erhielt wegen fortgesetzter Arbeitsbummelei Verweise, Verwarnungen, strenge Verwarnungen. Alle diese Erziehungsmaßnahmen fruchteten nicht. Darum dulden die Brigaden der Nachbehandlung II nicht länger, daß dieses arbeitsscheue Subjekt noch länger in ihrer Mitte ist. So wie Helga Siegemund wird es allen jenen gehen, die glauben, in unserem sozialistischen Betrieb, die Arbeit wann und wie es ihnen paßt verrichten zu können ... Jeder Bummelant wird seine gerechte Erziehung erhalten, das fordern unsere sozialistische Gesellschaft und die vor uns stehenden großen Aufgaben. Kommission Agitation und Propaganda.«[1]

In vielen Gegenden der DDR gingen übereifrige Funktionäre nach dem Bau der Mauer daran, Bürger zu verfolgen. Das FDJ-Organ ›Junge Welt‹ berichtete von einem Zwischenfall an der Oberschule Schkopau, bei dem die FDJ-Gruppe einen »Abweichler« entlarvte: »Anfangs glaubten die FDJler der Gruppe, Peter Kluch könne nur nicht richtig denken, als er gegen die Maßnahmen vom 13. August auftrat ... Doch die FDJler seiner Grundeinheit stehen fest an der Seite Walter Ulbrichts und lassen sich durch den Achtgroschenjungen Kluch nicht aus dem Gleichgewicht bringen. Feinde gehören nicht in unseren Jugendverband und auch nicht in unsere Klasse, erklärten sie, schlossen Kluch aus der FDJ aus und ließen ihn durch FDJ-Ordnungsgruppen unseren Staatsorganen übergeben.«[2]

SED-Zeitungen propagierten die Schlägermethoden noch. Unter der Überschrift »Schlagkräftig« hieß es in der ›Leipziger Volkszeitung‹: »Dieser oder jener mag in den letzten Tagen bezweifelt haben, ob es richtig ist, wenn Feinde unserer Republik ergriffen und verprügelt werden.« Das Blatt schrieb weiter, den Feinden müsse man aber »mit der Faust begreiflich« machen, um was es gehe. Und die ›Sächsische Zeitung‹: »Da hilft nur die Faust aufs Schandmaul ... seine Faust, die gewohnt ist, den Zimmermannshammer zu führen, unterstrich mit nachhaltiger Wirkung im Gesicht des Provokateurs diese Worte.«[3] Unter der Überschrift »Bitte schön, kommt hervor, wenn ihr tanzen wollt« berichtete das Leipziger SED-Blatt hämisch, wie ein Arbeiter, der sich gegen die Mauer in Berlin geäußert hatte, so geschlagen wurde, daß er in ein Krankenhaus eingeliefert werden mußte. »Er tanzte von Faust zu Faust, erst konnte er noch gehen, dann [d. h., als er völlig zusammengeschlagen war] durfte er im Auto fahren, aber in sicherer Begleitung.«[4]

Wie die »harte Linie« den Alltag der DDR-Bürger prägte, zeigen viele solcher Beispiele. Ein Flugblatt, angeblich von »der Belegschaft« eines Großbetriebes unterschrieben, hetzte gegen einen Brigadier, der »sein Ohr ständig am RIAS« hatte und »unseren Genossen Walter Ulbricht verleumdete«. Er wurde verprügelt (»packten Arbeiterhände zu«) und verhaftet »und hat nun 4 Monate Zeit, darüber nachzudenken, wo es hinführt, wenn man sich vor den Karren des Klassenfeindes

[1] Kopie des Flugblattes im Privatarchiv Weber.
[2] Junge Welt vom 11. 10. 1961.
[3] Leipziger Volkszeitung vom 23. 8. 1961 und Sächsische Zeitung vom 21. 8. 1961.
[4] Leipziger Volkszeitung vom 19. 8. 1961.

spannt«.[5] Diese Angriffe gegen namentlich genannte Personen sollten eine Atmosphäre der Angst erzeugen und politische Forderungen ersticken. So wurden in Rathenow Arbeiter angeprangert, die »freie Wahlen« gefordert hatten.[6]

Am 20. September 1961 verkündete die Volkskammer das »Gesetz zur Verteidigung der DDR«, das dem Staatsrat und damit vor allem dessen Vorsitzenden Walter Ulbricht nahezu uneingeschränkte Notstandsrechte einräumte. Daß es sich dabei nicht um Notstandsgesetze für einen eventuellen Kriegsfall handelte, machte Verteidigungsminister Heinz Hoffmann deutlich. Er erklärte bei der Verabschiedung des »Gesetzes zur Verteidigung der DDR«: »Im vorliegenden Gesetzentwurf sind alle jene grundlegenden Bestimmungen niedergelegt, die es uns ermöglichen, sowohl in Friedenszeiten wie auch im Verteidigungsfalle die erforderlichen Maßnahmen zum Schutze unseres Vaterlandes durchführen zu können.«[7]

Der Terror hielt nicht lange an, sondern verebbte bis zum Jahresende. Im Oktober 1961 wandten sich die 1. Sekretäre der SED-Bezirksleitungen von Dresden und Leipzig, Krolikowski und Fröhlich, gegen Holzhammerpolitik, Sektierertum und Überspitzungen. Die Politik der »harten Faust« wurde abgeblasen.

Das war – wie so oft – eine Konsequenz aus der Entwicklung der UdSSR. Dort leitete Chruschtschow auf dem XXII. Parteitag der KPdSU im Oktober 1961 eine neue Phase der Entstalinisierung ein, und die Ulbricht-Führung sah sich gezwungen, dem sowjetischen Kurs zu folgen. Dabei hatte die SED-Spitze wohl im Gegenteil erwartet, daß der Trend zu einer Restalinisierung gehe; sie hatte Stalin im Dezember 1959, an seinem 80. Geburtstag, gelobt, den »Genossen Stalin« als guten Freund des deutschen Volkes bezeichnet und ihm »große Verdienste für den Sozialismus« bestätigt.[8] Die Beratung der kommunistischen Parteien vom November 1960 in Moskau schien der SED zunächst recht zu geben: Der Revisionismus wurde weiterhin zur »Hauptgefahr« erklärt.[9] In einer Entschließung solidarisierte sich die SED mit der Moskauer Konferenz. Noch auf dem IV. Parteitag der albanischen Kommunisten im Februar 1961 in Tirana sprach Hermann Axen als Vertreter der SED von den »bankrotten Ideen« der »jugoslawischen Revisionisten«.[10]

Der XXII. Parteitag der KPdSU 1961 überraschte die SED mit einem verschärften Kampf gegen den Dogmatismus. Für die SED-Führung war es besonders peinlich, daß die von ihr noch zuvor gefeierten albanischen Kommunisten als Abweichler gebrandmarkt wurden. Mikojan stellte fest, »daß Enver Hodscha und Mehmet Schehu in ihrer Partei schon lange Zustände und Methoden, die mit dem Marxismus-Leninismus unvereinbar sind, eingeführt haben«.[11]

Der XXII. Parteitag übte harte Kritik an Stalin und seinen Praktiken. Chruschtschow nahm in seinem Schlußwort noch einmal in aller Öffentlichkeit zu den Folgen des Personenkults Stellung, entlarvte den Terror und rehabilitierte wichtige Partei- und Armeeführer, die in den Stalinschen Säuberungen umgekommen waren. Er schlug sogar vor, »in Moskau ein Denkmal zum Andenken an die Genossen, die

[5] Flugblatt im Privatarchiv Weber.

[6] Flugblatt, hrsg. vom Aktionskomitee der Nationalen Front Rathenow, im Privatarchiv Weber.

[7] Neues Deutschland, Nr. 261 vom 21. 9. 1961.

[8] Neues Deutschland, Nr. 351 vom 21. 12. 1959.

[9] Vgl. Kommunistische Grundsatzerklärungen 1957–1971. Eingel. und hrsg. v. Fritz Schenk. Köln 1972, S. 86 ff. Einheit 15 (1960), Heft 12, S. 1795 ff.

[10] Neues Deutschland, Nr. 50 vom 19. 2. 1961.

[11] Neues Deutschland, Nr. 291 vom 22. 10. 1961.

Opfer der Willkür geworden sind«, zu errichten.[12] Die Leiche Stalins wurde aus dem Lenin-Mausoleum entfernt.

Die SED schloß sich wieder einmal der sowjetischen Politik an. Sie begann mit rein äußerlichen Anpassungen: Nach Stalin benannte Straßen und Plätze, Fabriken und Institute wurden umgetauft; in Ost-Berlin verschwand über Nacht das riesige Stalin-Denkmal. Die Entstalinisierung in der Sowjetunion billigte die SED uneingeschränkt. Ulbricht selbst verurteilte nun den Personenkult um Stalin und die »unter Führung Stalins begangenen Fehler und Verbrechen«[13], er versprach sogar, »feste Garantien gegen eine Wiederholung solcher Fehler« zu schaffen.

Das 14. Plenum des ZK der SED vom 23. bis 26. November 1961, auf dessen Tagesordnung zwar ausdrücklich der XXII. Parteitag der KPdSU und die »Aufgaben« in der DDR standen, drängte die Abrechnung mit Stalin in den Hintergrund. Wieder einmal wurden vor allem die wirtschaftlichen Probleme behandelt. Ulbricht benutzte die Gelegenheit, nochmals seinen Widersacher Schirdewan als »Revisionisten« anzugreifen. Nur einige Funktionäre gingen auf der Tagung direkt auf Chruschtschows Verurteilung Stalins ein. So sagte der Leiter des Büros des Politbüros, Otto Schön: »Solche Menschen wie Stalin, Molotow und Kaganowitsch gehörten für mich zur Leninschen Garde, waren Inbegriff des Bolschewiks. Um so erschütternder war es, erleben zu müssen, daß ihre späteren Handlungen in keiner Weise mit ihren Worten und Erklärungen im Einklang standen, ganz zu schweigen von ihren gegen die Partei gerichteten Maßnahmen, denen Tausende guter Kommunisten zum Opfer fielen. Aber Erschütterung hin – Erschütterung her, es war richtig und absolut notwendig, schonungslos mit ihnen abzurechnen, weil das die Garantie schafft, daß sich das niemals mehr wiederholt.«[14]

Solche klare Distanzierung war auf dem ZK-Plenum die Ausnahme. Paul Verner sprach nur davon, daß ihn die »Folgen des Personenkults ... sehr schmerzlich berührten«[15], andere drückten sich noch verschwommener aus. Um so eindeutiger wurde die »Hetze« gegen Ulbricht zurückgewiesen; Gerhard Grüneberg forderte z. B., daß sich »alle geschlossen hinter den Genossen Ulbricht stellen« sollten. Erich Honecker hob das »Verdienst« Ulbrichts hervor, immer rechtzeitig »die neuen Probleme unseres Kampfes« gesehen zu haben, und für Hanna Wolf, Direktorin der Parteihochschule, war Ulbricht gar »das Synonym der Partei«.[16] Zwar berichtete ein ZK-Mitglied von der »Basis«, es gebe dort Meinungsverschiedenheiten darüber, warum nochmals der »Personenkult« diskutiert werde, so »schlecht war doch der Genosse Stalin gar nicht«. Vereinzelt würde auch umgekehrt gesagt, »diejenigen, die am 17. Juni 1953 Stalinbilder zerstört haben, hatten ja dann recht!«, doch seien dann eben die »Dokumente« des XXII. Parteitags zu wenig bekannt.[17] Kurt Hager, Kandidat des Politbüros und Sekretär des ZK, wendete die Kritik ins Positive: »Welch ein Glück für die weitere Entwicklung in der Sowjetunion und der internationalen Arbeiterbewegung, daß die KPdSU unter Führung ihres Zentralkomitees, mit

[12] Die Presse der Sowjetunion, Nr. 136 vom 12. 11. 1961, S. 3028 ff. Neues Deutschland, Nr. 298 vom 29. 10. 1961.

[13] Neues Deutschland, Nr. 327 vom 28. 11. 1961.

[14] Diskussion zum Bericht des Genossen Walter Ulbricht über den XXII. Parteitag der KPdSU und die Aufgaben in der Deutschen Demokratischen Republik, 14. Tagung des ZK der SED, 23. bis 26. November 1961. Berlin (Ost) 1961, S. 30.

[15] Ebd., S. 106.

[16] Ebd., S. 61, 138, 326.

[17] Baumgart, ebd., S. 120 f.

Nikita Sergejewitsch Chruschtschow an der Spitze, entschlossen und schonungslos die Fehler und Verbrechen Stalins aufdeckte und sich von diesem Leninschen Kurs auch nicht durch die parteifeindliche, konservative und dogmatische Gruppe Molotow, Kaganowitsch, Malenkow und andere, die der XXII. Parteitag eindeutig verurteilte, abhalten ließ.«[18]

Solche Ausführungen zeigen, daß die SED-Führung auch 1961 formal die Linie der Sowjetführer akzeptierte, aber real auf stalinistischen Positionen blieb. So wurde denn auch von Hermann Axen der »Revisionismus« der italienischen Kommunisten angegriffen und von Otto Winzer die albanischen »Dogmatiker«.[19]

Die Politik der SED war – in der Selbstbeweihräucherung des ZK – hingegen »selbst in der Periode des Personenkults um Stalin« immer richtig und an den »Leninschen Parteinormen« orientiert gewesen.[20] Entsprechend wurde vom ZK auch Schirdewan für Fehler verantwortlich gemacht, und der Minister für Staatssicherheit, Erich Mielke, verwies auf »Untersuchungen« gegen »festgenommene Spionage- und Agentengruppen«, wobei er namentlich den aus West-Berlin entführten ehemaligen Berliner SED-Funktionär Heinz Brandt sowie den verhafteten Altkommunisten Karl Raddatz erwähnte.[21] Die SED-Führung blieb also in den Schablonen ihrer bisherigen Politik, ein Lernprozeß war nicht erkennbar.

Stabilisierungsversuche

In ihrer Agitation hob die SED auch das Programm des »Aufbau des Kommunismus« hervor, das der XXII. Parteitag der KPdSU proklamiert hatte. Danach sollte in der ersten Phase (1961–1970) die Sowjetunion die USA »in der Pro-Kopf-Produktion überflügeln« und »als Ergebnis des zweiten Jahrzehnts (1971–1980) die materiell-technische Basis des Kommunismus« errichten.[22] Ein »Überfluß an materiellen und kulturellen Gütern für die gesamte Bevölkerung« wurde bis 1980 versprochen, ja sogar »das Prinzip der Verteilung nach den Bedürfnissen« in Aussicht gestellt. Es wurden nicht nur ausreichende Nahrungsmittel und Massenbedarfsgüter zugesagt, sondern für das zweite Jahrzehnt (also 1971–1980) auch die »unentgeltliche Benutzung kommunaler Verkehrsmittel«, kürzere Arbeitszeit als die 35-Stunden-Woche und »unentgeltliches Gaststättenessen«.

Die Propaganda verfehlte ihre Wirkung – vermutlich haben schon damals die meisten DDR-Bürger den Prophezeiungen nicht geglaubt, sie waren stärker an der Entwicklung und dem Lebensstandard der Bundesrepublik orientiert als an den irrealen Prognosen der KPdSU, die nach Chruschtschows Absetzung in der Versenkung verschwanden. Im Alltag der DDR sollte daher der XXII. Parteitag der KPdSU in erster Linie »Lehrbuch« für die »Werktätigen der DDR« für hö-

[18] Ebd., S. 274.

[19] Ebd., S. 268 f., 288.

[20] So Paul Verner, ebd., S. 108.

[21] Ebd., S. 307 f. Raddatz (1904–1970), als Widerstandskämpfer gegen das NS-Regime inhaftiert, dann Generalsekretär der VVN, wurde 1962 zu sieben Jahren Zuchthaus verurteilt. Heinz Brandt (1909–1986) wurde im Juni 1961 als Redakteur der Gewerkschaftszeitung ›Metall‹ aus West-Berlin verschleppt, zu 13 Jahren Zuchthaus verurteilt und 1964 aufgrund der Proteste im Westen entlassen. Vgl. sein Buch: Ein Traum, der nicht entführbar ist. Mein Weg zwischen Ost und West. München 1967 (Neuaufl. Berlin 1977).

[22] Die Presse der Sowjetunion, Nr. 143 vom 21. 11. 1961, S. 3243.

here Arbeitsleistungen und Übererfüllung der Pläne im »Produktionsaufgebot« sein.[23]

Unter diesen Umständen konnte Ulbricht seine Haltung bestätigt sehen. Doch dessen neuerliches Umschwenken rief in unteren Parteieinheiten immer wieder heftige Kritik hervor. Die Parteiführung mußte sich mehrfach mit der »Hetze gegen den Genossen Walter Ulbricht« befassen.[24] Die 9. Tagung des Zentralrates der FDJ im Dezember 1961 bekannte sich zu Ulbricht, »dem unerschrockenen Kämpfer für den Sieg des Sozialismus, für das Glück der deutschen Nation und ihrer Jugend«. Der FDJ-Vorsitzende Schumann betonte, die Jugendorganisation stehe fest zur Partei »und zu Walter Ulbricht«. Dieser machte der FDJ vor allem ein verbessertes Studium des Marxismus-Leninismus zur Aufgabe.[25] Egon Krenz, Sekretär des Zentralrats für Hochschulwesen und später Mitglied des Politbüros der SED, verlangte nicht nur, den Marxismus-Leninismus »zur Grundlage unseres Handelns zu machen«, sondern auch, die »Erfahrungen der Sowjetwissenschaft zu nutzen und die russische Sprache so zu lernen, daß alle Studenten die Sprache der Erbauer des Kommunismus beherrschen«.[26]

Um Ulbrichts Herrschaft abzusichern, stellte die SED ihren Ersten Sekretär als einen engen Freund Chruschtschows vor, in den Medien erschien nunmehr Ulbricht stets neben Chruschtschow. Tatsächlich bemühte sich Ulbricht, Chruschtschows Politik auf die DDR zu übertragen. Allerdings ging Ulbricht dabei bereits 1961 auf vorsichtige Distanz zum »Modell« Sowjetunion. So sagte er auf einer Rede in Leipzig im Dezember 1961, die Führung habe keineswegs die Absicht, »die Sowjetunion zu kopieren«.[27] Doch hinter den offiziellen Phrasen und Ankündigungen einer Liberalisierung hielt die SED-Führung am Monopol ihrer Macht fest. Und neben dem Versuch, die Bevölkerung zu neutralisieren und durch ideologische Indoktrination zu gewinnen, dienten die Überwachung durch die Staatssicherheit und die Verfolgung durch Justiz und Polizei als zentrale Methoden zur Bekämpfung jeder Opposition, jeder »Abweichung«. Bereits im Januar 1959 war dem Ministerium für Staatssicherheit die »Koordinierung der Aufklärung von Staatsverbrechen« übertragen worden. Für »Feindtätigkeit« – bisher von Staats- und Parteiorganen »bearbeitet« – wurde nunmehr auf allen Ebenen das MfS zuständig, dessen Aufgabengebiet sich ausdehnte.[28]

Die Verfolgung blieb ein integraler Bestandteil der Herrschaftsausübung. Nach realistischen Berechnungen wurden zwischen 1949 und 1989 aus politischen Gründen zwischen 200 000 und 250 000 Personen inhaftiert.[29] Neben Tausenden von Sozialdemokraten wurden nach neuesten Forschungen auch über 2 200 Mitglieder oder Anhänger der CDU verfolgt.[30] Repressalien gegen politische Gegner kenn-

[23] Das Volk. Organ der BL Erfurt der SED, Nr. 263 vom 4. 11. 1961.

[24] Neues Deutschland, Nr. 312 vom 12. 11. 1961.

[25] Junge Welt vom 27. und vom 28. 12. 1961.

[26] Junge Generation, Nr. 7, April 1962, S. 16.

[27] Rede in Leipzig am 8. 12. 1961. In: Walter Ulbricht, Zur Geschichte der deutschen Arbeiterbewegung. Aus Reden und Aufsätzen. Bd. X. Berlin (Ost) 1966, S. 277.

[28] Die DDR vor dem Mauerbau. Hrsg. Dierk Hofmann u. a. Berlin 1993, S. 328.

[29] Vgl. Schlußbericht der Enquete-Kommission »Überwindung der Folgen der SED-Diktatur im Prozeß der deutschen Einheit«. Deutscher Bundestag. Drucksache 13/11000 vom 10. 6. 1998, S. 19.

[30] Günter Buchstab (Hrsg.), Verfolgt und entrechtet. Die Ausschaltung christlicher Demokraten unter sowjetischer Besatzung und SED-Herrschaft 1945–1961. Bearbeitet von Brigitte Kraft und Franz-Josef Kos. Düsseldorf o. J. (1998).

zeichneten das DDR-Regime. Dort wurden 372 Todesurteile verkündet, darunter 136 wegen NS-Verbrechen (in 88 Fällen vollstreckt), aber auch 72 wegen politischer Delikte (»Staatsverbrechen«, Spionage und Wirtschaftsverbrechen; davon 52 vollstreckt).[31]

Und auch hierbei hat sich die SED-Führung noch Anfang der sechziger Jahre die letzte Entscheidung vorbehalten. Beispielsweise wurde dem Politbüro in seiner Sitzung am 5. Dezember 1961 eine Vorlage unterbreitet, nach der zwei SED-Mitglieder (einer zum Tode, sein 76jähriger Schwiegervater zu lebenslänglicher Haft) verurteilt werden sollten. Der Vorwurf lautete, sie hätten im Mai 1945 ihre Familienmitglieder umgebracht, aber die Beschuldigten hätten erklärt, die Tat sei durch sowjetische Soldaten erfolgt. Das Politbüro nahm die Unterlagen zur Kenntnis, wonach gegen beide »die Todesstrafe zu beantragen ist«.[32] In den Akten befindet sich ein Brief von Klaus Sorgenicht, der diese Vorlage eingebracht hatte. Darin vermerkte er, daß doch einmal die Todesstrafe und einmal lebenslänglich Zuchthaus beantragt wurde, nun laute der Beschluß, gegen beide die Todesstrafe zu beantragen. Sorgenicht fragte: »Oder ist dies ausdrücklich im Politbüro so festgelegt?«[33]

Bereits die nächste Sitzung des Politbüros vom 12. Dezember 1961 befaßte sich wieder mit Todesurteilen. Diesmal hatten Mielke, Hilde Benjamin, der amtierende Generalstaatsanwalt Funk sowie Sorgenicht gegenüber zwei »Feinden« diese Entscheidung gefordert. Beiden wurde aus politischen Gründen, Gegnerschaft zur DDR, Brandstiftung vorgeworfen. Die Todesstrafen seien zu fällen, um die »Gefährlichkeit der ideologischen Diversion« zu zeigen bzw. die »ansteigende Tendenz der in der Landwirtschaft durchgeführten Scheunenbrände«. Daher sollten durch »Abschreckung« prophylaktisch »weitere Diversionsverbrechen in der Landwirtschaft« verhindert werden. Das Politbüro nahm die Berichte »zur Kenntnis«.[34] Der Terror der fünfziger Jahre hatte Angst verbreitet (die meisten Todesurteile und Hinrichtungen erfolgten in den fünfziger Jahren) und zur Anpassung geführt, er konnte in den sechziger Jahren zunehmend durch subtilere Methoden ersetzt werden. Aber die Justiz blieb weiterhin ergebenes Instrument der SED-Diktatur.

Für zahlreiche Bewohner der DDR schien es nach dem Mauerbau keine andere Wahl zu geben, als sich mit dem Regime zu arrangieren. Viele Menschen versuchten, das Beste aus ihrer Lage zu machen; sie waren bestrebt, durch größere Leistungen ihr Lebensniveau zu erhöhen und Aufstiegschancen zu erhalten, sie mußten sich einrichten. Diese Haltung bewirkte eine positive Entwicklung, die dadurch möglich werdenden materiellen Verbesserungen wiederum bauten oppositionelle Stimmungen ab, so daß sich die Beziehungen zwischen der Führung und der Bevölkerung allmählich zu versachlichen schienen.

Diesen Trend versuchte die Führung zu verstärken, indem sie der Bevölkerung mehr Freiräume zugestand. Am Arbeitsplatz und während der Freizeit, auf kulturellem Gebiet wie im Alltag und nicht zuletzt durch einen verbesserten Lebensstandard sollten Vorbehalte der Menschen abgebaut werden. Eine wichtige Aufga-

[31] Schlußbericht der Enquete-Kommission »Überwindung der Folgen der SED-Diktatur im Prozeß der deutschen Einheit«, ebd., S. 19 ff. Vgl. auch die eingehende Untersuchung von Falco Werkentin, Todesurteile in der DDR. In: Deutschland Archiv 31 (1998), S. 179 ff.

[32] Protokoll Nr. 63/61 der Sitzung des Politbüros vom 5. 12. 1961. SAPMO, DY 30, J IV 2/2A/866. Vgl. jetzt auch Werkentin, Todesurteile in der DDR, S. 187 ff.

[33] Protokoll Nr. 63/61, ebd., Brief vom 14. 12. 1961.

[34] Protokoll Nr. 64/61 der Sitzung des Politbüros vom 12. 12. 1961. SAPMO, DY 30, J IX 2/2/867.

be kam dabei den Massenorganisationen zu. Sie sollten an der Basis nicht nur Kritik aufnehmen und überwinden helfen, sondern auch Bedürfnisse und Interessen einzelner Schichten und ihrer Mitglieder thematisieren.[35]

Darüber hinaus versuchte die SED neue Anhänger zu gewinnen. Dabei sollten ihr ideologische Kampagnen helfen, in deren Mittelpunkt sie nationale Traditionen und die Geschichte der Arbeiterbewegung rückte. Im März 1962 verabschiedete die Nationale Front das sogenannte ›Nationale Dokument‹, das nach Ulbrichts Worten davon ausging, »daß die deutsche Nation heute in zwei Staaten gespalten ist, die sich auf dem Boden Deutschlands feindlich gegenüberstehen, ein Zustand, den wir nicht wünschen und der nicht anhalten darf«.[36]

Die DDR stelle sich auf eine lange Periode friedlicher Koexistenz in Deutschland ein. Diese sollte durch »eine deutsche Konföderation« gewährleistet werden. »Die Konföderation würde ein Maximum der Verständigung über alle wirtschaftlichen und rechtlichen und kulturellen Fragen, über internationale und nationale Fragen ermöglichen, jede Gefahr eines bewaffneten Konfliktes ausschalten und eine weitere Vertiefung des Grabens zwischen den beiden deutschen Staaten verhindern. Wir meinen, daß alle Deutschen in Ost und West daran interessiert sein sollten. Natürlich ist eine solche Konföderation nicht für die Ewigkeit gedacht. Sie hätte die Zeit zu überbrücken, in der es zwei deutsche Staaten gibt. Sie würde also mit der Wiedervereinigung Deutschlands erlöschen. Besonders wichtig wäre es, im Rahmen einer solchen Konföderation den Frieden für das deutsche Volk in der ganzen Übergangsperiode zu sichern.«[37] Abrüstung, Verbot von Kernwaffen auf deutschem Boden sowie »die Neutralität der deutschen Staaten« seien dann möglich. Die Konföderation sei mehr als »ein Zustand, in dem lediglich nicht geschossen« werde. Auch »Westberlin, das auf dem Territorium der DDR« liege, »würde als entmilitarisierte freie und neutrale Stadt an einer deutschen Konföderation teilnehmen können«.[38]

Solche Pläne hatten bei der damaligen weltpolitischen Lage und dem gespannten Verhältnis beider deutscher Staaten keine Realisierungschancen, ja sie bildeten nicht einmal eine Diskussionsgrundlage, da die Bundesrepublik am Alleinvertretungsanspruch festhielt und keine Gespräche mit der DDR-Regierung geführt wurden. So beschränkte sich die Funktion des ›Nationalen Dokuments‹ auf die Mobilisierung im Innern, die SED veranstaltete darüber eine »Volksaussprache«.

Frauen in der Männergesellschaft

Eine »Volksaussprache« hatte die SED auch zu einem anderen Dokument organisiert, das einen Tag vor Weihnachten 1961 vom Politbüro der SED veröffentlicht wurde: das Kommuniqué ›Die Frau – der Frieden und der Sozialismus‹.[39] Die Par-

[35] Rainer Eckert, Die Rolle der Massenorganisationen im Alltag der Bevölkerung. In: Materialien der Enquete-Kommission »Aufarbeitung von Geschichte und Folgen der SED-Diktatur in Deutschland«. Hrsg. Deutscher Bundestag. Baden-Baden 1995, Bd. II, 2, S. 1243 ff. Vgl. auch Sigrid Meuschel, Legitimation und Parteiherrschaft in der DDR. Frankfurt a. M. 1992.

[36] Neues Deutschland, Nr. 86 vom 27. 3. 1962.

[37] Ebd.

[38] Ebd. Vgl. auch Stephan Thomas (Hrsg.), Das Programm der SED. Das erste Programm der SED. Das vierte Statut der SED. Das Nationale Dokument. Köln 1963, S. 134 ff.

[39] Neues Deutschland, Nr. 352 vom 23. 12. 1961.

tei ging davon aus, daß die ökonomischen Probleme nur zu bewältigen seien, wenn alle Kräfte, vor allem aber auch die Frauen und Mädchen herangezogen würden. Durch die neue Kampagne sollte »die Frau beim Aufbau des Sozialismus mehr als bisher zur Geltung kommen«. Der SED genügte die bisherige Mitarbeit der Frauen nicht, obwohl sie in der Gesellschaft, hauptsächlich aber in der Wirtschaft, eine wesentliche Rolle spielten. Das Kommuniqué bestätigte, daß 64,8 Prozent aller arbeitsfähigen Frauen von 16 bis 60 Jahren berufstätig waren. Im September 1961 waren 3,5 Millionen, d. h. 43,9 Prozent der Gesamtbeschäftigten Frauen, die in allen Wirtschaftszweigen arbeiteten. Am meisten verbreitet war die Frauenarbeit in der Industrie. In der Textilherstellung dominierten die weiblichen Arbeitskräfte mit 72 Prozent. Der Anteil der Frauen nahm auch in den nicht typisch »weiblichen« Berufszweigen zu; so gab es in der Berufsgruppe Chemiewerker 26 Prozent Frauen. Von der Gesamtzahl der Produktionsarbeiter waren in der Textilindustrie 70 Prozent, in der Konfektion 90 Prozent, in der Chemie 34 Prozent und in der Metallurgie 13 Prozent Frauen. Fast 3 Millionen berufstätige Frauen waren gewerkschaftlich organisiert.

Beinahe 70 Prozent der arbeitsfähigen Frauen waren bereits in den Arbeitsprozeß einbezogen, das Reservoir war also nicht mehr allzu groß. Deshalb galt die Hauptsorge der SED der Qualifizierung der Frauen und Mädchen.

Zwar waren 28 Prozent aller Studierenden Frauen, doch die Verteilung auf die einzelnen Fachrichtungen war sehr unterschiedlich. An den Universitäten waren etwa 43 Prozent Studentinnen immatrikuliert, an Pädagogischen Hochschulen 49 Prozent, an Medizinischen Akademien 54 Prozent, in der Fachrichtung Pharmazie 71 Prozent, an Technischen Hochschulen knapp 6 Prozent, in der Fachrichtung Elektrotechnik kaum 3 Prozent.[40] In den sechziger Jahren gab es dann auf dem Gebiet der Frauenqualifizierung nicht unbeträchtliche Fortschritte.

Das Kommuniqué übertrug neben den Frauenausschüssen in den Betrieben auch dem Demokratischen Frauenbund wichtige Aufgaben. Die Frauenorganisation sollte die langjährigen Bemühungen der DDR-Führung forcieren, Frauen zur Mitarbeit in Staat und Wirtschaft zu gewinnen. Die 5. Tagung des DFD-Bundesvorstandes beschloß im Januar 1962, »das Gespräch« mit den Frauen zu suchen, um die wirtschaftliche Sparsamkeit zu fördern und die Bildungsarbeit unter den Frauen zu intensivieren. Sein Hauptaugenmerk richtete der Frauenbund auf die rund 30 Prozent nicht berufstätiger Frauen im arbeitsfähigen Alter. Sie wurden aufgerufen, in den auf Initiative des DFD entstandenen »Hausfrauenbrigaden« mitzuarbeiten.[41] Diese Brigaden wurden ein fester Bestandteil der DDR-Wirtschaft. Der DFD hatte auch über den Rahmen seiner 1,3 Millionen Mitglieder hinaus auf die Frauen der DDR einzuwirken. So fand im Juni 1964 erstmals ein »Frauenkongreß« der DDR statt, auf dem von den über 1 100 Teilnehmerinnen nur 643 Delegierte des DFD waren. Der zweite Frauenkongreß 1969 wurde nicht nur vom DFD, sondern auch vom FDGB und der Nationalen Front einberufen. Seine Hauptforderungen waren Erleichterungen für die berufstätige Frau, Ausbau der Dienstleistungseinrichtungen, Modernisierung des Handelsnetzes, Erweiterung der Schulspeisung usw. Eine besondere Rolle bei der Beeinflussung der Frauen und Mädchen der DDR spielten die 1967 entstandenen »Frauen-Akademien«, die in Vortragsreihen politische, kulturelle oder auch hauswirtschaftliche Themen abhandelten. Der DFD griff die Pro-

[40] Neues Deutschland, Nr. 41 vom 10. 2. 1962.
[41] Vgl. dazu Gerda Weber, Frauen als letzte Reserve. SBZ-Archiv 13 (1962) Nr. 10, S. 154 ff.

bleme der Frauen auf, versuchte also die Interessen seiner Mitglieder zu vertreten, wirkte aber vor allem als Massenorganisation der SED, d. h., er wollte die Frauen stärker in den Wirtschaftsprozeß einbeziehen und sie für das DDR-System gewinnen.

Im politischen und gesellschaftlichen Alltag der DDR zeigte sich allerdings, daß die Mitwirkungsmöglichkeiten der Frauen minimal waren. Ihr Einfluß ließ sich mit einer Pyramide vergleichen: In unteren Funktionen spielten die Frauen eine beachtliche Rolle, in mittleren Positionen waren sie noch ausreichend repräsentiert, an der Spitze jedoch kaum vertreten. In den sechziger Jahren (und bis 1989) war keine Frau Vollmitglied des Politbüros, Anfang der sechziger Jahre gab es lediglich zwei weibliche Minister, Hilde Benjamin und Margarete Wittkowski, Ende der sechziger Jahre sogar nur noch einen, Margot Honecker. Margot Honecker, geb. Feist (geb. 1927), trat 1945 als Stenotypistin der KPD bei und war von 1949 bis 1953 Sekretärin des Zentralrats der FDJ und Vorsitzende der »Jungen Pioniere«. 1953 heiratete sie Erich Honecker (nach dessen Scheidung von Edith Baumann), 1958 wurde sie Stellvertreterin, seit 1963 war sie Ministerin für Volksbildung und Mitglied des ZK der SED. Trotz aller Rechtsnormen, politischer Thesen und Qualifizierungsmaßnahmen für die Frauen blieb die DDR weiterhin eine ausgesprochene Männergesellschaft.[42]

Traditionspflege

Auch ein drittes Dokument beschäftigte mehrmals die Spitzenführung der SED: Eine Kommission unter Vorsitz Ulbrichts verfaßte einen ›Grundriß der Geschichte der deutschen Arbeiterbewegung‹, der erstmals auf der 16. Tagung des ZK der SED im Juli 1962 beraten wurde. In den folgenden Monaten diskutierte die SED über den ›Grundriß‹, den die 2. ZK-Tagung im April 1963 endgültig billigte.

Mit der Verdammung Stalins war das »große Vorbild« bei der Erziehung der Jugend ausgefallen, und diese Lücke konnten auch philosophische Theorien nicht ausfüllen. So erschien es der SED-Führung ratsam, nun ein neues Legitimationsinstrument einzusetzen: die Tradition der deutschen Arbeiterbewegung. Deren Führer – August Bebel ebenso wie Rosa Luxemburg und Karl Liebknecht – wurden der jungen Generation als Ideale vorgestellt, sie sollten die geistige Anziehungskraft der SED erhöhen. Die Historiker erhielten einen politischen Auftrag, dessen Axiom lautete, »daß sich die Geschichtswissenschaft in der gesamten Arbeit jederzeit von den politischen Erfordernissen des gegenwärtigen Kampfes leiten läßt und daher von den Beschlüssen der Partei ausgehen muß«.[43]

Dieser Direktive entsprechend war der ›Grundriß‹ noch ganz im stalinistischen Geist abgefaßt: Die Geschichtswissenschaft diente in erster Linie der Untermauerung politischer Anliegen, sie hatte daher nicht etwa unbekannte Fakten zu erforschen, sondern vorgefaßte politische Meinungen zu bestätigen. Die sogenannte Parteilichkeit der Geschichtsschreibung war das Prinzip, die eigene Vergangenheit durch einseitige Auswahl und Schwerpunktverlagerung zu glorifizieren. Die stalinistische Geschichtsschreibung ging weit über diese Parteilichkeit hinaus, indem sie

[42] Vgl. dazu Gabriele Gast, Die politische Rolle der Frau in der DDR. Düsseldorf 1973. Gisela Helwig, Zwischen Familie und Beruf. Die Stellung der Frau in beiden deutschen Staaten. Köln 1974.

[43] Einheit 17 (1962), Sonderheft, S. 100.

unbequeme oder der Verherrlichung der Partei abträgliche Materialien nicht nur verschwieg, sondern sogar plump fälschte; so wurden in Neuauflagen von Dokumenten nicht nur wichtige Passagen unterschlagen, sondern auch Namen und Tatsachen aus Faksimiles weggeätzt oder Bilder retuschiert. Besonders auffallend war die Eliminierung von Namen. Alle Funktionäre, die irgendwann mit der Partei in Konflikt geraten waren (sogenannte Parteifeinde oder Agenten) wurden zu »Unpersonen«, ihre Rolle aus der Geschichte »getilgt«.[44]

Eine wichtige Aufgabe des ›Grundriß‹ war es auch, den Personenkult um Ulbricht zu forcieren, der dann zu Ulbrichts 70. Geburtstag am 30. Juni 1963 jedes erträgliche Maß überstieg. Das Organ des ZK »Für Fragen der Parteiarbeit«, die Zeitschrift ›Neuer Weg‹, verbreitete die typische, stalinistische Losung: »Uns allen zum Nutzen – Walter Ulbricht zu Ehren – am 30. Juni planschuldenfrei«. Das SED-Zentralorgan ›Neues Deutschland‹ wandelte diesen sinnigen Leitspruch nach Chruschtschows Besuch noch ab: »Uns allen zum Nutzen – Walter Ulbricht zu Ehren – Nikita Chruschtschow zur Freude«.[45] Die Stellung Ulbrichts in Partei und Staat war fester denn je, seine Führungsposition durch die Sowjetunion abgesichert. In den Grußbotschaften wurde Ulbricht nicht nur als »Staatsmann neuen Typus« vorgestellt, es hieß auch, er sei »geläutert im Tiegel der Arbeiterbewegung«.[46] Hier schloß sich der Kreis: Die Geschichte der Arbeiterbewegung mußte herhalten, den Personenkult um Ulbricht zu rechtfertigen.

Der ›Grundriß‹ diente außerdem als Exposé für eine umfassende ›Geschichte der deutschen Arbeiterbewegung‹. Dieses Werk in acht Bänden (mit mehr als 5 000 Seiten, Hunderten von Bildtafeln und 1 000 Dokumenten) erschien dann zum 20. Jahrestag der Gründung der SED im April 1966.[47] Nun bildete die achtbändige ›Geschichte‹ die Grundlage der SED-Parteischulung. Bis 1967 wurden (mit Sonderausgaben) über eine Million Exemplare gedruckt. Auch bei diesen acht Bänden gingen die SED-Historiker voreingenommen an die Geschichte der deutschen Arbeiterbewegung heran, ihre Untersuchung hatte die von der Partei aufgestellten Dogmen zu belegen. Nach wie vor wurden historische Gegebenheiten durch die ideologische Brille und damit verzerrt gesehen, noch immer diente die Geschichtswissenschaft weitgehend der Untermauerung politischer Anliegen. Die sogenannte Parteilichkeit war beibehalten worden.

Damit blieb auch die Funktion der Historiker, die sich mit der Arbeiterbewegung oder der eigenen Geschichte der DDR befaßten, die gleiche: Sie waren »Parteiarbeiter an der historischen Front«.[48] Allerdings waren nun die primitiven stalinistischen Methoden, etwa plumpe Bildfälschungen, überwunden. Bei der Ausarbeitung der achtbändigen Geschichte war Ulbricht tonangebend, die Historiker fungierten

[44] Vgl. dazu Hermann Weber, Ulbricht fälscht Geschichte. Ein Kommentar mit Dokumenten zum »Grundriß der Geschichte der deutschen Arbeiterbewegung«. Köln 1964; Haus der Geschichte der Bundesrepublik Deutschland (Hrsg.), X für U. Bilder, die lügen. Bonn 1998, Vgl. auch SAPMO, DY 30, NL 182/1341 (Nachlaß Ulbricht).

[45] Neuer Weg 18 (1963) Nr. 12, S. 557. Neues Deutschland, Nr. 174 vom 28.6.1963.

[46] Neues Deutschland, Nr. 165 vom 19. 6. 1963, Beilage.

[47] Geschichte der deutschen Arbeiterbewegung. Bd. 1–8. Berlin (Ost) 1966.

[48] Ilko-Sascha Kowalczuk, Legitimation eines neuen Staates. Parteiarbeiter an der historischen Front. Geschichtswissenschaft in der SBZ/DDR 1945 bis 1961. Berlin 1997; Ulrich Neuhauser-Wespy, Die SED und die Historie. Geschichtswissenschaft der DDR in den fünfziger und sechziger Jahren. Bonn 1997.

[49] Die Diskussionen sind zu finden in SAPMO, DY 30, NL 182/1352, 1353 ff. Vgl. auch 1343 und 1368 (Nachlaß Ulbricht).

als Zuträger für seine politischen Geschichtsvorstellungen.[49] Bis zum Ende der DDR ordnete sich die DDR-Geschichtswissenschaft den Anforderungen der SED unter, die Parteilichkeit, die politische Gängelung, machten aus Historikern schreibende »Parteisoldaten«. Im Selbstverständnis der SED führte eine gerade Linie von Marx und Engels über Bebel, Liebknecht und Luxemburg bis zu Thälmann und schließlich Ulbricht. Weiterhin versuchte die SED, den »wissenschaftlichen Nachweis« zu erbringen, »daß die SED, daß die DDR ... das gesetzmäßige, historisch notwendige Ergebnis der geschichtlichen Entwicklung der letzten 120 Jahre ist«.[50] Damit sollte das aktuelle Ziel der SED, der »Sozialismus«, historisch legitimiert werden. Die Geschichtsbetrachtung wurde so Teil der Ideologie.

Die SED erklärte den Marxismus-Leninismus zur beherrschenden Ideologie der DDR und definierte ihn folgendermaßen: »Der Marxismus-Leninismus ist die Lehre von den allgemeinen Entwicklungsgesetzen der Natur, der Gesellschaft und des menschlichen Denkens, eine wissenschaftliche Weltanschauung, ein in sich geschlossenes, harmonisches System philosophischer, ökonomischer, sozialer und politischer Anschauungen.«[51]

Die Definition des Begriffes Sozialismus, der im SED-Programm einen breiten Raum einnahm, wurde 1970 von der SED konkretisiert. Sozialismus wurde nunmehr gesehen als »die Verwirklichung der führenden Rolle der revolutionären Partei der Arbeiterklasse im gesamten gesellschaftlichen Leben«. Sozialismus bedeutete danach Herrschaft der Arbeiterklasse, gesellschaftliches Eigentum an den wichtigsten Produktionsmitteln, Planung und Leitung der Produktion, »das feste Bündnis, die enge Freundschaft mit der Sowjetunion«, die »Anerkennung der historischen Tatsache, daß die Sowjetunion zum Grundmodell der sozialistischen Gesellschaft wurde«, schließlich sozialistische Lebensweise, neue Arbeitsdisziplin.[52]

Eine solche Charakterisierung des Sozialismus reduzierte ihn zwar auf das sowjetische Modell, traf aber eher auf die Realität der DDR zu als die ursprünglichen Vorstellungen von Marx über den Sozialismus als einen universellen Humanismus. Die programmatischen Aussagen der SED verdeutlichten, daß die Ideologie auch nach 1961 die bestehenden Gesellschafts- und Machtverhältnisse rechtfertigen, festigen und verschleiern sollte; außerdem diente die Ideologie als Integrationsfaktor, mit dem durch »unerschütterliche Hoffnung auf den Sieg«[53] die optimistische Bejahung des Systems erreicht werden sollte.

Der VI. Parteitag der SED

Vom 15. bis 21. Januar 1963 tagte in Ost-Berlin der VI. Parteitag der SED, die inzwischen über 1,5 Millionen Mitglieder zählte. Als Gäste waren Abordnungen von 70 kommunistischen Parteien, darunter eine KPdSU-Delegation unter Führung

[50] Neuer Weg 21 (1966) Nr. 4, S. 205 f.

[51] Programm der SED von 1963. Vgl. dazu Hermann Weber, Die Sozialistische Einheitspartei Deutschlands 1946 bis 1971. Hannover 1971, S. 108. Vgl. auch Thomas, Das Programm, S. 28 ff. Vgl. auch unten, Anm. 54.

[52] Günther Hoppe, Lenin und die Theorie des wissenschaftlichen Sozialismus. Geschichtsunterricht und Staatsbürgerkunde 12 (1970) Nr. 12, S. 1058 f.

[53] G. Heyden und A. Pietschmann, Die deutsche Frage. Berlin (Ost) 1965, S. 166.

von N. S. Chruschtschow, zum Parteitag gekommen. Das Hauptreferat hielt wiederum Walter Ulbricht, der als unbestrittener Führer von Partei und Staat auftreten konnte. Höhepunkt des Parteitages war die Annahme eines Parteiprogramms der SED. Es war das erste Programm, das sich die Partei gab (die ›Grundsätze und Ziele‹ von 1946 galten inzwischen als »überholt«). Sich selbst definierte die Staatspartei der DDR als »die Partei des Sozialismus. Sie ist die Partei der Arbeiterklasse und des ganzen werktätigen Volkes ... Sie ist eine marxistisch-leninistische Kampfpartei.«[54]

In der Einleitung des Programms berief sich die SED auf Marx und Lenin und erläuterte den Sozialismus, den die DDR angeblich verwirklichte. Die drei Teile »Weg und Ziel«, »Der umfassende Aufbau des Sozialismus« und »Der Kommunismus – die Zukunft der Menschheit« wiederholten wesentliche Thesen des sowjetischen Parteiprogramms vom Oktober 1961. Das Programm machte den »umfassenden Aufbau des Sozialismus« im Rahmen des sozialistischen Weltsystems zur Aufgabe der DDR. Es gelte vor allem, Produktion und Arbeitsproduktivität zu steigern, »sozialistische Beziehungen« zwischen den Menschen zu schaffen, Bildung und Kultur zum Besitz aller Werktätigen zu machen. Die SED betonte in ihrem Programm, daß sie unverrückbar an ihrem Ziel der »Wiederherstellung der nationalen Einheit Deutschlands« festhalten und »dem unerträglichen feindseligen Gegenüberstehen von zwei deutschen Staaten ein Ende bereiten« wolle.[55]

Außer dem neuen Programm, das Ulbricht erläuterte, beschloß der VI. Parteitag auch ein neues Organisationsstatut, das Erich Honecker begründete und das weitgehend eine Kopie des Parteistatuts der KPdSU war.[56] Schwerpunkt der Beratungen des Parteitages waren abermals Wirtschaftsfragen. Die Anwesenheit von Chruschtschow, Gomulka, Schiwkow und anderen kommunistischen Parteiführern auf dem VI. Parteitag machte die Konferenz auch zu einem Forum der Auseinandersetzungen im Weltkommunismus. So schrien die SED-Delegierten den Vertreter der KP Chinas, Wu Hsiu-tjüan, nieder, und die SED maßte sich an, die Chinesen zu »belehren«, wie Revolutionen zu führen seien. Angeblich provozierte die SED-Führung die Attacke gegen die chinesischen Parteitagsgäste, um die jugoslawischen Kommunisten vor chinesischen Angriffen zu schützen. Doch gerade die Jugoslawen waren früher von den Ulbricht-Anhängern als »Tito-Faschisten« diffamiert worden.

Vertreter mehrerer kommunistischer Parteien, die sich hinter China stellten (Indonesien, Burma, Malaya, Thailand), erhielten auf dem Parteitag nicht das Wort, sie konnten ihre Erklärungen nur schriftlich abgeben. Auch der Gast aus Nord-Korea wandte sich gegen die »einseitige Kritik an der KP Chinas«. Die KP Chinas beurteilte den SED-Parteitag als »kritischen Wendepunkt«: »Dieser Parteitag der SED stellt für die Kommunisten der ganzen Welt eine schwerwiegende Frage, nämlich ob die Reihen der internationalen kommunistischen Bewegung geschlossen bleiben sollen oder nicht.«[57] Am 14. Juni 1963 schlug die KP Chinas mit ihren berühmten 25 Punkten schließlich eine neue Generallinie der kommunistischen Weltbewegung

[54] Protokoll der Verhandlungen des VI. Parteitages der Sozialistischen Einheitspartei Deutschlands. 15.–21. Januar 1963. Berlin (Ost) 1963, Bd. 4, S. 297 ff.

[55] Ebd., S. 330 f.

[56] Vgl. Protokoll, ebd., Bd. 2, S. 153 ff., Bd. 4, S. 406 ff. Thomas, Das Programm, S. 110 ff.

[57] Schließen wir uns auf der Grundlage der beiden Moskauer Erklärungen zusammen. Peking 1963, S. 8 f.

[58] Abgedruckt in: Hermann Weber, Konflikte im Weltkommunismus. München 1964, S. 100 f.

vor.[58] Seit diesem Zeitpunkt war der Weltkommunismus in zwei feindliche Flügel gespalten. Die SED warf den chinesischen Kommunisten weiterhin »unfruchtbaren Dogmatismus« vor und hielt »unerschütterlich daran fest, daß die KPdSU die Avantgarde der kommunistischen Weltbewegung ist«.[59]

Der VI. Parteitag bestätigte eine neue Parteiführung, das ZK wurde von 111 auf 121 Mitglieder und von 44 auf 60 Kandidaten erweitert. Das ZK bestimmte als Mitglieder des Politbüros Ebert, Fröhlich, Grotewohl, Hager, Honecker, Leuschner, Matern, Mückenberger, Neumann, Norden, Stoph, Ulbricht, Verner und Warnke und als Kandidaten Apel, Axen, Bartsch, Ewald, Grüneberg, Jarowinsky, Mittag, Margarete Müller und Sindermann. Fünf der bisherigen Kandidaten des Politbüros wurden nicht wiedergewählt (Edith Baumann, Luise Ermisch, Alfred Kurella, Karl Mewis und Alois Pisnik). Bereits kurz nach dem Parteitag wurde Prof. Karl-Heinz Bartsch seiner Funktion wieder enthoben; er hatte seine Mitgliedschaft in der SS verschwiegen.[60]

In das oberste Führungsgremium der DDR waren erstmals neben alte bekannte Apparatfunktionäre jüngere Fachleute und Wirtschafter aufgerückt (Apel, Jarowinsky, Mittag). Ihre Wahl unterstrich, welche Bedeutung die SED ökonomischen Problemen beimaß, sie signalisierte aber auch eine veränderte Kaderpolitik. Erich Apel (1917–1965) wurde 1939 Ingenieur, war dann bis 1945 Soldat und von 1946 bis 1952 Oberingenieur in der Sowjetunion. Er wurde nach Rückkehr in die DDR 1952 Mitglied der SED, war von 1953 bis 1955 Stellvertreter und von 1955 bis 1958 Minister für Schwermaschinenbau. Von 1958 bis 1961 leitete er die Wirtschaftskommission beim Politbüros der SED, 1960 promovierte er zum Dr. rer. oec. Von 1961 bis 1963 war er Sekretär des ZK und ab 1963 Vorsitzender der Staatlichen Plankommission und Kandidat des Politbüros. Als einer der Initiatoren des »Neuen Ökonomischen Systems der Planung und Leitung« geriet er in Widerspruch zur sowjetischen Politik; im Dezember 1965 verübte er Selbstmord.

Günter Mittag (1926–1994) war Eisenbahner und seit 1946 in der SED. 1951 wurde er Mitarbeiter des ZK, promovierte 1958, war 1963 Kandidat und seit 1966 Mitglied des Politbüros; er wurde nach Apel wichtigster Wirtschaftsführer, war von 1966 bis 1973 Sekretär des ZK, von 1973 bis 1976 1. Stellvertreter des Vorsitzenden des Ministerrates und seit 1976 wieder Sekretär des ZK für Wirtschaftsfragen.

Gleichzeitig rückte aber mit Kurt Hager (1912–1998) ein Ideologe neu als Mitglied ins Politbüro auf. Hager war seit 1930 in der KPD; er kam 1945 aus der englischen Emigration zurück, wurde Leiter der Abteilung Parteischulung des Parteivorstandes und 1952 Leiter der Abteilung Wissenschaft des ZK der SED. 1955 wurde er Sekretär des ZK und gehörte seit 1959 als Kandidat dem Politbüro an.

Auch der zeitweilige »2. Mann« der SED, Paul Verner (1911–1986), kam 1963 als Mitglied ins Politbüro. Der gelernte Metallarbeiter kam 1945 aus dem schwedischen Exil, wurde 1946 Mitbegründer der FDJ und (als Konkurrent Honeckers) Jugendsekretär der SED. Seit 1950 Mitglied des ZK, leitete er zeitweise die »Westarbeit« der SED. Von 1959 bis 1971 war er 1. Sekretär der Berliner SED, danach bis 1984 Sekretär für Sicherheitsfragen.

Der Führungsanspruch der SED war umfassend; sie leitete nach eigener Aussage

[59] Neues Deutschland, Nr. 196 vom 20. 7. 1963.

[60] »Genosse Karl-Heinz Bartsch wurde auf Beschluß des ZK aus dem ZK ausgeschlossen, weil er seine Zugehörigkeit zur Waffen-SS verschwiegen hat.« Die »weitere Untersuchung« sollte die Parteikontrollkommission vornehmen, jedoch verlautete darüber nichts mehr. Protokoll VI. Parteitag, Bd. 2, S. 495.

»das gesamte gesellschaftliche Leben der Republik und ist für den gesamten Komplex der politischen, ideologischen, wissenschaftlichen, technischen, ökonomischen und kulturellen Arbeit verantwortlich«.[61] Gerade bei der »Verwirklichung der Beschlüsse des VI. Parteitags«, so die DDR später, wuchsen ihre Befugnisse im Staat. Ihre Beschlüsse wurden »unmittelbare Arbeitsgrundlage der Staatsorgane«. Die SED-Führung bestimmte die Grundfragen der Außenpolitik und »beauftragte die Regierung, sie zu verwirklichen«. »Auch in den Volksvertretungen verstärkte die Partei ihren Einfluß, indem sie bewährte und angesehene Genossen als Abgeordnete gewann und die Tätigkeit der Parteigruppen aktivierte. Im Staatsapparat nahmen die Grundorganisationen der SED stärkeren Einfluß auf die Qualifizierung der staatlichen Leitung und setzten sich für eine Arbeitsweise ein, die sich auf die Mitarbeit der Bürger stützte. Der Beschluß des Politbüros ›Für eine neue Qualität der politisch-ideologischen Arbeit mit den Menschen‹ vom Februar 1965 orientierte die Grundorganisationen und Mitgliederversammlungen darauf, überall eine Atmosphäre kritischer Diskussion und der Parteierziehung zu schaffen.«[62] Die Kontrolle sollte vor allem durch die im Mai 1963 geschaffene »Arbeiter-und-Bauern-Inspektion« (ABI) verstärkt werden.

Die »führende Rolle« der Partei, also die Hegemonie der SED, wurde ausgebaut und als »Aufbau des Sozialismus« propagiert. Wie zuvor die Parteitage der regierenden kommunistischen Parteien der Sowjetunion (1961), später Polens (1964) und Rumäniens (1965) ihren Ländern, so setzte der Parteitag der SED 1963 der DDR als »strategisches« Ziel den »umfassenden Aufbau des Sozialismus«.[63] Die Koordination zwischen den einzelnen Ländern des RGW sollte verbessert werden, dabei ging die DDR mit einer Wirtschaftsreform voran.

Das neue ökonomische System

Die SED initiierte und beschloß eine Änderung der Wirtschaftspolitik. Ulbricht hatte auf dem VI. Parteitag 1963 erkennen lassen, daß die SED grundsätzliche Reformen des bisherigen Wirtschaftssystems anstrebe. Zwar hatte die Wirtschaftsorganisation ständig Umstellungen erfahren, aber die zentrale Planung und Lenkung der Industrie war nie angetastet worden. Die Krise in der Wirtschaft (die industrielle Zuwachsrate war zwischen 1959 und 1961 von 12 Prozent auf 6 Prozent gesunken) und Diskussionen über Veränderungen der ökonomischen Struktur in der Sowjetunion veranlaßten die SED, nach neuen Methoden zu suchen. Sie hoffte, vor allem durch eine stärkere »materielle Interessiertheit« weiterzukommen und die Arbeitsproduktivität erhöhen zu können. Dazu erklärte Ulbricht auf dem VI. Parteitag:

»Man soll nicht glauben, daß es angängig wäre, die aus einer falschen Behandlung der materiellen Interessiertheit der Menschen entstehenden Mängel durch Appelle an die Moral und das ideologische Bewußtsein zu überbrücken. In der sozialisti-

[61] Horst Dohlus, Der demokratische Zentralismus – Grundprinzip der Führungstätigkeit der SED bei der Verwirklichung der Beschlüsse des Zentralkomitees. Berlin (Ost) 1965, S. 6.

[62] Staats- und Rechtsgeschichte der DDR. Grundriß. Berlin (Ost) 1983, S. 177.

[63] Geschichte der sozialistischen Gemeinschaft. Herausbildung und Entwicklung des realen Sozialismus von 1917 bis zur Gegenwart. Autorenkollektiv unter Leitung von Ernstgert Kalbe. Berlin (Ost) 1981, S. 364.

schen Gesellschaft bilden die materiellen Interessen und die ideellen Faktoren eine untrennbare Einheit ... In der Diskussion wurde vielfach gefordert, dem Gewinn im System der sozialistischen Wirtschaftsführung und bei der materiellen Interessiertheit eine größere Bedeutung beizumessen, als dies bisher der Fall war. Das ist richtig.«[64]

Bei der Vorbereitung der Reform des Wirtschaftssystems spielten auch die Verpflichtungen der DDR im RGW eine Rolle. Die Ersten Sekretäre der kommunistischen Parteien der RGW-Staaten hatten sich im Juni 1962 in Moskau getroffen, um Vorschläge zur Kooperation ihrer Wirtschaft zu besprechen. Ulbricht begrüßte und unterstützte die Idee, »schrittweise einen einheitlichen Wirtschaftsorganismus der Staaten des RGW und später der Staaten des ganzen sozialistischen Weltsystems zu schaffen«.[65]

Bei der Reformierung des Wirtschaftssystems ergriff die DDR die Initiative. Im Juni 1963 verkündete das Präsidium des Ministerrates das »Neue Ökonomische System der Planung und Leitung« (NÖSPL), mit dem die wirtschaftliche Misere überwunden werden sollte. Ulbricht selbst begründete und beschrieb das neue ökonomische System: Die Staatliche Plankommission sollte für jeweils fünf bis sieben Jahre den Perspektivplan ausarbeiten und nach Beratungen mit den unteren Organen entsprechende Jahrespläne erstellen. Einen wichtigen Platz im neuen Planungs- und Leitungssystem nahmen die 82 Vereinigungen Volkseigener Betriebe (VVB) als Konzernspitzen der VEBs ein, die auf der Grundlage der zentralen Planung den jeweiligen Industriezweig anleiteten. Durch größere Selbstverwaltung der VVB und eine »Arbeitermitverantwortung« sollten sämtliche Leistungsreserven mobilisiert und Initiativen geweckt werden. Selbständigkeit der Betriebe in der Material- und Kreditbeschaffung, Aktivitäten im Außen- und Binnenhandel sowie größere Vollmachten in den Fragen des Preises und des Absatzes sollten das System flexibler gestalten. Kernpunkt des NÖSPL war das »System der ökonomischen Hebel«. Diese »Hebel«, nämlich Selbstkosten, Preis, Gewinn, Kredit, Löhne und Prämien waren so aufeinander abzustimmen, daß sie ein einheitliches System bildeten. Im Mittelpunkt standen dabei die »materielle Interessiertheit« des einzelnen Arbeiters und des Betriebes, der »Gewinn«, dieser »kapitalistische« Anreiz, sollte zu höheren Leistungen anspornen.[66]

Auf einer Wirtschaftskonferenz des ZK der SED und des Ministerrates im Juni 1963 forderte Erich Apel, nun müßten die Menschen mit dem NÖSPL vertraut gemacht und dafür gewonnen werden. Eine Industriepreisreform im April 1964 sollte das System effektiver machen. Tatsächlich führte das NÖSPL zu einer Verbesserung der wirtschaftlichen Lage. Schon 1964 stieg die Arbeitsproduktivität um 7 (1965 um 6) Prozent, das Nationaleinkommen wuchs 1964 und 1965 um 5 Prozent.[67]

Der Lebensstandard stieg, wie die Ausstattung mit langlebigen Gebrauchsgütern zeigte: Im Jahre 1966 besaßen von 100 Haushalten in der DDR 9 einen Pkw (1955: 0,2), 54 ein Fernsehgerät (1955: 1), 32 eine Waschmaschine (1955: 0,5) und 31 einen

[64] Protokoll VI. Parteitag, Bd. 1, S. 100, 102, 107.

[65] Neues Deutschland, Nr. 168 vom 21. 6. 1962. Vgl. zur Entwicklung des RGW und den Krisen den Bericht von Wolfgang Seiffert, Kann der Ostblock überleben? Der Comecon und die Krise des sozialistischen Weltsystems. Bergisch-Gladbach 1983.

[66] Protokoll VI. Parteitag, Bd. 1, S. 107 ff. Handbuch der DDR. Berlin (Ost) o. J. (1964), S. 383 ff.

[67] Geschichte der DDR. Autorenkollektiv unter Leitung von Rolf Badstübner. Berlin (Ost) 1981, S. 255.

[68] Vgl. Statistisches Jahrbuch der DDR 1974. Berlin (Ost) 1974, S. 334 ff.

Kühlschrank (1955: 0,4).[68] Die Lebenshaltungskosten waren aber 1966 immer noch höher als in der Bundesrepublik Deutschland: Während eine vierköpfige Arbeiterfamilie in der Bundesrepublik für Ernährung monatlich 285 Mark ausgab, mußte sie in der DDR 321 Mark aufwenden, für Bekleidung und Hausrat waren die Kosten in der DDR fast doppelt so hoch, nur die Miete war niedriger als in der Bundesrepublik. Da die Löhne der Bundesrepublik erheblich über denen der DDR lagen, blieb der Abstand in der Lebenshaltung beider deutscher Staaten bestehen.

Die DDR war nach der Sowjetunion die zweite Industriemacht des RGW, und auch in der Weltproduktion nahm sie einen beachtlichen Platz ein, aber noch immer hatte sie keine klare Konzeption zur Bewältigung der Aufgaben ihrer Volkswirtschaft erarbeitet. Die ökonomische Politik der SED schwankte weiter zwischen Reformansätzen der Wirtschaftsfachleute und absoluter Dominanz des Parteiapparats. Die immer engere wirtschaftliche Verflechtung mit der Sowjetunion hatte schwerwiegende Folgen für die DDR, denn sie mußte auch in der Wirtschaftspolitik vollständig das System der UdSSR übernehmen. Erich Apel, im Politbüro der SED für Wirtschaftsfragen verantwortlich, verübte Ende 1965 Selbstmord, wohl weil er befürchtet hatte, das von ihm entwickelte neue ökonomische System sei gefährdet. Die tatsächliche Entwicklung Ende der sechziger Jahre ließ erkennen, wie berechtigt solche Vermutungen gewesen waren. Da die SED-Spitze feststellen mußte, daß mit dem NÖSPL auf die Dauer ihre Führungsposition gefährdet war, leitete die Partei Ende 1965 eine »zweite Etappe« ein. Das »Neue Ökonomische System«, wie es nunmehr hieß, war durch Anwachsen der zentralistischen Tendenzen gekennzeichnet. Die Wirtschaftsreformen der sechziger Jahre zeigten den Konflikt zwischen »Effizienz und Machtkalkül«.[69]

Ausbau von Staat und Gesellschaft

Bereits im Januar 1962 hatte die Volkskammer die allgemeine Wehrpflicht in der DDR beschlossen. Die Stärke der NVA von 90 000 Mann sollte zwar nicht erhöht, aber die Kampfkraft verbessert werden. Da die Schwierigkeiten bei der Freiwilligenwerbung für die NVA zunahmen, sollte die Wehrpflicht dazu beitragen, das Potential der Armee zu vergrößern. Außerdem konnten dadurch »qualifizierte Kräfte« eingezogen werden, die bei der bisherigen »Freiwilligenwerbung« nicht immer zu gewinnen waren. Schließlich sollte die Einberufung Wehrpflichtiger auch helfen, die bei der Bevölkerung vorhandene Ablehnung der Uniformträger zu überwinden. Ein ausgedehnter politischer Unterricht in der Armee ermöglichte es überdies, die ideologische Beeinflussung der Jugend fortzusetzen. Die Rolle der Armee sollte vor allem durch bessere Ausrüstung und gründlichere Ausbildung der Kader gesichert werden. Die Militärakademie der NVA verabschiedete nach vierjährigem Studium im September 1962 die ersten Absolventen als Diplom-Militärwissenschaftler.

Da die Sowjetunion mehrfach den militärischen Schutz der DDR garantiert hatte, kamen der Armee nicht zuletzt innenpolitische Aufgaben zu: Sie war ein Machtinstrument der Führung. Die SED sicherte sich ihren Hegemonieanspruch gegen-

[69] André Steiner, Die DDR-Wirtschaftsreform der sechziger Jahre. Konflikt zwischen Effizienz und Machtkalkül. Berlin 1999.

über der NVA. So war es gewiß kein Zufall, daß Ulbricht in einer Rede vor Absolventen der Militärakademie als wichtigste Charaktereigenschaft des Offiziers die »Treue zur Partei« nannte. Eine gute »Erziehung zur Wehrmoral« beruhe insbesondere auf der »hervorragenden theoretischen und praktischen Leistung« Walter Ulbrichts, wie es damals hieß.[70]

Die 1962 fälligen Wahlen zur Volkskammer wurden um ein Jahr verschoben und fanden erst im Oktober 1963 statt. Wie inzwischen üblich, geschah die Abstimmung meist nicht mehr geheim, sondern offen, und so erreichten die Kandidaten der Einheitsliste 99,95 Prozent Ja-Stimmen. In der Volkskammer war die Stärke der Fraktionen verändert, die Anzahl der SED-Mandate vergrößert worden: Die SED stellte statt 100 nunmehr 110 Abgeordnete, CDU, LDPD, NDPD und DBD hatten weiterhin jeweils 45 Abgeordnete, der FDGB entsandte 60 statt bisher 45 Parlamentarier, die FDJ bekam 35 statt 25, der DFD 30 statt 25, der Kulturbund 19 statt 15 Abgeordnete. Da die Mandatsträger der Massenorganisationen fast ausschließlich der SED angehörten, verstärkte sich dadurch deren Gewicht, außerdem bedeutete die Veränderung eine Aufwertung der Massenorganisationen gegenüber den vier Parteien.

Dennoch sahen auch die nichtkommunistischen Parteien in den Wahlen einen »Sieg«. Das Präsidium des Hauptvorstandes der CDU erklärte, das Wahlergebnis habe die »politisch-moralische Einheit unserer Bevölkerung« gezeigt, die Christen könnten in der DDR ihre »politische und geistige Heimat sehen«.[71]

Der SED war es beim »Wahlkampf« vor allem um die Aktivierung der Bevölkerung gegangen. Ulbricht hatte die »Stärkung unserer Republik« zum »Sinn der Volkswahlen 1963« erklärt. Nach seiner Darstellung war die »Hauptaufgabe«, nämlich den Frieden zu sichern, nur zu lösen, »wenn die DDR ihre Überlegenheit gegenüber Westdeutschland beweist«.[72]

Die Volkskammer bestimmte den Staatsrat, dessen Vorsitzender wieder Walter Ulbricht wurde. Im November 1963 stellte Grotewohl sein neues Kabinett vor, dem 30 Minister angehörten. Die wichtigsten Veränderungen waren, daß Maron als Innenminister von Dickel abgelöst und Margot Honecker Volksbildungsministerin wurde. Am 21. September 1964 starb der Vorsitzende des Ministerrates, Otto Grotewohl. Nachfolger des ehemaligen Mitbegründers der SED und DDR-Regierungschefs wurde Willi Stoph.

Im April 1965 legte das DDR-Justizministerium den Entwurf eines neuen Familiengesetzbuches (FGB) vor, das im Dezember 1965 angenommen wurde. Danach sollte die Familie stärker als bisher vom Staat geschützt werden und die Gleichberechtigung von Mann und Frau Grundlage ehelicher Gemeinschaft sein. Im Gegensatz zum BGB traten vermögensrechtliche Probleme in den Hintergrund, die »sozialistische Familie« war Ziel des FGB.[73] Dem entsprach die Praxis aber kaum. In der DDR wurden jährlich etwa 150 000 Ehen geschlossen (1962 9,8 Eheschließungen pro 1 000 Einwohner, Bundesrepublik 8,8 pro 1 000). Die Zahl der Ehescheidungen war recht hoch, sie belief sich 1963 auf über 24 000, 1966 auf knapp

[70] Neues Deutschland, Nr. 92 vom 2. 4. 1966; vgl. auch Volksarmee. Organ des Ministeriums für Nationale Verteidigung. Berlin (Ost), vom 28. 6. 1958: »Die Hauptquelle aller Erfolge in der Nationalen Volksarmee ist die Führung durch die Partei.«

[71] Neue Zeit, Nr. 254 vom 30.10.1963.

[72] Neues Deutschland, Nr. 248 vom 10. 9. 1963.

[73] Vgl. dazu Gerda Weber, Das Familiengesetz der SBZ. Bonn 1966.

28 000; auf sechs Eheschließungen kam in der DDR 1963 eine Scheidung (Bundesrepublik: elf zu eins). Durch gesetzliche Verfügungen richtete die DDR staatliche Eheberatungsstellen ein, die Rat und Hilfe bei Ehekonflikten geben sollten. Viele Familienprobleme waren jedoch gesellschaftlich bedingt. Die arbeitenden Frauen verlangten ein größeres Maß an Gleichberechtigung, blieben aber andererseits durch Beruf und herkömmliche Arbeitsteilung in der Familie doppelt belastet. Da der Dienstleistungsbereich in der DDR unterentwickelt war, bestanden für die Frauen große Schwierigkeiten.

Jugend und Bildungssystem

Eine wesentliche Aufgabe ihrer Gesellschaftspolitik sah die SED darin, das Verhältnis zwischen Staat und Jugend zu verbessern. Auf der 12. Tagung des Zentralrates der FDJ im Dezember 1962 wandte sich deren 1. Sekretär Schumann gegen die Absicht, aus den Jugendlichen »spießbürgerliche Musterknaben« zu machen. Er versprach außerdem, die FDJ wolle dazu beitragen, daß auch in der DDR talentierte Schriftsteller (wie z. B. Jewtuschenko in der UdSSR) gefördert würden.[74] Vor überfüllten Auditorien konnten 1963 kritische Dichter wie Wolf Biermann, Heinz Kahlau und Armin Müller unter großer Begeisterung aus ihren Werken vorlesen. In Ost-Berlin fanden öffentliche »Streitgespräche« statt, an denen Hunderte von Jugendlichen teilnahmen und »heiße Eisen« diskutierten. Die Forderung der Jugend nach moderner Tanzmusik fand Gehör, sogar der FDJ-Chef Schumann tanzte den vorher verbotenen Modetanz Twist.

Doch diese Ansätze einer Liberalisierung machten die Problematik der DDR bei der Jugenderziehung deutlich. SED und FDJ waren bemüht, ihren ideologischen Anspruch durchzusetzen und gleichzeitig ihre Führung abzusichern. Die ideologische Norm verlangte, »sozialistisches Bewußtsein« in die Jugend hineinzutragen, sie zu politisieren und durch Indoktrination zu »neuen Menschen« zu erziehen. Diese Absichten stießen auf den Widerstand vieler junger Leute, denen die verpönten »westlichen Lebensgewohnheiten« zusagten, die Liberalität verlangten, für Jazz und Beat schwärmten, »Nietenhosen« und lange Haare trugen.

Zeigte sich die SED nachgiebig und ließ die Jugend einfach gewähren, so festigte sie damit zwar ihre Herrschaft, da der Widerstand der Jugend neutralisiert wurde, doch blieb dann der ideologische Anspruch unerfüllt. Daher schwankten die SED und ihre Jugendorganisation FDJ zwischen dem Versuch, die Jugend ideologisch zu indoktrinieren und damit auch Opposition in Kauf zu nehmen, und einer flexibleren Haltung, die die eigene Herrschaft stabilisierte. Die Funktionäre standen vor einem Dilemma. Jugendliche, die Twist-Tanzabende besuchten, versäumten Schulungsvorträge, sie dachten aber andererseits auch kaum daran, politische Opposition zu betreiben. Während der »Entstalinisierung« war die SED bereit, den ideologischen Anspruch zeitweise zurückzustellen, um auf diese Weise das System zu konsolidieren.

Im Vordergrund der Politik stand 1963 die Erhaltung und Festigung der DDR; man räumte der Jugend mehr Selbständigkeit ein. Im September 1963 veröffentlichte das Politbüro der SED ein Kommuniqué zu Jugendfragen, das der Jugend

[74] Junge Welt vom 10. 1. 1963.

mehr Verantwortung zugestand. Die SED versicherte, sie wolle die Jugend weder gängeln noch ihre Entwicklung dem Selbstlauf überlassen. Das Kommuniqué nahm Stellung zu Fragen der Literatur, des Sports und des Tanzes (»Welchen Takt die Jugend wählt, ist ihr überlassen: Hauptsache, sie bleibt taktvoll!«). Auch das Thema Liebe wurde angesprochen: »Verbote, Prüderie, Heimlichtuerei und Bestrafung können diese Probleme nicht lösen. Sozialistisch ist, jungen Menschen zum Lebensglück zu verhelfen und nicht Tragödien zu schaffen. Die Eltern, Lehrer und Erzieher sollten mit der Jugend auch über die Fragen dieses Lebensbereiches sprechen, damit negative soziale Folgen frühzeitiger Bindungen vermieden werden können. Jede echte Liebe zweier junger Menschen verdient ehrliche Anerkennung. Wir wollen echte, tiefe, saubere, menschliche Beziehungen und keine klösterliche Moral.«[75]

Ulbricht betonte, das Jugendkommuniqué des Politbüros strahle »wirklich einen freudigen Optimismus aus«, und er rief »die ganze Jugend zu frisch-fröhlichem Wettstreit« auf. Zum Abschluß einer langen Diskussion über das Jugendkommuniqué erklärte die SED-Führung, die Jugend verdiene Vertrauen, sie gehöre »zu unserer großen Familie«.[76] Die FDJ bemühte sich auch wieder um junge Christen. Die Teilnehmer einer »Aussprache junger Christen« konstatierten: »Wir jungen Christen haben die gleichen Rechte und Pflichten wie alle anderen jungen Menschen.«[77] Die Parteiführung wandte sich »gegen sektiererisches Verhalten von Parteimitgliedern gegenüber Mitgliedern kleinbürgerlicher Parteien, gegenüber Jugendlichen, religiös gebundenen Menschen und Bauern«.

Die Losung »Die Republik braucht alle, alle brauchen die Republik« zeigte, daß ein neues Verhältnis zwischen Partei und Bevölkerung angestrebt wurde.[78] Gesellschaftswissenschaftler und Propagandisten wurden gerügt, weil ihre Artikel oder Lektionen »vertrocknet« wirkten. Doch mußte die SED selbst eingestehen, daß dies »vielleicht auf Grund mancher schlechten Erfahrung in der Vergangenheit« geschehe; bei vielen sei »die Besorgnis noch immer nicht überwunden, einmal danebenzutreten und Kritik einzuheimsen, die natürlich unangenehm ist«.[79]

Auf kulturellem Gebiet wurden nach 1962 die Fesseln etwas gelockert, den kulturellen Bedürfnissen wurde mehr Rechnung getragen. 1965 erschienen in der DDR über 5 300 Buchtitel mit einer Gesamtauflage von 96 Millionen, darunter eine große Anzahl westlicher Lizenzausgaben, z. B. von Peter Weiß, Max Frisch, Ingeborg Bachmann, Nelly Sachs, Carl Zuckmayer, aber auch von Walt Whitman, Tennessee Williams, Ernest Hemingway, Anthologien amerikanischer Kurzprosa usw.[80] Allerdings war die Nachfrage nach guten Büchern, vor allem auch nach Literatur aus dem Westen, immer noch weit größer als das Angebot, während Propagandaliteratur in riesigen Auflagen erschien.

Die flexiblere Politik, eine Widerspiegelung der komplexer gewordenen Probleme, sollte auf allen Gebieten praktiziert werden. Dazu gehörte auch der weitere Ausbau und die Effektivität des Bildungssystems. Eine 1963 gegründete Kommission registrierte eine Reihe von Schwächen des Bildungssystems, die die DDR-Führung alarmierten. Nach dem Bericht der Kommission waren viele Schüler nicht

[75] Junge Welt vom 21. 9. 1963.
[76] Junge Welt vom 27. 9. und vom 21. 12. 1963.
[77] Junge Welt vom 1. 10. 1963.
[78] Neues Deutschland, Nr. 301 vom 2. 11. 1963.
[79] Neues Deutschland, Nr. 301 vom 2. und Nr. 304 vom 5. 11. 1963.
[80] Die Welt vom 7. 9. 1966.

in der Lage, mit dem erworbenen Wissen selbständig zu arbeiten. Dabei wurden gerade auf den Gebieten, die für die SED Vorrang hatten, Mängel konstatiert. Die mathematischen und naturwissenschaftlichen Kenntnisse waren unzureichend und die politisch-ideologische Erziehung wenig wirksam. Hier sollte eine Neuordnung des Bildungswesens Abhilfe schaffen.

Im Februar 1965 beschloß die Volkskammer das »Gesetz über das einheitliche sozialistische Bildungssystem«, das allen Bürgern das gleiche Recht auf Bildung garantierte. Bildungsziel war die »sozialistische Persönlichkeit«. Als Bestandteile des einheitlichen Bildungssystems galten: die Einrichtungen der Vorschulerziehung, die zehnklassige allgemeinbildende polytechnische Oberschule, die Möglichkeiten zur Berufsausbildung, die zur Hochschulreife führenden Bildungsinstitutionen, die Ingenieur- und Fachschulen, die Hochschulen und Universitäten sowie das Angebot zur Aus- und Weiterbildung der Erwachsenen. Das Gesetz schrieb die »Einheit von Bildung und Erziehung« vor, Schüler und Studenten waren »zur Liebe zur DDR und zum Stolz auf die Errungenschaften des Sozialismus zu erziehen, um bereit zu sein, alle Kräfte der Gesellschaft zur Verfügung zu stellen, den sozialistischen Staat zu stärken und zu verteidigen«.[81] Die polytechnische Ausbildung sollte weiter entwickelt werden. 1964/65 wurden neue, präzisierte Lehrpläne eingeführt und das Niveau des gesamten Mathematikunterrichts angehoben. Anhand der ab 1964 obligatorischen Lehrpläne für den Staatsbürgerkundeunterricht in den Klassen 9 bis 12 waren die Schüler systematisch mit dem Marxismus-Leninismus vertraut zu machen.

Das neue Bildungssystem zeigte Erfolg. Gingen 1951/52 nur 16 Prozent der Schüler länger als acht Jahre zur Schule, so waren es 1959/60 bereits 65 Prozent, und 1965/66 besuchten 72 Prozent der Kinder die neunte Klasse einer allgemeinbildenden polytechnischen Oberschule. 1964/65 nahmen über 720 000 Schüler der Klassen 7 bis 10 am Unterricht in der Produktion teil.[82] Die Intensivierung des Sportunterrichts an den Schulen brachte in den sechziger Jahren sichtbare Ergebnisse. Der Breitensport wurde forciert, 1963 gab es über 9 Millionen Teilnehmer an Sportfesten in Betrieben, Gemeinden und Wohngebieten. Eine »Spartakiadebewegung« förderte die sportliche Betätigung von Kindern und Jugendlichen. Auf dieser Grundlage kam der Spitzensport voran, dem die DDR-Führung selbstverständlich auch politische Bedeutung beimaß. Bei der Olympiade in Tokio 1964 trat zwar noch eine gesamtdeutsche Mannschaft auf, doch konnten die DDR-Sportler bereits hier große Siege erringen (23 Medaillen). Im Oktober 1965 beschloß das Internationale Olympische Komitee, daß die DDR in Zukunft eine eigene Mannschaft zu den Spielen entsenden konnte. Bei der Olympiade in Mexiko 1968 belegte die DDR hinter den USA und der UdSSR den dritten Platz in der prestigewirksamen Nationenwertung – ein Erfolg der zielbewußten DDR-Sportförderung.[83]

Nach der Ankündigung Ulbrichts im Dezember 1965, ab April 1966 werde (für jede zweite Woche) die 5-Tage-Arbeitswoche kommen, beschäftigte sich die Führung auch mit Freizeitproblemen. Ulbricht erklärte, was die SED unter »ni-

[81] Neues Deutschland, Nr. 57 vom 26. 2. 1965.

[82] Neues Deutschland, Nr. 153 vom 6. 6. 1966. Vgl. auch Statistisches Jahrbuch 1974, S. 353.

[83] Vgl. dazu Horst Ueberhorst (Hrsg.), Geschichte der Leibesübungen. Band 3/2, Berlin, München 1982, S. 885 ff. Willi Knecht, Das Medaillenkollektiv. Fakten, Dokumente, Kommentare zum Sport in der DDR. Berlin (West) 1978. Gunter Holzweißig, Diplomatie im Trainingsanzug. Sport als politisches Instrument der DDR. München 1981. Hajo Bernett, Körperkultur und Sport in der DDR. Schondorf 1994.

veauvoller« Beschäftigung verstand: »Erwachsenenqualifizierung, die Verbreitung und Vertiefung der Neuererbewegung, die Teilnahme an der Planung und Leitung der Betriebe und des öffentlichen Lebens, die Aufnahme und Verarbeitung von Informationen, die Beschäftigung mit Kunst und Literatur sowie die regelmäßige Betätigung auf dem Gebiet der Körperkultur und des Sports«.[84] Der Alltag in der DDR unterschied sich jedoch beträchtlich von diesen Vorgaben.

Eine soziologische Untersuchung über das Freizeitverhalten am Wochenende in der DDR ergab folgendes Bild: 68 Prozent der Befragten erklärten das Fernsehen zur liebsten Freizeitbeschäftigung, 50 Prozent nutzten die Zeit vor allem für Spaziergänge, ebenso viele stellten die Hausarbeit an die erste Stelle, 47 Prozent lasen mehr Zeitungen und Zeitschriften, 42 Prozent Bücher, 35 Prozent beschäftigten sich vor allem mit den Kindern. Weit abgeschlagen, noch hinter den Tanzveranstaltungen (17 Prozent), lag die »gesellschaftliche Tätigkeit« mit nur 16 Prozent.[85] Offensichtlich unterschieden sich die Aktivitäten in der Freizeit wenig von denen in anderen Industriestaaten. Der Wunsch des einzelnen nach eigener freier Gestaltung seiner Freizeit behauptete sich trotz aller Einflußnahmen von Partei und Massenorganisationen, das Freizeitverhalten war so vielfältig wie in anderen Ländern auch. Die Mehrheit dachte wohl wie jener Transportarbeiter, der sagte: »Freier Sonnabend? Erst mal rankommen lassen. Beschäftigung findet sich dann schon. Ausruhen und sich erholen ist ja schließlich auch keine vertane Zeit.«[86]

Im Juni 1965 verabschiedete die Volkskammer ein neues Wahlgesetz für die Kommunalwahlen, das dem Wähler gestattete, unter den Kandidaten der Einheitsliste auszuwählen. Nur diejenigen, die mehr als 50 Prozent Stimmen erhielten, waren danach gewählt. Um ihre Macht nicht zu gefährden, baute die SED genügend Sicherungen in das Wahlgesetz ein. Die festgelegte Reihenfolge der Kandidaten blieb ungeachtet der erreichten Stimmenzahl bestehen, und die »offene Stimmabgabe« machte die theoretischen Möglichkeiten ohnehin illusorisch. Auch die Anzahl der den Parteien zugestandenen Sitze blieb vom Abstimmungsergebnis unberührt.

Bei den Wahlen zu den Kreistagen und Stadtverordnetenversammlungen am 10. Oktober 1965 meldete der Wahlleiter, 186 107 Abgeordnete seien gewählt und nur zwei Kandidaten abgelehnt worden, er gab aber nicht bekannt, wo die beiden Kandidaten durchgefallen waren.[87]

Außenpolitische Schritte

Der außenpolitische Einfluß der DDR, vor allem in den Entwicklungsländern, wuchs mit ihrer Wirtschaftskraft. Durch die radikal antiimperialistische Haltung stieg zugleich das Ansehen des zweiten deutschen Staates in der Dritten Welt. Die moralische Unterstützung des Kampfes der Algerier gegen Frankreich oder Protest-Kampagnen gegen die Ermordung Lumumbas (Februar 1961) erweckten bei vielen progressiven Politikern dieser Länder Sympathien für die DDR. Auch die

[84] Neues Deutschland, Nr. 347 vom 18. 12. 1965.

[85] Schweriner Volkszeitung vom 8./9. April 1967; abgedruckt in: Pressespiegel der Sowjetzone. Hrsg. v. Ministerium für Gesamtdeutsche Fragen. Berlin (West), Nr. 14, 1966.

[86] Für Dich, Berlin (Ost), Nr. 14, 1966, S. 27.

[87] Neues Deutschland, Nr. 281 vom 12. und Nr. 284 vom 15. 10. 1965.

»antizionistische« Politik der DDR, ihre Attacken gegen Israel waren zielgerichtet: trotz der Erfahrungen der deutschen Geschichte wollte die DDR damit bei den arabischen Staaten Anklang finden.

In der ersten Hälfte der sechziger Jahre blieb die DDR dennoch international isoliert, auch gab es in der Deutschland- und Berlin-Frage für sie keine Fortschritte. Die DDR hatte ihre Strategie ändern müssen, da sich die Haltung der UdSSR gegenüber den USA gewandelt hatte.

Die Kuba-Krise vom Oktober 1962 und das Einlenken Chruschtschows zwangen zu einem Umdenken. Im Dezember 1962 sagte Ulbricht in Leipzig: »Selbstverständlich führen wir den politischen Kampf um die friedliche Regelung der deutschen Frage, um den Friedensvertrag und um die Lösung der Westberlin-Frage weiter. Aber in der Tat haben jetzt die ökonomischen Aufgaben den Vorrang. Die Voraussetzung für die friedliche Lösung der deutschen Frage ist die ökonomische Stärkung der DDR und die Lösung der Aufgaben, die in der Periode des umfassenden Aufbaus des Sozialismus gestellt sind.«

Die Sowjetunion selbst blieb 1962 in der Frage der »Wiedervereinigung« Deutschlands bei ihrer ambivalenten Haltung. So wandte sich im Juli 1962 der ehemalige sowjetische Botschafter in Bonn und stellvertretende Außenminister W. A. Sorin in einem Gespräch gegen den Vorwurf des damaligen FDP-Vorsitzenden Erich Mende, die UdSSR verhindere Gespräche über die Wiedervereinigung; dies sei falsch, denn die Bundesregierung wolle keine Gespräche. »Wir sind bereit, mit der Bundesregierung zu verhandeln über alle Fragen, die sich aus der Lage Deutschlands ergeben. Ich wiederhole, Herr Mende, über alle Fragen! Aber die Bundesregierung ist zu solchen Verhandlungen nicht bereit, sie will mit uns boxen. Boxen kann die kleine Bundesrepublik nicht mit der Sowjetunion, deren Repräsentant ich hier in Bonn bin.«[88]

Tatsächlich kam es aber der Sowjetunion zu dieser Zeit in erster Linie auf eine Stärkung der DDR an, deren außenpolitisches Gewicht sie vergrößern wollte. Die DDR konnte im Februar 1965 einen ersten außenpolitischen Erfolg erzielen: bei einem Staatsbesuch in Ägypten wurde Walter Ulbricht mit allen für ein Staatsoberhaupt üblichen Ehren empfangen. Die Ostberliner Beziehungen zu Ägypten waren seit Jahren relativ eng. Bereits 1955 hatte Heinrich Rau Kairo besucht, seither war der Handel zwischen beiden Ländern auf der Basis dreijähriger Verträge abgewickelt worden. Ulbricht traf mit den Mitgliedern seiner Delegation (unter ihnen seine Frau Lotte und Außenminister Lothar Bolz) an Bord des Fahrgastschiffes »Völkerfreundschaft« am 24. Februar im Hafen von Alexandria ein. Am 25. und 28. Februar fanden sich Ulbricht und Ägyptens Staatspräsident Nasser zu längeren Gesprächen zusammen, und am 1. März unterzeichneten sie eine »Gemeinsame Erklärung«. Beide Staatsmänner hatten Einigkeit »über die Entwicklung der Freundschaft und Zusammenarbeit zwischen der Deutschen Demokratischen Republik und der Vereinigten Arabischen Republik« erzielt. Nasser bescheinigte der DDR eine »konsequente antiimperialistische Politik« und bestätigte deren Standpunkt, »daß die Frage der deutschen Einheit Sache des deutschen Volkes ist«.[89] Außenminister Bolz unterzeichnete in Kairo drei Abkommen über wissenschaftlich-technische Beziehungen, über wirtschaftliche und kulturelle Zusammenarbeit.

[88] Brief Erich Mendes an Marie-Elisabeth Lüders vom 26. 7. 1962. BA Koblenz, NL Lüders 273.
[89] Neues Deutschland, Nr. 61 vom 2. 3. 1965.

Weitere außenpolitische Pluspunkte konnte Ulbricht im Sommer 1965 sammeln. Das Verhältnis zu Jugoslawien verbesserte sich, und vom 8. bis 13. Juni 1965 weilte Staatschef Tito in der DDR. Die Zahl der Staaten, mit denen die DDR im Jahre 1965 Beziehungen irgendwelcher Art unterhielt, war recht groß. Diplomatische Vertretungen auf Botschafterebene hatte die DDR zwar erst mit den 12 Ländern des »sozialistischen Lagers« (darunter seit Januar 1963 mit der Republik Kuba). Am 20. Februar 1964 hatte auch die »Volksrepublik« Sansibar dem DDR-Botschafter Fritsch das Agrément erteilt.

Durch Generalkonsulate war die DDR in Burma, Ceylon, Irak, Indonesien, Jemen, Kambodscha und der Vereinigten Arabischen Republik (Ägypten), durch ein Konsulat in Syrien präsent. Offizielle Handelsvertretungen, großenteils mit konsularischen Rechten, unterhielt die DDR außerdem noch in Algerien, Finnland, Guinea, Indien, Libanon, Mali, Marokko, Sudan, Tunesien und Zypern.

Bis 1966 hielt die DDR an ihrer Politik »gesamtdeutscher Gespräche« und der Forderung nach der »Einheit Deutschlands« fest, während die deutsche Teilung weiter zementiert wurde. Immerhin waren es bedeutende Fortschritte, daß nach Verhandlungen im Dezember 1963 erstmals ein Passierscheinabkommen vereinbart wurde, das an Weihnachten 1963 mehr als 1,2 Millionen Westberlinern nach zweieinhalb Jahren wieder den Besuch ihrer Verwandten in Ost-Berlin gestattete, und daß ab November 1964 die Grenzen der DDR für Rentner geöffnet wurden, die zu ihren Angehörigen in die Bundesrepublik fahren durften.

Andere Möglichkeiten blieben ungenutzt. Im April 1964 hatte Ulbricht die Bereitschaft Ost-Berlins verkündet, Presseorgane der Bundesrepublik wie ›Die Zeit‹ oder die ›Süddeutsche Zeitung‹ in der DDR zum Verkauf zuzulassen, wenn in der Bundesrepublik das SED-Organ ›Neues Deutschland‹ öffentlich verkauft werden könnte. Ein zur Vorbereitung des Zeitungsaustausches vom SED-Zentralorgan ›Neues Deutschland‹ angeregter Artikeltausch mit der Hamburger ›Zeit‹ wurde bereits nach dem ersten gegenseitigen Abdruck von ›Neues Deutschland‹ wieder abgebrochen. Die Bundesregierung lehnte das Angebot zum Zeitungsaustausch mit dem Hinweis ab, das KPD-Verbot und die Gesetze über Staatsgefährdung ließen keinen Austausch zu. Nach heftigen Diskussionen in der Öffentlichkeit gegen diese engstirnige und unliberale Haltung stimmte Bonn schließlich zu, doch der Zeitungsaustausch kam nicht mehr zustande.

Im Mai 1964 sandte Ulbricht einen Brief an Bundeskanzler Erhard. Darin schlug er vor, beide deutsche Staaten sollten an der Überwindung der Teilung arbeiten. Ulbricht appellierte an Erhard, die gescheiterte »Adenauer-Politik« aufzugeben, und empfahl die schrittweise Abrüstung in beiden deutschen Staaten sowie die Bildung eines »Deutschen Rates«, der sich paritätisch aus Vertretern der Volkskammer und des Bundestages zusammensetzen sollte. Als Ziel nannte er ein »einheitliches friedliebendes Deutschland«.[90] Ulbrichts Brief ging ungeöffnet nach Ost-Berlin zurück. Trotz Erleichterungen durch Passierscheine und Rentnerreisen vertiefte sich die Spaltung. Die politischen, wirtschaftlichen und kulturellen Verhältnisse in beiden Teilen Deutschlands wurden immer unterschiedlicher.

Am 12. Juni 1964 schlossen die UdSSR und die DDR einen Vertrag über Freundschaft, gegenseitigen Beistand und Zusammenarbeit. Als Grundlage der Beziehungen galt der »sozialistische Internationalismus«, was die unbeschränkte Hegemonie

[90] Neues Deutschland, Nr. 145 vom 28. 5. 1964.

Moskaus bedeutete. Dennoch erweiterte sich der Spielraum der DDR. Der Sturz Chruschtschows im Oktober 1964 schockierte die DDR-Führung zunächst. Ulbricht, der zum Schluß besonders eng mit Chruschtschow – der Person und der Politik – kooperiert hatte, verweigerte diesmal sogar die sofortige kompromißlose Zustimmung zum Moskauer Vorgehen. Doch rasch zeigte sich, daß die Absetzung Chruschtschows die Position der DDR-Führung im Ostblock weiter konsolidierte. War die DDR nach der Verdammung Stalins aus dem Satellitendasein herausgetreten, so gelangte sie nunmehr zu einer gewissen faktischen Selbständigkeit ihrer Innen- und Außenpolitik. In der Stalin-Ära, wo jeder politische Schritt von Moskau diktiert wurde, fungierte die DDR-Regierung als reiner Befehlsempfänger der UdSSR. Das änderte sich schrittweise unter Chruschtschow und seinen Nachfolgern. Ihnen genügte es, die große Linie der Politik zu bestimmen, Einzelheiten und Ausführungen jedoch der DDR bzw. der SED-Führung selbst zu überlassen. Später hat freilich die »Breschnew-Doktrin« die Grenzen des Spielraums klargestellt. Im November 1965 besuchte Chruschtschows Nachfolger L. I. Breschnew die DDR. Die SED war ganz auf seine Linie eingeschwenkt. Ein im Dezember 1965 abgeschlossenes langfristiges Handelsabkommen mit der UdSSR (für den Zeitraum 1966 bis 1970) demonstrierte, daß die DDR nicht nur politisch, sondern auch wirtschaftlich fest in den Ostblock integriert war.

5. KAPITEL

Ulbrichts Modellversuche 1966–1970

Rückschläge in der Reformpolitik

Vom 15. bis 18. Dezember 1965 tagte das 11. Plenum des ZK der SED, auf dem Ulbricht die »zweite Etappe« des Neuen Ökonomischen Systems proklamierte. Das signalisierte einerseits neue Schwächen der DDR-Wirtschaft, andererseits eine Rückkehr zum Zentralismus und zur Vorherrschaft der Partei in der Wirtschaft. Die Verhärtung des SED-Kurses war durch einen Eklat bereits vor der ZK-Tagung offensichtlich geworden. Am 3. Dezember hatte das Mitglied der Partei- und Staatsführung Erich Apel Selbstmord verübt. Vermutlich befürchtete er, das am gleichen Tag abgeschlossene langfristige Handelsabkommen zwischen der DDR und der UdSSR werde die DDR-Wirtschaft einseitig binden und das von ihm inspirierte ökonomische System in Frage stellen. Die DDR-Führung ehrte Apel durch ein Staatsbegräbnis, doch sein plötzlicher Freitod hatte das Dilemma der liberalen Kräfte in der SED blitzartig beleuchtet.

Typische Rückschläge in der »Reformpolitik« belegte der von Erich Honecker erstattete Bericht des Politbüros, der vor allem ideologische und kulturpolitische Fragen behandelte. Die SED kritisierte »schädliche Tendenzen« in Filmen, Fernsehsendungen, Theaterstücken und literarischen Arbeiten, die durch »Darstellung angeblicher Fehler Skeptizismus und Unmoral verbreiten«. Vor allem der Lyriker Wolf Biermann, der Schriftsteller Stefan Heym und Professor Robert Havemann wurden scharf angegriffen. Havemann (1910–1982) war Chemiker, trat 1932 der KPD bei und wurde 1943 als Widerstandskämpfer zum Tode verurteilt, überlebte aber im Zuchthaus Brandenburg. Er war bis 1964 Professor an der Humboldt-Universität, von 1950 bis 1963 Abgeordneter der Volkskammer. Er hatte 1959 den Nationalpreis der DDR erhalten, stand aber seit 1956 in Opposition zur SED-Politik und wurde Wortführer der demokratisch-kommunistischen Opposition der DDR.

Honecker appellierte auf der ZK-Tagung an eine Art gesundes Volksempfinden, als er eine »saubere Leinwand« forderte, da die DDR ein »sauberer Staat« sei. »In ihr gibt es unverrückbare Maßstäbe der Ethik und Moral, für Anstand und gute Sitte. Unsere Partei tritt entschieden gegen die von den Imperialisten betriebene Propaganda der Unmoral auf, die das Ziel verfolgt, dem Sozialismus Schaden zuzufügen. Dabei befinden wir uns in voller Übereinstimmung mit der Bevölkerung der DDR und der überwiegenden Mehrheit der Menschen in Westdeutschland.«[1] Übertroffen wurde er noch vom Leipziger Bezirkssekretär Fröhlich, der die Volkswut gegen »Gammler« mobilisierte und jeden »Skeptizismus« verdammte.

[1] Erich Honecker, Bericht des Politbüros an die 11. Tagung des Zentralkomitees der SED. 15.–18. 12. 1965. Berlin (Ost) 1966, S. 56.

Auf der ZK-Tagung wurde vor allem der Stellvertreter des Ministers für Kultur, Günter Witt, attackiert, der die Herstellung kritischer Filme zugelassen hatte. Besonders scharf verurteilt wurden die Filme ›Das Kaninchen bin ich‹ und ›Denk bloß nicht, ich heule‹. Die Diskussion offenbarte zugleich die Praktiken der Zensur in der DDR, hier ein Ausschnitt:

»*Kurt Hager:* Genosse Witt, du wußtest doch, daß das Buch von Biehler ›Das Kaninchen bin ich‹ nicht zugelassen wurde.

Walter Ulbricht: Vom Ministerium wurde das Buch nicht zugelassen.

Kurt Hager: Das Buch wurde von der Hauptverwaltung Verlage und Buchwesen des Ministeriums nicht zugelassen.

Alexander Abusch: Das war praktisch ein verbotenes Buch.

Kurt Hager: Uns ist noch immer unverständlich, weshalb dann trotzdem der Film, der sich auf dieses Buch stützt, gedreht worden ist. Das ist immer noch nicht klar.

Witt: Es gab über diese Frage eine Diskussion. Das hängt mit dieser Fehleinschätzung zusammen, von der ich eben gesprochen habe. Es handelt sich nicht um ein Buch, sondern um ein Manuskript, das von der Hauptverwaltung Verlage abgelehnt worden war. Ich las das Drehbuch und dazu die politische Konzeption. Es gab Aussprachen. Ich glaubte richtig zu handeln und von diesem falschen und nicht möglichen Manuskript für den Roman schrittweise zu einem möglichen Film zu gelangen.«[2]

Die Schriftstellerin Christa Wolf (damals noch ZK-Mitglied, jedoch vom VII. Parteitag nicht wiedergewählt!) versuchte, ihre Kollegen zu verteidigen, die vielleicht schlechte, aber keine »feindlichen« Filme gedreht hätten. Sie wurde von Paul Verner zurechtgewiesen: »Genossin Christa Wolf sagte, der Film ›Denk bloß nicht, ich heule‹ ist schlecht. Nein, dieser Film ist nicht nur schlecht; schlechte Filme haben wir manchmal in den Kinos, und nicht selten ist das eine Geschmacksache. Die hier gezeigten Filme sind politisch falsch, schädlich und bedeuten im Grunde genommen einen Angriff auf unsere Gesellschaft in der DDR.«[3]

Hatte der VI. Parteitag der SED im Januar 1963 (trotz Kritik an Peter Hacks und Stephan Hermlin) noch eine »kritische literarische Welle initiiert«[4] mit Werken wie ›Ole Bienkopp‹ (von Erwin Strittmatter), ›Der geteilte Himmel‹ (Christa Wolf), ›Spur der Steine‹ (Erik Neutsch), so wurde nun die kulturpolitische Lockerung während der Politik des »Neuen Ökonomischen Systems« wieder zurückgenommen.[5] Der Schriftstellerverband übte Selbstkritik. Robert Havemann war die besondere Zielscheibe der Stalinisten, da er die ideologische Opposition von 1956 fortgesetzt hatte. Er wurde am 7. Januar 1966 als Leiter der Arbeitsstelle für Fotochemie in Berlin-Adlershof entlassen und im Frühjahr 1966 aus der Liste der Mitglieder der Akademie der Wissenschaften gestrichen.

Die ideologische Wende brachte nicht nur eine Verödung des kulturellen Lebens, sie traf auch Wissenschaft und Technik. Bis 1965 hatte die SED ihre Technokraten angehalten, sich mit den Ergebnissen der westlichen Wissenschaft und Forschung vertraut zu machen, nun wurde dieses Lernen als »Westdrall« verurteilt, und es war

[2] Neues Deutschland, Nr. 348 vom 19. 12. 1965.
[3] Neues Deutschland, Nr. 349 vom 20. 12. 1965.
[4] Vgl. Volker Gransow, Kulturpolitik in der DDR. Berlin (West) 1975, S. 95.
[5] Vgl. Günter Agde (Hrsg.), Kahlschlag. Das 11. Plenum des ZK der SED 1965. Berlin 1991.

verpönt, »einseitig nach Westdeutschland, den USA oder Japan zu schielen«.[6] Da die DDR jedoch in allen Sektoren der Wirtschaft das »Weltniveau« erreichen sollte und daher von einer Anpassung an den internationalen Standard in Wissenschaft und Technik abhängig war, ließ sich ein solcher ideologischer Rückfall in die fünfziger Jahre nicht durchhalten.

Politik der Abgrenzung

Am 11. Februar 1966 richtete die SED-Führung an die Delegierten des bevorstehenden Dortmunder SPD-Parteitages einen »Offenen Brief«, in dem es hieß: »Wir geben offen zu, daß die SED allein die Deutschlandfrage auch nicht lösen kann. Aber die beiden größten Parteien Deutschlands könnten gemeinsam den entscheidenden Beitrag zur Lösung der Deutschlandfrage leisten, wenn sie wenigstens ein Mindestmaß an Annäherung und Übereinstimmung in den Fragen des Friedens und an Zusammenarbeit bei der Überwindung der Spaltung fänden.«[7] Das war nichts Neues, denn in den letzten Jahren hatte das ZK der SED über ein Dutzend solcher Briefe an die SPD und an die Gewerkschaften der Bundesrepublik gerichtet. Während jedoch früher solche Schreiben von den Adressaten ignoriert wurden, reagierte die SPD diesmal. Am 18. März 1966 berieten die SPD-Führungsgremien den SED-Brief und verabschiedeten eine »Offene Antwort«; das sozialdemokratische Organ ›Vorwärts‹ veröffentlichte beide Dokumente in vollem Wortlaut.

Die SPD stellte fest: »In den Grundfragen der Demokratie kann es zwischen Vertretern der SPD und der SED keine gemeinsamen Aussprachen geben, weil es die erklärte Politik der SED ist, die freiheitliche demokratische Grundordnung durch eine monopolistische Parteiherrschaft zu ersetzen.« Immerhin schlug die Sozialdemokratie vor, eine »offene Aussprache aller Parteien in allen Teilen Deutschlands einzuleiten«. Dazu richtete sie sieben Fragen an die SED. Die SPD fragte 1., wie denn in Deutschland unbefangen diskutiert werden könne, wenn auf Menschen geschossen werde, die von Deutschland nach Deutschland wollten. Außerdem sollte ihr die SED mitteilen, ob sie bereit sei, 2. allen Bürgern der DDR den Besuch der Bundesrepublik zu erlauben, 3. das Leben der Menschen im gespaltenen Deutschland zu erleichtern, 4. ihre feindselige Haltung gegenüber West-Berlin aufzugeben, 5. eine freimütige Diskussion in beiden Teilen Deutschlands mitzumachen, 6. das Spielen mit dem Krieg aufzugeben und 7. sich für praktische Erleichterungen im geteilten Deutschland einzusetzen.[8]

Die SED-Führung wurde von der SPD-Antwort wohl überrascht, und vermutlich gab es sofort Auseinandersetzungen über die weitere Taktik. Am 26. März reagierte die SED mit einem zweiten »Offenen Brief«. Sie schlug vor, daß zunächst auf einer SPD-Veranstaltung in Essen auch SED-Vertreter reden sollten. Der Parteivorstand der SPD griff die Vorschläge auf und schlug seinerseits Veranstaltungen in Chemnitz (Karl-Marx-Stadt) und Hannover vor.[9]

[6] Neues Deutschland, Nr. 101 vom 13. 4. 1967.
[7] Neues Deutschland, Nr. 42 vom 11. 2. 1966.
[8] Vorwärts, Bonn, vom 23. 3. 1966.
[9] Vgl. die Daten der Diskussion in: Hermann Weber, Von der SBZ zur DDR 1945–1968. Hannover 1968, S. 188 ff.

Vertreter der SPD und der SED trafen im April und Mai 1966 mehrmals zusammen und legten die Veranstaltungstermine fest. Freilich gab es erste Rückzieher; so ließe die SED Erklärungen von Blockparteien verbreiten, in denen die »völkerrechtswidrigen Anmaßungen des Bonner Staates« gerügt und für die »Sprecher der SED in Westdeutschland volle Freiheit und persönliche Sicherheit« gefordert wurden.[10] Nun versuchte die SED jedoch, das Gespräch zu vermeiden. Nach immer heftigeren Angriffen gegen die SPD nahm die SED-Führung Ende Juni 1966 das vom Bundestag verabschiedete »Gesetz über freies Geleit« zum Vorwand, um den Redneraustausch abzusagen. Offenbar war die SED-Führung von dem Echo, das die angekündigte Diskussion in der DDR gefunden hatte, schockiert. Die Parteispitze selbst scheute wohl kaum die Auseinandersetzung, schreckte aber vor der Wirkung zurück, die eine öffentliche Diskussion über die deutsche Frage auf die Bevölkerung der DDR haben konnte. Die SED-Führung mußte erkennen, wie wenig sie über die Stimmung der Bürger der DDR – auch ihrer eigenen Parteimitglieder – wußte. So wich sie dem Dialog aus, der in der DDR neue Hoffnungen auf eine Änderung des Systems – die nach dem 13. August 1961 begraben schienen – hätte wecken können.

Mit der Bildung der Großen Koalition Ende 1966 in Bonn änderte die SED ihre Konzeption in der Deutschlandfrage. Solange frühere Bundesregierungen eine starre und gegen die DDR gerichtete Politik betrieben hatten, war die SED als Vertreterin der Entspannungspolitik aufgetreten. Die beweglichere Ostpolitik der Großen Koalition und vor allem die realistische und flexible Deutschlandpolitik der nachfolgenden sozial-liberalen Koalition brachten die SED in Schwierigkeiten. Die Partei war nicht an Dialogen interessiert, die auf die DDR übergreifen konnten. Die DDR war seit Mai 1967 in der Defensive. Die neue Ostpolitik der Regierung Kiesinger-Brandt, die auf eine Verbesserung des Verhältnisses zu den osteuropäischen Staaten und eine Entkrampfung in Deutschland zielte, stieß auf den erbitterten Widerstand der SED-Führung, die – nicht ganz zu Unrecht – vermutete, Bonn wolle sie isolieren. Vor allem gegenüber der SPD wurden immer härtere Töne angeschlagen. Am 25. Januar 1967 führte das Zentralorgan ›Neues Deutschland‹ die Sprachregelung »SP« für SPD ein. Die Streichung Deutschlands aus dem Namen westdeutscher Parteien war nur eine der agitatorischen Leistungen der SED. Die Partei bemühte sich, vor allem den Beweis zu erbringen, daß es keine Wiedervereinigung mehr geben könne. In Leitartikeln und Leserbriefen wurde die Parole kolportiert, eine Vereinigung mit dem »Mittelalter«, nämlich der Bundesrepublik, komme gar nicht in Frage. Dabei boten Beispiele von Rechtsextremismus oder Treffen ehemaliger Nazis in der Bundesrepublik der DDR-Argumentation eine wichtige Hilfe, die sonst fehlende Glaubwürdigkeit zu erhalten. Beispielsweise hatte die ›Neue Zeit‹ der Ost-CDU schon im Mai 1966 geschrieben: »Am 21. Mai wollen sie (HIAG) im Münchner Bürgerbräukeller ein SS-Treffen veranstalten. Unseligen Angedenkens an die ›Stadt der Bewegung‹, wo ihr Scharlatan Hitler seine Brandrede in diesem Keller hielt, wollen sie wieder ihre Haßgesänge ertönen lassen. Und was sagt das bayerische Innenministerium dazu? Es gäbe keine ›Rechtsgrundlage‹ für ein Verbot des SS-Treffens. Aber nicht nur, daß sich die schwarze Pest wieder zusammenrottet, aus Trier wird gemeldet, daß die HIAG zusammen mit der Stadtverwaltung in Pirmasens ein Denkmal zu ›Ehren‹ der Waffen-SS errichten will. Dieser schwarze Spuk muß verschwinden, wenn auch in Westdeutschland die Demokratie siegen

[10] Der Morgen, Nr. 118 vom 22. 5. 1966.

soll.«[11] Seitenlang brachten die SED-Zeitungen im Januar 1967 Erklärungen von »Bürgern unserer Republik«, nach denen »eine Vereinigung zwischen unserem sozialistischen Vaterland und der vom Monopolkapitalismus beherrschten Bundesrepublik unmöglich« sei.[12] Die SED, die früher die Losung »Deutsche an einen Tisch« propagiert hatte, war nun dagegen und verlangte von ihren Funktionären, jeden Besucher aus der Bundesrepublik, der eine andere Meinung äußere, als »Provokateur« auszuweisen.

Das im Dezember 1965 eingerichtete »Staatssekretariat für gesamtdeutsche Fragen« in Ost-Berlin wurde im Februar 1967 umbenannt in »Staatssekretariat für westdeutsche Fragen«. Staatssekretär Joachim Herrmann behauptete, durch die Schuld der »Bonner Regierung einschließlich der sozialdemokratischen Minister« seien »Begriffe wie ›gesamtdeutsch‹ ihres Inhalts entleert und gegenstandslos geworden«. Normale Beziehungen zwischen beiden deutschen Staaten seien zur Zeit nicht möglich.[13] Ein Staatsbürgerschaftsgesetz, das die Volkskammer am 20. Februar 1967 annahm, sollte die Eigenstaatlichkeit der DDR noch einmal unterstreichen und den Willen der Führung bekräftigen, keine Wiedervereinigung zu dulden.

Ein Bote überbrachte am 11. Mai 1967 in Bonn Bundeskanzler Georg Kiesinger einen Brief des Vorsitzenden des Ministerrates, Willi Stoph, mit dem Vorschlag direkter Verhandlungen. Entgegen allen früheren Gepflogenheiten wurde das Schreiben angenommen. Am 13. Juni 1967 erklärte sich Kiesinger in seiner Antwort generell mit Gesprächen von Beauftragten einverstanden.[14] Damit hatte die Bundesregierung die faktische Existenz der DDR erstmals anerkannt und sich von selbstauferlegten Fesseln befreit; nun konnte sie aktiv werden. Im März 1968 lehnte Ulbricht jedoch die von Bundeskanzler Kiesinger vorgeschlagene Verständigung über praktische Fragen im geteilten Deutschland ab.

Da die SED sich gegen jedes gesamtdeutsche Bewußtsein wandte (nach ihrer Ansicht gab es keine deutsche Wissenschaft mehr, keine deutsche Literatur usw.), mußte sie erneut in einen Konflikt mit der Institution geraten, die als eine der letzten gesamtdeutschen Brücken galt, mit der Evangelischen Kirche. Die Kirche war durchaus bereit, den Anspruch des DDR-Staates gegenüber seinen Bürgern anzuerkennen, sie wollte sich aber nicht von ihren gesamtdeutschen Anliegen abbringen lassen.

Die Ablehnung gesamtdeutscher Perspektiven mußte in der Kirche auf Widerstand stoßen. Auf der Synode der EKD in Fürstenwalde im April 1967 trat der evangelische Bischof Wilhelm Krummacher aus Greifswald nachdrücklich für die Einheit der Kirche ein, er bejahte das Ziel der deutschen Einheit. Er führte aus: »Wir würden als Kirche der Reformation an unserer ökumenischen Verantwortung schuldig werden, wenn wir auf die Gemeinschaft, auch auf die institutionelle und sichtbare Gemeinschaft der Evangelischen Kirche in Deutschland, lediglich aus säkularen und tagespolitischen Gründen verzichten würden.«[15] Krummacher setzte sich damit heftigen Angriffen der SED aus.

Die SED nahm das 900jährige Jubiläum der Wartburg zum Anlaß, um noch einmal zu unterstreichen, daß nur die DDR Lehren aus der deutschen Geschichte ge-

[11] Neue Zeit, Nr. 110 vom 12. 5. 1966.
[12] Vgl. Neues Deutschland, Nr. 24 vom 24. 1. bis Nr. 30 vom 30. 1. 1967.
[13] Neues Deutschland, Nr. 34 vom 3. 2. 1967.
[14] Vgl. Neues Deutschland, Nr. 129 vom 12. 5. 1967. Das Parlament vom 21. 6. 1967.
[15] Die Welt vom 4. 4. 1967.

zogen habe. Nur in der DDR, »wo die Fahne des siegreichen Sozialismus weht, ist die deutsche Zukunft in festen Händen«.[16]

Nach der Aufnahme diplomatischer Beziehungen zwischen der Bundesrepublik und der Volksrepublik Rumänien am 31. Januar 1967 verstärkte die DDR ihre außenpolitischen Aktivitäten. Mit Hilfe der Sowjetunion versuchte Ost-Berlin, die anderen sozialistischen Staaten davon abzuhalten, dem rumänischen Schritt zu folgen.

Mehr Erfolg hatte die DDR-Außenpolitik in Polen, der ČSSR und Ungarn. Am 15. März 1967 schloß die DDR-Führung mit Polen einen »Vertrag über Freundschaft, Zusammenarbeit und gegenseitigen Beistand« ab, am 17. März einen fast gleichlautenden Vertrag mit der Tschechoslowakei, am 18. Mai auch mit Ungarn und am 7. September 1967 mit Bulgarien.[17]

Der VII. Parteitag der SED

Vom 17. bis 22. April 1967 trat in Ost-Berlin der VII. Parteitag der SED zusammen, in dessen Mittelpunkt Wirtschaftsfragen standen; Walter Ulbricht, Erich Honecker und Willi Stoph waren die Referenten des Politbüros. Fast die Hälfte der Ausführungen Ulbrichts, das ganze Referat Stophs und zwei Drittel aller Diskussionen galten ökonomischen Problemen, vor allem der Fortsetzung des Neuen Ökonomischen Systems und der Wirtschaftsprognose bis 1970. Für diesen Zeitraum wurde ein jährliches durchschnittliches Wachstum der Industrieproduktion um 6 Prozent und des Nationaleinkommens um 5 Prozent erwartet. 1966 waren die Industrieproduktion um 6,5 Prozent, die Arbeitsproduktivität in der Industrie um 6 Prozent gestiegen. Die Investitionen konnten um 7 Prozent, das Nationaleinkommen um 4 Prozent gesteigert werden. Zwar meldete die Zentralverwaltung für Statistik auch eine Zunahme des staatlichen Aufkommens tierischer Erzeugnisse um fast 6 Prozent, aber die Zahl der Kühe blieb z. B. mit 2,19 Millionen Stück beinahe auf dem Stand von 1960.[18] Obwohl die Landwirtschaft zurückblieb, stieg der Lebensstandard.

Der VII. Parteitag verkündete eine Weiterentwicklung des Neuen Ökonomischen Systems, das bereits in den vergangenen Jahren zur Erholung der Wirtschaft beigetragen hatte. Nunmehr sollte der Übergang von der Befehlswirtschaft der Nachkriegszeit zu einer differenzierteren Planwirtschaft weitergeführt werden. Regierung und Plankommission wollten mehr als in der Vergangenheit nur noch die Grundsatzentscheidungen treffen und die Rahmenpläne aufstellen, während die Ausarbeitung der zahlreichen Einzelpläne in der Eigenverantwortlichkeit der Betriebsleitungen und der Industrievereinigungen (VVB) liegen sollte. Die abgeschlossene Industriepreisreform bot einen Überblick über die tatsächlichen Produktionskosten und ermöglichte eine realistische Planung. Ulbricht hatte bei der Vorbereitung des Parteitages zugegeben, daß das Neue Ökonomische System auch Schwierigkeiten gebracht habe. Er bestätigte, die Industriepreisreform habe Unru-

[16] Neues Deutschland, Nr. 85 vom 28. 3. 1967.
[17] Neues Deutschland, Nr. 75 vom 16. 3., Nr. 77 vom 18. 3. und Nr. 135 vom 19. 5. 1967.
[18] Neues Deutschland, Nr. 19 vom 19. 1. 1967.

he in der Bevölkerung verursacht, da einige Werkleitungen bei unveränderten Selbstkosten versuchten, »die Preise ihrer Waren hochzudrücken«. Er versicherte, die vom Staat gezahlten Subventionen »bleiben für die Bevölkerung nach wie vor wirksam, und deshalb wird es keine Preiserhöhungen für diese Waren geben«.[19] Das waren ebensolche Versprechungen, wie sie schon 12 Jahre zuvor auf dem 25. ZK-Plenum gegeben wurden, aber nicht gehalten werden konnten.

Ulbricht erwähnte auch eine andere Schwierigkeit der Wirtschaft: »Heute hielt mich hier in Leuna ein Arbeiter an. Er sagte: Genosse Ulbricht, die Sache geht so nicht weiter. Wir können nicht kontinuierlich arbeiten. Uns fehlen bestimmte Materialien, die die Zuliefererbetriebe nicht bzw. unregelmäßig liefern. Der Arbeiter hatte vollständig recht; denn es geht ja auf Kosten seines Lohnes, wenn er nicht kontinuierlich arbeiten kann.« Ulbricht verlangte deshalb, die Kooperationsbeziehungen in Ordnung zu bringen.[20]

Das Neue Ökonomische System, die Wirtschaftsreform der sechziger Jahre in der DDR[21], war auch ein Versuch zur Lösung der ökonomischen Dauerkrise. Vor allem Veränderungen des Preissystems, der »materiellen« Leistungsanreize sowie der Investitionslenkung standen auch nach der Umwandlung des Neuen Ökonomischen Systems der Planung und Leitung der Volkswirtschaft, des NÖSPL, ins Neue Ökonomische System (NÖS) 1967 weiterhin im Mittelpunkt der Reform. Doch politische Aspekte hatten auch bei wirtschaftlichen Entscheidungen Vorrang. Die »Fetischisierung des Planes« wurde nicht überwunden. »Die Reform sollte wirtschaftliche Dynamik und Effizienz gewährleisten, aber nicht um ihrer selbst willen, sondern um die Macht der SED zu sichern.«[22] Das ist sowohl beim »Wagnis der Wirtschaftsreform« als auch bei der Haltung Ulbrichts in den sechziger Jahren[23] nicht zu übersehen. Es gab Bemühungen, den Machtanspruch zu verschleiern, doch dieser selbst wurde nicht in Frage gestellt. Wenn die SED sich seit dem VI. Parteitag 1963 nicht mehr als »Partei der Arbeiterklasse«, sondern als Partei »des ganzen werktätigen Volkes« bezeichnete, hat das weder an der SED-Diktatur noch an der Rolle der Führung etwas verändert.[24] Und auch das immer wieder als »fortschrittlich« zitierte und in seiner Bedeutung überschätzte »Jugendkommuniqué« vom September 1963 blieb insofern eher eine Episode.[25]

Ende 1966 startete die SED eine neue wirtschaftliche Kampagne mit den Worten des Meisters Gerhard Kast: »Unser Betrieb darf nicht mehr auf Kosten anderer leben. Ich sage das, weil ich mich dafür verantwortlich fühle, daß unser Betrieb der Volkswirtschaft und uns allen künftig Gewinn bringt.«[26] Dem damals 32 Jahre alten Meister des Funkwerkes Köpenick, seit 1959 Mitglied der SED (vom VII. Parteitag dann ins ZK gewählt), war eine ähnliche Rolle zugedacht wie früher einmal

[19] Neues Deutschland, Nr. 314 vom 14.11.1966.

[20] Ebd.

[21] Vgl. dazu jetzt André Steiner, Die DDR-Wirtschaftsreform der sechziger Jahre. Konflikt zwischen Effizienz und Machtkalkül. Berlin 1999. Vgl. auch Jörg Roesler, Zwischen Plan und Markt. Berlin 1990.

[22] Steiner, DDR-Wirtschaftsreform, ebd., S. 556.

[23] Vgl. dazu jetzt Monika Kaiser, Machtwechsel von Ulbricht zu Honecker. Funktionsmechanismen der SED-Diktatur in Konfliktsituationen 1962 bis 1972. Berlin 1997.

[24] Anders bei Kaiser, Machtwechsel, ebd., S. 39 f.

[25] Vgl. zum Jugendkommuniqué Ulrike Schuster, Die SED-Jugendkommuniqués von 1961 und 1963. In: Jahrbuch für zeitgeschichtliche Jugendforschung 1994/95. Berlin 1995, sowie Kaiser, Machtwechsel, S. 133 ff.

[26] Neues Deutschland, Nr. 331 vom 2.12.1966.

Hennecke. Während Hennecke die Aktivistenbewegung ins Leben rief, sollte durch Gerhard Kast eine Bewegung für die Rentabilität der einzelnen Betriebe initiiert werden. Junge Männer wie Kast gab es viele. Sie kritisierten Mängel der Wirtschaft, weil sie selbst zur Führungselite der DDR zählten. Die »Kast-Bewegung« sollte damals dem Unmut über Planungs- und Organisationsfehler, Materialmangel und Leerlauf am Arbeitsplatz Ausdruck geben. Auch die Jugendorganisation FDJ war in die Kampagne für »Erzeugnisse mit Weltniveau« eingespannt, wobei sie mit »Messen der Meister von Morgen« an die Öffentlichkeit trat. Es gab zahlreiche solcher Kampagnen, eine z. B. für niedrigere Produktionskosten, zu deren Ziel der damalige 1. Sekretär der Bezirksleitung Halle der SED und Kandidat des Politbüros, Horst Sindermann, sagte: »Jede gute Grundorganisation der FDJ muß bestrebt sein, mit aller Energie der Produktivkraft Wissenschaft in ihrem Betrieb, in ihrem Entwicklungsbereich die entscheidende Rolle einzuräumen.«[27]

Das Neue Ökonomische System wurde indes schon vor seinem Ende weiter ausgehöhlt. Denn Reformansätze in der Wirtschaft waren ohne politische Reformen faktisch nicht zu verwirklichen. Die SED-Führung und ihr Apparat waren aber gegen politische Reformen, weil die den Absolutheitsanspruch der Partei in der Diktatur gefährdet hätten. Einer der Theoretiker des NÖS urteilt rückblickend, die Fortentwicklung der Reformen habe »in den sechziger Jahren in der DDR (und im internationalen Bereich der sozialistischen Länder) nahezu permanent unter dem Gegendruck der sich auf den etablierten Apparat stützenden (oder reformunwilligen) Kräfte des politischen Systems gestanden«. Die Reform »ist im Resultat auch vornehmlich daran gescheitert (1971)«.[28]

Innerhalb der Führung hatte eine Auseinandersetzung um »Reformen« begonnen, die sich (nach jetzt zugänglichen Akten) am Ende auf einen Konkurrenzkampf zwischen Ulbricht und Honecker zuspitzte.[29] Nach heutiger Lesart hatte Honecker bis 1965 in der Partei »Dezentralisierungs- und Liberalisierungstendenzen wieder rückgängig« gemacht und damit Voraussetzungen für die Unterdrückung des NÖS geschaffen.[30] Auch die Ansätze einer liberalen Jugend- und Kulturpolitik seien so »erstickt« worden.[31] Ob es freilich ab 1965 »zu einer Doppelherrschaft zwischen Ulbricht und Honecker kam«[32], ist wohl eher eine Überinterpretation der vorhandenen Quellen. Letztlich war es ein taktischer Streit darüber, mit welchen Methoden die Diktatur besser abzusichern war. Reformen wie 1968 in der ČSSR beabsichtigten damals weder Honecker noch Ulbricht.

Die Vorbereitung des Parteikongresses signalisierte aber erhebliche Unterschiede zwischen dem VI. Parteitag 1963 und dem VII. Parteitag 1967. Während der VI. Parteitag im Zeichen des »umfassenden Aufbaues des Sozialismus« stand, war die »gesellschaftliche Entwicklung in der DDR bis zur Vollendung des Sozialismus« Thema des VII. Parteitags. Innenpolitisch wollte der VI. Parteitag ein »Nationalbewußtsein« der DDR demonstrieren, die Bevölkerung sollte davon überzeugt wer-

[27] Junge Welt, Nr. 5 vom 6. 1. 1967.

[28] Herbert Wolf, Das Verhältnis von Ökonomie und Politik in der DDR. In: Ansichten zur Geschichte der DDR. Im Auftrag der Gruppe der PDS im Deutschen Bundestag hrsg. von Ludwig Elm, Dieter Keller und Reinhard Mocek. Bd. VI, Bonn, Berlin 1996, S. 61.

[29] Vgl. dazu Kaiser, Machtwechsel von Ulbricht zu Honecker.

[30] Kaiser, Machtwechsel, S. 54, 64 ff.

[31] Kaiser, ebd., S. 133 ff.

[32] Kaiser, ebd., S. 55.

den, daß die DDR »ihr Staat« sei. Die zentrale Parole des VII. Parteitages lautete: »Alles für die DDR, unser sozialistisches Vaterland«. Die DDR-Bewohner sollten nunmehr vor allem das Unabänderliche der Existenz ihres Staates anerkennen; immer öfter tauchte auch bereits der Begriff *sozialistische* Deutsche Demokratische Republik auf.

Auf wirtschaftspolitischem Gebiet war der VI. Parteitag Ausgangspunkt des Neuen Ökonomischen Systems, der VII. Parteikongreß veränderte diese Wirtschaftsform und paßte sie den neuen Gegebenheiten an. Während vor dem VI. Parteitag zahlreiche personelle Veränderungen auf Bezirksebene erfolgten, eine Reihe Erster Bezirkssekretäre ausgewechselt wurde, gab es bei der Vorbereitung des VII. Parteitages wenige Umbesetzungen, alle Ersten Sekretäre wurden wiedergewählt.

Der VI. Parteitag hatte in der Deutschlandpolitik die Verstärkung des »gesamtdeutschen Gesprächs« verlangt und die Konföderationspläne propagiert, der VII. Parteitag dagegen erwähnte das gesamtdeutsche Gespräch nicht mehr, jede Wiedervereinigung unter den bestehenden Bedingungen wurde abgelehnt, die Bundesrepublik für »konföderationsunwürdig« erklärt. Nach den Plänen des VII. Parteitages sollte die DDR zum »entwickelten gesellschaftlichen System des Sozialismus« gestaltet werden. Dabei hob die SED-Führung vor allem die Bedeutung und den Vorrang der Wissenschaft hervor. Zugleich proklamierte Ulbricht auf dem Parteitag die (1971 aber verworfene) »sozialistische Menschengemeinschaft« der DDR.

Die Wahlen zur Spitzenführung auf dem VII. Parteitag ergaben im Politbüro kaum Veränderungen. Anstelle der verstorbenen Mitglieder Grotewohl und Leuschner waren Grüneberg und Mittag schon vorher von Kandidaten zu Mitgliedern aufgerückt, nun wurde auch Sindermann Vollmitglied. Alle bisherigen Kandidaten (außer Apel, der inzwischen Selbstmord begangen hatte) wurden wiedergewählt, neu hinzu kamen die jüngeren Wirtschaftsfachleute Walter Halbritter und Günther Kleiber. Das Nachrücken junger Kräfte mit wissenschaftlicher Ausbildung in die oberste Führungsspitze unter Ulbricht ließ einen generellen Trend dieser Periode erkennen.

In der Erklärung der Bundesregierung aus Anlaß des VII. Parteitages der SED wurde noch einmal betont: »Die Bundesregierung will Entspannung auch zwischen beiden Teilen Deutschlands ... Es ist die Aufgabe aller in Deutschland lebenden und politisch handelnden Menschen, zu prüfen: was kann – ungeachtet der zwischen beiden Teilen Deutschlands bestehenden prinzipiellen Gegensätze – praktisch getan werden, um die Not der Spaltung unseres Volkes zu erleichtern und dadurch die Voraussetzungen für eine Entspannung innerhalb Deutschlands zu schaffen.« Die Bundesregierung schlug normalisierten Reiseverkehr, Passierscheinregelung in Berlin, Erleichterung des Zahlungsverkehrs, aber auch Maßnahmen zur verstärkten wirtschaftlichen und verkehrspolitischen Zusammenarbeit sowie Rahmenvereinbarungen für den wissenschaftlichen, technischen und kulturellen Austausch vor. Die Bundesregierung erklärte sich bereit, »auch andere Vorschläge zu prüfen«.

Der Parteivorstand der SPD wandte sich mit einem »Offenen Brief« an die Delegierten des VII. Parteitages. Er bedauerte, daß der Redneraustausch seinerzeit durch die Absage der SED unmöglich gemacht worden war; die SPD halte eine »umfassende Diskussion« auch heute noch für nützlich. Zu den Vorschlägen, die Walter Ulbricht in seiner Neujahrsansprache als »unvermeidliche Schritte, die zuallererst gegangen werden müssen«, bezeichnet hatte, sagte die SPD, es gebe sachliche Berührungspunkte, »freilich mit diesem grundlegenden Unterschied: Wir gehen davon aus, daß keine Seite der anderen unzumutbare Vorbedingungen stellt. Diese

Grundhaltung allein kann eine innerdeutsche und europäische Entspannung herbeiführen.«[33] Der VII. Parteitag der SED machte auch die weitere Spaltung im Weltkommunismus sichtbar. Die auf dem VI. Parteikongreß noch anwesenden Delegationen der Kommunisten aus China, Albanien, Kuba, Burma, Thailand, Malaya und Indonesien fehlten nun. Dagegen kamen 1967 erstmals Vertreter afrikanischer nationalistischer, nichtkommunistischer Parteien aus Ägypten, Syrien, Guinea, Senegal, Kongo-Brazzaville, Portugiesisch-Guinea.

Über die Entwicklung der SED gab es folgende offizielle Zahlen: »Die Partei zählte am 31. Dezember 1966 insgesamt 1 769 912 Mitglieder und Kandidaten. Damit erhöhte sie ihren Mitgliederbestand um 9,9 Prozent. Seit dem VI. Parteitag wurden 153 262 Arbeiter in die Partei aufgenommen, das sind 62,4 Prozent der Gesamtaufnahmen.«[34] Von den knapp 1,8 Millionen Mitgliedern, die der VII. Parteitag registrierte, waren 45 Prozent Arbeiter, 16 Prozent Angestellte und 12 Prozent Angehörige der Intelligenz. Im Vergleich zu ihrem Anteil an der Gesamtbevölkerung waren Arbeiter und Angestellte (80 Prozent der Bevölkerung) in der SED erheblich unter-, die Intelligenz (7 Prozent der Bevölkerung) überrepräsentiert. In den sechziger Jahren verdoppelte sich die Zahl der SED-Mitglieder mit Hochschulabschluß, nahezu 20 Prozent hatten eine Hoch- oder Fachschule absolviert. Auch junge Menschen konnte die SED gewinnen: 20 Prozent ihrer Mitglieder waren unter 30 Jahre alt (gegenüber 15 Prozent bei der Gesamtbevölkerung), allerdings blieben die Frauen (54 Prozent der Bevölkerung) mit nur 26 Prozent (1954: 20, Ende 1957: 23,5 Prozent) in der SED weit unterrepräsentiert. Nur noch 6,9 Prozent der Mitglieder waren bereits vor 1933 in der SPD oder KPD organisiert gewesen.[35]

Solche Unterschiede zwischen den Strukturen der SED und der Gesamtbevölkerung sind jedoch nicht so aussagekräftig wie die wenigen Mitteilungen über die Zusammensetzung der Parteileitungen. 1970 berichtete Honecker[36], daß 70 Prozent der Mitglieder der Bezirksleitungen und 51 Prozent der Kreisleitungsfunktionäre und selbst 31 Prozent der Leitungsmitglieder in den Grundorganisationen eine Hoch- oder Fachschulbildung besaßen. Bei den hauptamtlichen Funktionären war der Anteil noch höher: »95,2 Prozent der Sekretäre der Kreisleitungen haben einen Hoch- oder Fachhochschulabschluß«. Trat ein Wandel der SED und der Einfluß der neuen Eliten in der Zusammensetzung der Partei deutlich zutage, so verharrte sie bei ihrem Aufbau und bei ihrer Struktur auch in den sechziger Jahren doch noch auf stalinistischen Prinzipien.

Weiterhin war die Partei vom Apparat, d.h. von den hauptamtlichen Funktionären beherrscht. In der hierarchisch aufgebauten SED lag die Macht beim Politbüro, beim Sekretariat und bei dem in Abteilungen gegliederten »Apparat des ZK« in Ost-Berlin. Über Machtfülle und Methoden dieser Parteispitze liegen einige offizielle SED-Hinweise vor.[37] Unumwunden berichtete Dohlus, daß das Polit-

[33] Vorwärts vom 20. 4. 1967.

[34] Protokoll der Verhandlungen des VII. Parteitages der Sozialistischen Einheitspartei Deutschlands. 17. bis 22. April 1967. Berlin (Ost) 1967, Bd. 4, S. 226 f.

[35] Ebd., S. 226 f. und Neues Deutschland, Nr. 108 vom 20. 4. 1967. Vgl. auch Bericht des Zentralkomitees an den V. Parteitag der SED. Hrsg. vom ZK der SED. O. O. u. J. (Berlin 1958), S. 152.

[36] Erich Honecker, Die Verwirklichung der Leninschen Lehre von der führenden Rolle der Partei durch die SED in der DDR. Berlin (Ost) 1970, S. 71 ff.

[37] Horst Dohlus, Der demokratische Zentralismus – Grundprinzip der Führungstätigkeit der SED bei der Verwirklichung der Beschlüsse des Zentralkomitees. Berlin (Ost) 1965. Otto Schön, Die höchsten Organe der Sozialistischen Einheitspartei Deutschlands. 2. überarb. u. erw. Aufl. Berlin (Ost) 1965.

büro »alle Grundsatzfragen« entscheidet, das Sekretariat die »Auswahl der Kader« vornimmt und der Apparat »die Durchführung der Beschlüsse und Weisungen der Parteiführung durch ein umfassendes System der Kontrolle der Tätigkeit der nachgeordneten Parteiorgane, der Parteiorganisationen ... der Staatsmacht sowie der zentralen Leitungen der Massenorganisationen« sichert. Zugleich überwachten die Abteilungen des ZK-Apparates aber auch »die Verteilung der Parteikräfte, um die führende Rolle der Partei allseitig« zu garantieren. Über die Rolle dieses Apparats, über dessen Abteilungen, schrieb Otto Schön, damaliger Leiter des Büros des Politbüros ganz offen: »Der Apparat sichert die Durchführung der Beschlüsse und Weisungen der Parteiführung durch ein umfassendes System der Kontrolle der Tätigkeit der nachgeordneten Parteiorgane, der Parteiorganisationen, der zentralen staatlichen Organe und Institutionen, der Staatsmacht sowie der zentralen Leitungen der Massenorganisationen. Der Apparat studiert und kontrolliert die Führungstätigkeit der leitenden Parteiorgane in den Bezirken und Kreisen auf der Grundlage der Beschlüsse.«[38] Auch andere Organe des Politbüros und des Sekretariats sollten diese Aufgaben erfüllen helfen, so das »Büro des Politbüros«, das vor allem die technische Kleinarbeit des Politbüros und die Überwachung der Beschlüsse organisierte.

Dieser Apparat herrschte über Partei und Gesellschaft in der DDR. Der Bewältigung seiner umfangreichen Aufgaben dienten feste Arbeitsprinzipien. Als wichtigste Methode galt die Rolle der Beschlüsse«, d. h., von der Führung gefaßte Beschlüsse hatten von oben bis unten Gesetzescharakter, ihre Erfüllung wurde streng überwacht. »Kritik und Selbstkritik« waren weitere Mittel zur Disziplinierung, damit sollte aber auch bürokratischer Verknöcherung entgegengewirkt werden. Allerdings war Kritik nicht an den Beschlüssen selbst, sondern nur an ihrer Durchführung gestattet. Genaue Berichterstattung und »Verbindung zu den Massen« sollten die Führung gründlich informieren, um eine rasche Reaktion auf die Massenstimmung zu ermöglichen.

Da die SED als Führungsorgan der DDR einen totalen Leitungsanspruch erhob, hatte eine geschlossene und zentralisierte Parteiorganisation höchste Priorität. Der straffe hierarchische Zentralismus war daher das dominierende Prinzip der Parteistruktur der SED und der Organisationsstruktur der DDR überhaupt. Diesen straffen Zentralismus sollte – laut Statut – die Wahl aller Parteiorgane mildern. Tatsächlich wurde jedoch weiterhin die stalinistische Methode praktiziert, nach der der jeweils übergeordnete Apparat die Funktionäre der unteren Ebene benannte und einsetzte. Die übergeordneten Leitungen überprüften die Kandidaten für die Vorstände und Sekretariate, gaben Direktiven für die zu wählenden Kandidaten und nahmen über ihre Instrukteure unmittelbaren Einfluß auf die Wahlen. Eine Auswahl zwischen mehreren Kandidaten konnten die Delegierten in der Regel nicht treffen. Allein in den Betriebsparteiorganisationen, also auf der untersten Ebene, war ein minimales Mitbestimmungsrecht entstanden, weil nur so die vielfältigen Aufgaben durchzuführen waren.

Eine besonders wichtige Rolle wurde nun den Massenorganisationen übertragen, denn mit diesen war der SED »ein vielfach abgestuftes, aufeinander abgestimmtes

[38] Schön, ebd., S. 34 f.

[39] Hartmut Zimmermann, Der FDGB als Massenorganisation und seine Aufgaben bei der Erfüllung der betrieblichen Wirtschaftspläne. In: Peter Ch. Ludz (Hrsg.), Soziologie in der DDR. Sonderheft der Kölner Zeitschrift für Soziologie und Sozialpsychologie. Köln-Opladen 1964, S. 121.

Instrumentarium von sozialen Zwängen, Anreizen, Mobilisierungs- und Überzeugungsmöglichkeiten an die Hand gegeben«.[39] Doch zwischen ihrer Aufgabe, die Politik der SED in die bei ihr organisierte Bevölkerungsgruppe zu tragen, und ihrer ursprünglichen Funktion, die jeweiligen Interessen der zahlreichen Mitglieder durchzusetzen, existierte ein Spannungsverhältnis, das zu Reibungsverlusten und ständigen Schwierigkeiten in den Organisationen führte.

Am deutlichsten trat dieser Widerspruch im FDGB hervor, der als Massenorganisation der SED eine »Staatsgewerkschaft« war, die vor allem die Ziele der Staatswirtschaft mit zu erfüllen hatte. Bei der Vertretung der Interessen seiner über 6 Millionen Mitglieder hatte der FDGB die sozialen Belange, den Arbeitsschutz und die Rechte der Arbeiter im Betrieb wirkungsvoll zu verteidigen und geriet dabei ständig in einen Konflikt. War der FDGB in den fünfziger Jahren fast nur für die Planerfüllung und die Einhaltung der Staatsinteressen tätig gewesen, so rückten in den sechziger Jahren mit der neuen Politik der SED auch die Belange der Mitglieder stärker ins Blickfeld.[40]

Nach Einführung des Neuen Ökonomischen Systems in der DDR wuchs die Bedeutung des FDGB auch in der Wirtschaft. Die Mitwirkung der Gewerkschaften in der Wirtschaft stärkte ihre Position und ermöglichte ein entschiedeneres Eintreten für die Arbeiter. Der 7. FDGB-Kongreß im Mai 1968 unterstrich die Rolle des FDGB als Vertreter der Arbeiter im Betrieb, dennoch blieben seinem Einsatz für die Interessen der Mitglieder Grenzen gesetzt. Durch Personalunion lagen alle wichtigen Positionen in der Gewerkschaft in den Händen von SED-Funktionären (der FDGB-Vorsitzende Warnke gehörte dem Politbüro der SED an). Da aber die SED von ihren Mitgliedern verlangte, entsprechend der Parteidisziplin und den Statuten, in jeder Funktion zuerst für die Partei zu wirken, konnten sich auch die FDGB-Funktionäre erst in zweiter Linie als »Gewerkschafter« verstehen. Das mußte in der Praxis zu unsicherem Verhalten führen, standen die Funktionäre der Massenorganisationen doch einerseits unter dem Druck ihrer Basis und andererseits unter dem Zwang der Parteiräson. Daraus resultierten nicht selten Differenzen, die die Probleme der Apparatherrschaft erkennen ließen: Trotz Dominanz der SED kam es in und zwischen den verschiedenen Organisationen des politischen Systems zu ständigen Reibereien.

Die Rolle des FDGB war für den Alltag der Bevölkerung auch deshalb wichtig, weil die DDR eine Arbeitsgesellschaft war.[41] Schon in den sechziger Jahren war neben den Männern auch der größte Teil der Frauen erwerbstätig (1965: 75 Prozent). Dabei wirkte sich die Schichtarbeit, vor allem die Nacht- und Spätschicht insbesondere der Männer, auch auf das Leben in den Familien aus. »Früh aufstehen, viel Hausarbeit, Erwerbsarbeit vor allem montags bis freitags und für einige Gruppen auch am Sonnabend und Sonntag … Freizeitaktivitäten soweit wie möglich in den Zwischenzeiten, der folgende Tag fordert von den meisten Erwerbstätigen ein frühes Schlafengehen – das war das Bild des Alltags Mitte der sechziger Jahre.«[42]

[40] Vgl. Wolfgang Biermann, Demokratisierung in der DDR? Köln 1978.

[41] Das bedeutete auch, daß Personen außerhalb der Erwerbsarbeit, insbesondere Rentner, benachteiligt waren. Vgl. Martin Kohli, Arbeit, Lebenslauf und soziale Differenzierung. In: Sozialgeschichte der DDR. Hrsg. Hartmut Kaelble, Jürgen Kocka, Hartmut Zwahr. Stuttgart 1994, S. 45.

[42] Gerhard Lippold, Wandlungen der zeitlichen Strukturen des Alltagslebens in der DDR. In: Ansichten zur Geschichte der DDR. Hrsg. Ludwig Elm, Dietmar Keller und Reinhard Mocek, Bd. VIII, Bonn, Berlin 1997, S. 142 f.

Im Betrieb kam den Produktionsbrigaden eine zentrale Funktion beim sozialen Zusammenleben zu, die bis in die Freizeit reichte und die Familien betraf (kollektive Freizeitbeschäftigung, Theaterbesuche usw.). In einigen Phasen der DDR spielten sie auch bei der Verteilung der betrieblichen Sozialleistungen eine Rolle.[43] Hoher Beschäftigungsgrad und ein großer Anteil an Industriearbeitern bedeuteten nicht nur Vollbeschäftigung und somit soziale Absicherung, sondern prägten die Mentalität. Oft wurden Betriebsbelegschaften zu Bezugspunkten im Alltag.[44]

Doch zunehmend entwickelte sich auch die DDR zu einer »Freizeit- und Konsumgesellschaft«. Mit Blick auf die Bundesrepublik hatte diese allerdings für die dortige Bevölkerung schwerwiegende Mängel. Der Urlaub als wesentlicher Teil der »Freizeit« war geographisch begrenzt: Reisen waren nach dem Mauerbau nur noch in der DDR (etwa zum begehrten Ostseestrand), manchmal in die Ostblockstaaten (Bulgarien, Ungarn oder Rumänien) möglich. Die Welt stand dem Bewohner der DDR aber nicht offen. Gerade dieses Eingesperrtsein war bis zum Ende einer der Hauptkritikpunkte am System, der SED-Diktatur. Beim Konsum blieben trotz Erhöhung des Lebensstandards oder verbesserter Ausstattung mit langlebigen Bedarfsgütern (Kühlschrank, elektrische Waschmaschine, Fernseher) der immer wieder spürbare Mangel und die Engpässe in der Versorgung sowie häufig minderwertige Qualität typisch. Das alles bedeutete oft Schlangestehen, durch Beziehungen etwa »Bückware« (von unter dem Ladentisch), besondere Güter bekommen oder auf Paketsendungen aus dem Westen angewiesen sein. Zeitweise gab es auch einen Versandhandel. Die zwischen 1956 und 1975 zweimal jährlich in Millionenauflage verschickten Kataloge der Versandhäuser ermöglichten nach westlichem Vorbild, Kaufwünsche per Bestellung zu erfüllen. Da sie eine halbwegs komplette Warenwelt vorgaukelten, verstärkten sie indes das Konsumdenken.[45] Noch stärker als die Erwachsenen orientierte sich die Jugend am Westen.

Erschwerend kam gerade in den sechziger Jahren das Wohnungsproblem hinzu, denn die Planziele für Renovierung und Neubau von Wohnungen wurden nicht erfüllt, die Wohnqualität war auch durch die zu kleinen Räumlichkeiten beeinträchtigt.[46] Das tägliche Leben wurde auch durch zunehmende Umweltverschmutzung belastet. Für den weiteren Ausbau der Industrie galten nur ökonomische Gesichtspunkte, ohne Rücksicht auf die Ökologie. Allerdings war dies zunächst noch kein Thema in der Bevölkerung.

Die Verfassung von 1968

Unwille und Opposition der Bevölkerung der DDR gegen ihr gesellschaftliches und politisches System entzündeten sich immer wieder an zwei Tatbeständen: am relativ niedrigen Lebensstandard und an der Vorenthaltung politischer und persönli-

[43] Jörg Roesler, Die Produktionsbrigaden in der Industrie der DDR. In: Sozialgeschichte der DDR, ebd., S. 144 ff.

[44] Peter Hübner, Soziale und nationale Trends in der DDR-Industriearbeiterwirtschaft. In: Sozialgeschichte, ebd., S. 171 ff.

[45] Vgl. jetzt Annette Kaminsky, Kaufrausch. Die Geschichte der ostdeutschen Kaufhäuser. Berlin 1998.

[46] Vgl. dazu und zu anderen Problemen des Alltags Christoph Kleßmann, Zwei Staaten, eine Nation. Deutsche Geschichte 1955–1970. 2. Aufl. Bonn 1997, S. 404 ff. Wie sehr die Akten der DDR auch »Schaufenster« in den Alltag sein können, belegen neuere Untersuchungen. Vgl. Akten, Eingaben, Schaufenster. Die DDR und ihre Texte. Erkundungen zu Herrschaft und Alltag. Hrsg. Alf Lüdtke und Peter Becker. Berlin 1997.

cher Freiheiten. Die SED-Führung war bemüht, mit neuen Methoden in der Wirtschaft den Lebensstandard anzuheben. Gegen das Freiheitsstreben aber wurden (außer einigen Zugeständnissen in gewissen Perioden) weiterhin die Machtmittel des Staates eingesetzt. Diese wollte die DDR-Führung 1968 durch ein neues Strafgesetzbuch und eine neue Verfassung rechtlich umfassender abstützten.

Bereits im Januar 1967 hatte Justizministerin Hilde Benjamin ein neues Strafgesetzbuch angekündigt, das am 12. Januar 1968 verabschiedet wurde. Mit diesem Gesetz hatte die DDR die deutsche Rechtseinheit beendet. Hervorgehoben wurde, daß es nicht Ziel des Staates sei, zu strafen, sondern Verbrechen zu verhindern. Tatsächlich ließen eine Reihe neuer Bestimmungen und der Wegfall mancher überlebter Paragraphen einen relativ fortschrittlichen Geist erkennen.

Das politische Strafrecht aber wurde verschärft und ausgeweitet. Schon die Präambel des Strafgesetzbuches bezeichnete die »allseitige Stärkung« der DDR als die entscheidende Aufgabe; angestrebt werde der »systematische Aufbau des sozialistischen Rechts als Instrument der staatlichen Leitung der Gesellschaft«, wobei das Strafrecht den »Schutz der sozialistischen Staats- und Gesellschaftsordnung« zu gewährleisten habe. Obwohl auch die »Rechte des Bürgers« betont und bestimmte überholte Methoden der Stalin-Ära verworfen wurden (so waren die »Rückwirkung und die analoge Anwendung von Gesetzen zuungunsten des Betroffenen nicht zulässig«)[47], blieb auch mit dem neuen Gesetz das drakonische politische Strafrecht in der DDR erhalten. Für zahlreiche politische Tatbestände wurden weiterhin lange Freiheitsstrafen oder sogar die Todesstrafe angedroht. Die Neutralisierung der Bevölkerung galt zwar als wichtigste Herrschaftsmethode, dennoch hielt sich die Führung Möglichkeiten für Repressionen offen, ja sie baute die dafür vorhandenen Instrumente sogar aus. Andererseits war die DDR-Führung bestrebt, allzu krasse Gegensätze zwischen Normen und Realitäten abzubauen.

Diesem Ziel diente die Ablösung der alten durch eine neue, »sozialistische« Verfassung im Jahre 1968. Nach Veröffentlichung des Entwurfs im Februar 1968 gab es dazu eine »Volksaussprache«. In über 750 000 Veranstaltungen wurden neben Zustimmung auch Änderungswünsche vorgebracht. Abweichend vom Entwurf wies der endgültige Text dann einige Veränderungen auf, z. B. wurden die Grundrechte der Glaubens- und Gewissensfreiheit und des religiösen Bekenntnisses ebenso in die neue Verfassung eingefügt wie die Immunität der Volkskammerabgeordneten. Die Regierung legte der Bevölkerung schließlich am 6. April 1968 die Verfassung zum Volksentscheid vor. 94,5 Prozent der Wahlberechtigten stimmten für die neue Verfassung (in Ost-Berlin 90,9 und im Bezirk Cottbus 93,4 Prozent), damit war bei diesem Volksentscheid die Zahl derjenigen, die sich nicht an der Abstimmung beteiligten oder den Entwurf der Regierung ablehnten, höher als bei den Volkskammerwahlen.[48]

In der neuen Verfassung[49] waren die Machtverhältnisse weitaus klarer definiert als in der alten, die immer deutlicher im Widerspruch zur Realität gestanden hatte. Artikel 1 sicherte den Führungsanspruch der SED auch verfassungsrechtlich ab;

[47] Neues Deutschland, Nr. 13 vom 13. 1. 1968.

[48] Auch die späteren Wahlen erbrachten offiziell immer mehr als die knapp 95 Prozent des Volksentscheids.

[49] Vgl. die Verfassung mit dem offiziellen Kommentar: Klaus Sorgenicht, Wolfgang Weichelt u. a. (Hrsg.), Verfassung der Deutschen Demokratischen Republik. Dokumente. Kommentar. Bd. 1 und 2. Berlin (Ost) 1969. Vgl. auch Siegfried Mampel, Die sozialistische Verfassung der DDR. Text und Kommentar. Frankfurt a. M. 1972.

darin hieß es, die DDR, als »sozialistischer Staat deutscher Nation«, verwirkliche unter Führung der Arbeiterklasse »und ihrer marxistisch-leninistischen Partei«, also der SED, »den Sozialismus«. Etwas verbrämt wurde damit die SED-Herrschaft als Faktum bestätigt. Die DDR-Geschichtsschreibung sagte dazu: »Die führende Rolle der Arbeiterklasse und der SED ... wurden fixiert.«[50] Im offiziellen Verfassungskommentar von Klaus Sorgenicht (Abteilungsleiter des ZK der SED und Mitglied des Staatsrats) wurde dies im Jahr 1969 so interpretiert: »Die Verwirklichung der führenden Rolle der Arbeiterklasse erfordert, daß an ihrer Spitze die marxistisch-leninistische Partei steht. Diese Partei ist in der DDR die SED. Sie befähigt die Arbeiterklasse, ihre geschichtliche Mission bei der Gestaltung des entwickelten gesellschaftlichen Systems des Sozialismus zu erfüllen.«[51]

Während dieses Eingeständnis die tatsächlichen Machtverhältnisse in der DDR offenlegte, verschleierten andere Verfassungsartikel die Wirklichkeit. So Art. 19, der die Freiheit der Persönlichkeit und die Freiheit von Unterdrückung und wirtschaftlicher Ausbeutung garantierte, Art. 20, der Gewissens- und Glaubensfreiheit gewährleistete oder Art. 27, in dem »die Freiheit der Presse, des Rundfunks und des Fernsehens« zugestanden wurde. Doch die Herrschaftsform der SED wurde auch in der neuen Verfassung nicht konkretisiert, vielmehr bestimmte Art. 48: »Die Volkskammer ist das oberste staatliche Machtorgan der DDR ... Die Volkskammer ist das einzige verfassungs- und gesetzgebende Organ der DDR. Niemand kann ihre Rechte einschränken.« Die Entscheidungen traf indes weiterhin nicht die Volkskammer, sondern nach wie vor die Parteispitze. Auch die Verfassung von 1968 (Art. 54) legte fest, daß die Abgeordneten »vom Volk auf die Dauer von 4 [später 5] Jahren in freier, allgemeiner, gleicher und geheimer Wahl« zu bestimmen seien. Die weiterhin praktizierten »offenen Abstimmungen« bedeuteten also einen ganz klaren Bruch der Verfassung, da diese »geheime« Wahl vorschrieb.

Dennoch war die Verfassung, anders als die erste von 1949, mehr den Realitäten in der DDR angepaßt. Im Gegensatz zur ersten Verfassung – die sich noch an Weimar und den Konstitutionen Westeuropas orientierte – glich die Verfassung von 1968 der Stalinschen Verfassung von 1936 und der Verfassung der ČSSR von 1960. Aber gerade die Entwicklung im »Prager Frühling« machte deutlich, daß die geschriebene Konstitution eines kommunistisch regierten Landes keineswegs die Politik fixierte. 1968 zeigten die Auseinandersetzungen zwischen der Ulbricht-Führung und der Dubček-Führung den Unterschied zwischen dem bürokratisch-diktatorischen Kommunismus in der DDR und einer demokratischen Variante in der ČSSR.

Die DDR und der »Prager Frühling«

Von Anfang an hatte die SED den neuen Prager Kurs attackiert. Diese kommunistische Führung der ČSSR unter Dubček konnte sich auf die Mehrheit des Volkes stützen, indem sie sich mit dem Verlangen der Bevölkerung nach Freiheit identifizierte und deshalb Vertrauen fand. Das registrierte die SED mit »tiefem Bedauern«,

[50] Heinz Heitzer, DDR. Geschichtlicher Überblick. Berlin (Ost) 1979, S. 111.
[51] Sorgenicht, Verfassung, S. 226 f.

für sie war der demokratische Weg in Prag eine »Preisgabe der Positionen des Sozialismus zugunsten der Konterrevolution«.[52] Solche Kritik blieb allerdings auch in der DDR nicht unwidersprochen. Vor allem Robert Havemann trat für einen demokratischen Kommunismus ein und wurde damit in der DDR zum Sprecher dieser neuen Richtung, ohne jedoch direkt politisch wirksam sein zu können. Havemann schrieb im Mai 1968 in einer Prager Zeitschrift: »Entscheidend für die Demokratie ist die demokratische Kontrolle der Regierung von unten. Dies bedeutet das Recht auf Opposition, sowohl in der Öffentlichkeit, in Presse, Funk und Fernsehen, wie auch im Parlament und den Volksvertretungen, dessen Mitglieder durch freie und geheime Wahlen bestimmt sind. Dies bedeutet auch die Unabhängigkeit der Richter und die Einrichtung von Verwaltungsgerichten, vor denen der Bürger gegen behördliche Willkür Klage erheben kann. Demokratie bedeutet eben, daß das Regieren schwerer und das Regiertwerden leichter gemacht wird. Beides ist sehr nützlich.«[53]

In solchen Thesen der demokratischen Kommunisten sahen die bürokratischen Führer der SED ebenso wie die Moskauer Spitze eine große Gefahr für ihre Politik. Die rechtswidrige Invasion der sowjetischen Armee mit Unterstützung der DDR und Truppen aus Polen, Ungarn und Bulgarien am 20./21. August 1968 in die ČSSR war in erster Linie als Schlag gegen die neue Form des Kommunismus gedacht.

Auch die DDR beteiligte sich an der Invasion, trotz aller schrecklichen Erinnerungen an den deutschen Überfall von 1938. Außer einer Delegation von Offizieren waren NVA-Nachrichtensoldaten in der ČSSR. Und an der Grenze warteten NVA-Einheiten über zwei Monate lang auf den Marschbefehl.[54] Die NVA ist zudem insofern voll einbezogen gewesen, als sie bei der »Absicherung der rückwärtigen Verbindungen eingesetzt war«.[55] Vor allem aber war die SED besonders lautstark bei der agitatorischen Hetze gegen die Reformversuche in der Tschechoslowakei dabei. Dies führte zum Widerspruch in der Bevölkerung der DDR und auch in der SED selbst. Gerade viele jüngere Menschen machten keinen Hehl aus ihrer Sympathie für die demokratischen Reformen, und es gab Proteste kleinerer Gruppen und von Einzelpersonen. In Berlin wurden Oberschüler und Studenten (Kinder bekannter Funktionäre und Intellektueller) verhaftet, weil sie Flugblätter gegen den Einmarsch verteilten. Deswegen wurden in der DDR insgesamt 313 Personen festgenommen.[56] Die SED schloß 223 Mitglieder aus, Tausende hat sie »verwarnt« oder ihnen »Rügen« erteilt.[57] Doch die große Masse der Funktionäre fügte sich wie üblich der Parteidisziplin.

1968 bestanden in fundamentalen Fragen zwischen den Kommunisten der ČSSR und der DDR erhebliche Gegensätze. Die Ostberliner Führer behaupteten, in der

[52] Neues Deutschland, Nr. 203 vom 24. 7. 1968.

[53] Deutschland Archiv 1 (1968), S. 328 ff.

[54] Vgl. zu den Einzelheiten Rüdiger Wenzke, Die NVA und der Prager Frühling. Die Rolle Ulbrichts und der DDR-Streitkräfte bei der Niederschlagung der tschechoslowakischen Reformbewegung. Berlin 1995, S. 148 ff. und 212. Lutz Priess, Vazlav Kural und Manfred Wilke, Die SED und der »Prager Frühling« 1968. Berlin 1996. Vgl. auch Voitech Mencl, Die Unterdrückung des Prager Frühlings im Lichte der neuesten Archivforschungen. In: Jahrbuch für Historische Kommunismusforschung 1995. Berlin 1995, S. 9 ff., besonders S. 25 ff.

[55] Armin Mitter und Stefan Wolle, Untergang auf Raten. Unbekannte Kapitel der DDR-Geschichte. München 1993, S. 443.

[56] Mitter und Wolle, Untergang auf Raten, S. 451 ff.

[57] Thomas Klein, Wilfried Otto und Peter Grieder, Visionen. Repression und Opposition in der SED. Frankfurt/Oder 1996, S. 375.

DDR ein »System des vollendeten Sozialismus« zu errichten. Sie erklärten, die Theorie des Marxismus-Leninismus zu verwirklichen und dem »proletarischen Internationalismus« verpflichtet zu sein. Mit dieser ideologischen Floskel wurde die Abhängigkeit von der Sowjetunion und deren »Vorbild« des Kommunismus gerechtfertigt. Insbesondere aber wurde mit der These von der »führenden Rolle« der SED die bürokratische Diktatur der deutschen Kommunisten verteidigt.

In Prag kam es der kommunistischen Führung aber vor allem auf die Demokratisierung des Regimes an und auf die Abkehr vom sowjetischen Modell (unter der Losung eines tschechoslowakischen Sozialismus). Das Hauptproblem für beide Richtungen war die Frage, welche Rolle und Funktion die Kommunistische Partei zu übernehmen habe. Auf dem VII. Parteitag der SED im April 1967 hatte das Politbüromitglied Erich Honecker die stalinistische These von der Partei als der »Führerin« des Volkes beim Aufbau des Sozialismus wiederholt: »Auf der Grundlage des Marxismus-Leninismus, des Parteiprogramms, des Statuts und der neuesten Erkenntnisse der Wissenschaften werden ... Strategie und Taktik ausgearbeitet und durch zielstrebige Organisierung und Koordinierung aller Parteikräfte, aller staatlichen und gesellschaftlichen Organisationen einheitlich verwirklicht.«[58] Demgegenüber erklärte die KPČ in ihrem Aktionsprogramm von 1968 zur »führenden Rolle« der Partei, diese könne nicht darin bestehen, »die Arbeit des Staates, die Arbeit wirtschaftlicher und gesellschaftlicher Körperschaften zu übernehmen«. Das Monopol, die »Macht in der Hand der Parteiorgane«, wurde abgelehnt. »Die Kommunistische Partei stützt sich auf die freiwillige Unterstützung durch die Menschen. Sie verwirklicht ihre führende Rolle nicht dadurch, daß sie die Gesellschaft beherrscht, sondern dadurch, daß sie der freien, fortschrittlichen und sozialistischen Entwicklung am fortschrittlichsten dient.«[59]

Joseph Smirkowsky, der energischste Verfechter des Reformkommunismus in der ČSSR, hatte bereits am 2. Februar 1968 die radikale Trennung von Partei und Staat und eine Machtverschiebung zugunsten des Parlaments verlangt. Die Ansätze der tschechoslowakischen Entwicklung zeigten, daß sich eine solche Trennung der Partei von der staatlichen und wirtschaftlichen Administration abzeichnete und die Partei versuchte, lediglich eine geistige Führungsrolle zu übernehmen.

Gleichzeitig wurden unterschiedliche Vorstellungen über das innerparteiliche System offensichtlich. Formal bekannte sich auch die SED zur innerparteilichen Demokratie (demokratischer Zentralismus), doch blieb sie bei der stalinistischen Kaderpolitik, die dem Apparat alle Macht gibt und die Mitgliedschaft zur Komparserie degradiert. Erich Honecker erklärte auf dem VII. SED-Parteitag: »Die Arbeit mit den Kadern ist eine wichtige Führungsaufgabe. Sie ist darauf gerichtet, den Einsatz fähiger, der Sache der Arbeiterklasse und ihrer Partei treu ergebener Menschen in Führungsfunktionen auf allen Gebieten zu sichern.«[60] Statt dessen betonte das Aktionsprogramm der KPČ die Notwendigkeit einer echten innerparteilichen Demokratie, die gerade kaderpolitische Konsequenzen habe: »Die Entscheidungen über alle wichtigen Fragen und die Kaderbesetzung von Funktionen muß nach demokratischen Regeln behandelt werden und durch geheime Abstimmung erfolgen.«[61]

[58] Protokoll VII. Parteitag, Bd. 2, S. 14 f.

[59] F. Röll und G. Rosenberger, ČSSR 1962–1968. Dokumentation und Kritik. München 1968, S. XI f. Volkszeitung, Prag, vom 19.4.1968 (Aktionsprogramm).

[60] Protokoll VII. Parteitag, Bd. 2, S. 31.

[61] Volkszeitung, Prag, vom 19. 4. 1968.

Während es den Reformkommunisten der ČSSR besonders darauf ankam, die Mehrheit der Bevölkerung für ihre Linie zu gewinnen (was sie ja erreichten), und innerhalb der Partei freie Auseinandersetzungen über politische Probleme und demokratische Willensbildung zu ermöglichen, hielt die SED an der Vorstellung fest, die Partei müsse durch eine zentralistische Machtpolitik allein bestimmen, und innerhalb der Partei könne bei straffem Zentralismus nur der Wille der Führung entscheidend sein.

Entsprechend dieser konträren Grundkonzeption von der Aufgabe der Partei war auch die Haltung von SED und KPČ zu fast allen politischen Fragen unterschiedlich: die SED bejaht die Hegemonie der sowjetischen Kommunisten in der Weltbewegung, die KPČ forderte Gleichberechtigung und Selbständigkeit aller Parteien; die SED wollte der Bevölkerung weiterhin keine Informationsfreiheit zugestehen, die KPČ gewährte die Pressefreiheit, und im Sommer 1968 besaß die ČSSR eine freie Presse; während in der DDR die Partei alle Bereiche des Lebens bestimmte, wollte die KPČ eine Gewaltenteilung erreichen und eine rechtsstaatliche Ordnung verwirklichen; die Freizügigkeit, die in der DDR fehlte, wurde in der ČSSR praktiziert; schließlich sollte in der ČSSR durch Wirtschaftsreformen (die es auch in der DDR gab) nicht nur der Lebensstandard verbessert, sondern auch den Arbeitern und ihren Gewerkschaften mehr Rechte eingeräumt werden.

Schon eine Skizzierung der beiden Modelle zeigt also, daß in der DDR weiterhin die bürokratisch-diktatorische Form des Kommunismus herrschte, während es durch die Reformen in der ČSSR zu Ansätzen eines demokratischen Kommunismus kam, die nur durch die ausländische Intervention wieder rückgängig zu machen waren.

Versuche zur Eigenständigkeit der DDR

Die relative Stabilisierung der DDR und ihre wirtschaftlich starke Position im Ostblock hatten wachsendes Selbstbewußtsein bei der Führungsspitze und insbesondere bei Ulbricht zur Folge. Das spiegelte sich zunächst in der Ideologie wider. Unter Ulbricht begann die SED 1967, ihre geistige Eigenständigkeit herauszustellen und wies sich sogar als Vorbild für andere kommunistische Parteien aus. Auf einer wissenschaftlichen Tagung anläßlich des 150. Geburtstages von Karl Marx im Mai 1968 in Ost-Berlin befürwortete Ulbricht eine »prognostische« Politik. Er definierte auch den »Systemcharakter des Sozialismus« und kam zu dem Schluß: »Das ökonomische System des Sozialismus in der DDR ist, historisch gesehen, die volle Einstellung einer hochindustriellen Gesellschaft auf die inneren Vorzüge und Triebkräfte der sozialistischen Produktionsweise und auf die Dynamik der wissenschaftlich-technischen Revolution.«[62]

Damit erweiterte Ulbricht eine These, die er bereits 1967 auf einer Veranstaltung zum 100. Jahrestag des Erscheinens des Marxschen ›Kapital‹ aufgestellt hatte. Er hatte erklärt, der »Sozialismus« sei nicht mehr – wie bei Marx oder Lenin – eine kurze Übergangsphase zum Kommunismus, zur »klassenlosen Gesellschaft«, sondern

[62] Walter Ulbricht, Die Bedeutung und die Lebenskraft der Lehre von Karl Marx für unsere Zeit. Berlin (Ost) 1968, S. 39.

»eine relativ selbständige sozialökonomische Formation in der historischen Epoche des Übergangs vom Kapitalismus zum Kommunismus im Weltmaßstab«.[63] Aus diesem Grund betrachtete Ulbricht auch Geld, Preis, Gewinn, Profitstreben – von den Kommunisten immer als notwendiges und abzulehnendes Übel nur während einer kurzen Übergangsperiode geduldet – aus einem »positiven Blickwinkel«: »Früher war es üblich, besonders ausgehend von Marx' Bemerkungen zum Gothaer Programm, den Sozialismus nur als Übergangsphase anzusehen, in der sich die Gesellschaft von den ›Muttermalen‹ des Kapitalismus frei machen und die materiellen und geistigen Voraussetzungen für die zweite Phase des Kommunismus schaffen muß. ... Doch diese Prozesse sehen wir unter dem positiven Blickwinkel des Wichtigsten, des Wesentlichen und Bestimmenden für die neue Gesellschaftsordnung: Der Sozialismus wird im Arbeiter-und-Bauern-Staat auf der Grundlage eines qualitativ neuen Typus der Produktionsverhältnisse errichtet.«[64]

Ulbrichts Revision des herkömmlichen Marxismus-Leninismus prägte die theoretischen Diskussionen der DDR in den Jahren 1968/69. Kein Wunder, daß der SED-Funktionär Werner Lamberz Ulbricht an dessen 75. Geburtstag sogar als den »größten lebenden deutschen Marxisten-Leninisten« feierte.[65] Doch Ulbrichts Korrektur am Marxismus bedeutete zunächst nur eine pragmatische Ideologisierung: Die angestrebte klassenlose kommunistische Gesellschaft lag immer noch in nebelhafter Ferne, deshalb wurde der gegenwärtige Zustand »Sozialismus« genannt und als eigenständige und langdauernde Gesellschaftsform interpretiert. Diese ideologische Losung verschleierte jedoch weit mehr. Die UdSSR begründete ihren Führungsanspruch unter anderem mit der Behauptung, sie habe seit 1936 den »Sozialismus« verwirklicht, sei bereits auf dem Weg zum Kommunismus und damit also den anderen »sozialistischen Ländern« um eine ganze Epoche voraus. Ulbricht dagegen definierte den Sozialismus als langdauernde eigenständige »Formation«, historisch gleichbedeutend mit Feudalismus oder Kapitalismus, folglich befanden sich DDR und Sowjetunion auf gleicher Entwicklungsstufe. Hinter dieser Auslegung versteckte sich die Forderung nach mehr Selbständigkeit für die SED-Führung.

Damit erhob die SED Ende der sechziger Jahre ihrerseits einen Führungsanspruch gegenüber anderen kommunistischen Parteien. Die DDR sollte zum Vorbild für Industrieländer werden, womit sie sich deutlich von der früheren völligen Anpassung an das sowjetische Modell löste. Danach habe erst die SED bewiesen, »daß der Marxismus-Leninismus auch für industriell hochentwickelte Länder volle Gültigkeit hat«. Sie mußte nach dieser Version »erstmalig den Sozialismus unter den Bedingungen eines industriell hochentwickelten und dazu von den Imperialisten gespaltenen Landes aufbauen ... Die SED betrat in dieser Beziehung Neuland.«[66] Diese Anmaßung und die indirekte Distanzierung vom sowjetischen Vorbild blieben nicht ohne Folgen.

Zugleich versuchte die SED-Führung die innere Ordnung der DDR wenigstens mit ideologischen Thesen zu harmonisieren. Ulbricht selbst propagierte die – später als falsch verworfene – »sozialistische Menschengemeinschaft«, die er in einer

[63] Neues Deutschland, Nr. 252 vom 13. 9. 1967.

[64] Walter Ulbricht, Zum ökonomischen System des Sozialismus in der DDR. Bd. 2. Berlin (Ost) 1968, S. 530.

[65] Einheit 23 (1968) Heft 6, S. 660.

[66] Politisches Grundwissen. Hrsg. v. d. Parteihochschule »Karl Marx« beim ZK der SED. Berlin (Ost) 1970, S. 620.

Rede im März 1969 so beschrieb: »Die sozialistische Menschengemeinschaft, die wir Schritt um Schritt verwirklichen, geht weit über das alte humanistische Ideal hinaus. Sie bedeutet nicht nur Hilfsbereitschaft, Güte, Brüderlichkeit, Liebe zu den Mitmenschen. Sie umfaßt sowohl die Entwicklung der einzelnen zu sozialistischen Persönlichkeiten als auch der vielen zur sozialistischen Gemeinschaft im Prozeß der gemeinsamen Arbeit, des Lernens, der Teilnahme an der Planung und Leitung der gesellschaftlichen Entwicklung, besonders auch in der Arbeit der Nationalen Front und an einem vielfältigen, inhaltsreichen und kulturvollen Leben. In der Welt hat sich herumgesprochen, daß das ›deutsche Wunder‹, das sich in unserer Republik ereignet hat, nicht einfach ein ›Wirtschaftswunder‹ ist, sondern vor allem in der großen Wandlung der Menschen besteht. Aber noch sind wir bei weitem nicht am Ende des Weges zur sozialistischen Menschengemeinschaft.«[67]

In der Industriegesellschaft der DDR räumte die SED-Führung der Wissenschaft einen überragenden Einfluß ein und versuchte darüber hinaus, in der Partei selbst wissenschaftliche Leitungsmethoden durchzusetzen. Die Partei war bemüht, wie Honecker 1970 erklärte, die Verantwortung der Leitungen auf jeder Ebene exakt abzugrenzen, um zu erreichen, daß die Beschlüsse des ZK in jedem Bereich »eigenverantwortlich, konsequent und mit hoher Effektivität« realisiert würden. An der Macht des Apparates änderte sich damit zwar nichts, aber an den Techniken der Führungsmethoden. Nun würden »neue Methoden der Information und der Bewußtseinsanalyse, die elektronische Datenverarbeitung, angewandt und die Kybernetik, Pädagogik, Psychologie und Soziologie in der Parteiarbeit genutzt«.[68] Ein parteieigenes Institut für Meinungsforschung erhielt den Auftrag, der SED die Vorstellungen der Bevölkerung schneller und genauer zu vermitteln, damit sie Fehlentscheidungen vermeiden und korrigieren sowie systemimmanente Reformen leichter durchführen könne.

Geprägt wurde der neue Führungsstil der SED von den Sachzwängen einer Wirtschaft, die effektiv arbeiten sollte; aber daraus entwickelten sich auch Schwierigkeiten. Die SED verstand sich selbst als »wissenschaftliche Partei«, sie behauptete: »Die Kunst der Führung durch das ZK, das Politbüro und den Ersten Sekretär der SED bestand dabei darin, die historisch herangereiften neuen Aufgaben rechtzeitig erkannt und ... eine exakte wissenschaftliche Analyse der Lage gegeben zu haben.«[69] Nur sie könne auf Grund ihrer marxistischen Ideologie »alle gesellschaftlichen Prozesse komplex leiten«.[70] Die Kompetenz der Wissenschaft, auf die sich die Führung Ulbrichts immer nachdrücklicher berief, geriet in Gegensatz zu ihrem Dogmatismus. Darüber hinaus gab es Veränderungen im Führungskorps: Jüngere Fachleute lösten etliche Funktionäre der älteren Generation, die sogenannten »Apparatschiks« ab, die nur über den Parteiapparat aufgestiegen waren.

Das Dilemma der SED bestand darin, als führende Staatspartei die komplizierten Fragen einer modernen Industriegesellschaft bewältigen zu müssen, d. h. die Effektivität der Wirtschaft ständig zu steigern, aber gleichzeitig ihre politische Macht auszubauen und alle Bereiche der Gesellschaft weiter unter Kontrolle zu halten. Die Problemlösung ergab sich für die SED unter Ulbricht aus der Anwendung neuer

[67] Das System der sozialistischen Gesellschafts- und Staatsordnung in der Deutschen Demokratischen Republik. Dokumente. Berlin (Ost) 1969, S. 245.

[68] Honecker, Die Verwirklichung, S. 78.

[69] Heinz Hümmler, Die Partei. Berlin (Ost) 1967, S. 44, 53.

[70] Politisches Grundwissen, S. 624.

wissenschaftlicher Methoden in allen Gesellschaftsbereichen und in der Partei selbst. Sie strebte dabei auch eine gewisse politische und ideologische Unabhängigkeit von der Sowjetunion an. Die SED veränderte die Zusammensetzung ihres Funktionärskorps, und sie straffte ihre Leitungsmethoden durch die Anwendung wissenschaftlicher Instrumentarien.

Der Anspruch der Partei, alle Lebensbereiche zu bestimmen, blieb ebenso unangetastet wie die generelle Praxis einer zentralistischen und diktatorischen politischen Machtstruktur sowohl im Gesamtsystem als auch innerhalb der SED. Mit immer neuen »Forschungen« versuchte die SED-Führung dieser Gegensätze »wissenschaftlich« Herr zu werden. Die Führung erwartete, die »Wissenschaft« könne Techniken liefern, die das politische System flexibler gestalteten, ohne dabei die Macht der Partei einzuschränken. Das ging z. B. so weit, daß eine »Forschungsgemeinschaft Sozialistische Menschenführung« Überlegungen für eine »wirksame kommunalpolitische Öffentlichkeitsarbeit« anstellte, freilich ohne das eigentliche Problem der DDR – nämlich die Ausschaltung der Bürger beim politischen Meinungs- und Willensbildungsprozeß – überhaupt zu erwähnen. Die Ergebnisse waren entsprechend nichtssagend, etwa über »die Rolle der Massenmedien bei der Verbesserung der kommunalpolitischen Öffentlichkeitsarbeit« oder blieben Allgemeinplätze von »gesellschaftlicher Mitgestaltung«, also inhaltsleere Floskeln.[71]

Geprägt wurde die DDR mehr denn je von Walter Ulbricht; er personifizierte bei allen Veränderungen die Kontinuität der SED-Politik. Seine Führung war über 25 Jahre Symbol der Stabilität der Parteileitung. Obwohl die SED von ihrer »kollektiven Führung« sprach, war gerade in den sechziger Jahren Ulbrichts Autorität tonangebend in Partei und Staat. Mit seinen Funktionen als Erster Sekretär der SED, als Staatsratsvorsitzender und als Vorsitzender des Nationalen Verteidigungsrates konzentrierte sich bei ihm eine unglaubliche Machtfülle. Nicht zuletzt daraus entstand die weitverbreitete Legende, in diese Spitzenstellung sei er durch staatsmännisches Können gelangt. Doch seinen Aufstieg begann Ulbricht als Vertrauensmann Stalins in Deutschland. Solange die Sowjetunion weitgehend die Politik der DDR und der SED bestimmte, bestand seine »Größe« darin, sich allen Wendungen der Politik Stalins (und später Chruschtschows) rasch anzupassen. Erst in den sechziger Jahren konnte sich Ulbricht als pragmatischer Politiker und Staatsmann erweisen. Seine Rolle wuchs mit der Bedeutung der SED, deren Ansehen sich mit der Stabilisierung der DDR verbesserte. Doch schließlich überschätzte Ulbricht die Position der DDR als Juniorpartner der UdSSR, indem er zu eigenmächtig handelte und damit die sowjetische Politik störte.

Der Weg in eine neue Krise

Ab 1967 ergaben sich in der DDR neue wirtschaftliche Schwierigkeiten und Engpässe. Beim Ausbau der Wirtschaft und bei der Entwicklung zur modernen Industriegesellschaft hatte sich gezeigt, daß die Ideologie viele Probleme der Gesellschaft nicht lösen konnte, sondern diese oft sogar behinderte. Auf zahlreichen Gebieten mußte die DDR ähnliche Aufgaben bewältigen wie andere Industriestaaten auch.

[71] Sozialistische Demokratie. Organ des Staatsrates und des Ministerrates der DDR, Nr. 32 vom 7. 8. 1970.

Erschwerend wirkte sich in der DDR der Arbeitskräftemangel aus. »Auf 100 Personen im arbeitsfähigen Alter kamen 1966 72,5 im nichtarbeitsfähigen Alter. 1939 hatte dieses Verhältnis 100 zu 48,1, 1955 100 zu 56,4 und 1960 100 zu 63,0 betragen. In der zweiten Hälfte der sechziger Jahre hatte die DDR die schlechteste Arbeitskräftebilanz aller Industrieländer.«[72] Die DDR-Wirtschaft hatte zudem nach dem Krieg nicht nur die Reparationen verkraften müssen, sondern erlitt durch die Fluchtbewegung einen Verlust an Arbeitskräften, der nach Ulbrichts Angaben die DDR weitere 30 Milliarden kostete.[73] Für die Sicherung des Herrschaftssystems blieb aber die Wirtschaftsentwicklung ebenso entscheidend wie die ideologische Zielsetzung, deshalb mußte die SED alle Kraft auf die Ökonomie verwenden. Doch hierbei entstanden neue Komplikationen zwischen ideologischem Dogmatismus einerseits und Ulbrichts übertriebener wirtschaftlicher Planung andererseits.

Es gelang aber, die Gesamtproduktion insgesamt erheblich zu steigern und damit auch den Lebensstandard der Bevölkerung zu heben. In der Schwerindustrie gab es ein kontinuierliches Wachstum; so stieg von 1961 bis 1970 die Produktion von Rohstahl von 3,8 Millionen t auf 5 Millionen t (1950: 1,2 Millionen t), Elektroenergie von 42 000 auf 67 000 Gwh (1950: 19 000). Langsam wuchs auch die Pkw-Produktion (1961: 64 000, 1970: 126 000). Langlebige Konsumgüter wurden 1970 weitaus mehr hergestellt als 1961, so z. B. 380 000 Kühlschränke statt 166 000, 254 000 Waschmaschinen statt 132 000; die Produktion von Fernsehgeräten blieb konstant. Hier wie bei anderen Gebrauchsgütern war der Höchstausstoß in den Jahren 1966/67 zu registrieren, danach stagnierte die Produktion. 1970 besaßen von 100 Haushalten 15 einen Pkw (1966 = 9), 69 einen Fernsehempfänger (1966 = 54), 53 eine elektrische Waschmaschine (1966 = 32) und 56 einen Kühlschrank (1966 = 31).[74]

Bei den 20-Jahr-Feiern zur DDR-Gründung im Jahre 1969 konnten die SED-Führer berichten, daß ihr Staat mit 17 Millionen Einwohnern eine größere Industrieproduktion aufzuweisen habe als das Deutsche Reich von 1936 mit einer Bevölkerung von 60 Millionen. Die DDR berief sich wieder einmal auf die Geschichte, um ihre Macht zu legitimieren: »Die DDR ist der durch die vielhundertjährige Geschichte unseres Volkes legitimierte deutsche Staat des Friedens und der Freiheit, der Menschlichkeit und sozialen Gerechtigkeit. In der DDR werden alle großen, progressiven Ideen, die das deutsche Volk je hervorgebracht hat, wird das Vermächtnis aller Kämpfe um ein Reich des Friedens und der sozialen Sicherheit, der Menschenwürde und der Brüderlichkeit erfüllt. Verwirklicht wird das Kampfziel der revolutionären deutschen Arbeiterbewegung, das Deutschlands größte Söhne, Karl Marx und Friedrich Engels, vor 120 Jahren im ›Kommunistischen Manifest‹ proklamierten. Wofür die Scharen des Thomas Münzer im großen deutschen Bauernkrieg in die Schlacht zogen, was deutsche Aufklärer und Humanisten an Ideengebäuden errichteten, wofür die Volksmassen 1813 und 1848 stritten, wofür die deutsche Arbeiterklasse unter August Bebel, Wilhelm Liebknecht, Rosa Luxemburg, Karl Liebknecht und Ernst Thälmann – während des Sozialistengesetzes – in der Novemberrevolution und in der Weimarer Republik – kämpfte, wofür Kommunisten, Sozialdemokraten, Christen und bürgerliche Patrioten im antifaschistischen Widerstand Kerker und Tod, Folter und Emigration auf sich nah-

[72] Heitzer, DDR, S. 169.

[73] Neues Deutschland, Nr. 83 vom 24. 3. 1962.

[74] Vgl. Statistisches Jahrbuch der DDR 1974. Berlin (Ost) 1974, S. 334 f.

men … das alles ist Wirklichkeit geworden in der Deutschen Demokratischen Republik.«[75]

Der Antifaschismus gehörte zur Legitimationsideologie. In der SBZ/DDR war der antifaschistische Konsens aber rasch beendet worden. Die Kommunisten hatten ihn instrumentalisiert, um ihre Parteiherrschaft errichten und ausbauen zu können. Das Versprechen der Ideologie des Marxismus-Leninismus einer besseren, »klassenlosen« Zukunft wurde in der DDR ergänzt durch den Hinweis auf die (heroisierte) Vergangenheit der Kommunisten als Antifaschisten (sie hatten ja unter Hitler die größten Opfer gebracht). Damit wollte sich die SED innenpolitisch eine moralische Basis verschaffen. Die Diktatur der SED, die »immer recht« hatte, sollte verklärt und gerechtfertigt werden. Entsprechend dieser Perspektive war nur sie ein Garant, der Faschismus und Krieg verhinderte. Schließlich engte der Alleinvertretungsanspruch der Kommunisten den Antifaschismus ein auf die jeweilige politische Linie der SED. Jeder Gegner, jede Opposition gegen die offizielle Linie wurde mit dem Bannfluch des Faschismus belegt (schon 1949 z. B. der »Tito-Faschismus« oder 1953 der »faschistische« Aufstand vom 17. Juni). Zur außenpolitischen Funktion des Antifaschismus gehörte es, ein Feindbild zu verbreiten und jeden »Feind« als faschistisch zu verunglimpfen.

In der SED, aber auch außerhalb der Partei förderte der Antifaschismus die Integration sowie die Loyalität gegenüber dem neuen Staat DDR und seiner Führung. Solch »verordneter Antifaschismus« wurde zu einem »Grundpfeiler der Volksbildung in der DDR gezählt«.[76] Mittels des Antifaschismus sollte erzogen werden zur »Liebe gegenüber Partei und Staat und zu höchster Achtung gegenüber den Führern von Partei und Staat« sowie zum »unversöhnlichen Haß« auf den »Klassenfeind«.[77] Diese instrumentelle Einengung des Antifaschismus spiegelte sich in sämtlichen Einrichtungen des »Mythos Antifaschismus«, in den zahlreichen Gedenkstätten ebenso wie in der ideologischen Indoktrination.[78] Der Antifaschismus der DDR diente als ein Instrument, mit dem die SED-Machthaber ihre Herrschaftspraktiken vertuschen und legitimieren wollten. Er wurde zwar ein integrierender Faktor des Systems, da er Loyalität schuf. Doch andererseits machte er die Widersprüche des Regimes, den Gegensatz von Anspruch und Wirklichkeit deutlich und hat deshalb auch zur Kritik an der Diktatur beigetragen.

Die Schattenseiten der Entwicklung der DDR waren 1970 nicht zu übersehen. Die Wirtschaftspolitik pendelte weiterhin zwischen Reformen und absolutem Führungsanspruch der Partei. Die Bindung an die Sowjetunion führte die DDR in neue Abhängigkeiten, denn sie hatte sich auch am ökonomischen System der UdSSR zu orientieren. Die KPdSU bemühte sich, alle Selbständigkeitsbestrebungen der kommunistischen Parteien und vor allem der kommunistisch regierten Staaten zu unterbinden. Dabei hatte sie auf der Internationalen Beratung kommunistischer Parteien im Juni 1969 wenig Erfolg. Die SED-Führung unter Ulbricht legte

[75] 20 Jahre DDR. Thesen des Komitees zum 20. Jahrestag der DDR. Sozialistische Demokratie (Beilage) vom 24. 1. 1969.

[76] Wilfried Schubarth u. a., Verordneter Antifaschismus und die Folgen. Aus Politik und Zeitgeschichte. Beilage »Das Parlament« 41 (1991), B9 vom 22. 2. 1991, S. 3 ff.

[77] Kurt Faller und Bernd Wittich, Abschied vom Antifaschismus. Frankfurt/Oder 1997, S. 28.

[78] Vgl. Bernd Faulenbach, Zur Rolle des Antifaschismus. In: Ingrun Drechsler u. a. (Hrsg.), Getrennte Vergangenheit, gemeinsame Zukunft. Ausgewählte Dokumente, Zeitzeugenberichte und Diskussionen der Enquete-Kommission »Aufarbeitung von Geschichte und Folgen der SED-Diktatur« des Deutschen Bundestages 1992–1994, Bd. I, München 1997, S. 141 ff.

zwar ein »Bekenntnis zur KPdSU und ihrer welthistorischen Pionierrolle«[79] ab, versuchte aber dennoch, ihre eigenen Interessen gerade in der Deutschlandfrage durchzusetzen.

Hier hatten inzwischen der internationale Entspannungsprozeß und die Bundestagswahl vom 28. September 1969 Bewegung in die Politik gebracht. Die neue sozial-liberale Koalition unter Bundeskanzler Willy Brandt wollte durch »Anerkennung der Gegebenheiten« die »Selbstblockade der großen Koalition überwinden«.[80] Zuerst wurden mit der Sowjetunion Gespräche über Gewaltverzicht geführt. Doch die Regierung Brandt erklärte zugleich, eine Verbesserung der Lage Deutschlands und die Sicherung des Friedens könnten nicht an der DDR vorbei erreicht werden. Der Regierungswechsel in Bonn und die neue Ostpolitik verwirrten die SED-Spitze. Die sozial-liberale Politik bot der DDR die Chance, ihre außenpolitische Isolierung zu überwinden und als Staat mit gesicherten Grenzen anerkannt zu werden. Zugleich bestand die Gefahr, daß die neue Ostpolitik die innere Stabilität bedrohte: Durch Hoffnungen auf eine Demokratisierung oder gar Wiedervereinigung konnte von den Bürgern, die sich seit 1961 mit den Verhältnissen arrangierten, wieder Unruhe in das System gebracht werden. Die SED-Führung verlegte sich auf eine Politik der Maximalforderung, sie verlangte »völkerrechtliche Beziehungen« zwischen beiden deutschen Staaten. Damit änderte die SED auch ihre bisherige deutschlandpolitische Position. Die Linie, Verhandlungen erst nach völkerrechtlicher Anerkennung zuzustimmen, wurde von den anderen kommunistischen Regierungen, sogar von Moskau, unterlaufen. Die SED versuchte noch zu bremsen, doch kam sie an gesamtdeutschen Gesprächen, die sie selbst so lange und lautstark gefordert hatte, nicht mehr vorbei.

Höhepunkt der direkten Kontakte war das Gespräch zwischen Bundeskanzler Brandt und dem DDR-Regierungschef Stoph in Erfurt im März 1970. Doch die Ovationen von DDR-Bürgern in Erfurt für Willy Brandt sowie das Echo in der DDR verunsicherten die DDR-Führung. Um jeder Unruhe in ihrem Machtbereich vorzubeugen, erklärte die SED, der Status quo sei nicht zu ändern, die DDR sei ein eigener Nationalstaat. Daher verlangte Stoph bei der zweiten Begegnung mit Brandt in Kassel im Mai 1970 die völkerrechtliche Anerkennung der DDR; »innerdeutsche« Beziehungen sollte es nicht mehr geben. Scharfe Attacken der SED gegen die Bundesregierung und die Sozialdemokratie sollten die Entspannungspolitiker zermürben, doch diese ließen sich nicht beirren und führten die »Entkrampfung« weiter. Bundeskanzler Brandt hatte in Kassel in 20 Punkten dargelegt, daß die Friedenspolitik der Bundesrepublik Deutschland auf Gleichberechtigung und Unverletzbarkeit der Grenzen zielte, der Zusammenhalt der Nation aber sollte gewahrt werden.

Nach erfolgreichen Verhandlungen zwischen der Regierung Brandt, der UdSSR und Polen sowie dem Abschluß der Verträge mit Moskau und Warschau (August bzw. Dezember 1970) wurde es für die SED immer schwieriger, ihre Behauptungen vom »Revanchismus« der Bundesrepublik anzubringen, und sie verlor damit auch im Inneren ein wichtiges Argument für ihr »Feindbild«. Mit der These, die Bun-

[79] Grundriß der deutschen Geschichte (Klassenkampf, Tradition, Sozialismus). 2. Aufl. Berlin (Ost) 1979, S. 765.

[80] Werner Maibaum, Geschichte der Deutschlandpolitik. Bonn 1998, S. 63. Dort weitere Einzelheiten. Zur Auseinandersetzung in der SED jetzt Monika Kaiser, Machtwechsel von Ulbricht zu Honecker. Berlin 1997, S. 324 ff.

desregierung wolle sich die DDR einverleiben, von außen drohe die Gefahr eines neuen Faschismus, hatte die DDR-Führung auch kritische Kommunisten und nichtkommunistische Antifaschisten jahrelang bei der Stange gehalten. Die starre Haltung früherer Bundesregierungen hatte gut in die Klischeevorstellungen Ulbrichts gepaßt, die neue Ostpolitik beendete diese Periode.[81] Durch Störungen des Berlinverkehrs wollte die DDR weiterhin ihre starke Position beweisen.

Schwierigkeiten in der Wirtschaft versuchte die SED mit Hilfe der Wissenschaft zu überwinden. Ulbricht forderte, es komme darauf an, »Leistungen zu vollbringen, die das Höchstniveau mitbestimmen, die die technische Entwicklung in der Welt vorantreiben«.[82] Eine neue Losung: »Überholen ohne einzuholen«, ersetzte die gescheiterte Parole von 1959 vom »Einholen und überholen«. Als Beitrag zur Verwirklichung der wissenschaftlichen Pläne galt die 3. Hochschulreform, die nach einem Beschluß des Staatsrates vom April 1969 weiterzuführen war. »Die 3. Hochschulreform hat das Ziel, alle Voraussetzungen zu schaffen, um die Studenten zu leistungsfähigen Fachleuten und Sozialisten mit fester marxistisch-leninistischer Weltanschauung herauszubilden und zu erziehen.«[83] Durch die Reform sollten das Forschungspotential konzentriert, Lehre und Studium stärker an der Praxis orientiert und forschungsbezogen sein. Noch war die SED-Führung davon überzeugt, daß der Anteil der Personen mit Hoch- und Fachschulbildung rasch gesteigert werden müsse; so wuchs auch die Zahl der »Hoch- und Fachschulkader pro Tausend der Berufstätigen von 86 im Jahre 1965 auf 113 im Jahre 1970«.[84]

Doch die DDR ging mit schwierigen Problemen in die siebziger Jahre. Es war ihr in den sechziger Jahren nicht gelungen, den Anschluß an den Lebensstandard in der Bundesrepublik zu erreichen, vielmehr hatte sich der Abstand zwischen beiden deutschen Staaten weiter zu Ungunsten der DDR vergrößert.[85] Im Dezember 1970 zog die 14. Tagung des ZK der SED die Bilanz dieser Entwicklung und des Fünfjahrplanes von 1966 bis 1970. Die Industrieproduktion war jährlich um über sechs Prozent gewachsen, vor allem Elektrotechnik, Petrochemie und Landmaschinenbau waren vorangekommen, doch wesentliche Ziele des Fünfjahrplanes konnten nicht erreicht werden: »Das betraf unter anderem die Energiewirtschaft, die Zuliefererindustrie, insbesondere die Gießereiproduktion und das Bauwesen.«[86] Gerade die Prognosen für 1969 und 1970 wurden nicht realisiert; die Arbeitsproduktivität blieb um die Hälfte unter dem Soll, und die Parteiführung mußte Mangelerscheinungen bei der Versorgung der Bevölkerung eingestehen.

Nur die Landwirtschaft konnte sich allmählich von den Rückschlägen der Kollektivierung erholen. 1966 und 1968 hatten »Bauernkongresse« beschlossen, die Kooperationsbeziehungen der einzelnen LPGs zu forcieren. Dadurch kam es allerdings Ende der sechziger Jahre in einigen Bereichen der landwirtschaftlichen Erzeugung wieder zu Ausfällen.[87]

[81] Vgl. zur Deutschlandpolitik: Günther Schmid, Entscheidung in Bonn. Die Entstehung der Ost- und Deutschlandpolitik 1969/1970. 2. Aufl. Köln 1979, sowie die inzwischen zahlreich erschienenen Dokumentationen.

[82] Walter Ulbricht, Die weitere Gestaltung des gesellschaftlichen Systems des Sozialismus. Berlin (Ost) 1969, S. 25.

[83] Stefan Doernberg, Kurze Geschichte der DDR. 4. durchges. und erg. Aufl. Berlin (Ost) 1969, S. 623.

[84] DDR. Werden und Wachsen. Berlin (Ost) 1974, S. 510.

[85] Vgl. dazu: Materialien zum Bericht zur Lage der Nation 1971. Bonn 1971, S. 125.

[86] DDR. Werden und Wachsen, S. 510.

[87] Ebd., S. 485.

Neue Komplikationen in Industrie und Landwirtschaft veranlaßten die Führung, die Planziele für 1971 erheblich zu reduzieren. Erstmals wurden geringere Investitionen eingeplant als im Vorjahr. Gleichzeitig wollte die SED unter Ulbricht durch eine erneute Zentralisierung des ökonomischen Sektors der Probleme Herr werden, die der Volkswirtschaft aus der eigenen falschen Politik entstanden waren. Es gab vielfache Gründe für eine Absetzung Ulbrichts. Breschnew versuchte die Hegemonie Moskaus wieder zu festigen. Da stand ihm Ulbrichts Absicht, der DDR eine besondere Rolle zuzuschreiben, im Wege.[88] Honecker gelang es schrittweise, Ulbricht im Politbüro zu isolieren. So wuchs die Möglichkeit, diesen wegen der neuen Krisen abzusetzen. Dabei benutzten Honecker und seine Anhänger genau die gleichen üblen Methoden, die Ulbricht seinerzeit eingeführt und praktiziert hatte. Die Vorbereitungen wurden streng geheimgehalten. Ende April 1971 flog Werner Lamberz im Auftrag Honeckers nach Moskau, um Breschnews Einverständnis zu bekommen. Die Blitzreise wurde vom sowjetischen Offizier Juri Bassistow organisiert. Über 20 Jahre danach berichtete er, wie er Lamberz konspirativ in ein Flugzeug gebracht hatte. »Am nächsten Tag kam das Flugzeug wie erwartet aus Moskau zurück. Lamberz war in guter Stimmung und teilte kurz mit, daß alles gut verlaufen und die Entscheidung gefällt sei.«[89] Die personellen Auseinandersetzungen zwischen Ulbricht und Honecker endeten mit dem Sturz Ulbrichts. Diese Querelen waren brutale Machtkämpfe, Cliquenintrigen, die mit unterschiedlichen (ideologisch verbrämten) strategischen Konzeptionen und taktischen Manövern verbunden waren.[90]

[88] Vgl. Ilse Spittmann, Warum Ulbricht stürzte. In: Deutschland Archiv (1971), wiederabgedruckt in: Ilse Spittmann, Die DDR unter Honecker. Köln 1990, S. 5 f.

[89] Juri W. Bassistow, Die DDR – ein Blick aus Wünsdorf. In: Jahrbuch für Historische Kommunismusforschung 1994. Berlin 1994, S. 222.

[90] Auf Einzelheiten ist hier nicht einzugehen, sie sind inzwischen anhand der Akten genau registriert. Vgl. Kaiser, Machtwechsel von Ulbricht zu Honecker, besonders S. 370 ff. Vgl. auch Jochen Stelken, Machtwechsel in Ost-Berlin. Der Sturz Walter Ulbrichts 1971. In: Vierteljahrshefte für Zeitgeschichte 45 (1997), S. 503 ff.

6. KAPITEL

Anpassung an die UdSSR 1971–1975

Die Ablösung Walter Ulbrichts im Mai 1971 bildete einen tiefen Einschnitt in der Entwicklung der DDR. Unter ihrem neuen Ersten Sekretär (seit 1976 Generalsekretär) Erich Honecker wurden von der SED sowohl die Führungsrolle der UdSSR als auch das sowjetische Modell wieder als absolut verbindlich anerkannt. Dies bedeutete zwar keine Wiederholung der völligen Abhängigkeit der fünfziger Jahre, doch ordnete sich die DDR nun wieder der allgemeinen Strategie und Taktik der Sowjetunion unter. Die zunehmenden Schwierigkeiten mit der selbstbewußter auftretenden Arbeiterschaft in kommunistisch regierten Staaten (die polnischen Unruhen von 1970 waren ein drastisches Beispiel) veranlaßten die DDR-Machthaber, auch die inneren Führungsmethoden zu verändern. Der Arbeitsstil wurde unter Honecker sachlicher, die sozialen Belange der unteren Einkommensschichten wurden durch Sozialmaßnahmen stärker berücksichtigt. Ansätze einer Partizipation von unten – zur Lösung der komplizierter werdenden Probleme – brachten keine Einschränkung der »führenden Rolle« der SED, ganz im Gegenteil: Die Partei baute ihre dominierende Stellung in Politik, Gesellschaft und Wirtschaft weiter aus. Alle Bereiche des öffentlichen Lebens waren von ihr straffer zu reglementieren und genauer zu kontrollieren, freilich mit flexibleren Methoden.

Ulbrichts Ablösung und der VIII. Parteitag

In Moskau fand vom 30. März bis 9. April 1971 der XXIV. Parteitag der KPdSU statt. Das Politbüro der SED erklärte dazu am 15. April, die »Leitsätze« des KPdSU-Kongresses seien »von allgemeingültiger theoretischer und politischer Bedeutung für unsere SED«.[1] Kurze Zeit später, am 3. Mai 1971, trat das ZK der SED zu seiner 16. Tagung zusammen. Für die Öffentlichkeit völlig überraschend bat Ulbricht dieses Gremium, ihn aus »Altersgründen« von der Funktion des Ersten Sekretärs des ZK der SED zu entbinden. Mit seiner Rücktrittserklärung empfahl er zugleich, »Genossen Erich Honecker zum Ersten Sekretär des Zentralkomitees zu wählen«. Ulbricht berichtete dem ZK, sein Antrag sei zuvor »im Politbüro gründlich beraten« worden.[2] Außerdem verwies er darauf, daß »es in den Jahrzehnten meines Wirkens gelungen ist, eine feste, einheitlich geschlossene und wirklich kollektive Führung der Partei zu schaffen«.

[1] Neues Deutschland, Nr. 104 vom 16. 4. 1971.
[2] Neues Deutschland, Nr. 122 vom 4. 5. 1971.

In gewohnter Einstimmigkeit billigte das ZK die einschneidende Maßnahme. In »Ehrung seiner Verdienste« wurde Ulbricht das (im Statut nicht vorgesehene und nach Ulbrichts Tod auch nicht wieder besetzte) Amt eines »Vorsitzenden der SED« übertragen.[3] Ulbrichts Ablösung und die Wahl Honeckers zu dessen Nachfolger brachten nicht allein eine wichtige personelle Veränderung an der Führungsspitze der DDR-Staatspartei, sie signalisierten darüber hinaus eine strategische Neuorientierung.

Das zeigte vor allem der VIII. Parteitag der SED, der vom 15. bis 19. Juni 1971 in Ost-Berlin stattfand. Die über 2000 Delegierten vertraten 1,9 Millionen Mitglieder und Kandidaten. Erstmals war Ulbricht nicht anwesend, seine Eröffnungsansprache wurde von Hermann Axen verlesen. Axen (1916–1992) trat 1932 dem KJVD bei, wurde 1933 zu drei Jahren Zuchthaus verurteilt und emigrierte anschließend. 1946 Mitbegründer der FDJ, wurde er Sekretär des Zentralrates und kam 1950 ins ZK der SED. Axen war von 1956 bis 1966 Chefredakteur des ›Neuen Deutschland‹. 1966 wurde er Sekretär des ZK für internationale Verbindungen, im Dezember 1970 Mitglied des Politbüros. Erich Honecker, vom Kongreß als neuer Parteiführer umjubelt, erstattete den Bericht des ZK. In deutlicher Abgrenzung gegenüber früheren überzogenen Plänen und bombastischen Forderungen verwies er auf realistischere Ziele, denn das Wirtschaftssystem könne »allzuviele außerplanmäßige Wunder« nicht verkraften.[4] Auf dem Parteitag stellte Honecker der SED als neue »Hauptaufgabe« die »weitere Erhöhung des materiellen und kulturellen Lebensniveaus des Volkes auf der Grundlage eines hohen Entwicklungstempos der sozialistischen Produktion, der Erhöhung der Effektivität, des wissenschaftlich-technischen Fortschritts und des Wachstums der Arbeitsproduktivität«.[5] Der Parteitag bezeichnete die »Intensivierung der Produktion als Hauptweg der weiteren Entwicklung der sozialistischen Volkswirtschaft«.[6]

Das vom VIII. Parteitag gewählte neue ZK bestimmte wiederum die Parteispitze, das Politbüro. Hier gab es wenig Veränderungen; Werner Krolikowski und Werner Lamberz (seit Dezember 1970 Kandidaten) rückten zu Vollmitgliedern auf, MfS-Chef Erich Mielke und Harry Tisch wurden Kandidaten des Politbüros. Die starke Betonung des »Wohls der Menschen« als Ziel der SED und die nach dem VIII. Parteitag zunächst zu beobachtende konkrete Verbesserung der Lebenslage ließen erkennen, daß sich die Partei nun unter Honeckers Führung durch die gezielte Interessenvertretung des »kleinen Mannes« von der Ulbricht-Periode abheben wollte. Das Engagement der SED für die sozial Schwachen konnte dennoch nicht verdecken, daß die Hauptfunktion der DDR-Staatspartei in der Ausübung der Herrschaft bestand, daß sie vorrangig ein Machtinstrument war. An der politischen Allgewalt der SED änderte sich unter Honecker ebensowenig wie an der sozialen Privilegierung der herrschenden Oberschicht. Die neue Elite der DDR wollte das System in seinen bisherigen »bewährten« Grundzügen erhalten, aber auch durch Reformen effektiver gestalten.

Nach späteren Aussagen der SED war mit dem VIII. Parteitag eine »neue gesellschaftliche Etappe eingeleitet« worden.[7] Am Anfang der Honecker-Ära wurde der

[3] Ebd.

[4] Protokoll der Verhandlungen des VIII. Parteitages der Sozialistischen Einheitspartei Deutschlands. 15. bis 19. Juni 1971. Berlin (Ost) 1971, Bd. 1, S. 61.

[5] Ebd., S. 61 f.

[6] Heinz Heitzer, DDR. Geschichtlicher Überblick. Berlin (Ost) 1979, S. 212.

[7] Neues Deutschland, Nr. 131 vom 13. 5. 1974.

Parteitag stets als »besonders wichtige Zäsur in der Geschichte der DDR« hervorgehoben.[8] Bewußt wurde die Ulbricht-Periode verdrängt, alle Veränderungen nach dessen Abgang stark betont und dadurch die Politik der Honecker-Führung überpointiert und demonstrativ als etwas Neues herausgestellt. Das Zurückdrängen der Ulbricht-Ära im Geschichtsbewußtsein sollte unangenehme Seiten der eigenen Geschichte in Vergessenheit geraten lassen. Das galt für den Terror in den fünfziger Jahren ebenso wie für die Distanzierung vom sowjetischen Modell Ende der sechziger Jahre. Doch auch Ulbricht selbst wurde aus der Geschichte »verdrängt«. Während sein Name z. B. in der ersten Auflage des ideologischen Standardwerkes ›Politisches Grundwissen‹ 1970 noch rund hundertmal erwähnt wurde, erschien er in der 2. Auflage von 1972 nicht ein einziges Mal.[9] Nun erfuhr Ulbricht »am eigenen Leibe den erniedrigenden Umgang eines Systems, das er maßgeblich mit geschaffen hatte, und die skrupellose, verlogene und menschenverachtende Art der ›Kader‹, die durch seine politische Schule gegangen waren.«[10]

Der Wechsel an der SED-Spitze machte deutlich, daß die DDR als Juniorpartner der Sowjetunion nur beschränkte Möglichkeiten für eine selbständige Politik besaß. Ulbrichts Ablösung signalisierte aber nicht nur, daß die Führungsrolle der UdSSR und das sowjetische Modell von der DDR wieder als absolut verbindlich anerkannt werden mußten, mit ihr leiteten die neuen Machthaber auch eine verbesserte Sozial- und Wirtschaftspolitik sowie eine liberalere Haltung gegenüber Künstlern und Intellektuellen ein, mit der sie die Kluft zwischen Bevölkerung und Führung überbrücken wollten.

Veränderungen in der Partei

Die in der Verfassung der DDR verankerte Führungsrolle der SED wurde von den Nachfolgern Ulbrichts verstärkt hervorgehoben; sie betonten sogar, diese führende Rolle müsse kontinuierlich ausgebaut werden. Honecker erklärte 1974: »Bei der Gestaltung der entwickelten sozialistischen Gesellschaft in der DDR wächst die führende Rolle der Partei. Es ist heute schon so, daß kein Problem von Bedeutung ohne die tatkräftige politisch-ideologische und organisatorische Arbeit unserer Partei gelöst werden kann. Zur wachsenden Rolle unserer Partei im gesellschaftlichen Leben gibt es keine Alternative.«[11]

Wie zu Ulbrichts Zeiten machte also die SED auch unter Honecker keinen Hehl daraus, daß sie als Staatspartei das gesamte gesellschaftliche Leben der DDR zu bestimmen habe. Für sie blieb es ein Axiom, daß der (von Honecker besonders hervorgehobene) »Führungsanspruch der Arbeiterklasse« in der DDR nur dann zu realisieren ist, wenn darunter »implizite die führende Rolle der marxistisch-leninistischen Partei verstanden wird«.[12] Ganz klar wurde gesagt: »Die Arbeiterklasse

[8] Staat und Recht 23 (1974) Heft 7, S. 1083.
[9] Vgl. Karl Wilhelm Fricke, Wird Ulbricht zur Unperson? Deutschland Archiv 6 (1973), S. 234.
[10] Monika Kaiser, Machtwechsel von Ulbricht zu Honecker. Berlin 1997, S. 454. Vgl. auch den Beschwerdebrief von Ulbricht an Breschnew vom Dezember 1972 in: Peter Przybylski, Tatort Politbüro. Die Akte Honecker. Berlin 1991, S. 311 ff.
[11] Neuer Weg 29 (1974) Nr. 5, S. 199.
[12] Geschichtsunterricht und Staatsbürgerkunde 14 (1972) Heft 8, S. 675.

führt die sozialistische Gesellschaft primär durch ihre marxistisch-leninistische Partei.« Und an anderer Stelle hieß es: »Kernstück der politischen Organisation ist die politische Organisiertheit der Arbeiterklasse. Die Arbeiterklasse realisiert ihre Führungsfunktion innerhalb des Systems der politischen Organisation vor allem und hauptsächlich durch die marxistisch-leninistische Partei. Die Partei organisiert und inspiriert die Volksmassen, sie lenkt die gesellschaftlichen und staatlichen Organisationen, sie koordiniert deren Tätigkeit, und sie gewährleistet die den Interessen der Arbeiterklasse und der übrigen Werktätigen entsprechende wissenschaftliche Leitung der Gesellschaft.«[13]

Nach dem VIII. Parteitag der SED 1971 versuchte die Honecker-Führung, die wirksamsten Herrschaftsmechanismen zur Erhaltung des Systems und der »führenden Rolle« der Partei zu finden. Voraussetzung blieb eine geschlossene und schlagkräftige Parteiorganisation, entscheidend war der innere Zustand der Partei. Straffe Parteidisziplin (»eiserne Disziplin«[14]) und hierarchischer Zentralismus engten den »demokratischen Zentralismus« auch nach 1971 ein. In der SED-Spitze selbst setzte sich nunmehr die Vorstellung vom Primat der Politik gegenüber technokratischen Tendenzen durch. Das spiegelte sich in der Parteiführung selbst wider. Während in den sechziger Jahren die neu aufrückenden Kandidaten des Politbüros und die neuen ZK-Mitglieder zunehmend Fachleute (vor allem Wirtschaftler) waren, zeichnete sich unter Honecker ein neuer Trend ab: Die Technokraten wurden zurückgedrängt, ins Politbüro kam eine Reihe junger Parteiführer, die eine typische Apparatkarriere durchlaufen hatten und vor allem politische Aufgaben lösen sollten.

Die Nachwuchspolitiker (und früheren Mitarbeiter Honeckers in der FDJ) Werner Felfe, Joachim Herrmann, Ingeburg Lange und Konrad Naumann (sowie Planungschef Gerhard Schürer) wurden Kandidaten des Politbüros. Der von Ulbricht als Kandidat ins Politbüro geholte Technokrat Walter Halbritter schied aus dem Gremium aus. Außerdem rückte auf der 10. Tagung des ZK im Oktober 1973 Verteidigungsminister Heinz Hoffmann als Mitglied ins Politbüro auf. Hoffmann (1910–1985) war von Beruf Maschinenschlosser. Er trat 1930 in die KPD ein und leistete in Mannheim Widerstandsarbeit gegen Hitler. Von 1935 bis 1937 war er Offizier im Spanischen Bürgerkrieg, er kam verwundet in die Sowjetunion. 1946 Mitarbeiter beim ZK der KPD, wurde er 1950 Kandidat und 1952 Mitglied des ZK. Von 1950 bis 1955 war er Chef der Kasernierten Volkspolizei und absolvierte dann eine Generalstabsakademie in der UdSSR. Von 1956 bis 1960 Stellvertretender Minister und ab 1960 Minister für nationale Verteidigung.

Ihr innerparteiliches Regime und die zentralistische Willensbildung sicherte auch die Honecker-Führung mit drei verschiedenen Prinzipien. An erster Stelle stand die freiwillige Disziplin, die Ein- und Unterordnung der Mitglieder und vor allem der Funktionäre. Diese sollte nach 1971 gefestigt werden. Die SED, so hieß es, sei ein »freiwilliger Kampfbund Gleichgesinnter«.[15] Ein begrenztes Mitspracherecht der Mitglieder und der Basis sollte das »Vertrauen der Genossen untereinander, ihr Zusammengehörigkeitsgefühl, ihre Gemeinsamkeit im Denken und Handeln« fördern.[16]

[13] Kurt Schneider u. a., Arbeiterklasse, Partei, Bündnispolitik (Probleme des wissenschaftlichen Kommunismus). Berlin (Ost) 1973, S. 28 ff., 47.

[14] Politisches Grundwissen. 2. überarb. Aufl. Berlin (Ost) 1972, S. 540 f.

[15] Einheit 29 (1974) Heft 2, S. 132 f.

[16] Ebd., S. 132.

Wo die freiwillige Unterordnung unter diese hierarchische Gestaltung der Politik nicht erfolgte, verfügte die Führung auch über Repressionsmittel, um sie durchzusetzen. Da jeder Widerspruch gegen die von der Führung bestimmte Linie als Abweichung galt, die von der Parteikontrollkommission zu ahnden war, war eine Opposition (und erst recht eine organisierte Fraktion) in der SED weiterhin unmöglich. Kritiker wie etwa Robert Havemann wurden aus der SED ausgeschlossen. In der DDR-Staatspartei war kein Platz für die These Havemanns, »daß wir in der DDR – wie auch in den anderen Ländern des Warschauer Paktes – den entscheidenden zweiten Schritt der sozialistischen Revolution noch vor uns haben, den Schritt in die freie sozialistische Demokratie, den unsere tschechoslowakischen Freunde im Jahre 1968 schon unternommen hatten«.[17]

Das zweite Prinzip des zentralistischen Parteiaufbaus betraf die Macht des hauptamtlichen Apparats, der sich hierarchisch gliederte. Er wählte die Kader aus, setzte sie ein und ab und bereitete »Wahlen« vor. Neben der Personalpolitik dirigierte der Parteiapparat mit seinen Beschlüssen, Direktiven und Anweisungen das gesamte Parteileben und die Aktivität der Partei. Auch die zahlreichen Instrukteure und Parteiorganisatoren, die einzeln oder in Brigaden die Organisation im Auftrag der Führung anleiteten, sicherten die strikte Durchführung der einheitlichen Politik. Typisch für den Parteiapparat war sein Zentralismus. Die Führung (Politbüro, Sekretariat, zentraler Parteiapparat) legte fest, welche Probleme sie selbst behandelte oder entschied und welche Fragen an untere Organe (Bezirke, Kreise, Grundeinheiten) delegiert wurden. Nach wie vor galt, daß der Parteiaufbau »ohne Zentralismus, ohne disziplinierte Unterordnung der örtlichen Leitung und Organe unter das Zentralkomitee« unmöglich ist.[18] Untere Organe hatten nicht über Beschlüsse, Direktiven und Anweisungen der Führung zu befinden (und schon gar nicht über die politische Linie), sondern lediglich über deren Realisierung. Freilich bedarf auch der straffste Zentralismus einer gewissen »Rückkopplung«; bei ihren Entscheidungen mußte die Führung Stimmungen, Möglichkeiten und Arbeitsweise der Basis berücksichtigen. Daher bemühte sich die SED, im »gesamten Ablauf der Führungs- und Leitungsprozesse in der Partei«, von der »Analyse über die Prognose und die Beschlußfassung bis zu ihrer Durchführung« wissenschaftlich fundierte Leitungsmethoden anzuwenden.[19] Das setzte aber entsprechend qualifizierte und ausgewählte Funktionäre voraus.

Auswahl und Heranbildung der Kader waren gleichermaßen die dritte Absicherung der innerparteilichen Strukturen, eine Garantie für die Geschlossenheit der SED. Gerade die Kaderauswahl bewies, daß nicht etwa »Wahlen« auf den jeweiligen Parteiebenen über die Struktur entschieden, sondern die Auswahl und Kaderplanung durch die übergeordneten Apparate. Diese ermittelten den »Kaderbedarf«, und zwar »langfristig und vorausschauend«, damit »zum richtigen Zeitpunkt die erforderlichen Kader aus der Arbeiterklasse mit den notwendigen Kenntnissen, Fähigkeiten und Erfahrungen in der Parteiarbeit als Kaderreserve zur Verfügung stehen«. Dazu wurde konkret erklärt: »Für die planmäßige Heranbildung der

[17] Robert Havemann, Ich bin ein Freund der DDR und überzeugter Sozialist. Die Zeit, Nr. 20 vom 11.5.1973.

[18] Horst Dohlus, Der demokratische Zentralismus – Grundprinzip der Führungstätigkeit der SED bei der Verwirklichung der Beschlüsse des Zentralkomitees. Berlin (Ost) 1965, S. 15.

[19] Erich Honecker, Die Verwirklichung der Leninschen Lehre von der führenden Rolle der Partei durch die SED in der DDR. Berlin (Ost) 1970, S. 78.

Nachwuchskader haben sich Entwicklungspläne für einen Zeitraum von vier bis acht Jahren als nützlich erwiesen. Sie beinhalten die mit den Kadern abgestimmten Maßnahmen für ihre Einbeziehung in die Führungstätigkeit, für ihre Erprobung in der Praxis und für die Delegierungen zu den Bildungsstätten der Partei bzw. an Hoch- und Fachschulen. Mit diesen Plänen werden die vorgesehenen Entwicklungswege der Kader überschau- und kontrollierbar gestaltet. Sie fördern gleichzeitig aber auch die Eigeninitiative der Genossen, um das festgelegte Ziel zu erreichen.«[20]

Kader-»Entwicklungspläne« und die »Nomenklatur« der Kader bei den übergeordneten Leitungen ermöglichten der Führung eine »langfristige und zielstrebige Kaderentwicklung«.[21] Ausgesucht wurden die Kader nach »Qualifikationsmerkmalen«, zu denen u. a. gehörten: politische und fachliche Kenntnisse sowie Fähigkeiten, Ausbildung, praktische Erfahrung, persönliche Eigenschaften (»politisch-ideologische Haltung, moralisches Verhalten, persönliches Auftreten«).[22] Diese Maßnahmen boten der Führung die Gewähr, daß nur derart qualifizierte und ergebene Mitglieder in Funktionen kamen, die sowohl die innerparteiliche Stabilität als auch die »führende Rolle« der SED im Gesamtsystem der DDR sichern wollten.

Die drei Prinzipien freiwillige Disziplin, Macht des Apparats und Kaderauswahl schufen auch nach 1971 die Voraussetzung für eine funktionsfähige Parteistruktur. Damit konnte die Spitzenführung, Politbüro und Sekretariat des ZK, ihre Herrschaft stabilisieren.

Über ihre Organisation und Sozialstruktur Ende 1972 gab die SED folgende Daten bekannt: »Am 31. 12. 1972 zählte die SED 1 902 809 Mitglieder und 47 612 Kandidaten. Unsere Partei ist nach dem Territorial- und Produktionsprinzip aufgebaut. Es bestehen: 15 Bezirksparteiorganisationen, 262 Stadt-, Stadtbezirks- und Kreisparteiorganisationen mit mehr als 54 000 Grundorganisationen. Von den Mitgliedern unserer Partei sind 56,6 Prozent Arbeiter, 5,7 Prozent Genossenschaftsbauern, 17,9 Prozent Angehörige der Intelligenz, 12,8 Prozent Angestellte. 29,4 Prozent der Mitglieder und Kandidaten sind Frauen. 79,5 Prozent der 1972 in die Partei aufgenommenen Kandidaten sind Arbeiter. Fast die Hälfte aller Mitglieder und Kandidaten sind unter 40 Jahre. Große Aufmerksamkeit widmet die SED der Aus- und Weiterbildung ihrer Kader. 24,7 Prozent der Mitglieder und Kandidaten besitzen eine abgeschlossene Hoch- bzw. Fachschulbildung. Bereits Ende 1970 verfügten 95,3 Prozent der Mitglieder der Sekretariate der Kreisleitungen und 80 Prozent der Parteisekretäre der Großbetriebe über einen Hoch- bzw. Fachschulabschluß. Eine Parteischule (ab 3 Monate, einschließlich Kreis- und Betriebsschule des Marxismus-Leninismus) besuchten von den Mitgliedern unserer Partei insgesamt 18,4 Prozent, von den Leitungsmitgliedern 35,4 Prozent, von den Parteisekretären 51,6 Prozent und von den Parteisekretären der Großbetriebe 90 Prozent. An den Schulen und Instituten der Partei studieren jährlich 100 000 Genossinnen und Genossen. Ein entscheidendes Instrument der politischen Führung der Gesellschaft durch die Partei und der Verbindung zwischen Partei und Volk ist die Parteipresse: Tageszeitung ›Neues Deutschland‹ – Organ des ZK der SED, Auflage 1 Million Exemplare;

[20] Neuer Weg 28 (1973) Nr. 12, S. 567 f.

[21] Walter Assmann und Günther Liebe, Kaderarbeit als Voraussetzung qualifizierter staatlicher Arbeit. Berlin (Ost) 1972, S. 79.

[22] Günther Liebe, Entwicklung von Nachwuchskadern für die örtlichen Staatsorgane. Berlin (Ost) 1973, S. 41. Zur Kaderpolitik vgl. auch Gert-Joachim Glaeßner, Herrschaft durch Kader. Opladen 1977.

Tageszeitung ›Neue Deutsche Bauernzeitung‹ – Organ des ZK der SED, Auflage 185 000 Exemplare; ›Einheit‹ – Zeitschrift für Theorie und Praxis des wissenschaftlichen Sozialismus – Zeitschrift des ZK der SED, Auflage 210 000 Exemplare; ›Neuer Weg‹ – Organ des ZK der SED für Fragen des Parteilebens, Auflage 195 000 Exemplare; Bezirkszeitungen, die als Organe der Bezirksleitungen der SED in den Bezirken mit einer Auflagenhöhe von insgesamt 3,9 Millionen Exemplaren erscheinen.«[23]

Nach wie vor waren Arbeiter und Angestellte sowie Frauen gegenüber der Gesamtbevölkerung unterrepräsentiert, »Intelligenz« überrepräsentiert. Der Bildungsstand erhöhte sich stetig, vor allem die ideologische Ausbildung an den Parteischulen wurde vorangetrieben.

Wichtigstes Bindeglied der Partei blieb die Ideologie, der Marxismus-Leninismus. Das Kerndogma der SED beruhte auch nach 1971 unverändert auf der Behauptung, daß sie den Marxismus-Leninismus in der Praxis anwende, ihre Politik deshalb wissenschaftlich begründet sei und die Partei daher »immer recht« habe. Wie stark dabei die Geschichte zur Untermauerung dieses Anspruchs herangezogen wurde, zeigte ein Interview, das Ernst Diehl, Direktor des Instituts für Marxismus-Leninismus und Mitglied des ZK der SED, 1974 gab. Der Redakteur sagte: »Mir erzählte vor kurzem ein Geschichtslehrer, einer seiner besten Schüler habe ihm einmal vorwurfsvoll die Frage gestellt, ob denn die Kommunisten in der Geschichte tatsächlich immer recht gehabt hätten.« Diehls Antwort: »Tatsächlich hatten und haben sie, wie sich zeigt, in den großen historischen Abläufen immer recht, weil ihr Kampf den objektiven Gesetzmäßigkeiten entspricht und weil sie ja auch die einzigen waren und sind, die eine wissenschaftliche Weltanschauung haben.«[24]

Aus dieser These leitete die Partei ihren absoluten Führungsanspruch in Staat und Gesellschaft ab. Somit behielt die Ideologie auch unter Honeckers Leitung überragende Bedeutung: Der Marxismus-Leninismus sowjetischer Auslegung bestimmte die Normen des Verhaltens, diente der Anleitung des sozialen und politischen Handelns und sollte durch Bewußtseinsbildung die Integration der Führungselite erreichen. Die wesentliche Funktion der Ideologie blieb die Verschleierung und Rechtfertigung der bestehenden Machtverhältnisse. Daher wurde die »ideologische Arbeit« von Honecker 1973 zum »Hauptinhalt der Tätigkeit unserer Partei« erklärt.[25] Doch schon 1972 hatte der »Chefideologe« der SED, Kurt Hager, wesentliche Veränderungen der Ideologie-Inhalte gegenüber der Ulbricht-Ära zusammengefaßt. Verworfen wurde der »früher recht oft verwendete Begriff der sozialistischen Menschengemeinschaft«, da er »die tatsächlich noch vorhandenen Klassenunterschiede verwischt und den tatsächlich erreichten Stand der Annäherung der Klassen und Schichten überschätzt«.[26] Ebenso erklärte Hager die Ulbrichtsche Definition der DDR als »entwickeltes gesellschaftliches System« für falsch. »Das gegenwärtige Entwicklungsstadium der sozialistischen Länder wird von der marxistisch-leninistischen Theorie der Sowjetunion und der anderen sozialistischen Länder zutreffend und übereinstimmend als ›entwickelte sozialistische Gesellschaft‹ bezeichnet.

[23] Einheit 28 (1973) Heft 10, S. 1189.

[24] Prof. Dr. Ernst Diehl, Mitglied des ZK der SED, Direktor des Instituts für Marxismus-Leninismus, Ohne Geschichte – ohne Gedächtnis. Forum. Organ des Zentralrats der FDJ, Nr. 19, 1. Oktoberheft 1974, S. 9.

[25] Honecker vor den 1. Sekretären der SED-Kreisleitungen. Neuer Weg 28 (1973) Nr. 22, S. 1009 f.

[26] Kurt Hager, Zur Theorie und Politik des Sozialismus. Reden und Aufsätze. Berlin (Ost) 1972, S. 173.

Wir befinden uns also in vollem Einklang mit den kollektiven Erkenntnissen der KPdSU und der anderen Bruderparteien der sozialistischen Länder. Damit wird erneut der allgemeingültige Charakter der marxistisch-leninistischen Theorie unterstrichen.« Schließlich distanzierte sich Hager von Ulbrichts Hauptthese: »Im Lichte dieser Feststellungen über die kommunistische Gesellschaftsformation ist die These vom Sozialismus als relativ selbständige Gesellschaftsformation nicht haltbar.«[27] Die Zurückweisung der ideologischen Revision der Ulbricht-Ära (die damals natürlich auch Hager mitgemacht hatte) bedeutete nicht nur die Anpassung an die Sowjetideologie, sondern auch die erneute absolute Anerkennung der sowjetischen Hegemonie.

Parteiensystem und Staat

Um ihre Herrschaft zu stabilisieren, griff die SED nach 1971 auch verstärkt auf das Parteiensystem, d. h. die vier »nichtkommunistischen Parteien« – wie sie nun genannt wurden – und die Massenorganisationen zurück. Diese Parteien konstatierten sogar, etwa die CDU auf ihrem 13. Parteitag 1972, das »Anwachsen« der führenden Rolle der SED[28]; es wurde allgemein von der »wachsenden Führungsrolle der SED« gegenüber den übrigen Parteien gesprochen.[29] Nach Darstellungen aus der DDR hatten die vier Parteien nun ihren »festen Platz in der sozialistischen Gesellschaft.« Ihre Mitglieder mußten zwei »Grundsatzanforderungen« genügen: der »vollen Anerkennung des Führungsanspruchs der Arbeiterklasse und der SED« und dem »entschiedenen Bekenntnis zur Sowjetunion«.[30] Alle Parteien waren inzwischen nach dem Prinzip des demokratischen Zentralismus aufgebaut, sie sollten weiterhin Transmissionen in spezielle Bevölkerungskreise sein. Die CDU z. B. sollte erreichen, daß die »Bürger christlichen Glaubens« für »den Sozialismus in der DDR aktiv tätig werden«. Da die CDU uneingeschränkt die Führungsrolle der SED bejahte, also auch die Haltung des von der atheistischen SED gelenkten Staates zur Religion, konnte sie diesem Anspruch kaum gerecht werden. Ähnlich eingeengt war der Spielraum der LDP, die bereits in den sechziger Jahren einen Wandel in ihrer Sozialstruktur, aber auch einen weiteren Mitgliederrückgang erfahren hatte.[31]

Demgegenüber wuchsen die Aufgaben der Massenorganisationen, vor allem des FDGB, seit Honeckers Amtsübernahme. Der 8. Gewerkschaftskongreß im Juni 1972 betonte nochmals, daß dem FDGB, in dem »fast die ganze Arbeiterklasse organisiert ist, eine immer größere Bedeutung zukommt«[32] (der FDGB zählte inzwischen rund 8 Millionen Mitglieder, das waren über 95 Prozent der Arbeitnehmer). Der Kongreß ging auf die Rolle des FDGB als Interessenvertreter der Arbeiter ein, veränderte die Satzung entsprechend und nannte als »Ziel der Arbeit

[27] Ebd., S. 175 ff.

[28] Neues Deutschland, Nr. 283 vom 12. 10. 1972.

[29] Deutsche Außenpolitik 19 (1974) Heft 1, S. 80.

[30] Ebd., S. 80.

[31] Vgl. Horst Dähn, Die LDPD – Schein und Wirklichkeit einer Partei in den sechziger Jahren. In: Klaus Schönhoven und Dietrich Staritz (Hrsg.), Sozialismus und Kommunismus im Wandel. Hermann Weber zum 65. Geburtstag. Köln 1993, S. 436 ff.

[32] Protokoll des 8. FDGB-Kongresses. 26. bis 30. Juni 1972 in Berlin – Hauptstadt der DDR. Berlin (Ost) 1972, S. 14.

der Gewerkschaften« die »weitere Erhöhung des materiellen und kulturellen Lebensniveaus«.[33]

Erneut zeigte sich das Spannungsverhältnis zwischen der Funktion als Interessenvertretung der Arbeiter und den Verpflichtungen einer »Massenorganisation« der SED; doch auch in der Ära nach Ulbricht blieb der FDGB in erster Linie ein Instrument der SED. Trotz der Aufwertung des FDGB besaßen die Arbeiter in der DDR weiterhin keine echte Interessenvertretung, keine unabhängigen Gewerkschaften. Der FDGB-Vorsitzende Harry Tisch (im April 1975, nach dem Tod von Herbert Warnke, von der SED in diese Funktion delegiert) gelobte auf dem IX. Parteitag der SED im Mai 1976, die Gewerkschaften der DDR würden einen »starken ökonomischen Leistungsanstieg« mit allen Kräften unterstützen als »treue Kampfgefährten der Partei«.[34] Harry Tisch (1927–1995), gelernter Bauschlosser, war 1945 der KPD beigetreten und wurde 1948 hauptamtlicher FDGB-Funktionär. Nach dem Studium an der SED-Parteihochschule von 1953 bis 1955 war er bis 1959 Sekretär für Wirtschaft bei der Bezirksleitung Rostock der SED, anschließend bis 1961 Vorsitzender des Rates des Bezirks Rostock. Von 1961 bis 1975 leitete er als 1. Sekretär die Bezirksleitung Rostock der SED, wurde 1963 Mitglied des ZK, 1971 Kandidat und 1975 Mitglied des Politbüros der SED.

In einer ähnlich schwierigen Doppelrolle wie der FDGB befanden sich auch die übrigen Massenorganisationen. Die FDJ, die die Jugendpolitik der SED als »Helfer und Reserve der Partei« verwirklichen sollte, mußte sich in ihrer Arbeit stets um jugendgemäße Formen bemühen. Die X. Weltfestspiele der Jugend und Studenten (Juli/August 1973) in Ost-Berlin zeigten ein wachsendes Selbstbewußtsein der jungen Generation, die vom Jugendverband und der Partei nicht gegängelt werden wollte. Die Jugend in der DDR war offensichtlich zunehmend weniger bereit, sich wesentlich mit der Ausführung von »oben« getroffener Entscheidungen zu begnügen, sondern verlangte – zumindest in Teilen – nach Freiräumen für die Gestaltung des eigenen Lebens und nach effektiveren Formen der Mitbestimmung. Auf diese Entwicklungen hatte die SED-Führung keine diese Probleme lösenden Antworten gefunden. Die Partei hatte es aber inzwischen aufgegeben, die Jugend bis ins kleinste zu reglementieren, ihr vorschreiben zu wollen, welcher Haarschnitt und welche Tänze »fortschrittlich« sind und welche nicht. Honecker forderte, die jungen Menschen »nicht so sehr nach Äußerlichkeiten«, sondern nach ihrer Grundhaltung zu beurteilen.[35]

Die führende Rolle der Partei sollte nicht nur von der Spitze her gewährleistet sein, sondern genauso von den Parteiorganisationen auf allen Ebenen praktiziert werden. Den Parteigruppen in allen Institutionen, mit denen (neben Personalunion und direkter Anweisung) die SED stets ihre Herrschaft auszuüben wußte, wurde weiterhin bestimmender Einfluß auf die Administration und die Volksvertretung eingeräumt, die Staatsfunktionäre blieben in erster Linie der SED verpflichtet.

Nach den Wahlen im November 1971 (mit 98,48 Prozent Wahlbeteiligung und 99,85 Prozent Ja-Stimmen) berief die neue Volkskammer wiederum Walter Ulbricht zum Vorsitzenden des Staatsrates und Willi Stoph zum Vorsitzenden des Ministerrates. Von den 38 Ministern wurden Horst Sindermann und Alfred Neumann als Erste Stellvertreter Stophs herausgehoben.

[33] Ebd., S. 290.
[34] Neues Deutschland, Nr. 121 vom 21. 5. 1976.
[35] Erich Honecker, Die Jugend der DDR und die Aufgaben unserer Zeit. Berlin (Ost) 1972, S. 33.

Im Oktober 1972 verabschiedete die Volkskammer das Gesetz über den Ministerrat der DDR, das die Rechte dieses Gremiums und der Ministerien erweiterte. Auf Kosten des Staatsrates, der seine bisherige Kompetenz als das eigentlich politische Staatsorgan verlor (womit eine weitere Ausschaltung Ulbrichts erfolgte), war nun der Ministerrat nicht nur für die Wirtschafts- und Kulturpolitik zuständig, er hatte auch die staatliche Innen- und Außenpolitik zu leiten, selbstverständlich bei Personalunion unter Führung der SED. Im Juli 1973 verstärkte die Volkskammer auch die Rechte der örtlichen Volksvertretungen und Organe, zentrale Stellen sollten damit entlastet und regionale Probleme bereits auf unteren Ebenen entschieden werden.

Nach dem Tode Ulbrichts (1. August 1973) wählte die Volkskammer am 3. Oktober 1973 Willi Stoph zum Vorsitzenden des Staatsrates, seine Nachfolge als Regierungschef trat am gleichen Tag Horst Sindermann an. Die Bedeutung des Staates für die Weiterentwicklung der DDR-Gesellschaft ist nach 1971 mehr und mehr betont worden.

Im Oktober 1974 wurde die DDR-Verfassung von 1968 in entscheidenden Punkten geändert, zum 25. Jahrestag der Staatsgründung sollte sie »in volle Übereinstimmung mit der Wirklichkeit« gebracht werden.[36] Tatsächlich bedeutete die Verfassungsänderung eine Angleichung an die Politik seit Ulbrichts Absetzung. Alle Hinweise auf Deutschland und eine Wiedervereinigung sowie auf die deutsche Nation wurden ausgemerzt.

Schon 1972 und 1973 hatten viele gesellschaftliche Institutionen und Organisationen die Kennzeichnungen »Deutschland« bzw. »deutsch« in ihren Namen durch »DDR« ersetzen müssen, z. B. die Deutsche Akademie der Wissenschaften, die nun »Akademie der Wissenschaften der DDR« hieß, oder die Nationale Front des demokratischen Deutschland, die sich nun »Nationale Front der DDR« nannte. Der Deutschlandsender wurde in »Stimme der DDR« umbenannt. Bei den Parteinamen allerdings wurde der Begriff »Deutschland« beibehalten, auch bei den Massenorganisationen wie FDGB oder FDJ. Ebenso hieß das Zentralorgan der SED weiter ›Neues Deutschland‹. Die SED wollte mit diesen Änderungen die Abgrenzung gegenüber der Bundesrepublik bewußt demonstrieren, um bei der Bevölkerung jede Hoffnung auf eine Annäherung zu ersticken. Zugleich verriet die neue Sprachregelung freilich auch die Überzeugung der SED-Führung, daß auf längere Sicht ein kommunistisches Gesamtdeutschland unerreichbar blieb.

Trotz Neufassung des Art. 1 änderte sich an der in der Verfassung festgeschriebenen Führungsrolle der SED nichts. 1968 lautete der Artikel 1: »Die Deutsche Demokratische Republik ist ein sozialistischer Staat deutscher Nation. Sie ist die politische Organisation der Werktätigen in Stadt und Land, die gemeinsam unter Führung der Arbeiterklasse und ihrer marxistisch-leninistischen Partei den Sozialismus verwirklichen.« Nach den Änderungen von 1974 hieß es nun: »Die Deutsche Demokratische Republik ist ein sozialistischer Staat der Arbeiter und Bauern. Sie ist die politische Organisation der Werktätigen in Stadt und Land unter Führung der Arbeiterklasse und ihrer marxistisch-leninistischen Partei.« Das Bekenntnis zur Sowjetunion wurde neu formuliert; nach Art. 6 blieb die DDR nun »für immer und unwiderruflich mit der Union der Sozialistischen Sowjetrepubliken verbündet«. Der Aufbau des Staates, wie in der Verfassung formal festgelegt, wurde beibehalten;

[36] Neues Deutschland, Nr. 272 vom 2. 10. 1974.

lediglich die Legislaturperioden der Volkskammer und des Staatsrates wurden von vier auf fünf Jahre verlängert, die bereits vollzogene Aufwertung des Ministerrates nun auch in die Verfassung eingefügt.

Stabilisierung und Effizienz des Staates hieß für die SED-Führung auch Festigung und Modernisierung der Armee. »Dank der Hilfe der Sowjetunion« erhielten die »Teilstreitkräfte der NVA neue Waffensysteme und moderne Technik«. Ebenso wurden Bewaffnung und Ausrüstung der paramilitärischen »Kampfgruppen« 1972/73 »bedeutend verbessert«.[37]

Auch das Recht sollte gezielt zur Stabilisierung des Systems beitragen und »der Rechtsmechanismus tatsächlich den entscheidenden Leitungsmechanismus« darstellen. Gleichzeitig hieß es aber, die »grundlegende Tätigkeit zur Leitung der Gesellschaft« bestehe in der »Ausarbeitung und Durchführung der Parteibeschlüsse«.[38]

Mit Hilfe des Staatsapparates und des Rechtssystems gedachte die Führung, die Bevölkerung besser und schneller in das System der DDR zu integrieren. Die »Partizipation« nach 1971 diente dabei als eine wichtige Methode. Die 200 000 gewählten Abgeordneten der Volksvertretungen wurden ebenso in die unterschiedlichsten Formen der Mitwirkung einbezogen wie die knapp eine halbe Million Bürger, die in Ständigen Kommissionen und Aktivs der örtlichen Volksvertretungen arbeiteten,[39] die 100 000 Schöffen und Mitglieder von Schiedskommissionen, die 200 000 Mitglieder in Kommissionen und Komitees der Arbeiter- und Bauerninspektion oder die fast 700 000 Bürger in Elternbeiräten und Elternaktivs. Mit einer Vielzahl solcher Einrichtungen sollten engere Kontakte zum Staat vor allem bei denen hergestellt werden, die sich trotz aller Kritik als Bürger ihres Staates DDR fühlten. Durch intensivere Mitbeteiligung von unten sollte das System zukünftig flexibler funktionieren. Dies alles bedeutete freilich nicht die geringste Einschränkung der Macht der SED, die nicht nur die politische Linie weiterhin allein bestimmte, sondern auch deren exakte Durchführung kontrollierte.

Allerdings erzielte die gesellschaftliche Anbindung breiterer Kreise keineswegs die erstrebte Integration. Ein großer Teil der Bevölkerung lehnte die SED-Diktatur weiterhin ab. Die sozialen Verbesserungen am Anfang der Ära Honecker brachten die erwünschte Neutralisierung der Bevölkerung nur ansatzweise. Schwierigkeiten gab es nun vor allem mit der Jugend: die »erste in der DDR sozialisierte Generation strebte nach Autonomie«.[40] Bereits in den sechziger Jahren entstandene jugendliche Subkulturen weiteten sich in den siebziger Jahren noch aus. »Die vielfältigen Anhänger westlicher Musik oder deren DDR-spezifischer Adaptionen waren in ihrem auffälligen Äußeren aus dem Straßenbild der DDR-Städte nicht mehr wegzudenken.«[41] Sowohl die – inzwischen untersuchte – Auswirkung der Beatmusik auf die Jugend der DDR als auch die Abwehrversuche der SED kennzeichneten die Probleme des Regimes, Freiräume zuzulassen.[42] Schließlich fand bereits im

[37] Grundriß der deutschen Geschichte, S. 808.

[38] Uwe-Jens Heuer, Gesellschaftliche Gesetze und politische Organisationen. Berlin (Ost) 1974, S. 138.

[39] Zu den Ständigen Kommissionen vgl. das Interview mit Günter Wirth, Mitglied des Hauptvorstandes der CDU und Vorsitzender der Ständigen Kommission Kultur in Ost-Berlin, in: Probleme des Friedens und des Sozialismus. Zeitschrift der kommunistischen und Arbeiterparteien für Theorie und Information, Prag, 27. Jg. Nr. 4, April 1984, S. 515 ff.

[40] Erhart Neubert, Geschichte der Opposition in der DDR 1949–1989. Bonn 1997, S. 207.

[41] Neubert, ebd., S. 205.

[42] Michael Rauhut, Beat in der Grauzone. DDR-Rock 1964–1972. Politik und Alltag. Berlin 1993.

Oktober 1965 »in Leipzig eine illegale Demonstration jugendlicher Beatfans statt«.[43]

Die SED-Führung blieb insgesamt bei ihrer restriktiven Haltung. Doch bewies sie etwa beim Gesetz zur Fristenlösung beim Schwangerschaftsabbruch im Dezember 1971 ihre ganz spezielle Taktik. Dazu hieß es: »Das Politbüro des Zentralkomitees der SED und der Ministerrat der DDR beschlossen, daß zu folgender Frage eine gesetzliche Regelung ausgearbeitet werden soll: Bis zum Ablauf von drei Monaten kann die Frau selbst entscheiden, ob sie ihre Schwangerschaft abbrechen möchte. Nach Ablauf des dritten Monats ist eine Unterbrechung der Schwangerschaft nur dann zugelassen, wenn das Leben der Mutter in Gefahr ist oder wenn andere schwerwiegende Umstände vorliegen.«[44] Die Volkskammer nahm das entsprechende Gesetz im März 1972 an, wobei erstmals in der Geschichte des DDR-Parlaments einige Abgeordnete (der CDU) gegen die Vorlage der Regierung stimmten. Lange Jahre war das Thema Fristenlösung (nach heftigen Debatten um den Paragraphen 218 in der Zeit nach 1945) in der DDR tabu. Die Diskussionen in der Bundesrepublik veranlaßten Ost-Berlin, überraschend schnell zu handeln. Auf ähnliche Weise antwortete die SED mit der 3. Hochschulreform auf die Studentenrevolte im Westen und mit einer verbesserten Sozialpolitik ab 1971 auf die polnischen Arbeiterunruhen von 1970.

Daraus ist abzulesen, daß die SED-Führung sich über die tatsächliche Haltung und Stimmung der DDR-Bevölkerung keineswegs immer klar war. Um »übergreifende« Diskussionen oder gar Unruhen abzufangen, entschied sie in den genannten Fällen zügig und präzise. Diese Beispiele demonstrierten zugleich Schwäche und Stärke der DDR. Einerseits hatte die Führung Schwierigkeiten, in ihrem undemokratischen System die Einstellungen »unten« richtig und rasch zu erfahren und zu erkennen, andererseits verfügte sie über Möglichkeiten, unmittelbar und zentralistisch ihre Entscheidungen zu treffen.

Probleme in Gesellschaft und Wirtschaft

Die DDR-Regierung glich 1972 die Eigentumsformen der Wirtschaft weiter an die der UdSSR an. Überführt in Staatseigentum wurden im ersten Halbjahr 1972 Betriebe mit staatlicher Beteiligung (halbstaatliche Betriebe) und ebenso private Betriebe im Industrie- und Baubereich sowie industriell arbeitende Produktionsgenossenschaften des Handwerks. Vor allem die LDP propagierte diese »freiwillige« Umwandlung, ein Beispiel für die Aufgaben der »verbündeten« Parteien der SED. Damit entstanden 11 300 neue »Volkseigene Betriebe« mit 585 000 Arbeitern; die in den Staatsbetrieben erzeugte industrielle Warenproduktion wuchs von 1971 bis 1972 von 82 Prozent auf über 99 Prozent. Seit der Umgestaltung der DDR bis Anfang der sechziger Jahre war das nach offizieller Lesart »eine der wichtigsten Veränderungen in der sozialökonomischen Basis der DDR«, die »Produktionsverhältnisse wurden gefestigt«.[45]

[43] Vgl. die Einzelheiten bei Dorothee Wierling, Der Staat, die Jugend und der Westen. In: Alf Lüdtke und Peter Becker (Hrsg.), Akten, Eingaben, Schaufenster. Die DDR und ihre Texte. Berlin 1997, S. 223 ff.
[44] Dokumente der Sozialistischen Einheitspartei Deutschlands. Bd. XIII. Berlin (Ost) 1974, S. 363.
[45] DDR. Werden und Wachsen. Berlin (Ost) 1974, S. 534. Heitzer, DDR, S. 219.

Die SED charakterisierte die DDR als eine »Klassengesellschaft neuen Typs«, in der »unter Führung der Arbeiterklasse freundschaftlich miteinander verbundene Klassen und Schichten existieren«, antagonistische Widersprüche also aufgehoben sind.[46] Damit verwarf sie die von Ulbricht proklamierte »sozialistische Menschengemeinschaft«, vertuschte aber zugleich die tatsächlich vorhandenen Gegensätze und sozialen Schichtungen, die realen Konflikte zwischen der arbeitenden Bevölkerung und den herrschenden Eliten.

Nach offiziellen Angaben bestand folgende sozialökonomische Struktur der Berufstätigen:[47]

	1955 Prozent	1970 Prozent
Berufstätige (einschließlich Lehrlinge)	100	100
Arbeiter und Angestellte (einschließlich Lehrlinge)	78,4	84,5
Mitglieder von Produktionsgenossenschaften*	2,4	12,3
darunter		
LPG	2,3	8,7
PGH	0,0	3,1
Komplementäre und Kommissionshändler	–	0,5
Übrige Berufstätige**	19,3	2,8
darunter:		
Einzelbauern und private Gärtner	12,6	0,1
Private Handwerker	3,9	1,7
Private Groß- und Einzelhändler	1,8	0,3
Freiberuflich Tätige	0,4	0,2

* einschließlich Mitglieder von Rechtsanwaltskollegien
** einschließlich mithelfende Familienangehörige

Zwar zeigt die Tabelle eindrucksvoll die Veränderungen von 1955 bis 1970, aber sie verschleiert die soziale Schichtung mehr als sie sie offenlegt; die herrschenden Funktionäre sind einfach den »Arbeitern und Angestellten« zugeordnet.

In die Positionen der neuen DDR-Eliten (Parteiapparat, Wirtschaftsführung, Staatsapparat usw.) waren inzwischen vor allem jüngere Funktionäre aufgestiegen. Der Leistungsdruck wuchs, und die Notwendigkeit von Wissen und Bildung bestand auf allen Ebenen. Komplikationen in der industriellen Entwicklung gab es auch über 1971 hinaus.

Von den insgesamt 7,8 Millionen Berufstätigen arbeiteten 3 Millionen (also 37 Prozent) in der Industrie, davon 99,7 Prozent in den Staatsbetrieben. In Handwerk und Gewerbe waren noch eine halbe Million Menschen beschäftigt (130000 Mitglieder von PGH, 322000 Berufstätige in 105000 privaten Handwerksbetrieben und 55000 im privaten Einzelhandel). In der Landwirtschaft, wo durch Zusammenlegung von LPGs zu Kooperativen Abteilungen Pflanzenproduktion (KAP) neue Großbetriebe entstanden, die bereits zwei Drittel der landwirtschaftlichen

[46] Vgl. Politisches Grundwissen, S. 117.
[47] Ebd., S. 117.

Nutzfläche bearbeiteten, ging die Zahl der Berufstätigen weiter zurück (1950: 2,2 Millionen, 1965: 1,1 Millionen, 1974: 850 000). In der gesamten Volkswirtschaft stieg gleichzeitig der Anteil der Beschäftigten mit einem Hoch- oder Fachschulabschluß, er betrug 1974 bereits 875 000 = 11,1 Prozent. Der Anteil der »Hochschulkader« vermehrte sich von 4,3 Prozent im Jahre 1971 auf 5,5 Prozent im Jahre 1975, die Hälfte davon war in kulturellen oder sozialen Einrichtungen beschäftigt. Im gleichen Zeitraum stieg die Zahl der Facharbeiter um über 750 000 (von 42,6 auf 49,5 Prozent der Gesamtbeschäftigten; auch von den Frauen hatten bereits 42 Prozent eine abgeschlossene Berufsausbildung), gleichzeitig ging die Zahl der ungelernten Arbeiter um über 400 000 zurück (von 42,3 auf 32,9 Prozent).[48]

Die Leistungsgesellschaft der DDR war auch zu einer »Laufbahngesellschaft« geworden mit »ausgeprägtem Streben nach Aufstiegspositionen« und einem in »bestimmten Berufsbildern institutionalisierten Sozialprestige«.[49] Die Erfolge von Bildung und Ausbildung wurden durch den Arbeitskräftemangel der DDR konterkariert. So wurde beklagt, daß »verschiedene gesellschaftlich notwendige Berufe … weniger Wertschätzung genießen als andere. Das betrifft zum Beispiel Facharbeiter für Tief- und Straßenbau, Zerspanungsfacharbeiter und verschiedene Berufe der Dienstleistungen und des Handwerks«.[50] Die ungünstige Altersstruktur (die Zahl der Personen im erwerbsfähigen Alter sank von 64 Prozent im Jahre 1950 auf 58 Prozent im Jahre 1973) komplizierte die Situation. Da die Bevölkerungszahl stagnierte, der Anteil der berufstätigen Frauen mit 86 Prozent einer der höchsten der Welt und damit das Reservoir an Arbeitskräften ausgeschöpft war, ergab sich auch daraus die dringende Notwendigkeit für Rationalisierung und Verwissenschaftlichung.

Während in der Ulbricht-Phase zunächst Terror, später materielle Leistungsanreize die gesellschaftliche Entwicklung voranbringen sollten, griff die Parteiführung nach 1971 zu subtileren Methoden, um die Differenzen zu überbrücken. Die Sozialpolitik spielte dabei eine ebenso wichtige Rolle wie die wirtschaftliche Effizienz, die der »wissenschaftlich-technische Fortschritt« bringen sollte. Intensiviert wurde auch die ideologische Beeinflussung, um zu einer positiven Integration der Gesellschaft zu gelangen.

Bis Mitte der siebziger Jahre war eine Anhebung des Lebensniveaus der Bevölkerung der DDR zu registrieren, der Mehrzahl der Bürger ging es besser als fünf Jahre zuvor. Die DDR-Führung konnte es als Erfolg verbuchen, daß es trotz der Weltwirtschafts- und Rohstoffkrise offiziell keine Arbeitslosen, dagegen stabile Preise für Grundnahrungsmittel gab; das monatliche Durchschnittseinkommen stieg von 755 Mark (1970) auf 860 Mark (1974). Doch nach wie vor bestanden große Schwierigkeiten in der DDR-Wirtschaft, und so war der Abstand zur Bundesrepublik eher größer als geringer geworden. Dennoch hatte die DDR seit längerem den höchsten Lebensstandard im gesamten Ostblock; die Entwicklung der Industrie war in den letzten 25 Jahren, vor allem aber in der Periode von 1961 bis 1968 und in der Phase von 1971 bis 1975 vorangekommen.

[48] Statistisches Taschenbuch der DDR 1975. Berlin (Ost) 1975, S. 32 ff. und 76 ff. Neues Deutschland, Nr. 182 vom 2. August 1976. Junge Welt vom 28. August 1975. Tribüne vom 12. August 1975. Einheit 31 (1976) Heft 8, S. 862.

[49] Peter Christian Ludz, Politische Ziele der SED und gesellschaftlicher Wandel in der DDR. In: Gleitze, Ludz, Merkel, Pleyer, Thalheim, Die DDR nach 25 Jahren. Berlin (West) 1975, S. 73.

[50] Einheit 31 (1976) Heft 1, S. 70.

Insgesamt hatte sich die industrielle Produktion (Stand 1974) seit 1950 versiebenfacht, seit 1961 mehr als verdoppelt und war seit 1970 um fast 30 Prozent gesteigert worden. Zwischen 1970 und 1974 stieg die Produktion von Rohstahl von 5 Millionen t auf 6,1 Millionen t (1950: 1,2 Millionen t), bei Elektroenergie von 67 000 Twh auf 80 000 (1950: 19 000 Twh), bei Pkws von 126 000 auf 155 000, bei Kühlschränken von 380 000 auf 488 000. Entsprechend war der Bestand an Gebrauchsgütern erheblich angewachsen; auf je 100 DDR-Haushalte kamen 1975 26 Pkw (1970: 15), 82 Fernsehempfänger (1970: 69), 86 Kühlschränke (1970: 56) und 73 elektrische Waschmaschinen (1970: 53).[51]

Zugleich erprobte die Führung neue Formen der Anleitung des ökonomischen Systems, die faktisch »in entscheidenden Fragen der Planung und Leitung der Wirtschaft eine Rückkehr zur zentralen administrativen Wirtschaftssteuerung« bedeuteten.[52] Dabei sollte Wachstum vor allem durch Intensivierung und Rationalisierung erreicht und durch eine Erweiterung der Konsumgüterindustrie die Lage der Bevölkerung verbessert werden.

Zentraler Punkt bei diesen Anstrengungen war die Orientierung auf den total vernachlässigten Wohnungsbau. Mit Hilfe eines Wohnungsbauprogramms sollten von 1971 bis 1975 500 000 und bis 1980 700 000 bis 800 000 Wohnungen errichtet oder modernisiert werden. Ein »sozialpolitisches Programm« bildete die Konkretisierung der seit 1971 verkündeten »Einheit von Wirtschafts- und Sozialpolitik«. Im April 1972 beschlossen die Führungen von SED und FDGB gemeinsam mit dem Ministerrat grundlegende sozialpolitische Maßnahmen. Renten und Leistungen der Sozialfürsorge für über drei Millionen Menschen wurden erhöht, Vergünstigungen für berufstätige Mütter eingeführt, für zahlreiche Arbeitnehmer stiegen die Löhne. Im September 1973 wurde das »sozialpolitische Programm« durch Verfügungen im Gesundheitswesen ergänzt.

Das seit 1965 bestehende »einheitliche sozialistische Bildungssystem« wurde den »gesellschaftlichen Erfordernissen« angepaßt. Die Zahl der Schüler, die von der 8. in die 9. Klasse der allgemeinbildenden polytechnischen Oberschule wechselten, wuchs von 85 Prozent 1970 auf über 90 Prozent im Jahre 1973. Neben die allgemeine Bildung (Ausbildung von Wissen und Können) trat nun vorrangig die »kommunistische Erziehung«, damit bereits früh die Grundüberzeugungen des DDR-konformen Staatsbürgers eingeübt werden konnten. Nach dem VIII. Parteitag wurde der Erziehung und Betreuung der Kinder im Vorschulalter erhöhte Aufmerksamkeit gewidmet; so konnten 1975 eine Million Kinder in die staatlichen Einrichtungen der Vorschulerziehung aufgenommen werden, 81 von 100 Kindern im Alter von 3 bis 6 Jahren besuchten einen Kindergarten. Demgegenüber wurde die bisherige starke Forcierung der Hochschulausbildung merklich gebremst. Die Zahl der Studenten an Hochschulen ging von 154 000 im Jahre 1972 auf 136 000 im Jahre 1974 zurück, die der Fachschulstudenten von 176 000 auf 154 000; auf 10 000 Bürger kamen 1974 noch 80 Hochschulstudenten (Bundesrepublik: 1972: 101).[53]

Im Januar 1974 beschloß die Volkskammer ein neues (drittes) Jugendgesetz. Während das erste Jugendgesetz von 1950 die Integration der Jugend in die DDR fördern sollte, galt das zweite von 1964 ihrer Einbeziehung in den sozialistischen

[51] Statistisches Taschenbuch 1975, S. 52 ff. Neues Deutschland, Nr. 17 vom 20. 1. 1976.

[52] Vgl. Phasen der Wirtschaftspolitik nach 1963. In: DDR-Handbuch. Hrsg. v. Peter Christian Ludz unter Mitwirkung von Johannes Kuppe. 2. Aufl. Köln 1979, S. 801 ff.

[53] Statistisches Taschenbuch 1975, S. 137 ff.

Aufbau. Das dritte Jugendgesetz nun hatte vorrangig die ideologische Beeinflussung der Jugend, die Erziehung zum »neuen Menschen«, aber auch die Erhöhung der Wehrbereitschaft zum Ziel. Die Rolle der FDJ bei der Realisierung dieser Aufgaben wurde ganz besonders herausgestellt, aber auch Eltern und Erzieher wurden angehalten, die Kinder zu »sozialistischen Menschen« heranzubilden; die Jugend selbst war aufgefordert, »sich den Marxismus-Leninismus, die wissenschaftliche Weltanschauung der Arbeiterklasse, anzueignen«.[54]

Wurde die Ideologisierung im Erziehungssystem nach 1971 noch vorangetrieben, so zeichnete sich in der Kultur- und Kunstpolitik der SED nach Ulbricht trotz des weiteren Bekenntnisses zum »Sozialistischen Realismus« eine leichte Entspannung ab, wurde bürokratische Engstirnigkeit teilweise durch eine flexiblere Haltung ersetzt. Auf dem VIII. Parteitag forderte die SED die Künstler in der DDR zum schöpferischen Meinungsstreit auf, das Streben nach neuen Formen und die Abkehr vom bisherigen starr an der Sowjetunion orientierten »Sozialistischen Realismus« waren nun nicht mehr verpönt. Schließlich präzisierten die 6. Tagung des ZK der SED im Juli 1972 und die 9. Tagung im Mai 1973 die Haltung der Staatspartei zur Kunst. Honecker betonte, die gesellschaftliche Entwicklung lege »ein weites Feld für schöpferisches Künstlertum frei, das sich von festen sozialistischen Positionen aus an den verschiedensten Themen, in den verschiedensten Ausdrucksweisen entfalten kann«. Das Spektrum in Literatur, bildender Kunst und Musik, im Theater-, Film- und Fernsehschaffen könne »breiter und farbiger« sein, Kritik dürfe allerdings nur von festen sozialistischen Positionen aus geführt werden.[55] Im Zuge der neuen Kulturpolitik konnten endlich vorher verbotene Werke erscheinen und früher verfemte Künstler wieder an die Öffentlichkeit treten. Die Chance einer vielfältigen Auslegung des »Sozialistischen Realismus« steigerte die Qualität vieler Kunstwerke.

Anpassung an die UdSSR und Abgrenzung vom Westen

Nach Ulbrichts Ablösung verkündete die DDR-Führung mit immer zunehmender Lautstärke ihr Bekenntnis zur »führenden Rolle« der Sowjetunion und zum Modell des »realen Sozialismus« in der UdSSR. Honecker erklärte, das gute Verhältnis der SED zur KPdSU sei der »entscheidende Grundpfeiler ihrer gesamten Politik«, die Freundschaft zur UdSSR ein »Lebensbedürfnis«.[56]

Wie eng die Beziehungen der DDR zur Sowjetunion unter Honecker wurden, zeigte der neue Freundschafts- und Beistandsvertrag, den Breschnew und Honecker am 7. Oktober 1975 unterzeichneten. Der auf 25 Jahre abgeschlossene Pakt sah die verstärkte Zusammenarbeit auf allen Gebieten, insbesondere der Wirtschaft vor. Die DDR selbst schätzte den Vertrag so ein: »Er umfaßt alle wesentlichen Seiten der beiderseitigen Beziehungen und gewährleistet die sichere Perspektive der DDR auf den Bahnen des Sozialismus und Kommunismus. Der Vertrag hat die weitere

[54] Neues Deutschland, Nr. 29 vom 29. 1. 1974 und Nr. 33 vom 2. 2. 1974.

[55] Erich Honecker, Aus dem Bericht des Politbüros an die 9. Tagung des ZK der SED. Berlin (Ost) 1973, S. 62 f.

[56] Erich Honecker, Antwort auf aktuelle Fragen. Zwei Interviews. Berlin (Ost) 1971, S. 13.

[57] Heitzer, DDR, S. 238.

Annäherung der sozialistischen Staaten und Nationen zum Ziel.«[57] Tatsächlich geriet die DDR durch dieses Abkommen rechtlich in noch größere Abhängigkeit von der Sowjetunion. Die von der SED selbst gewünschte »Integration« in den Ostblock führte daher auch zu erheblichen Problemen für die Entwicklung des zweiten deutschen Staates.

Zwar brachte die wirtschaftliche Einbindung in den RGW der DDR fast eine Verdoppelung ihres Außenhandelsumsatzes mit den anderen Ostblockstaaten zwischen 1970 und 1975. Der Warenaustausch der DDR mit der UdSSR stieg von 1971 bis 1975 um 50 Prozent.[58] Doch offenbar wurde in der DDR auch darüber diskutiert, ob es denn »bei der sozialistischen ökonomischen Integration Gewinner und Verlierer« gebe. Die SED argumentierte, im »sozialistischen« Lager sei eben nicht unbedingt »der größte Partner« – also die UdSSR – auch allein der »Gewinner«.[59] Ob solche Behauptungen von der Bevölkerung und den Wirtschaftsfunktionären abgenommen wurden, bleibt zweifelhaft.

Der weiteren Integration der DDR in das »sozialistische Lager« unter Führung der UdSSR diente auch die Absage an die deutsche Nation. Die DDR deklarierte sich zur »sozialistischen Nation«. In der Hauptsache richteten sich diese Bestrebungen, die bei Teilen der Bevölkerung der DDR noch manchen Widerspruch hervorriefen, jedoch gegen die Bundesrepublik. Nach 1971 war es immerhin gelungen, die Beziehungen zwischen beiden deutschen Staaten durch Verträge zu regeln, doch in ihrer Koexistenzpolitik schwankte die DDR. Zwar erklärte sie, die »friedliche Koexistenz« sei ein »strategisches Prinzip« sozialistischer Außenpolitik (und nicht etwa bloße Taktik), sie verwies aber zugleich auf die »Härte und Kompliziertheit des Kampfes um die Verwirklichung der Politik der friedlichen Koexistenz«.[60]

Zwischen dem DDR-Vertreter Michael Kohl und dem Staatssekretär im Bundeskanzleramt Egon Bahr hatte Ende 1970 der Meinungsaustausch über Regelungen der deutschen Frage begonnen. Nach Ulbrichts Ablösung und der Unterzeichnung des Berlin-Abkommens durch die Botschafter der Vier Mächte (USA, UdSSR, Großbritannien und Frankreich) im September 1971 konnte im Dezember 1971 das Transitabkommen zwischen der Bundesrepublik und der DDR vereinbart werden. Ihm folgte im Mai 1972 der Verkehrsvertrag zwischen beiden deutschen Staaten. Im Juni 1972 begannen erneute Verhandlungen, die im Dezember 1972 mit dem Vertrag über die Grundlagen der Beziehungen zwischen der Bundesrepublik Deutschland und der DDR abgeschlossen werden konnten.

Dieser Grundlagenvertrag bestand aus dem Vertragstext und einer Reihe ebenso verbindlicher Vereinbarungen und Zusagen in Form von Protokollvermerken und Briefwechseln. In der Präambel war festgehalten, man wolle »einen Beitrag zur Entspannung und Sicherheit in Europa leisten«.[61] Da die »Souveränität aller Staaten in Europa in ihren gegenwärtigen Grenzen« grundlegende Bedingung für den Frieden sei, wollten sich beide deutsche Staaten jeder Androhung oder Anwendung von Gewalt enthalten. Unbeschadet ihrer unterschiedlichen Auffassungen, etwa zur nationalen Frage, sollten »zum Wohle der Menschen in den beiden deutschen Staa-

[58] Ebd., S. 234.

[59] Forum, Nr. 7, 1. Aprilheft 1975, S. 4.

[60] Deutsche Außenpolitik 19 (1974) Heft 1, S. 25 f.

[61] Vgl. Der Grundlagenvertrag. Vertrag über die Grundlagen der Beziehungen zwischen der Bundesrepublik Deutschland und der Deutschen Demokratischen Republik. Seminarmaterial des Gesamtdeutschen Instituts. Bonn 1973, S. 3.

ten ... normale gutnachbarliche Beziehungen zueinander auf der Grundlage der Gleichberechtigung« entwickelt werden (Art. 1). Damit hatte die DDR ein entscheidendes Ziel ihrer Politik erreicht, ihre Souveränität und ihre Grenzen waren anerkannt. Klar wurde dies in Art. 6 ausgedrückt: »Die Bundesrepublik Deutschland und die Deutsche Demokratische Republik gehen von dem Grundsatz aus, daß die Hoheitsgewalt jedes der beiden Staaten sich auf sein Staatsgebiet beschränkt. Sie respektieren die Unabhängigkeit und Selbständigkeit jedes der beiden Staaten in seinen inneren und äußeren Angelegenheiten.«

Dies war allerdings keine völkerrechtliche Festlegung beider Staaten als »Ausland«, entsprechend dem DDR-Wunsch, denn die Bundesregierung schrieb erklärend: »Im Zusammenhang mit der heutigen Unterzeichnung des Vertrages über die Grundlagen der Beziehungen zwischen der Bundesrepublik Deutschland und der Deutschen Demokratischen Republik beehrt sich die Regierung der Bundesrepublik Deutschland festzustellen, daß dieser Vertrag nicht im Widerspruch zu dem politischen Ziel der Bundesrepublik Deutschland steht, auf einen Zustand des Friedens in Europa hinzuwirken, in dem das deutsche Volk in freier Selbstbestimmung seine Einheit wiedererlangt.«[62] Ebenso wurde klargestellt: »Staatsangehörigkeitsfragen sind durch den Vertrag nicht geregelt worden.«

Der Grundlagenvertrag war ein Kompromiß beider Seiten und wurde daher auch unterschiedlich gewertet. Die DDR (die ursprünglich ihre völkerrechtliche Anerkennung durch die Bundesrepublik gefordert hatte und dann nachgeben mußte) strebte nach internationaler Aufwertung, aber durch Abgrenzung von der Bundesrepublik gedachte sie ihre innere Stabilität zu sichern. Der Bundesrepublik kam es mit ihrer Politik der kleinen Schritte auf den Zusammenhalt der Nation und auf die Sicherung des Friedens in Europa an.

Nun erst waren für die DDR-Außenpolitik Erfolge möglich. Zwar hatte die DDR im Mai 1970 mit Algerien und im März 1971 mit Chile diplomatische Beziehungen aufgenommen, doch war es ihr in der Ära Ulbricht insgesamt nicht gelungen, die außenpolitische Isolierung zu durchbrechen. Im Oktober 1972 vereinbarten auch die DDR und Indien diplomatische Beziehungen. Mit dem Abschluß des Grundlagenvertrags zwischen der Bundesrepublik Deutschland und der DDR im Dezember 1972 änderte sich die außenpolitische Situation grundlegend. Da Bonn nunmehr seinen Widerstand gegen die internationale Aufwertung der DDR aufgab, gelang Ost-Berlin der Durchbruch. Bereits im Dezember 1972 konnte die DDR mit 20 Staaten Diplomaten austauschen (u. a. Iran, Schweden, Schweiz, Österreich) und unterhielt damit Beziehungen zu 58 Ländern in allen Erdteilen. Allerdings zeigte sich hier auch eine durchaus pragmatische Haltung der SED. Nachdem Spanien im Januar 1973 die DDR anerkannt hatte, scheute sich das SED-Zentralorgan ›Neues Deutschland‹ nicht, einen freundlichen Bericht über das faschistische Spanien abzudrucken, selbst Staatschef Franco wurde (mit Bild!) völlig unkritisch vorgestellt.[63] Bereits zuvor, bei der Anerkennung der DDR durch Indonesien, hatte ›Neues Deutschland‹ von den »Erfolgen Indonesiens« unter Staatspräsident Suharto berichtet, die dortigen Massaker an Kommunisten aber nicht einmal erwähnt.[64] Im Januar 1973 kamen Beziehungen zu weiteren 13 Staaten hinzu (u. a. Italien, Nie-

[62] Ebd., S. 4.
[63] Vgl. Neues Deutschland, Nr. 13 vom 13. 1. 1973.
[64] Neues Deutschland, Nr. 355 vom 23. 12. 1972.

derlande, Finnland). Mit der völkerrechtlichen Anerkennung der DDR durch insgesamt 123 Regierungen in aller Welt bis 1978 war für die DDR die wichtigste Phase ihrer Außenpolitik erfolgreich abgeschlossen.[65]

Auch in internationale Organisationen konnte die DDR einziehen, 1972 wurde sie Mitglied der UNESCO und 1973 der übrigen Unterorganisationen der UN. Am 18. September 1973 wurde die DDR als 133. Staat auch in die Weltorganisation aufgenommen. Im September 1974 vereinbarte die DDR diplomatische Beziehungen mit den USA; sie war nun in Ost und West anerkannt.

Die DDR beteiligte sich an der Konferenz über Sicherheit und Zusammenarbeit in Europa (KSZE) und unterzeichnete im August 1975 deren Schlußakte. Die Teilnahme Erich Honeckers an der Gipfelkonferenz in Helsinki vom 30. Juli bis 1. August 1975 war für die DDR Bestätigung ihrer Souveränität im Rahmen des Warschauer Paktes und ein Höhepunkt ihrer außenpolitischen Aktivitäten. Schließlich hieß es in der Schlußakte: »Die Teilnehmerstaaten werden gegenseitig ihre souveräne Gleichheit und Individualität sowie alle ihrer Souveränität innewohnenden und von ihr umschlossenen Rechte achten, einschließlich insbesondere des Rechtes eines jeden Staates auf rechtliche Gleichheit, auf territoriale Integrität sowie auf Freiheit und politische Unabhängigkeit. Sie werden ebenfalls das Recht jedes anderen Teilnehmerstaates achten, sein politisches, soziales, wirtschaftliches und kulturelles System frei zu wählen und zu entwickeln sowie sein Recht, seine Gesetze und Verordnungen zu bestimmen.«[66] Zugleich verpflichtete sich die DDR damit aber auch zur Achtung der Menschenrechte: »Die Teilnehmerstaaten werden die Menschenrechte und Grundfreiheiten, einschließlich der Gedanken-, Gewissens-, Religions- oder Überzeugungsfreiheit für alle ohne Unterschied der Rasse, des Geschlechts, der Sprache oder der Religion achten. Sie werden die wirksame Ausübung der zivilen, politischen, wirtschaftlichen, sozialen, kulturellen sowie der anderen Rechte und Freiheiten, die sich alle aus der dem Menschen innewohnenden Würde ergeben und für seine freie und volle Entfaltung wesentlich sind, fördern und ermutigen.«

Die Vereinbarungen im sogenannten »Korb 3« erwiesen sich dann für die DDR als besonderer Sprengsatz: der »freie Austausch von Menschen, Informationen und Meinungen« wurde darin vereinbart, Arbeitsmöglichkeiten für westliche Journalisten gestattet, sowie kulturelle Begegnungen versprochen. Das Ausmaß der Gefährdung, die davon für kommunistische Regime ausging, war nicht nur Breschnew kaum bewußt, sondern wohl auch Honecker nicht.[67] Die mit der KSZE-Schlußakte beginnenden innenpolitischen Auswirkungen auf die DDR waren beträchtlich. Mehr und mehr Bürger forderten nun unter ausdrücklicher Berufung auf das Helsinki-Dokument die Einhaltung der Zusagen, und eine stetig wachsende Zahl stellte Anträge für die Ausreise in die Bundesrepublik. Letztlich haben die Beschlüsse

[65] Vgl. zur Außenpolitik Hans-Adolf Jacobsen, Gert Leptin, Ulrich Scheuner und Eberhard Schulz (Hrsg.), Drei Jahrzehnte Außenpolitik der DDR. Bestimmungsfaktoren, Instrumente, Aktionsfelder. München, Wien 1979. Anita Dasbach-Mallinckrodt, Wer macht die Außenpolitik der DDR? Apparat, Methode, Ziele. Düsseldorf 1972. Außenpolitik der DDR für Sozialismus und Frieden. Berlin (Ost) 1974. Geschichte der Außenpolitik der DDR. Abriß. Berlin (Ost) 1968. Geschichte der Außenpolitik der DDR. Abriß. Berlin (Ost), 1984.

[66] Die KSZE. Konferenz über Sicherheit und Zusammenarbeit in Europa. Seminarmaterial des Gesamtdeutschen Instituts. Bonn o. J. (1983), S. 4 f.

[67] Vgl. Wilfried Loth, Helsinki, 1. August 1975. Entspannung und Abrüstung. München 1998, S. 168 ff.

von Helsinki auch die rigorose Abgrenzungspolitik der DDR-Führung ausgehöhlt, es mißlang, die Bürger gegenüber dem Westen zu immunisieren.

Auch die Bundesrepublik kam durch die Verträge in ihrer Zielsetzung voran. Der Reiseverkehr aus der Bundesrepublik in die DDR verdreifachte sich von 1969 bis 1975; während 1969 nur wenige Westberliner in die DDR oder Ost-Berlin einreisen durften, waren es 1975 über 3,5 Millionen. Ebenso konnten 1975 außer den Rentnern 40 000 Bürger der DDR in dringenden Familienangelegenheiten in die Bundesrepublik fahren, die Familienzusammenführung stieg von 541 Personen im Jahr 1970 auf 5 499 Personen im Jahr 1975. Das waren nicht nur Erleichterungen für die Menschen im geteilten Deutschland, sondern ebenso wichtige Schritte für die Erhaltung der Einheit der Nation, die das Auseinanderleben bremsten. Freilich zeigte sich, daß die Kenntnisse der Bundesbürger über den anderen deutschen Staat bedenklich gering waren. Im Januar 1976 stellte das Institut für Demoskopie in Allensbach bei einer Umfrage für die informative ZDF-Sendung ›Kennzeichen D‹ fest, daß »viel Unkenntnis, wenig Wissen und mindestens ein schwerwiegender Irrtum« das Bild der Bundesbürger von der DDR prägten.[68] Zwar wußten 1976 53 Prozent, daß in der DDR die Rationierung durch Lebensmittelkarten nicht mehr bestand (1965: 26 Prozent), aber 8 Prozent waren immer noch der irrigen Meinung, man müsse im anderen Deutschland mit Lebensmittelkarten einkaufen. Der schwerwiegende Irrtum: »Im Durchschnitt glauben die Bundesbürger, daß 60 Prozent der erwachsenen DDR-Bewohner den Mitgliedsausweis der SED in der Tasche tragen. Schon 1967 wurde diese Zahl maßlos überschätzt. Damals vermuteten die Bundesbürger bei jedem zweiten DDR-Bürger (51 Prozent) die Zugehörigkeit zur SED. In Wirklichkeit sind nur 15 Prozent der erwachsenen DDR-Bevölkerung SED-Mitglied.«[69]

Trotz dieser Umfrage-Ergebnisse dürfte aber einem großen Teil der Bundesbürger bekannt gewesen sein, daß in der DDR eine Diktatur der SED herrschte. Umgekehrt war allerdings die DDR-Bevölkerung, vor allem die Jugend, umfassender und besser über die Verhältnisse in der Bundesrepublik informiert. Dabei existierte unter den Jugendlichen in der DDR bei Befragungen zu verschiedenen Zeiten ein »sehr differenziertes Bild von der Bundesrepublik.«[70] Insgesamt gesehen war es der SED auch in den siebziger Jahren nicht gelungen, ihre Abgrenzungsstrategie voll durchzusetzen.

[68] Bundesbürger geben Auskunft über die DDR. Dokumentation zu einer Sendung der Redaktion ›Kennzeichen D‹ des Zweiten Deutschen Fernsehens vom 13. Januar 1976 um 21.15 Uhr; ›allensbacher berichte‹. Institut für Demoskopie Allensbach. 1976, Nr. 2, S. 1.

[69] Ebd.

[70] Vgl. Peter Förster, Die deutsche Frage im Bewußtsein der Bevölkerung in beiden Teilen Deutschlands. In: Materialien der Enquete-Kommission »Aufarbeitung von Geschichte und Folgen der SED-Diktatur in Deutschland«. Hrsg. Deutscher Bundestag. Baden-Baden 1995, Bd. V, 2, S. 1379.

7. KAPITEL

Krisenhafte Entwicklung 1976–1980

Obwohl sich das Leben vieler DDR-Bürger spürbar besserte, stieg die Unzufriedenheit. Die von Honecker geweckten Hoffnungen erfüllten sich auch in der Phase von 1976 bis 1980 nicht, Erwartungen und Realität klafften weiterhin auseinander. Schließlich stagnierte der Lebensstandard in der Zeit von 1977 bis 1979 (die internationale Rohstoffkrise machte sich auch in der DDR bemerkbar). Eine neue Krise wurde aber nicht nur durch die ökonomischen Schwierigkeiten ausgelöst. Der Ausbürgerung Wolf Biermanns, die das Ende der liberalen Kulturpolitik in der DDR signalisierte, folgten dort Ende 1976 neue Unruhen unter Künstlern, Intellektuellen und Jugendlichen. Verschärfte Spannungen gingen ebenso aus von den Ideen des Eurokommunismus (Unabhängigkeit von Moskau und Demokratisierung kommunistisch regierter Staaten), die auch in die DDR hineinwirkten. Die Entspannungspolitik nach der KSZE in Helsinki ermutigte zahlreiche DDR-Bürger, vermehrt ihre Menschenrechte und Ausreisemöglichkeiten zu fordern. In der Periode von 1976 bis 1980 erwies sich die DDR wie bisher als ein Staat, dessen Stabilität weder auf breitem Konsens mit seinen Bürgern beruht noch auf reibungslosem Funktionieren seiner Mechanismen, sondern auf den – von der Sowjetunion garantierten – Machtmitteln gegenüber einer skeptischer werdenden Bevölkerung.

Der IX. Parteitag der SED

Vom 18. bis 22. Mai 1976 trat in Ost-Berlin der IX. Parteitag der SED zusammen. Die rund 2500 Delegierten, Vertreter von 2 Millionen Mitgliedern und Kandidaten, billigten einstimmig ein neues Parteiprogramm, ein neues Statut und die Direktive für den Fünfjahrplan bis 1980. Während der VIII. Parteitag mit der Ablösung Ulbrichts und dem neuen Kurs Honeckers eine wichtige Zäsur der SED-Entwicklung brachte, faßte der IX. Parteitag keine spektakulären Beschlüsse. Eine wirkliche Diskussion fand nicht statt, die Politik Erich Honeckers wurde ausdrücklich bestätigt; Honecker erhielt den Titel eines Generalsekretärs, seine Position als Parteiführer war deutlich gefestigt. Der Parteitag unterstrich die »Einheit von Wirtschafts- und Sozialpolitik«, was im Klartext hieß, die Bevölkerung sollte teilhaben an den Fortschritten der Wirtschaft, aber die sozialen Verbesserungen waren abhängig von der Steigerung der Produktivität. Dazu versprach Regierungschef Horst Sindermann weiterhin stabile Preise der wichtigsten Konsumgüter.

Nach offiziellen Angaben waren zum Zeitpunkt des IX. Parteitages von den 2 Millionen Mitgliedern und Kandidaten der SED 20 Prozent »Angehörige der Intelligenz«, was auch bedeutete: »Jeder dritte Hoch- oder Fachschulkader in der

DDR ist Mitglied bzw. Kandidat der SED.«[1] Das vom Parteitag berufene ZK war von 135 Mitgliedern und 34 Kandidaten auf 145 Mitglieder (Durchschnittsalter: 55 Jahre) und 57 Kandidaten erweitert worden. Auch das Politbüro wurde von 16 auf 19 Mitglieder (und neun Kandidaten) vergrößert. Vom Kandidaten zum Mitglied des Politbüros rückte Erich Mielke (geb. 1907) auf. Seit 1925 Mitglied der KPD, war er Teilnehmer am Spanischen Bürgerkrieg und bis 1945 angeblich in der UdSSR, tatsächlich in Westeuropa. Er war von 1950 bis 1957 Staatssekretär und seit 1957 Minister für Staatssicherheit. Mitglieder des Politbüros wurden auch Werner Felfe und Konrad Naumann.

Das ZK wählte zu Mitgliedern des Politbüros: Hermann Axen, Friedrich Ebert, Werner Felfe, Gerhard Grüneberg, Kurt Hager, Heinz Hoffmann, Erich Honecker, Werner Krolikowski, Werner Lamberz, Erich Mielke, Günter Mittag, Erich Mückenberger, Konrad Naumann, Alfred Neumann, Albert Norden, Horst Sindermann, Willi Stoph, Harry Tisch und Paul Verner. Zu Kandidaten des Politbüros wurden gewählt: Horst Dohlus, Joachim Herrmann, Werner Jarowinsky, Günther Kleiber, Egon Krenz, Ingeburg Lange, Margarete Müller, Gerhard Schürer und Werner Walde. Es ist bemerkenswert, daß unter den 202 Mitgliedern und Kandidaten des ZK der »Arbeiterpartei«, die der IX. Parteitag wählte, nur ein einziger echter Arbeiter saß, die Bohrerin Irene Tamme, ansonsten aber die verschiedenen Gruppen der herrschenden Eliten (darunter allein acht Betriebsdirektoren!) die Führung bildeten. Nachdem Lamberz im März 1978 tödlich verunglückte, rückte Herrmann im Mai 1978 als Mitglied ins Politbüro auf; nach dem Tode Eberts im Dezember 1979 wurde im Mai 1980 Dohlus Vollmitglied. Joachim Herrmann (1928–1992) trat 1946 der SED bei, war von 1949 bis 1960 zunächst Stellvertretender und dann Chefredakteur des FDJ-Organs ›Junge Welt‹, von 1952 bis 1962 Mitglied des Zentralrats der FDJ und enger Mitarbeiter Honeckers. Von 1962 bis 1965 leitete er die ›Berliner Zeitung‹, von 1965 bis 1971 war er als Staatssekretär für gesamtdeutsche bzw. westdeutsche Fragen in der DDR-Regierung. 1967 Kandidat und seit 1971 Mitglied des ZK der SED, übernahm er 1971 (bis 1978) die Chefredaktion des SED-Zentralorgans ›Neues Deutschland‹. Seit 1976 war er Sekretär des ZK der SED, 1973 wurde er Kandidat und dann 1978 Mitglied des Politbüros. Horst Dohlus (geb. 1925), von Beruf Friseur, kam als Soldat in westliche Kriegsgefangenschaft. Er trat 1946 der KPD bei und wurde 1948 Parteisekretär der SED. Dohlus studierte 1954/55 in der Sowjetunion und wurde 1963 Mitglied (seit 1950 Kandidat) des ZK der SED. Von 1958 bis 1960 war er 2. Sekretär der Bezirksleitung Cottbus, seit 1960 leitete er die wichtige Abteilung »Parteiorgane« im ZK der SED. Seit 1973 Sekretär des ZK, kam er 1976 als Kandidat ins Politbüro.

Das neue Parteiprogramm

Das vom IX. Parteitag beschlossene neue SED-Programm[2] war gegenüber dem Programm von 1963 nüchterner. Nach der Einleitung gliederte es sich in fünf Ab-

[1] Protokoll der Verhandlungen des IX. Parteitages der Sozialistischen Einheitspartei Deutschlands. 18. bis 22. Mai 1976. Berlin (Ost) 1976, Bd. 1, S. 136. Einheit 31 (1976) Heft 7, S. 816.

[2] Das Programm ist abgedruckt im Protokoll des IX. Parteitages, ebd., Bd. 2, S. 209 ff. Vgl. auch Programm und Statut der SED vom 22. Mai 1976. Mit einem einleitenden Kommentar von Karl Wilhelm Fricke. Köln 1976.

schnitte; vorangestellt war eine ideologische Betrachtung der aktuellen Weltsituation, im Hauptteil wurden »die Gestaltung des entwickelten Sozialismus in der DDR« und die Ziele der Partei in Wirtschaft, Staat, Wissenschaft, Bildung und Kultur thematisiert, der dritte Teil behandelte außen- und militärpolitische Aufgaben, der vierte Teil die Rolle der SED, und der Schlußabschnitt definierte kurz den »Kommunismus – unser Ziel«. Die »führende Rolle« der SED, das heißt die Herrschaft der Staatspartei über alle Bereiche der Gesellschaft, war der rote Faden im neuen Programm. Durch Verzicht auf die ausführliche Darstellung der DDR-Entwicklung, wie sie noch im Programm von 1963 enthalten war, konnte die Ulbricht-Ära verdrängt werden, wie auch Ulbrichts Name (er wurde im alten Programm noch neben Thälmann, Pieck u. a. erwähnt) verschwunden blieb.

Das für die SED bis 1989 gültige Programm von 1976 war weitgehend eine Festschreibung der Politik und Zielsetzung der Parteiführung nach Ulbricht. Aus dem Programm lassen sich die wesentlichen Änderungen der Positionen der DDR-Staatspartei in den siebziger Jahren ablesen, die auch für die achtziger Jahre verbindlich blieben.

1. Die Führungsrolle der UdSSR wurde vorbehaltlos anerkannt. Im Programm wurde die »Allgemeingültigkeit« des sowjetischen Vorbildes hervorgehoben, die UdSSR als »Hauptkraft der sozialistischen Gemeinschaft« bezeichnet. Das Programm von 1963 sprach noch von den »Prinzipien der vollen Gleichberechtigung, der gegenseitigen Achtung, der Unabhängigkeit und Souveränität« der sozialistischen Länder. Entsprechend der Breschnew-Doktrin mußte die SED solche Prinzipien aus ihrem Programm streichen; nunmehr erklärte sie, die »sozialistische Staatengemeinschaft« sei »eng um die Sowjetunion zusammengeschlossen«, die DDR selbst war laut Programm »fester Bestandteil der um die Sowjetunion gescharten Völkerfamilie.

2. Die Mobilisierung der Partei für die Effektivität des DDR-Systems war in den Mittelpunkt gerückt. Innerhalb der SED, des »freiwilligen Kampfbundes gleichgesinnter Kommunisten«, sollte das durch Initiativen von unten, also durch Partizipation, erreicht werden.

3. Die weitere Verbesserung der Lebenslage blieb Ziel und Versprechen der SED an die Bevölkerung, vor allem an die unteren Schichten. Während im alten Programm noch der »gesellschaftliche Nutzen« vor das »persönliche Interesse« gestellt war, stand nun an der Spitze der »Einheit von Wirtschafts- und Sozialpolitik« die »Erhöhung des materiellen und kulturellen Lebensniveaus«, sollte das »Leistungsprinzip mit der Minderung sozialer Unterschiede« verbunden werden. Das Programm versprach konkret mehr Wohnungen, »stabile Versorgung mit Konsumgütern« und die 40-Stunden-Arbeitswoche.

4. Die Außenpolitik der SED zielte nach dem Programm auch in der Zukunft auf Sicherung des Friedens durch die Koexistenz. Da neben der Darstellung aktueller politischer Konzeptionen das Festschreiben der Positionen typisch war, ist hier vor allem die Veränderung bei der »deutschen Frage« auffällig. Ein Hauptanliegen des Programms von 1963, die Einheit Deutschlands, war gestrichen, die »Einheit der Nation« oder die »Konföderation« beider deutscher Staaten nicht mehr im Programm. Nun wurde die »sozialistische Nation« der DDR proklamiert, die mit der Bundesrepublik nur noch Beziehungen »friedlicher Koexistenz« anstrebt.

Auf dem Parteitag gab Honecker eine Definition des Begriffs Koexistenz. Danach umfaßt für Kommunisten Koexistenz sowohl »Frieden zwischen den sozialistischen und kapitalistischen Staaten«, als auch »vorteilhafte Zusammenarbeit«. Allerdings sagte Honecker: »Friedliche Koexistenz bedeutet weder die Aufrechterhaltung des sozialökonomischen Status quo noch eine ideologische Koexistenz.«[3] Mit anderen Worten, die SED hoffte, daß auch im Westen (und erst recht in der Dritten Welt) der bürokratisch-diktatorische Kommunismus Erfolge erzielt, und wollte solche Bestrebungen stets unterstützen.

Das Programm der SED (und dessen Auslegung durch die Parteiführung) ließ theoretische Ziele und Ansprüche der DDR-Staatspartei erkennen, doch diese waren keineswegs immer mit ihrer Praxis identisch. Schon daraus ergibt sich, daß der Stellenwert des Programms für die Realpolitik der SED nicht überschätzt werden sollte. Bereits nach wenigen Jahren waren wesentliche Teile des Programms von 1963 für die Tagespolitik belanglos geworden. Schon 1967 distanzierte sich Ulbricht – wenn auch verklausuliert – vom sowjetischen Modell, womit er wichtige Aussagen des Programms revidierte. Mit der »Abgrenzungspolitik« der Jahre nach 1968 wurden dann bisherige programmatische Grundsätze der Deutschlandpolitik überholt. Die Kommunisten konnten keineswegs – wie sie behaupteten und wie oft auch bei uns angenommen wurde – ihre »wissenschaftlichen« Strategien und Taktiken und damit ihre Programmatik konsequent durchsetzen. Auch die SED war oft weniger eine Partei planmäßiger Aktionen, sondern vielmehr eine Partei, die auf unvorhergesehene Ereignisse zu reagieren hatte.

Allerdings spielte das Programm bei der Indoktrination der SED-Anhänger eine wesentliche Rolle. Die Ideologie, die seit 1971 wieder Vorrang hatte, wuchs auch in ihrer Bedeutung als Herrschaftsinstrument der Parteiführung.

In der Innenpolitik entstanden aber seit 1976 wieder Komplikationen für die SED-Führung. Die Forderungen und Wünsche der arbeitenden Menschen in der DDR, die seit drei Jahrzehnten unter größten Entbehrungen den insgesamt imponierenden Aufstieg der DDR-Wirtschaft erzielt hatten, waren unüberhörbar. So erwarteten viele vom IX. Parteitag der SED 1976 eine Verkürzung der Arbeitszeit von 43 3/4 auf 40 Stunden in der Woche, verlängerten Urlaub sowie eine Erhöhung der immer noch sehr niedrigen Renten und der Mindestlöhne. Diese Hoffnungen wurden genährt, als zwei Tage vor Beginn des Parteitages das SED-Organ ›Neues Deutschland‹ – entgegen früheren Gewohnheiten – »Anträge« an den Parteitag veröffentlichte, die genau diese Annahmen der Bevölkerung formulierten.[4] Auf dem Parteitag selbst wurde jedoch dazu nicht konkret Stellung genommen, die erwarteten Beschlüsse blieben aus.

Auf dem Parteitag dachte die Führung offenbar noch, den Bürgern weitere Belastungen zumuten zu können. Doch nach den enttäuschten und unmutigen Reaktionen der Bevölkerung machten Partei- und Staatsleitung bereits eine Woche nach dem Parteitag Teilzugeständnisse. Das ZK der SED, der Ministerrat und der Bundesvorstand des FDGB beschlossen gemeinsam, soziale Verbesserungen einzuleiten.[5] So wurden dann ab Oktober 1976 die Mindestlöhne angehoben; das bedeutete, eine Million Arbeiter, die vorher mit 350 bis 550 Mark brutto im Monat am niedrigsten bezahlt wurden, erhielten Lohnerhöhungen, der Mindestbruttolohn stieg von 350 auf 400 Mark. Ab Dezember 1976 wurden die Mindestrenten auf 230 Mark

[3] Neues Deutschland, Nr. 119 vom 19. 5. 1976.
[4] Neues Deutschland, Nr. 117 vom 17. 5. 1976.
[5] Neues Deutschland, Nr. 128 vom 29./30. 5. 1976.

monatlich erhöht. Im Mai 1977 wurde für Schichtarbeiter die Arbeitszeit verkürzt, im Januar 1979 der Mindesturlaub verlängert. Diese überfälligen Maßnahmen enthüllten allerdings auch, wie niedrig der Lebensstandard breiter Kreise in der DDR noch war. Die DDR-Führung wollte offensichtlich erst eine Steigerung der Produktivität erreichen, bevor sie die Lebenshaltung verbessern zu können glaubte.

Immerhin stieg das durchschnittliche monatliche Arbeitseinkommen der vollbeschäftigten Arbeiter und Angestellten in volkseigenen Betrieben von 897 Mark im Jahr 1975 auf 1 030 Mark im Jahr 1980.[6] Die Anhebung der Mindestrenten 1976 zwischen 230 und 300 Mark im Monat fiel gering aus. Trotz niedriger Mieten und stabiler Preise für Grundnahrungsmittel war der Lebensstandard (Industrieprodukte, Kleidung, Schuhe usw. blieben unverhältnismäßig teuer) doch sehr bescheiden.[7] Bei der Lebenshaltung klafften auch in den siebziger Jahren Erwartungen und Realität weiterhin auseinander.

Die SED als »führende Kraft«

Am 17. Oktober 1976 brachten die Wahlen zur Volkskammer das übliche Ergebnis: 99,86 Prozent der gültigen Stimmen wurden für den Wahlvorschlag der Nationalen Front abgegeben. Bei der konstituierenden Sitzung der Volkskammer am 29. Oktober 1976 kam es allerdings zu Veränderungen in der Führungsspitze: Der bisherige Vorsitzende des Ministerrates, Horst Sindermann, wurde zum Präsidenten der Volkskammer gewählt. Die Gründe dieser Degradierung wurden nicht genannt.

Zum Vorsitzenden des Staatsrats berief die Volkskammer Erich Honecker. Da er zugleich als Vorsitzender des Nationalen Verteidigungsrates bestätigt wurde, vereinigte der Generalsekretär der SED seit 1976, wie seinerzeit Ulbricht, die drei bedeutendsten Partei- und Staatsfunktionen in seiner Hand. Zum Vorsitzenden des Ministerrates wurde der bisherige Staatsratsvorsitzende Willi Stoph berufen, der damit das Amt wieder übernahm, das er schon früher lange Jahre verwaltet hatte. Erster Stellvertreter Stophs wurde Politbüromitglied Werner Krolikowski.

Um die Führungsrolle der Partei abzusichern, bemühte sich die SED-Spitze nach dem IX. Parteitag 1976 wieder einmal, die Parteiorganisation zu festigen. Als ein wichtiges Instrument dazu diente, wie so oft, die ideologische Indoktrination. Neben der Schulung ihrer Kader und Mitglieder mußte die SED-Führung vor allem ihre »Massenarbeit« intensivieren, also die Bevölkerung agitatorisch beeinflussen. Eine Konferenz von 900 wichtigen Funktionären im Mai 1977 diente der Ausrichtung der Partei auf die »weiteren Aufgaben der politischen Massenarbeit«. Politbüromitglied Werner Lamberz erklärte: »Im Mittelpunkt steht die politisch-ideologische Arbeit, vor allem die Vermittlung unserer Weltanschauung an die gesamte Arbeiterklasse … sowie die konkrete Argumentation zu jeder neuen praktischen Aufgabe, zu den wichtigen internationalen Vorgängen. Ihr Ziel ist die Organisierung und Mobilisierung der Werktätigen.«[8]

Die SED-Agitatoren sollten jedoch rasch die Wirkungslosigkeit ihrer »Massen-

[6] Stefan Wolle, Die heile Welt der Diktatur. Alltag und Herrschaft in der DDR 1971–1989. Berlin 1998, S. 49.

[7] Vgl. ebd., S. 50 ff.

[8] Neues Deutschland, Nr. 124 vom 26. 5. 1977.

arbeit« spüren. Offensichtlich griffen die Ideen des Eurokommunismus auch auf die DDR über und brachten Schwierigkeiten in der SED selbst. Schon auf dem IX. Parteitag der SED im Mai 1976 zeigten sich ernste Konflikte im Weltkommunismus, als sich der sowjetische Führer Suslow für das Prinzip des »proletarischen Internationalismus«, also die sowjetische Vorherrschaft aussprach, während die Vertreter der jugoslawischen und der rumänischen Kommunisten für die Selbständigkeit aller Parteien eintraten. Der Vertreter der KP Italiens stellte vor allem die »Werte der Freiheit und der sich daraus ergebenden Rechte« heraus und beschwor ein »pluralistisches und demokratisches System«.[9]

Die SED-Führung konnte zwar die Konferenz von 29 kommunistischen Parteien Europas in Ost-Berlin am 29./30. Juni 1976 als Erfolg buchen, doch gelang es ihr nicht, die abweichenden politischen Konzeptionen der westeuropäischen Kommunisten der eigenen Mitgliedschaft vorzuenthalten. Es fiel der Parteispitze wohl schwer, die Rede des spanischen KP-Führers Carrillo in den DDR-Medien zu veröffentlichen. Er hatte auf der Berliner Konferenz gesagt: »Jahrelang war Moskau ... unser Rom. Wir sprachen von der Großen Sozialistischen Oktoberrevolution, als wäre sie unsere Weihnacht. Das war unsere Kinderzeit. Heute sind wir erwachsen ... Wir verlieren immer mehr den Charakter einer Kirche ... Es besteht jedoch kein Zweifel daran, daß wir Kommunisten heute kein Führungszentrum haben, an keine internationale Disziplin gebunden sind.« Schließlich sprach sich Carrillo auch klar gegen »diktatorische Formen« und für »politischen und ideologischen Pluralismus, ohne Einparteiensystem« aus.[10]

Solche Vorstellungen des Eurokommunismus von Unabhängigkeit von der Sowjetunion und Freiheiten im Sozialismus wirkten auf die SED zurück. Signale dafür waren Rudolf Bahros Buch ›Die Alternative‹ oder das Manifest einer sogenannten Gruppe »demokratischer Kommunisten«. Im Oktober 1976 berichtete Rolf Mainz, früher Cheflektor eines Leipziger Verlags und Sohn eines Altkommunisten, in der ›Zeit‹ über seine Erfahrungen mit Berufsverboten in der DDR. Er und sein Bruder wurden verhaftet, wegen »staatsfeindlicher Hetze« zu viereinhalb bzw. vier Jahren Freiheitsstrafe verurteilt und 1978 erneut vor Gericht gestellt.[11] In der Bundesrepublik hatte bereits im Februar 1976 die den albanischen Kommunisten nahestehende KPD/ML gemeldet, sie habe eine »Sektion DDR« gegründet. Das Organ dieser Partei ›Roter Morgen‹ erschien in den folgenden Jahren mit einer illegalen Ausgabe für die DDR.[12] 1982 wurden Vertreter dieser Gruppe wie Andreas Bortfeldt und Manfred Wilhelm von DDR-Gerichten zu hohen Zuchthausstrafen verurteilt.[13]

Obwohl die »Sektion DDR« der KPD/ML keinen Rückhalt in der Bevölkerung besaß und »trotz ihrer subversiven Intentionen und ihrer militanten Rhetorik« keine Gefahr für das SED-Regime darstellte, wurde sie vom MfS ausgeforscht und verfolgt. Der Widerstand dieser »politisch marginalen Gruppe wurde, insoweit charakteristisch für totalitäre und autoritäre Staaten, als Systembedrohung aufgefaßt«.[14]

[9] Protokoll IX. Parteitag, Bd. 1, S. 378.

[10] Konferenz der kommunistischen und Arbeiterparteien Europas. Berlin, 29. und 30. Juni 1976. Dokumente und Reden. Berlin (Ost) 1976, S. 120 ff.

[11] Vgl. Frankfurter Rundschau, Nr. 5 vom 6. 1. 1978.

[12] Vgl. Roter Morgen, Nr. 6 vom 7. 2. 1976: ›Gründungserklärung der Sektion DDR der KPD/ML‹. Vgl. auch die »Ausgaben DDR« des Roter Morgen von Mai 1979 bis Nr. 2, Mai 1980.

[13] Roter Morgen, Nr. 27 vom 2. 7. 1982.

[14] Tobias Wunschik, Maoistische Opposition gegen das Honecker-Regime. Die »Sektion DDR« der KPD/ML. In: Jahrbuch für Historische Kommunismusforschung 1998. Berlin 1998, S. 187 ff.

Großes Aufsehen erregte Rudolf Bahros Buch ›Die Alternative‹, das sich mit der bürokratischen Diktatur auseinandersetzte[15] und das 1977 nur im Westen erscheinen konnte. Bahro (1935–1997) wurde im August 1977 sofort verhaftet. Trotz zahlreicher Solidaritätsbekundungen aus der Bundesrepublik, darunter von namhaften Schriftstellern wie Heinrich Böll[16], lautete das Urteil gegen Bahro im Juni 1978 auf acht Jahre Zuchthaus (er konnte jedoch 1979 in die Bundesrepublik ausreisen). Auch Bahro kritisierte vor allem die »führende Rolle« der Partei: »Der Kern der Sache besteht in ihrer eigenen Bürokratisierung, die sie unfähig macht, sich von der Staatsmaschine, vom Etatismus zu distanzieren. Es gab noch nie eine Herrschaft, deren maßgebliche Repräsentanten sich wie bei uns ausgerechnet ›Büromitglieder‹ und ›Sekretäre‹ nannten. An diesen Bezeichnungen allein ließe sich schon die Überwältigung des lebendigen Parteikörpers durch seine Bürokratie ablesen.«[17]

›Der Spiegel‹ publizierte im Januar 1978 das ›Manifest‹ einer demokratischen Opposition der SED.[18] Inzwischen ist klar, daß das »Manifest« das »authentische Dokument einer SED-internen Opposition gegen die Politik Erich Honeckers« war.[19] Hermann von Berg als einer der Verfasser der Oppositionsplattform eines »Bundes Demokratischer Kommunisten Deutschland« hatte nicht nur den wirtschaftlichen Zusammenbruch der DDR vorausgesagt, sondern auch unter Berufung auf Marx »ein Konzept, das auf die Wiedervereinigung Deutschlands zielt« gefordert.[20] Die Tendenz dieser Kritik war die aller anderen Oppositionellen: sie bestand in der Forderung nach Demokratisierung und Rechtsstaatlichkeit in der DDR. Die SED-Führung beschuldigte den ›Spiegel‹ der Fälschung und schloß das ›Spiegel‹-Büro in Ost-Berlin. Das wiederum veranlaßte die Bundesregierung und die Bonner Parteien zu scharfen Protesten.[21]

Mittelpunkt demokratisch-kommunistischer Opposition gegen die SED-Führung blieb Robert Havemann (der am 9. April 1982 starb). Er verstand sich als kritischer Kommunist, für den der Kapitalismus keine Alternative war, und als demokratischer Kommunist berief er sich auf Rosa Luxemburg und leitete aus ihren Thesen die Forderung nach einer freien sozialistischen Gesellschaft ab, »mit Pressefreiheit auch für Andersdenkende, Versammlungsfreiheit und Streikrecht, Freiheit des Glaubens, der Weltanschauung, des künstlerischen Schaffens, d. h. der Aufhebung jeglicher Einmischung oder Bevormundung in Kultur und Wissenschaft durch den Staat. Sozialismus bedeutet nicht kollektive Uniformierung, bedeutet nicht Aufhebung, sondern freie Entfaltung der breitesten Mannigfaltigkeit des menschlichen Lebens und Denkens. Sozialismus ist freier Pluralismus auf allen Gebieten des gesellschaftlichen Lebens.«[22] Für Havemann war die »Vollendung der sozialistischen Demokratie – also die Inkraftsetzung aller politischen Menschenrechte – zu Punkt

[15] Rudolf Bahro, Die Alternative. Zur Kritik des real existierenden Sozialismus. Frankfurt a. M. 1977. Vgl. auch Ulf Wolter (Hrsg.), Antworten auf Bahros Herausforderung des realen Sozialismus. Berlin (West) 1978.

[16] Vgl. Frankfurter Rundschau, Nr. 5 vom 6. 1. 1978.

[17] Rudolf Bahro. Eine Dokumentation. Frankfurt a. M. 1977, S. 32.

[18] Vgl. DDR. Das Manifest der Opposition. Eine Dokumentation. Fakten, Analysen, Berichte. München 1978.

[19] Vgl. Dominik Geppert, Störmanöver. Das »Manifest der Opposition« und die Schließung des Ost-Berliner ›Spiegel‹-Büros im Januar 1978. Berlin 1996, S. 11.

[20] Abgedruckt in Geppert, ebd., S. 169.

[21] Vgl. Frankfurter Rundschau, Nr. 9 vom 11. 1. 1978.

[22] Robert Havemann, Berliner Schriften. München 1977, S. 187.

eins der Tagesordnung der Geschichte« geworden.[23] So bot auch Havemann ein Beispiel dafür, wie Grundpositionen eines demokratischen Kommunismus schrittweise theoretisch ausgebaut wurden.[24] Die SED reagierte mit ständigen Repressalien gegen Robert Havemann. Im Juni 1975 wurde im Politbüro sogar das »Szenarium der Zwangsausbürgerung« Havemanns behandelt.[25] Die SED-Führung mußte erkennen, daß oppositionelle Ideen gegen die Parteidiktatur gerade bei Künstlern und Intellektuellen tief verwurzelt waren.

Doch die Opposition erstreckte sich in den siebziger Jahren viel weiter. Das Milieu sozialistisch geprägter Intellektueller bildete nur die eine Gruppe. Es waren die Kirchen, insbesondere die evangelische, die als »einzige von der SED unabhängige Großorganisation«, das »größte Potential« organisierter gesellschaftlicher Bestrebungen gegen den Herrschaftsanspruch der Partei aufwies. Zu deren Hauptthemen zählten die Friedensproblematik und die Jugendarbeit.[26]

Die Selbstverbrennung des evangelischen Pfarrers Oskar Brüsewitz am 15. August 1976 in Zeitz war ein Fanal. Daß die Methoden des ZK der SED inzwischen von breiten Kreisen abgelehnt wurden, zeigte ein Protestbrief von 30 Personen, meist SED-Mitgliedern. Darin verwahrten sie sich gegen die schäbige Art, in der ›Neues Deutschland‹ den Tod von Pfarrer Brüsewitz kommentiert hatte.[27]

Ende der siebziger Jahre wurde auf vielen Gebieten die Krise des Regimes sichtbar, entsprechend stark wurden Opposition und Widerstand in verschiedenen Kreisen und in unterschiedlichen Formen. Als Extremfall kam es am 7. Oktober 1977 sogar im Zentrum Berlins, auf dem Alexanderplatz, zu schweren Straßenschlachten (mit drei Toten) zwischen Jugendlichen und der Polizei. »Die SED-Führung und das MfS spürten den Stimmungswechsel und das sich anbahnende Unwetter.«[28] Um solchen latent vorhandenen Stimmungen zu begegnen und die eigene Legitimation zu beweisen, berief sich die SED-Spitze verstärkt auf die »Gesetzmäßigkeiten« der Geschichte. In seiner Ansprache zur Jahreswende 1978/1979 sagte Honecker: »Die Deutsche Demokratische Republik ist der Staat des sozialen Fortschritts, die Erbin alles Progressiven und Humanistischen in der Geschichte des deutschen Volkes. Sie hat ihre Gegenwart und Zukunft auf das brüderliche Bündnis mit der Sowjetunion und den anderen Staaten der sozialistischen Gemeinschaft gegründet.«[29] Das unterstreicht, daß das Geschichtsbild in der DDR bei der Legitimation der Macht der SED einen überragenden Platz einnahm. Die Ideologie des Marxismus-Leninismus mit ihren Teilbereichen Philosophie, Politische Ökonomie und Wissenschaftlicher Kommunismus sollte durch entsprechende Geschichtsbetrachtung, gerade auch der Entwicklung des deutschen Kommunismus und der DDR, abgesichert und ergänzt werden.

[23] Jiri Pelikan und Manfred Wilke (Hrsg.), Menschenrechte. Ein Jahrbuch zu Osteuropa. Reinbek 1977, S. 476.

[24] Vgl. Hartmut Jäckel (Hrsg.), Ein Marxist in der DDR. Für Robert Havemann. München 1980.

[25] Vgl. Thomas Klein, Wilfriede Otto und Peter Grieder, Visionen. Repression und Opposition in der SED. Frankfurt/Oder 1996, S. 75 ff.

[26] Vgl. Hubertus Knabe, Widerstand und Opposition in den sechziger Jahren. In: Materialien der Enquete-Kommission »Aufarbeitung von Geschichte und Folgen der SED-Diktatur in Deutschland«. Baden-Baden 1995, Bd. VII, 1, S. 77 ff.; Christoph Kleßmann, Die Opposition in der DDR der Ära Honecker bis 1980/81. In: Materialien, ebd., Bd. VIII, 1, S. 1080 ff.

[27] Vgl. Erhart Neubert, Geschichte der Opposition in der DDR 1949–1989. Bonn 1997, S. 275 ff.

[28] Stefan Wolle, Die heile Welt der Diktatur, S. 51.

[29] Neues Deutschland, Nr. 307 vom 30./31. 12. 1978.

Besonders deutlich wurde dies, als die SED 1978 ihre erste offizielle historische Selbstdarstellung vorlegte, die ›Geschichte der Sozialistischen Einheitspartei Deutschlands. Abriß‹. Dieser Band war gegenüber früheren Monographien zur Geschichte inhaltlich ein Rückschritt und enthielt zahlreiche Legenden.[30] Der »Abriß« ignorierte Forschungsergebnisse ebenso wie er die inneren Auseinandersetzungen in der SED umging. Nur Ulbricht, vorher aus der Geschichte getilgt, wurde wieder erwähnt, seine Bedeutung für die SED und DDR war im »Abriß« aber nicht zu finden. Ebenso wie die Politik blieb die linientreue Geschichtsschreibung der DDR bei ihrer Instrumentalisierung der Geschichte.[31]

Bei den Feiern zum 30. Gründungstag der DDR im Oktober 1979 wurde unter Hinweis auf die Kontinuität und Stabilität des Staates ebenfalls die Geschichte bemüht. Die Funktionäre sollten überzeugt werden von der »Richtigkeit unserer Sache, von der Überlegenheit des realen Sozialismus«, und in Auswertung des X. Parteitages erklärte die Führung, »Geschichtskenntnisse sind wesentliche Quellen des sozialistischen Bewußtseins«.[32]

Um das politische System effektiver zu gestalten, bezog die SED die übrigen Parteien und die Massenorganisationen stärker in die Willensbildung ein, ohne freilich die Herrschaftsverhältnisse antasten zu lassen. Auch nach dem IX. Parteitag der SED zeigte sich die tatsächliche Macht im Parteiensystem wieder allzu deutlich. Alle vier nichtkommunistischen Parteien veranstalteten 1977 Parteitage, die sich die Beschlüsse des IX. Parteitags der SED wieder völlig zu eigen machten. Im März 1977 tagte der 12. Parteitag der LDPD in Weimar, der eine neue Satzung beschloß, Manfred Gerlach wieder zum Vorsitzenden wählte und für seine 75 000 Mitglieder die politische Leitlinie der SED verbindlich machte. Im April 1977 trat der 11. Parteitag der 85 000 Mitglieder zählenden NDPD in Leipzig zusammen und faßte ähnliche Beschlüsse, als Vorsitzender wurde Prof. Heinrich Homann wiedergewählt. Homann (geb. 1911) war nach dem Studium 1934 Berufsoffizier; 1943 in sowjetische Gefangenschaft geraten, wurde er Mitbegründer des »Nationalkomitees Freies Deutschland« und 1948 der NDPD. Von 1949 bis 1952 war er Geschäftsführer der Partei, von 1952 bis 1972 stellvertretender Parteivorsitzender. 1963 promovierte er zum Dr. phil. 1972 wurde Homann Vorsitzender der NDPD.

Im Mai 1977 tagte der 10. Parteitag der Bauernpartei (DBD) in Schwerin, der sich ebenfalls ganz am IX. Parteitag der SED orientierte. Der seit Gründung 1948 amtierende Vorsitzende Ernst Goldenbaum wurde in seiner Funktion bestätigt; die DBD zählte 92 000 Mitglieder (davon 26 Prozent Frauen). Schließlich trat im Oktober 1977 der 14. Parteitag der CDU in Dresden zusammen. Auch die Delegierten der mit 115 000 Mitgliedern stärksten der vier Blockparteien hielten sich an die Linie der SED, der Vorsitzende Gerald Götting wurde ebenfalls wiedergewählt.

Wie diese Parteien trotz ihrer gleichförmigen Zustimmung zur SED-Politik (wie die Massenorganisationen) in ein Spannungsverhältnis zwischen ihren Aufgaben als Transmissionsorganisation der SED und den Vorstellungen ihrer Mitglieder kommen konnten, zeigte sich in der CDU. Die Einführung des Faches Wehrunterricht für Schüler der 9. und 10. Klassen im September 1978 traf auf harte Kritik der Kirchen. Die CDU, die sich als Partei oft an die Kirchen anzulehnen versuchte (ohne

[30] Zu den Einzelheiten vgl. Hermann Weber, Parteigeschichte als parteiliche Geschichte. Zur Funktion und zum Inhalt der ›Geschichte der SED. Abriß‹. Deutschland Archiv 11 (1978), S. 1291 ff.

[31] Vgl. Hermann Weber, Aufstieg und Fall einer Diktatur. Köln 1991, S. 209 ff., besonders 252 ff.

[32] Einheit 34 (1979) Heft 12, S. 1236 und 36 (1981) Heft 6, S. 575.

dabei allerdings viel Erfolg zu haben), geriet in Bedrängnis. Die CDU-Führung stellte sich klar hinter den Wehrunterricht und bekannte sich damit zum Kurs der SED. Doch an der Basis der Partei wurde wie von seiten der Kirche die Frage gestellt, ob der Wehrunterricht nicht doch zu Haß erziehe und damit für Christen nicht in Frage kommen dürfe.[33] Zu ähnlichen Schwierigkeiten kam es bei allen Blockparteien immer wieder.

Die SED bemühte sich daher, vor allem die Massenorganisationen zu stärken, in denen sie durch ihre Parteigruppen und durch Personalunion in den Entscheidungsgremien ihren Einfluß besser durchsetzen konnte. Der 9. Kongreß des FDGB im Mai 1977 zeigte zwar wie üblich keinerlei Abweichungen von der Politik der SED, doch wurde die Funktion der Gewerkschaft dadurch unterstrichen, daß die Delegierten den Entwurf des neuen Arbeitsgesetzbuches verabschiedeten, der von der FDGB-Fraktion dann in der Volkskammer eingebracht und dort angenommen wurde. Der FDGB zählte 1979 8,7 Millionen Mitglieder, erfaßte also die Hälfte der Gesamtbevölkerung. Der FDGB und die übrigen »gesellschaftlichen Organisationen der Werktätigen« galten daher als »fester Bestandteil der politischen Organisationen«, also auch des Parteiensystems. Sie sollten die »Heimstatt politischen Wirkens« für die Mehrheit der Bevölkerung sein.[34] Gleiches galt auch für die Gesellschaft für Deutsch-Sowjetische Freundschaft, deren 11. Kongreß im Mai 1978 tagte, und die 1979 5,5 Millionen Mitglieder zählte, sowie für den Kulturbund, dessen 9. Kongreß im September 1977 eine neue Satzung annahm und der 1979 220 000 Mitglieder umfaßte, ebenso für die FDJ (1979: 2,3 Millionen Mitglieder) oder den DFD (1979: 1,4 Millionen Mitglieder).[35]

Repressive Kulturpolitik

Obwohl der Lebensstandard der Bevölkerung der DDR auch Mitte der siebziger Jahre weiter gestiegen war und wohl der höchste aller kommunistisch regierten Staaten blieb, vermehrten sich die Schwierigkeiten. Die Erwartungen der Bevölkerung waren inzwischen höhergeschraubt, sie wurden nicht erfüllt, das schuf Unzufriedenheit. Diese wurde nicht nur durch wirtschaftliche Komplikationen genährt. Die innenpolitischen Auswirkungen der KSZE-Schlußakte von 1975 – die ja auch Honecker unterzeichnet hatte – waren beträchtlich. Diskussionen über die Gewährung der Menschenrechte wurden auch in der DDR geführt. Die Zahl der Bürger, die Ausreiseanträge stellten und auf die DDR-Staatsbürgerschaft verzichten wollten, stieg sprunghaft an und zeigte das Dilemma des Systems. Durch neue Repressionen des Staates gegen kritische und opponierende Künstler wuchs die Krise. Bis 1976 hatte die SED-Führung eine flexiblere Kulturpolitik betrieben und damit auch Erfolge erzielt. Doch bereits im November 1976 zeigten sich neue Verhärtungen auf dem Kultursektor, die zu einem Exodus vor allem von Künstlern aus der DDR führten. Ausgelöst wurde der Konflikt durch die Ausbürgerung des Lieder-

[33] Vgl. dazu Clemens Richter, Aus christlicher Verantwortung? Die DDR-CDU zur Friedenserziehung und zum Wehrunterricht. Deutschland Archiv 12 (1979), S. 237.

[34] Staat und Recht 26 (1977) Heft 7, S. 690.

[35] Statistisches Jahrbuch der Deutschen Demokratischen Republik 1980. 25. Jg. Berlin (Ost) 1980, S. 397 f.

machers Wolf Biermann während seiner (zunächst genehmigten) Vortragsreise nach Köln im November 1976. Dieser Vorgang und die im Jahre 1977 erfolgte Ausbürgerung des Schriftstellers Reiner Kunze signalisierten eine negative Wende der Kulturpolitik.

Doch diesmal hielten Künstler und Schriftsteller nicht einfach still. Die Biermann-Ausbürgerung löste energischen Protest aus. Eine Unterschriftensammlung – für die SED ein ungeheuerlicher Akt – fand breiten Widerhall. Bekannte Künstler und Schriftsteller, viele SED-Mitglieder, betonten öffentlich: »Wir protestieren gegen eine Ausbürgerung und bitten darum, die beschlossenen Maßnahmen zu überdenken.«[36] Zu den Erstunterzeichnern gehörten Sarah Kirsch, Christa Wolf, Volker Braun, Franz Fühmann, Stephan Hermlin, Stefan Heym, Günter Kunert, Heiner Müller, Rolf Schneider, Gerhard Wolf, Jurek Becker und Erich Arendt. In den folgenden Tagen hatten fast 100 weitere Künstler unterschrieben, darunter die bekanntesten der DDR wie Jutta Hoffmann, Katharina Thalbach, Manfred Krug, Ulrich Plenzdorf, Klaus Schlesinger, Thomas Langhoff, Karl-Heinz Jakobs, Armin Müller-Stahl, Frank Beyer u. v. a. Es kam nur im Ausnahmefall zum Gespräch mit Politikern wie z. B. zwischen Lamberz und elf namhaften Künstlern. Manfred Krug hat es heimlich auf einem Tonband festgehalten und als Dokument erst kürzlich veröffentlicht.[37] Die Dramatik der Situation, die Arroganz der Machthaber sowie der Drang nach Veränderung bei den Kunstschaffenden gehen daraus hervor.

Prominente Schriftsteller und Künstler, die offen gegen die Ausbürgerung Biermanns protestiert hatten, wurden unter Druck gesetzt, weniger bekannte Künstler verhaftet und später in die Bundesrepublik abgeschoben. Der Beschluß des Politbüros vom November 1977 über die »politisch-ideologische Führung des geistig-kulturellen Lebens«[38], schaffte allerdings keine Klarheit. Zunächst ging der harte Kurs gegen »Abweichler« weiter. 1977 wurden kritische Künstler wie die Schriftsteller Bernd Jentzsch, Sarah Kirsch, Jurek Becker, Hans-Joachim Schädlich, der Schauspieler Manfred Krug, der Komponist Thilo Medek aus der DDR-Staatsbürgerschaft entlassen oder erhielten längerfristige Ausreisegenehmigungen. Jüngere Schriftsteller und Liedermacher, die ebenfalls für eine Demokratisierung der DDR eintraten, wurden verhaftet und nach langen Verhören beim MfS[39] abgeschoben. Der Schriftsteller Jürgen Fuchs und die Liedermacher Christian Kunert und Gerulf Panach gaben zu ihrer Abschiebung im September 1977 eine Erklärung ab, die die Einstellung der jüngeren, oppositionellen Künstler wiedergab: »Wir sind nicht freiwillig nach West-Berlin gekommen. Über ein dreiviertel Jahr hinweg versuchten wir, den widerlichen Methoden der Staatssicherheit unsere feste Absicht entgegenzusetzen, daß wir in der DDR leben wollen, um dort als Künstler mitzuhelfen, eine fortschrittliche, menschenwürdige Gesellschaft zu verwirklichen. Ich wiederhole: In der DDR zu leben und nicht im Gefängnis zugrunde zu gehen. Da wir weder bereit waren, unsere künstlerische Arbeit zu widerrufen und als ›Hetze im verschärften Falle‹ zu begreifen noch Gemeinheiten gegenüber unseren engsten Freunden zu begünstigen, wurde uns eine Haftstrafe bis zu zehn Jahren nachdrücklich versprochen. Wir sind froh, nicht mehr im Untersuchungsgefängnis zu sein, und wir

[36] Vgl. Manfred Jäger, Kultur und Politik in der DDR 1945–1990. Köln 1994, S. 166.

[37] Manfred Krug, Abgehauen. Ein Mitschnitt und ein Tagebuch. 2. Aufl. Düsseldorf 1998.

[38] Vgl. Peter Lübbe (Hrsg.), Dokumente zur Kunst-, Literatur- und Kulturpolitik der SED 1975–1980. Stuttgart 1984, S. 460 ff.

[39] Vgl. Jürgen Fuchs, Vernehmungsprotokolle. Reinbek bei Hamburg 1978.

danken allen in Ost und West, die sich mit uns solidarisierten. Gleichzeitig sind wir in großer Sorge um unseren Freund und Genossen Robert Havemann, weil wir die Abscheulichkeit und die Absicht des Geheimapparats, der unser Land beherrscht und noch fester in den Griff bekommen möchte, unverhüllt kennengelernt haben und der Ansicht sind, daß sein Leben bedroht ist. Ganz besonders deshalb, weil Robert Havemann den gegen ihn und seine Familie gerichteten hektischen und brutalen Schikanen gelassen und kompromißlos entgegentritt und sich keinem Psychoterror beugen wird.«[40]

Diese Praktiken wurden in den folgenden Jahren beibehalten; aus diesem Grund verließen bekannte Schriftsteller (erwähnt seien nur Karl-Heinz Jakobs, Günter Kunert, Erich Loest, Klaus Poche, Klaus Schlesinger, Rolf Schneider, Joachim Seyppel) bis 1981 die DDR ganz oder zeitweise. Andere, wie Stefan Heym, waren mehrfach Repressalien unterworfen; Christa Wolf und Stephan Hermlin beharrten teilweise auf ihren abweichenden Standpunkten. Vom MfS sollte durch »wirksame politisch-operative Maßnahmen« jeder Protest oder etwaige Kontaktaufnahme zu westlichen Journalisten verhindert werden. Mielke ordnete an: »Diesem Ziel muß auch das Wirksamwerden der Mitarbeiter des MfS, ihrer Familienangehörigen und Bekannten dienen. Durch sie und geeignete IM/GMS sowie deren Verwandte und Bekannte ist der Prozeß der ideologischen Auseinandersetzung mit gegnerischen und anderen negativen Kräften zu unterstützen.«[41]

Die Auseinandersetzung eskalierte bis 1979. Dieses Jahr gehörte »zu den finstersten Kapiteln im kulturpolitischen Schwarzbuch der DDR-Geschichte«.[42] Am 7. Juni 1979 schloß der Schriftstellerverband neun prominente Mitglieder aus: Kurt Bartsch, Adolf Endler, Stefan Heym, Karl-Heinz Jakobs, Klaus Poche, Klaus Schlesinger, Rolf Schneider, Dieter Schubert und Joachim Seyppel. Eine »eindeutige Mehrheit« stimmte für ihren Ausschluß und betonte in einer Stellungnahme an das ZK der SED, sie wolle »alle Unternehmungen des Klassenfeindes durchkreuzen«. Diese Verbandsmitglieder verkündeten zehn Jahre vor dem Ende der DDR: »An der Seite der Arbeiterklasse gehören wir zu den Siegern der Geschichte.«[43] Doch die Kotaus solcher Schriftsteller vermochten nicht, den Protest der kritischen Kollegen zu überdecken.

Die Jahre zwischen 1976 und 1980 machten deutlich: in der DDR existierte trotz aller gegenteiligen Beteuerungen der Honecker-Führung der Widerspruch zwischen Geist und Macht ebenso wie er für die Ulbricht-Periode typisch war. Hatte gerade die DDR-Literatur der siebziger Jahre »mit Recht den Ruf, vielfältiger und interessanter zu sein als die der vorangegangenen Jahrzehnte«[44], so litt sie besonders unter dem Exodus vieler Autoren. Die Rolle der Schriftsteller war in der DDR anders als die ihrer Kollegen im Westen. Das Meinungsmonopol der Führung oder die öde Presselandschaft, aber auch der Anspruch von Staat und Partei an die Kultur-

[40] Bahro-Dokumentation, S. 107.

[41] Zitiert in Klaus Schroeder unter Mitarbeit von Steffen Alisch, Der SED-Staat. Geschichte und Strukturen der DDR. München 1998, S. 239.

[42] So Joachim Walther in: Protokoll eines Tribunals. Die Ausschlüsse aus dem DDR-Schriftstellerverband 1979. Hrsg. Joachim Walther, Wolf Biermann u. a. Reinbek bei Hamburg 1991, S. 7.

[43] Protokoll eines Tribunals, ebd., S. 91 ff. Dort auch der Huldigungsbrief von Dieter Noll an Erich Honecker vom Mai 1979 (S. 97 f.).

[44] P. U. Hohendahl und P. Hermingshouse (Hrsg.), Literatur der DDR in den siebziger Jahren. Frankfurt a. M. 1983, S. 7.

schaffenden, gesellschaftlich relevante Probleme aufzugreifen, »politisierten« die Belletristik. Daher spiegelte die Literatur auch nonkonformistische Gedanken und teilweise oppositionelle Stimmungen wider. Das rief wiederum Staat und Partei mit ideologischen Angriffen und Zensur auf den Plan. Somit enthüllte die verschärfte kulturpolitische Entwicklung am Ende der siebziger Jahre »ein charakteristisches Erscheinungsbild des staatlich organisierten Literaturbetriebs: Er agiert und reagiert auf Literatur mit seinem zentralistisch strukturierten Apparat nicht nur zu diesem Zeitpunkt, sondern mehr oder weniger immer – was von nicht wenigen als repressiv empfunden wurde. Eine lange Liste von emigrierten Schriftstellern von Theodor Plivier und Uwe Johnson bis Gerhard Zwerenz in den fünfziger Jahren, von Heinar Kipphardt über Hartmut Lange bis Christa Reinig in den sechziger Jahren und von Peter Huchel bis Wolf Biermann und der Auswanderungswelle danach in den siebziger Jahren belegt das am sichtbarsten und schmerzlichsten.«[45]

Während die Schikanen gegen Schriftsteller und Oppositionelle 1977 und 1978 intensiviert wurden, versuchte die Partei- und Staatsführung andererseits elastischer zu reagieren. Über den Entwurf des neuen SED-Programms von 1976 hatte sich die Evangelische Kirche sehr besorgt gezeigt. Die Kirchenleitungen brachten Bedenken bei der Regierung dagegen vor, daß der Marxismus-Leninismus als herrschende Ideologie bezeichnet wurde und damit die weltanschauliche Toleranz gefährdet schien: Da auch Hinweise auf die Trennung von Staat und Kirche sowie die Gewährleistung freier Religionsausübung im Entwurf fehlten, sah sich die Kirche veranlaßt, ihre Eigenständigkeit zu betonen.[46]

Nach einem Gespräch zwischen Honecker und der Evangelischen Kirchenleitung im März 1978 wurde indes der Kirche mehr Spielraum für ihre Aktivitäten gewährt. Die DDR-Führung war vor allem an Friedensinitiativen der Kirchen interessiert und unterstützte diese. Dabei kam es freilich – etwa wegen des Wehrkundeunterrichts an den Schulen – auch zu neuen Konflikten. Beispiel relativer Entkrampfung des Verhältnisses zwischen Staat und Kirche war die Einweihung eines Kirchengebäudes in Eisenhüttenstadt im Mai 1981. Diese als »Stalinstadt« 1954 gegründete neue »sozialistische Stadt« sollte nach Auffassung der Parteiführung keinen Kirchenbau erhalten. Doch inzwischen mußte die SED ihre Vorstellung von der »absterbenden Kirche« revidieren und Zugeständnisse machen. Auch wenn nach den polnischen Ereignissen die SED nach 1980 wieder argwöhnisch wurde und die Zensur der Kirchenpublikationen verschärfte, blieb sie doch weitgehend bei einer flexibleren Haltung.

Die Kirchen waren nicht »staatsfreundlicher« geworden, aber die Partei hatte »ihre großen Zukunftshoffnungen« aufgegeben. Nun glaubte die SED, die Kirchenleitungen würden für Ruhe sorgen und »möglichst wenig an die Öffentlichkeit dringen lassen. Das wurde erwartet und honoriert oder – im negativen Fall – heftig kritisiert.«[47] Die Evangelische Kirche hatte in zwei Ausarbeitungen von 1973 und 1976 ihr Verhältnis zur Gesellschaft definiert. Dabei kam es zum umstrittenen Begriff »Kirche im Sozialismus«. Mit ihrem Papier von 1976, dem »Ideologiepapier«, wollte sie zum kritischen Dialog ermuntern. Aber daß der Bund der Evangelischen Kir-

[45] Hans-Jürgen Schmitt (Hrsg.), Die Literatur der DDR (Hansers Sozialgeschichte der deutschen Literatur, Bd. 11). München 1983, S. 46.

[46] Frankfurter Rundschau, Nr. 97 vom 26. 4. 1976.

[47] Axel Noack, Die Phasen der Kirchenpolitik der SED. In: Materialien der Enquete-Kommission »Aufarbeitung der SED-Diktatur«, Bd. VI, 2, S. 1126.

che unter »Kirche im Sozialismus« durchaus »keine staatsfromme, sondern eine sich einmischende Kirche versteht«[48], mußte die Staatsführung indes schon früh erkennen.

Die 9. Tagung der Volkskammer im Juni 1979 zeigte, daß die Führung beabsichtigte, ihre Macht durch ein verschärftes Strafrecht abzusichern. Außerdem änderte sie auf dieser Sitzung auch das Wahlrecht, nunmehr wurden unter Verletzung des Vier-Mächte-Status von Berlin auch die Volkskammerabgeordneten Ost-Berlins durch »Direktwahl« bestimmt. Zugleich wurde das 3. Strafrechtsänderungsgesetz beschlossen, das die Strafbestimmungen über »staatsfeindliche Hetze« erheblich erweiterte. Eindringlich forderte Robert Havemann von Politbüromitglied Kurt Hager: »Setzt den verfassungswidrigen Paragraphen 106 [staatsfeindliche Hetze] außer Kraft, weil er dazu dient, jede Ausübung des Rechts der freien Meinungsäußerung zu kriminalisieren.«[49] Noch krasser richtet sich die Neufassung des Paragraphen 219 gegen jede mögliche Opposition, weil damit auch für die Verbreitung von »Schriften, Manuskripten oder Materialien« von DDR-Bürgern im »Ausland« (also auch der Bundesrepublik) unter Umgehung der vorgeschriebenen Instanzen Strafen drohten.

Stagnation der Wirtschaft

An der DDR, als einem der rohstoffärmsten Länder, ging die internationale Rohstoffkrise ebensowenig spurlos vorbei wie die weltweite Wirtschaftskrise. Die Erhöhung der Rohstoffpreise von seiten der UdSSR brachte der DDR neue ökonomische Schwierigkeiten. Sie war zudem belastet durch die Hilfe (vor allem Militärhilfe!) an Länder der Dritten Welt. Deshalb mußte die DDR-Wirtschaft größte Anstrengungen unternehmen, um ihre Effektivität und Produktivität zu verbessern.

Auch wenn die DDR-Führung – wie üblich – am Ende der siebziger Jahre »große« Wirtschaftserfolge bilanzierte, konnte sie doch nur schwer verschleiern, daß es von 1977 bis 1979 zu krisenhaften Erscheinungen in der Volkswirtschaft der DDR gekommen war. So sagte auch die offizielle DDR-Statistik aus, daß das Nationaleinkommen in den Jahren von 1977 bis 1979 um weniger als 8 Prozent wuchs, während es von 1973 bis 1975 noch um über 12 Prozent gestiegen war. Bei Investitionen blieb das Wachstum von 1977 bis 1979 unter 4 Prozent, während es von 1975 bis 1977 noch 14 Prozent betrug.[50] Aus westlichen Berechnungen ergab sich, daß das DDR-Nationaleinkommen 1977 um 5,2 Prozent, 1978 um 3,8 Prozent und 1979 um 4 Prozent (Durchschnitt 1970–1975: 5,4 Prozent) anstieg, die Industrieproduktion im Durchschnitt 1970 bis 1975 um 6,5 Prozent, 1977 und 1978 um 4,8 und 1979 um 5,3 Prozent wuchs.[51]

[48] Richard Schröder, Kirche im Sozialismus. In: Materialien der Enquete-Kommission, ebd., S. 1230. Dort auch die wesentlichen Dokumente von 1963 bis 1989 (S. 1232 ff.). Die schwierige Gratwanderung der Kirche fand nach dem Ende der DDR großes Interesse, es erschienen zahlreiche Werke mit gegensätzlicher Interpretation (vgl. das Literaturverzeichnis). Zur Katholischen Kirche vgl. Ulrich von Hehl und Wolfgang Tischner, Die Katholische Kirche in der SBZ/DDR 1945–1989. In: Materialien der Enquete-Kommission, ebd., Bd. VI, 1, S. 875 ff.

[49] Frankfurter Rundschau vom 22. 6. 1976.

[50] Statistisches Jahrbuch 1980, S. 13 f.

[51] Vgl. Jochen Bethkenhagen u. a., Zur Wirtschaftslage im RGW. Deutschland Archiv 13 (1980), S. 922.

Die Lage und auch die Stimmung der Bevölkerung wurden nicht zuletzt vom Lebensstandard beeinflußt. Wegen der Fixierung der DDR-Bürger auf die Bundesrepublik war es deshalb besonders wichtig, daß sich bei der Lebenshaltung allzu große Unterschiede zwischen beiden deutschen Staaten allmählich abmilderten. Ein Preisvergleich zeigte freilich, vor allem bei industriellen Konsumgütern, daß die Relationen für die DDR im allgemeinen wesentlich ungünstiger ausfielen, auch wenn Gegenüberstellungen wegen der Qualitätsdifferenzen schwierig waren: »Unzweifelhaft ist jedoch die Zahl der Industriewaren, die bei gleicher Qualität in der DDR in Mark billiger sind als in der Bundesrepublik Deutschland in DM, sehr viel kleiner; die meisten sind teurer, z. T. erheblich teurer, vor allem, wenn man den Qualitätsfaktor (und damit auch die Lebens- und Nutzungsdauer des betreffenden Erzeugnisses) berücksichtigt. Extreme Unterschiede zeigten sich z. B. noch Anfang 1977 bei Feinstrumpfhosen für Damen, die in vergleichbarer Qualität in der Bundesrepublik etwa DM 3,50, in der DDR dagegen M 18,– kosteten. Im allgemeinen sind die administrierten Preise in der DDR um so höher, je mehr es sich um Waren des gehobenen Bedarfs handelt. Viele Dienstleistungen – z. B. Tarife der Nahverkehrsmittel, Garderobenreinigung, Leistungen der Friseure – sind in M billiger als in DM. Insgesamt ergibt sich jedoch auch heute noch für den Gesamtaufwand eines durchschnittlichen Arbeitnehmerhaushalts unter der Voraussetzung westdeutscher Verbrauchsstruktur eine etwas höhere Kaufkraft der DM.«[52]

Hingegen war der Trend beim Pro-Kopf-Verbrauch von Nahrungs- und Genußmitteln etwas anders: So »lag der Pro-Kopf-Verbrauch in der Bundesrepublik noch im Wirtschaftsjahr 1966/67 bei Fleisch, Käse, Obst und Zucker erheblich über dem Stand der DDR, deren Durchschnittsverbrauch andererseits bei den billigen Massennahrungsmitteln Mehl, Nährmittel, Speisehülsenfrüchte und Kartoffeln, aber auch bei Fisch und Fischerzeugnissen sowie in geringem Ausmaß bei Nahrungsfetten (insgesamt) überwog. Im Wirtschaftsjahr 1975/76 haben sich die Verbrauchsverhältnisse in den beiden deutschen Staaten weiterhin angenähert, wenn auch die Unterschiede noch keineswegs ganz verschwunden sind. So ist nach wie vor der Pro-Kopf-Verbrauch bei Obst und Südfrüchten und Käse in der DDR erheblich geringer. Immerhin stieg der Verbrauch an Südfrüchten von 7,1 kg im Jahr 1960 auf 18,5 kg im Jahre 1975. Dem etwas niedrigeren Fleischkonsum steht ein mehr als doppelt so hoher Fischverbrauch gegenüber. Der Verbrauch an Nahrungsfetten insgesamt hat sich fast völlig ausgeglichen, nicht aber seine Zusammensetzung: die DDR-Bewohner verbrauchen fast doppelt soviel Butter wie die Einwohner der Bundesrepublik.«[53]

Das Angebot in der Bundesrepublik war weit abwechslungsreicher, und zudem verursachten die organisatorischen Schwächen des Handels in der DDR immer neue Klagen der Verbraucher. Das wachsende Dilemma der DDR-Wirtschaft Ende der siebziger Jahre mußte unter diesen Umständen auch wieder verstärkte Unzufriedenheit hervorrufen und so die Stabilität des Systems gefährden. Auch wenn das Wirtschaftswachstum im ersten Halbjahr 1980 wieder florierte – so stieg das Nationaleinkommen um 5 Prozent gegenüber nur 2 Prozent im ersten Halbjahr 1979, die industrielle Warenproduktion um 5,9 Prozent (1979 waren es nur 3,2 Prozent

[52] Karl C. Thalheim, Die wirtschaftliche Entwicklung der beiden Staaten in Deutschland. Tatsachen und Zahlen. Opladen 1978, S. 125 f.

[53] Ebd., S. 127.

gewesen)[54] – war die Stagnation am Ende der siebziger Jahre doch ein Hemmnis. Schließlich blieb die DDR-Wirtschaft ohnehin ständig krisenanfällig, kam mit der Verteilung der Güter nicht zurecht und litt unter Mangel an Qualitätsprodukten. Sorgen bereitete der DDR seit Jahren auch die unausgeglichene Handelsbilanz; so soll die Nettoverschuldung gegenüber westlichen Banken Ende 1978 5 Milliarden Dollar betragen haben.[55] Die Steigerung der Rohstoffpreise belastete die DDR-Wirtschaft ebenfalls stark, auch wenn die Sowjetunion die Erhöhung der Weltmarktpreise nur mit Verzögerung von ihren Verbündeten verlangte. Die Abhängigkeit von sowjetischen Rohstoffen blieb für die DDR ebenfalls problematisch, da die UdSSR den Bedarf der DDR an Erdgas zu 100 Prozent, an Erdöl, Holz und Baumwolle zu 90 Prozent usw. deckte.[56]

Allerdings zeigte gerade die Krise nach der sowjetischen Intervention in Afghanistan im Dezember 1979, daß sich die Institutionalisierung des deutsch-deutschen Verhältnisses durch die Entspannungspolitik bewährte. Auch die DDR-Führung sah die Friedenssicherung in Europa als vorrangiges Ziel an und traf sich in diesem Bemühen mit der Bundesregierung.

Die Verschlechterung der Weltlage, die neue Spannung zwischen West und Ost, führte freilich auch zur Verhärtung der Außenpolitik der DDR. Wie schon öfter in der Vergangenheit beeinträchtigte das verschlechterte Klima zwischen der UdSSR und den USA die innerdeutschen Beziehungen. Die polnischen Veränderungen mit den Streiks vom Sommer 1980 und der Entstehung der unabhängigen Gewerkschaft »Solidarität« wirkten auf die deutsch-deutsche Situation. Eine lange geplante Reise in die DDR wurde deshalb vom damaligen Bundeskanzler Helmut Schmidt verschoben. Die Erhöhung des Zwangsumtausches durch die DDR wenige Tage nach den Bundestagswahlen von 1980 belastete die Beziehungen zwischen beiden deutschen Staaten erheblich. Ohne vorherige Konsultation der Bundesregierung hatte der DDR-Ministerrat am 9. Oktober 1980 die Verdoppelung des Devisen-Zwangsumtausches für Besucher aus dem Westen ab 13. Oktober angeordnet, womit Ost-Berlin den Besucherstrom aus der Bundesrepublik, eine Folge der innerdeutschen Verträge, eindämmen wollte.

Am 13. Oktober 1980 trieb Honecker in einer Rede vor Parteifunktionären in Gera die verbale Konfrontation auf die Spitze: Entgegen den Übereinkommen und abgeschlossenen Verträgen zwischen beiden deutschen Staaten forderte er nachdrücklich die Anerkennung einer DDR-Staatsbürgerschaft durch die Bundesregierung sowie die Aufwertung der Ständigen Vertretung in Bonn und Ost-Berlin zu regulären diplomatischen Botschaften.[57]

Bemerkenswert war nach jahrelanger Ablehnung jeglichen Gedankens einer Wiedervereinigung Honeckers These vom Februar 1981, daß sich bei einer »sozialistischen Umgestaltung« der Bundesrepublik »die Frage der Vereinigung beider deutscher Staaten vollkommen neu« stelle.[58] Diese Ausführungen wurden von den

[54] Doris Cornelsen, Gute Wirtschaftsbedingungen im ersten Halbjahr. Deutschland Archiv 13 (1980), S. 1062 ff.

[55] Doris Cornelsen, Verstaatlichte Wirtschaft: System und Leistung. In: Eckhard Jesse (Hrsg.), Bundesrepublik Deutschland und Deutsche Demokratische Republik. Die beiden deutschen Staaten im Vergleich. Berlin (West) 1980, S. 254.

[56] Heinz Heitzer, DDR. Geschichtlicher Überblick. Berlin (Ost) 1979, S. 280 f.

[57] Neues Deutschland, Nr. 242 vom 14. 10. 1980.

[58] Neues Deutschland, Nr. 48 vom 26. 2. 1981.

Parteifunktionären mit »starkem Beifall« aufgenommen, ein Indiz dafür, daß die nationale Idee in der DDR weiterhin präsent war.

Die Furcht vor einem Übergreifen der polnischen Demokratiebewegung beeinflußte alle Maßnahmen der DDR-Führung. Für die SED-Spitze galt die Lage im Herbst 1980 in Polen als »schlimmer als 1968 in der ČSSR«.[59] Entsprechend befaßte sich die Parteiführung fast ununterbrochen mit den Ereignissen in Polen, und erst nach der Verhängung des Kriegsrechts im Dezember 1981 war sie mit den Verhältnissen halbwegs zufrieden. Zuvor schien ein militärisches Eingreifen wie 1968 in der ČSSR nicht ausgeschlossen, Ost-Berlin war offensichtlich gewillt, mitzuwirken. Im September 1981 hatte Honecker Fidel Castro in Kuba versichert: »Wir sind zu jeder Hilfe bereit. Mit den sowjetischen Genossen besteht volle Übereinstimmung. Polen werde auf keinen Fall preisgegeben, denn das würde das Kräfteverhältnis in der Welt verändern. Das wissen natürlich auch die USA, und deshalb halten sie die Konterrevolution zurück. Sie haben Angst vor unserem Eingreifen.«[60] In dieser Situation hat die SED-Führung dann auch ihre Deutschlandpolitik geändert. Doch was wie eine Wende der deutsch-deutschen Beziehungen aussah, wie eine neue »Eiszeit« anmutete, normalisierte sich in den folgenden Monaten wieder. Bereits zum X. SED-Parteitag 1981 versuchte die DDR-Führung, die Außen- und vor allem die Deutschlandpolitik wieder pragmatisch und flexibler zu gestalten, um im Inneren eine größere Festigkeit zu erreichen.

[59] Vgl. Michael Kubina und Manfred Wilke (Hrsg.), »Hart und kompromißlos durchgreifen«. Die SED contra Polen 1980/81. Geheimakten der SED-Führung über die Unterdrückung der polnischen Demokratiebewegung. Berlin 1995.

[60] Ebd., S. 341.

8. KAPITEL

Erstarrung der DDR 1981–1985

Der X. Parteitag der SED

Anfang der achtziger Jahre versuchte die DDR, ihre Wirtschaft wieder voranzubringen, die Instabilität des Systems zu überwinden, außenpolitische Erfolge zu erringen und ihre Beziehungen zur Bundesrepublik zu festigen. Neue Impulse für diese Bestrebungen sollte der X. Parteitag der SED geben, der vom 11. bis 16. April 1981 in Ost-Berlin stattfand. Er sollte sie abermals als die »führende Kraft« der DDR präsentieren. Knapp 2700 Delegierte vertraten 2172110 SED-Mitglieder, darunter nach offizieller Lesart 57,6 Prozent Arbeiter.[1]

Der Kongreß bestätigte die Generallinie der Partei, die »Einheit von Wirtschafts- und Sozialpolitik« im Innern, die »Friedenspolitik« und das absolute Bekenntnis zur Sowjetunion nach außen sowie die verstärkte »führende Rolle« der SED in allen Bereichen der Gesellschaft. Im Mittelpunkt des Parteitages standen der Rechenschaftsbericht Erich Honeckers und das Referat von Willi Stoph zum neuen Fünfjahrplan. Bildete der VIII. Parteitag mit der Ablösung Ulbrichts eine Zäsur und beschloß der IX. Parteitag ein neues Parteiprogramm, so waren auf dem X. Parteitag ideologische und programmatische Fragen nur Randprobleme; er zeigte sich als ein Parteitag der Kontinuität.

Honecker behauptete in seinem Rechenschaftsbericht, die Bilanz der SED seit 1976 sei »positiv«.[2] Er versuchte vor allem wirtschaftliche Erfolge nachzuweisen und rief die Partei zur Geschlossenheit auf. Der Generalsekretär erklärte erneut die SED zur »führenden Kraft bei der Gestaltung der entwickelten sozialistischen Gesellschaft« und betonte: »Die ständige Erhöhung der führenden Rolle der Partei in allen Sphären der Gesellschaft ist eine objektive Notwendigkeit.« Die SED-Spitze gehe auch weiterhin davon aus, daß die »Kaderfrage« entscheidend ist. Deshalb wolle sie die »führende Rolle« der Partei vor allem dadurch absichern, daß sie treue »Kader heranbildet«[3], die sich auszeichnen durch Parteiergebenheit, bedingungsloses Bekenntnis zur Führung und zur KPdSU, Qualifizierung und ideologische Ausrichtung. Ganz im Sinne dieser Kaderauslese hatten nunmehr über ein Drittel aller Parteimitglieder und Kandidaten eine Hoch- oder Fachschule absolviert. Nachdem die mittleren und oberen Funktionäre seit Jahren fast alle an Parteischulen ausgebildet wurden, war dies auch bei den unteren Kadern weitgehend erreicht: von den 80230 Parteisekretären der 78677 Grundorganisationen der SED hatten über 80

[1] Protokoll der Verhandlungen des X. Parteitages der Sozialistischen Einheitspartei Deutschlands. 11. bis 16. April 1981. Berlin (Ost) 1981, Bd. 1, S. 133.
[2] Ebd., S. 29.
[3] Ebd., S. 132, 138.

Prozent eine Parteischule von über einem Jahr besucht und 64,5 Prozent waren »Hochschul- bzw. Fachschulkader«.[4] Auch wenn die SED ein intaktes Bild bot und die überwiegende Mehrheit der Mitglieder sich der Parteiführung unterordnete, setzte 1980 eine gewisse Unruhe ein: Es kam zu einem »sprunghaften Ansteigen von Parteiverfahren mit ca. 25 000 Parteistrafen« und dies setzte sich bis 1988 fort.[5]

Abermals wurde der SED-Parteitag auch Forum für die unterschiedlichen Auffassungen im Weltkommunismus. Vorsichtig äußerten die Vertreter der jugoslawischen, rumänischen und italienischen Kommunisten ihre von der UdSSR abweichenden Standpunkte. Der Vertreter der KP Italiens wurde recht deutlich, als er sagte: »Was Afghanistan betrifft, haben wir unsere Positionen klar zum Ausdruck gebracht.«[6] Diese Kritik an der sowjetischen Intervention widersprach den Ansichten der SED, die stets die Politik der UdSSR gebilligt hatte.

Die SED blieb eben weiterhin auf den »Marxismus-Leninismus« sowjetischer Lesart festgelegt. Der damalige FDJ-Chef Egon Krenz sah denn auch in der »revolutionären Jugenderziehung« mit den Prinzipien des »Marxismus-Leninismus« die wichtigste Aufgabe der FDJ, an der »auch in Zukunft« festgehalten werden solle.[7] Krenz hatte dies, wie bereits erwähnt, schon 1961 gefordert. Durchschlagende Erfolge waren damit in diesen vergangenen 20 Jahren also nicht erreicht worden.

Solche ständigen Aufforderungen zeigten deshalb das Dilemma der SED, deren Führung dogmatisch war und sich daher bei den Problemlösungen als nicht lernfähig erwies, sondern immer wieder auf »altbewährte« Schablonen zurückgriff. Honecker selbst gab auf dem X. Parteitag »drei Hauptrichtungen« an, in der die Parteiarbeit »weiter zu qualifizieren« sei.[8] Erstens werde eine hohe Effektivität der Führung dort erreicht, »wo die Umsetzung der Beschlüsse des Zentralkomitees einheitlich und geschlossen bis in die Parteigruppen, in jedes Arbeitskollektiv gesichert ist«. Damit sollte erneut der straffe Zentralismus in der Partei unterstrichen werden. Zweitens betonte Honecker, das »entscheidende Kampffeld« für die SED bleibe die Wirtschaft, die Parteiorgane müßten »einen hohen Leistungszuwachs sichern«. Durch die Effektivität der Wirtschaft sollte die Bevölkerung neutralisiert und so die Herrschaft der SED stabilisiert werden. Drittens schließlich forderte der Generalsekretär ein »hohes Niveau« der Massenarbeit, um »die Festigung des politischen Bewußtseins der Werktätigen« zu erreichen. Die Parteikader sollten sich also nicht abkapseln, sondern aktiv auf die Bevölkerung einwirken.

Mehr als zehn Jahre nach der Übernahme der Führung versuchte Honecker – inzwischen durch Personenkult besonders herausgehoben –, seine Politik der Parteidiktatur einerseits und der Ansätze zur Modernisierung der Gesellschaft andererseits fortzusetzen. Die zentralistische Struktur der SED mit der Machtkonzentration beim Politbüro blieb dabei unangetastet.

Ihre keineswegs neuen Aufgaben wollte die SED mit einer fast unveränderten Führungsmannschaft lösen. In dem vom X. Parteitag gewählten ZK wurde die Zahl der Mitglieder um elf auf 156 erhöht, 126 bisherige ZK-Mitglieder wurden wiedergewählt, ein Zeichen für Kontinuität. Auffallend ist, daß verstärkt Mitarbeiter des

[4] Neuer Weg 36 (1981) Nr. 7, S. 288 a.

[5] Thomas Klein, Wilfriede Otto und Peter Grieder, Visionen. Repression und Opposition in der DDR. Frankfurt/Oder 1996, S. 428 und 505 ff. (Tabellen).

[6] Protokoll X. Parteitag, Bd. 1, S. 306.

[7] Ebd., S. 267.

[8] Protokoll X. Parteitag, ebd., S. 137.

SED-Apparats in das ZK aufrückten, die Machtfülle des Politbüros damit bestätigt wurde. Der Abstand zur Parteibasis aber hatte sich vergrößert. »Das Zentralkomitee, das in den sechziger Jahren auch einmal ein Beratungsgremium war, ist wieder auf die Funktion des reinen Akklamationsorgans zurückgesunken. Im ZK kontrollieren sich die Entscheidungsträger nun weitgehend wieder selbst.«[9]

Die Spitzenführung der SED, das Politbüro und das Sekretariat, blieben nach dem X. Parteitag beinahe unverändert. Das Politbüro wurde verkleinert. Umfaßte es nach dem IX. Parteitag noch 19 Mitglieder und neun Kandidaten, so ab dem X. Parteitag nur noch 17 Mitglieder und acht Kandidaten. Für den am Vorabend des Parteitags verstorbenen Gerhard Grüneberg wurde kein Nachfolger gewählt, der langjährige ZK-Sekretär Albert Norden nicht wieder in dieses Gremium berufen (bemerkenswerterweise ohne ein Wort des Dankes auf dem Parteitag). Als neuer Kandidat kam in das Politbüro nur Günter Schabowski, seinerzeit Chefredakteur des SED-Zentralorgans ›Neues Deutschland‹.

Generalsekretär der Partei blieb unangefochten Erich Honecker, dessen Wiederwahl der Parteitag 1981 mit minutenlangem Jubel begrüßte.

1983 stieg Egon Krenz (geb. 1937) zum Mitglied des Politbüros und Sekretär des ZK auf. Der jüngste der SED-Parteiführer gehörte seit 1953 der FDJ und seit 1955 der SED an. Er studierte von 1953 bis 1957 am Institut für Lehrerausbildung in Putbus und war dann bis 1959 Soldat der NVA. Von 1961 bis 1964 war er als Sekretär des Zentralrats der FDJ für die Hochschularbeit verantwortlich, anschließend studierte er bis 1967 an der Parteihochschule der KPdSU in Moskau. 1971 übernahm er die Leitung der Pionierorganisation »Ernst Thälmann« und kam als Kandidat ins ZK der SED. 1973 wurde er 1. Sekretär des Zentralrats der FDJ und Mitglied des SED-ZK, 1976 Kandidat des Politbüros, im November 1983 rückte er zum Mitglied auf.

Obwohl der Fünfjahrplan bis 1980 nicht wie prognostiziert erfüllt werden konnte, setzte sich die SED auf ihrem X. Parteitag 1981 mit dem neuen Fünfjahrplan bis 1985 wieder sehr hohe Planziele. Während die ČSSR und Ungarn aus den Erfahrungen Lehren zogen und im Jahr durchschnittlich 3 Prozent Zuwachs planten, während auch die UdSSR ein jährliches Wachstum des Nationalprodukts um 3,5 Prozent anstrebte, wollte die DDR 5,1 bis 5,4 Prozent erreichen, und dies, obwohl statt des Ziels von 5,0 Prozent im Fünfjahrplan 1976–1980 nur 3,9 Prozent erzielt worden waren. Genauso stark sollte die industrielle Warenproduktion und die Arbeitsproduktivität der Industrie jährlich anwachsen. Angesichts der knappen Ressourcen und der Tatsache, daß die Investitionen seit 1976 ständig zurückgingen, blieb eine Realisierung der Planung bis 1985 fraglich.[10]

Schwierigkeiten mit der Wirtschaft waren für die DDR in den nächsten Jahren vorprogrammiert. Die Bevölkerung wollte sich nicht damit abfinden, daß die erwartete Förderung der Konsumgüterindustrie erst am Ende des Aufgabenkatalogs rangierte. Immerhin hatten die sozialpolitischen Maßnahmen im Gefolge des IX. Parteitags von 1976 die Anhebung der Renten, die Verlängerung des Urlaubs, die Verkürzung der Wochenarbeitszeit und günstigere Regelungen für Mütter gebracht. Weitere sozialpolitische Verbesserungen wurden jedoch nicht in Aussicht gestellt, sondern nur als »Kernstück der Sozialpolitik« das Wohnungsbauprogramm genannt.

[9] Johannes Kuppe und Siegfried Kupper, Parteitag der Kontinuität. Deutschland Archiv 14 (1981), S. 717.
[10] Zu den Einzelheiten vgl. ebd., S. 728 ff.

Wie wenig sich an den Grundsätzen des Staates in der Praxis änderte, bewies die Wahl zur Volkskammer am 14. Juni 1981. Nach der üblichen monatelangen Kampagne zur Wahl wurde diese zu einem »machtvollen Bekenntnis des Volkes zu unserem guten Kurs des Sozialismus und des Friedens«[11] hochstilisiert. Genau wie 1976 wurden wieder 99,86 Prozent der gültigen Stimmen für die Einheitslisten registriert. Gewählt wurden auch die Abgeordneten der Bezirkstage und der Ost-Berliner Stadtverordnetenversammlung.

In der Volkskammer erhielt die Fraktion der SED wieder 127 Abgeordnete, die vier Blockparteien je 52, der FDGB 68, die FDJ 40, der DFD 35 und der Kulturbund 22 Sitze. Da fast alle Abgeordneten der Massenorganisationen der SED angehörten, verfügte diese wie bisher über die Mehrheit in der Volkskammer und den anderen »gewählten« Vertretungsorganen. Die Volkskammer, nach der Verfassung »oberstes staatliches Machtorgan«, spielte ohnehin keine wesentliche Rolle. In der 7. Legislaturperiode von 1976 bis 1981 tagte sie z. B. lediglich dreizehnmal; sie blieb ein Akklamationsorgan.

In der neugebildeten Regierung gab es nur geringfügige Veränderungen. Die Staatsspitze blieb konstant: Parteichef Erich Honecker blieb Vorsitzender des Staatsrates (und des Verteidigungsrates), Willi Stoph Vorsitzender des Ministerrates. Der Staatsrat wurde personell aufgewertet, so zog auch der damals »zweite Mann« der SED, Paul Verner, in den Staatsrat ein, ebenso Politbüromitglied Werner Felfe und (damals noch) Politbürokandidat Egon Krenz.

Das politische System der DDR blieb am Modell der Sowjetunion ausgerichtet. Der formal wesentliche Unterschied lag im Parteiensystem: anstelle des reinen Einparteiensystems der UdSSR (das auch in Rumänien und Ungarn existierte) gab es in der DDR fünf Parteien. Da jedoch die vier nichtkommunistischen Parteien im »sozialistischen Mehrparteiensystem« (wie es offiziell genannt wurde) die Führungsrolle der SED anerkannten und in der Praxis die gleiche Transmissionsrolle spielten wie die Massenorganisationen, unterschied sich in der Realität das Parteiensystem der DDR nicht prinzipiell von dem der UdSSR. Die historische Entwicklung des Parteiensystems in der DDR beließ den vier Parteien CDU, LDPD, NDPD und DBD formal ein größeres Gewicht als ähnlichen Parteien in anderen kommunistisch regierten »Mehrparteiensystemen«, sie verfügten beispielsweise in den Parlamenten (Volkskammer, Bezirkstage) über mehr Sitze als die nichtkommunistischen Parteien in Polen oder der Tschechoslowakei.

Die Parteitage von LDPD (April 1982), NDPD (April 1982), DBD (Mai 1982) und CDU (Oktober 1982) machten sich, wie schon in der Vergangenheit, die Beschlüsse der SED zu eigen. Der 13. Parteitag der LDPD fand vom 5. bis 7. April 1982 in Weimar statt. Vor den 1 023 Delegierten erklärte der wiedergewählte Vorsitzende Manfred Gerlach, er sehe im »entwickelten Sozialismus langfristig eine solide Basis«. Die 82 000 LDPD-Mitglieder in 3 000 Grundeinheiten waren zu 23 Prozent Handwerker und 18 Prozent Angehörige der Intelligenz.[12] Auf dem 12. Parteitag der NDPD vom 22. bis 24. April 1982 in Leipzig vertraten 1 000 Delegierte 91 000 Mitglieder, auch hier wurde »Übereinstimmung« mit den vom X. Parteitag der SED

[11] Vgl. Neues Deutschland, Nr. 140 vom 15. 6. 1981.

[12] Vgl. Karl Wilhelm Fricke, So liberal wie eigenständig. Der 13. Parteitag der LDPD in Weimar. Deutschland Archiv 15 (1982), S. 464 ff.

formulierten Aufgaben und Zielen beschworen und Heinrich Homann erneut zum Vorsitzenden gewählt.[13]

Vom 5. bis 7. Mai 1982 tagte in Suhl der 11. Parteitag der Demokratischen Bauernpartei, der versicherte, die »historischen« Beschlüsse des X. Parteitags der SED seien »auch für alle Mitglieder der DBD das Kampfprogramm für die 80er Jahre«.[14] Anstelle des 83jährigen Ernst Goldenbaum, der die Partei seit ihrer Gründung führte, wurde Ernst Mecklenburg Vorsitzender. Die Mitgliedschaft der Bauernpartei war nach Mitteilungen des Parteitags auf 103 000 angewachsen.[15]

Als letzte Partei führte die CDU vom 13. bis 15. Oktober 1982 ihren 15. Parteitag in Dresden durch. Mit 125 103 Mitgliedern war sie nach wie vor die größte und wichtigste der Blockparteien. Auch die CDU wollte »Anteil« an der Verwirklichung der Beschlüsse des X. SED-Parteitages nehmen.[16] Gerald Götting wurde erneut zum Vorsitzenden gewählt. Die CDU gliederte sich in über 5 700 Grundeinheiten. Von ihren Mitgliedern arbeiteten 20 000 als »hauptamtliche Staatsfunktionäre und als Abgeordnete«. Auch darin zeigte sich, wo wesentliche Betätigungsfelder der Blockparteien lagen.[17]

Offenbar im Zusammenhang mit den Kampagnen zum X. SED-Parteitag fragten DDR-Bürger nach der Selbständigkeit der anderen vier Parteien, da nach Meldungen der Medien der DDR auch die Blockparteien »in gemeinsamen Initiativen« den SED-Parteitag vorbereiteten. Die in Frankfurt a. d. Oder erscheinende SED-Zeitung ›Neuer Tag‹ vom 5. Februar 1981 berichtete, Leser seien darüber »verwundert« gewesen, was CDU, LDPD, NDPD und DBD mit einem SED-Parteitag »zu schaffen« hätten. Auch in den achtziger Jahren blieben die Blockparteien verläßliche Stützen der SED-Diktatur. Vor allem ihre Mobilisierungsfunktion wuchs: sie sollten die der SED fernstehenden Bevölkerungskreise ansprechen, um sie in das System einzubinden und zu disziplinieren. Die Blockparteien waren weiterhin – wie seit den sechziger Jahren – ein Teil der SED-Diktatur mit wichtigen Stabilisierungsfunktionen.

Die gleiche Rolle spielten die Massenorganisationen, in denen die SED durch eigene Parteigruppen und durch Personalunion auf allen Ebenen ihren Einfluß stets leichter durchsetzen konnte. Die Nachwuchsorganisation FDJ mit 2,3 Millionen jugendlichen Mitgliedern galt wie bisher als »Kampfreserve« der Partei. Allerdings waren in der FDJ vorwiegend diejenigen organisiert, die wegen ihrer Aufstiegswünsche fast zwangsläufig beitreten mußten (Schüler und Studenten), dagegen machte die umworbene Arbeiterjugend nur ein Viertel der Mitgliedschaft aus. Deswegen richtete das 11. Parlament der FDJ, das vom 2. bis 5. Juni 1981 tagte, sein besonderes Augenmerk auf die Gewinnung der jungen Arbeiter – doch blieb das Werben erfolglos. Wie immer orientierte sich das Jugendparlament am vorhergegangenen SED-Parteitag. Während dieser X. Parteitag nur indirekte Kritik an Polen

[13] Peter Joachim Lapp, Die NDPD – eine DDR-Partei ohne Zukunft? Anmerkungen zum 12. Parteitag der NDPD in Leipzig. Deutschland Archiv 15 (1982), S. 572 ff.

[14] Vgl. Hans-Dieter Schulz, Plant die SED noch größere Agrar-Einheiten? Deutschland Archiv 15 (1982), S. 710 ff.

[15] Bernhard Wernet-Tietz, Bauernverband und Bauernpartei in der DDR. Die VdgB und die DBD 1945–1952. Köln 1984, S. 11.

[16] Gisela Schütze, Das neue Selbstbewußtsein reicht nicht aus. Die DDR-CDU auf ihrem 15. Parteitag in Dresden. Deutschland Archiv 15 (1982), S. 1248 ff.

[17] Vgl. Siegfried Suckut, Die CDU in der DDR. Zu Funktion und Funktionswandel einer christlichen Partei im Sozialismus. DDR-Report, Bonn, Nr. 11, November 1982, S. 705.

geäußert hatte, griff die FDJ den Demokratisierungsprozeß in Polen offen an. Damit dienten die Massenorganisationen der SED also auch als Sprachrohr; die Partei überließ es dem Jugendverband, forsch vorzugehen.

»Übergang zum Kommunismus«

Auf dem X. Parteitag der SED im April 1981 hatte Honecker verkündet, in den achtziger Jahren werde die DDR die »entwickelte sozialistische Gesellschaft« gestalten und so die Voraussetzung »für den allmählichen Übergang zum Kommunismus« schaffen.[18] In der Theorie des Marxismus-Leninismus bedeutete Kommunismus eine klassenlose Gesellschaft, in der Staat, Partei und ähnliche Machtinstrumente »absterben« sollten. Darüber verlautbarte die SED in ihren Thesen freilich nichts. Im Gegenteil verkündete sie, die »führende Rolle der Partei« sei »gesetzmäßig« und würde sogar weiter »wachsen«. Von einer »klassenlosen Gesellschaft« war die SED-Diktatur weit entfernt. In offiziellen Darstellungen wurde die tatsächliche soziale Schichtung verschleiert, doch Trends wurden immerhin sichtbar.

Der Anteil der Berufstätigen in der Industrie blieb unverändert (1975: 37 Prozent, 1982: 38 Prozent, 1983: 37,9 Prozent), er stieg leicht im »nichtproduzierenden Bereich« (1970: 17,5 Prozent, 1982: 20,5 Prozent, 1983: 20,7 Prozent), während sich die Zahl der Beschäftigten in der Landwirtschaft verringerte. Bei der Qualifikationsstruktur hielt der Trend zu verbesserter Ausbildung an: der Anteil der »Hoch- und Fachschulkader« stieg von 11,7 Prozent (1971) auf 18,3 Prozent (1979), die Zahl der ungelernten Arbeiter sank weiter auf 21,3 Prozent.[19]

Interessanterweise verminderte sich aber die Anzahl der Studenten. Betrug die Zahl der Studierenden an Hochschulen 1971 noch 158 000, so waren es 1975 noch 136 000 und 1979 nur noch 129 000. 1981 pendelte sich die Zahl bei 130 000 ein (1983: 130 097). Der Anteil der Studenten an Hochschulen je 10 000 der Bevölkerung sank von 92 im Jahr 1971 auf 81 im Jahr 1975, weiter auf 77 im Jahr 1979 und lag 1983 bei 78. War das Verhältnis zwischen Bundesrepublik und DDR 1970 noch fast gleich, so studierten 1978 in der Bundesrepublik pro 10 000 Einwohner doppelt so viele (155) wie in der DDR.[20]

Die ideologische Ausrichtung der Studenten sollte indes gezielter vorgenommen werden. Neben der Effizienz des Studiums verlangte das Politbüro der SED in einem Beschluß über die »Aufgaben der Universitäten und Hochschulen in der entwickelten sozialistischen Gesellschaft« im März 1980 vor allem die ideologische Indoktrination. Die Studenten sollten in die Lage versetzt werden, »jederzeit und unter allen Bedingungen den Marxismus-Leninismus und die Politik der Partei zu vertreten und sich mit der bürgerlichen Ideologie auseinanderzusetzen«.[21] Doch die Ideologie verlor weiter an Bedeutung, die Indoktrination zeigte immer weniger Erfolg. Das Ansteigen von akademischer Ausbildung sowie die wachsende Spezialisierung der Berufe führten andererseits – nach der Veränderung der Klassenstruk-

[18] Protokoll X. Parteitag, Bd. 1, S. 31.

[19] Statistisches Taschenbuch der Deutschen Demokratischen Republik 1984. Berlin (Ost), S. 34. Geschichtsunterricht und Staatsbürgerkunde 23 (1981) Heft 6, S. 488 ff.

[20] Statistisches Taschenbuch 1984, S. 121. Vgl. auch: Zahlenspiegel Bundesrepublik Deutschland/Deutsche Demokratische Republik. 2. Aufl. Bonn 1981, S. 71.

[21] Neues Deutschland, Nr. 68 vom 20. 3. 1980.

tur durch die neuen Eigentumsformen in den vierziger und fünfziger Jahren – auch zu einem Wandel in der Sozialstruktur.

Selbstverständlich verschärften sich mit diesen veränderten Sozialstrukturen auch die sozialen Widersprüche. Die DDR-Spitze versuchte die Existenz einer neuen Oberschicht zwar zu leugnen, doch war nicht zu übersehen, daß die Positionen der neuen Eliten in Partei, Staat, Wirtschaft und Kultur nicht nur für das hierarchische Herrschaftssystem bedeutsam waren, sondern auch soziale Privilegierung dieser Gruppen bzw. Unterprivilegierung für breite Kreise bedeuteten. So war Mitte der achtziger Jahre zwar insgesamt der Besitz an Gebrauchsgütern weiter gestiegen, auf 100 Haushalte kamen 1983 41 Pkw (1975: 26), 91 Fernsehempfänger (1975: 82), 99 Kühlschränke (1975: 86) und 86 Waschmaschinen (1975: 73).[22] Aber bei den Haushalten mit hohem Nettoeinkommen (2 200 Mark und mehr) betrug der Bestand immerhin bereits (1980 pro 100 Haushalte) 68 Pkw, 126 Kühlschränke, 107 Waschmaschinen und 126 Fernsehempfänger. Bei den niedrigsten Einkommen (unter 800 Mark) hingegen nur 6 Pkw, 71 Kühlschränke, 57 Waschmaschinen und 75 Fernsehempfänger. Doch auch beim »Durchschnitt« der Arbeiter- und Angestellten (3 Personen-)Haushalte, die zwischen 1 200 und 1 400 Mark (22 Prozent) bzw. zwischen 1 400 und 1 600 Mark (25 Prozent) verdienten (1980 lag der Durchschnitt bei 1 450 Mark), war die Ausstattung weit geringer als bei den Spitzenverdienern. Diese Spitzenverdiener fanden sich einerseits im Handwerk, andererseits waren es Funktionäre in der Wirtschaft. Aber auch Parteikader waren privilegiert. Eine soziale Schichtung war vorhanden: Etwa 15 bis 20 Prozent der Bevölkerung hatten »so hohe Einkommen und Spareinlagen, daß sie sich praktisch alles leisten« konnten, Zweitwagen, Pelze, Schmuck usw. Etwa die Hälfte war »so situiert, daß sie auch im Delikat und Exquisit«, also in den teuren Läden einkaufen konnte und ihre »Ansprüche im wesentlichen befriedigt« wurden, allerdings beschränkt durch Mängel bei Gütern und Dienstleistungen. Aber etwa 30 Prozent der Bevölkerung (1,5 Millionen Rentner und fast 2 Millionen Familienhaushalte mit über 3 Millionen Menschen) lagen »um die Grenze« des Existenzminimums, waren auf subventionierte Erzeugnisse und niedrige Mieten »voll angewiesen«.[23] In der Realität war dieser »Sozialismus« eine soziale Klassengesellschaft. Der angebliche »Übergang« zur klassenlosen Gesellschaft blieb reine Ideologie und wurde vor allem durch die Machthierarchie verbaut. In der Tradition der deutschen Arbeiterbewegung – auf die sich die SED immer lautstark berief – bedeutete Sozialismus Emanzipation des Menschen in einer freien demokratischen Gesellschaft. Wilhelm Liebknecht, einer der Führer der deutschen Arbeiterbewegung, hatte schon 1869 konstatiert: »Der demokratische Staat ist die einzig mögliche Form der sozialistisch organisierten Gesellschaft.«[24] In der DDR aber gab es keine Demokratie, keine Freiheitsrechte des Individuums und keine Rechtssicherheit. Die Geschichte der DDR belegt ebenso wie die doppelt so lange Existenz der UdSSR, daß der Weg der Diktatur nicht zu Sozialismus und Demokratie und schon gar nicht zur »klassenlosen Gesellschaft« führt. Bis Ende 1989 übte die SED-Führung eine diktatorische Herrschaft aus. Sie

[22] Statistisches Taschenbuch 1984, S. 115.

[23] Günter Manz, zitiert in Gernot Schneider, Lebensstandard und Versorgungslage. In: Eberhard Kuhrt (in Verbindung mit Hannsjörg Buck und Gunter Holzweißig), Am Ende des realen Sozialismus. Bd. 2: Die wirtschaftliche und ökologische Situation der DDR in den achtziger Jahren. Opladen 1996, S. 115.

[24] Wilhelm Liebknecht, Über die politische Stellung der Sozialdemokratie. In: Hermann Weber, Das Prinzip links. Eine Dokumentation. 2. Aufl. Berlin 1992, S. 62.

allein entschied über die politische Linie des Staates ebenso allgewaltig und unkontrolliert wie über die Planung und Leitung der Wirtschaft und damit über die Situation der Arbeiter sowie der gesamten Bevölkerung.

Das Politbüro

In den Jahren 1983 und 1984 gab es im obersten Führungsgremium der SED, dem Politbüro, personelle Veränderungen. Im November 1983 rückte der »Benjamin«, der jüngste Kandidat Egon Krenz, zum Vollmitglied und gleichzeitig zum Sekretär des ZK-Sekretariats auf. Er wurde in der Folgezeit zum »2. Mann« hinter Honecker aufgebaut. Paul Verner, der bisher diese Position innehatte, schied im Mai 1984 aus dem Politbüro aus. Zugleich wurden vier Funktionäre neue Vollmitglieder.

Drei bisherige Kandidaten des Politbüros, Jarowinsky, Kleiber und Schabowski sowie Herbert Häber wurden zu Vollmitgliedern berufen. Werner Jarowinsky (1927–1990), Sohn eines deutschen Arbeiters, der in der UdSSR starb, kehrte 1945 nach Deutschland zurück. Er arbeitete als Industriekaufmann, studierte und promovierte 1956. 1945 Mitglied der KPD, dann der SED, wurde er 1958 Mitarbeiter im Ministerium für Handel und Versorgung und stieg dort 1961 zum Staatssekretär auf. Er war seit 1963 Sekretär des ZK und Kandidat des Politbüros, dessen Vollmitglied wurde er aber erst nach 21 Jahren. Ähnlich Günther Kleiber (geb. 1931), 1950 Mitglied der SED und nach dem Studium Diplomingenieur für Elektronik. Er kam 1967 ins ZK und als Kandidat ins Politbüro und wurde 1971 Stellvertretender Vorsitzender des Ministerrates. Günter Schabowski (geb. 1929) wurde hingegen schon nach drei Jahren vom Kandidaten zum Mitglied des Politbüros berufen. Nach dem Abitur Journalist, war er von 1953 bis 1967 stellvertretender Chefredakteur des FDGB-Organs ›Tribüne‹, dann nach dem Besuch der Parteihochschule in Moskau stellvertretender Chefredakteur von ›Neues Deutschland‹, das er ab 1978 leitete. Ins ZK und als Kandidat des Politbüros hatte ihn der X. Parteitag 1981 berufen. Als Nachfolger Naumanns wurde er 1985 1. Sekretär der Bezirksleitung Berlin.

Daß die Karrieremuster sehr unterschiedlich waren, zeigt auch das Beispiel des vierten neuen Politbüromitglieds, Herbert Häber (geb. 1930), der 1946 der SED beitrat. Er war von 1950 bis 1965 Mitarbeiter des ZK, von 1965 bis 1971 stellvertretender Staatssekretär für gesamtdeutsche bzw. westdeutsche Fragen, arbeitete von 1971 bis 1973 als Direktor und Professor des Instituts für Internationale Politik und Wirtschaft. 1973 stieg er auf zum Leiter der West-Abteilung im ZK der SED, wurde 1976 Kandidat und 1978 Mitglied des ZK. Ohne Einhaltung des »normalen Weges«, d.h. zunächst Kandidat zu sein, schaffte er sofort den Sprung zum Mitglied des Politbüros und Sekretär des ZK. Schließlich wurde im Mai 1984 noch das Politbüro-Mitglied Konrad Naumann als Sekretär des ZK bestimmt. Doch bereits im November 1985 wurde nicht nur das Politbüro-Mitglied (seit 1976) Konrad Naumann (1928–1992) als Honecker-Gegner – wegen angeblicher Gesundheitsgründe – von seinen Funktionen entbunden, sondern auch Häber nach nur eineinhalb Jahren Mitgliedschaft schon wieder abgesetzt.

Inzwischen ist aus jetzt zugänglichen Akten zu entnehmen, daß Häber – vor allem für »Westarbeit« zuständig – sogar vom MfS überwacht wurde. Am 15. Oktober 1984, also ein knappes halbes Jahr nach seinem Aufstieg zum Mitglied des Politbüros, hatte die Stasi bereits eine Akte zwecks »operativer Auskunft« angelegt.[25] Darin wurden nicht nur die »berufliche und gesellschaftliche Entwicklung« Häbers registriert, sondern ebenso »politische und politisch-operativ zu beachtende Zusammenhänge«. Dort hieß es u. a., es sei davon auszugehen, daß Häber durch seine »spezifische Tätigkeit im ZK der SED seit 1951 bereits langzeitig im Blickfeld des Gegners steht«.[26] Aus den Unterlagen geht hervor, daß die sowjetischen Sicherheitsorgane das MfS bereits 1978 informiert hatten, Häber sei in einem »Speicher« des Geheimdienstes der USA erfaßt. Nach den Erkenntnissen des MfS sei er »seit 1974 unter Benutzung eines Diplomatenpasses regelmäßig in die BRD« gereist. Zu den vorgeschlagenen »Maßnahmen« des MfS gegenüber dem amtierenden Mitglied des Politbüros, Häber, gehörte außer der Überwachung seines Umfeldes auch die »konspirative Einziehung aller Unterlagen« aus Archiven der DDR durch die Hauptabteilung IX/11.[27] Eine umfangreichere Akte über Häber[28] enthielt alle Parteiunterlagen – Fragebogen, von Häber verfaßte Lebensläufe, Berichte über Entsendungen ins Ausland, Ordensverleihungen usw. – von 1950 bis zur Wahl zum Mitglied des Politbüros und Sekretär des ZK am 24. Mai 1984.

Ob solche Überwachung eines Spitzenführers der SED durch das MfS, also von deren untergeordnetem »Schild und Schwert«, eine Besonderheit war oder dies sogar öfter geschah, ist nach der gegenwärtigen Aktenlage nicht mit Sicherheit zu beantworten. Heute zeigt sich am Beispiel Häber, daß die Überwachung durch das MfS noch weiter ging, als bisher anzunehmen war, und das hat besonderes Aufsehen erregt.[29] Denn immerhin waren die Politbüromitglieder die Entscheidungsträger des Regimes (zumindest bis Mitte der achtziger Jahre allerdings in Absprache mit der Sowjetunion). Sie bildeten die oberste Machtzentrale, waren zuständig sowohl für die Politik als auch für alle wirtschaftlichen, gesellschaftlichen und kulturellen Bereiche und Probleme.

Über Aufgaben und Arbeitsweise des Politbüros hieß es in einer offiziellen Darstellung: »Das Politbüro beschäftigt sich mit allen Grundsatzfragen der Politik der Partei, der Staatsführung und der Volkswirtschaft. Notwendige Ausarbeitungen dazu erfolgen durch den Ersten Sekretär des Zentralkomitees, durch Mitglieder und Kandidaten des Politbüros, durch den Vorsitzenden des Ministerrates sowie durch die Leiter der vom Politbüro eingesetzten Arbeitsgruppen.«[30]

In seinen wöchentlichen Dienstagssitzungen entschied das Politbüro über Grundsatzfragen, behandelte aber ebenso Routineangelegenheiten wie auch Einzelthemen. Zum Politbüro zählten die Spitzen des Staates (Regierungschef und Erste Stellvertreter), der Sicherheitsorgane, der größten Massenorganisation FDGB, vor allem aber (anders als in der Sowjetunion) sämtliche Mitglieder des Sekretariats des ZK, die ihrerseits über die ZK-Abteilungen den Parteiapparat dirigierten. Wie sehr das Politbüro auch die übrigen führenden Instanzen beherrschte, zeigt eine Übersicht der Besetzung der höchsten Positionen in der DDR Mitte der achtziger Jahre. Das waren die 25 Mitglieder und Kandidaten des Politbüros, 12 Sekretäre des

[25] MfS – HA II/6, Nr. 1112. Der Bundesbeauftragte für die Unterlagen des Staatssicherheitsdienstes der ehemaligen DDR (BStU), Zentralarchiv.
[26] MfS, ebd., S. 3 (BStU, S. 00011).
[27] MfS, ebd., S. 10 (BStU, S. 00018).
[28] MfS – HA II/6, Nr. 1110. In: BStU, Zentralarchiv.
[29] Vgl. Der Spiegel, Nr. 42 vom 12. 10. 1998, S. 48 ff. Vgl. zu Häber jetzt auch: Detlef Nakath und Gerd-Rüdiger Stephan, Die Häber-Protokolle. Berlin 1999.
[30] Vgl. Otto Schön, Die höchsten Organe der SED. Berlin (Ost) 1963, 2. Aufl., S. 22.

ZK, der Staatsratsvorsitzende und seine acht Stellvertreter, die 15 Mitglieder des Präsidiums des Ministerrats sowie die drei Chefs von Verteidigungsrat, Armee und MfS. Diese 64 Posten verteilten sich durch Personalunion auf nur 39 Personen, darunter die 25 Mitglieder und Kandidaten des Politbüros. Hier wird die personelle Verflechtung in der obersten Führung der DDR ebenso deutlich wie die Dominanz der Politbüromitglieder sowohl in der Partei als auch im Staat.

Die wichtigsten Entscheidungen wurden in den wöchentlichen Sitzungen gefällt. Sie wurden traditionell vom Generalsekretär geleitet, der kraft seines Amtes zugleich dem Sekretariat vorstand. »Eine Minute vor 10 Uhr betrat dann der Generalsekretär den Raum. Alle standen auf und nahmen wieder Platz, nachdem Honecker sich gesetzt hatte. Der Leiter des ›Büros des Politbüros‹ verlas das Beschlußprotokoll der letzten Sitzung ...«[31] Der Generalsekretär, der über den Parteiapparat bestimmte, verfügte über die größte Machtfülle. Diese wurde noch verstärkt, weil er als faktischer Leiter des Politbüros auch direkt auf die Geschäftsordnung einwirkte. Technische Arbeiten sowie die Koordination erledigte das Büro des Politbüros, das aber ebenfalls in erster Linie dem Generalsekretär diente. Für jedes Politbüromitglied arbeitete ein persönlicher Sekretär. Die Verbindung zwischen diesen und dem Sekretariat des Büros des Politbüros (Leiter war bis 1968 Otto Schön, von 1968 bis 1986 Gisela Glende, die auch dem ZK angehörte, und von 1986 bis 1989 Edwin Schwertner) war die »Schiene«, auf der nicht nur die technische, sondern auch die politische Vorbereitung der Sitzungen lief. Arbeitspläne, Beschlußvorlagen und Beschlußprotokoll waren die Akten für die Sitzungen. Zu speziellen Tagesordnungspunkten konnten auch Fachleute gehört werden. Die einzelnen Mitglieder besaßen je nach Aufgabe und Autorität unterschiedlichen Einfluß. Allerdings waren die Kandidaten von den Mitgliedern des Politbüros nur formal abgehoben, da es keine förmlichen Abstimmungen gab.[32]

Während in den frühen fünfziger Jahren, wie Heinz Lippmann schilderte, die Auseinandersetzungen der Führungsspitze auch im Politbüro zu spüren waren – so beteiligten sich z. B. bei Diskussionen um FDJ-Projekte Ulbricht-Gegner gar nicht an der Debatte, »Zaisser las Zeitung, Rau blätterte in irgendwelchen Akten«[33] –, war dort später ein disziplinierteres Verhalten zu registrieren. Über seine Erfahrungen als Teilnehmer einer Politbürositzung berichtete Franz Loeser: »Zwei Stühle stehen für uns bereit. Die Mitglieder und Kandidaten des Politbüros sitzen im Halbkreis vor uns. In der Mitte Erich Honecker, links und rechts neben ihm Willi Stoph und Horst Sindermann, genauso wie sie an der Wand und in der Anmeldung im Großen Haus hängen. Ich kenne viele der Politbüromitglieder persönlich, aber jetzt ist die Atmosphäre völlig unpersönlich. Hier wird das Persönliche beiseite geschoben ... Der Abteilungsleiter stellt mich vor, weist auf die eingereichte Vorlage hin. Erich Honecker schaut mich an: ›Genosse Professor, würden Sie kurz das Anliegen Ihrer geplanten Veranstaltung erläutern.‹ Ich gebe meine Erläuterungen. Alle Augen sind auf mich gerichtet. Niemand unterbricht mich. Dann schaut Honecker zu Norden und Kurt Hager hinüber.

[31] Manfred Uschner, Die zweite Etage. Funktionsweise eines Machtapparates. Berlin 1993, S. 70. Dort weitere Einzelheiten.

[32] Das bestätigte auf meine entsprechende Anfrage Gerhard Schürer. In: Materialien der Enquete-Kommission »SED-Diktatur«. Bd. II,1, S. 517.

[33] Heinz Lippmann, Honecker. Porträt eines Nachfolgers. Köln 1971, S. 146 ff. Lippmann nahm als FDJ-Funktionär an Politbürositzungen teil.

Das hat seinen guten Grund, jedes der Politbüromitglieder ist der uneingeschränkte Herrscher in seinem Bereich. Keines der anderen Politbüromitglieder wird versuchen, sich in die Belange eines anderen einzumischen. Nur dem Generalsekretär ist es erlaubt, diese Grenzen zu überschreiten ... Honecker schaut auf die Uhr. Die Zeit ist bereits überschritten. Honeckers Blick gleitet über die Genossen. Man ist sich einig. Ich merke, wie der Abteilungsleiter neben mir aufatmet. Alles ist gutgegangen. Die Vorlage wird verabschiedet, zum Beschluß des Politbüros erhoben und ist damit oberstes Gesetz der DDR. Während wir den Sitzungssaal verlassen, beginnen bereits die Räder des Parteiapparats zu laufen, setzt sich die gesamte gesellschaftliche Maschinerie in Bewegung.«[34]

Das Politbüro befaßte sich aber oft (wie an Beispielen schon erwähnt) auch mit zweitrangigen Fragen, es fällte wichtige Personalentscheidungen und setzte die ritualisierten Kampagnen in Gang (teilweise Wiederholungen, etwa zur Frühjahrsaussaat oder Ernte, Vorbereitungen von Feierlichkeiten wie 1. Mai oder Jahrestag der DDR-Gründung).

Neben dem Politbüro war das Sekretariat des ZK wichtigste Instanz der SED.[35] Alle 12 Sekretäre gehörten, wie bereits erwähnt, dem Politbüro an, wobei Honecker als Generalsekretär eine herausragende Stellung innehatte. Das Sekretariat war die eigentliche Schaltzentrale für die Tagesarbeit der Partei, es führte die parteiinternen Angelegenheiten und dirigierte die staatlichen und gesellschaftlichen Apparate. Die Sekretäre des ZK waren die Vorgesetzten der hauptamtlichen Apparatfunktionäre und verkörperten allein dadurch eine große Macht; sie leiteten das Arbeitsorgan der Partei an, den »Apparat des ZK«. Dieser Apparat beschäftigte über 1 500 Angestellte; er war in ca. 40 Abteilungen gegliedert (u. a. die Abteilungen Propaganda, Agitation, Frauen, Kader, Jugend, Parteiorgane, Planung, Finanzen, Wissenschaft usw.).

Für alle Bereiche des gesellschaftlichen, staatlichen und politischen Lebens gab es jeweils Abteilungen, die von einem Abteilungsleiter und einem, manchmal mehreren Stellvertretern geleitet wurden (in Einzelfällen führte der ZK-Sekretär selbst die Abteilung, etwa Dohlus die sehr wichtige Abteilung Leitende Parteiorgane). Die Abteilungen waren in Sektoren gegliedert mit Sektorenleitern, Mitarbeitern und Instrukteuren. Eine Reihe von Abteilungsleitern gehörte auch dem ZK an (der vom Parteitag »gewählten« Institution), so z. B. der Leiter der Abteilung Agitation, Geggel, der Leiter der Abteilung Planung, Ehrensperger, der Leiter der Abteilung Kader, Fritz Müller.

Die Sekretäre des ZK bildeten die Spitze der Parteiverwaltung. Sie waren aber gleichzeitig der Planungsstab. Mit Hilfe des Apparats war es dem Sekretariat möglich, die gesamte Partei zu kontrollieren. Außerdem konnten über Vorlagen oder Kontrollberichte an das Politbüro auch der Staatsapparat, die Wirtschaft, die Kultur usw. gelenkt werden. Beispielsweise wurden die Fünfjahrspläne (und erst recht die Jahrespläne) der Wirtschaft zunächst in den Abteilungen des ZK-Apparats formuliert, gelangten nach Beratungen im Sekretariat ins Politbüro und wurden dort im Grundsatz beschlossen. Erst danach gingen die letzten Texte zur Konkretisie-

[34] Franz Loeser, Die unglaubwürdige Gesellschaft. Köln 1984, S. 50.

[35] Vgl. die wenigen allgemeinen Aussagen bei Schön, Die höchsten Organe, S. 24 und bei Dohlus, Der demokratische Zentralismus, S. 19: »Das Sekretariat leitet die laufenden Aufgaben. Es organisiert hauptsächlich die Kontrolle der Durchführung der Beschlüsse der Partei in den Bezirken und Kreisen und wählt die Kader aus.«

rung in die zuständigen Ministerien. Als staatliche Beschlußvorlage wurden sie dem Ministerrat unterbreitet, der sie seinerseits formal beschloß und in die Volkskammer einbrachte.

Vor allem aber war das Sekretariat für die »Auslese der Kader« zuständig. Damit überwachte letztlich das Sekretariat des ZK die oberste »Nomenklatur«: Alle Mitglieder und Mitarbeiter des ZK, die Minister und Staatssekretäre, die Bezirkssekretäre der SED, die zentralen Sekretäre der Massenorganisationen, die 1. Sekretäre der SED-Kreisleitungen, leitende Militärs, Diplomaten, Wirtschaftsführer, Wissenschaftler usw. gehörten zur Nomenklatur des ZK, d. h., über alle Besetzungen dieser Funktionen bestimmte das Sekretariat, und es befand über die Laufbahn der »Kader«. Von diesen »Nomenklaturkadern des Zentralkomitees besaßen 98,1 Prozent einen Hoch- oder Fachschulabschluß«, wie der Leiter der Abteilung für Kaderfragen beim ZK der SED, Fritz Müller, 1981 bekanntgab. Er teilte auch mit, »339 000 Nomenklaturkader des Zentralkomitees, der Bezirks- und Kreisleitungen der SED« hätten in den letzten Jahren Weiterbildungslehrgänge besucht.[36]

Aus diesen Zahlen geht hervor, daß fast eine halbe Million der über 2 Millionen Mitglieder der SED »Nomenklaturkader« waren, also hauptamtliche Funktionen in Partei, Staat, Wirtschaft, Kultur usw. innehatten. Gegen Ende des Regimes gehörten zur eigentlichen Funktionärsschicht der SED von deren 2,3 Millionen Mitgliedern (darunter 1,8 Millionen Funktionsträger) »etwa 350 000 bis 400 000 Funktionäre, also etwa 3 Prozent der erwachsenen DDR-Bevölkerung«.[37]

Den Kern der Partei bildeten die über 100 000 Parteisekretäre, die etwa 44 000 hauptamtlichen Parteifunktionäre sowie etwa 100 000 führende Personen der Militär- und Sicherheitsorgane. Dieser riesige Apparat wurde von Politbüro und Sekretariat befehligt, in enger Kooperation mit der Zentralen Parteikontrollkommission (Leiter von 1971 bis 1989: Erich Mückenberger), der innerparteilichen Polizei der SED.

Das Politbüro beherrschte 40 Jahre lang (anfangs unter direkter Anleitung der KPdSU) die DDR. Die »ungeheure Machtfülle des Politbüros ergab sich auch aus den unterschiedlichen Funktionen, die seine Mitglieder in Personalunion ausübten.«[38] In den personellen Veränderungen dieses Gremiums während seiner Existenz spiegelten sich die jeweiligen Trends, wie auch die Karrieremuster wider.[39]

Stichproben für einen Rhythmus von je etwa zehn Jahren lassen folgendes erkennen: Dem Zentralsekretariat von 1946 gehörten 14 Personen an, dem Politbüro von 1950 15 (außerdem gab es damals drei Sekretäre des ZK, die nicht zugleich im Politbüro waren), 1958 waren es 21 Mitglieder und Kandidaten, 1971 23 und 1981 schließlich 25. Die Fluktuation von 1945 bis 1950 betrug 50 Prozent, von 1950 bis 1958 sogar 60 Prozent, von 1958 bis 1971 wieder 50 und von 1971 bis 1981 40 Prozent. Vor allem aber: in den frühen Phasen verloren zahlreiche Mitglieder durch

[36] Fritz Müller, Zu den Grundfragen der Kaderpolitik der SED. Referat auf der Wissenschaftlichen Konferenz zu den Karl-Marx-Tagen. Theorie und Praxis. Wissenschaftliche Beiträge der Parteihochschule »Karl Marx« beim ZK der SED. Nr. 2, 1981, S. 41. Die Zahlen wurden wiederholt in der gleichen Zeitschrift, Nr. 1, 1982, S. 86.

[37] Materialien der Enquete-Kommission »Aufarbeitung von Geschichte und Folgen der SED-Diktatur in Deutschland«. Hrsg. Deutscher Bundestag. Bericht der Enquete-Kommission. Baden-Baden 1995, Bd. I, S. 218 f.

[38] Stefan Wolle, Die heile Welt der Diktatur. Alltag und Herrschaft in der DDR. Berlin 1998, S. 101 f.

[39] Vgl. dazu jetzt auch Eberhard Schneider, Karriereangebote, Karrieremuster und Eliterekrutierungen. In: Materialien der Enquete-Kommission »SED-Diktatur«, ebd., Bd. III, 3, S. 1703 ff.

Parteisäuberungen ihre Positionen, später erfolgten Auswechslungen in der Regel wegen Krankheit oder Tod.

Aus dem Zentralsekretariat von 1946 waren 1950 bereits vier Mitglieder aus der Führung verdrängt und zwei weitere aus der SED ausgeschlossen. Zehn Jahre später waren von den 14 Mitgliedern des ZS von 1946 nicht weniger als fünf ausgeschlossen (zwei davon sogar verhaftet) und vier verdrängt. Aus dem Politbüro von 1950 verloren bis 1958 sogar neun ihre Funktion; doch nach 1958 wurden nur noch einige wenige Parteiführer aus dem Politbüro entfernt. Die Zeit der rigorosen Säuberungen war vorbei.

Insgesamt 69 Personen gehörten von 1946 bis 1985 zur Spitzenführung der SED, sie waren Mitglied oder Kandidat des Politbüros bzw. Sekretär des ZK. Davon waren nur sechs Frauen, also weniger als zehn Prozent. Etwa je ein Viertel der Funktionäre war vor 1900, zwischen 1900 und 1910, zwischen 1911 und 1920 oder nach 1920 geboren. Zwei Drittel besuchten nur die Volksschule, je 15 Prozent absolvierten eine höhere Schule oder die Universität. Die Hälfte der Parteiführer waren ursprünglich Arbeiter, 20 Prozent waren Angestellte, ein Viertel hatte intellektuelle Berufe (Lehrer, Journalisten, Ingenieure). Drei Personen übernahmen jedoch bereits vor 1914 hauptamtliche Funktionen in der Arbeiterbewegung, 31 in der Weimarer Republik und 24 in der Zeit von 1945 bis 1950, nur elf erst nach 1950. In der Weimarer Republik gehörten von diesen Parteiführern 32 der KPD an, acht der SPD (ebenso viele waren in der USPD gewesen); sechs waren in der Weimarer Republik Abgeordnete des Reichstages und fünf des Preußischen Landtages. Während der Hitlerzeit war ein Drittel in Deutschland im Widerstand aktiv bzw. in Haft, ein Drittel war in der Emigration, ein Drittel (meist jüngere Personen) lebte unbehelligt in Deutschland. Im Jahre 1945 waren von den 69 Parteiführern 41 Mitglieder der KPD und nur 12 Mitglieder der SPD, 16 traten erst später der SED bei.

Beim Vergleich der Parteiführungen wird deutlich, daß die Sozialdemokraten rasch zurückgedrängt wurden, sich aber an der altersmäßigen und sozialen Zusammensetzung relativ wenig veränderte. Das Durchschnittsalter betrug 1946 53 Jahre, 1950 50 Jahre, 1958 52 Jahre, stieg bis 1971 auf 55 Jahre und 1981 auf 59 Jahre. Der Anteil derjenigen, die ursprünglich Arbeiter waren, lag immer um etwa 50 Prozent; allerdings gab es zunächst kaum akademisch ausgebildete Parteiführer, später waren es 20 Prozent. Die Männer blieben fast immer unter sich, es waren jeweils nur eine oder zwei Frauen im Politbüro, seit 1950 auch immer nur als Kandidat.

Ein Blick auf die politische Sozialisation der Politbüromitglieder zeigt, daß diese zumeist über 30 Jahre in der sozialistischen Bewegung organisiert waren. Die Dauer ihrer hauptamtlichen Tätigkeit stieg im Durchschnitt von 20 Jahren 1946 auf über 30 Jahre. Von der Parteiführung 1946 waren noch 60 Prozent zwischen 1933 und 1945 im Widerstand und 40 Prozent in der Emigration gewesen, 1950 umgekehrt 40 Prozent im Widerstand und 60 Prozent in der Emigration. 1958 ging der Anteil der Emigranten und Widerstandskämpfer auf die Hälfte und 1971 bzw. 1981 auf etwa 30 Prozent zurück, die jüngeren Parteiführer bildeten inzwischen die Mehrheit.

Ein Vergleich der ersten Führung der SED, des Zentralsekretariats von 1946 (14 Personen), mit dem Politbüro von 1985 (25 Mitglieder und Kandidaten) zeigt in der Parteispitze nach fast vierzig Jahren bemerkenswerte Unterschiede. Das Durchschnittsalter erhöhte sich von 53 auf 59 Jahre. Während 1946 13 der 14 Parteiführer eine Volksschulbildung hatten, waren dies 1985 nur noch 60 Prozent, 20 Prozent absolvierten eine höhere Schule und weitere 20 Prozent hatten eine akademische Ausbildung. Im Jahre 1946 waren die Parteiführer ehemals Arbeiter (10) oder Angestellte (4), 1985 waren weniger als die Hälfte ehemals Arbeiter (10) oder Angestellte (5) gewesen, aber 10 übten einen intellektuellen Beruf aus. Wichtiger ist, daß von den Sekretären des Jahres 1946 die Hälfte nur 10 bis 20 und die andere Hälfte 20 bis 30 Jahre als hauptamtliche Parteifunktionäre tätig waren, während 1985 ein Viertel über 40 Jahre, 60 Prozent über 30 Jahre und nur vier Personen, also 15 Prozent, weniger als 30 Jahre hauptamtlich im Parteiapparat waren.

Auch der persönliche Lebensweg war anders geprägt. Von den Funktionären von 1946 waren acht während der Hitlerzeit in Deutschland inhaftiert, die übrigen sechs lebten in der Emigration. Von der Führung 1985 waren fünf in Haft, drei emigriert, aber 17 lebten (zumeist wegen ihrer Jugend) unbehelligt in Deutschland. 1946 bestand die damalige Parteiführung jeweils zur Hälfte aus Kommunisten und Sozialdemokraten, von den späteren 25 Politbüro-Mitgliedern und -Kandidaten gehörten vor 1945 nur einer der SPD an, aber acht der KPD, weitere fünf traten 1945 in die KPD ein, die übrigen elf erst später in die SED. Auch in allen diesen Veränderungen der Zusammensetzung der obersten Führung spiegelte sich der Prozeß der Wandlung der SED von einer bürokratischen Arbeiterpartei zur kommunistischen Staatspartei wider.

Wachsende Krise

Die Auswirkungen der Weltwirtschaftskrise und die noch immer nicht behobene Funktionsschwäche des eigenen ökonomischen Systems hemmten das Bestreben der SED-Führung, nach dem X. Parteitag 1981 eine Stabilisierung der DDR zu erreichen. Vor allem 1982 zeigten sich wieder Krisensymptome.

Dies verstärkte die Tendenz, der Bevölkerung den Wirtschaftsalltag durch flexiblere Methoden erträglicher zu machen. So sollten durch Einschaltung privater Handwerker und Händler Schwierigkeiten überwunden werden. Egon Krenz sagte im März 1984, die Partei sehe die »Versorgung der Bevölkerung als eine erstrangige politische Aufgabe« an, daher müßten auch die »kleinen Gaststätten und Geschäfte« unterstützt werden.[40] Krenz verwies auch darauf, daß die Versorgung mit langlebigen Wirtschaftsgütern weiter steige. In der Tat gab es inzwischen in der DDR fast soviele Pkw wie in der Bundesrepublik Ende der sechziger Jahre (41 je 100 Haushalte), bei der Ausstattung mit Fernsehgeräten und Waschmaschinen war der Unterschied zwischen beiden deutschen Staaten gering.

Gegenüber den anderen kommunistisch regierten Staaten, gerade auch der Sowjetunion, hatte die DDR einen weitaus höheren Lebensstandard. Weil die Bürger ihren Lebensstandard aber mit dem der Bundesrepublik verglichen, blieb es in den achtziger Jahren bei der Unzufriedenheit, ja sie wuchs noch durch die ständigen Mangelerscheinungen. Sowohl nach Umfang, Vielfalt wie nach Qualität gab es beim Lebensmittelangebot immer wieder empfindliche Lücken. »Die Menschen in der DDR aßen zu viel, zu süß, zu fett und (oder) zu salzig.«[41] Ebenso ließ auch die Haushaltsausstattung mit Konsumgütern Wünsche offen. Im Angebot fehlten vie-

[40] Neues Deutschland, Nr. 54 vom 3./4. 3. 1984. Vgl. auch Joachim Nawrocki, Beziehungen sind alles … In: Die Zeit, Nr. 14 vom 30. 3. 1984.

[41] Gernot Schneider, Lebensstandard. In: Rainer Eppelmann u.a., Lexikon des DDR-Sozialismus. 2. erw. Aufl. Paderborn 1997, Bd. 1, S. 512.

le technische Erzeugnisse, wie Geschirrspülautomaten, Mikrowellen oder Wäschetrockner, obwohl gerade diese Produkte bei der hohen weiblichen Berufstätigkeit erwünscht gewesen wären.[42] Zwar hatten sich die Wohnverhältnisse gebessert, sie blieben aber, »gemessen am bundesdeutschen Standard, schlecht«.[43] Der Alltag wurde indes auch weiterhin geprägt durch die Arbeitswelt und die Freizeit. Sowohl diese Erfahrungen als auch die informellen sozialen Beziehungen und Bindungen beeinflußten die Menschen, »solange sie ihr Leben relativ ›normal‹ weiterführen konnten«.[44] »Soziale Sicherheit und Bildung waren die wichtigsten Akzeptanzwerte« in den siebziger Jahren gewesen.[45] Diese Werte verloren durch den Loyalitätsverfall und nicht zuletzt den Mentalitätswechsel der Jugend in den achtziger Jahren jedoch an Bedeutung und vermehrten dann auch oppositionelle Haltungen. Der Unmut wurde verschärft durch die Begrenzung des sozialen Aufstiegs. Zugleich wuchs der Abstand zwischen Berufstätigen und Rentnern, die oft »ein Leben am Rande des Elends« führten.[46] Unter solchen Umständen war der »reale Sozialismus« der DDR in den achtziger Jahre von der angestrebten Stabilität weit entfernt.

Die Ausreisewelle, bei der im ersten Halbjahr 1984 31 000 Bürger die DDR verlassen konnten, war nur ein Indiz dafür, daß weiterhin breite Kreise mit den Verhältnissen unzufrieden waren. Immer wieder gab es dafür die unterschiedlichsten Beispiele und Signale. Demonstrationen in Jena im Sommer 1983 gehören ebenso dazu wie »Mahnwachen« der unabhängigen DDR-Friedensbewegung am 1. September 1983 in Ost-Berlin (die von der Polizei gewaltsam aufgelöst wurden). Aber auch der Zulauf, den etwa der US-Evangelist Billy Graham im Oktober 1982 in Dresden und Wittenberg hatte, warf ein Schlaglicht auf die Suche von Unzufriedenen nach neuen Werten und Idealen.

Gerade aus der jungen Generation erhielt so die Friedensbewegung weiterhin Zustimmung. Auch die Evangelische Kirche konnte im Rahmen der Diskussion um den Frieden ihre Rolle ausbauen. Der Kirchentag in Dresden im Juli 1983 war ein Zeichen für das wachsende Selbstbewußtsein der Kirche in der DDR. Altbischof Albrecht Schönherr konnte darauf verweisen, daß das Verhältnis von Staat und Kirche, das von gegenseitiger Achtung ausgehe, in den siebziger Jahren eingeleitet wurde und eine langfristige Politik sei. Die Kirchenvertreter gingen auch offen allgemeine Probleme an; so sagte der sächsische Bischof Johannes Hempel im September 1983, der Zentralismus der DDR-Gesellschaft sei gerade bei unteren und mittleren Kadern »eine spürbare Quelle für Enttäuschungen«. Die skeptische und mißtrauische Haltung vieler Bürger gegenüber der Regierung sowie deren Verbitterung führte er sowohl auf die »unfreundlichen, gar demütigenden Formen des Umgangs von Staatsvertretern mit Bürgern« zurück als auch auf die »gefilterte« Art der Information.[47]

Hempel sprach auch den »Zorn« der Jugend an, der sich vielfältig äußerte. Aus einer Leserumfrage der ›Jungen Welt‹ ging hervor, daß »Leerlauf im Betrieb« und

[42] Schneider, ebd., S. 511.

[43] Wolle, Die heile Welt der Diktatur, S. 183.

[44] Vgl. die Einschätzung von Mary Fulbrook, Zu einer Gesellschaftsgeschichte der DDR. In: Richard Bessel und Ralph Jessen (Hrsg.), Die Grenzen der Diktatur. Staat und Gesellschaft in der DDR. Göttingen 1996. S. 294 f.

[45] Vgl. Rüdiger Thomas, Gesellschaftspolitik im SED-Staat. In: Materialien der Enquete-Kommission »SED-Diktatur«, Bd. III, 3, S. 1898.

[46] Wolle, Die heile Welt, S. 181.

[47] Frankfurter Rundschau, Nr. 156 vom 9.7.1983 und Nr. 242 vom 27.9.1983.

Bürokratismus von Jugendlichen kritisiert wurden.[48] Hier zeigt sich, daß der Alltag eben vorrangig nicht nur von Politik bestimmt war. Auch in einer politisch verfaßten Gesellschaft wie der DDR spielten Familie, Freizeit, Sport, Liebe, persönliche Freundschaften und Feindschaften für die meisten Menschen die entscheidende Rolle. Schließlich berichteten DDR-Zeitungen sogar hin und wieder von verbotenen Glücksspielen, wobei sich Spieler mit gezinkten Karten und manipulierten Würfeln über 200 000 Mark »Vermögensvorteil« verschafften.[49]

Doch auch in den persönlichen Alltag mischte sich der Staat immer wieder ein. So konnte der Rock-Sänger Udo Lindenberg von seinen DDR-Fans umjubelt werden, als er im Oktober 1983 bei einem Festival für den Frieden in Ost-Berlin auftrat (und dort als einziger die Forderung erhob, Raketen nicht nur aus der Bundesrepublik zu entfernen, sondern auch aus der DDR), aber eine für 1984 geplante Tournee durch die DDR wurde von der FDJ-Führung abgesagt. Gerade solche Schwankungen der Politik und die Verhinderung jeglicher autonomer Bereiche schufen Mißstimmung und vereitelten Stabilität.

Auch untere Funktionäre waren unzufrieden, sie nahmen Anstoß an den Intershopläden, noch mehr am Machtmißbrauch und vor allem – wie die große Mehrheit der Bevölkerung – daran, daß sie nicht frei reisen konnten. Ein Betriebsleiter faßte dies zusammen, die Ostberliner Zeitschrift ›Sinn und Form‹ druckte es: »Aber mich belastet, daß ich nicht reisen darf, wohin ich will. Vor vier Jahren habe ich eine Frau kennengelernt, die aus Kenia stammt ... Jedenfalls kam dann ihr Vater aus Kenia und bemühte sich um unsere Freundschaft. Er ist auch Jäger und hat mich offiziell, mit Stempel der Botschaft, nach Nairobi eingeladen. Ich habe alles mögliche versucht, um dorthin zu fahren, aber nichts erreicht. Das ist etwas, was einen bedrücken kann ... Ist das Mißtrauen größer als das Vertrauen?«[50] In der jungen Generation war das Gefühl der Unterdrückung noch größer, und die starre Haltung des Regimes verstärkte die Ablehnung. Gegen unabhängige Geister ging der Staatssicherheitsdienst weiterhin rigoros vor, und es war bezeichnend, daß der junge oppositionelle DDR-Bürger Roland Jahn im Juni 1983 gewaltsam in einen Zug gesetzt und in die Bundesrepublik abgeschoben wurde.[51]

Ein Jugendtreffen der FDJ Pfingsten 1984 in Ost-Berlin ließ erkennen, daß es neben den breiten Kreisen kritischer Jugendlicher für die FDJ immer noch ein Reservoir staatstreuer, vor allem aber angepaßter junger Menschen gab. Das Gefühl der »Geborgenheit«, das die FDJ ihren Gruppen vermitteln wollte, hat sich ab Mitte der achtziger Jahre spürbar verringert. Allerdings fanden Jugendclubs, Schulclubs usw. weiterhin Zuspruch und auch die Jugendfestivals behielten große Anziehungskraft bei der jungen Generation.[52] Allerdings zeigte z. B. die Heerschau der 500 000 Teilnehmer 1984 neben hervorragenden Sport- und Kulturveranstaltungen auch die andere Seite der DDR: Die martialischen Paraden mit preußisch-militärischem Drill machten deutlich, daß in der DDR zwar die Gesellschaft vielfach verändert wurde, daß aber neben den neuen Eigentums- und sozialökonomischen Grundlagen und

[48] Vgl. Informationen. Hrsg. v. Bundesministerium für innerdeutsche Beziehungen, Nr. 10/1983, S. 15.

[49] Vgl. Frankfurter Rundschau, Nr. 120 vom 23. 5. 1984.

[50] Vgl. die Auszüge in Die Zeit, Nr. 15 vom 6. 4. 1984, S. 7. Vgl. auch: Gabriele Eckart, So sehe ick die Sache – Protokolle aus der DDR. Köln 1984.

[51] Vgl. auch das Interview mit Roland Jahn. In: Was tun. Sozialistische Zeitung, Nr. 377 vom 27. 4. 1984.

[52] Vgl. dazu Dorle Zilch, Alltag in der FDJ und FDJ im DDR-Alltag. In: Ansichten zur Geschichte der DDR. Hrsg. Ludwig Elm, Dieter Keller und Reinhard Mocek im Auftrag der Bundestagsgruppe der PDS. Bd. VII, Bonn 1997, S. 77 ff.

dem neuen politischen System noch viele Inhalte der preußisch-deutschen Tradition beibehalten blieben, und dies waren eben nicht – wie die DDR-Führung behauptete – nur die demokratischen, sondern gerade auch die konservativen und reaktionären Elemente aus der Vergangenheit.

Solche Fakten versuchte die SED immer wieder durch ein lautstarkes Bekenntnis zur Arbeiterklasse und zum Marxismus zu übertönen.

Mit einer ideologischen Offensive versuchte die Führung vor allem den Zusammenhalt ihrer Kader zu wahren. Die Deklarierung eines »Karl-Marx-Jahres« 1983 und die damit verbundenen Kampagnen dienten diesem Ziel. Anläßlich des 100. Todestages von Marx (oder des 165. Geburtstages, wie die SED pietätvoll anmerkte), gab es in der DDR eine Flut von Ehrungen, Veranstaltungen und Publikationen. Eine »Internationale Wissenschaftliche Konferenz« im April 1983 in Ost-Berlin bildete den Höhepunkt. Honecker hielt vor Vertretern von 145 Parteien die Eröffnungsrede und das Schlußwort. Der Tenor seiner Ausführungen war der gleiche wie der der Thesen des ZK der SED und hunderter Artikel, die dazu in der DDR erschienen: Karl Marx begründete jene »in sich geschlossene wissenschaftliche Theorie«, nach der die »Arbeiterklasse zur Verwirklichung ihrer historischen Rolle einer revolutionären Partei bedarf«. Diese Partei ist in der DDR allein die SED, die den »realen Sozialismus« als »Verwirklichung der Ideen von Marx« aufbaute.[53] Die geradezu bombastischen Feiern zum »Karl-Marx-Jahr« der DDR (das allerdings bezeichnenderweise erst lange nach dem »Luther-Jahr« vom ZK der SED festgelegt wurde) ließen erkennen, daß die SED ihre Gesamtideologie wieder stärker in den Vordergrund rücken wollte. Marx wurde inzwischen im Lichte Lenins präsentiert und nicht mehr, wie beim ersten »Karl-Marx-Jahr« 1953, im Sinne Stalins interpretiert. Doch der Kontrast zwischen der Praxis der DDR und den Konzeptionen von Marx trat weiterhin drastisch zutage. Engels' These von der »Explosivkraft der demokratischen Ideen und den der Menschheit angeborenem Drang nach Freiheit«[54] paßte dabei ebensowenig in die Doktrin, wie Marx' »De omnibus dubitandum – an allem ist zu zweifeln!« Dies schien für das DDR-System gefährlich, dessen Berufung auf Marx nur mit Glauben und nicht mit kritischem Zweifel abzusichern war. Dieser Widerspruch blieb für die DDR unauflösbar. Deshalb versuchte die Führung, ihre Legitimation auf eine breitere Basis zu stellen. Sie wollte außer den revolutionären Traditionen nun auch die ganze deutsche Geschichte in ihr »Erbe« mit einbeziehen. Noch vor der Proklamierung des Marx-Jahres hatte sich (neben einem kirchlichen) auch ein staatliches Luther-Komitee zur Vorbereitung der Feiern zum 500. Geburtstag des Reformators unter Vorsitz Honeckers konstituiert. Im Oktober 1983 interpretierte Honecker diese veränderte Sicht sogar als »Weiterentwicklung« des Luther-Bildes in der DDR.[55] In ähnlicher Weise wurde von DDR-Historikern inzwischen auch der Widerstand konservativer Kreise gegen das Naziregime (20. Juli) positiv eingeschätzt. Überraschend entdeckten sie selbst bei Bismarck und Friedrich II. »progressive Seiten«. Zum 35. Gründungstag der DDR im Oktober 1984 unterstrich die Führung, daß ihr Staat »tief und fest« in der »ganzen deutschen Geschichte verwurzelt« sei.[56]

[53] Thesen des ZK der SED zum Karl-Marx-Jahr 1983. Neues Deutschland, Nr. 282 vom 1.12.1982.
[54] Marx/Engels, Werke. Bd. 9. Berlin (Ost) 1960, S. 17.
[55] Neues Deutschland, Nr. 236 vom 6. Oktober 1983.
[56] Neues Deutschland, Nr. 18 vom 21./22. Januar 1984.

In ihren Grundlinien hatte sich die SED-Ideologie freilich nicht gewandelt. Vor allem blieb das Axiom unverändert, der »wichtigste objektive Faktor« für den Sozialismus sei die »führende Rolle der marxistisch-leninistischen Partei«, also der SED.[57] Doch die Partei war in den achtziger Jahren selbst angekränkelt. Wie die Ideologie so hatten auch die Rituale viel von ihrer Wirkung eingebüßt. Während in Schulungen ein »intaktes Bild von der SBZ/DDR geboten« werden sollte, machte sich in der Praxis eine »kritische Distanz zum offiziellen Geschichtsbild« bemerkbar.[58] Mitte der achtziger Jahre monierte die FDJ-Führung kritische Debatten vor allem unter der studentischen Mitgliedschaft über den Stil der SED-Propaganda. Die Perestrojka-Politik Gorbatschows löste dann Interesse aus für Reformansätze.[59] Ähnlich ging es im Kulturbereich zu. Nach dem Exodus von Künstlern und Schriftstellern blieb die Kulturpolitik der SED ohne Konturen, sie war eher ein »Konglomerat unterschiedlicher Einzelaktionen.« Und ein »Durcheinander von Drohungen und Konzessionen schuf ein Klima der Konfusion«.[60] Auf dem XI. Parteitag der SED 1986 bestand Honecker auf einer »sozialistisch-realistischen Literatur und Kunst, die von Parteilichkeit, Volksverbundenheit und hohem sozialistischem Ideengehalt gekennzeichnet ist«.[61]

Die SED benutzte Kultur und Literatur wie zuvor als »Instrumente der Politik«. Gleiches galt auch für die »Massenmedien«, die – so der Verantwortliche für die Agitation, Politbüromitglied Joachim Herrmann – in der DDR-Gesellschaft »eine immer größere Rolle spielten«.[62] Doch die abhängigen Medien wurden ebenso wie die Kunst und vor allem die Literatur gegängelt. Allerdings war der »sozialistische Realismus« nun nicht mehr bloß stalinistischer Optimismus- und Abbildkitsch. In der Malerei – wie schon zuvor im Theater, der Oper und anderen Kulturbereichen – erhielt die Moderne einen Raum, daneben wurde weiterhin die Klassik gepflegt. Allerdings entwickelte sich während der achtziger Jahre auch eine alternative Kulturszene, die im Zeichen von Widerstand und Opposition stand.

Die Opposition verbreitete sich rasch. Kritik an der Diktatur übten hauptsächlich junge Menschen, und sie sammelten sich unter dem Dach oder in der Nähe der einzigen autonomen Institution, die es in der DDR gab, der Kirche, insbesondere der Evangelischen Kirche. Vor allem die weitere militärische Aufrüstung beider Weltsysteme empfanden die Jugendlichen als Bedrohung des Friedens. Innerhalb kurzer Zeit entstand in der DDR zu Beginn der achtziger Jahre »eine Vielzahl von Friedensgruppen«, die sich auch gegen die Stationierung von sowjetischen SS 20-Raketen in der DDR aussprachen und die »innere und äußere Bedrohung in einem Zusammenhang« sahen. In einer Eingabe an den Staatsrat gegen die Militarisierung und die Sicherheitspolitik der DDR erklärte z. B. der Friedenskreis Vipperow: »Wir fühlen uns bedroht.«[63] Nachdem sich zahlreiche Friedens-, Ökologie- und Menschenrechtsgruppen zusammengefunden hatten, begann ab 1983 eine »Vernetzung«

[57] Klaus Sorgenicht, Unser Staat in den achtziger Jahren. Berlin (Ost) 1982, S. 57.

[58] Klein, Otto, Grieder, Visionen, S. 432.

[59] Vgl. Ulrike Schuster, Wissen ist Macht. FDJ, Studenten und die Zeitschrift FORUM in der SBZ/DDR. Berlin 1997, S. 323.

[60] Manfred Jäger, Kultur und Politik in der DDR 1945–1990. Köln 1994, S. 187ff.

[61] Protokoll XI. SED-Parteitag, S. 83.

[62] Joachim Herrmann, Gemeinsam für Sozialismus und Frieden. Ausgewählte Reden und Aufsätze. Berlin (Ost) 1987, S. 464.

[63] Vgl. Markus Meckel und Martin Gutzeit, Opposition in der DDR. Köln 1994, S. 37 und S. 107ff.

der verschiedenen Kreise, die Bildung einer »informellen Opposition«.[64] Auffallend war indes, daß diese neuen Gruppierungen kaum Bezug zur »alten« Opposition der vierziger und fünfziger Jahre hatten,[65] was auch aus der früheren Fluchtbewegung in den Westen herrührte.

Das MfS ging schonungslos gegen die sich formierende Opposition vor. Bereits im April 1981 wurde Matthias Domaschk aus Jena verhaftet, zwei Tage danach war er tot. Die von der Stasi ausgegebene »Selbstmord«-Version war nicht glaubhaft. Inhaftiert wurden 1983 Bärbel Bohley und Ulrike Poppe, die 1982 die Initiative »Frauen für den Frieden« geschaffen hatten. Mit unterschiedlichen Begründungen wurden Menschen verurteilt, die an Mahnwachen oder Gedenkminuten für den Frieden beteiligt waren oder bei anderen gewaltfreien Aktionen mitgemacht hatten.[66] Doch inzwischen waren die kritischen Gruppen und Personen, die das Regime ablehnten, so breit gestreut und auch immer zahlreicher geworden, daß weder die Kontrolle oder Infiltrierung noch Zersetzung oder Verfolgung durch die Staatssicherheit sie völlig unterdrücken konnte. Eine neue Opposition entstand. »Fast alle Beteiligten der Friedens-und Umweltbewegung haben sich als Opposition verstanden und politisch auf diese Rolle eingestellt. Die unaufhörlichen Repressionen ... vertieften zudem das Bewußtsein der eigenen politischen Rolle.«[67]

[64] Martin Gutzeit, Der Weg in die Opposition. In: Walter Euchner (Hrsg.), Politische Opposition in Deutschland und im internationalen Vergleich. Göttingen 1993.

[65] Vgl. Martin Jander, Matthias Manrique und Barbara Strenge, DDR-Opposition in den siebziger und achtziger Jahren. In: Klaus Schroeder (Hrsg.), Geschichte und Transformation des SED-Staates. Berlin 1994, S. 235 f.

[66] Vgl. Karl Wilhelm Fricke, Opposition und Widerstand in der DDR. Köln 1984, S. 200 ff.

[67] Erhart Neubert, Geschichte der Opposition in der DDR 1949 – 1989. Bonn (und Berlin) 1997, S. 547. Bei Neubert ist die Entwicklung der Opposition bis in die Einzelheiten nachgezeichnet. Zur Vielfältigkeit widerständischen Verhaltens vgl. auch Ulrike Poppe, Rainer Eckert und Ilko-Sascha Kowalczuk (Hrsg.), Zwischen Selbstbehauptung und Anpassung. Formen des Widerstandes und der Opposition in der DDR. Berlin 1995.

9. KAPITEL

Niedergang und Ende der DDR 1986–1990

Kein Ausweg aus der Krise

Den Abbau von Spannungen zwischen Führung und Volk in der DDR verhinderten weiterhin vor allem die verkrusteten Herrschaftsstrukturen. Diese waren von der Allmacht der SED gekennzeichnet. Das wichtigste Ziel der Partei blieb es, ihre Hegemonie abzusichern. Darauf war ihre Organisationsarbeit stets ausgerichtet. Indessen zeigten viele Hinweise, daß Funktionären und Mitgliedern immer die gleichen Aufgaben gestellt wurden, sich Kampagnen ständig wiederholten, die Arbeit sich durch Aktionismus im Kreise drehte.

In der praktischen Politik lehnte die DDR die Eskalation der Konfrontation, wie sie von der Tschernenko-Führung und der Reagan-Administration betrieben wurde, ab. Den raschen Wechsel von Breschnew zu Andropow (November 1982), von Andropow zu Tschernenko (Februar 1984), und schließlich von Tschernenko zu Gorbatschow (März 1985) und die damit verbundene Unbeweglichkeit der Sowjetspitze nutzte die DDR-Führung für eigene Manövriertätigkeiten aus. Zwar blieb ihr nichts anderes übrig, als nach der Stationierung der US-Raketen in der Bundesrepublik der Aufstellung neuer sowjetischer Raketen auf ihrem Territorium zuzustimmen, doch Honecker bekannte offen, daß dies »keinen Jubel« auslöse. Trotz der Verhärtung der sowjetischen Haltung beharrte die DDR auf ihrer These: »Sicherung des Friedens ist Staatsdoktrin«.[1] Sie befürchtete, eine neue »Eiszeit« in den Ost-West-Beziehungen werde eine festere Einbindung der kleineren Staaten in den Ost-Block bringen und damit eigene politische Spielräume einengen. Hier befand sie sich im Widerspruch zur Führungsmacht. Durch indirekte Angriffe im Zentralorgan der KPdSU, der Moskauer ›Prawda‹, gegen Honeckers Deutschlandpolitik gerieten diese Differenzen auch an die Öffentlichkeit.

Die SED blieb eine zentralistisch-monolithische Partei, ihre autoritäre Führung befahl den Kurs, dessen Realisierung sie streng kontrollierte. Alle politischen Grundsatzentscheidungen traf das Politbüro, es war die selbstherrliche Machtzentrale der DDR. An dieser zentralistischen Struktur ließ die Parteispitze seit der Stalinisierung 1948/49 nicht rütteln. Die politische Rolle der SED war deshalb in der DDR in den achtziger Jahren unverändert: Wie seit der Gründung des Staates war sie Hegemonialpartei, d.h. Führungsorgan mit uneingeschränktem Machtmonopol. Seit die SED mit Hilfe sowjetischer Besatzungsinstanzen über die Alleinherrschaft verfügte, galt für sie erstens die Sicherung ihres Regimes als das entscheidende Ziel, zweitens gestattete sie keine Teilung ihrer Macht und verhinderte jede Möglichkeit einer legalen Ablösung, drittens erlaubte sie keinen Pluralismus, viertens

[1] Einheit 39 (1984), S. 106.

schließlich entschied sie überall, im Staat wie im gesamten öffentlichen Leben (sie hat sogar versucht, bis in das persönliche Leben der Bürger hinein zu dirigieren). Bis Oktober 1989 konnte die SED als Hegemonialpartei ihre allumfassende, diktatorische, unkontrollierte Herrschaft ausüben.

Detaillierte Informationen über die Zusammensetzung ihrer Organisation enthielt ein Bericht des Sekretariats des ZK in ›Neues Deutschland‹ vom 9. Januar 1986. Danach waren die knapp 2,3 Millionen Mitglieder und Kandidaten der SED in 58 573 Grundorganisationen erfaßt. Der Anteil der »Arbeiter« hatte sich von 57,6 (X. Parteitag) auf 58,2 Prozent im Januar 1986 erhöht. Bei diesen »Arbeitern« wurden allerdings erstmals als wirkliche Zahl von »Produktionsarbeitern« 37,9 Prozent der Mitglieder angegeben. Frühere Statistiken hatten die tatsächliche Zahl der Arbeiter also um 20 Prozent zu hoch registriert, hier waren sowohl alle Parteiangestellten als auch ein Teil der (14 Prozent) Rentner usw. mit einbezogen und so 460 000 Personen zu den »Arbeitern« hinzugerechnet worden, obwohl diese Mitglieder im eigentlichen Sinne keine Arbeiter waren. Zu den »Angehörigen der Intelligenz« zählten nun 22,4 Prozent, zu den Angestellten 7,7 Prozent, Bauern waren 4,8 Prozent, Studenten und Schüler 2,1 Prozent und Hausfrauen 0,9 Prozent. Den stärksten Zuwachs verzeichnete die »Intelligenz«, von 12,3 Prozent im Jahre 1966 auf 22,4 Prozent im Jahre 1986 hatte sich ihr Anteil in zwanzig Jahren beinahe verdoppelt.

Im Laufe ihrer Entwicklung hatte sich die Zusammensetzung der Partei gewandelt. Die Zahl der Industriearbeiter war von 48 Prozent (1947) auf 33,8 (1957) Prozent gefallen und mit 37,9 Prozent 1986 fast auf diesem Stand geblieben. Erheblich ging die Zahl der Angestellten zurück, die 1947 zusammen mit der »Intelligenz« 22 Prozent ausmachte, 1967 noch 16 Prozent betrug und 1986 auf nur 7,7 Prozent abgesunken war. Freilich waren diese Angaben retuschiert, weil ja die Angestellten von Partei und Massenorganisationen unter »Arbeiter« aufgeführt blieben. Einen Hochschulabschluß besaßen 1986 371 000 und einen Fachschulabschluß 503 000 Mitglieder, zusammen rund 30 Prozent, das waren dreimal soviel wie Anfang der sechziger und 50 Prozent mehr als Anfang der siebziger Jahre. Ebenso war es gelungen, den Frauenanteil zu erhöhen, dennoch blieben die Frauen immer unterrepräsentiert. Bei Gründung der SED gab es 21,5 Prozent weibliche Mitglieder, 1947 24,1 Prozent, 1967 26 Prozent, 1986 erreichten sie 35 Prozent. Hingegen hatte sich die Zahl der Mitglieder unter 30 Jahren wenig verändert; waren es bei Gründung 17 Prozent, so 1967 21 und 1986 23 Prozent.

Die Mitgliedschaft der SED war groß, jeder sechste Erwachsene der DDR gehörte ihr an. Neben einer beträchtlichen Zahl von Arbeitern (»Produktionsarbeitern«) befanden sich vor allem die Funktionäre von Staat, Wirtschaft und Kultur sowie der Massenorganisationen in ihren Reihen. Diese Kader sollten die Hegemonie der SED nicht nur sichern, sondern mithelfen, sie weiter auszubauen.

Das bestätigte erneut der XI. Parteitag vom 17. bis 21. April 1986. Generalsekretär Honecker erstattete wieder den Bericht des ZK, und er betonte abermals, »daß sich die führende Rolle der Partei beim Aufbau des Sozialismus ständig erhöht«.[2] Dieser letzte ordentliche Parteitag der SED lief nach den gewohnten stalinistischen Ritualen ab. Honecker breitete – wie üblich – vermeintliche Erfolge der

[2] Protokoll des XI. Parteitages der Sozialistischen Einheitspartei Deutschlands im Palast der Republik in Berlin. 17. bis 21 April 1986. Berlin (Ost) 1986, S. 93.

DDR seit 1981 aus. Ungeachtet der Tatsache, daß die Sowjetunion mit der kritischen Aufarbeitung ihrer Vergangenheit begonnen hatte, schwelgte er in Selbstbeweihräucherung. Der vorsichtige Hinweis in Gorbatschows Begrüßungsrede, die KPDSU halte Selbstkritik für eine »unerläßliche Bedingung für den Erfolg«[3] einer Partei, wurde von den Parteitagsdelegierten ignoriert. Honecker behauptete vollmundig, es gebe in der DDR ein »unerschütterliches Vertrauensverhältnis zwischen Partei und Volk«. Die SED sei, »wie das Leben zeigt, ihrer Verantwortung als führende Kraft der Gesellschaft jederzeit gerecht« geworden.[4] Dreieinhalb Jahre vor dem Zusammenbruch der SED-Diktatur war auch dieser Parteitag wie gehabt eine Veranstaltung voller Phrasen und ohne Realitätsbezug.

In das vom XI. Parteitag »gewählte« ZK (165 Mitglieder und 5 Kandidaten) kamen größtenteils wieder die Personen, die ihm schon 1981 angehörten. Auffallend auch, daß im ZK zwar zehn Generäle und sechs Kombinatsdirektoren, aber nur zwei Brigadiere, also Arbeiter saßen, die SED damit ihren Anspruch, eine »Arbeiterpartei« zu sein, selbst in Frage stellte. Nur 16 Frauen fanden Platz in diesem Gremium, d. h. weniger als 10 Prozent.

Das neue ZK wählte das Politbüro. Mitglieder des Politbüros wurden 1986 Generalsekretär Erich Honecker (74 Jahre alt, 1950 Kandidat, seit 1958 Mitglied), Hermann Axen (70 Jahre, 1963 Kandidat, 1970 Mitglied), Hans-Joachim Böhme (57 Jahre, neu), Horst Dohlus (61 Jahre, 1976 Kandidat, 1980 Mitglied), Werner Eberlein (67 Jahre, 1985 Kandidat, 1986 Mitglied), Werner Felfe (58 Jahre, 1973 Kandidat, 1976 Mitglied), Kurt Hager (74 Jahre, 1958 Kandidat, 1963 Mitglied), Joachim Herrmann (58 Jahre, 1973 Kandidat, 1978 Mitglied), Werner Jarowinsky (59 Jahre, 1963 Kandidat, 1984 Mitglied), Heinz Keßler (66 Jahre, 1985 Kandidat, 1986 Mitglied), Günther Kleiber (55 Jahre, 1967 Kandidat, 1984 Mitglied), Egon Krenz (49 Jahre, 1976 Kandidat, 1983 Mitglied), Werner Krolikowski (58 Jahre, 1971 Mitglied), Siegfried Lorenz (56 Jahre, 1985 Kandidat, 1986 Mitglied), Erich Mielke (79 Jahre, 1971 Kandidat, 1976 Mitglied), Günter Mittag (60 Jahre, 1963 Kandidat, 1966 Mitglied), Erich Mückenberger (76 Jahre, 1950 Kandidat, 1958 Mitglied), Alfred Neumann (77 Jahre, 1954 Kandidat, 1958 Mitglied), Günter Schabowski (57 Jahre, 1981 Kandidat, 1984 Mitglied), Horst Sindermann (71 Jahre, 1963 Kandidat, 1967 Mitglied), Willi Stoph (72 Jahre, 1953 Mitglied), Harry Tisch (59 Jahre, 1971 Kandidat, 1975 Mitglied). Zu diesen 22 Mitgliedern kamen noch fünf Kandidaten des Politbüros: Ingeburg Lange (59 Jahre, seit 1973), Gerhard Müller (58 Jahre, neu), Margarete Müller (55 Jahre, seit 1963), Gerhard Schürer (65 Jahre, seit 1973) und Werner Walde (60 Jahre, seit 1976).[5]

Die Spitze der SED, ihr Politbüro, war eine überalterte Herrenriege (Vollmitglieder waren wieder nur Männer, der Älteste zählte knapp 80 Jahre, der Jüngste auch schon fast 50 Jahre). Diese Funktionäre bestimmten Politik, Wirtschaft, Gesellschaft und Kultur der DDR bis Oktober 1989, sie trugen daher auch die Verantwortung für den Niedergang.

[3] Protokoll XI. Parteitag, S. 32, S. 155.

[4] Ebd., S. 93.

[5] Vgl. zu den Personen: Wer ist wer in der DDR. Ein biographisches Handbuch. Hrsg. Bernd-Rainer Barth, Christoph Links, Helmut Müller und Jan Wielgohs. Frankfurt a. M. 1995; So funktionierte die DDR. Bd. 3: Lexikon der Funktionäre. Hrsg. Andreas Herbst, Winfried Ranke, Jürgen Winkler. Reinbek bei Hamburg 1994; Die SED. Ein Handbuch. Geschichte, Organisation, Politik. Hrsg. Andreas Herbst, Gerd-Rüdiger Stephan und Jürgen Winkler. Berlin 1997, S. 894 ff.

Außer der Krise des politischen Systems hat in den achtziger Jahren vor allem das Versagen der Wirtschaft zum weiteren Zerfall geführt. Schon am Anfang des Jahrzehnts stand die DDR – wie nach dem Zusammenbruch des Staates bekannt wurde – vor dem finanziellen Ruin. Allein die vom Westen gewährten Milliardenkredite zögerten den sich anbahnenden Kollaps noch hinaus. Mit der sich ausbreitenden Umweltkatastrophe, bei anhaltender Stagnation der Wirtschaft (die damals verschleiert wurde) verschlechterte sich die Situation rapide. Aus der spürbaren Ausweglosigkeit entstand überall Resignation.

Doch auf dem XI. Parteitag der SED 1986 wurde von der Überlegenheit des »Sozialismus« über den »Kapitalismus« gesprochen und dies mit den hohen ökonomischen Steigerungsraten begründet. Tatsächlich aber stagnierte die Wirtschaft, die Ausrüstung war veraltet, die ökologische Katastrophe weitete sich aus, und der technologische Rückstand wurde dramatisch. Das Kommunikationsnetz war lückenhaft und das Verkehrswesen unzulänglich, auch dadurch wurde die allgemeine Situation verschlechtert. Noch immer gab es keine stabile und ausreichende Versorgung mit Elektroenergie. Das Zurückbleiben der DDR auf dem Gebiet der Mikroelektronik war trotz gegenteiliger Propaganda offensichtlich, und die großen (und teuren) Anstrengungen 1987/88 bei der Speicher-Chip-Produktion zeigten keinen Einfluß auf die insgesamt mangelhafte Qualität. Unbekümmert von der Wirklichkeit behauptete Honecker 1987 auf die Frage finnischer Journalisten, ob die DDR den Zug der internationalen technologischen Entwicklung nicht verpasse: »Wir können ihn nicht verpassen, wir sitzen im Zug drin.«[6] 1989/90 bewies dann das Desaster der DDR-Wirtschaft, daß sie den Anschluß schon längst verloren hatte.

Wie realitätsfern die SED-Spitze bereits war, zeigte sich auf dem 7. Plenum des ZK. Dort meinte Honecker am 1. Dezember 1988, »im Grunde genommen« sei »der Lebensstandard in der DDR höher« als in der Bundesrepublik.[7] Er ignorierte das Zurückbleiben der DDR-Wirtschaft und behauptete trotz immer krasser zutage tretenden Versagens der Ökonomie, »seit 17 Jahren« – also mit seinem Amtsantritt – ist »unsere Volkswirtschaft umgestaltet auf Intensivierung«.[8]

Demonstrativ wollte die SED-Führung beweisen, im vollen Besitz der Macht zu sein und daran unbeirrt festzuhalten. Das veranlaßte sie, den (nach den Statuten erst 1991 fälligen) XII. Parteitag bereits zum Mai 1990 einzuberufen. Das Politbüro beschloß schon am 2. Mai 1989 den Ablauf des geplanten Parteitags, seine Kommissionen usw.[9] Honecker sollte dann wieder den Bericht des ZK vorlegen. Die Sitzung vom 23. Mai 1989 legte den Termin auf 15. bis 19. Mai 1990 fest.[10] Solch krampfhafte Versuche signalisierten Brüchigkeit; das Versagen der überalterten Führungsriege war durch nichts zu kaschieren, der Zusammenbruch nicht mehr aufzuhalten.

[6] Neues Deutschland, Nr. 229 vom 29. 9. 1987.

[7] Neues Deutschland, Nr. 285 vom 2. 12. 1988.

[8] Ebd.

[9] Protokoll Nr. 18 der Sitzung des Politbüros vom 2. 5. 1989. Stiftung Archiv der Parteien und Massenorganisationen der DDR im Bundesarchiv (SAPMO), DY 30, J IV 2/2/2327.

[10] Protokoll Nr. 20 der Sitzung des Politbüros vom 23. 5. 1989. SAPMO, DY 30, J IV 2/2/2329.

»Zweifrontenkrieg«?

Zum Schluß geriet die SED-Führung vor allem deshalb in eine Krise, weil sie sich von der Politik Gorbatschows distanzierte und damit die Bevölkerung gegen sich aufbrachte, sogar die eigene Mitgliedschaft und selbst die Funktionäre verunsicherte. Michail Gorbatschows Wahl zum Generalsekretär der KPdSU im März 1985, der XXVII. Parteitag der KPdSU im März 1986 und nicht zuletzt die Allunionskonferenz der KPdSU im Juli 1988 brachten für die Sowjetunion einen Umbruch. Die Politik von »Perestrojka« und »Glasnost« beabsichtigte, durch grundlegende Reformen die allgemeine Krise der Sowjetunion zu überwinden, die stalinistischen Strukturen zu verändern. Eine schonungslose Abrechnung mit dem Stalinismus sollte neue Wege in Politik, Wirtschaft und Kultur ermöglichen.

In der Außenpolitik, sowohl bei den Friedensinitiativen als auch bei den Abrüstungsbemühungen, folgte die DDR-Führung der neuen Linie Gorbatschows ohne Einschränkungen, weil sie darin ihre eigene Auffassung bestätigt sah. Schon bei ersten Ansätzen innerer Reformen in der Sowjetunion aber versperrte sich die SED unter Honecker ähnlichen Maßnahmen. Die DDR, die seit den vierziger Jahren die Parole verkündet hatte, »von der Sowjetunion lernen, heißt siegen lernen«, berief sich plötzlich auf ihre Eigenständigkeit. Und die Partei, die früher immer jede Schwenkung der KPdSU mitmachte und sich in Ergebenheitsadressen an die jeweiligen Sowjetführer überschlug, nutzte den liberalen Kurs Gorbatschows innerhalb des RGW aus und ging auf Distanz. Einige Funktionäre, die zuvor am eifrigsten die Sowjetunion kopiert hatten, verwiesen jetzt auf ihre Unabhängigkeit. Allen voran Politbüromitglied Kurt Hager: Er hatte in einem Interview mit dem Hamburger ›Stern‹ 1987 die Perestrojka in der Sowjetunion mit dem Tapezieren einer Wohnung verglichen und rhetorisch gefragt, »ob man seine Wohnung ebenfalls neu tapezieren« müsse, wenn der Nachbar dies tue.[11] Am Ende versuchte die SED-Führung gar den Schulterschluß mit dem terroristischen Regime, der brutalen Diktatur Ceauşescus in Rumänien. Hermann Axen berichtete dem Politbüro im Mai 1989 von einem Empfang in Rumänien. Dort war man sich einig, die DDR und Rumänien würden aufgrund ihrer »konsequenten Haltung die Hauptangriffe der imperialistischen Propaganda« auf sich ziehen.[12] Die beiden stalinistischen Parteien zeigten also trotzigen Stolz auf ihren Dogmatismus. Mit der Abgrenzung – wie zum Westen – nun gegenüber ihrer Schutzmacht Sowjetunion, die ja die staatliche Existenz der DDR garantierte, isolierte sich die SED-Führung und beschleunigte damit den eigenen Untergang.

Wachsende Unsicherheit und hier und dort auch vorsichtige Kritik hatten inzwischen die Parteibasis erreicht. Zu internen Diskussionen veranlaßten schließlich die Informationen über die Aufarbeitung der Geschichte des Stalinismus in der Sowjetunion, die Enthüllungen der fürchterlichen Verbrechen Stalins und die Hinweise auf seine diktatorischen Machenschaften im Weltkommunismus. Solche Debatten wollten die DDR-Machthaber vermeiden, deshalb griffen sie im November 1988 zu einem üblen Mittel: Kurzerhand verfügten sie, die deutsche Ausgabe der sowjetischen Zeitschrift ›Sputnik‹ sei aus der DDR-Postzeitungsliste zu streichen.[13]

[11] Neues Deutschland, Nr. 85 vom 10. 4. 1987.

[12] Protokoll Nr. 18 der Sitzung des Politbüros vom 2. 5. 1989. SAPMO, DY 30, J IV 2/2/2327.

[13] Vgl. dazu jetzt Gunter Holzweißig »Verzerrende Beiträge zur Geschichte«. Zehnter Jahrestag des »Sputnik«-Verbots. Deutschland Archiv 31 (1998), S. 976 ff.

Kritische Artikel zur Entwicklung des Weltkommunismus, der Nachweis der Mitschuld Stalins am Aufstieg Hitlers, waren dadurch für »normale« DDR-Bürger nicht mehr greifbar. Diese Restriktionen schockierten selbst SED-Funktionäre, weil sie zeigten, daß sich die Parteispitze nicht nur gegen den »feindlichen« Westen, sondern in einem »Zweifrontenkrieg« sogar gegen die »brüderliche« Sowjetunion wandte. Noch zwei Jahre zuvor, im Oktober 1986, hatte Honecker Gorbatschow gegenüber sowjetische Schriftsteller kritisiert, aber betont: »Für uns ist es wichtig, an einer und nicht an zwei Fronten kämpfen zu müssen.«[14] Genau das provozierte Honecker mit der Distanz zu den sowjetischen Reformen.[15] Dieses Unterfangen mußte in einem Desaster enden.

Die SED-Spitze erkannte, daß hinter der Geschichtsdiskussion, die ihr zu entgleiten drohte, politische Positionen standen. So war es durchaus kein Zufall, daß die SED ihren stalinistischen Führer Ulbricht (nach seinem Tod für lange Zeit »Unperson«) zum 95. Geburtstag wieder groß herausstellte.[16] Schwerer tat sie sich mit der Rehabilitierung von Stalin-Opfern. Da die Sowjetunion nach und nach alle Opfer der Stalinschen Schauprozesse offen politisch und juristisch rehabilitierte – darunter posthum auch Bucharin, Sinowjew oder Radek, die Gegenspieler Stalins – sah sich die SED genötigt, das Schicksal deutscher Kommunisten in den Stalinschen Säuberungen wenigstens anzusprechen.

In »Thesen« zum 70. Gründungstag der KPD[17] wurden erstmals zehn frühere KPD-Führer namentlich genannt, die neben Tausenden anderer Emigranten während der Stalinschen Säuberungen in der Sowjetunion ermordet worden waren. Allerdings verschwieg die SED weiterhin, daß in der UdSSR zur Zeit Stalins mehr Mitglieder des Führungsorgans der KPD, des Politbüros, umgebracht wurden als in Hitler-Deutschland.[18] In diesem Umgang mit historischen Tatsachen spiegelte sich die Politik der DDR wider. Sie hat die Geschichte des deutschen Kommunismus – im Gegensatz zur beginnenden Aufhellung des Stalinismus in der Sowjetunion – weiterhin mit Legenden verfälscht.

Die SED-Führung befürchtete zu Recht, eine Übernahme der sowjetischen Reformen, von Glasnost und Perestrojka, bedeute das Ende ihrer ideologischen Grundaussage »die Partei hat immer recht«. Daher wollte sie vor allem jede Auseinandersetzung über den Stalinismus vermeiden, ja sie tabuisierte diesen Begriff. Allerdings zeigte ein Blick in die Geschichte der DDR, daß der SBZ/DDR das stalinistische Regime zwar zunächst aufgezwungen, dann aber von der SED forciert wurde und dort bis 1989 als politisch-gesellschaftliches System existierte. Die Willkürherrschaft und der Personenkult um Stalin hatten die SBZ/DDR geprägt. Jede »Bewältigung« dieser eigenen Vergangenheit verweigerte die DDR-Führung, eine »Fehler-Diskussion« lehnte sie ab, weil sie keine Veränderung an den verkrusteten

[14] Daniel Küchenmeister unter Mitarbeit von Gerd-Rüdiger Stephan, Honecker – Gorbatschow. Vieraugengespräche. Berlin 1993. S. 164.

[15] Die Verbohrtheit Honeckers zeigte seine Antwort auf Gorbatschows Hinweis, daß Umgestaltung die Linie der KPdSU sei. »Die SED unterstützt die Linie der KPdSU ... Die DDR habe eine pluralistische Gesellschaft mit mehreren Parteien ...« Er nannte sogar »die tägliche Auseinandersetzung mit drei Fernsehprogrammen und 14 Rundfunkstationen der BRD« als Beispiel dieses »Pluralismus«. Küchenmeister, Vieraugengespräche, ebd., S. 165.

[16] Neues Deutschland Nr. 153 vom 30. 6 1988.

[17] Einheit 43 (1988), S. 586 ff.; Vgl. auch Deutschland Archiv 21 (1988), S. 863 ff.

[18] Vgl. dazu Hermann Weber: »Weiße Flecken« in der Geschichte. Die KPD-Opfer der Stalinschen Säuberungen und ihre Rehabilitierung. 2. Aufl. Frankfurt a. M. 1990.

Strukturen ihres Regimes zulassen wollte. Als Honecker Ende 1988 versuchte, mit der Parole »Sozialismus in den Farben der DDR« die Abgrenzung von der Sowjetunion zu demonstrieren, zeigte dieses Schlagwort keine Wirkung.[19]

Blockparteien und Massenorganisationen

Auch die Blockparteien kamen ihren Aufgaben kaum noch nach. Jahrzehntelang hatten sie als Transmissionsorgane die Politik der SED in jene Kreise getragen, an die die Hegemonialpartei nicht direkt herankam. Außerdem sollten diese »befreundeten« Parteien die SED-Machthaber über die Stimmungslage der verschiedenen Bevölkerungsschichten informieren. Die letzten Parteitage der Blockparteien vor dem Zusammenbruch fanden 1987 statt, also wieder nach dem Parteitag der SED von 1986. Auch sie signalisierten ihre Funktion, denn auf allen diesen Parteitagen wurden abermals zustimmende Bekenntnisse zu den Beschlüssen der SED abgelegt.

Als erster trat vom 9. bis 11. April 1987 der 14. Parteitag der Liberaldemokraten in Weimar zusammen. Der Rechenschaftsbericht des (vom Parteitag wiedergewählten) Vorsitzenden Manfred Gerlach »strotzte vor Selbstbewußtsein«[20], hatte die LDP doch erheblich an Mitgliedern gewonnen. Gerlach verkündete: »Die wachsende Führungsrolle der Partei der Arbeiterklasse [also der SED] bedingt erhöhtes Engagement der Verbündeten.« Der letzte ordentliche Parteitag der LDP (der nächste war für 1992 geplant) zeigte diese Partei – wie alle Blockparteien – völlig ins politische System der DDR integriert. Gleiches demonstrierte der kurze Zeit später folgende 12. Parteitag der Bauernpartei, der vom 28. bis 30. April 1987 in Rostock stattfand. Erst einen Monat zuvor war deren Vorsitzender Ernst Mecklenburg zurückgetreten. Sein Nachfolger Günther Maleuda erstattete den Rechenschaftsbericht, in dem er die Unterstützung der Politik der SED ganz selbstverständlich zusicherte.

Auf dem 13. Parteitag der Nationaldemokraten vom 7. bis 9. Mai 1987 in Leipzig »mangelte es nicht an den üblichen Pflichtübungen: dem Kotau vor den Kommunisten, dem Bekenntnis zum ›Bruderband‹ mit der Sowjetunion etc«.[21] Auch diese Partei fühlte sich im »Aufwind«, ihr Vorsitzender Heinrich Homann begrüßte die »vielen Tausend neuen Mitstreiter«. Die größte Blockpartei, die CDU, führte ihren Parteitag in Dresden vom 14. bis 16. Oktober 1987, also genau zwei Jahre vor der Revolution durch. Wie gewohnt wurde die »bewährte Gemeinsamkeit« herausgestellt und die Führungsrolle der SED anerkannt. »Das Ritual war wie gehabt: Am ersten Tag hielt der alte und neue Parteivorsitzende Gerald Götting ein mehrstündiges Grundsatzreferat, anschließend kamen Dutzende ›Unionsfreunde‹ für eine Viertelstunde zu Wort, verteilt über alle drei Tage. Am zweiten gab ein SED-Politbüromitglied – diesmal Joachim Herrmann – eine längere Erklärung ab. Am dritten und letzten Tag schließlich wählte der Parteitag den ›Hauptvorstand‹ der DDR-CDU, der seinerseits das Führungsgremium der Partei bestimmte. Überraschungen sind nicht zu melden.«[22]

[19] Vgl. dazu Ilse Spittmann, Die DDR unter Honecker. Köln 1990, S. 149 ff.
[20] Peter Joachim Lapp, Der 14. Parteitag der LDPD. Deutschland Archiv 20 (1987), S. 705.
[21] Henning von Löwis of Menar, Der 13. Parteitag der NDPD. Deutschland Archiv 20 (1987), S. 731 f.
[22] Peter Joachim Lapp, 16. Parteitag der DDR-CDU in Dresden. Deutschland Archiv 20 (1987), S. 1133.

Bis zum Ende der DDR fungierten die vier Blockparteien als verläßliche Stützen des SED-Regimes, zeigten sich ihre Führungen der Hegemonialpartei ergeben. Dafür wurden sie mit erheblichen materiellen Ressourcen ausgestattet, verfügten vermutlich über Parteivermögen in Milliardenhöhe.[23] In den letzten DDR-Jahren stiegen ihre Mitgliederzahlen nochmals an, in der Zeit von 1977 bis 1987 von 366 000 auf 469 000 Parteimitglieder. Doch dies änderte an ihrer Funktion nichts. Grundsätzlich wurden ihnen von der SED die politische Linie klar vorgegeben, nur spezielle Zielgruppen zugewiesen, und immer hat die Einheitspartei sie dirigiert und überwacht. Für ihre Mitglieder erfüllten die Blockparteien eine »politische Nischenfunktion«, förderten deren berufliche Karriere und versorgten sie mit etlichen staatlichen Posten. Insgesamt hatte die SED »allen Grund, das staatsloyale Engagement der Blockparteien« und deren Mitglieder immer wieder zu »würdigen«, denn ohne deren Mitwirken hätte »das Gesamtsystem kaum funktioniert«.[24]

Die SED war bestrebt, besonders die Massenorganisationen zu stärken. Denn diese konnte sie mit eigenen Parteigruppen besser reglementieren. Und durch Personalunion ihrer Funktionäre in den Entscheidungsgremien vermochte sie ihren Einfluß noch sicherer durchzusetzen. Eine zentrale Funktion kam dabei der größten Organisation, dem FDGB, zu. Die Staatsgewerkschaft registrierte Ende 1986 9,5 Millionen Mitglieder, also über die Hälfte aller DDR-Bewohner, d. h. rund 98 Prozent aller von einer »Gewerkschaft« Organisierbaren. Etwa die Hälfte der Mitgliedschaft waren Arbeiter, 20 Prozent Angestellte, elf Prozent »Angehörige der Intelligenz« und 18 Prozent Rentner und »vorübergehend nicht Berufstätige«.[25] Größte Einzelgewerkschaft war die IG Metall (1,8 Millionen Mitglieder), vor der Gewerkschaft Handel, Nahrung und Genuß (1,1 Millionen), der IG Bau-Holz (950 000) und der Gewerkschaft der Mitarbeiter der Staatsorgane und der Kommunalwirtschaft (840 000).

In den achtziger Jahren distanzierte sich der FDGB besonders scharf von der polnischen Gewerkschaft »Solidarität«. Für den FDGB als Massenorganisation der SED mußte jede autonome Gewerkschaftsbewegung gefährlich sein, insbesondere wegen ihres vorbildhaften Charakters auch für die Arbeiter der DDR. Der XI. Kongreß des FDGB vom 22. bis 27. April 1987 in Ost-Berlin stellte sich wie üblich völlig hinter die Parteilinie der SED. Ebenso befolgte der (wiedergewählte) Vorsitzende Harry Tisch die Abgrenzungspolitik gegenüber Gorbatschows Reformen in der Sowjetunion. Verklausuliert übernahm SED-Politbüromitglied Tisch die Sprachregelung seiner Partei: »Dabei gehen wir davon aus, daß jedes sozialistische Land im Streben nach stabiler und dynamischer Entwicklung seinen konkreten Entwicklungsstand und seine spezifischen Gegebenheiten berücksichtigen muß.«[26] Der FDGB gehörte wie andere »gesellschaftliche Organisationen« als Bestandteil zum DDR-Parteiensystem. Sein Gewicht für die SED zeigte sich auch daran, daß er in der Volkskammer nach der SED-Fraktion (127 Mitglieder) und noch vor den Blockparteien (je 52 Abgeordnete) mit 61 Vertretern die zweitstärkste Fraktion stellte.

[23] Vgl. die Hinweise in Peter Joachim Lapp, Die »befreundeten« Parteien der SED. DDR-Blockparteien heute. Köln 1988, S. 68 ff.

[24] Siegfried Suckut, Die DDR-Blockparteien im Lichte neuer Quellen. In: Jürgen Weber (Hrsg.), Der SED-Staat. Neues über eine vergangene Diktatur. München 1995, S. 121.

[25] Vgl. Ulrich Gill, Der Freie Deutsche Gewerkschaftsbund (FDGB). Opladen 1989, S. 322.

[26] Protokoll des XI. FDGB-Kongresses vom 22. bis 27. April 1987. Berlin (Ost) 1987, S. 43.

Auch der FDJ als Nachwuchsorganisation (in der Volkskammer 37 Abgeordnete) maß die SED weiterhin eine wesentliche Rolle bei. Das »XII. Parlament« der FDJ (21. bis 24. Mai 1985) in Ost-Berlin demonstrierte vor einer überdimensionalen Kulisse (3 452 Delegierte) wieder die absolute Ergebenheit zur »Partei der Jugend«, der SED. Bereits im Vorfeld des SED-Parteitages beschloß das »Jugendparlament«, die FDJ habe für 1986 ein »umfassendes Studium der Dokumente des XI. Parteitages zu organisieren«.[27] Der Mitgliederstand war bei 2,3 Millionen stabilisiert, etwa drei Viertel der Jugendlichen zwischen 14 und 25 Jahren gehörten dem Jugendverband an. Noch immer waren fast alle Jugendlichen in den Schulen, Hochschulen und der Armee Mitglieder, doch nur Teile der Arbeiterjugend. Die FDJ bekam Ende der achtziger Jahre ebenso wie alle anderen Massenorganisationen die allgemeine Krise zu spüren. Diese traf sowohl die »Gesellschaft für Deutsch-Sowjetische Freundschaft«, die 1985 sechs Millionen Mitglieder zählte, als auch den Kulturbund mit 263 000 Mitgliedern oder den DFD mit 1,5 Millionen organisierten Frauen.

Mit ihren vielseitigen Aktivitäten innerhalb jeweiliger Bevölkerungsgruppen wirkten die Massenorganisationen systemstabilisierend. Im Mittelpunkt ihrer Arbeit hatte stets die Anerkennung der »führenden Rolle« der SED zu stehen. Z. B. sollte der DFD mit seiner Schulungsarbeit bei den Frauen die »Erkenntnis« vertiefen, daß »die SED ... die gesellschaftliche Entwicklung in der DDR auf der Grundlage einer wissenschaftlich begründeten Strategie und Taktik leitet«.[28] Auch der XII. Bundeskongreß des DFD (5./6. März 1987) zeigte die für die Monopol-Massenorganisationen der DDR so typische Erstarrung. Der seit 34 Jahren von Ilse Thiele geleitete DFD mußte das »in der DDR herrschende Frauenbild konservieren«, deshalb »wurden keine neuen Akzente gesetzt«.[29]

Deutsch-deutsche Beziehungen

Die achtziger Jahre erschienen zunächst als eine Etappe außenpolitischer Erfolge der DDR. Das signalisierten die Staatsbesuche Honeckers 1981 in Japan und Mexiko, 1982 in Syrien, Zypern und Kuweit, 1984 in Finnland und Algerien, 1985 in Italien und Griechenland, 1986 in Schweden und China, 1987 in den Niederlanden und Belgien sowie 1988 in Frankreich und Spanien. Aber ebenso waren Empfänge von Regierungschefs aus zahlreichen Ländern in der DDR Ausdruck einer gewachsenen Akzeptanz der DDR auf der internationalen Bühne. Die DDR wurde von 131 Staaten diplomatisch anerkannt und hatte etwa 500 multilaterale völkerrechtliche Verträge unterzeichnet. Als Mitglied der UN gehörte sie zahlreichen Unterorganisationen an, und 1987 war ihr Vertreter Peter Florin sogar Vorsitzender der UN-Vollversammlung.

Dabei blieb die DDR in den Ostblock eingebunden. Die Eskalation der Konfrontationspolitik, die 1984 von der Tschernenko-Führung und der Reagan-Administration betrieben wurde, widersprach den Interessen der DDR. Erst nachdem Gorbatschow im März 1985 das Amt des Generalsekretärs der KPdSU antrat und schrittweise Reformen einleitete, konnte auch die DDR ihren Rahmen in der

[27] Vgl. Martin Zagatta, Das XII. Parlament der FDJ. Deutschland Archiv 18 (1985), S. 570 ff.

[28] »lernen und handeln«, Nr. 10, 1986, S. 23.

[29] Gerda Weber, Nichts Neues gewagt. Zum XII. Bundeskongreß des DFD. Deutschland Archiv 20 (1987), S. 493 ff.

Außen- wie in der Innenpolitik erweitern. Während die SED-Führung in der Innenpolitik einen stalinistischen Gegenkurs zu Gorbatschow steuerte, bestand zunächst noch außenpolitische Übereinstimmung, was nicht ohne Wirkung auf die Deutschlandpolitik blieb.

Der Beginn des Abbaus der Selbstschußanlagen an der DDR-Grenze im Herbst 1983 sowie die Erleichterungen beim Zwangsumtausch für Rentner ab August 1984 (nach Gewährung des zweiten Bonner Milliardenkredits an die DDR) oder die Aufnahme des Flugverkehrs zwischen Frankfurt am Main und Leipzig zur Herbstmesse 1984 setzten positive Zeichen. Der Wandel in den Verhaltensweisen war besonders deutlich abzulesen an (früher im Westen streng verpönten) Gesprächen sogar zwischen der Jungen Union und der FDJ, wie umgekehrt an der freundlichen Begrüßung von Franz-Joseph Strauß (früher in der DDR als Erzreaktionär verdammt) durch Erich Honecker. In der Bundesrepublik führte dies zu einem »Stimmungswechsel in der Beurteilung der Person Honeckers«, seine Popularität stieg, 56 Prozent der Bundesbürger begrüßten seinen vorgesehenen Besuch.[30] Die Absage des geplanten Honecker-Besuchs in Bonn am 4. September 1984 erfolgte nach sowjetischem Einspruch und bedeutete einen Rückschlag für die Deutschlandpolitik.

Ab 1985 normalisierten sich die Beziehungen zwischen beiden deutschen Staaten und ihre Spielräume erweiterten sich.[31] Die Reise des Staatsratsvorsitzenden und SED-Generalsekretärs Erich Honecker in die Bundesrepublik Deutschland, die schließlich im September 1987 stattfand,[32] bewies, wie grundlegend sich das Verhältnis im Laufe der Jahrzehnte gewandelt hatte. Dieser Besuch war »Höhepunkt der deutsch-deutschen Beziehungen in den achtziger Jahren.«[33] Ebenso undenkbar wie der Staatsempfang Honeckers mit militärischen Ehren in Bonn wäre Jahre vorher sein offener Meinungsaustausch mit dem Bundespräsidenten und dem Bundeskanzler gewesen. Bestehende Widersprüche wurden nicht verdeckt. Deutlich wurden die Unterschiede in den Reden beim Abendessen am 7. September 1987. Dort sagte Kohl: »Die Präambel unseres Grundgesetzes steht nicht zur Disposition, weil sie unserer Überzeugung entspricht. Sie will das vereinte Europa, sie fordert das gesamte deutsche Volk auf, in freier Selbstbestimmung die Einheit und Freiheit Deutschlands zu vollenden. ... Wir achten die bestehenden Grenzen, doch die Teilung wollen wir überwinden: auf dem Weg friedlicher Verständigung und Freiheit. Die deutsche Frage bleibt offen, doch ihre Lösung steht zur Zeit nicht auf der Tagesordnung der Weltgeschichte, und wir werden dazu auch das Einverständnis unserer Nachbarn brauchen.«

Honecker hingegen erklärte: »Ausgangspunkt für eine konstruktive, nicht nur beiden Staaten nützliche Politik können nur die Realitäten sein, die Existenz von zwei voneinander unabhängigen souveränen deutschen Staaten mit unterschiedli-

[30] Ergebnis einer Umfrage der Forschungsgruppe Wahlen, Mannheim. Vgl. Mannheimer Morgen Nr. 79 vom 3. 4. 1984.

[31] Vgl. Detlef Nakath und Gerd-Rüdiger Stephan, Von Hubertusstock nach Bonn. Eine dokumentierte Geschichte der deutsch-deutschen Beziehungen auf höchster Ebene 1980–1987. Berlin 1995, S. 208 ff.; Vgl. auch Heinrich Potthoff, Die »Koalition der Vernunft«. Deutschlandpolitik in den 80er Jahren. München 1995.

[32] Vgl. Der Besuch von Generalsekretär Honecker in der Bundesrepublik Deutschland. Dokumentation. Hrsg. Bundesministerium für innerdeutsche Beziehungen. Bonn 1988; Ein Erfolg der Politik der Vernunft und des Realismus. Offizieller Besuch ... Erich Honeckers in der Bundesrepublik Deutschland 7.–11. 9. 1987. Berlin (Ost) 1987.

[33] Nakath und Stephan, Von Hubertusstock nach Bonn, S. 30.

cher sozialer Ordnung und Bündniszugehörigkeit.« Trotz prinzipieller Gegensätze signalisierte der Besuch den Stand des inzwischen erreichten Nebeneinander der beiden deutschen Staaten. Im gemeinsamen Kommuniqué über den Besuch hieß es daher:

»Bundeskanzler Kohl und Generalsekretär Honecker stimmten darin überein, daß die Bundesrepublik Deutschland und die Deutsche Demokratische Republik angesichts einer sich aus der gemeinsamen Geschichte ergebenden Verantwortung besondere Anstrengungen für das friedliche Zusammenleben in Europa unternehmen müssen. Von deutschem Boden darf nie wieder Krieg, von deutschem Boden muß Frieden ausgehen. Sie betonten, daß das Verhältnis der beiden Staaten zueinander ein stabilisierender Faktor für konstruktive Ost-West-Beziehungen bleiben muß. Von ihm sollten positive Impulse für friedliche Zusammenarbeit und Dialog in Europa und darüber hinaus ausgehen.«[34]

Allerdings überschätzte die SED-Führung die Bedeutung der West-Reise und die stabilisierende Wirkung auf die DDR. Im Vorfeld hatte Hermann Axen in Moskau bramarbasiert, dies werde »einer der schlimmsten Schläge gegen den Revanchismus« sein. Die Gründung der DDR war in seiner Lesart »der erste Schlag«, der »Schutzwall 1961 der zweite Schlag«, die DDR-Aufnahme in die UNO 1972 »der dritte Schlag« und Honeckers Besuch in Bonn werde »ein vierter schwerer Schlag« sein.[35] Die irrealen Vorstellungen der Alt-Herrenriege im Politbüro wurden immer abstruser. Tatsächlich war in der DDR nach dem Honecker-Besuch 1987 auch die Meinung zu finden, dieser beweise die Stärke und Stabilität des Regimes. Doch internen Berichten ist zu entnehmen, daß der Erwartungsdruck nach besseren Reisemöglichkeiten, nach Handelsaustausch usw. in der Bevölkerung groß war und dann enttäuscht wurde. Andererseits befürchteten etliche Starrköpfe weitere »ideologische Einbrüche«. Erschreckt haben wohl Hinweise auf die Fraglichkeit des »Feindbildes« oder die Notwendigkeit der Mauer.[36]

Die Klimaverbesserung ließ sich indes an der Entwicklung des Reiseverkehrs ablesen. Schon in der ersten Hälfte der achtziger Jahre kam es bei Besuchen in dringenden Familienangelegenheiten zu einem überdurchschnittlichen Anstieg von rund 40 000 Personen 1980, auf rund 66 000 Personen 1985. Danach gab es bei dieser Gruppe einen Riesensprung: 1986 waren es nach DDR-Angaben 573 000 Reisen, 1987 sogar 1,2 Millionen.[37] Die Gesamtzahl der Reisenden aus der DDR erreichte 1987 fünf Millionen.

Auch zwischen SED und SPD kam es zu Beratungen. Ergebnis von Verhandlungen von SED und SPD war im August 1987 ein gemeinsames Papier ›Der Streit der Ideologien und die gemeinsame Sicherheit‹. Zumindest verbal gab die SED darin ihren bisherigen Anspruch auf, allein die richtige Konzeption zu haben, sie respektierte nun den bisher verfemten »Reformismus« oder »Sozialdemokratismus« als Partner bei den Bemühungen zur Friedenssicherung. Während die SED mit diesem Papier ihre außenpolitische Gesprächsbereitschaft signalisieren und auch gegenüber der Sowjetunion beweisen wollte, daß sie von westlichen Sozialdemokraten

[34] Der Besuch von Generalsekretär Honecker in der Bundesrepublik Deutschland, S. 27, 35, 37 f. Vgl. auch Neues Deutschland, Nr. 212 vom 9. 9. 1987.

[35] Nakath und Stephan, Von Hubertusstock nach Bonn, S. 318.

[36] Vgl. die Berichte des MfS zu den »Reaktionen der Bevölkerung« in: Nakath und Stephan, ebd., S. 319 ff. und 338 ff.

[37] Vgl. Ilse Spittmann, Irritationen zur Jahreswende. Deutschland Archiv 21 (1988), S. 2.

akzeptiert wurde, hatte sie dessen politische Folgen wohl falsch kalkuliert. Schon rasch zeigte sich, welche unerwartete Wirkung verschiedene Thesen des Papiers hervorriefen, z. B. wenn es hieß: »Die offene Diskussion über den Wettbewerb der Systeme, ihre Erfolge und Mißerfolge, Vorzüge und Nachteile muß innerhalb jedes Systems möglich sein.«[38] Regimekritiker in der DDR, aber auch Mitglieder der SED beriefen sich auf diese Feststellungen, um dort eigene, kontroverse Ansichten offen propagieren zu können. Darauf reagierte die Staatsmacht der DDR wie eh und je unversöhnlich, solche Kritiker wurden verhaftet oder ausgewiesen.

Prinzipiell beharrte die Honecker-Führung bis 1989 auf ihrer Ablehnung jeder Vereinigung Deutschlands. Gerade bei dieser Frage zeigte sich im Verlauf der DDR-Geschichte ein radikaler Positionswandel. Noch bei der Gründung der DDR stellte Präsident Pieck die »Wiedervereinigung unseres zerrissenen Vaterlandes« in den Mittelpunkt künftiger Politik.[39] Ministerpräsident Grotewohl sagte 1949, die DDR sei überhaupt nur gegründet worden für den »Kampf um die Wiedervereinigung Deutschlands«.[40] Doch 35 Jahre später, Ende 1984, stellte DDR-Außenminister Oskar Fischer vor der UN-Vollversammlung fest: »Es ist weder etwas offen, noch kann es eine Wiedervereinigung geben.«[41] Und für Honecker war eine »Vereinigung von Sozialismus und Kapitalismus ebenso unmöglich wie die von Feuer und Wasser«.[42]

Diese Einstellung änderte indes wenig am Streben der SED nach guten deutsch-deutschen Beziehungen, nicht zuletzt wegen der wirtschaftlichen Transferleistungen aus dem Westen. Interzonenhandel, Transitgebühren von der Bundesregierung, Zwangsumtausch durch Westbesucher waren Devisenquellen, selbst Summen für Häftlingsfreikäufe waren eingeplant. Trotz der wirtschaftlichen, politischen und geistigen Krise der DDR in den achtziger Jahren trafen sich auch immer mehr führende Politiker aller westdeutschen Parteien – der Regierung wie der Opposition – mit Honecker. Nach dessen Bonnbesuch schwoll dieser Politikerstrom noch an. Über die jeweiligen Gespräche sind inzwischen zahlreiche Dokumentationen publiziert worden.[43] Auch die SED-Versuche, die politischen Parteien in der Bundesrepublik zu beeinflussen, wurden anhand von DDR-Akten beschrieben. Zu Recht wurden solche Dokumentationen[44] allerdings kritisiert, wenn sie die »Asymmetrie« der gegenwärtigen Archivlage[45] nicht berücksichtigten: momentan sind im wesentlichen nur die Hinterlassenschaften der DDR zugänglich, während für die parallelen westdeutschen Akten die Dreißig-Jahre-Sperrfrist gilt. Bisher konnten

[38] Neues Deutschland, Nr. 193 vom 18. 8. 1987.

[39] Neues Deutschland, Nr. 239 vom 12. 10. 1949.

[40] Neues Deutschland, Nr. 240 vom 13. 10. 1949.

[41] Neues Deutschland, Nr. 237 vom 6./7. 10. 1984.

[42] Ebd.

[43] Vgl. Potthoff, Die »Koalition der Vernunft«, München 1995; Nakath und Stephan, Von Hubertusstock nach Bonn; Detlef Nakath und Gerd-Rüdiger Stephan, Countdown zur deutschen Einheit. Eine dokumentierte Geschichte der deutsch-deutschen Beziehungen 1987–1990. Berlin 1996.

[44] Vgl. z. B. Jochen Staadt, Versuche der Einflußnahme der SED auf die politischen Parteien der Bundesrepublik nach dem Mauerbau. In: Materialien der Enquete-Kommission »Aufarbeitung von Geschichte und Folgen der SED-Diktatur in Deutschland«. Hrsg. Deutscher Bundestag. Baden-Baden 1995. Bd. V, 3, S. 2406 ff.

[45] Vgl. Hermann Weber, »Asymmetrie« bei der Erforschung des Kommunismus und der DDR-Geschichte? Aus Politik und Zeitgeschichte, B 26/27 vom 20. 2. 97; ders., Was beweisen die Akten? Internationale Korrespondenz zur Geschichte der deutschen Arbeiterbewegung 33 (1997), S. 232 ff.; ders., Zum Stand der Forschung über die DDR-Geschichte. Deutschland Archiv 31 (1998), S. 249 ff.

nur einige spezielle westdeutsche Akten mit Ausnahmegenehmigung veröffentlicht werden.[46] Diese Restriktion führt zu Verzerrungen und behindert die Forschung. Der ungehinderte Zugang zu allen Akten ist nötig, um eine objektive Einschätzung geben zu können.[47] Vor allem aber ist beim Umgang mit DDR-Archivalien die quellenkritische Bewertung besonders wichtig.[48] Inzwischen ist bestätigt, daß mancher Bericht so abgefaßt wurde, wie ihn »Honecker hören und lesen wollte.«[49] Die regen deutsch-deutschen Beziehungen sind ungeachtet dessen bekannt und z. T. dokumentiert; hier braucht nicht näher darauf eingegangen zu werden.

Unterdrückung und Widerstand

Die DDR blieb von der erstrebten und von ihr stets verkündeten Stabilität weit entfernt. Indiz dafür war die wachsende Zahl derjenigen, die ihre »Entlassung aus der Staatsbürgerschaft« beantragten, die die DDR verlassen wollten. Die Ausreisewelle von 1984, mit der 35 000 Bürger der DDR legal in die Bundesrepublik übersiedelten (1985: 18 000, 1986: 20 000, 1987: 11 500, 1988: knapp 30 000, außerdem 10 000 Flüchtlinge), war Gradmesser für die Unzufriedenheit breiter Schichten. Aus einer Geheiminformation des ZK geht hervor, daß im April 1988 112 000 Anträge auf Übersiedlung in die Bundesrepublik gestellt wurden, u. a. von 52 800 Facharbeitern und »11 500 Personen mit abgeschlossener Hoch- und Fachschulausbildung«.[50]

Zeichen des Vorhandenseins einer Opposition in Teilen der Bevölkerung – gerade auch unter Jugendlichen – gab es immer wieder. An den Demonstrationen zum Gedenken des Jahrestages der Ermordung von Rosa Luxemburg und Karl Liebknecht am 17. Januar 1988 wollten sich junge oppositionelle Bürger der DDR beteiligen und auf Transparenten u. a. Rosa Luxemburgs Grundsatz »Freiheit ist immer die Freiheit des Andersdenkenden« als eigene Losung mitführen. Diese Antidemonstration am Rande der offiziellen Kundgebung verhinderten die MfS-Organe mit der größten Massenverhaftung der letzten Jahre. Mehr als hundert Bürger wurden festgenommen, Schüler relegiert, einige Dutzend Ausreisewilliger durften die DDR verlassen. Aber andere Oppositionelle, die bleiben wollten, wurden zwangsweise abgeschoben. Die Staatssicherheit, völlig überrascht von dieser Form des Protests und dem selbstbewußten Auftreten junger Oppositioneller, ging brutal gegen kritische Bürger vor.

[46] Vgl. Dokumente zur Deutschlandpolitik. Deutsche Einheit. Sonderedition aus den Akten des Bundeskanzleramtes 1989/90. Bearbeitet von Hanns Jürgen Küster und Daniel Hofmann. München 1998.

[47] Vgl. Schlußbericht der Enquete-Kommission »Überwindung der Folgen der SED-Diktatur im Prozeß der Deutschen Einheit«. Hrsg. Deutscher Bundestag. Drucksache 13/11000 vom 10. 6. 1998, S. 210 ff. Vgl. auch Hermann Weber, Die Aufarbeitung braucht *alle* Archive. Das Parlament Nr. 46/47 vom 13. 11. 1998.

[48] Vgl. Hermann Weber. Zum Umgang mit DDR-Archivalien. In: Jahrbuch für Historische Kommunismusforschung 1994. Berlin 1994, S. 165 ff. und ders. im Jahrbuch für Historische Kommunismusforschung 1995, Berlin 1995, S. 232 ff.

[49] Vgl. die Aussage von Manfred Uschner im Protokoll der 52. Sitzung der Enquete-Kommission. Materialien der Enquete-Kommission »SED-Diktatur«, Bd. V, 1, S. 895 f.

[50] Gerd-Rüdiger Stephan (Hrsg.), »Vorwärts immer, rückwärts nimmer.« Interne Dokumente zum Verfall der SED und DDR 1988/89. Berlin 1994, S. 31.

Die fehlende Freiheit führte ebenso wie ständige materielle Schwierigkeiten und rigorose Reisebeschränkungen immer wieder zur Unruhe, gerade bei der jüngeren Generation. Zu den wichtigsten innenpolitischen Ereignissen in der DDR gehörte die Herausbildung einer unabhängigen Friedensbewegung, die insbesondere bei der nachdenklichen Jugend zunehmend auf Resonanz stieß. Auch der Widerstand der Frauen verstärkte sich.[51]

Die vergreiste DDR-Führung aber setzte vor allem auf Willkür, Überwachung und Verfolgung. Argwohn und Angst sollten unter der Bevölkerung gesät werden. Das überdimensionale Ministerium für Staatssicherheit und die Praktiken seiner Spitzel schufen permanente Furcht. Stasi-Chef Mielke drohte 1985: »Wer die Hand gegen unseren sozialistischen Staat und seine auf das Wohl des Volkes und die Sicherung des Friedens gerichtete Politik erhebt, bekommt die sozialistische Macht gebührend zu spüren. Gegen Feinde – unter welcher Tarnung sie auch glauben, gegen die sozialistische Ordnung operieren zu können – werden wir auch weiterhin konsequent vorgehen...«[52]

Nach dem Reformaufbruch im Osten wollte die SED-Führung die stalinistischen Strukturen mit Hilfe der Stasi noch fester zementieren. Sie dehnte die Kompetenzen des MfS erheblich aus: »Jeder im Lande wußte, daß die Staatssicherheit über ein gigantisches Potential verfügte. 85 000 hauptamtliche und 108 000 sogenannte Inoffizielle Mitarbeiter (IM), wie die Spitzel in der betriebsinternen Terminologie des MfS hießen, beschäftigte das Ministerium. In jeder noch so harmlosen Versammlung saß ein Spitzel, ›nach Bedarf‹ wurden Telefone abgehört und Briefe geöffnet. Wer einmal in die Fänge des Apparates geriet, war ihm faktisch auf Gedeih und Verderb ausgeliefert, denn kein Gesetz schützte ihn. Erst wenn man diesen Zustand psychologisch nachvollzieht, wird verständlich, weshalb in der Bevölkerung der DDR quer durch alle sozialen Schichten ein solcher Haß auf die Staatssicherheit bestand.«[53] Inzwischen ist bekannt, daß das MfS am Ende der DDR sogar 91 000 hauptamtliche und 173 000 Inoffizielle Mitarbeiter hatte, davon 61 Generale (1960 23 000 Mitarbeiter).[54] Trotz aller Finanzprobleme standen dem MfS jährlich 3,6 Milliarden Mark, 1,3 Prozent des Staatshaushalts, zur Verfügung. Von vier Millionen DDR-Bürgern (und zwei Millionen Westdeutschen) waren Aktenvorgänge angelegt, alle Bereiche der Gesellschaft wurden überwacht.[55]

Das MfS beobachtete alle Treffen »feindlicher Personen«; beispielsweise wurden während einer Zusammenkunft bei Katja Havemann in Grünheide folgende »politisch-feindliche Personen« aufgeführt: »Katja Havemann, Hans Misselwitz, Gerd Poppe, Christa Sengespeick, Heiko Lietz, Günter Engel, Markus Meckel, Martin Gutzeit und Johannes Pohl. Es fehlten Wonneberger, Dresden, Tschiche, Magdeburg und Bärbel Bohley.«[56] Doch das MfS überwachte die bekanntesten Dissiden-

[51] Vgl. Irena Kukutz, Frauenwiderstand in der DDR in den achtziger Jahren. In: Ulrike Poppe, Rainer Eckert und Ilko-Sascha Kowalczuk (Hrsg.), Zwischen Selbstbehauptung und Anpassung. Berlin 1995, S. 273 ff.

[52] Neues Deutschland, Nr. 32 vom 7. 2. 1985.

[53] Armin Mitter, Angst und Hilflosigkeit in den Köpfen. In: Das Parlament, Nr. 38 vom 14. 9. 1990, S. 17. Vgl. zum MfS auch Karl-Wilhelm Fricke, MfS intern. Macht, Strukturen, Auflösung der DDR-Staatssicherheit. Köln 1991; Michael Richter, Die Staatssicherheit im letzten Jahr der DDR. Weimar 1996.

[54] Vgl. Berliner Zeitung, Nr. 262 vom 10. 11. 1998 und Frankfurter Rundschau, Nr. 261 vom 10. 11. 1998.

[55] Vgl. Ulrich Mählert, Kleine Geschichte der DDR. München 1998. S. 172.

[56] Vgl. Markus Meckel und Martin Gutzeit, Opposition in der DDR. Zehn Jahre kirchliche Friedensarbeit – kommentierte Quellentexte. Köln 1994. S. 167.

ten nicht nur, es entwickelte auch »Maßnahmen« gegen sie, vor allem sollte erreicht werden: »keine Zentralisierung von Aktivitäten der Basisgruppen/Friedenskreise zulassen; Versuche der Koordinierung stören; operative Kontrolle gewährleisten und beim Verlassen des rechtlich zugesicherten Handlungsraumes … einleiten.«[57] Diese Ziele versuchte das MfS in den folgenden Jahren durchzusetzen, was bekanntlich mißlang. Trotz massiver »Hilfe« des MfS war die SED-Führung außerstande, die Systemkrise zu erkennen oder gar abzuwenden.

Die tiefe politische Krise der DDR trat besonders kraß bei den Kommunalwahlen im Mai 1989 zutage. Schon bei deren Vorbereitungen zeigte sich, daß oppositionelle Bürger die üblichen Fälschungen nicht mehr einfach hinnehmen wollten. Obwohl die DDR-Regierung im Vorfeld der Wahlen viele Personen »aus der Staatsbürgerschaft« entließ und ihnen gestattete, in die Bundesrepublik überzusiedeln, konnte sie damit den Unwillen immer breiterer Schichten im Lande nicht mehr neutralisieren. Bei den Kommunalwahlen entfielen nach offiziellen Ost-Berliner Angaben 98,85 Prozent auf den »gemeinsamen Wahlvorschlag der Nationalen Front«. Zum ersten Mal bei einer Wahl in der DDR wurden also weniger als 99 Prozent Ja-Stimmen registriert (bei den Kommunalwahlen von 1984 betrug das veröffentlichte Ergebnis noch 99,88 Prozent). Auch die Wahlbeteiligung lag mit 98,78 Prozent (1984: 99,37 Prozent) niedriger. Hatten bei der Volkskammerwahl 1986 nur 7500 oder 0,06 Prozent gegen den offiziellen Wahlvorschlag gestimmt, so waren es nun über 140000 Wähler oder 1,15 Prozent.[58]

Diese Zahlen waren indes ebenso gefälscht. In Wirklichkeit gab es viel mehr Gegenstimmen. In Ost-Berlin z.B. hatten Vertreter oppositioneller Friedens- und Ökologiegruppen den Wahlablauf sowie die Auszählungen beobachtet und bis zu 20 Prozent errechnet. Wegen der Fälschungen kam es zu Protesten, in Leipzig und anderen Orten zu kleineren Demonstrationen. Regimekritiker erstatteten Hunderte von Strafanzeigen wegen Manipulation und Wahlfälschung. Der Bürgerprotest ließ ein gewachsenes Selbstbewußtsein gegen die Allmacht von Partei und Staat erkennen. Im Juni wurden allein in Ost-Berlin 120 Bürgerrechtler festgenommen, die Eingaben gegen Wahlfälschung überbringen wollten.[59]

Die kritische Haltung war durch ein ökumenisches Treffen von 19 christlichen Kirchen der DDR im April in Dresden gestärkt worden. Dort forderten die Anwesenden nachdrücklich die Reformierung und Demokratisierung des Wahlrechts. Signalisierten die Reaktionen auf die Fälschungen bei den Kommunalwahlen, daß der Dissens zwischen Volk und Führung in der DDR viel tiefer ging, als lange angenommen wurde, so wuchs der Unmut wegen der mangelhaften Versorgung und durch die strikte Abschottung der DDR gegenüber den fortschreitenden politischen Reformen in der Sowjetunion, insbesondere aber in Ungarn und Polen. Proteste verursachte auch die mehr oder weniger offene Zustimmung von SED-Führern zur blutigen Niederschlagung der Demokratiebewegung in Peking im Juni 1989.

Bereits am 2. Mai 1989 hatte Ungarn mit dem Abbau seiner Grenzsperren zu Österreich begonnen, und damit einen neuen Fluchtweg geschaffen. Sehr schnell waren die Botschaften der Bundesrepublik in Budapest und dann in Warschau und Prag mit DDR-Bürgern überfüllt. Als dann die ungarischen Behörden am 10./11.

[57] Meckel und Gutzeit, ebd., S. 167.

[58] Neues Deutschland, Nr. 109 vom 10.5.1989.

[59] Vgl. zu den Kommunalwahlen Armin Mitter und Stefan Wolle, Untergang auf Raten. München 1993, S. 496ff.

September 1989 ohne Absprache mit der DDR-Regierung allen Fluchtwilligen, die sich in ihrem Land aufhielten, die Ausreise gewährten, kam es zu einem lawinenartigen Exodus wie einst vor dem Bau der Berliner Mauer 1961. Nachdem bis Ende September über 25000 Übersiedler in die Bundesrepublik gelangten, mußte das DDR-Regime seinen Zusammenbruch befürchten.

Nun gab es auch im Land selbst rasch anwachsenden Widerstand der Oppositionsgruppen, die nicht ausreisen, sondern die DDR verändern wollten. Bürgerrechtler wie die der Initiative Frieden und Menschenrechte – bereits 1985 gegründet – verbreiteten z. B. ihre eigene Informationsschrift ›Grenzfall‹. Darin wurde am 15. Juni 1989 ein von 57 Personen unterschriebener Offener Brief abgedruckt, in dem die Aufarbeitung des Stalinismus in der DDR gefordert wurde. Sie verlangten eine »öffentliche Diskussion«, um die »Verbrechen« und den »Terror Stalins und seiner Komplizen« zu thematisieren. Geboten sei auch die »Benennung der Tatsachen und Verbrechen aus der Regierungszeit Walter Ulbrichts«. Der Brief schloß mit der Mahnung: »Die Aufarbeitung des Stalinismus und seiner Auswirkung auf die DDR ist bitter notwendig, nicht nur aus Gründen geschichtlicher Redlichkeit und aus Achtung der Würde ihrer Opfer. Die Verdrängung dieser Wirklichkeit hat negative Folgen für die Chancen demokratischer Entwicklungen in unserem Land. Noch befindet sich die DDR in dem Zustand, der heute in der Sowjetunion als Stagnation bezeichnet wird. Außerdem: Wer seine Geschichte nicht kennt, ist dazu verdammt, sie zu wiederholen.«[60]

Wegen der überheblichen und geradezu provokativen Haltung der Parteispitze verbreiterten sich die oppositionellen Tendenzen bis in die Reihen der SED hinein. Empörung gab es unter den Intellektuellen über die Beschönigung und Rechtfertigung des Massakers in Peking und über Äußerungen Margot Honeckers auf dem IX. Pädagogischen Kongreß im Juni 1989. Die Volksbildungsministerin hatte dort – ganz im Geiste Stalins – von »Feinden«, »dem Sozialismus feindlichen Kräften« und »Konterrevolutionären« gesprochen und sich sogar darauf verstiegen, die DDR-Pädagogen zu beauftragen, die Jugend so zu erziehen, daß sie den Sozialismus »wenn nötig, mit der Waffe in der Hand« verteidige.[61]

Auch die Rechtfertigung des Stalinismus in der Kommunistischen Internationale und das Festhalten an Legenden über die KPD durch die ehemalige Direktorin der SED-Parteihochschule, Hanna Wolf, im Mai und ihre besserwisserischen Angriffe auf sowjetische Historiker verhärteten die Fronten.[62] Der kranke und greise Honecker war sich nicht zu schade, die sich dramatisch zuspitzende Entwicklung mit dümmlichen Sprüchen zu begleiten. Im August 1989 reimte er vor Mikroelektronikern in Erfurt: »Den Sozialismus in seinem Lauf, hält weder Ochs noch Esel auf«, und beruhigte sie, »diese alte Erkenntnis der deutschen Arbeiterbewegung findet durch die große Initiative der Werktätigen der DDR ihre aktuelle Bestätigung!«[63] Die Parteiführung wurde zunehmend unfähig, drängende Probleme zu erkennen oder darauf zu reagieren. Eine revolutionäre Situation (in der Definition Lenins[64]) war da: Die oben konnten nicht mehr und die unten wollten nicht mehr.

[60] Offener Brief von DDR-Bürgerrechtsgruppen, in: Deutschland Archiv 22 (1989), S. 818.

[61] Deutsche Lehrerzeitung, 2. Juni-Ausgabe 1989.

[62] Neues Deutschland, Nr. 106 vom 6./7. 5. 1989.

[63] Neues Deutschland, Nr. 191 vom 15. 8. 1989.

[64] »Nur wenn die ›unteren Schichten‹ die alte Ordnung nicht mehr *wollen* und die ›Oberschichten‹ in der alten Weise nicht mehr leben *können* – nur dann kann die Revolution siegen.« Lenin, Aus den Schriften 1895-1923. Hrsg. Hermann Weber. 2. Aufl. München 1980, S. 173.

Die Sitzungen des Politbüros beschäftigten sich ungeachtet der tiefen Krise fast nur mit Nebensächlichkeiten. Schon Ende Mai 1989 hatte sich das Politbüro (in gerade eineinhalb Stunden wurden 20 Punkte abgehandelt) vor allem mit protokollarischen Fragen befaßt: über Besuche von Stoph in Bulgarien, Mückenberger in Kuba, Fischer in Marokko usw. »Beraten« wurde inhaltlich insbesondere das Verhältnis zur SPD.[65] Ähnlich ging es auf der nächsten Sitzung zu (knapp eine Stunde, 18 Tagesordnungspunkte). Honecker referierte über die Lage in China, Ungarn, Polen und der Sowjetunion, wohin ein »Freundschaftsbesuch« vorbereitet wurde, besprochen wurden aber auch »Geburtstagsjubiläen«.[66] Alle anderen Sitzungen im Sommer 1989 zeigten ein vergleichbares Bild. Ende Juni wurde zwar über die »Direktive« zur Koordinierung der »Pläne 1991 bis 1995 DDR/UdSSR« beraten, aber auch über die Vorbereitung des Besuchs von Minister Seiters aus Bonn, über Auslandsbesuche von Politbüromitgliedern, Verleihung von Orden und über Geschenke. Gebilligt wurde der Arbeitsplan des ZK für das 2. Halbjahr 1989. Er sah für den 16. bis 20. Oktober die »Woche der Winterbereitschaft und des Brandschutzes« vor, aber sie wurde schließlich zur Woche der Absetzung Honeckers.[67]

Sitzungen im August 1989 unter Leitung Mittags (da Honecker krank war) befaßten sich angesichts der Massenflucht mit dem »illegalen Aufenthalt von Bürgern der DDR in den Botschaften der BRD« und »Schlußfolgerungen« zur »Versorgungssituation« oder »Staatsdevisenreserven«, aber auch mit außenpolitischen Fragen und der »Teilnahme an Veranstaltungen«.[68] Und selbst die vier Sitzungen im Krisenmonat September (alle unter Vorsitz Mittags) verliefen ähnlich. Außenpolitische Fragen, Reisevorbereitungen, Berichte über Vorstandssitzungen der DKP, »Neubau des Hotels Gothisches Haus in Wernigerode«, Nationalpreisverleihungen und natürlich Vorbereitungen zum 40. Jahrestag der DDR nahmen breiten Raum ein, »Schlußfolgerungen zu aktuellen Entwicklungen in der SPD im Zusammenhang mit der gegenwärtigen Anti-DDR-Kampagne« wurden gezogen; Wirtschaftsfragen standen eher am Rande. Erst die Sitzung vom 26. September hatte beim TOP »aktuelle Fragen« etwa die »Ablehnung des Zulassungsantrages der oppositionellen Gruppierung Neues Forum« als »endgültig« bestätigt oder die »Erhöhung der Wachsamkeit« in den Kreisen ebenso gefordert wie die Verstärkung der »Arbeit mit den befreundeten Parteien«, also den vier Blockparteien.[69] Eine Sitzung vom 29. September unter Leitung von Honecker behandelte (in 20 Minuten) nur die Frage des Verlassens der BRD-Botschaften in Prag und Warschau und der Ausreise der Flüchtlinge »über das Territorium der DDR«, die dann als »humanitärer Akt der Regierung der DDR« in den Medien zu verbreiten war.[70] Dem Politbüro entglitt die Macht, die Debatten im Oktober lassen dann den Zusammenbruch der SED von der Spitze her erkennen.[71]

[65] Protokoll Nr. 21 der Sitzung des Politbüros vom 30. 5. 1989. SAPMO, DY 30, J IV 2/2/2330.

[66] Protokoll Nr. 22 der Sitzung des Politbüros vom 6. 6. 1989. SAPMO, DY 30, J IV 2/2/2331.

[67] Protokoll Nr. 24 der Sitzung des Politbüros vom 20. 6. 1989. SAPMO, DY 30, J IV 2/2/2333.

[68] Vgl. Protokoll Nr. 31 und 33 der Sitzungen des Politbüros vom 8. bzw. 22. 8. 1989. SAPMO, DY 30, J IV 2/2/2340 und 2342.

[69] Protokolle Nr. 35 bis 38 vom 5., 12., 19. und 26. 9. 1989. SAPMO, DY 30, J IV 2/2/2344 bis 2347.

[70] Protokoll Nr. 39 vom 29. 9. 1989. SAPMO, DY 30, J IV 2/2/2348.

[71] Hans-Hermann Hertle und Gerd-Rüdiger Stephan, Das Ende der SED. Die letzten Tage des Zentralkomitees. Mit einem Vorwort von Peter Steinbach. Berlin 1997.

Politische Opposition organisiert sich

Nun fand auch die politische Opposition zu organisatorischen Formen, sie artikulierte ihre grundsätzlichen wie aktuellen Vorstellungen. Es wurden im Frühjahr und Sommer 1989 konkrete Wege gesucht, die notwendigen Veränderungen zu erreichen. Die Formierungsphase »in einem engeren Sinne erstreckte sich von Ende Juli bis September 1989«. Sie begann mit dem Aufruf »zur Gründung einer ostdeutschen Sozialdemokratie« am 24. Juli. Es folgten bis September Initiativen zur Schaffung des Demokratischen Aufbruchs, des Neuen Forums, von Demokratie jetzt. »In einer zweiten Welle« wurden die Grüne Partei, der Unabhängige Frauenverband, die Vereinigte Linke gegründet.[72] Die politischen Oppositionsgruppen konstituierten sich im Vergleich zu den Widerstandsgruppen in anderen kommunistischen Ländern spät. Aber sie waren »eine neue Stufe politischer Selbstorganisation oppositionellen Handelns« und ihre Gründer »ohne Ausnahme in den widerständigen Gruppen und Netzwerken widerständigen Handelns verankert«.[73]

Diese Aktivität der Oppositionellen lief parallel zur vertieften Krise des Regimes. Im September 1989 waren »praktisch alle oppositionellen Gruppen im Lande mobilisiert, die von zahlreichen Menschen aus den Kirchen und kritischen Intellektuellen Verstärkung bekamen«.[74] Schon Anfang September hatte das Neue Forum in seinem Gründungsaufruf den »demokratischen Dialog über die Aufgaben des Rechtsstaates, der Wirtschaft und der Kultur« angemahnt.[75] Am 19. September beantragte das Neue Forum, das rasch stärkste Oppositionsbewegung wurde, seine offizielle Zulassung. Obwohl der Antrag am 20. September abgelehnt und das Neue Forum als »staatsfeindlich« bezeichnet wurde, wuchs die Gruppierung rasch an. Die Bürgerbewegung Demokratie jetzt hatte ihrem Gründungsaufruf vom 12. September »Thesen für eine demokratische Umgestaltung der DDR« beigefügt.[76] In ähnliche Richtung zielten die programmatischen Aussagen anderer Oppositionskreise. Im Gründungsaufruf des Demokratischen Aufbruchs vom 2. Oktober hieß es: »Die Gesellschaft der DDR befindet sich in einer sozialen und politischen Krise. Das Ansehen unseres Landes hat erheblich gelitten. Die Glaubwürdigkeit des Sozialismus ist im Inneren erschüttert … In dieser Situation verlassen die DDR-Bürger massenweise ihr Land. Jedoch gibt es bisher kein Zeichen für eine Verständigung der SED-Führung mit der Bevölkerung. So wird die Dringlichkeit zu Reform und Erneuerung des sozialistischen Systems in der DDR unausweichlich.«[77]

»Mit dem Ziel, eine sozialdemokratische Partei in der DDR ins Leben zu rufen«, hatten Martin Gutzeit, Markus Meckel, Arndt Noack und Ibrahim Böhme (der allerdings, wie sich später zeigte, für das MfS arbeitete) bereits am 24. Juli 1989 für eine Initiativgruppe geworben. Der dann am 26. August vorgestellte sozialdemokratische Aufruf postulierte: »Unsere Gesellschaft wird durch den absoluten Wahr-

[72] Rainer Eckert, Revolutionäre Krise und Formierung der Opposition. In: Materialien der Enquete-Kommission »SED-Diktatur«. Bd. VII, 1, S. 755.

[73] Vgl. Stephan Birckhardt, DDR-Opposition in den achtziger Jahren. In: Materialien der Enquete-Kommission, ebd., S. 497.

[74] Erhart Neubert, Geschichte der Opposition in der DDR 1949–1989. Berlin, Bonn 1997, S. 828, dort genauere Hinweise.

[75] Gerhard Rein (Hrsg.), Die Opposition in der DDR. Berlin 1989, S. 16. Vgl. auch Stefan Wolle, Die heile Welt der Diktatur. Berlin 1998. S. 310 ff.

[76] Rein, Die Opposition in der DDR, ebd., S. 59.

[77] Rein, ebd., S. 35.

heits- und Machtanspruch der SED bestimmt, auf den hin alle Verhältnisse in Staat und Gesellschaft geordnet sind. Die Kluft zwischen ideologischem Anspruch und Wirklichkeit tritt jedoch immer klarer hervor. Die notwendige Demokratisierung unseres Landes hat die grundsätzliche Bestreitung eines solchen Wahrheits- und Machtanspruchs zur Voraussetzung. Dazu gehört eine offene geistige Auseinandersetzung mit den Grundlagen des Stalinismus und seiner Ausprägung in Geschichte und Gegenwart der DDR.«[78] Am 7. Oktober fand die Gründung der Sozialdemokratischen Partei in Schwante statt. Im Statut, das die Gründungsversammlung annahm, hieß es: »Die Partei führt den Namen Sozialdemokratische Partei der DDR (SDP). Ihr Tätigkeitsbereich erstreckt sich auf das Gebiet der Deutschen Demokratischen Republik. ... Die Sozialdemokratische Partei in der DDR vereinigt Menschen verschiedener Grundüberzeugungen und Glaubenshaltungen, die sich den Traditionen von Demokratie, sozialer Gerechtigkeit sowie der Verantwortung für die Bewahrung der natürlichen Umwelt verpflichtet fühlen.«[79]

Die verschiedenen Gruppen der Bürgerrechtler hatten den Widerstand unter dem Dach der Kirche begonnen. Nun war die Opposition organisatorisch selbständig geworden, doch die Bedeutung der Kirche ist hervorzuheben: »Der Beitrag der evangelischen Kirchen zu den Umbrüchen des Herbstes 1989 ist kaum zu überschätzen. Dabei bleibt jedoch festzuhalten, daß es eine Vielzahl aktiver Christen, mutiger Kirchengemeinden und engagierter Pastoren war, welche diese Bedeutung wesentlich prägten. Die Kirchenleitungen spielten eine eher untergeordnete Rolle und hatten z.T. eher Schwierigkeiten damit, ihre Aufgabe als Vermittler zu den staatlichen Stellen mehr und mehr schwinden zu sehen.«[80]

Als erste politische Kraft »bestritt die SDP der SED grundsätzlich ihren Führungsanspruch und überschritt mit ihrer Forderung nach Rechtsstaat und strikter Gewaltenteilung bewußt die Grenzen des ›Realsozialismus‹. Entscheidend war für die Sozialdemokratie die Demokratisierung der DDR, auch um dadurch die Möglichkeit für eine deutsche Wiedervereinigung zu schaffen.«[81] In der Forderung nach Demokratie in der DDR ging die Bürgerbewegung konform mit den Vorstellungen breiter Kreise. Das Anwachsen der Ausreisewelle 1989 war »eindeutiges Zeichen« für den »Loyalitäts- und Vertrauensverlust gegenüber der SED«.[82]

Die friedliche Revolution

Der wirtschaftliche Verfall ging 1989 rapide weiter. Drastisch machte sich nun bemerkbar, wie marode die Industrie war und daß die DDR schon lange Zeit nur noch von der Substanz zehrte. Planungschef Gerhard Schürer hatte im Mai 1988 »Material mit Vorschlägen für grundsätzliche wirtschaftliche Reformen« direkt an Honecker geschickt und diesen um ein »Gespräch unter vier Augen« gebeten.

[78] Rein, ebd., S. 85.

[79] Meckel und Gutzeit, Opposition in der DDR. S. 376.

[80] Markus Meckel, Der evangelische Beitrag zur friedlichen Revolution. Die Neue Gesellschaft, Frankfurter Hefte. Dezember 1998, S. 1120.

[81] Rainer Eckert, Revolutionäre Krise und Formierung der Opposition, S. 757.

[82] Martin Gutzeit, Widerstand und Opposition in den achtziger Jahren. In: Materialien der Enquete-Kommission, »SED-Diktatur«. Bd. VII, 1, S. 245.

Honecker verweigerte die Unterredung und gemeinsam mit Mittag hat er die Vorschläge abgelehnt.[83] Die Führung war auch in der Wirtschaft reformunfähig. Vor allem wegen der ökonomischen Krise war aber die Destabilisierung des Regimes nicht mehr aufzuhalten.

Daran konnte auch der inzwischen erreichte Besitzstand an Industriegütern nichts ändern. Nunmehr füllten 3,7 Millionen PKWs die Straßen der DDR, auch dort war eine »Autogesellschaft« entstanden. Doch die Wartezeit auf den vielbespöttelten und legendären »Trabi« lag bis zum Schluß bei 12 Jahren.[84] Zwar besaßen 54 Prozent aller Haushalte 1989 einen PKW (davon mehr als die Hälfte einen Trabant), doch über 60 Prozent der Autos waren älter als zehn Jahre. Dies brachte bei der kritischen Situation im Ersatzteil- und Reparaturwesen besondere Probleme.[85] Auch die gute Ausstattung der Familien z. B. mit Kühlschränken (99 pro hundert Haushalte), Waschmaschinen (99) oder Farbfernsehgeräten (57)[86] konnte den Unmut über die täglich größer werdende Misere nicht überdecken. Technischer Rückstand, Qualitätsmangel und Angebotslücken bei Gebrauchsgütern und Bekleidung führten zu Dauerärger. Die verschlechterte Lage und die personellen Ausfälle in Betrieben, Versorgungsunternehmen oder Kliniken, die der Ausreisestrom verursacht hatte, erbitterten zunehmend auch solche Bevölkerungskreise, die an ideologischen oder historischen Diskussionen kaum interessiert waren. Der Staat reagierte mit Härte. Am 11. September 1989 erfolgten nach einer Demonstration im Anschluß an ein Friedensgebet in Leipzig Massenfestnahmen. Das steigerte den Unwillen, in Leipzig strömten von da an montags immer mehr protestierende Menschen auf die Straße.

Die Zufriedenheit der Bürger mit ihren politischen Verhältnissen in der DDR war rapide gesunken. 1975 meinten nur 14 und 1981 34 Prozent, die politischen Verhältnisse seien schlechter geworden, aber 1989 sahen das 68 Prozent so. Und die allgemeinen Lebensbedingungen haben 1975 13 Prozent als schlecht beurteilt (28 Prozent als gut oder sehr gut), 1986 24 Prozent als schlecht (21 als gut). Doch 1989 sahen 37 Prozent die Lebensbedingungen als schlecht und nur 14 als gut an. Im gleichen Jahr zählten sich nur noch 12 Prozent zu den Anhängern, aber 44 Prozent zu den Gegnern des politischen Systems (1978: 26 zu 22).[87]

Ideenreich und mutig trat die Opposition gegen die SED-Diktatur auf. Während am 2. Oktober in Leipzig bereits 20 000 Menschen friedlich für Reformen in der DDR demonstrierten, kam es am 4. Oktober in Dresden vor dem Hauptbahnhof zu gewalttätigen Auseinandersetzungen zwischen 3 000 Bürgern und Sicherheitskräften. Die DDR hatte darauf bestanden, daß die 7 600 Flüchtlinge aus der Tschecho-

[83] Gerhard Schürer, Die Wirtschafts- und Sozialpolitik der SED. In: Ansichten zur Geschichte der DDR, Bd. III, Hrsg. Dietmar Keller, Hans Modrow und Herbert Wolf. Bonn, Berlin 1994, S. 164.

[84] Vgl. dazu und zur Lebenssituation allgemein Wolle, Die heile Welt der Diktatur, besonders S. 217 ff.

[85] Vgl. Gernot Schneider, Lebensstandard und Versorgungslage. In: Eberhard Kuhrt (in Verbindung mit Hansjörg Buck und Gunter Holzweißig), Am Ende des realen Sozialismus. Bd. 2: Die wirtschaftliche und ökologische Situation der DDR in den achtziger Jahren. Opladen 1996, S. 125 f.

[86] Schneider, Lebensstandard, ebd., S. 125; Matthias Judt (Hrsg.), DDR-Geschichte in Dokumenten. 2. Aufl. Berlin 1998, S. 158, nennt sogar bei Kühlschränken einen Bestand von 152 und bei Waschmaschinen 104.

[87] Materialien der Enquete-Kommission »SED-Diktatur«, Anlagen zum Protokoll der 51. Sitzung. Bd. V, 1, S. 723 f., S. 731. Vgl. auch die MfS-Berichte über die Stimmung der Bevölkerung: Walter Süß, Die Stimmungslage der Bevölkerung im Spiegel von MfS-Berichten. In: Eberhard Kuhrt (Hrsg.), Am Ende des realen Sozialismus. Bd. 1: Die SED-Herrschaft und ihr Zusammenbruch. Opladen 1996, S. 237 ff.

slowakei über ihr Gebiet in die Bundesrepublik transportiert würden. An den Fahrstrecken, auf Bahnhöfen – und eben vor allem in Dresden –, warteten viele, um gleichfalls die Sonderzüge benutzen und die DDR verlassen zu können.

Doch erhielten jetzt solche oppositionellen Kräfte, die bleiben und die DDR verändern wollten, enormen Auftrieb. Am 4. Oktober forderten Bürgerbewegungen freie Wahlen in der DDR unter UN-Kontrolle, ihre Zielsetzung richtete sich direkt auf die Abschaffung der SED-Diktatur. In der Folge kam es beinahe wöchentlich zu Treffen einer sogenannten »Kontaktgruppe« jener Gruppierungen, die dann ab Dezember zum »Runden Tisch« gehörte. Das waren die seit 1985 bestehende Initiative Frieden und Menschenrechte, das Neue Forum, Demokratie jetzt, Demokratischer Aufbruch, die Sozialdemokratische Partei, die dann im November gegründete Grüne Partei sowie die Vereinigte Linke.[88]

Zunächst zeigte sich die DDR-Führung weder von der Ausreisewelle noch von den Demonstrationen beeindruckt, obwohl ihr warnende Mitteilungen des Ministeriums für Staatssicherheit vorlagen. Dort war am 31. August 1989 bei einer Dienstbesprechung mit MfS-Minister Mielke schon festgestellt worden: »Die Stimmung ist mies. Es gibt umfangreiche Diskussionen über alle berechtigten und unberechtigten Probleme, die es gibt, und was uns hierbei besonders bewegt, es gibt solche miese Stimmung auch innerhalb der Parteiorganisation.« Zwei Wochen später, am 11. September, meldete das MfS nicht nur eine »erhebliche Zunahme von Parteiaustritten«, sondern auch »ernste Befürchtungen hinsichtlich der weiteren Erhaltung der politischen Stabilität der DDR«.[89]

Der rapide Niedergang des alten Systems war in der Woche nach dem 40. Jahrestag nicht mehr zu übersehen. Tausende DDR-Familien benutzten die Gelegenheit der beginnenden Herbstferien, über die ČSSR und über Ungarn zu fliehen. Einen beachtlichen Erfolg erreichten die gegen die SED-Diktatur friedlich Protestierenden mit der Leipziger Montagsdemonstration vom 9. Oktober. An diesem Abend befanden sich 70 000 Menschen auf den Straßen und bis zuletzt bestand die Gefahr, daß die in der Stadt konzentrierten bewaffneten Kräfte mit Gewalt gegen die mutig demonstrierenden Bürger vorgehen würden. Doch die »mehreren tausend bewaffneten Sicherheitskräfte waren nicht zum Einsatz gekommen. Damit war endgültig klar, daß all diese infolge des Volksaufstandes vom 17. Juni 1953 geplanten und danach immer perfekter vorbereiteten Maßnahmen in der entstandenen Situation undurchführbar geworden waren. Die Sicherheitsorgane standen nicht, wie sie sich jahrzehntelang eingeredet und auch öffentlich verbreitet hatten, einer Handvoll ›Rädelsführern und Handlangern‹ gegenüber, die von ›reaktionären Kreisen‹ ferngesteuert wurden, sondern einer breiten Masse der Bevölkerung.«[90]

Selbst die Blockpartei LDPD sprach sich am 17. Oktober für »rasche und spürbare Veränderungen« aus, der Druck auf die SED-Führung kam aus allen Schichten. Insbesondere nachdem an der Leipziger Montagsdemonstration vom 16. Ok-

[88] Vgl. Uwe Thaysen, Der runde Tisch. Opladen 1990, S. 28 ff.

[89] Armin Mitter und Stefan Wolle, Ich liebe euch doch alle! Befehle und Lageberichte des MfS. Januar–November 1989. Berlin 1990, S. 127.

[90] Vgl. die Einzelheiten (und Faksimiles) in Tobias Hollitzer, »Heute entscheidet es sich: Entweder die oder wir.« Zum 9. Oktober 1989 – Leipzig. In: Horch und Guck. Historisch-literarische Zeitschrift des Bürgerkomitees »15. Januar«. 7 (1998), Heft 23, S. 23 ff. Vgl. auch die umfangreiche Darstellung bei Christian Dietrich, Fallstudie Leipzig 1987–1989. In: Materialien der Enquete-Kommission »SED-Diktatur«, Bd. VII, 1, S. 558 ff.

tober 120 000 Personen teilgenommen hatten,[91] mußte die Parteispitze reagieren. Im Politbüro der SED verständigten sich jene Mitglieder, die allein in einem Rücktritt Honeckers und einer »Wende« die Möglichkeit sahen, das Regime vor dem endgültigen Fiasko zu retten. Noch vor der Routinesitzung des Politbüros am 17. Oktober hatten Egon Krenz und Günter Schabowski gemeinsam mit Willi Stoph, Harry Tisch u. a. Schritte zur Absetzung Honeckers besprochen.[92]

Am 18. Oktober hat das ZK Honecker »auf eigenen Wunsch« von allen Ämtern entbunden, es sprach ihm – der wenige Wochen später aus der SED ausgeschlossen wurde – aber noch herzlichen Dank aus. Joachim Herrmann und Günter Mittag wurden aus dem Politbüro abberufen. Neuer Generalsekretär der SED wurde Egon Krenz. »Sang- und klanglos war die Ära Honecker zu Ende gegangen.«[93] Im Protokoll dieser 9. ZK-Tagung am 18. Oktober ist zu lesen, daß Honecker noch in Aussicht stellte: »Meiner Partei werde ich auch in Zukunft mit meinen Erfahrungen und meinem Rat zur Verfügung stehen.« Und als Stoph dann Honecker »für sein politisches Lebenswerk« den »herzlichen Dank verbunden mit allerbesten Wünschen« aussprach, verzeichnet das Protokoll: »Die Mitglieder und Kandidaten des ZK erheben sich von den Plätzen. Anhaltender stürmischer Beifall, bis Erich Honecker den Saal verlassen hat«[94].

Wie das ZK aber nun zwischen seiner bisherigen Rolle als Akklamationsorgan und zaghaftem, harmlosem Aufbegehren schwankte, zeigt folgender Wortwechsel in dieser ZK-Sitzung:

»*Moritz Mebel:* Zur Geschäftsordnung!

Willi Stoph: Bitte!

Moritz Mebel: Ich möchte wissen, warum das Politbüro den Genossen Herrmann und den Genossen Mittag abberuft. Ich möchte eine Erklärung des Politbüros haben.

Willi Stoph: Ich hab' nicht richtig verstanden.

Zuruf: Er möchte eine Erklärung des Politbüros …

Moritz Mebel: Ich möchte eine Erklärung des Politbüros haben, warum die beiden Genossen aus dem Politbüro abberufen werden. Was sind die Ursachen?

Willi Stoph: Weil sie ihren Anforderungen nicht gerecht wurden, wie im Politbüro festgestellt wurde. Genügt das?

Moritz Mebel: Das genügt mir.«[95]

Im ZK existierte der Untertanengeist also wie gehabt. Anders in der Bevölkerung. Ungeachtet aller Proteste der 300 000 Teilnehmer bei der Leipziger Montagsdemonstration am 23. Oktober gegen die neue »Machtkonzentration« hat die Volkskammer am 24. Oktober (bei 26 Gegenstimmen und 26 Enthaltungen) Egon Krenz zum Staatsratsvorsitzenden und bei acht Gegenstimmen auch zum Vorsitzenden des Nationalen Verteidigungsrates gewählt. Die Aufrechterhaltung der formellen Machtfülle bei Krenz bewies, daß die SED-Spitze weiterhin realitätsfern agierte.

[91] Dokumente zu den umfangreichen Gegenvorbereitungen des Staates bei Hollitzer, Heute entscheidet es sich, S. 30 ff. Doch jetzt hatte Generaloberst Strelitz »im Auftrag des Genossen Egon Krenz« festgelegt: »Unter keinen Umständen ist die Schußwaffe durch die Schutz- und Sicherheitskräfte in Einsatz zu bringen.« Faksimile ebd., S. 36 f.

[92] Vgl. Günter Schabowski, Der Absturz. Berlin 1991.

[93] Schabowski, ebd., S. 270.

[94] Hertle und Stephan, Das Ende der SED, S. 104.

[95] Hertle und Stephan, ebd., S. 105.

Noch am 23. Oktober glaubten Mielke u.a., die »verfassungswidrige Tätigkeit« der Sozialdemokratischen Partei der DDR, deren »rechtswidrig vorgenommene Gründungshandlung«, verbieten zu können.[96]

Krenz versprach zwar die »Wende«, doch damit war für ihn und andere SED-Führer und -Funktionäre die Vorstellung verbunden, es bedürfe nur einiger Korrekturen der alten Politik. Da Krenz als »Ziehsohn« Honeckers galt, war seine Autorität gering. Im Herbst hatte er – offenbar gegen die Reformer gerichtet – gedroht, wer »die Macht« der Partei in Frage stelle, dem sei »mit politischen, aber auch mit allen rechtlichen Mitteln des Staates zu begegnen.«[97] Noch bemerkenswerter war seine Aussage im ZK am 18. Oktober 1989 (nach der Absetzung Honeckers), die SED habe immer »alle gesellschaftlichen Umwälzungen und Reformen geführt. So wird und so soll es auch diesmal sein.«[98] Daß Krenz selbst innerhalb der Partei Mißtrauen erweckte, ist verständlich.

Schließlich war eine grundsätzliche Erneuerung des politischen Systems die Mindestforderung der oppositionellen politischen Kräfte. Krenz traf sich sofort mit Kirchenvertretern. Er telefonierte schon am 26. Oktober mit Bundeskanzler Kohl (wobei über die Fortsetzung der Zusammenarbeit beider deutscher Staaten gesprochen wurde). Dabei fielen »große Worte«.[99] Immerhin sagte Krenz: »Wende bedeutet aber jedoch keinen Umbruch.«[100] Seine erste Reise als DDR-Staatsratsvorsitzender führte ihn am 31. Oktober zu Gorbatschow nach Moskau, beide stimmten darin überein, daß das Thema Wiedervereinigung »nicht auf der Tagesordnung« stehe. Sie wollten eine »noch engere« Zusammenarbeit »ihrer Parteien« und Gorbatschow versicherte, daß »die Sowjetunion in dieser Zeit fest an der Seite der DDR stehe«.[101]

In einem Telefongespräch zwischen Kohl und Gorbatschow am 11. November warnte der Sowjetführer vor einem »Chaos«. Und der Bundeskanzler betonte, er lehne »jegliche Radikalisierung ab und wünsche keine Destabilisierung der Lage«.[102] Während US-Präsident Bush die deutsche Vereinigung strategisch fest einplante, schien diese für Deutsche und Russen noch nicht aktuell. Am gleichen 11. November hatte Bundeskanzler Kohl auch mit Krenz gesprochen. Auf die Bitte des Staatsratsvorsitzenden, Kohl möge »auf die Leute, die nun am liebsten alles über Nacht beseitigen möchten«, doch »beruhigend einwirken«, versicherte der Kanzler, daß »jede Form der Radikalisierung gefährlich ist.«[103] Wie gegenüber Gorbatschow lehnte er jede »Destabilisierung« ab. Drei Wochen später war Krenz gestürzt. Die dramatischen Umbrüche überrollten die Bonner Politik. Die Bundesre-

[96] Meckel und Gutzeit, Opposition in der DDR, S. 397f.

[97] Egon Krenz, Demokratie und Recht in der DDR. In: Probleme des Friedens und des Sozialismus, 32, Oktober 1989, S. 1304.

[98] Hertle und Stephan, Das Ende der SED, S. 107.

[99] Detlef Nakath und Gerd-Rüdiger Stephan, Countdown zur deutschen Einheit, S. 36.

[100] Stephan, Vorwärts immer, S. 183. Hier ist das Telefongespräch aus den SED-Akten wörtlich abgedruckt (S. 180ff.). In der Bonner Dokumentation Deutsche Einheit, Sonderedition aus den Akten des Bundeskanzleramtes, gibt es hingegen nur eine Zusammenfassung (S. 468f.)

[101] Detlef Nakath, Gero Neugebauer und Gerd-Rüdiger Stephan (Hrsg.), »Im Kreml brennt noch Licht.« Die Spitzenkontakte zwischen SED/PDS und KPdSU 1989–1991. Berlin 1998, S. 61.

[102] So bei Stephan, Vorwärts immer, S. 249. Ähnlich in Deutsche Einheit. Sonderedition aus den Akten des Bundeskanzleramtes, S. 515.

[103] Stephan, Vorwärts immer, S. 245. Ähnlich in Deutsche Einheit. Sonderedition aus den Akten des Bundeskanzleramtes, S. 513f.

publik – und auch die Regierung Kohl – waren in der Praxis viel stärker an der deutschen Zweistaatlichkeit orientiert, als dies später zugegeben wurde. Doch die Bevölkerung der DDR ging zu diesem Zeitpunkt schon viel weiter und sie war mit einer »Wende« nicht mehr zufriedenzustellen. Statt einer Stabilisierung wollte sie eine grundsätzliche, also radikale Veränderung.

Denn im November überstürzten sich die Ereignisse. Zur größten Massendemonstration kam es am 4. November in Ost-Berlin: Dort forderten etwa eine Million Menschen Presse-, Reise-, Meinungs- und Versammlungsfreiheit und insbesondere freie Wahlen. Zu der Veranstaltung hatten DDR-Künstlerverbände aufgerufen, 26 Personen, darunter die Schriftsteller Stefan Heym, Christa Wolf und Christoph Hein, sprachen zu den Versammelten, sogar Günter Schabowski und der ehemalige Geheimdienst-Chef Markus Wolf redeten, freilich von Pfiffen gestört. Diese Massenkundgebung wirkte bis in die Reihen der SED, die Partei zeigte deutliche Zerfallserscheinungen. Am 8. November tagte das ZK der SED, und erst jetzt wurden weitreichende personelle Veränderungen im Politbüro beschlossen, dieses sofort auf elf Mitglieder und sechs Kandidaten verkleinert. Elf Parteiführer mußten ausscheiden, darunter Hermann Axen, Kurt Hager, Erich Mielke, Horst Sindermann und Willi Stoph. Hans Modrow wurde erstmals Mitglied des Politbüros, bereits fünf Tage später, am 13. November, wählte ihn die Volkskammer zum neuen Regierungschef.

Doch das verkleinerte Spitzengremium der SED nahm kurz darauf schon wieder Umbesetzungen vor. Im Apparat der SED wurden sämtliche 1. Sekretäre der 15 SED-Bezirke, viele Kreissekretäre und andere Funktionäre von ihren Posten abgelöst. Obwohl die neue SED-Führung freie Wahlen versprechen und der »Führungsrolle« der Partei abschwören mußte, meinte sie, die Schalthebel der Macht in der Hand behalten und die Positionen der Partei in Bezirken und Kreisen durch Lavieren retten zu können. Aber der Druck der Massen und zunehmend auch von der eigenen Parteibasis ließen der Taktik von Krenz keine Chance.

Die plötzliche, überraschende Öffnung der Grenzübergänge nach West-Berlin und in die Bundesrepublik am Abend des 9. November war die wirkliche Zäsur der »Wende«. Die von Schabowski auf einer Pressekonferenz gegebenen Hinweise zur Grenzöffnung[104] verursachten einen Dammbruch. Der Fall der Mauer sowie der Verzicht der Sowjetunion, »sie mit militärischer Gewalt wieder zu errichten, entzogen der DDR die Grundvoraussetzungen ihrer Existenz«.[105] In den darauffolgenden Wochen konnten Millionen von DDR-Bürgern die Bundesrepublik und West-Berlin besuchen. Die unmittelbare Anschauung der unterschiedlichen Lebensverhältnisse überwältigte, ja schockierte die Menschen. Schnell schwanden nun die Vorstellungen, die DDR sei zu reformieren, statt dessen wuchs der Wunsch nach einer alsbaldigen Vereinigung.

Das Ende der SED-Diktatur

Vor diesem Hintergrund vollzog sich schließlich eine tiefgreifende Veränderung des Parteiensystems; vor allem, nachdem die »führende Rolle« der Partei am 1. Dezem-

[104] Hans-Hermann Hertle, Chronik des Mauerfalls. Berlin 1996, S. 145. Dort die Darstellung der Entwicklung und des Zusammenhangs.
[105] Hertle, Chronik des Mauerfalls, S. 268.

ber aus der DDR-Verfassung getilgt wurde, war die Hegemonie der SED zu Ende. Diese Krise erschütterte die Führung erneut so sehr, daß es auf den letzten ZK-Tagungen am 13. November und 3. Dezember 1989 zu erregten Debatten kam. Am 3. Dezember gab Schabowski den Beschluß bekannt: »Ich wiederhole noch mal: Hans Albrecht, Erich Honecker, Werner Krolikowski, Günther Kleiber, Erich Mielke, Gerhard Müller, Alexander Schalck-Golodkowski, Horst Sindermann, Willi Stoph, Harry Tisch, Herbert Ziegenhahn und Dieter Müller werden aus dem Zentralkomitee ausgeschlossen. Aufgrund der Schwere ihrer Verstöße gegen das Statut der SED und in Anbetracht zahlreicher Forderungen und Anträge von Kreisdelegiertenkonferenzen werden sie zugleich aus der SED ausgeschlossen.«[106]

Auf dieser letzten Sitzung des ZK gingen die Wogen hoch. Der 83-jährige Bernhard Quandt, der seit 1922 in der KPD war und seit 1958 im ZK der SED saß, verstand offenbar die Welt nicht mehr. Er weinte, weil einige »unsere ruhmreiche Partei« auflösen wollten. Emotional aufgewühlt, forderte er ein neues Politbüro, das »mit der Verbrecherbande des alten Politbüros, entschuldigt Genossen, nichts zu tun hat.« Und er verlangte die (erst 1987 in der DDR abgeschaffte) Todesstrafe wieder einzuführen, »und daß wir die alle standrechtlich erschießen, die unsere Partei in eine solche Schmach gebracht haben, daß die ganze Welt vor einem großen, einem solchen Skandal steht, den sie noch niemals gesehen hat«.[107]

Die veröffentlichten Einzelheiten über die Korruption ehemaliger Spitzenfunktionäre wirkten auf die Parteibasis wie ein schwerer Schlag. Ihre Führung, die doch angeblich das »Wohl des Volkes« auf ihre Fahnen geschrieben hatte, entlarvte sich nicht nur als eine diktatorische Clique – sie war sogar kriminell. Alle krampfhaften Bemühungen, auf eine angebliche »Drei-Mann-Diktatur« Honecker-Mielke-Mittag abzulenken, scheiterten. Denn die jetzt bekanntgewordenen schlimmen Übel basierten letztlich auf den stalinistischen Strukturen und Praktiken der SED-Diktatur.

Schließlich stand die SED seit dem außerordentlichen Parteitag im Dezember 1989 ohne Machtinstrumente da: Ihre Privatarmee, die »Kampfgruppen in den Betrieben«, wurde entwaffnet, das Ministerium für Staatssicherheit, das wichtigste Repressionsorgan der SED-Führung, stand vor der Auflösung, die Nationale Volksarmee diente nicht mehr als Parteiarmee. Der Beginn des SED-Parteitags – zum 16. Dezember einberufen – wurde schließlich auf den 8. Dezember vorverlegt. Denn am 6. Dezember – nach nur 50 Tagen Amtszeit – waren Krenz sowie das Politbüro und das ZK zurückgetreten, deshalb mußte die führerlos gewordene Partei rasch handeln. In der kurzen Zeitspanne bis zum Parteitag hatten viele Organisationseinheiten für die Auflösung der SED plädiert, doch das lehnten die Delegierten des Parteitags am 8. Dezember einstimmig ab. Das politisch klarste Zeichen einer Absage gegenüber dem Stalinismus blieb aus, und zwar, um die materiellen Ressourcen behalten zu können. Aber gerade der Finanzen, ihres Milliardenvermögens, wegen, geriet die Partei bald in mancherlei Schwierigkeiten.

Der neue Vorstand, der die Partei dann im Februar 1990 in »Partei des Demokratischen Sozialismus«, PDS, umbenannte, versprach, die stalinistische Ideologie und die stalinistischen Strukturen zu beseitigen. Neben Rechtsanwalt Gregor Gysi als Vorsitzendem wurden mit seinen Stellvertretern Hans Modrow, Wolfgang Berghofer (der dann aber schon im Januar aus der SED austrat) und Wolfgang Pohl als

[106] Hertle und Stephan, Das Ende der SED, S. 475.
[107] Ebd., S. 469.

unbelastet angesehene Funktionäre gewählt. Unter den 100 Mitgliedern des neu geschaffenen Parteivorstands befanden sich nur wenige, die zuvor schon dem ZK angehört hatten.

Der Parteitag veränderte die Führungsstruktur und bestimmte eine neue Spitze. Diese wollte einen (bisher dort so verpönten) »dritten Weg jenseits von stalinistischem Sozialismus und Herrschaft transnationaler Monopole«. Die »gewendeten« Grundvorstellungen der SED/PDS faßte das Statut zusammen: Darin bezeichnete sie sich nicht mehr als »marxistisch-leninistische«, sondern als »marxistische, sozialistische Partei«. Neue »Grundwerte« sollten für sie »Frieden, Solidarität, Umweltschutz, soziale Gerechtigkeit, Demokratie und sozialistischer Pluralismus« sein. Doch das Profil der Partei blieb diffus.

Für die Modrow-Regierung hatte die Bewältigung der Wirtschaftskrise, die Durchsetzung von Reformen und eine »Vertragsgemeinschaft« mit der Bundesrepublik Priorität. Auf den Massendemonstrationen aber wurde der Ruf nach freien Wahlen immer lauter. Ab Dezember war dann deutlich die Forderung nach der Einheit Deutschlands zu hören. Die Revolution hatte über das SED-Regime in der DDR gesiegt. Daß der Zusammenbruch der Diktatur – trotz des enormen Repressionsapparates des Staates – friedlich, ohne einen Schuß, erfolgte, war dabei wichtig und erfreulich. Wenn das System friedlich überwunden wurde, war das auch ein Verdienst der Bürgerbewegungen. In einer Ende 1989 veröffentlichten Analyse wurden als »Geburtshelfer dieser Revolution« diejenigen genannt, die »mit großem persönlichen Risiko« für Veränderungen gekämpft hatten, »Oppositionelle, Basisgruppen und Teile der Evangelischen Kirchen«.[108] Nur durch diese von der Opposition vorangetriebene Revolution[109] und wegen der Krise des Weltkommunismus brach die bereits marode SED-Herrschaft zusammen und wurde der Weg zur deutschen Einheit frei. Denn am »Beginn der Vereinigung stand die Selbstbefreiung der Ostdeutschen, sie setzten damit ein Datum in der Geschichte Deutschlands, wie es darin selten zu finden ist«.[110]

Die Ermahnung der friedlichen Demonstranten, »keine Gewalt«, ging während des Umbruchs in der DDR rasch über in die fast einstimmige Parole: »Wir sind das Volk«. Der Protest war gegen die SED-Diktatur gerichtet, zielte auf eine Veränderung in der DDR. Mit der Öffnung der Grenzen schlug diese Losung um in die Rufe »Wir sind ein Volk« sowie »Deutschland, einig Vaterland«. Inzwischen wünschte die Masse keine »andere« DDR mehr, sondern die Einheit Deutschlands. Der Wille, die Vereinigung ganz rasch zu vollziehen, war in der DDR 1990 nicht mehr aufzuhalten. Viele hofften, in Kürze ebenfalls den Lebensstandard der Bundesrepublik zu erreichen, andere befürchteten, diese einmalige Chance könnte durch reaktionäre Veränderungen in der Sowjetunion schwinden. Westliche Politiker warn-

[108] Hubertus Knabe (Hrsg.), Aufbruch in eine andere DDR. Reinbek bei Hamburg, 1989, S. 10.

[109] Ganz anders – und m. E. falsch – bewertete deren Rolle als eher unbedeutend Claus Offe, Wohlstand, Nation, Republik. In: Hans Joas und Martin Kohli, Der Zusammenbruch der DDR. Soziologische Analysen. Frankfurt a. M. 1993, S. 291 ff. Auch bei Klaus Schroeder (Der SED-Staat, München 1998, S. 316 ff.) wird die organisierte Opposition zu einseitig am gesamtdeutschen Anspruch gemessen. Vgl. die differenzierte kurze Darstellung bei Stefan Wolle, Der Weg in den Zusammenbruch. In: Eckhard Jesse und Armin Mitter, Die Gestaltung der deutschen Einheit. Bonn 1992, S. 97 ff. Dort auch eine erste Übersicht von Jesse zum damaligen Forschungsstand (ebd., S. 399 ff.); vgl. auch Meckel und Gutzeit, Opposition in der DDR; Neubert, Geschichte der Opposition, S. 925 ff.

[110] Peter Bender, Episode oder Epoche? Zur Geschichte des geteilten Deutschland. München 1996, S. 257.

ten vor der Gefahr, daß die Fluchtwelle in die Bundesrepublik die wirtschaftliche Situation in West und Ost verschärfen würde. Unter solchen Voraussetzungen erhielt die Forderung nach alsbaldiger Währungs- und Wirtschaftsunion beachtlichen Widerhall.

Dieser Massenwunsch nach schneller wirtschaftlicher, aber auch politischer Vereinigung berührte auch das Parteiensystem in der DDR. Die SED/PDS konnte sich nur schwer mit ihrer veränderten Rolle abfinden, stammte doch die übergroße Mehrheit ihrer Mitglieder aus der SED. Allerdings sanken die Mitgliederzahlen von einst 2,4 Millionen rapide auf 700 000 im Februar 1990 und bald auf unter 300 000.

Rasch wechselten die früheren Blockparteien ihre Positionen und teilweise ihre Führungen. Die LDP, vor allem ihr Vorsitzender Manfred Gerlach, hatte bereits im Vorfeld der Revolution »abweichende« Meinungen geäußert. Am 24. November strich diese Partei – wie die anderen auch – ihr Bekenntnis zur »führenden Rolle« der SED aus dem Statut. Unter Gerlachs Führung (der am 6. Dezember als Nachfolger von Krenz Vorsitzender des Staatsrats wurde) änderte die LDP einige Ansichten. Die CDU der DDR verlangte am 28. Oktober – zunächst nur in einem »Diskussionsentwurf« für ein Positionspapier – freie Wahlen und Rechtsstabilität. Mit der Wahl von Lothar de Maizière am 10. November wollte diese Partei – nach dem am 2. November erfolgten Rücktritt des diskreditierten Vorsitzenden Gerald Götting – auch einen personellen Neuanfang signalisieren. Ähnlich agierten die Nationaldemokraten, deren Vorsitzender Heinrich Homann ebenfalls am 2. November zurücktrat: der bisherige Stellvertreter Hartmann übernahm die Führung. Dagegen konnte die Bauernpartei ihren Vorsitzenden Maleuda dann (in einer Stichwahl) sogar noch als Parlamentspräsidenten der Volkskammer durchbringen.

Während der »Wende« zeigte sich, daß sich die Blockparteien schwer taten, über ihre lang gewohnte Satellitenrolle zu reflektieren und sie schließlich aufzugeben. Sie behielten weiterhin ihren Platz in der Volkskammer und blieben an der neuen Modrow-Regierung beteiligt. Fest etabliert, hatten sie weiterhin ihre Ressourcen, ihr Apparat (Presse, Gebäude usw.) wurde nicht angetastet. Deshalb konnten sie sich gegenüber neuen Bürgerbewegungen und den neu entstehenden Parteien gut behaupten.

Die von der SED gegängelten Massenorganisationen verloren rasch ihre Bedeutung. Ihr Organisationsmonopol verschwand, da sich zahlreiche unabhängige Organisationen bildeten. Alle Massenorganisationen registrierten einen immensen Mitgliederverlust, im politischen System hatten sie ausgespielt.

Die Bürgerbewegungen, aufgespalten in verschiedene Richtungen, erwarteten anfangs noch, die DDR sei zu reformieren. Unmittelbaren Einfluß auf die Regierungspolitik erlangten die wichtigsten Oppositionsgruppen erst am 7. Dezember durch die Einrichtung des »Runden Tisches«. An ihm saßen nun neben Vertretern der Blockparteien, der SED, des FDGB und der VdgB auch Sprecher der neuen Parteien und Gruppen: Demokratie jetzt, Demokratischer Aufbruch, Grüne Liga, Grüne Partei, Initiative Frieden und Menschenrechte, Neues Forum, Sozialdemokratische Partei, Unabhängiger Frauenverband und Vereinigte Linke.

Der »Runde Tisch« beabsichtigte sofort, den Entwurf einer demokratischen Verfassung für die DDR zu erarbeiten (im April 1990 noch vorgelegt, blieb er ohne praktische Wirkung, weil der Weg zur deutschen Einheit über Art. 23 des Grundgesetzes ging). Als zentralen Punkt nannte das Gremium die Herstellung von Rechtssicherheit. Die Auflösung des MfS und später des Nachfolgeorgans »Amt für Nationale Sicherheit« zählte zu einer seiner wichtigsten Tätigkeiten.

Das Parteiensystem der DDR paßte sich 1990 schrittweise an das der Bundesrepublik an. Schon auf ihrem Sonderparteitag am 15. und 16. Dezember 1989 bekannte sich die CDU unter de Maizière zur Marktwirtschaft und zur »Einheit der Nation«.[111]

Auch die neugegründeten Parteien orientierten sich erkennbar an den Schwesterorganisationen in der Bundesrepublik. Die Sozialdemokratische Partei, die SDP, nannte sich auf ihrer Delegiertenkonferenz vom 12. bis 14. Januar 1990 in Berlin um in SPD in der DDR und es kam zu enger Zusammenarbeit mit der SPD der Bundesrepublik. Die Deutsche Soziale Union – als Partei am 20. Januar 1990 in Leipzig gegründet – verstand sich ausdrücklich als Schwesterpartei der bayerischen CSU. Sie wollte eine von »christlichen Wertvorstellungen geprägte« Volkspartei sein. Sowohl die nach der »Wende« in der DDR neugegründete FDP als auch die LDP waren bemüht, mit der FDP in der Bundesrepublik engere Beziehungen herzustellen.

Die seit November 1989 amtierende Regierung Modrow geriet sofort unter starken Erfolgszwang. Doch die Schwierigkeiten der Wirtschaft waren von ihr nicht in den Griff zu bekommen, notwendige Reformen stockten, die Auflösung des MfS geschah nur schleppend. Nachdem Bundeskanzler Kohl am 28. November 1989 im Bundestag ein »Zehn-Punkte-Programm zur Überwindung der Teilung Deutschlands und Europas« vorgelegt hatte, traf er sich am 19. Dezember mit DDR-Regierungschef Modrow in Dresden. Sie hatten noch einen »Vertrag über Zusammenarbeit und gute Nachbarschaft« ins Auge gefaßt. Auf einer Pressekonferenz äußerte Kohl »die Hoffnung, daß eine Vereinbarung über die Vertragsgemeinschaft bereits im Frühjahr 1990 unterzeichnet werden kann«.[112] Deshalb beharrte Modrow in der Volkskammer-Sitzung am 14. Januar 1990 in seiner Regierungserklärung darauf, daß »eine Vereinigung von DDR und BRD nicht auf der Tagesordnung steht«. Allerdings hatte Bundeskanzler Kohl im Gespräch mit Modrow am 19. Dezember 1989 erneut betont, »unser Interesse sei auf keinen Fall, zur Destabilisierung der DDR beizutragen« und sogar gemeint: »Man solle jetzt den Gedanken einer Föderation beiseite lassen und sehen, was heute getan werden könne«. Beim Zusammentreffen mit Vertretern von Oppositionsgruppen am darauffolgenden Tag plädierte Kohl für ein »schrittweises und pragmatisches Vorgehen ohne Kalender« in der deutschen Frage.[113]

Doch die Ereignisse spitzten sich zu, es wurde immer deutlicher, daß die Mehrheit der Bevölkerung auf eine umgehende Einheit Deutschlands drängte. Gerade die Versuche der SED/PDS im Januar, ihre verlorene Macht zu restaurieren, führten zu erneuten Demonstrationen gegen Partei und Stasi. Außerdem drohten Vertreter der früheren Blockparteien, die Regierungskoalition zu verlassen, falls sich die SED/PDS nicht endgültig von ihrem früheren Machtanspruch lossage. Als die Krise Ende Januar alarmierend wurde, einigte sich der »Runde Tisch« darauf, die für den 6. Mai terminierten ersten freien Volkskammerwahlen auf den 18. März 1990 vorzuziehen. Eine »Regierung der nationalen Verantwortung« wurde gebildet: am 5. Februar traten acht Persönlichkeiten oppositioneller Parteien und Gruppen als Minister ohne Geschäftsbereich in die Regierung Modrow ein.

[111] Hannes Bahrmann und Christoph Links, Wir sind das Volk. Die DDR zwischen 7. Oktober und 17. Dezember 1989. Eine Chronik. Berlin, Weimar 1990, S. 204f.

[112] Das Parlament, Nr. 52–53 vom 22./29. 12. 1989.

[113] Deutsche Einheit. Sonderedition aus den Akten des Bundeskanzleramtes, S. 670ff.

Gorbatschow hatte Modrow bei einer Visite in Moskau am 30. Januar 1990 versichert, prinzipiell habe die Sowjetunion nichts gegen eine Vereinigung beider deutscher Staaten einzuwenden. Er unterstützte Modrows Auffassung, »daß seine Regierung jetzt die Initiative ergreifen muß, da sie um die Frage der Vereinigung ohnehin nicht herumkomme«.[114] Daraufhin unterbreitete Modrow am 1. Februar einen eigenen Plan zur Vereinigung. Schließlich konnten nach dem Besuch von Bundeskanzler Kohl bei Gorbatschow am 10. Februar konkrete Schritte einer Vereinigung überdacht und geplant werden. Gorbatschow hatte zugestimmt, daß es das Recht der Deutschen sei, »die Einheit anzustreben und über die weitere Entwicklung zu entscheiden.« Allerdings meinte Kohl noch, »natürlich könne die NATO ihr Gebiet nicht auf das Gebiet der heutigen DDR ausdehnen«.[115] Am 6. März versuchte Modrow vergeblich, Gorbatschow dafür zu gewinnen, Bestrebungen »entgegenzuwirken«, die »Vereinigung unter Umgehung jeglicher Etappen und Zwischenabschnitte auf der Grundlage von Artikel 23 des Grundgesetzes zu erreichen«.[116] Doch genau diese Entwicklung war nicht mehr zu bremsen.

Voraussetzung dafür boten die freien, geheimen Wahlen in der DDR, die am 18. März 1990 zur Volkskammer stattfanden. Im Vorfeld ließen die Parteien klarere Konturen erkennen, teilweise vereinbarten sie Wahlbündnisse. So schlossen sich die drei konservativen Parteien – die frühere Blockpartei CDU und die beiden neuen Parteien DSU und Demokratischer Aufbruch – zur »Allianz für Deutschland« zusammen, sie kandidierten jedoch selbständig. Ebenso einigten sich die frühere Blockpartei LDP, die neugegründete FDP und die vom Neuen Forum abgespaltene Neue Forumpartei am 12. Februar 1990 auf ein festes Wahlbündnis unter der Bezeichnung »Bund Freier Demokraten«. Die Bürgerbewegungen Neues Forum, Demokratie jetzt und Initiative Freiheit und Menschenrechte bildeten das »Bündnis 90«. Schließlich gab es weitere Aktionsbündnisse kleinerer Gruppen.

Insgesamt stellten sich den knapp 12,5 Millionen DDR-Stimmberechtigten erstmals 24 Parteien, Gruppen und Bündnisse zur demokratischen Wahl. Bei einer Wahlbeteiligung von über 93 Prozent erhielten die CDU 4,7 Millionen (40,8 Prozent), DSU 727 000 und Demokratischer Aufbruch 106 000 Stimmen, womit die Allianz für Deutschland 48 Prozent der Stimmen erreichte. Die SPD kam auf 2,5 Millionen (22 Prozent) die PDS auf 1,89 Millionen (16 Prozent). Bündnis 90 – Neues Forum – Demokratie jetzt wählten nur drei Prozent, den Bund Freier Demokraten fünf Prozent. Da keine Sperrklausel existierte, konnten 12 Listen eigene Abgeordnete in die Volkskammer entsenden. Die CDU errang 163 Sitze, DSU 25 und DA vier Mandate, die SPD kam auf 88 Sitze, die PDS auf 66, die Freien Demokraten erhielten 21 und »Bündnis 90« 12 Abgeordnete, Grüne acht Mandate; es gab noch Splittergruppen, darunter die NDPD mit zwei Vertretern, DFD und Vereinigte Linke mit nur je einem.[117]

[114] Nakath und Stephan, Countdown zur deutschen Einheit, S. 292 f. Vgl. auch: »Moskau: Deutsche Einheit aktuell«. Frankfurter Rundschau, Nr. 26 vom 31. 1. 1990.

[115] Deutsche Einheit. Sonderedition aus den Akten des Bundeskanzleramtes, S. 799 ff.

[116] Nakath, Neugebauer, Stephan, Im Kreml brennt noch Licht, S. 181.

[117] Vgl. zu den Wahlen Jürgen W. Falter, Wahlen 1990. In: Jesse und Mitter, Die Gestaltung der deutschen Einheit, S. 163 ff.

Die erste frei gewählte Volkskammer und die von ihr im April 1990 gebildete Regierung der Großen Koalition in Ost-Berlin existierten nicht einmal ein halbes Jahr. In dieser kurzen Zeit hatte sie sich ein riesiges, kaum zu bewältigendes Programm vorgenommen. Hier ist darauf nur kursorisch zu verweisen. Notwendig war die Überwindung der Überreste der SED-Diktatur, etwa die Auflösung des früheren MfS und seiner Strukturen. Der Übergang zur westlichen Demokratie sollte ebenso vollzogen werden wie der zur sozialen Marktwirtschaft. Doch im Mittelpunkt aller Aktivitäten stand die Vorbereitung der von der Bevölkerung gewünschten Einheit Deutschlands. Die Umwandlung der DDR in ein völlig anderes Gesellschaftssystem, zu neuen politischen und juristischen Formen im einheitlichen Deutschland war in Verhandlungen mit der Bundesregierung vorzubereiten und durchzuführen. Dabei mußten die Akteure die weltpolitische Lage (insbesondere in der Sowjetunion) genauso berücksichtigen wie die tiefe wirtschaftliche und gesellschaftliche Krise in der DDR selbst. Es galt, neue Strukturen zu schaffen. Kommunen mußten wieder demokratische Rechte erhalten und die traditionellen Länder wiederhergestellt werden. Die Wahlen vom 18. März hatten die politischen Voraussetzungen geschaffen.

Der Wahlausgang war für viele überraschend gewesen. Einen so hohen Sieg der konservativen Allianz hatte niemand vorausgesagt, viele Beobachter der politischen Szene, aber auch große Teile der Bevölkerung der DDR, hatten einen Erfolg der SPD erwartet.[118] Daß gerade die frühere »Blockpartei« CDU weitaus stärkste Fraktion wurde und fast doppelt so viele Stimmen bekam als die SPD, zeigte: Die meisten Wähler hatten sich weniger am neuen Parteiensystem der DDR, sondern vielmehr sofort am Parteiengefüge der Bundesrepublik orientiert. Sie stimmten für die CDU von Bundeskanzler Kohl. »So erhielt die ›gewendete‹ CDU, die jahrzehntelang als Blockpartei einer der treuesten Vasallen der marxistisch-leninistischen SED war, sensationelle 40,81 Prozent der abgegebenen gültigen Stimmen, die DSU, sozusagen als Ableger der CSU in der DDR, erreichte 6,37 Prozent, während die zur Partei mutierte Bürgerbewegung Demokratischer Aufbruch nur auf 0,91 Prozent kam. Die von Bundeskanzler Kohl geschmiedete Allianz für Deutschland wurde so der Sieger der Wahl, weil offenbar 48,09 Prozent der Wähler in der DDR dem Bundeskanzler und der CDU/CSU die Kompetenz zuerkennen, die Vereinigung Deutschlands in der versprochenen und von den Deutschen in der DDR gewünschten Weise zu vollziehen.«[119]

Das Resultat für die konservative Allianz war im Süden der DDR viel besser als im Norden, während die SPD nur in Ost-Berlin die stärkste Partei wurde, wo allerdings auch die PDS mit 30 Prozent erheblich über ihrem Durchschnitt von 16 Prozent lag. Bemerkenswert ist das schlechte Abschneiden der SPD und das gute Ergebnis der Allianz in der Arbeiterschaft. Die Wahl machte sichtbar – 50 Jahre nach den letzten freien Wahlen von 1932 –, daß es kein traditionelles Wählerverhalten mehr gab: die SPD war in ihren Stammländern Sachsen und Thüringen sehr schwach, in der jahrzehntelangen sozialdemokratischen Hochburg Dresden regi-

[118] Vgl. dazu Dieter Roth, Die Wahlen zur Volkskammer in der DDR. In: Politische Vierteljahresschrift, 31 (1990), S. 369.

[119] Peter Jochen Winters, Zum ersten Mal frei. Die Wahlen zur Volkskammer. Deutschland Archiv 23 (1990), S. 498 f.

strierte sie überhaupt eines der schlechtesten Ergebnisse, hingegen schnitt sie in der früheren Hochburg der Konservativen, im preußischen Potsdam, besonders gut ab.

Auch die Kommunalwahlen, die bereits am 6. Mai 1990 folgten, änderten am politischen Bild der Parteienlandschaft der DDR nichts Grundlegendes. Allerdings verlor die CDU über sechs Prozent, blieb aber mit 34,4 Prozent vor den Sozialdemokraten (die leicht auf 21,3 Prozent zurückgingen). Die Stimmenzahl der DSU wurde fast halbiert, die PDS verlor leicht, während die Bauernparteien Wähler gewannen und mehr als zehn Prozent auf unabhängige Kandidaten fielen.[120]

In der DDR arbeitete erstmals eine frei gewählte Regierung, das Kabinett der Großen Koalition unter Lothar de Maizière aus CDU, DSU, Demokratischem Aufbruch, SPD und BFD. Darin übernahmen der DSU-Politiker Peter Michael Diestel (der später seine Partei verließ und zur CDU übertrat) das Innenministerium, der Sozialdemokrat Markus Meckel das Außenministerium, Walter Romberg (SPD) das Finanzministerium. Rainer Eppelmann (DA) wurde Minister für Abrüstung und Verteidigung, Gerhard Pohl (CDU) Wirtschaftsminister, Hans-Joachim Meyer (parteilos, von der CDU nominiert) Minister für Bildung und Wissenschaft sowie Kurt Wünsche (Bund Freier Demokraten) Justizminister.

Ministerpräsident Lothar de Maizière betonte in seiner Regierungserklärung vor der Volkskammer: »Das Volk in der DDR konstituierte sich als Teil eines Volkes, als Teil des einen deutschen Volkes, das wieder zusammenwachsen soll. Unsere Wähler haben diesem ihrem politischen Willen in den Wahlen vom 18. März 1990 deutlich Ausdruck verliehen. Dieser Wille verpflichtet uns. Ihn so gut wie nur möglich zu erfüllen ist unsere gemeinsame Verantwortung ... Alle politischen Kräfte Europas nehmen heute teil an dem Prozeß der Einigung Deutschlands. Wir vertreten in ihm die Interessen der Bürger der DDR. Das Ja zur Einheit ist gesprochen. Über den Weg dahin werden wir ein entscheidendes Wort mitzureden haben.«[121]

Die Regierung und die Volkskammer standen unter Zeitdruck. Zu den vielfältigen Arbeiten, die sie zu erledigen hatten, gehörten Änderungen in der Verfassung ebenso wie die Lösung brennender Wirtschafts- und Sozialprobleme und nicht zuletzt die Beseitigung alter Strukturen. Immerhin erarbeitete die Regierung 759 Vorlagen, 143 Verordnungen und 96 Gesetze sowie drei Staatsverträge.[122] Vor allem mußten 1990 die immer noch spürbaren Stasi-Praktiken aufgeklärt werden. Die Vergangenheit spielte in den Diskussionen permanent eine maßgebliche Rolle. Der Nachweis einer Zusammenarbeit mit der Stasi hatte weitreichende Folgen. Er führte schon im März 1990 zur Ablösung des Vorsitzenden des Demokratischen Aufbruchs, Rechtsanwalt Schnur. Ebenso mußte der vom 1. ordentlichen Parteitag der SPD im Februar 1990 zum Vorsitzenden gewählte Ibrahim Böhme am 2. April zurücktreten.

Undurchsichtig war das Zusammenwirken alter »Seilschaften«. Vor allem an Innenminister Diestel richtete sich ständig die Aufforderung, ehemalige Stasi-Mitarbeiter nicht mehr in amtlichen Stellen der demokratischen Regierung arbeiten zu lassen. Auch wegen solcher Unklarheiten wurde der Wille zur raschen Vereinigung immer heftiger. Andererseits kamen die noch im Dezember 1989 verhafteten Spitzenfunktionäre des bisherigen SED-Regimes in der Folgezeit fast alle (aus unter-

[120] Süddeutsche Zeitung, Nr. 105 vom 8. 5. 1990.

[121] Regierungserklärung von Ministerpräsident Lothar de Maizière, in: Deutschland Archiv 23 (1990), S. 517.

[122] Vgl. Interview mit L. de Maizière in: Der Spiegel, Nr. 5 vom 27. 1. 1997.

schiedlichen Gründen; Erich Honecker z. B. am 30. Januar aus Gesundheitsgründen) wieder frei. In Haft befanden sich nur noch Erich Mielke und Harry Tisch (gegen den aber erst im Februar 1991 der Prozeß wegen Wirtschaftsvergehen begann). Die strafrechtliche Aufarbeitung der DDR konnte erst nach der Vereinigung erfolgen und wurde Ende 1998 abgeschlossen. Seit Bestehen der »Zentralen Ermittlungsstelle für Regierungs- und Vereinigungskriminalität« 1992 wurden 21 000 Ermittlungsverfahren eingeleitet, darunter gegen das SED-Politbüro und die Mauerschützen. Aber nur bei 877 Verdächtigen kam es zur Anklage. Verurteilt wurden 211 Beschuldigte, meistens zu Bewährungsstrafen. Nur 22 erhielten Freiheitsstrafen ohne Bewährung. »Anders als erwartet oder befürchtet sind die Verantwortlichen der DDR also keineswegs reihenweise in die Gefängnisse marschiert.«[123]

Auch nach der Volkskammerwahl übersiedelten wöchentlich noch fast 5 000 Personen aus der DDR in die Bundesrepublik. Das forcierte den Abschluß des Vertrages über die Schaffung einer Währungs-, Wirtschafts- und Sozialunion. Bereits am 18. Mai, nur zwei Monate nach der Volkskammerwahl, konnten Finanzminister Theo Waigel und DDR-Finanzminister Walter Romberg einen entsprechenden Vertrag unterzeichnen. Mit Inkrafttreten der Währungs- und Sozialunion für ganz Deutschland am 1. Juli 1990 war der erste Schritt zur Einheit getan. Doch schon rasch zeigten sich nach der Euphorie des 9. November 1989 die Schwierigkeiten des Zusammenwachsens.

Alle Weichen liefen nun auf die politische Einheit Deutschlands zu. Bundesregierung und Regierung der DDR erarbeiteten zusammen mit den Außenministern der Sowjetunion, der USA, Großbritanniens und Frankreichs internationale Rahmenbedingungen für die Vereinigung. In mehreren »Zwei-plus-Vier-Verhandlungen« wurde eine Regelung erreicht. Bundestag und Volkskammer nahmen am 21. Juni 1990 gleichlautende Entschließungen zur Bestätigung der deutsch-polnischen Grenze an, die für die internationalen Aspekte der deutschen Einheit mit ausschlaggebend waren. In der Entschließung hieß es, der Bundestag gebe seinem Willen Ausdruck, daß »der Verlauf der Grenze zwischen dem vereinten Deutschland und der Republik Polen« sich nach dem Abkommen zwischen der DDR und Polen von 1950 bestimme, also die Oder-Neiße-Linie Staatsgrenze bleibe und, entsprechend dem Vertrag zwischen der Bundesrepublik und Polen von 1970, vereinbart wurde: »Beide Seiten bekräftigen die Unverletzlichkeit der zwischen ihnen bestehenden Grenze jetzt und in der Zukunft und verpflichten sich gegenseitig zur uneingeschränkten Achtung ihrer Souveränität und territorialer Integrität. Beide Seiten erklären, daß sie gegeneinander keinerlei Gebietsansprüche haben und solche auch in Zukunft nicht erheben.«[124]

Diese wichtige Entscheidung erleichterte es den deutschen Nachbarn, mit einer raschen Vereinigung Deutschlands einverstanden zu sein. Maßgeblich für den folgenden schnellen Weg zur Einheit war indes Präsident Gorbatschows Einwilligung dazu. Bei dem Besuch von Bundeskanzler Kohl und Außenminister Genscher vom 14. bis 16. Juli 1990 verzichtete die Sowjetregierung auf frühere Einwände gegen die Zugehörigkeit des vereinigten Deutschland zur NATO.[125] Noch auf dem Gipfel-

[123] Der Tagesspiegel, Nr. 16503 vom 31. 10. 1998. Vgl. auch Frankfurter Rundschau, Nr. 271 vom 21. 11. 1998.

[124] Entschließung des Deutschen Bundestages zur deutsch-polnischen Grenze. In: Bulletin. Hrsg. vom Presse- und Informationsamt der Bundesregierung. Nr. 79, Bonn, 22. Juni 1990, S. 684.

[125] Vgl. Deutsche Einheit. Sonderedition aus den Akten des Bundeskanzleramtes, S. 1340 ff.

treffen der Warschauer Vertragsstaaten am 7. Juni 1990 hatte Gorbatschow Vorbehalte gegen die »Mitgliedschaft des künftigen vereinigten Deutschland in der NATO« vorgebracht.[126] Doch das Ende des Kalten Krieges ermöglichte die deutsche Einheit, so wie einst die Spaltung eine Folge dieses Kalten Krieges gewesen war. Schon vor Abschluß der »Zwei-plus-Vier-Gespräche« war mit der sowjetischen Zustimmung die letzte außenpolitische Hürde beseitigt. Den »Vertrag über die abschließende Regelung in bezug auf Deutschland« unterzeichneten dann am 12. September 1990 in Moskau die Außenminister der vier Siegermächte zusammen mit Bundesaußenminister Genscher und DDR-Regierungschef de Maizière (der nach dem Ausscheiden von SPD-Minister Meckel aus der Ostberliner Regierung zugleich als Außenminister amtierte). Dieser Vertrag gestattete dem vereinigten Deutschland seine »volle Souveränität über seine inneren und äußeren Angelegenheiten« wahrzunehmen.

Vorgesehen war der Beitritt der DDR zur Bundesrepublik ursprünglich erst nach den Wahlen vom 2. Dezember 1990. Doch die hektischen politischen Auseinandersetzungen des Sommers erforderten neue Zeitpläne. Dies hing nicht zuletzt mit dem Zerfall der Regierungskoalition in der DDR zusammen, die sich über relevante Fragen kaum noch verständigen konnte. Am 24. Juli verließ der Bund Freier Demokraten die Regierung, und nachdem sich Ministerpräsident de Maizière am 15. August von Finanzminister Romberg u. a. trennte, schieden auch die übrigen SPD-Minister aus der Regierung aus.

Die Sondertagung der Volkskammer in Berlin beschloß am 23. August 1990 mit den Stimmen von 294 Abgeordneten der CDU/DA, DSU, FDP und SPD gegen 62 von Bündnis 90/Grüne und PDS, bei sechs Enthaltungen, den Beitritt der DDR zur Bundesrepublik Deutschland nach Art. 23 des Grundgesetzes zum 3. Oktober 1990. Dieses Beitrittsdatum war nach heftiger Diskussion als Kompromiß zwischen CDU und SPD vereinbart worden. Unter großem Zeitdruck konnten nun die Beratungen zum Einigungsvertrag abgeschlossen und dieser am 31. August 1990 von Bundesinnenminister Wolfgang Schäuble und DDR-Staatssekretär Günther Krause unterzeichnet werden.

Der Vertrag »über die Herstellung der Einheit Deutschlands – Einigungsvertrag« legte in 45 Artikeln Änderungen des Grundgesetzes fest, ebenso die Rechtsangleichung, ging auf bestehende Verträge ein, regelte die öffentliche Verwaltung sowie öffentliche Vermögen und Schulden, aber auch Fragen von Arbeit, Sozialem, Frauen, Kultur, Wissenschaft usw. Dem Vertrag folgten am 6. September ein »Protokoll« mit Klarstellungen sowie am 20. September (entsprechend den Forderungen der Volkskammer) eine »Vereinbarung«, die die Sicherung und Nutzung der MfS-Akten sowie ein zu beschließendes Rehabilitierungsgesetz betraf. Im Einigungsvertrag war zunächst das Gesetz der Volkskammer über MfS-Akten nicht aufgenommen worden. Dies wurde Ende August in der Volkskammer scharf kritisiert. Gegen nur zwei Stimmen verlangte die Volkskammer am 30. August die Übernahme der DDR-Regelung.[127] Mit dieser war dann der Aufbau der späteren »Gauck-Behörde« und die Sicherung und Nutzung der Millionen MfS-Akten möglich. Damit waren bis Ende September alle innen- und außenpolitisch relevanten Voraussetzungen für die Vereinigung der beiden Teile Deutschlands geschaffen.

[126] Nakath und Stephan, Countdown zur deutschen Einheit, S. 338.
[127] Frankfurter Rundschau, Nr. 202 vom 31. 8. 1990.

Den eiligen Schritten auf dem Weg zur deutschen Einheit folgte eine ebenso schnelle Anpassung des Parteiensystems in der DDR,[128] es kam zu Vereinigungen mit den westlichen Schwesterparteien; zunächst allerdings erst zu einer Parteienkonzentration. Im März 1990 war die frühere Blockpartei NDP mit noch rund 50 000 Mitgliedern der LDP beigetreten. Schließlich vereinigte sich die Bauernpartei am 25. Juni 1990 mit der CDU. Von den 80 000 DBD-Mitgliedern traten aber nur etwa 30 000 über, und von ihren neun Volkskammerabgeordneten gingen drei zur SPD-Fraktion. Zuletzt beschloß auch der Sonderparteitag des Demokratischen Aufbruchs im August 1990 seinen Beitritt zur CDU.

Als erste der Parteien in den beiden deutschen Staaten gingen die Liberalen aus Ost und West zu einer gesamtdeutschen FDP zusammen. Auf dem Vereinigungsparteitag am 11./12. August in Hannover kamen die Liberalen der DDR mit etwa 140 000 Mitgliedern zu der FDP der Bundesrepublik mit 67 000 Mitgliedern. Allerdings hatte sich der Delegiertenschlüssel nicht an diesen Zahlen orientiert, sondern an den Stimmergebnissen bei Wahlen, wodurch der West-FDP die große Mehrheit gesichert war. Der Zusammenschluß der SPD erfolgte auf dem Berliner Vereinigungsparteitag vom 26. bis 28. September. Die SPD der DDR war nach dem Austritt aus der Regierung de Maizière in eine Krise geraten. Auf einem Sonderparteitag in Halle wurde bereits im Juni 1990 Wolfgang Thierse neuer Vorsitzender. Ihn wählte der Vereinigungsparteitag zum stellvertretenden Vorsitzenden der gesamtdeutschen SPD. Als letzte vereinigten sich am 1. Oktober in Hamburg die CDU der Bundesrepublik und die der DDR. Dort wurde Lothar de Maizière zum Stellvertreter Helmut Kohls in die Parteispitze gewählt. Die Parteitage von SPD und CDU standen bereits im Zeichen des Wahlkampfes für den gesamtdeutschen Bundestag am 2. Dezember 1990.

Die deutsche Einheit

Am 3. Oktober 1990 hörte die Deutsche Demokratische Republik auf, als eigener Staat zu existieren. Seit der Vereinigung Deutschlands an diesem Tag gibt es dort nun wieder die fünf traditionellen Länder Brandenburg, Mecklenburg-Vorpommern, Sachsen, Sachsen-Anhalt und Thüringen.

Am 14. Oktober fanden dann freie Wahlen zu den Landtagen dieser Bundesländer statt. Zum dritten Mal innerhalb eines Jahres waren die Bürger der ehemaligen DDR zur Wahl aufgerufen, diesmal beteiligten sich daran nur noch rund 70 Prozent der Wahlberechtigten. In vier Ländern wurde die CDU stärkste Partei (in Sachsen erreichte sie die absolute Mehrheit), nur in Brandenburg bekam die SPD mit 38,3 Prozent die meisten Stimmen. Gegenüber den Volkskammerwahlen hatte die CDU insgesamt fast drei Prozent gewonnen, die SPD 3,3 Prozent, die FDP 2,5 Prozent und die Bürgerbewegungen knapp zwei Prozent; Verlierer waren PDS (fast fünf Prozent) und DSU (3,3 Prozent).

Nach den Regierungsbildungen bestimmte in Sachsen CDU-Ministerpräsident Kurt Biedenkopf mit absoluter Mehrheit die Politik. In Thüringen und Sachsen-Anhalt gab es klare Mehrheiten für CDU-FDP-Regierungen. In Mecklenburg-Vor-

[128] Vgl. dazu Andrea Volkens und Hans-Dieter Klingemann, Die Entwicklung der deutschen Parteien im Prozeß der Vereinigung. In: Jesse und Mitter, Die Gestaltung der deutschen Einheit, S. 189 ff.

pommern, wo Grüne und Bündnis 90 getrennt aufgetreten waren, scheiterten beide an der Fünf-Prozent-Hürde. CDU und FDP hatten zwar die Hälfte der Sitze erreicht, konnten aber nur mit der Stimme eines SPD-Überläufers eine Regierung bilden. Allein im Land Brandenburg gelang es der SPD, mit dem evangelischen Konsistorialpräsidenten Manfred Stolpe an der Spitze, gemeinsam mit FDP und Bündnis 90 zu regieren.

Das Ausmaß der Finanzmisere in den Ländern und Kommunen stellte die Regierungen allerdings vor fast unlösbare Probleme. Doch trotz spürbarer Irritationen in der Bevölkerung der neuen Bundesländer und ihrer Angst vor der nahen Zukunft überwogen noch Hoffnung und Zuversicht. Das neue Parteiensystem zeigte sich insgesamt als gefestigt. Mit den Bundestagswahlen vom 2. Dezember fand die politische Vereinigung Deutschlands gewissermaßen ihren Abschluß.

Generell sind als Ursachen für den Untergang des SED-Regimes 1989 (und die dadurch mögliche Vereinigung Deutschlands) sowohl dessen Strukturdefekte als auch konkret-aktuelle Ereignisse zu nennen. Die Diktatur der SED in der DDR, der hierarchische Aufbau nach dem Organisationsprinzip des »demokratischen Zentralismus«, der Widerspruch zwischen Theorie und Praxis, Anspruch und Wirklichkeit erwiesen sich als gravierende Fehler des Regimes. Der Stalinismus als Gesellschafts- und Herrschaftssystem vermochte anstehende Probleme nicht zu lösen, gerade er bedingte das allgemeine Zurückbleiben und hemmte notwendige Innovationen in Wissenschaft, Technik und Wirtschaft. Das Fehlen von politischer Demokratie, von Rechtssicherheit und Meinungsfreiheit verhinderte den Konsens zwischen Regierten und Regierenden und hat zunehmend sogar die Funktionäre verunsichert.

Die überholten stalinistischen Strukturen der DDR einerseits und die Fixierung der Bevölkerung auf die größere, reichere und demokratische Bundesrepublik Deutschland andererseits führten dort permanent zu Krisen. In den achtziger Jahren verursachten Engpässe in der Versorgung, Reisebeschränkungen, Bevormundung und Überwachung der Bürger durch Partei und MfS Kritik und damit weitere Destabilisierung. Diese traf zusammen mit einer veränderten Situation im gesamten Ostblock. Als ein wesentlicher Faktor der Umwälzung bleibt Gorbatschows Politik festzuhalten. Erst die Wandlungen in der Sowjetunion und damit die Beendigung des Kalten Krieges haben den Umbruch möglich gemacht. Als zweiter Faktor, der zum Zusammenbruch der SED-Diktatur führte, ist die Öffnung der Grenzen für DDR-Flüchtlinge durch das demokratisierte Ungarn zu bewerten. Ein dritter Faktor ergab sich mit der Flüchtlingswelle und mit der Formierung der politischen Opposition. Im Herbst 1989 gingen in der DDR erstmals seit 1953 wieder Menschenmassen protestierend auf die Straße, sie demonstrierten friedlich gegen die Machthaber. Vor allem dieser intensive Druck von unten hat maßgeblich die Ablösung Honeckers und dann die Absetzung der ganzen DDR-Führung bewirkt und schließlich zum Untergang der SED-Herrschaft beigetragen. Ohne Entspannungspolitik und Umbruch in der Sowjetunion »wäre die Opposition nicht zum Zuge gekommen. Aber umgekehrt hätte ohne sie die Moskauer Perestrojka nicht automatisch das Ende« der SED-Diktatur gebracht.[129] Und nur so konnte sich die Vereinigung Deutschlands in demokratischen Formen und im Sinne eines künftigen europäischen Zusammenschlusses vollziehen.

[129] Wolle, Die heile Welt der Diktatur, S. 342.

Eine inzwischen spürbare Verunsicherung der Bevölkerung der neuen Bundesländer schlug bei den Bundestagswahlen vom 2. Dezember 1990 noch nicht durch. Das dortige Wählerverhalten unterschied sich nicht wesentlich von dem in den alten Ländern. Für die CDU stimmten in der alten Bundesrepublik 44,1 Prozent, in der früheren DDR 43,4 Prozent, für die FDP im Westen 10,6, im Osten 13,4. Nur die SPD (im Westen 35,9) kam im Osten mit 23,6 Prozent erheblich schlechter weg, sie hatte dort als neue Partei schwierigere Ausgangsbedingungen. Bündnis 90/Grüne erreichten in der ehemaligen DDR 5,9 Prozent, die PDS immerhin 9,9 Prozent.

In den folgenden Monaten spitzte sich die Lage in Ostdeutschland bedenklich zu. Obwohl die politische Vereinigung vollzogen war, blieben wirtschaftliche und soziale Differenzen bestehen. Die Erwartungen, von der Bonner Regierung noch forciert, wurden vielfach enttäuscht. Die tiefgreifenden Folgen der SED-Diktatur und der jahrelangen wirtschaftlichen Stagnation wurden durch die rasche Privatisierung, aber auch Vernichtung ganzer Industriezweige, die schnelle Einführung der Marktwirtschaft sowie den Verlust der bisherigen östlichen Märkte noch verschärft. Ideologische Vorurteile der konservativ-liberalen Regierung wie der Wirtschaftsbosse, etwa die These von den »Selbstheilungskräften des Marktes« oder die Behauptung, nur eine radikale Privatisierung bringe Fortschritte, wirkten sich negativ aus. Hinzu kamen noch Oberflächlichkeiten im Einigungsvertrag, Fehleinschätzungen über Ausmaß und Tempo des Umbaus der Wirtschaft, aber auch eine Machtfülle bei der Treuhand-Anstalt sowie Überforderung der Menschen durch gleichzeitige Einführung westlicher Wirtschafts-, Steuer-, Rechtsformen usw. Die Unruhe wuchs parallel mit der dramatisch steigenden Arbeitslosenzahl, der Unsicherheit über den Erhalt der Arbeitsplätze, vor allem aber wegen des Ausbleibens der versprochenen und erwünschten »blühenden Landschaften«. Die neuen Freiheiten wurden selbstverständlich begrüßt und gewürdigt, aber Mißtrauen wuchs. Bisherige DDR-Bürger befürchteten, im einheitlichen Deutschland »Bürger zweiter Klasse« zu werden. Das begünstigte Nostalgie, eine Verklärung der Vergangenheit. Da vorwiegend Alltagsprobleme das Leben der Menschen in den neuen Ländern belasteten, es andere Sorgen gab, geriet die Geschichte für den einzelnen wie für die Gesellschaft in den Hintergrund. Aber nichts wäre für die weitere Entwicklung schädlicher als die Verdrängung historischer Erfahrungen. Daher ist die Aufarbeitung, die Auseinandersetzung mit der Vergangenheit in Deutschland notwendig. Die »deutsche Transformationsgesellschaft steht vor der Herausforderung, die Last der Geschichte der DDR zu bewältigen«.[130]

Unerläßlich ist die möglichst rasche, tiefgreifende und umfassende Aufarbeitung der SED-Diktatur und des Stalinismus. Das bedeutet aber nicht, daß die weitere Auseinandersetzung mit dem barbarischen Nationalsozialismus zu vernachlässigen wäre. »Die NS-Verbrechen dürfen nicht durch die Auseinandersetzung mit dem Geschehen der Nachkriegszeit relativiert, das Unrecht der Nachkriegszeit darf nicht mit dem Hinweis auf die NS-Verbrechen bagatellisiert werden.«[131] Die deutschen Erfahrungen mit zwei Diktaturen sind wissenschaftlich zu untersuchen.[132]

[130] Peter Steinbach, Vergangenheitsbewältigung in vergleichender Perspektive. In: Geschichte und Transformation des SED-Staates. Hrsg. Klaus Schroeder. Berlin 1994. S. 418.

[131] Bernd Faulenbach, Gedenkstätten im gesamtdeutschen Diskurs. In: Erinnern und Gedenken. Dokumente. Nr. 7/98. Hrsg. Fraktion der SPD im Deutschen Bundestag. Bonn 1998, S. 40.

[132] Vgl. Klaus Schönhoven, Drittes Reich und DDR. Probleme einer vergleichenden Analyse von deutschen Diktaturerfahrungen. In: Jahrbuch für Historische Kommunismusforschung 1995. Berlin 1995, S. 189 ff.

Denn eine Auseinandersetzung mit der Geschichte erfordert fundiertes Wissen, soll die Aufarbeitung nicht ins Emotionale abgleiten oder gar zum politischen Instrument verkommen.[133]

Die Bereitschaft zu einer veränderten Sicht, zu demokratischem Umgang und zum »aufrechten Gang« erfordert die kritische Analyse sowohl der politischen Strukturen als auch der persönlichen Verhaltensmuster. Beim kritischen Rückblick auf das Leben und die Erfahrungen unter der SED-Diktatur sind im vereinten Deutschland neue Kenntnisse zu gewinnen. Ein Ziel der Aufarbeitung sollte sein, »daß sich im europäischen Einigungsprozeß der antitotalitäre Konsens verstärkt und an die folgenden Generationen weitergegeben wird«.[134]

Erst der Sturz der SED-Diktatur durch die friedliche Revolution bot die Chance für ein vereinigtes und freies Deutschland. Insofern ist die heutige Republik ein Ergebnis dieser Revolution von 1989. Sowohl deren Ziele, Demokratie, Freiheit, Frieden, Menschen- und Bürgerrechte, als auch ihre Methoden, das aktive, gewaltfreie Eingreifen der Massen in die Politik, bleiben daher Bestandteile der demokratischen Tradition des geeinten Deutschland. Es wird immer deutlicher: Durch die friedliche Revolution in der DDR war die politische Einheit zwar vergleichsweise rasch und ohne allzu schwerwiegende Erschütterungen möglich geworden. Aber das gesellschaftliche, wirtschaftliche und kulturelle Zusammenwachsen wird durch die Wirtschaftsmisere, nicht zuletzt durch die vierzigjährige Auseinanderentwicklung in Ost und West, sehr erschwert, und es wird noch lange Zeit benötigen.

[133] Hermann Weber. Zum Stand der Forschung über die DDR-Geschichte. Deutschland Archiv 31 (1998), S. 249 ff.

[134] Schlußbericht der Enquete-Kommission »Überwindung der Folgen der SED-Diktatur im Prozeß der deutschen Einheit«, 1998, S. 257.

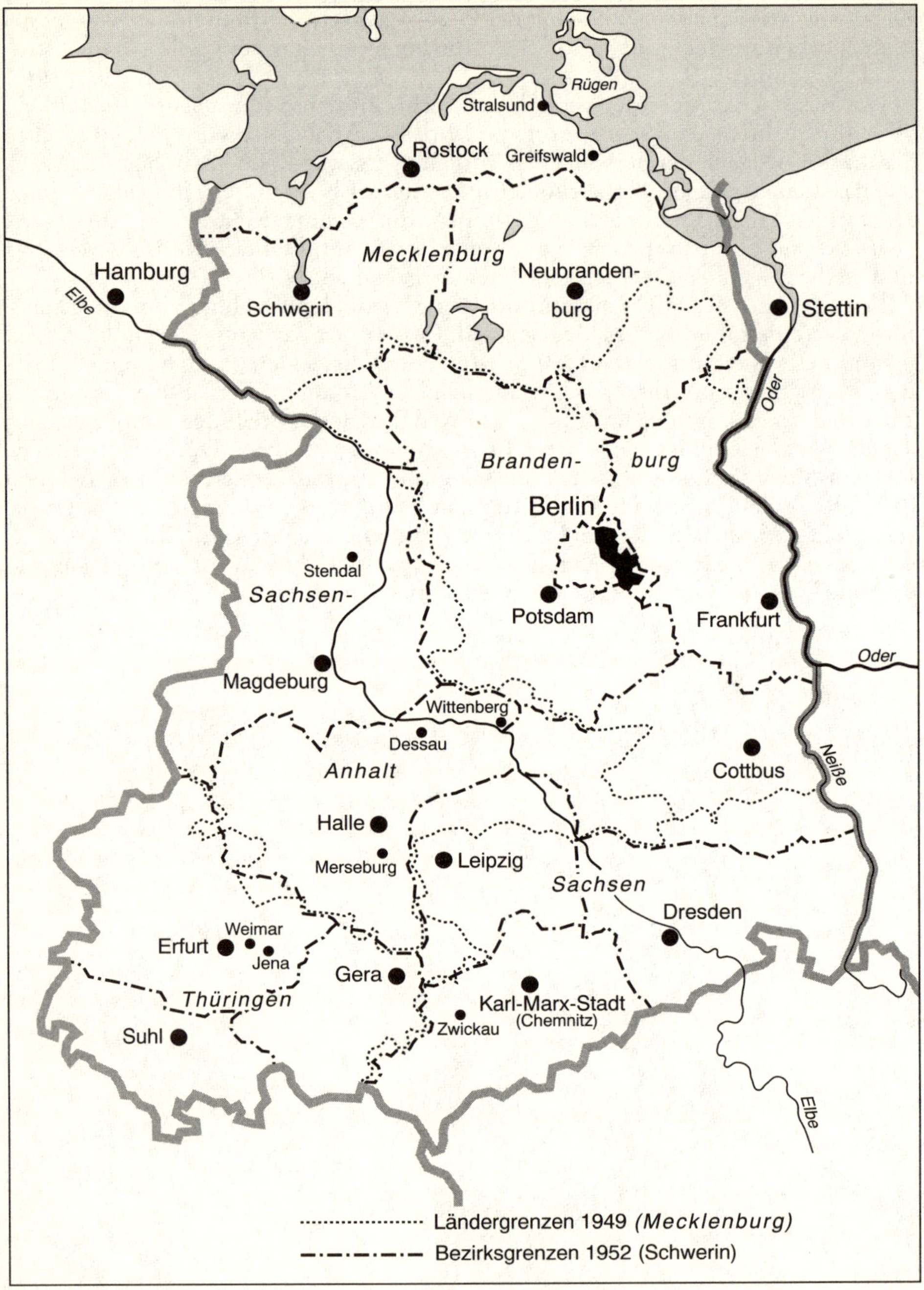
Rügen
Stralsund
Rostock
Greifswald
Mecklenburg
Hamburg
Elbe
Schwerin
Neubranden-
burg
Stettin
Oder
Branden-
burg
Berlin
Stendal
Sachsen-
Potsdam
Frankfurt
Oder
Magdeburg
Wittenberg
Dessau
Anhalt
Cottbus
Neiße
Halle
Merseburg
Leipzig
Sachsen
Dresden
Weimar
Erfurt
Jena
Gera
Thüringen
Karl-Marx-Stadt
(Chemnitz)
Zwickau
Suhl
Elbe
Ländergrenzen 1949 (Mecklenburg)
Bezirksgrenzen 1952 (Schwerin)

Auswahlbibliographie

Die folgende Übersicht gibt Hinweise auf weiterführende Literatur zum Thema Geschichte der DDR. Auf eine umfassende Bibliographie wurde verzichtet, ebenso auf die Aufnahme aller Titel, die bereits in den Anmerkungen bibliographisch erfaßt sind. Außer einigen älteren Standardwerken wurden vor allem neuere Arbeiten aufgeführt. Neben den relativ wenigen direkten historischen Untersuchungen wurden Bücher aufgenommen, die einen historischen Einblick in bestimmte Probleme vermitteln. Das Schwergewicht liegt entsprechend der Darstellung auf der politischen Geschichte der DDR.

Zeitungen und Zeitschriften, eine der wichtigsten Grundlagen der vorliegenden Arbeit, wurden aus Platzgründen in der Bibliographie weggelassen, sie sind in den Anmerkungen genannt. Ausgewertet wurden neben den zentralen Organen der Parteien wie ›Neues Deutschland‹ (SED), ›Neue Zeit‹ (CDU), ›Der Morgen‹ (LDPD), ›Bauern Echo‹ (DBD) oder ›National-Zeitung‹ (NDPD) vor allem regionale Zeitungen der Frühzeit.

Ebenfalls nicht aufgenommen wurden die Protokolle der Parteitage, Konferenzen und Kongresse der Parteien und Massenorganisationen sowie deren Dokumentenreihen (z. B. liegen 18 Bände ›Dokumente der SED‹ vor), ebenso Statistische Jahrbücher. Auch gesammelte oder ausgewählte Werke und Schriften von DDR-Führern werden nicht genannt, allein von Ulbrichts Sammlung ›Zur Geschichte der deutschen Arbeiterbewegung‹ gibt es 10 Bände sowie Ergänzungsbände, von Honeckers ›Reden und Aufsätze‹ 7 Bände, ebenso Auswahlbände von Axen, Dahlem, Grotewohl, Hager, Stoph usw. Die Dokumentationen und Auswahlbände der DDR sind als Quelle ohnehin mit Vorsicht zu benutzen, erfolgte die Auswahl doch nicht selten aus politischen Gründen sehr einseitig; früher war es sogar üblich, Artikel ohne Kennzeichnung zu kürzen oder sogar zu verfälschen, wenn sie nicht mehr der gerade gültigen politischen Linie entsprachen. Hier ist auf die generelle Tendenz der DDR-Geschichtsschreibung zu verweisen, die im vorliegenden Band thematisiert ist. Soweit möglich, wurden daher stets die Originalfassungen solcher Arbeiten benutzt.

Hier sei auf die angegebenen Bibliographien verwiesen, die einen umfassenden Überblick vermitteln, aber auch auf Literaturhinweise in einzelnen Büchern.

Zunächst werden die Archivalien registriert (nicht aufgenommen sind die aus dem Privatarchiv des Verfassers stammenden Materialien), danach Bibliographien, schließlich Dokumentationen, dann Memoiren und Biographien sowie schließlich Darstellungen. Nur in einigen wenigen Fällen (vor allem bei Memoiren) wurden erläuternde Bemerkungen in eckigen Klammern zugefügt.

1. Archivalien

Während für die Ausgabe dieses Bandes von 1985 nur westliche Archivalien benutzt werden konnten (die Liste ist im folgenden wieder aufgenommen), sind inzwischen die Hinterlassenschaften in den DDR-Archiven zugänglich. Auf die Probleme wurde bereits verwiesen.

Die Öffnung der Archive hat zudem einen breiten Forschungsstand gebracht, auf den nun zurückgegriffen werden kann.[1]

Zunächst hatte es Debatten über Verbleib und Nutzung der SED-Akten und der riesigen Bestände des Ministeriums für Staatssicherheit gegeben. Während die Überführung der zentralen staatlichen Archive der DDR – mit Ausnahme der immer noch fast unzugänglichen DDR-Akten im Auswärtigen Amt[2] – ins Bundesarchiv reibungslos verlief und die Akten der Bezirks- bzw. Landesebene ohnehin in den zuständigen Staatsarchiven der ostdeutschen Länder verblieben, gestaltete sich die Sicherung der nichtstaatlichen Akten komplizierter. Das betraf in erster Linie die schriftliche Hinterlassenschaft der SED auf zentraler wie auch auf Bezirksebene, der für die Erforschung der DDR-Geschichte eine Schlüsselrolle zukommt. Und schließlich waren da auch noch die Archive der »Blockparteien« sowie der zahlreichen Massenorganisationen, deren Bestand und Zugang zum Teil aufgrund umstrittener Eigentumsverhältnisse sowie Finanzierungsprobleme gefährdet schienen. Nach langwierigen Verhandlungen des Bundestages wurde mit der Änderung des Bundesarchivgesetzes vom 13. März 1992 die Stiftung Archiv der Parteien und Massenorganisationen der DDR (SAPMO) als unselbständige Stiftung im Bundesarchiv eingerichtet, die 1993 ihre Arbeit aufnahm.[3] Damit waren die rechtlichen und finanziellen Bedingungen geschaffen, sowohl die vorhandenen Bestände der Archive als auch die dazugehörigen Bibliotheken sowie hinterlegte Nachlässe zu sichern. Für diese Bestände des Bundesarchivs in der SAPMO gibt es keine »übliche« Sperrfrist von 30 Jahren, so daß die Archivalien nahezu ohne Einschränkung der Forschung zur Verfügung stehen. Dies trifft in der Regel auch für die Akten der Staatsarchive der neuen Länder zu, obwohl dort die 30-Jahre-Sperre teilweise formal weiterbesteht. Dem Wissenschaftler sind nunmehr fast alle relevanten Archive der ehemaligen DDR zugänglich.[4]

Für die vorliegende Untersuchung konnten daher Akten aus der SAPMO, insbesondere Protokolle des Politbüros oder des ZK sowie verschiedener Nachlässe usw. (z. T. liegen diese schon gedruckt vor) benutzt werden. Das gilt für Akten aus den Beständen DY 30 (SED). Sie sind in Fußnoten angegeben, aber hier nicht nochmals einzeln aufgeführt. Es gibt inzwischen einen ersten Überblick zu den Beständen.[5] Die Archivübersicht im »SED-Handbuch« z. B. enthält ebenfalls Hinweise.[6]

[1] Vgl. dazu Hermann Weber, Zum Stand der Forschung über die DDR-Geschichte. Deutschland Archiv 31 (1998), S. 249 ff.

[2] Vgl. Schlußbericht der Enquete-Kommission »Überwindung der Folgen der SED-Diktatur im Prozeß der deutschen Einheit«. Hrsg. Deutscher Bundestag. Drucksache 13/11000 vom 10. 6. 1998, S. 223 ff.

[3] Zur Gründungsgeschichte der Stiftung vgl. Die Bestände der Stiftung Archiv der Parteien und Massenorganisationen der DDR im Bundesarchiv. Kurzübersicht. Hrsg. Stiftung Archiv der Parteien und Massenorganisationen der DDR, Redaktion Elrun Dolatowski, Anette Meiburg und Sigrun Mühl-Benninghaus. Berlin 1996, S. 11.

[4] Vgl. Günter Braun, Anmerkungen zur Quellenbasis zeitgeschichtlicher DDR-Forschung am Beispiel der Überlieferungen von Parteien und Massenorganisationen. Der Archivar 45 (1992), S. 538 ff., sowie Hermann Weber, Die Bedeutung der Archive für die Erforschung der DDR-Geschichte. Der Archivar 46 (1993), S. 21 ff.

[5] Vgl. Die Bestände der Stiftung Archiv der Parteien und Massenorganisationen der DDR im Bundesarchiv, ebd.

[6] Michael Herms, Archivübersicht und Auswahlbibliographie. In: Die SED. Ein Handbuch. Hrsg. Andreas Herbst, Gerd-Rüdiger Stephan und Jürgen Winkler. Berlin 1997. S. 1190–1193. Vgl. auch Hermann Weber und Ulrich Mählert, Quellenlage zur DDR-Geschichte. Ein Überblick. In: Materialien zur Erforschung der DDR-Gesellschaft. Quellen, Daten, Instrumente. Hrsg. Gesellschaft Sozialwissenschaftlicher Infrastruktureinrichtungen (GESIS). Opladen 1998, S. 165 ff.

Westliche Archivalien:

Archiv der sozialen Demokratie (AdsD) der Friedrich-Ebert-Stiftung, Bonn
Akten Ostbüro der SPD, 0051, 0301-0321, 0344, 0357, 0361, 0400-0404.
NL Erich W. Gniffke.

Bundesarchiv Koblenz
NL Ferdinand Friedensburg, 26, 27.
NL Wilhelm Külz, 138, 141, 144, 147.
NL Jakob Kaiser, 8, 29, 46, 116, 118, 134, 291, 429.
NL Marie-Elisabeth Lüders, 99, 252, 273, 276.
NL Erich Rossmann, 12, 25, 30, 36, 50.
NL Eugen Schiffer, 33, 47.

Landesarchiv Berlin (West)
Zeitgeschichtliche Sammlung, 813, 8705.

Staatsarchiv Bremen
Senatsregistratur Bremen, R.1.0. Nr. 8, 17, 121, 184.
NL Adolf Ehlers, 7.144.

Aus dem Wortprotokoll der 25. Sitzung des Zentralkomitees der SED, 24.–27.10.1955.
Wortprotokoll der 33. Sitzung des ZK der SED, 16.10.1957. (Kopien an der Universität Mannheim und im Staatsarchiv Bremen, Senatsregistratur R.1.0. 194 bzw. 210).

2. Bibliographien

Auswahlbibliographie westlicher Literatur über die DDR (zum 25. Jahrestag der DDR). Deutschland Archiv (1974), S. 1056 ff.

Bibliographie zur Deutschlandpolitik 1941 bis 1974. Bearbeitet von Marie-Luise Goldbach u. a. Dokumente zur Deutschlandpolitik. Beihefte, Bd. 1. Frankfurt a. M. 1975.

Bibliographie zur Deutschlandpolitik 1975–1982. Bearbeitet von Karsten Schröder. Dokumente zur Deutschlandpolitik. Beihefte, Bd. 6. Frankfurt a. M. 1983.

Bibliographie zur Politik in Theorie und Praxis. Hrsg. von Karl Dietrich Bracher, Hans-Adolf Jacobsen und Manfred Funke. Aktualisierte Neuauflage. Düsseldorf 1976. Vollständige Neubearbeitung: Düsseldorf 1983.

Chabir, Gabriele und Michael Haupt, Die Teilung Deutschlands 1945–1949. In: Jahresbibliographie der Bibliothek für Zeitgeschichte, Bd. 49. Stuttgart 1977, S. 359 ff.

Deutschlandforschung in der Bundesrepublik Deutschland und in Berlin (West). Projektverzeichnis. Hrsg. vom Gesamtdeutschen Institut, Bundesanstalt für gesamtdeutsche Aufgaben. Bearbeitet von Ernst Lange. 2. Aufl. Bonn 1981.

Ehlert, Hans (Hrsg.), Die Militär- und Sicherheitspolitik in der SBZ/DDR. München 1996.

Historische Forschungen in der DDR. Analysen und Berichte. Zum XI. Internationalen Historikerkongreß in Stockholm 1960 (Sonderband der Zeitschrift für Geschichtswissenschaft). Berlin (Ost) 1960, S. 426 ff.

Historische Forschungen in der DDR 1960–1970. Analysen und Berichte. Zum XIII. Internationalen Historikerkongreß in Moskau 1970 (Sonderband der Zeitschrift für Geschichtswissenschaft). Berlin (Ost) 1970, S. 609 ff.

Historische Forschungen in der DDR 1970–1980. Analysen und Berichte. Zum XV. Internationalen Historikerkongreß in Bukarest 1980 (Sonderband der Zeitschrift für Geschichtswissenschaft). Berlin (Ost) 1980, S. 310 ff.

Kuckuck, Horst A., Bibliographie Geschichte der SED. Deutschland Archiv 2 (1969), S. 1171 ff.

Literatur zur deutschen Frage. Bibliographische Hinweise auf neuere Veröffentlichungen aus dem In- und Ausland (bearbeitet von Günter Fischbach). 4. erw. Aufl. Bonn 1966.

Price, Arnold H., East Germany. A Selected Bibliography. Washington, D. C. 1967.

Ritscher, Bodo u. a. (Hrsg.), Die sowjetischen Speziallager in Deutschland 1945–1950. Göttingen 1996.

Ruffmann, Karl-Heinz, Kommunismus in Geschichte und Gegenwart. Ausgewähltes Bücherverzeichnis. Bonn 1964.

Sperling, Walter, Landeskunde DDR. Eine annotierte Auswahlbibliographie. München, New York 1978.

Weber, Gerda, Bibliographie Frau in Gesellschaft und Familie. Deutschland Archiv 1 (1968), S. 386 ff.

Zastrow, Hildegard v., Bibliographie zum Staatssicherheitsdienst der DDR. Berlin 1994.

3. Dokumentationen, Handbücher

Agde, Günter, Sachsenhausen bei Berlin. Speziallager Nr. 7, 1945–1950. Kassiber, Dokumente und Studien. Berlin 1994.

Badstübner, Rolf und Wilfried Loth (Hrsg.), Wilhelm Pieck – Aufzeichnungen zur Deutschlandpolitik 1945–1953. Berlin 1994.

Befehle des Obersten Chefs der Sowjetischen Militärverwaltung in Deutschland. Aus dem Stab der Sowjetischen Militärverwaltung in Deutschland. Sammelheft 1945. Berlin 1946; dass. Sammelheft Januar bis Juni 1946. Berlin 1946.

Berbig, Roland u. a. (Hrsg.), In Sachen Biermann. Protokolle, Berichte und Briefe zu den Folgen einer Ausbürgerung. Berlin 1994.

Bericht der Bundesregierung und Materialien zur Lage der Nation. 3. Bde. Bonn 1971, 1973 und 1974. [Interdisziplinäre vergleichende Untersuchungen der beiden deutschen Staaten, verfaßt von einer wissenschaftlichen Arbeitsgruppe unter Leitung von Peter Christian Ludz.]

Bonwetsch, Bernd, Genadij Bordjugow und Norman M. Naimark (Hrsg.), Sowjetische Politik in der SBZ 1945–1949. Dokumente zur Tätigkeit der Propagandaverwaltung (Informationsverwaltung) der SMAD unter Sergej Tjulpanov. Bonn 1998.

Broszat, Martin und Hermann Weber (Hrsg.), SBZ-Handbuch. Staatliche Verwaltungen, Parteien, gesellschaftliche Organisationen und ihre Führungskräfte in der Sowjetischen Besatzungszone Deutschlands 1945–1949. München 1989.

DDR. Gesellschaft, Staat, Bürger. Berlin (Ost) 1979.

DDR–UdSSR. 30 Jahre Beziehungen 1949 bis 1979. Dokumente und Materialien. Berlin (Ost) 1982.

Dokumente der revolutionären deutschen Arbeiterbewegung zur Frauenfrage 1948–1974. Berlin (Ost) 1975.

Dokumente zur Deutschlandpolitik. Deutsche Einheit. Sonderedition aus den Akten des

Bundeskanzleramtes 1989/90. Bearbeitet von Hanns Jürgen Küsters und Daniel Hofmann. München 1998.

Dokumente zur Geschichte der kommunistischen Bewegung in Deutschland. Reihe 1945/1946, (Hrsg.) Günter Benser und Hans-Joachim Krusch. Band 1: Protokolle des Sekretariats des Zentralkomitees der KPD. Juli 1945 bis April 1946; Band 2: Protokolle der erweiterten Sitzungen des Sekretariats des Zentralkomitees der KPD. Juli 1945 bis Februar 1946; Band 3: Protokoll der Reichsberatung der KPD 8./9. Januar 1946; Band 4: Protokoll der Reichskonferenz der KPD, 2./3. März 1946; Band 5: Protokolle des 15. Parteitages der KPD, 19./20. April 1946; Band 6: Register. München 1993–1997.

Drechsler, Ingrun u. a. (Hrsg.), Getrennte Vergangenheit – gemeinsame Zukunft. Ausgewählte Dokumente, Zeitzeugenberichte und Diskussionen der Enquete-Kommission »Aufarbeitung von Geschichte und Folgen der SED-Diktatur in Deutschland« des Deutschen Bundestages 1992–1994. 4 Bände. München 1997.

Eckert, Rainer, Ilko-Sascha Kowalczuk und Ingo Stark (Hrsg.), Hure oder Muse? Klio in der DDR. Dokumente und Materialien des Unabhängigen Historiker-Verbandes. Berlin 1994.

Eppelmann, Rainer u. a. (Hrsg.), Lexikon des DDR-Sozialismus. Paderborn 1996.

Erler, Peter, Horst Laude und Manfred Wilke (Hrsg.), »Nach Hitler kommen wir«. Dokumente zur Programmatik der Moskauer KPD-Führung 1944/45 für Nachkriegsdeutschland. Berlin 1994.

Friedensbewegung in der DDR. Texte 1978–1982. Hrsg. v. Wolfgang Büschler, Peter Wensierski und Klaus Wolschner unter Mitarbeit von Reinhard Henkys. Hattingen 1982.

Friedrich, Thomas u. a., Entscheidungen der SED 1948. Aus den stenographischen Niederschriften der 10. bis 15. Tagung des Parteivorstandes der SED. Berlin 1995.

Geschichte der Pionierorganisation »Ernst Thälmann«. Chronik. Berlin (Ost) 1979.

Geschichte des Staates und des Rechts der DDR. Dokumente 1945–1949. Berlin (Ost) 1984.

Herbst, Andreas, Gerd-Rüdiger Stephan und Jürgen Winkler (Hrsg.), Die SED. Geschichte, Organisation, Politik. Ein Handbuch. Berlin 1997.

Herbst, Andreas, Winfried Ranke und Jürgen Winkler, So funktionierte die DDR, Bd. 1–3. Reinbek 1994.

Hoffmann, Dierk, Karl-Heinz Schmidt und Peter Skyba (Hrsg.), Die DDR vor dem Mauerbau. Dokumente zur Geschichte des anderen deutschen Staates 1949–1961. München 1993.

Judt, Matthias (Hrsg.), DDR-Geschichte in Dokumenten. Beschlüsse, Berichte, interne Materialien und Alltagszeugnisse. Berlin 1997.

Keiderling, Gerhard (Hrsg.), »Gruppe Ulbricht« in Berlin. April bis Juni 1945. Von den Vorbereitungen im Sommer 1944 bis zur Wiedergründung der KPD im Juni 1945. Eine Dokumentation. Mit einem Geleitwort von Wolfgang Leonhard. Berlin 1993.

Langenbucher, Wolfgang, Ralf Rytlewski und Bernd Weyergraf (Hrsg.), Kulturpolitisches Wörterbuch Bundesrepublik Deutschland/DDR im Vergleich. Stuttgart 1983.

Lübke, Peter (Hrsg.), Dokumente zur Kunst-, Literatur- und Kulturpolitik der SED 1975–1980. Stuttgart 1984.

Mählert, Ulrich, Vademekum DDR-Forschung. Ein Leitfaden zu Archiven, Forschungseinrichtungen, Bibliotheken, Einrichtungen der politischen Bildung, Vereinen, Museen und Gedenkstätten. Opladen 1997.

Malycha, Andreas, Auf dem Weg zur SED. Die Sozialdemokratie und die Bildung einer Einheitspartei in den Ländern der SBZ. Eine Quellenedition. Bonn 1995.

Materialien der Enquete-Kommission »Aufarbeitung von Geschichte und Folgen der SED-Diktatur in Deutschland«. Hrsg. Deutscher Bundestag, neun Bände in 18 Teilbänden. Baden-Baden 1995.

Materialien zur Erforschung der DDR-Gesellschaft. Quellen, Daten, Instrumente. Hrsg. Gesellschaft Sozialwissenschaftlicher Infrastruktureinrichtungen (GESIS). Opladen 1998.

Nakath, Detlef und Gerd-Rüdiger Stephan, Countdown zur deutschen Einheit. Eine dokumentierte Geschichte der deutsch-deutschen Beziehungen 1987–1990. Berlin 1996.

Nationale Front des demokratischen Deutschland – sozialistische Volksbewegung. Handbuch. Berlin (Ost) 1969.

Die Nationale Volksarmee der DDR. Eine Dokumentation. Berlin (Ost) 1961.

Politisches Grundwissen. Ausgearbeitet von einem Autorenkollektiv der Parteihochschule »Karl Marx« beim ZK der SED. Berlin (Ost) 1970 [Mit einem umfangreichen Kapitel zur Geschichte der DDR. In der 2. überarbeiteten Auflage – Berlin 1972 – sind alle Hinweise auf Ulbricht getilgt.]

Scheel, Klaus (Hrsg.), Die Befreiung Berlins 1945. Eine Dokumentation. Berlin (Ost) 1975.

Schöneburg, Karl-Heinz, R. Mand, H. Leichtfuß und K. Urban, Vom Werden unseres Staates. Eine Chronik. Bd. 1: 1945–1949. Berlin (Ost) 1966; Bd. 2: 1949–1955. Berlin (Ost) 1968.

Sowjetische Speziallager in Deutschland 1945–1950, Hrsg. von Sergej V. Mironenko u. a. Bd. 2: Sowjetische Dokumente zur Lagerpolitik. Eingeleitet und bearbeitet von Ralf Possekel. Berlin 1998.

Staatliche Dokumente zur Förderung der Frau in der Deutschen Demokratischen Republik. Gesetzesdokumentation. Berlin (Ost) 1975.

Stephan, Gerd-Rüdiger (Hrsg.), »Vorwärts immer, rückwärts nimmer«. Interne Dokumente zum Zerfall von SED und DDR 1988/89. Berlin 1994.

Um die Erneuerung der deutschen Kultur. Dokumente zur Kulturpolitik 1945–1949. Berlin (Ost) 1983.

Um ein antifaschistisch-demokratisches Deutschland. Dokumente aus den Jahren 1945–1949. Berlin (Ost) 1968.

Unser Staat. Eine DDR-Zeittafel 1949–1983. Berlin (Ost) 1984.

Weber, Hermann (Hrsg.), Parteiensystem zwischen Demokratie und Volksdemokratie. Dokumente und Materialien zum Funktionswandel der Parteien und Massenorganisationen in der SBZ/DDR 1945–1950. Köln 1982.

Weber, Hermann (Hrsg.), DDR. Dokumente zur Geschichte der Deutschen Demokratischen Republik 1945–1985. München 1986.

Zur Sozialpolitik in der antifaschistisch-demokratischen Umwälzung 1945–1949. Dokumente und Materialien. Berlin (Ost) 1984.

30 Jahre Volkseigene Betriebe. Dokumente und Materialien zum 30. Jahrestag des Volksentscheids in Sachsen. Berlin (Ost) 1976.

4. Memoiren, Biographien

Abusch, Alexander, Der Deckname. Memoiren. Berlin (Ost) 1981.

Aufbruch in unsere Zeit. Erinnerungen an die Tätigkeit der Gewerkschaften von 1945 bis zur Gründung der DDR. Berlin (Ost) 1976.

Becher, Johannes R., Walter Ulbricht. Ein deutscher Arbeitersohn. Berlin (Ost) 1958.

Bokow, F. J., Frühjahr des Sieges und der Befreiung. Berlin (Ost) 1979.

Boll, Friedhelm (Hrsg.), Verfolgung und Lebensgeschichte. Diktaturerfahrungen unter nationalsozialistischer und stalinistischer Herrschaft in Deutschland. Berlin 1997.

Borkowski, Dieter, Für jeden kommt der Tag … Stationen einer Jugend in der DDR. Frankfurt a. M. 1983.

Bouvier, Beatrix, und Horst-Peter Schulz (Hrsg.), »... die SPD aber hat aufgehört zu existieren«. Sozialdemokraten unter sowjetischer Besatzung. Bonn 1991.

Brandt, Heinz, Ein Traum, der nicht entführbar ist. Mein Weg zwischen Ost und West. München 1967, Neuaufl. Berlin (West) 1977. [Brandt war bis 1953 Sekretär der Berliner SED-Bezirksleitung, ging 1958 in den Westen, wurde 1961 vom MfS aus West-Berlin entführt und inhaftiert, auf Grund internationaler Proteste 1964 freigelassen. Wichtige Quelle für die Vorgänge in der SED-Führung um den 17. Juni 1953.]

Brentzel, Marianne, Die Machtfrau. Hilde Benjamin 1902–1989. Berlin 1997.

Brundert, Willi, Es begann im Theater. »Volksjustiz« hinter dem Eisernen Vorhang. Hannover 1958. [Brundert war stellv. Wirtschaftsminister von Sachsen-Anhalt, wurde 1950 im ersten Schauprozeß der DDR wegen »Wirtschaftsverbrechen« zu 15 Jahren Zuchthaus verurteilt.]

Buch, Günther, Namen und Daten wichtiger Personen der DDR. 3. Aufl. Berlin, Bonn. 1983.

Conze, Werner, Jakob Kaiser. Politiker zwischen Ost und West 1945–1949. Stuttgart, Berlin (West) 1969.

Corino, Karl (Hrsg.), Die Akte Kant. Reinbek b. Hamburg 1995.

Doernberg, Stefan, Befreiung 1945. Ein Augenzeugenbericht. Berlin (Ost) 1975.

Eppelmann, Rainer, Fremd im eigenen Haus. Mein Leben im anderen Deutschland. Köln 1993.

Fricke, Karl Wilhelm, Menschenraub in Berlin. Karl Wilhelm Fricke über seine Erlebnisse. Koblenz 1959. [Der Journalist Fricke wurde 1955 vom MfS aus West-Berlin entführt, bis 1959 in Haft gehalten.]

Fricke, Karl Wilhelm, Akten-Einsicht: Rekonstruktion einer politischen Verfolgung. Mit einem Vorwort von Joachim Gauck. Berlin 1997.

Friedensburg, Ferdinand, Es ging um Deutschlands Einheit. Rückschau eines Berliners auf die Jahre nach 1945. Berlin (West) 1971.

Geschichte der deutschen Arbeiterbewegung. Biographisches Lexikon. Berlin (Ost) 1970.

Giordano, Ralph, Die Partei hat immer recht. Köln, Berlin (West) 1961. [Giordano war Funktionär der KPD und FDJ in Hamburg, brach 1956 mit der Partei.]

Gniffke, Erich, Jahre mit Ulbricht. Köln 1966.

Hager, Kurt, Erinnerungen. Leipzig 1996.

Handbuch der Volkskammer der Deutschen Demokratischen Republik. 2.–9. Wahlperiode. Berlin (Ost) 1957–1987.

Harich, Wolfgang, Keine Schwierigkeiten mit der Wahrheit. Zur nationalkommunistischen Opposition 1956 in der DDR. Berlin 1993.

Havemann, Robert, Fragen, Antworten, Fragen. Aus der Biographie eines deutschen Marxisten. München 1970.

Havemann, Robert. Ein deutscher Kommunist. Rückblicke und Perspektiven aus der Isolation. Hrsg. von Manfred Wilke, mit einem Nachwort von Lombardo Radice. Reinbek b. Hamburg 1978.

Herms, Michael, Heinz Lippmann – Porträt eines Stellvertreters. Vorwort H. Weber. Berlin 1996.

Herms, Michael und Gert Noack, Aufstieg und Fall des Robert Bialek. Berlin 1998.

Honecker, Erich, Aus meinem Leben. Frankfurt a. M., Oxford 1980.

Honecker, Erich. Skizze seines politischen Lebens. Hrsg. vom Institut für Marxismus-Leninismus beim ZK der SED. Berlin (Ost) 1977.

Hornstein, Erika von, Staatsfeinde. Sieben Prozesse in der »DDR«. Köln, Berlin (West) 1961.

Jäckel, Hartmut (Hrsg.), Ein Marxist in der DDR. Für Robert Havemann. München 1980.

Janka, Walter, ... bis zur Verhaftung. Erinnerungen eines deutschen Verlegers. Berlin 1993.

Kantorowicz, Alfred, Deutsches Tagebuch. 2 Bde. München 1959, 1961. [Kantorowicz, Kommunist seit 1931, Teilnehmer am Spanischen Bürgerkrieg (›Spanisches Tagebuch‹), gründete nach 1945 in Berlin die Zeitschrift ›Ost und West‹, war Professor für Neueste Deutsche Literaturgeschichte in Ost-Berlin, floh 1957 in die Bundesrepublik.]

Kessler, Heinz, Zur Sache und zur Person. Autobiographische Erinnerungen des DDR-Verteidigungsministers. Berlin 1996.

Kießling, Wolfgang, Leistner ist Mielke. Schatten einer gefälschten Biographie. Berlin 1998.

Klimow, Gregory, Berliner Kreml. Köln, Berlin 1953. [Klimow war Major der sowjetischen Armee und von 1945 bis zu seiner Flucht 1947 führender Mitarbeiter des Chefs der SMAD in Berlin-Karlshorst. Sein Buch war die erste Insiderdarstellung der SMAD.]

Krug, Manfred, Abgehauen. Eine Mitschrift und ein Tagebuch. Düsseldorf 1996.

Krüger, Horst (Hrsg.), Das Ende einer Utopie. Hingabe und Selbstbefreiung früherer Kommunisten. Olten, Freiburg 1963. [Politische Biographien von Günter Zehm, Manfred Hertwig, Leo Bauer, Ralph Giordano, Hermann Weber, Josef Scholmer, Alfred Kantorowicz, Gerhard Zwerenz, Michael Miller, Carola Stern.]

Kuczynski, Jürgen, Dialog mit meinem Urenkel. Neunzehn Briefe und ein Tagebuch. 2. Aufl. Berlin (Ost) 1984.

Leonhard, Wolfgang, Die Revolution entläßt ihre Kinder. Köln, Berlin (West) 1955. [Leonhard emigrierte 1934 als Kind mit seiner Mutter Susanne Leonhard (›Gestohlenes Leben‹) in die Sowjetunion, absolvierte die Kominternschule, wurde Rundfunksprecher des Nationalkomitees Freies Deutschland in Moskau, kam im Mai 1945 mit der »Ulbricht Gruppe« nach Deutschland, baute in Berlin die deutschen Verwaltungen mit auf, wurde Lehrer für Geschichte an der Parteihochschule der SED, floh 1949 nach Jugoslawien.]

Lippmann, Heinz, Honecker. Porträt eines Nachfolgers. Köln 1971. [Lippmann war bis 1953 Stellvertreter Honeckers in der FDJ-Führung.]

Löw, Konrad, Peter Eisenmann und Angelika Stoll (Hrsg.), Betrogene Hoffnung. Aus Selbstzeugnissen ehemaliger Kommunisten. Krefeld 1978.

Mayer, Hans, Ein Deutscher auf Widerruf. Erinnerungen Bd. 2. Frankfurt a. M. 1984.

Mayer, Hans, Der Turm von Babel, Frankfurt a. M. 1991.

Modrow, Hans, Ich wollte ein neues Deutschland. Berlin 1998.

Modrow, Hans (Hrsg.), Das Große Haus. Insider berichten aus dem ZK der SED. Berlin 1994.

Podewin, Norbert, Walter Ulbricht. Eine neue Biographie. Berlin 1995.

SBZ-Biographie. Ein biographisches Nachschlagebuch über die sowjetische Besatzungszone Deutschlands. Hrsg. vom Bundesministerium für Gesamtdeutsche Fragen. 3. Aufl. Bonn, Berlin (West) 1964.

Schenk, Fritz, Im Vorzimmer der Diktatur. 12 Jahre Pankow. Köln, Berlin (West) 1962. [Schenk war von 1952 bis zu seiner Flucht 1957 persönlicher Referent von Bruno Leuschner, dem Mitglied des Politbüros der SED und Chef der Staatlichen Plankommission.]

Scholz, Michael F., Bauernopfer der deutschen Frage – der Kommunist Kurt Vieweg im Dschungel der Geheimdienste. Berlin 1997.

Schirdewan, Karl, Aufstand gegen Ulbricht. Im Kampf um politische Kurskorrektur, gegen stalinistische, dogmatische Politik. Berlin 1994.

Schirdewan, Karl, Ein Jahrhundert Leben. Erinnerungen und Visionen. Berlin 1998.

Schwan, Heribert, Erich Mielke – der Mann, der die Stasi war. München 1997.

Seydewitz, Max, Es hat sich gelohnt zu leben. Lebenserinnerungen eines alten Arbeiterfunktionärs. Bd. 2. Berlin (Ost) 1978. [Erinnerungen des ehemaligen Ministerpräsidenten von Sachsen an die Zeit nach 1945.]

Shukow, G. K., Erinnerungen und Gedanken. Bd. 2. Berlin (Ost) 1976.

Stern, Carola, Ulbricht. Eine politische Biographie. Köln, Berlin (West) 1963.
Thape, Ernst, Von Rot zu Schwarz-Rot-Gold. Lebensweg eines Sozialdemokraten. Hannover 1969. [Thape, SPD, dann SED, war Minister für Volksbildung in Sachsen-Anhalt. Er floh Ende 1948 nach Westdeutschland.]
Thoms, Lieselotte, Hans Vieillard und Wolfgang Berger, Walter Ulbricht. Arbeiter, Revolutionär, Staatsmann. Berlin (Ost) 1968.
Uschner, Manfred, Die zweite Etage. Funktionsweise eines Machtapparates. Berlin 1993.
Vereint sind wir alles. Erinnerungen an die Gründung der SED. Berlin (Ost) 1959.
Vollnhals, Clemens, Der Fall Havemann. Ein Lehrstück politischer Justiz. Berlin 1998.
Voßke, Heinz und Gerhard Nitzsche, Wilhelm Pieck. Biographischer Abriß. Berlin (Ost) 1975.
Voßke, Heinz, Otto Grotewohl. Biographischer Abriß. Berlin (Ost) 1979.
Voßke, Heinz, Walter Ulbricht. Biographischer Abriß. Berlin (Ost) 1983
Weber, Hermann, Die Wandlung des deutschen Kommunismus. Bd. 2. Frankfurt a. M. 1969.
Weiss, Grigorij, Am Morgen nach dem Kriege. Erinnerungen eines sowjetischen Kulturoffiziers. Berlin (Ost) 1981.
Wer ist wer in der SBZ? Ein biographisches Handbuch. Berlin (West) 1958.
Wer war wer in der DDR? Ein biographisches Handbuch. Hrsg. v. Bernd-Rainer Barth u. a. Frankfurt a. M. 1994.
Zunder, Rainer, Erschossen in Zicherie. Vom Leben und Sterben des Journalisten Kurt Lichtenstein. Berlin 1994.
Zwerenz, Gerhard, Walter Ulbricht. München, Bern 1966.

5. Darstellungen

Ammer, Thomas, Universität zwischen Demokratie und Diktatur. Köln 1986.
Ansorg, Leonore, Kinder im Klassenkampf. Die Geschichte der Pionierorganisation von 1948 bis Ende der fünfziger Jahre. Berlin 1997.
Ash, Timothy Garton, Im Namen Europas. Deutschland und der geteilte Kontinent. München 1993.
Badstübner, Rolf und Heinz Heitzer (Hrsg.), Die DDR in der Übergangsperiode. Studien zur Vorgeschichte und Geschichte der DDR. 1945 bis 1961. Berlin (Ost) 1979.
Barck, Simone, Martina Langermann und Siegfried Lokatis (Hrsg.), Jedes Buch ein Abenteuer. Zensur-System und literarische Öffentlichkeiten in der DDR bis Ende der sechziger Jahre. Berlin 1997.
Baring, Arnulf, Der 17. Juni 1953. Mit einem Vorwort von Richard Löwenthal. Köln, Berlin (West) 1965 (Neuaufl. 1983).
Bauerkämper, Arnd, Martin Sabrow und Bernd Stöver (Hrsg.), Doppelte Zeitgeschichte. Deutsch-deutsche Beziehungen 1945–1990. Bonn 1998.
Beier, Gerhard, Wir wollen freie Menschen sein. Der 17. Juni 1953: Bauleute gingen voran. Köln 1993.
Beiträge zur Geschichte der Sozialistischen Einheitspartei Deutschlands. Hrsg. vom Institut für Gesellschaftswissenschaften beim ZK der SED. Berlin (Ost) 1961.
Bender, Peter, Die »Neue Ostpolitik« und ihre Folgen. Vom Mauerbau bis zur Vereinigung, 3., überarb. u. erw. Neuausg. München 1995.
Bender, Peter, Episode oder Epoche? Zur Geschichte des geteilten Deutschland. München 1996.
Benser, Günther, Vereint sind wir unbesiegbar. Wie die SED entstand. Berlin (Ost) 1961.

Besier, Gerhard, Der SED-Staat und die Kirche. Der Weg in die Anpassung. München 1993.
Besier, Gerhard, Der SED-Staat und die Kirche 1969–1990. Die Vision vom »Dritten Weg«. Berlin 1995.
Bessel, Richard und Ralph Jessen (Hrsg.), Die Grenzen der Diktatur. Göttingen 1996.
Biermann, Wolfgang, Demokratisierung in der DDR? Ökonomische Notwendigkeiten, Herrschaftsstrukturen, Rolle der Gewerkschaften. 1961–1971. Köln 1978.
Blank, Karl, Beiträge zum innerdeutschen Gewerkschaftsdialog. Bonn, Bad Godesberg 1971.
Blücher, Viggo Graf, Industriearbeiterschaft in der Sowjetzone. Veröffentlichungen von Infratest. Stuttgart 1959.
Böhme, Irene, Die da drüben. Sieben Kapitel DDR. Berlin (West) 1982.
Bouvier, Beatrix, Ausgeschaltet! Sozialdemokraten in der sowjetischen Besatzungszone und in der DDR 1945–1953. Bonn 1996.
Boyer, Christoph, »Die Kader entscheiden alles...« – Kaderpolitik und Kaderentwicklung in der zentralen Staatsverwaltung der SBZ und der frühen DDR (1945–1952). Dresden 1996.
Bröll, Werner, Die Wirtschaft der DDR. Lage und Aussichten. München, Wien 1970.
Brunner, Georg, Kontrolle in Deutschland. Eine Untersuchung zur Verfassungsordnung in beiden Teilen Deutschlands. Köln 1972.
Brunner, Georg, Einführung in das Recht der DDR. Würzburg 1974.
Bruns, Wilhelm, Deutsch-deutsche Beziehungen. Prämissen, Probleme, Perspektiven. Opladen 1982.
Bündnispolitik im Sozialismus. Redaktion Heinz Hümmler u. a. Berlin (Ost) 1981.
Bussiek, Hendrik, Notizen aus der DDR. Frankfurt a. M. 1979.
Butlar, Walrab von, Ziele und Zielkonflikte der sowjetischen Deutschlandpolitik 1945–1947. Stuttgart 1980.
Buxhoeveden, Christina von, Geschichtswissenschaft und Politik in der DDR. Das Problem der Periodisierung. Köln 1980.
Childs, David, The GDR: Moscow's German Ally. London 1983.
Creutzberger, Stefan, Die sowjetische Besatzungsmacht und das politische System der SBZ. Weimar 1996.
Dähn, Horst und Helga Gotschlich (Hrsg.), »Und führe uns nicht in Versuchung ...«. Jugend im Spannungsfeld von Staat und Kirche in der SBZ/DDR 1945–1989. Berlin 1998.
Dähn, Horst, Konfrontation oder Kooperation? Das Verhältnis von Staat und Kirche in der SBZ/DDR 1945–1980. Opladen 1982.
Damus, Renate, Entscheidungsstrukturen und Funktionsprobleme der DDR-Wirtschaft. Frankfurt a. M. 1973.
DDR. Werden und Wachsen. Zur Geschichte der Deutschen Demokratischen Republik. Von Rolf Badstübner u. a. Berlin (Ost) 1974.
Diepenthal, Wolfgang, Drei Volksdemokratien. Ein Konzept kommunistischer Machtstabilisierung und seine Verwirklichung in Polen, der Tschechoslowakei und der sowjetischen Besatzungszone Deutschlands 1944–1948. Köln 1974.
Ditfurth, Christian von, Ostalgie oder linke Alternative? Meine Reise durch die PDS. Köln 1998.
Doernberg, Stefan, Kurze Geschichte der DDR. 4., durchges. und erg. Aufl. Berlin (Ost) 1969.
Dohlus, Horst, Der demokratische Zentralismus – Grundprinzip der Führungstätigkeit der SED bei der Verwirklichung der Beschlüsse des Zentralkomitees. Berlin (Ost) 1965.
Duhnke, Horst, Stalinismus in Deutschland. Die Geschichte der sowjetischen Besatzungszone. Köln, Berlin (West) 1955.

Eckart, Gabriele, So sehe ick die Sache. Protokolle aus der DDR. Köln 1984.
Ehring, Klaus und Martin Dallwitz, Schwerter zu Pflugscharen. Friedensbewegung in der DDR. Reinbek b. Hamburg 1982.
Emmerich, Wolfgang, Kleine Literaturgeschichte der DDR. Leipzig 1997.
Erbe, Günther u. a., Politik, Wirtschaft und Gesellschaft in der DDR. Studientexte für die politische Bildung. Opladen 1979.
Faulenbach, Bernd, Markus Meckel und Hermann Weber (Hrsg.), Die Partei hatte immer recht. Aufarbeitung von Geschichte und Folgen der SED-Diktatur. Essen 1994.
Fiedler, Helene, SED und Staatsmacht. Zur staatspolitischen Konzeption und Tätigkeit der SED 1946–1948. Berlin (Ost) 1974.
Finn, Gerhard, Die politischen Häftlinge der Sowjetzone 1945–1959. Pfaffenhofen 1960.
Finn, Gerhard (unter Mitarbeit von Karl Wilhelm Fricke), Politischer Strafvollzug in der DDR, Köln 1981.
Fischer, Alexander, Sowjetische Deutschlandpolitik im Zweiten Weltkrieg 1941–1945. Stuttgart 1975.
Flacke, Monika (Hrsg.), Auftrag: Kunst 1949–1990. Bildende Künstler in der DDR zwischen Ästhetik und Politik. Berlin 1995.
Förtsch, Eckart (in Zusammenarbeit mit Rüdiger Mann), Die SED. Stuttgart 1969.
Foitzik, Jan, Sowjetische Militäradministration in Deutschland 1945–1949. Struktur und Funktion. Berlin 1999.
Frank, Hennig, 20 Jahre Zone. Kleine Geschichte der »DDR«. München 1965.
Freiburg, Arnold und Christa Mahrad, FDJ. Der sozialistische Jugendverband der DDR. Opladen 1982.
Fricke, Karl Wilhelm, Warten auf Gerechtigkeit. Kommunistische Säuberungen und Rehabilitierungen. Köln 1971.
Fricke, Karl Wilhelm, Politik und Justiz in der DDR. Zur Geschichte der politischen Verfolgung 1945–1968. Bericht und Dokumentation. Köln 1979.
Fricke, Karl Wilhelm, Die Staatssicherheit. Entwicklung, Strukturen, Aktionsfelder. Köln 1982.
Fricke, Karl Wilhelm, Opposition und Widerstand in der DDR. Ein politischer Report. Köln 1984.
Fricke, Karl Wilhelm, MfS intern. Macht, Strukturen, Auflösung der DDR-Staatssicherheit. Köln 1991.
Friedrich, Carl Joachim, The Soviet Zone of Germany. New Haven 1956.
Fritsch-Bournazel, Renate, Die Sowjetunion und das doppelte Deutschland. Die sowjetische Deutschlandpolitik nach 1945. Opladen 1979.
Frölich, Jürgen (Hrsg.), »Bürgerliche« Parteien in der SBZ/DDR. Zur Geschichte von CDU, LDP(D), DBD und NDPD 1945 bis 1953. Köln 1995.
Gast, Gabriele, Die politische Rolle der Frau in der DDR. Köln 1974.
Geschichte der Außenpolitik der DDR. Abriß. Berlin (Ost) 1984.
Geschichte der deutschen Arbeiterbewegung. Hrsg. vom Institut für Marxismus-Leninismus beim ZK der SED. Band 6–8. Berlin (Ost) 1966.
Geschichte der Deutschen Demokratischen Republik. Von einem Autorenkollektiv unter Leitung von Rolf Badstübner. Berlin (Ost) 1981.
Geschichte der Freien Deutschen Jugend. Autorenkollektiv unter Leitung von Karl Heinz Jahnke. Berlin (Ost) 1982.
Geschichte der SED. Abriß. Hrsg. von einem Autorenkollektiv beim Institut für Marxismus-Leninismus beim ZK der SED. Berlin (Ost) 1978.
Geschichte der sozialistischen Gemeinschaft. Herausbildung und Entwicklung des realen

Sozialismus von 1917 bis zur Gegenwart. Von einem Autorenkollektiv unter Leitung von Ernstgert Kalbe. Berlin (Ost) 1981.
Geschichte des Freien Deutschen Gewerkschaftsbundes. Hrsg. vom Bundesvorstand des FDGB. Berlin (Ost) 1982.
Gieseke, Jens, Doktoren der Tschekistik. Die Promovenden der »Juristischen Hochschule« des MfS. Der Bundesbeauftragte für die Unterlagen des Staatssicherheitsdienstes der ehemaligen DDR. Berlin 1994.
Gill, Ulrich, Der Freie Deutsche Gewerkschaftsbund (FDGB). Opladen 1989.
Glaeßner, Gert-Joachim, Herrschaft durch Kader. Leitung der Gesellschaft und Kaderpolitik in der DDR am Beispiel des Staatsapparates. Opladen 1977.
Glaser, Hermann, Deutsche Kultur. Ein historischer Überblick von 1945 bis zur Gegenwart. München 1997.
Gleitze, Bruno, Peter Christian Ludz, Konrad Merkel, Klemens Pleyer und Karl C. Thalheim, Die DDR nach 25 Jahren. Berlin (West) 1975.
Görner, Martin Georg, Die Kirche als Problem der SED. Strukturen kommunistischer Herrschaftsausübung gegenüber der evangelischen Kirche 1945 bis 1958. Berlin 1997.
Grabner, Sigrid u. a. (Hrsg.), Widerstand in Potsdam 1945–1989. Berlin 1999.
Gradl, Johann Baptist, Anfang unter dem Sowjetstern. Die CDU 1945–1948 in der sowjetischen Besatzungszone Deutschlands. Köln 1981.
Grande, Dieter und Bernd Schäfer, Kirche im Visier. SED, Staatssicherheit und katholische Kirche in der DDR. Leipzig 1998.
Gransow, Volker, Kulturpolitik in der DDR. Berlin (West) 1975.
Grosser, Alfred, Deutschlandbilanz. Geschichte Deutschlands seit 1945. München 1970.
Günther, Karl-Heinz und Gottfried Uhlig, Geschichte der Schule in der Deutschen Demokratischen Republik 1945 bis 1971. Berlin (Ost) 1974.
Hacker, Jens, Der Ostblock. Entstehung, Entwicklung und Struktur 1939–1980. Baden-Baden 1983.
Haese, Ute, Katholische Kirche in der DDR. Düsseldorf 1998.
Hanhardt, Arthur M. Jr., The German Democratic Republic. Baltimore 1968.
Havemann, Robert, Rückantworten an die Hauptverwaltung »Ewige Wahrheiten«. München 1971.
Havemann, Robert, Morgen. Die Industriegesellschaft am Scheideweg. Kritik und reale Utopie. München 1980.
Heider, Magdalena, Politik, Kultur, Kulturbund. Zur Gründungs- und Frühgeschichte des Kulturbundes zur demokratischen Erneuerung Deutschlands 1945–1954 in der SBZ/DDR. Köln 1993.
Heimann, Thomas, DEFA, Künstler und SED-Kulturpolitik. Berlin 1994.
Heitzer, Heinz, DDR. Geschichtlicher Überblick. 2. Aufl. Berlin (Ost) 1984.
Helwig, Gisela, Zwischen Familie und Beruf. Die Stellung der Frau in beiden deutschen Staaten. Köln 1974.
Helwig, Gisela, Frau und Familie in beiden deutschen Staaten. Köln 1982.
Helwig, Gisela und Hildegard Maria Nickel (Hrsg.), Frauen in Deutschland. 1945–1992. Berlin 1993.
Helwig, Gisela (Hrsg.), Rückblicke auf die DDR. Festschrift für Ilse Spittmann-Rühle. Köln 1995.
Henke, Klaus-Dietmar (Hrsg.), Wann bricht schon mal ein Staat zusammen! Die Debatte über die Stasi-Akten und die DDR-Geschichte auf dem 39. Historikertag 1992. München 1993.
Henke, Klaus-Dietmar, Peter Steinbach und Johannes Tuchel (Hrsg.), Widerstand und Opposition in der DDR. Köln, Weimar 1999.

Hermes, Peter, Die Christlich-Demokratische Union und die Bodenreform in der Sowjetischen Besatzungszone Deutschlands im Jahre 1945. Saarbrücken 1963.

Hertle, Hans-Hermann, Chronik des Mauerfalls. Die dramatischen Ereignisse um den 9. November 1989. Berlin 1996.

Hertle, Hans-Hermann und Gerd-Rüdiger Stephan (Hrsg.), Das Ende der SED. Die letzten Tage des Zentralkomitees. Mit einem Vorwort von Peter Steinbach. Berlin 1997.

Herz, Hanns-Peter, Freie Deutsche Jugend. München 1965.

Heydemann, Günther, Geschichtswissenschaft im geteilten Deutschland. Entwicklungsgeschichte, Organisationsstruktur, Funktionen, Theorie- und Methodenprobleme in der Bundesrepublik Deutschland und in der DDR. Frankfurt a. M. 1980.

Heym, Stefan, Wege und Umwege. Streitbare Schriften aus fünf Jahrzehnten. Frankfurt a. M. 1983

Hillgruber, Andreas, Europa in der Weltpolitik der Nachkriegszeit 1945–1963. München 1981.

Hoffmann, Ursula, Die Veränderungen in der Sozialstruktur des Ministerrates der DDR 1949–1969. Düsseldorf 1971.

Hofmann, Heinz, Mehrparteiensystem ohne Opposition. Die nichtkommunistischen Parteien in der DDR, Polen, der Tschechoslowakei und Bulgarien. Bern, Frankfurt a. M. 1976.

Hohendahl, Peter U. und Patricia Hermingshouse (Hrsg.), Literatur der DDR in den siebziger Jahren. Frankfurt a. M. 1983.

Holzer, Jerzy, Der Kommunismus in Europa. Politische Bewegung und Herrschaftssystem. Frankfurt a. M. 1998.

Holzweißig, Gunter, Massenmedien in der DDR. Berlin (West) 1983.

Holzweißig, Gunter, Zensur ohne Zensor. Die SED-Informationsdiktatur. Bonn 1997.

Hübner, Peter, Konsens, Konflikt und Kompromiß. Soziale Arbeiterinteressen und Sozialpolitik in der SBZ/DDR 1945–1970. Berlin 1995.

Hurwitz, Harold, Die Stalinisierung der SED. Opladen 1997.

Jacobsen, Hans-Adolf,Gert Leptin, Ulrich Scheuner und Eberhard Schulz (Hrsg.), Drei Jahrzehnte Außenpolitik der DDR. München 1979.

Jäger, Manfred, Sozialliteraten. Funktion und Selbstverständnis der Schriftsteller in der DDR. Düsseldorf 1973.

Jäger, Manfred, Kultur und Politik in der DDR. 1945–1990. Köln 1994.

Jänicke, Martin, Der dritte Weg. Die antistalinistische Opposition gegen Ulbricht seit 1953. Köln 1964.

Jaide, Walter und Barbara Hille, Jugend im doppelten Deutschland. Opladen 1977.

Jarausch, Konrad und Hannes Siegrist (Hrsg.), Amerikanisierung und Sowjetisierung in Deutschland 1945 – 1970. Frankfurt a.M. 1997.

Jesse, Eckhard, Bundesrepublik Deutschland und Deutsche Demokratische Republik. Die beiden deutschen Staaten im Vergleich. Berlin (West) 1980.

Jesse, Eckhard, und Armin Mitter (Hrsg.), Die Gestaltung der deutschen Einheit. Geschichte, Politik, Gesellschaft. Bonn, Berlin 1992.

Kaden, Albrecht, Einheit oder Freiheit. Die Wiedergründung der SPD 1945/46. Hannover 1964.

Kaelble, Hartmut, Jürgen Kocka und Hartmut Zwahr (Hrsg.), Sozialgeschichte der DDR. Stuttgart 1997.

Kaiser, Monika, Machtwechsel von Ulbricht zu Honecker. Funktionsmechanismen der SED-Diktatur in Konfliktsituationen. Berlin 1997.

Kaminsky, Annette, Kaufrausch. Die Geschichte der ostdeutschen Versandhäuser. Berlin 1998.

Kampfgemeinschaft SED – KPdSU. Grundlagen, Traditionen, Wirkungen. Berlin (Ost) 1978.

Karlsch, Rainer, Allein bezahlt? Die Reparationsleistungen der SBZ/ DDR 1945 – 53. Berlin 1993.

Keller, Dietmar u. a. (Hrsg.), Ansichten zur Geschichte der DDR (PDS/Linke Liste im Bundestag). Bd. 1–10. Bonn 1993–1998.

Kersten, Heinz, Der Aufstand der Intellektuellen. Stuttgart 1957.

Kessler, Horst-Günter und Jürgen Miermeister, Vom »großen Knast« ins »Paradies«. DDR-Bürger in der Bundesrepublik. Reinbek b. Hamburg 1983.

Kilian, Achim, Einzuweisen zur völligen Isolierung. NKWD-Speziallager Mühlberg/ Elbe 1945–1948. 2. erw. Auflage. Leipzig 1993.

Kiera, Hans-Georg, Partei und Staat im Planungssystem der DDR. Die Planung in der Ära Ulbricht. Düsseldorf 1975.

Klein, Thomas, Wilfriede Otto und Peter Grieder, Visionen. Repression und Opposition in der SED 1949–1989. Frankfurt/O. 1996.

Kleßmann, Christoph, Die doppelte Staatsgründung. Deutsche Geschichte 1949–1955. Bonn 1982.

Kleßmann, Christoph, Zwei Staaten, eine Nation. Deutsche Geschichte 1955 bis 1970. 2. erw. Aufl. Bonn 1997.

Knauft, Wolfgang, Katholische Kirche in der DDR. Gemeinde in der Bewährung 1945–1980. Mainz 1980.

Knecht, Willi, Das Medaillenkollektiv. Fakten, Dokumente, Kommentare zum Sport in der DDR. Berlin (West) 1978.

Knötzsch, Dieter, Innerkommunistische Opposition. Das Beispiel Robert Havemann. Modellanalyse. Opladen 1968.

Kocka, Jürgen (Hrsg.), Historische DDR-Forschung. Aufsätze und Studien. Berlin 1993.

Kowalczuk, Ilko-Sascha, Legitimation eines neuen Staates. Parteiarbeiter an der historischen Front. Geschichtswissenschaft in der SBZ/DDR 1945 bis 1961. Berlin 1997.

Kowalczuk, Ilko-Sascha, Armin Mitter und Stefan Wolle (Hrsg.), Der Tag X – 17. Juni 1953. Die »Innere Staatsgründung« der DDR als Ergebnis der Krise 1952/54. Berlin 1995.

Krippendorff, Ekkehart, Die Liberal-Demokratische Partei Deutschlands in der sowjetischen Besatzungszone 1945–1948. Düsseldorf o. J.

Krisch, Henry, German Politics under Soviet Occupation. New York, London 1974.

Kubina, Michael und Manfred Wilke (Hrsg.), »Hart und kompromißlos durchgreifen«. Die SED contra Polen 1980/81. Geheimakten der SED-Führung über die Unterdrückung der polnischen Demokratiebewegung. Berlin 1995.

Küchenmeister, Daniel (Hrsg.), Honecker – Gorbatschow. Vieraugengespräche. Berlin 1993.

Kühnst, Peter, Der mißbrauchte Sport. Instrumentalisierung des Sports in der SBZ und DDR 1945–1957. Köln 1982.

Kuhrt, Eberhard, Wider die Militarisierung der Gesellschaft. Friedensbewegung und Kirche in der DDR. Melle 1984.

Kuhrt, Eberhard in Verbindung mit Gunter Holzweißig und Hannsjörg F. Buck (Hrsg.), Am Ende des realen Sozialismus. 2 Bände. Opladen 1996.

Kulbach, Roderich und Helmut Weber, Parteien im Blocksystem der DDR. Köln 1969.

Lades, Hans und Clemens Burrichter, Produktivkraft Wissenschaft. Sozialistische Sozialwissenschaften in der DDR. Hamburg 1970.

Lapp, Peter Joachim, Der Staatsrat im politischen System der DDR. Hamburg 1971.

Lapp, Peter Joachim, Die Volkskammer der DDR. Opladen 1975.

Lapp, Peter Joachim, Der Ministerrat der DDR. Opladen 1982.

Lapp, Peter Joachim, Die »befreundeten Parteien« der SED. DDR-Blockparteien heute. Köln 1988.

Laschitza, Horst, Kämpferische Demokratie gegen Faschismus. Die programmatische Vorbereitung auf die antifaschistisch-demokratische Umwälzung in Deutschland durch die Parteiführung der KPD. Berlin (Ost) 1969.

Lemke, Michael, Die Berlinkrise 1958 bis 1963. Interessen und Handlungsspielräume der SED im Ost-West-Konflikt. Berlin 1995.

Lentz, Manfred, Die Wirtschaftsbeziehungen DDR-Sowjetunion 1945–1961. Eine politologische Analyse. Opladen 1979.

Leptin, Gert, Die deutsche Wirtschaft nach 1945. Ein Ost-West-Vergleich. Opladen 1970.

Lindemann, Hans und Kurt Müller, Auswärtige Kulturpolitik der DDR. Die kulturelle Abgrenzung der DDR von der Bundesrepublik Deutschland. Bonn, Bad Godesberg 1974.

Link, Werner, Das Konzept der friedlichen Kooperation und der Beginn des Kalten Krieges. Düsseldorf 1971.

Link, Werner, Der Ost-West-Konflikt. Stuttgart 1980.

Loest, Erich, Der vierte Zensor. Vom Entstehen und Sterben eines Romans in der DDR. Köln 1984.

Loth, Wilfried, Die Teilung der Welt. Geschichte des Kalten Krieges 1941–1955. 2. Aufl. München 1982.

Loth, Wilfried (Hrsg.), Die deutsche Frage in der Nachkriegszeit. Berlin 1994.

Loth, Wilfried, Stalins ungeliebtes Kind. Warum Moskau die DDR nicht wollte. Berlin 1994 (Neuauflage München 1996).

Lübbe, Peter, Der staatlich etablierte Sozialismus. Hamburg 1975.

Ludz, Peter Christian (Hrsg.), Studien und Materialien zur Soziologie der DDR (Sonderheft 8 der Kölner Zeitschrift für Soziologie und Sozialpsychologie). Köln, Opladen 1964.

Ludz, Peter Christian, Parteielite im Wandel. Funktionsaufbau, Sozialstruktur und Ideologie der SED-Führung. Köln, Opladen 1968.

Ludz, Peter Christian, Deutschlands doppelte Zukunft. BRD und DDR in der Welt von morgen. München 1974.

Mählert, Ulrich, Die Freie Deutsche Jugend 1945–1949. Paderborn 1995.

Mählert, Ulrich, Kleine Geschichte der DDR. München 1998.

Mählert, Ulrich und Gerd-Rüdiger Stephan, Blaue Hemden – Rote Fahnen. Die Geschichte der Freien Deutschen Jugend. Opladen 1996.

Maier, Charles S., Das Verschwinden der DDR und der Untergang des Kommunismus. Frankfurt a. M. 1999.

Mallinckrodt-Dasbach, Anita, Wer macht die Außenpolitik der DDR? Apparat, Methoden, Ziele. Düsseldorf 1972.

Mallinckrodt, Anita, Das kleine Massenmedium. Soziale Funktion und politische Rolle der Heftreihenliteratur in der DDR. Köln 1984.

Malycha, Andreas, Partei von Stalins Gnaden? Die Entwicklung der SED zur »Partei neuen Typs« in den Jahren 1946 bis 1950. Berlin 1996.

Mampel, Siegfried, Arbeitsverfassung und Arbeitsrecht in Mitteldeutschland. Köln 1966.

Mampel, Siegfried, Herrschaftssystem und Verfassungsstruktur in Mitteldeutschland. Die formale und materielle Rechtsverfassung der »DDR«. Köln 1968.

Mattedi, Norbert, Gründung und Entwicklung der Parteien in der Sowjetischen Besatzungszone Deutschlands (Bonner Berichte). Bonn, Berlin (West) 1966.

McCauly, Martin, Marxism-Leninism in the German Democratic Republic. The Socialist Unity Party (SED). London 1979.

Meckel, Markus und Martin Gutzeit, Opposition in der DDR. Zehn Jahre kirchliche Friedensarbeit – kommentierte Quellentexte. Mit einem Vorwort v. H. Weber. Köln 1994.
Mehringer, Hartmut u. a. (Hrsg.), Erobert oder befreit? Deutschland im internationalen Kräftefeld und die sowjetische Besatzungszone. München 1998.
Merkel, Konrad und Hans Immler (Hrsg.), DDR-Landwirtschaft in der Diskussion. Köln 1972.
Mertens, Lothar, Davidstern unter Hammer und Sichel. Die jüdischen Gemeinden in der SBZ/DDR und ihre Behandlung durch Partei und Staat 1945–1990. Hildesheim 1997.
Meuschel, Sigrid, Legitimation und Parteiherrschaft. Frankfurt a. M. 1992.
Mitter, Armin und Stefan Wolle, Untergang auf Raten. Unbekannte Kapitel der DDR-Geschichte. München 1993.
Moraw, Frank, Die Parole der »Einheit« und die deutsche Sozialdemokratie. Bonn 1973.
Müller, Hans und Karl Reißig, Wirtschaftswunder DDR. Ein Beitrag zur Geschichte der ökonomischen Politik der SED. Berlin (Ost) 1968.
Müller, Werner, Die KPD und die Einheit der Arbeiterklasse. Frankfurt a. M., New York 1979.
Müller-Enbergs, Helmut (Hrsg.), Inoffizielle Mitarbeiter des Ministeriums für Staatssicherheit. Berlin 1996.
Naimark, Norman M., Die Russen in Deutschland. Die sowjetische Besatzungszone 1945–1949. Berlin 1997.
Nakath, Detlef und Gerd-Rüdiger Stephan, Von Hubertusstock nach Bonn. Berlin 1995.
Nakath, Detlef und Gerd-Rüdiger Stephan, Die Häber-Protokolle. Schlaglichter der SED-Westpolitik 1973–1985. Berlin 1999.
Nawrocki, Joachim, Das geplante Wunder. Leben und Wirtschaften im anderen Deutschland. Hamburg 1967.
Nawrocki, Joachim, Bewaffnete Organe in der DDR. Nationale Volksarmee und andere militärische sowie paramilitärische Verbände. Berlin (West) 1979.
Nettl, Peter J., Die deutsche Sowjetzone bis heute. Politik, Wirtschaft, Gesellschaft. Frankfurt a. M. 1953.
Neubert, Erhard, Geschichte der Opposition in der DDR 1949–1989. Berlin 1997.
Neugebauer, Gero, Partei und Staatsapparat in der DDR. Aspekte der Instrumentalisierung des Staatsapparates durch die SED. Opladen 1978.
Neuhäuser-Wespy, Ulrich, Die SED und die Historie. Die Etablierung der marxistisch-leninistischen Geschichtswissenschaft der DDR in den fünziger und sechziger Jahren. Bonn 1997.
Neumann, Philipp, Zurück zum Profit. Zur Entwicklung des Revisionismus in der DDR. Berlin (West) 1973.
Nolte, Ernst, Deutschland und der Kalte Krieg. München, Zürich 1974.
Pirker, Theo, Mario R. Lepsius, Rainer Weinert und Hans-Hermann Hertle, Der Plan als Befehl und Fiktion. Wirtschaftsführung in der DDR. Gespräche und Analysen. Opladen 1995.
Pollack, Detlef, Kirche in der Organisationsgesellschaft. Zum Wandel der gesellschaftlichen Lage der evangelischen Kirche in der DDR. Stuttgart 1994.
Poppe, Ulrike, Rainer Eckert und Ilko-Sascha Kowalczuk, Zwischen Selbstbehauptung und Anpassung. Formen des Widerstandes und der Opposition in der DDR. Berlin 1995.
Potthoff, Heinrich, Die »Koalition der Vernunft«. Deutschlandpolitik in den achtziger Jahren. München 1995.
Potthoff, Heinrich. Bonn und Ost-Berlin 1969 bis 1982. Dialog auf höchster Ebene und vertrauliche Kanäle. Bonn 1997.
Priess, Lutz, Vázlav Kural und Manfred Wilke, Die SED und der »Prager Frühling« 1968. Berlin 1996.

Pritzel, Konstantin, Die Wirtschaftsintegration Mitteldeutschlands. Köln 1969.
Produktionsverhältnisse in der DDR. Berlin (Ost) 1979.
Raddatz, Fritz J., Traditionen und Tendenzen. Materialien zur Literatur der DDR. Frankfurt a. M. 1972.
Rausch, Heinz und Theo Stammen (Hrsg.), DDR. Das politische, wirtschaftliche und soziale System. München 1978.
Reuter, Frank, Geschichtsbewußtsein in der DDR. Programm und Aktion. Köln 1973.
Richert, Ernst, in Zusammenarbeit mit Carola Stern und Peter Dietrich, Agitation und Propaganda. Das System der publizistischen Massenführung in der Sowjetzone. Berlin (West) 1958.
Richert, Ernst, Macht ohne Mandat. Der Staatsapparat in der Sowjetischen Besatzungszone Deutschlands. 2. Aufl. Köln, Opladen 1963.
Roggemann, Herwig, Die Staatsordnung der DDR. Berlin (West) 1973.
Roggemann, Herwig, Die DDR-Verfassungen. Berlin (West) 1976.
Rosenthal, Walter u. a., Die Justiz in der Sowjetischen Besatzungszone Deutschlands (Bonner Berichte). Bonn, Berlin (West) 1961.
Rudolph, Hermann, Die Gesellschaft der DDR – eine deutsche Möglichkeit? München 1972.
Rühle, Jürgen, Die Schriftsteller und der Kommunismus in Deutschland. Köln, Berlin (West) 1960.
Rühle, Jürgen und Gunter Holzweißig, 13. August 1961. Die Mauer von Berlin. Hrsg. von Ilse Spittmann. Köln 1981.
Sander, Hans-Dietrich, Geschichte der Schönen Literatur in der DDR. Ein Grundriß. Freiburg 1972.
Sarel, Benno, Arbeiter gegen den »Kommunismus«. Zur Geschichte des proletarischen Widerstandes in der DDR (1945–1958). München 1975.
Schenk, Fritz, Das rote Wirtschaftswunder. Die zentrale Planwirtschaft als Machtmittel der SED-Politik. Stuttgart 1969.
Schmitt, Hans-Jürgen (Hrsg.), Die Literatur der DDR (Hansers Sozialgeschichte der deutschen Literatur, Bd. 11). München 1983.
Schmitz, Helmut, Notstandsverfassung und Notstandsrecht in der DDR. Köln 1971.
Schneider, Eberhard, Die DDR. Geschichte, Politik, Wirtschaft, Gesellschaft. Stuttgart 1975.
Schön, Otto, Die höchsten Organe der Sozialistischen Einheitspartei. 2. Aufl. Berlin (Ost) 1965.
Schöneburg, Karl-Heinz, Von den Anfängen unseres Staates. Berlin (Ost) 1975.
Schöneburg, Karl-Heinz (Leiter eines Autorenkollektivs), Errichtung des Arbeiter- und Bauernstaates der DDR 1945–1949. Berlin (Ost) 1983.
Schönhoven, Klaus und Dietrich Staritz, Sozialismus und Kommunismus im Wandel. Hermann Weber zum 65. Geburtstag. Köln 1993.
Schroeder, Friedrich-Christian, Die Strafgesetzgebung in Deutschland. Eine synoptische Darstellung der Strafgesetzbücher der Bundesrepublik Deutschland und der DDR. Tübingen 1972.
Schroeder, Klaus, unter Mitarbeit von Steffen Alisch, Der SED-Staat. Partei, Staat und Gesellschaft 1949–1990. München 1998.
Schubert, Friedel, Die Frau in der DDR. Ideologie und konzeptionelle Ausgestaltung ihrer Stellung in Beruf und Familie. Opladen 1980.
Schuller, Wolfgang, Geschichte und Struktur des politischen Strafrechts der DDR bis 1968. Ebelsbach 1980.
Schulmeister, Karl-Heinz, Auf dem Wege zu einer neuen Kultur. Der Kulturbund in den Jahren 1945–1949. Berlin (Ost) 1977.

Schultz, Joachim, Der Funktionär in der Einheitspartei. Kaderpolitik und Bürokratisierung in der SED. Stuttgart, Düsseldorf 1956.

Schulz, Eberhard, An Ulbricht führt kein Weg mehr vorbei. Provozierende Thesen zur deutschen Frage. Hamburg 1967.

Schwarz, Hans-Peter, Vom Reich zur Bundesrepublik. Deutschland im Widerstreit der außenpolitischen Konzeption in den Jahren der Besatzungsherrschaft 1945–1949. Neuwied, Berlin (West) 1966.

Schwarze, Hanns Werner, Die DDR ist keine Zone mehr. Köln 1969.

Schwarzenbach, Rudolf, Die Kaderpolitik der SED in der Staatsverwaltung. Ein Beitrag zur Entwicklung des Verhältnisses von Partei und Staat in der DDR (1945–1975). Köln 1976.

Schwerdtner, Edwin und Arwed Kempke, Zur Wissenschafts- und Hochschulpolitik der SED 1945/46–1966. Berlin (Ost) 1967.

Seiffert, Wolfgang, Kann der Ostblock überleben? Der Comecon und die Krise des sozialistischen Weltsystems. Bergisch Gladbach 1983.

Siebert, Horst, Bildungspraxis in Deutschland. BRD und DDR im Vergleich. Düsseldorf 1970.

Siebs, Benno-Eide, Die Außenpolitik der DDR 1976–1989. Strategien und Grenzen. Paderborn 1999.

Sommer, Ulf, Die Liberal-Demokratische Partei Deutschlands. Münster 1996.

Sontheimer, Kurt und Wilhelm Bleek, Die DDR. Politik, Gesellschaft, Wirtschaft. 5. Aufl. Hamburg 1979.

Sowjetische Speziallager in Deutschland 1945–1950, Hrsg. von Sergej V. Mironenko u. a., Bd. 1: Studien und Berichte. Herausgegeben und bearbeitet von Alexander von Plato. Berlin 1998.

Das sowjetische Speziallager Nr. 2, 1945–1950. (Katalog zur Ausstellung Buchenwald). Hrsg. von Bodo Ritscher u. a. Göttingen 1999.

Spanger, Hans-Joachim, Die SED und der Sozialdemokratismus. Ideologische Abgrenzung in der DDR. Köln 1981.

Spittmann, Ilse und Karl Wilhelm Fricke, (Hrsg.), 17. Juni 1953. Arbeiteraufstand in der DDR. Köln 1982.

Spittmann, Ilse (Hrsg.), Die SED in Geschichte und Gegenwart. Köln 1987.

Spittmann, Ilse, Die DDR unter Honecker. Köln 1990.

Staadt, Jochen, Die geheime Westpolitik der SED 1960–1970. Von der gesamtdeutschen Orientierung zur sozialistischen Nation. Berlin 1993.

Staats- und Rechtsgeschichte der DDR. Grundriß. Berlin (Ost) 1983.

Staritz, Dietrich, Sozialismus in einem halben Lande. Zur Programmatik und Politik der KPD/SED in der Phase der antifaschistisch-demokratischen Umwälzung in der DDR. Berlin (West) 1976.

Staritz, Dietrich, Geschichte der DDR. Frankfurt a. M. 1996.

Steiner, André, Die DDR-Wirtschaftsreform der sechziger Jahre. Konflikt zwischen Effizienz und Machtkalkül. Berlin 1999.

Steininger, Rolf, Deutsche Geschichte 1945–1961. Darstellung und Dokumente in zwei Bänden. Bd. 1 und 2. Frankfurt a. M. 1983.

Stern, Carola, Porträt einer bolschewistischen Partei. Entwicklung, Funktion und Situation der SED. Köln, Berlin (West) 1957.

Stern, Carola, SED. In: Die Kommunistischen Parteien der Welt. Hrsg. von C. D. Kernig, Freiburg i. Br. 1969, S. 175 ff.

Storbeck, Dietrich, Soziale Strukturen in Mitteldeutschland. Berlin (West) 1964.

Strunk, Peter, Zensur und Zensoren. Medienprotokolle und Propagandapolitik unter sowjetischer Besatzungsmacht in Deutschland. Berlin 1996.
Suckut, Siegfried, Die Betriebsrätebewegung in der Sowjetischen Besatzungszone Deutschlands (1945–1948). Frankfurt a. M. 1982.
Suckut, Siegfried, Blockpolitik in der SBZ/DDR 1945–1949. Die Sitzungsprotokolle des zentralen Einheitsfront-Ausschusses. Köln 1986.
Suckut, Siegfried (Hrsg.), Wörterbuch der Staatssicherheit. Berlin 1996.
Suckut, Siegfried und Walter Süß (Hrsg.), Staatspartei und Staatssicherheit. Zum Verhältnis von SED und MfS. Berlin 1997.
Sywottek, Arnold, Deutsche Volksdemokratie. Studien zur politischen Konzeption der KPD 1935–1946. Düsseldorf 1971.
Thalheim, Karl C., Die wirtschaftliche Entwicklung der beiden Staaten in Deutschland. Opladen 1978, 2. erw. Aufl. 1981.
Thalheim, Karl C., Die Wirtschaftspolitik der DDR im Schatten Moskaus. Hannover 1979.
Thiel, Isolde van, Entstehung und Entwicklung des Parteiensystems der DDR 1945–1949 im Spiegel der ›Pravda‹ (Mit einem Vergleich zu ›Bol'sevik‹). Frankfurt a. M. 1981.
Thieme, Frank, Die Sozialstruktur der DDR zwischen Wirklichkeit und Ideologie. Frankfurt a. M. 1996.
Thomas, Karin, Die Malerei in der DDR 1949–1979. Köln 1980.
Thomas, Rüdiger, Modell DDR. Die kalkulierte Emanzipation. 7. verb. Aufl. München 1981.
Thoss, Bruno (Hrsg.), Volksarmee schaffen – ohne Geschrei! Studien zu den Anfängen einer »verdeckten Aufrüstung« in der SBZ/DDR 1947–1952. München 1994.
Die Vereinigung von KPD und SPD zur Sozialistischen Einheitspartei Deutschlands in Bildern und Dokumenten. Hrsg. vom Institut für Marxismus-Leninismus beim ZK der SED. Berlin (Ost) 1976.
Voigt, Dieter, Soziologie in der DDR. Köln 1975.
Vollnhals, Clemens, Das Ministerium für Staatssicherheit: Ein Instrument totalitärer Herrschaftsausübung. Berlin 1995.
Vollnhals, Clemens (Hrsg.), Die Kirchenpolitik von SED und Staatssicherheit. Berlin 1996.
Vorsteher, Dieter (Hrsg.), Parteiauftrag: Ein neues Deutschland. Berlin 1996.
Waldrich, Hans-Peter, Der Demokratiebegriff der SED. Stuttgart 1980.
Walther, Joachim, Sicherungsbericht Literatur. Schriftsteller und Staatssicherheit in der DDR. Berlin 1996.
Waterkamp, Rainer, Herrschaftssysteme und Industriegesellschaft. BRD und DDR. Stuttgart, Berlin (West), Köln, Mainz 1972.
Weber, Hermann, Von der SBZ zur DDR. 1945–1968. Hannover 1968.
Weber, Hermann, Kleine Geschichte der DDR. Köln 1980.
Weber, Hermann, DDR. Grundriß der Geschichte 1945–1981. 6. Aufl. Hannover 1984.
Weber, Hermann, Aufbau und Fall einer Diktatur. Kritische Beiträge zur Geschichte der DDR. Köln 1991.
Weber, Hermann und Ulrich Mählert, Terror. Stalinistische Parteisäuberungen 1936–1953. Paderborn 1998.
Weber, Jürgen (Hrsg.), Der SED-Staat. Neues über eine vergangene Diktatur. München 1994.
Wehling, Hans-Georg (Hrsg.), DDR. Stuttgart 1982.
Wenzel, Otto, Kriegsbereit. Der Nationale Verteidigungsrat der DDR 1960 bis 1989. Köln 1995.
Wenzke, Rüdiger, Die NVA und der Prager Frühling. Berlin 1995.

Werkentin, Falco, Politische Strafjustiz in der Ära Ulbricht. Berlin 1995.
Werkentin, Falco, Recht und Justiz im SED-Staat. Bonn 1998.
Wernet-Tietz, Bernhard, Bauernverband und Bauernpartei in der DDR. Die VdgB und die DBD 1945–1952. Ein Beitrag zum Wandlungsprozeß des Parteiensystems der SBZ/DDR. Köln 1984.
Wettig, Gerhard, Bereitschaft zu Einheit in Freiheit? Die sowjetische Deutschland-Politik 1945–1955. München 1999.
Wiggershaus, Renate, Geschichte der Frauen und Frauenbewegung in der Bundesrepublik Deutschland und der Deutschen Demokratischen Republik nach 1945. Wuppertal 1979.
Wilke, Manfred (Hrsg.), Die Anatomie der Parteizentrale. Die KPD/SED auf dem Weg zur Macht. Berlin 1998.
Winkler, Heinrich August (Hrsg.), Politische Weichenstellungen im Nachkriegsdeutschland 1945–1953. Göttingen 1979.
Wolle, Stefan, Die heile Welt der Diktatur. Alltag und Herrschaft in der DDR 1971–1989. Berlin 1998.
Wolter, Ulf (Hrsg.), Antworten auf Bahros ›Herausforderungen des Sozialismus.‹ Berlin (West) 1978.
Wünsche, Wolfgang (Hrsg.), Rührt Euch! Die Geschichte der NVA. Berlin 1998.
X für U. Bilder, die lügen. Hrsg. vom Haus der Geschichte der Bundesrepublik Deutschland. Bonn 1998.
Zeidler, Stephan, Auf dem Weg zur Kaderpartei? Zur Rolle der Ost-CDU in der inneren Entwicklung der DDR. Hamburg 1996.
Zur Geschichte der Rechtspflege der DDR 1945–1949. Autorenkollektiv unter Leitung von Hilde Benjamin. Berlin (Ost) 1976. Dass. 1949–1961. Berlin (Ost) 1980.
Zur Wirtschaftspolitik der SED. Bd. 1: 1945 bis 1949. Berlin (Ost) 1984.

Abkürzungen

ABI	Arbeiter- und-Bauern-Inspektion
ADN	Allgemeiner Deutscher Nachrichtendienst (DDR)
AdsD	Archiv der sozialen Demokratie (Bonn)
AEG	Allgemeine Electricitäts Gesellschaft
Antifa	Antifaschismus (antifaschistisch)
BA	Bundesarchiv (Koblenz)
BGB	Bürgerliches Gesetzbuch
BGL	Betriebsgewerkschaftsleitung
BL	Bezirksleitung
CDU	Christlich-Demokratische Union
CDUD	Christlich-Demokratische Union Deutschlands
Comecon	Council for Mutual Economic Assistance, s. RGW
ČSR	Tschechoslowakische Republik
ČSSR	Tschechoslowakische Sozialistische Republik
CSU	Christlich-Soziale Union
DBD	Demokratische Bauernpartei Deutschlands
DDP	Deutsche Demokratische Partei
DEFA	Deutsche Film-AG (DDR)
DFD	Demokratischer Frauenbund Deutschlands
DNVP	Deutschnationale Volkspartei
DM	Deutsche Mark
D Mark	Deutsche Mark
DSF	Gesellschaft für Deutsch-Sowjetische Freundschaft
DTSB	Deutscher Turn- und Sportbund
DVP	Deutsche Volkspartei
DWK	Deutsche Wirtschaftskommission
dz	Doppelzentner
EKD	Evangelische Kirche Deutschlands
FDGB	Freier Deutscher Gewerkschaftsbund
FDJ	Freie Deutsche Jugend
FDP	Freie Demokratische Partei
FGB	Familien Gesetzbuch
FU	Freie Universität, Berlin
GEMA	Gesellschaft für musikalische Aufführungs- und mechanische Vervielfältigungsrechte
GST	Gesellschaft für Sport und Technik
GULag	Glavno Upravlenie Lagerej (Hauptverwaltung für Lager)
Gwh	Gigawattstunde (Mio kwh)
ha	Hektar
HIAG	Hilfsgemeinschaft auf Gegenseitigkeit der Soldaten der ehemaligen Waffen-SS

HO	Staatliche Handelsorganisation
KAP	Kooperative Abteilung Pflanzenproduktion
KGU	Kampfgruppe gegen Unmenschlichkeit
KJVD	Kommunistischer Jugendverband Deutschlands
Kominform	Kommunistisches Informationsbüro
Komintern	Kommunistische Internationale
Komsomol	Kommunistitscheskij Sojus Molodjoshi, Kommunistischer Jugendverband der Sowjetunion
KP	Kommunistische Partei
KPC	Kommunistische Partei der Tschechoslowakei
KPD	Kommunistische Partei Deutschlands
KPD/ML	Kommunistische Partei Deutschlands/Marxisten-Leninisten
KPdSU (B)	Kommunistische Partei der Sowjetunion (Bolschewiki)
KPO	Kommunistische Partei-Opposition
KPU	Kommunistische Partei Ungarns
KSZE	Konferenz für Sicherheit und Zusammenarbeit in Europa
KVP	Kasernierte Volkspolizei
khw	Kilowattstunde
KZ	Konzentrationslager
LDP	Liberal-Demokratische Partei
LDPD	Liberal-Demokratische Partei Deutschlands
LPG	Landwirtschaftliche Produktionsgenossenschaft
M	Mark
MAS	Maschinen-Ausleih-Station
MdL	Mitglied des Landtags
MdR	Mitglied des Reichstags
MfS	Ministerium für Staatssicherheit
MTS	Maschinen-Traktoren-Station
NATO	North Atlantik Treaty Organization (Nordatlantikpakt)
NDPD	National-Demokratische Partei Deutschlands
NKWD	Narodny Komissariat Wnutrennich Del, Volkskommissariat für Innere Angelegenheiten (sowjetische politische Geheimpolizei)
NL	Nachlaß
NÖSPL	Neues ökonomisches System der Planung und Leitung der Volkswirtschaft
NS	Nationalsozialismus
NSDAP	Nationalsozialistische Deutsche Arbeiterpartei
NVA	Nationale Volksarmee
PGH	Produktionsgenossenschaft Handwerk
Pkw	Personenkraftwagen
Pol-Büro	Politisches Büro
PV	Parteivorstand
PZ	Publizistisches Zentrum (für die Einheit Deutschlands)
RGW	Rat für gegenseitige Wirtschaftshilfe
RIAS	Rundfunk im amerikanischen Sektor (von Berlin)
RM	Reichsmark
SA	Sturm-Abteilung (der NSDAP)
SAG	Sowjetische Aktiengesellschaft

SAP	Sozialistische Arbeiterpartei
SAPMO	Stiftung Archiv der Parteien und Massenorganisationen der DDR im Bundesarchiv
S-Bahn	Stadt-Bahn
SBZ	Sowjetische Besatzungszone
SED	Sozialistische Einheitspartei Deutschlands
SMA	Sowjetische Militäradministration
SMAD	Sowjetische Militäradministration in Deutschland
SNB	Sowjetisches Nachrichtenbüro
SP	Sozialistische Partei
SPD	Sozialdemokratische Partei Deutschlands
SPU	Sozialistische Partei Ungarns
SS	Schutz-Staffel (der NSDAP)
SSD	Staatssicherheits-Dienst (MfS)
SU	Sowjetunion
SWA	Sowjetskaja Wojenneja Administrazija s. SMA
t, to	Tonne
TU	Technische Universität
Twh	Terrawattstunde (Mrd. kwh)
UdSSR	Union der Sozialistischen Sowjetrepubliken
UN	United Nations
UNESCO	United Nations Educational, Scientific and Cultural Organization
USA	United Staates of America
USPD	Unabhängige Sozialdemokratische Partei Deutschlands
VdgB	Vereinigung der gegenseitigen Bauernhilfe
VEB	Volkseigener Betrieb
VVB	Vereinigung Volkseigener Betriebe
VVN	Vereinigung der Verfolgten des Naziregimes
ZA	Zentral-Ausschuß
ZDF	Zweites Deutsches Fernsehen
ZK	Zentralkomitee
ZPKK	Zentrale Parteikontrollkommission
ZS	Zentralsekretariat

Personenverzeichnis